CB129119

C 6939

Estratégia Global

Dados Internacionais de Catalogação na Publicação (CIP)
(Câmara Brasileira do Livro, SP, Brasil)

Peng, Mike W.
Estratégia global / Mike W. Peng ; tradução Vertice Translate ; revisão técnica Joaquim Carlos Racy, George Bedinelli Rossi. -- São Paulo : Thomson Learning, 2008.

Título original: Global strategy.
Bibliografia.
ISBN 978-85-221-0568-7

1. Empresas multinacionais - Administração 2. Empresas multinacionais - Planejamento 3. Planejamento empresarial 4. Planejamento estratégico I. Título.

07-7556 CDD-658.18

Índices para catálogo sistemático:

1. Estratégia global : Administração de empresas 658.18

Estratégia Global

Mike W. Peng

Tradução
Vertice Translate

Revisão técnica
Joaquim Carlos Racy
Mestre em História (Política Externa Brasileira) pela Pontifícia Universidade Católica de São Paulo (PUC-SP) e docente das disciplinas economia e relações internacionais na Universidade Mackenzie e na PUC/SP

George Bedinelli Rossi
Mestre e doutor em Administração de Empresas pela FGV/EAESP. Professor da Escola de Artes, Ciências e Humanidades da Universidade de São Paulo (USP)

THOMSON™

Austrália Brasil Canadá Cingapura Espanha Estados Unidos México Reino Unido

THOMSON

Gerente Editorial
Patricia La Rosa

Editora de Desenvolvimento:
Danielle Mendes Sales

Supervisor de Produção Editorial:
Fábio Gonçalves

Produtora Editorial:
Renata Siqueira Campos

Supervisora de Produção Gráfica:
Fabiana Alencar Albuquerque

Título e ISBN do original:
Global Strategy
0-324-28852-2

Tradução:
Vertice Translate

Copidesque:
Andréa Pisan Soares Aguiar

Revisão:
Maria Vitoria F. M. Lima

Revisão Técnica:
Joaquim Carlos Racy
George Bedinelli Rossi

Composição:
Globaltec – Artes Gráficas

Capa:
F. Z. Dáblio Design Studio

COPYRIGHT © 2006 South-Western
COPYRIGHT © 2008 para língua portuguesa adquirido por Thomson Learning Ltda., uma divisão da Thomson Learning, Inc.
Thomson Learning™ é uma marca registrada aqui utilizada sob licença.

Impresso no Brasil.
Printed in Brasil.
1 2 3 4 10 09 08

Condomínio E-Business Park
Rua Werner Siemens, 111
Prédio 20 – Espaço 03
Lapa de Baixo
São Paulo – SP
CEP: 05069-900
Tel.: (11) 3665-9900
Fax: (11) 3665-9901
sac@thomsonlearning.com.br
www.thomsonlearning.com.br

Todos os direitos reservados. Nenhuma parte deste livro poderá ser reproduzida, sejam quais forem os meios empregados, sem a permissão, por escrito, da Editora. Aos infratores aplicam-se as sanções previstas nos artigos 102, 104, 106 e 107 da Lei no 9.610, de 19 de fevereiro de 1998.

Dados Internacionais de Catalogação na Publicação (CIP) (Câmara Brasileira do Livro, SP, Brasil)
Peng, Mike W.
Estratégia global / Mike W. Peng ; tradução Vertice Translate ; revisão técnica Joaquim Carlos Racy, George Bedinelli Rossi. -São Paulo : Thomson Learning, 2008.
Título original: Global strategy.
Bibliografia.
ISBN 978-85-221-0568-7
1. Empresas multinacionais - Administração 2. Empresas multinacionais - Planejamento 3. Planejamento empresarial 4. Planejamento estratégico I. Título.
07-7556 CDD-658.18
Índices para catálogo sistemático:
1. Estratégia global : Administração de empresas

Para Agnes, Grace e James.

Prefácio

Escrevi *Estratégia Global* com o objetivo de estabelecer um novo padrão para livros sobre administração estratégica e negócios em geral e especificamente para livros sobre estratégia global. Esta obra almeja satisfazer as necessidades de três tipos de cursos de graduação ou MBAs: (1) cursos de estratégia internacional ou global, (2) cursos de administração estratégica (em especial aqueles ministrados por professores com orientação internacional) e (3) cursos de negócios internacionais (principalmente aqueles ministrados por instrutores com orientação estratégica).

Atualmente, o limitado número de livros sobre estratégia internacional ou global dedica-se quase que de forma exclusiva à questão de como administrar empresas grandes, multinacionais, que advêm principalmente de economias desenvolvidas, nas quais competem. Embora as empresas multinacionais sejam importantes, essa perspectiva ignora que (1) em tempos recentes, muitos pequenos empreendedores se internacionalizaram de forma agressiva e que (2) empresas multinacionais freqüentemente têm de competir em economias emergentes, que estimulam fortes competidores locais. A maioria dos livros sobre administração estratégica "em voga", apesar de apoiar o tão polêmico debate sobre a globalização, contém somente um capítulo sobre "estratégia internacional". Isso implica que, em outros capítulos, tais livros não precisam lidar com temas internacionais, o que não é realista considerando-se a atual economia global. A maioria dos livros sobre negócios internacionais possui uma unidade (com inúmeros capítulos) sobre estratégia internacional. Entretanto, centralizam-se nas principais funções dos negócios, como marketing, operações, finanças e contabilidade. Muitos professores de negócios internacionais, que freqüentemente possuem embasamento em estratégia, não possuem nem tempo nem conhecimento necessários para abordar tantos tópicos. Como conseqüência, seus esforços para tornar os cursos de negócios internacionais mais estratégicos geralmente se frustram.

Em resposta a isso, *Estratégia Global* oferece novas perspectivas. Isso inclui (1) uma definição ampliada do conceito de "estratégia global", (2) uma abordagem ampla e inovadora, (3) uma explicação consistente e aprofundada sobre pesquisas mais recentes e (4) uma forma acessível e interessante de envolver os estudantes.

Uma definição ampliada do conceito de "estratégia global"

Neste livro, "estratégia global" é definida não somente como a estratégia das empresas multinacionais mas também como "estratégia ao redor do globo". Apesar de enfatizarmos estratégias internacionais, não nos centramos apenas nelas. Assim como "negócios internacionais" é sobre "negociação" (além de ser "internacional"), "estratégia global" é fundamentalmente sobre "estratégia", antes de essa ser "global". A maioria dos livros sobre negócios internacionais e estratégias globais utiliza-se da perspectiva dos concorrentes externos, em geral empresas multinacionais, trabalhando com tópicos sobre como entrar no mercado externo e como fazer alianças. Embora importantes, esses tópicos abrangem somente um dos lados de negócios internacionais, a saber, o externo. O outro lado é como as empresas domésticas competem entre si e com concorrentes de fora. Deixando de entender o "outro lado", na melhor das possibilidades, compreende-se somente uma das faces da moeda.

Uma abordagem abrangente e inovadora

Com essa definição ampliada de "estratégia global", este livro abrange tanto as estratégias das empresas multinacionais quanto de empresas empreendedoras menores; sendo essas empresas tanto estrangeiras, quanto domésticas; e atuantes tanto em economias desenvolvidas quanto em emergentes. Dessa forma, este texto oferece uma abordagem mais ampla e inovadora dos tópicos sobre estratégias globais disponíveis do mercado. Em suma, este é o primeiro livro *global* sobre estratégia global. Entre algumas características singulares, estão:

- Um capítulo sobre instituições, cultura e ética (Capítulo 4) e a ênfase, ao longo do livro, na visão de estratégia baseada em instituições emergentes (além da tradicional visão baseada nas indústrias e nos recursos).
- Um capítulo sobre empreendedorismo (Capítulo 5), especialmente em aspectos de suas internacionalizações.
- Um capítulo sobre a dinâmica da competição global (Capítulo 8), incluindo discussões aprofundadas sobre cartéis, antitrustes e *antidumpings*, desconsideradas em outros livros.
- Um capítulo sobre a diversificação de produto e geográfica (Capítulo 9), sendo a primeira vez que esses aspectos cruciais da estratégia corporativa aparecem juntos.
- Um capítulo sobre governança corporativa ao redor do mundo (Capítulo 11), sendo a primeira vez em que se dá o mesmo "espaço" tanto a conflitos principal-agente quanto a conflitos principal-principal.
- Um capítulo sobre responsabilidade social corporativa (Capítulo 12), área de importância crescente no mundo.
- Uma abordagem geograficamente abrangente, analisando-se não somente empresas advindas de economias desenvolvidas da Tríade (América do Norte, Europa Ocidental e Japão), mas também de economias emergentes (da África, da Ásia e da América Latina).
- Uma discussão consistente sobre ética, destacada não somente nos capítulos 4 e 12, mas em todos os capítulos, por meio de debates críticos baseados na ética.

Uma explicação consistente e aprofundada

A amplitude desse campo desafia os autores de livros. Meu respeito e admiração pela diversidade desse assunto aumentaram muito durante a pesquisa que realizei para escrever este livro. A fim de fornecer uma explicação aprofundada, estudei de forma sistemática as mais recentes pesquisas. Especificamente, *todos* os artigos sobre cada tema, publicados nos últimos 15 anos nos principais periódicos acadêmicos como *Academy of Management Journal*, *Academy of Management Review*, *Journal of International Business Studies* e *Strategic Management Journal*. Li-os e analisei-os. Muitas publicações recentes, como dissertações e teses, também foram consultadas e citadas. Embora nem todos os artigos sejam citados, estou certo de que não releguei nenhuma fonte de pesquisa a segundo plano.

Dada a extensão desse campo, perde-se o foco facilmente. A fim de combater essa tendência, esforcei-me para construir uma estrutura, presente em *todos* os capítulos, de três formas. Primeiro, centro-me nas quatro questões fundamentais em administração estratégica propostas por Richard Rumelt, David Teece e Dan Schendel,[1] quais sejam: (1) Por que as empresas se diferenciam? (2) Como as empresas se comportam? (3) O que determina o escopo da empresa? (4) O que determina o sucesso ou o fracasso internacional das empresas? Essas quatro questões são primeiro discutidas no Capítulo 1 e posteriormente revisadas em todos os capítulos do livro. Enfatiza-se a quarta questão, relativa ao desempenho internacional da empresa, pois esse é o tema principal que dirige a prática e a pesquisa de negócios internacionais.[2]

Outra forma de se evitar a perda do foco na "floresta" ao escrutinizar as diferentes "árvores" consiste em centrar-se nas três principais perspectivas da estratégia, quais sejam, as visões baseadas nas indústrias, nos recursos e nas instituições. Em *todos* os capítulos sobre estratégias em nível de negócios e de corporação, um modelo abrangente, baseado nessas perspectivas, é desenvolvido e discutido detalhadamente.

---

[1] Rumelt, R.; Teece, D.; Schendel, D. (eds.). *Fundamental Issues in Strategy:* A Research Agenda. Boston: Harvard Business School Press, 1994.

[2] Peng, M. W. Identifying the big question in international business research. *Journal of International Business Studies*, v. 35 (2): 99-108, 2004.

Por fim, escrevi uma seção chamada "Discussões e Extensões" para *cada* capítulo, salvo o primeiro (que é uma discussão em si próprio). Praticamente todos os livros apresentam o conhecimento de forma acrítica, como uma verdade universal, ignorando que os debates sobre esse tema são dinâmicos. Devido ao fato de que se fala aos estudantes que "não há respostas certas ou erradas" e de que as discussões enriquecem a prática e a pesquisa, é necessário que esses estudantes sejam expostos aos mais recentes debates e estimulados a formarem suas próprias visões quando participam dessas discussões.

Uma forma acessível e interessante de envolver os estudantes

Os estudantes geralmente acham as teorias cansativas e chatas. Entretanto, costumam gostar de histórias. Aprender torna-se mais fácil e divertido quando o tema é exposto de forma acessível e interessante. É responsabilidade do autor enfatizar as teorias que subjazem às histórias. Desenvolvi uma série de táticas a fim de envolver os estudantes:

- Cada capítulo inicia-se com um **Caso de Introdução**, que apresenta o enredo ao estudante. As páginas eletrônicas de todas as companhias mencionadas nos Casos de Introdução e nos Casos de Conclusão, assim como nos quadros chamados Estratégia em Ação, estão disponíveis para pesquisas adicionais.
- Após o Caso de Introdução, todos os capítulos contêm uma série de questões.
- Elaborei vários exemplos interessantes. Além de exemplos de negócios, foram utilizados outros "não tradicionais" como documentos militares da China antiga; cotas de importação do império romano; e citações de *Anna Karenina* sobre a estratégia de destruição mútua assegurada durante a Guerra Fria. Filmes populares como *007 O Mundo Não é o Bastante, O Rei Leão, Guerra nas Estrelas, Ou Tudo Ou Nada, Caçada ao Outubro Vermelho* e *Sol Nascente* também são discutidos. Acredito que seja a primeira vez que filmes são introduzidos em livros sobre negócios. Em mais de 90% dos principais parágrafos há pelo menos um exemplo.
- Todos os capítulos contêm quadros chamados **Estratégia em Ação** (acompanhados de páginas eletrônicas), que trazem exemplos interessantes como "minicasos", a fim de intensificar a aprendizagem.
- Todos os capítulos terminam com um **Caso de Conclusão** (acompanhado de páginas eletrônicas), contendo questões para discussão.
- Todos os capítulos também contêm uma série de questões críticas para discussão a fim de estimular inúmeros debates. Pelo menos uma e, às vezes, duas ou três questões em *cada* capítulo baseiam-se na ética, pois esse é um tema recorrente em todos os capítulos, não sendo, portanto, necessariamente limitado aos capítulos 4 e "Definindo estratégias com responsabilidade social corporativa" (este disponível no site www.thomsonlearning.com.br).

Agradecimentos

Ser encarregado de um projeto de tamanha magnitude fez com que eu devesse — intelectual, profissional e pessoalmente — agradecer a contribuição de muitas pessoas. Intelectualmente, fui muito influenciado por Charles Hill (Universidade de Washington), meu ex-orientador no doutorado. Os livros sobre administração estratégica e negócios internacionais no mercado escritos por Charles inspiraram-me a escrever este livro sobre a interseção entre esses dois campos. Também estou em débito com autores, de outros importantes livros, como Jay Barney (Universidade de Ohio), Michael Hitt (Universidade de Agricultura e Mecânica do Texas), Bob Hoskisson (Universidade Estadual do Arizona), Mike Pustay (Universidade de Agricultura e Mecânica do Texas) e Oded Shenkar (Universidade Estadual de Ohio), cujas sabedoria e amizade iluminaram meu caminho até o fim deste livro. Agradeço a meus colegas, de Ohio: Sharon Alvarez, Jay Barney, Venkat Bendapudi, Jay Dial, Jill Ellingson, Jeff Ford,

Rob Heneman, Steve Hills, Roy Lewicki, Mona Makhija, Michael Leiblein, Ray Noe, Arnon Reichers, Jeff Reuer, Marc Sandver, Oded Shenkar, Judy Tansky, John Wanous e aos funcionários: David Greenberger (chefe de departamento), Joseph Alutto (reitor) e Steve Mangum (reitor sênior), por criarem um ambiente intelectual propício. Minha pesquisa também foi apoiada, em parte, pela National Science Foundation, a agência de fomento científico do governo dos Estados Unidos (CAREER-SES-0238820).

Da Thomson South-Western, agradeço ao editor-executivo John Szilagyi, empreendedor que acreditou que eu poderia dominar a arte de escrever um livro *antes* mesmo de eu ser efetivo na universidade. Estou realmente grato pelo voto de confiança. Também agradeço a Mardell Toomey, editor sênior de desenvolvimento, pela hábil administração de todo o processo de redação e revisão e pela solução de inúmeros problemas que surgiram pelo caminho. Não poderia esquecer Dan Pflofchan, editor sênior de produção, sempre muito aplicado a seu trabalho com o texto, e Lora Arduser, editora de produção, por acompanhar o projeto até sua finalização. Finalmente, gostaria de agradecer os esforços heróicos de Karyn Morrison, especialista em permissões para *freelances*; Jennifer Crotteau, gerente de projetos; e Interactive Composition Corporation (e seu time de heróis anônimos, na Índia), pela ajuda dispensada a fim de transformar este manuscrito em um livro.

Na comunidade acadêmica, tive a sorte de contar com vários amigos, que informalmente leram e criticaram minha proposta e/ou alguns capítulos: David Ahlstrom (Universidade Chinesa de Hong Kong), Trevor Buck (Universidade de Loughborough), Jonathan Doh (Universidade de Villanova), Igor Filatotchev (King's College de Londres), Seung-Hyun Lee (Universidade do Texas, em Dallas), Klaus Meyer (Copenhagen Business School), Bill Wan (Thunderbird) e Michael Young (Universidade Chinesa de Hong Kong). Três amigos, profissionais liberais, Charles Cao (Alcatel Paris), Ken Chee (professor aposentado por Ohio) e John Cullivan (Cardinal Health), também gentilmente leram e comentaram certos capítulos e estudos de caso.

Grande parte das idéias contidas neste livro foi testada em sala de aula em Beijing, Columbus, Hanói, Hong Kong, Honolulu, Memphis e Seattle, envolvendo não somente estudantes da graduação e de MBAs mas também executivos e participantes de programas de treinamento. Greg Gregoriades e Bakshi Mamta (MBA, Ohio, 2003) fizeram críticas à proposta do livro. Além disso, muitos pesquisadores assistentes trabalharam no livro para torná-lo melhor, quais sejam Yi Jiang, Daniel Sangcheol Song, Tara Wedwaldt, Qi Zhou e David Zhu. Agradeço imensamente a ajuda dessas pessoas.

Vinte e quatro colegas da Austrália, Dinamarca, Hong Kong (China), Israel e Estados Unidos forneceram gentilmente material para os estudos de caso. Muitos deles são especialistas que residem nos países onde os casos ocorreram ou vieram desses locais. São eles:

- David Ahlstrom, *Universidade Chinesa de Hong Kong, Hong Kong, China.*
- Uri Ben-Zio, *Universidade Ben-Gurion, Israel.*
- Garry Bruton, *Universidade Cristã do Texas, EUA.*
- Asda Chintakananda, *Universidade da Carolina do Norte, em Chapel Hill, EUA.*
- Mauro Guillén, *Escola Wharton, Universidade da Pensilvânia, EUA.*
- Gdaliahu Harel, *Instituto de Tecnologia Technion, Israel.*
- Yi Jiang, *Fisher College of Business, Universidade de Ohio, EUA.*
- Aldas Pranas Krianciunas, *Universidade Purdue, EUA.*
- Peter Liesch, *Universidade de Queensland, Austrália.*
- Yuan Lu, *Universidade Chinesa de Hong Kong, Hong Kong, China.*
- Mona Makhija, *Fisher College of Business, Universidade de Ohio, EUA.*
- Daniel McCarthy, *Universidade Northeastern, EUA.*
- Sara McGaughey, *Copenhagen Business School, Dinamarca.*

- Klaus Meyer, *Copenhagen Business School, Dinamarca.*
- Duncan Poulson, *Universidade da Tasmânia, Austrália.*
- Sheila Puffer, *Universidade Northeastern, EUA.*
- Charles Stevens, *Fisher College of Business, Universidade de Ohio, EUA.*
- Qingjiu (Tom) Tao, *Universidade de Lehigh, EUA.*
- Tony W. Tong, *Universidade de Nova York, em Buffalo, EUA.*
- Adrian Tschoegel, *Wharton School, Universidade da Pensilvânia, EUA.*
- Tara Wedwaldt, *Fisher College of Business, Universidade de Ohio, EUA.*
- Anne York, *Universidade de Nebraska, em Omaha, EUA.*
- Michael Young, *Universidade Chinesa de Hong Kong, Hong Kong, China.*
- David H. Zhu, *Universidade de Michigan, EUA.*

Meus agradecimentos também aos 15 revisores, que forneceram excelentes pareceres, em tempo oportuno, ajudando a transformar este livro em um produto melhor. São eles:

- David Ahlstrom, *Universidade Chinesa de Hong Kong, Hong Kong, China.*
- Jeff Belsky, *Instituto Técnico de Pittsburgh.*
- Darla Domke Damonte, *Universidade Coastal.*
- M. D. Giambattista, *Universidade de Washington.*
- Michael Hergert, *Universidade Estadual de San Diego.*
- Andrew Inkpen, *Escola de Pós-Graduação em Administração Internacional Thunderbird.*
- John A. Kilpatrick, *Universidade Estadual de Idaho.*
- Klaus Meyer, *Copenhagen Business School.*
- Mark Milstein, *Universidade da Carolina do Norte, em Chapel Hill.*
- Ed Murphy, *Universidade Nova Southeastern.*
- Laura Poppo, *Universidade de Vermont.*
- Jude Rathburn, *Universidade de Wisconsin, em River Falls.*
- William Ritchie, *Universidade da Costa do Golfo da Flórida.*
- William D. Roering, *Universidade Estadual de Michigan.*
- Carol Sanchez, *Universidade Estadual de Grand Valley.*

Por último, mas não menos importante, agradeço a minha esposa, Agnes, minha filha, Grace e meu filho, James, aos quais este livro é dedicado. Quando o editor entrou em contato comigo pela primeira vez, em 2002, Grace tinha somente dois meses de idade e James não havia nascido. Agora que o livro está pronto, James tem quatro meses de idade e Grace, dois anos. Ambos são muito saudáveis, felizes e calmos; choram no máximo de 5 a 10 minutos todo dia, portanto são cooperativos. Grace sabe que, quando "o papai está escrevendo o livro", ela não pode abraçá-lo, embora algumas vezes ela não resista à tentação, e James sorri. Faço parte da terceira geração de professores da minha família e pergunto-me se um deles (ou ambos) formará, algum dia, a quarta geração de professores. Agradeço muito a meus sogros, que ajudaram quando Grace nasceu e a minha mãe (professora aposentada), que deu conta de cuidar de James quando ele nasceu. Sem tal ajuda instrumental, a redação deste livro sofreria um atraso significativo. A vocês, meus agradecimentos e meu amor.

MWP

10 de outubro de 2004.

Sobre o autor

Mike W. Peng é professor de estratégia global na Universidade do Texas, em Dallas, e ocupa, nessa instituição, a vaga de "Provost´s Distinguished Professor", criada especificamente para atraí-lo a se unir ao corpo de professores da universidade em 2005. Obteve o grau de doutor na Universidade de Washington, em Seattle, onde iniciou sua carreira. Antes de fazer parte do corpo docente da Universidade do Texas, o professor Peng trabalhou na Universidade de Ohio, na Universidade Chinesa de Hong Kong e na Universidade do Havaí. Além disso, foi convidado para participar de eventos na China (Universidade Xian Jiaotong, Universidade Sun Yat-sem e Escola de Negócios Cheung Kong), Dinamarca (Escola de Negócios de Copenhagen), Reino Unido (Universidade de Nottingham), Hong Kong (Universidade Politécnica de Hong Kong) e Vietnã (Universidade de Comércio Exterior), bem como nos Estados Unidos (Universidade de Memphis, Universidade de Michigan e Universidade de Seattle Pacific). Em bases mundiais, o professor Peng tem ensinado para estudantes de todos os níveis – gradução, Ph.D., EMBA, treinamentos executivos e universitários.

O professor Peng é conhecido como um dos acadêmicos mais produtivos e influentes em estratégia global. Verdadeiramente global, sua pesquisa é centrada nas estratégias de empresas em regiões como a Ásia e a Europa Central e Oriental, envolvendo países como China, Hong Kong, Japão, Rússia, Coréia do Sul, Tailândia, e nos Estados Unidos. Publicou mais de 40 artigos nos principais periódicos acadêmicos e é autor de *Behind the Success and Failure of U.S. Export Intermediaries* (1998) e *Business Strategies in Transition Economies* (2000). *Estratégia Global* é seu terceiro livro, tendo sido traduzido para o chinês em 2006. Atualmente está escrevendo seu quarto livro, *Global Business*, que será publicado em 2008.

O professor Peng é ativo em posições de liderança em seu campo de estudos. Na Strategic Management Society, foi o primeiro a ser eleito para o Program Chair of the Global Strategy Interest Group (2005-07). Na Academy of Management, é responsável pelo Junior Faculty Consortium para a Divisão de Gerenciamento Internacional nos encontros de Atlanta. Na Academy of International Business, foi co-diretor de programação da Research Frontiers Conference em São Diego (2006). Atuou na equipe editorial das seguintes publicações: *Academy of Management Journal*, *Academy of Management Review*, *Journal of International Business Studies* e *Strategic Management Journal*. Também foi editor convidado do *Journal of International Business Studies* e do *Journal of Management Studies*. No momento, é redator-chefe do *Asia Pacific Journal of Management*.

O professor Peng também é um orientador acadêmico ativo. Treinou mais de 70 professores, ensinando-os, na prática, como ministrar cursos de negociações internacionais. Também é consultor de várias organizações como BankOne, Berlitz International, Câmara de Comércio Chinesa, Conselho de Fomento a Pesquisas de Hong Kong, National Science Fundation, Nationwide Insurance, Ohio Polymer Association, Câmara de Comércio EUA-China e Banco Mundial. Sua pesquisa orientada para os negócios foi publicada na *Harvard Business Review*, na *Academy of Management Executive* e na *China Business Review*.

O professor Peng recebeu diversos prêmios. Foi reconhecido como Expert Estrangeiro pelo governo chinês. Um dos trabalhos publicados na *Academy of Management Review* foi denominado "new hot paper" (baseado em citações), representando *todo* o campo de Economia e Negócios pelo Institute for Scientific Information (ISI), que publica o Social Sciences Citation Index (SSCI). Recebu o Scholarly Contribution Award da International Association for Chinese Management Research (IACMR). Foi citado em publicações como *Newsweek*, *The Exporter Magazine*, *Business Time* (Cingapura), *Voice of America* e *The World Bank*.

Além disso, a pesquisa de alto impacto e alta visibilidade do Professor Peng também angariou fundos externos significativos, totalizando mais de meio milhão de dólares de fontes como a US National Science Fundation, Hong Kong Research Grants Council e Taiwan National Science Council. No momento o professor Peng está desenvolvendo uma pesquisa com duração de cinco anos pelo CAREER Grant da National Science Fundation (anteriormente chamada de Young Investigation Award). Esta é a maior bolsa (de US$ 423.000) que a NSF concedeu ao membro de uma faculdade de negócios.

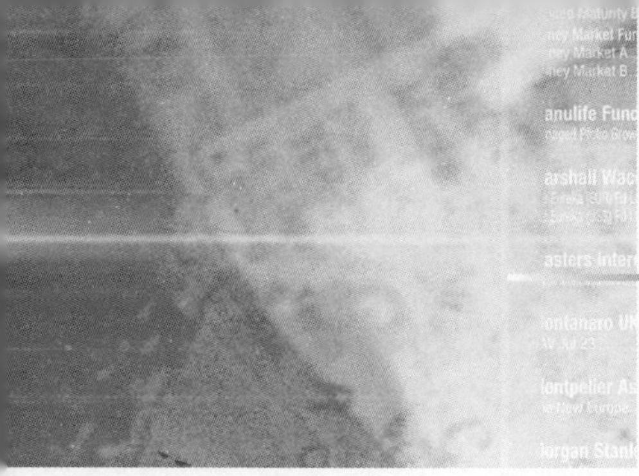

Sumário

Parte I

Fundamentos da estratégia global

1 Definindo estratégias pelo globo

2 Administrando a competição industrial

3 Alavancando recursos e capacidades

4 Enfatizando instituições, culturas e ética

CAPÍTULO 1

Definindo estratégias pelo globo

Sumário

- Um Livro *Global* sobre Estratégia Global
- Para que Estudar Estratégias Globais?
- O que é Estratégia?
- Pontos Fundamentais em Estratégia
- O que é Estratégia Global?
- O que é Globalização?
- Estratégia Global e Globalização em uma Encruzilhada
- Organização do Livro

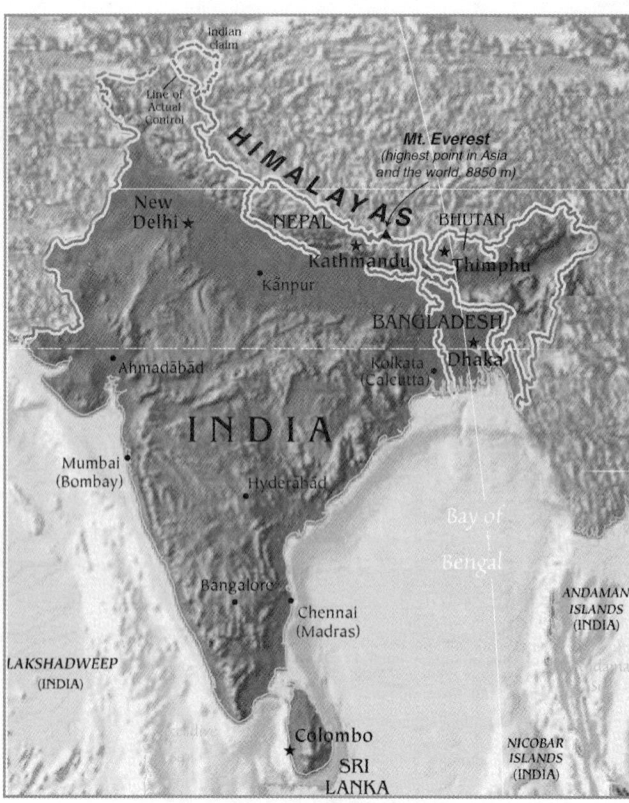

Caso de Introdução: Competindo dentro e fora da Índia

A recente ascensão da Índia como importante jogadora global no tocante à tecnologia da informação (TI) e serviços correlatos tem sido fenomenal. As receitas de empresas de tecnologia da informação indianas alcançaram US$ 6,2 bilhões em 2003, tendo atingido US$ 500 milhões na metade da década de 1990. Estima-se que essas empresas tenham uma taxa anual de crescimento composta de 34% até 2008, o que totalizará US$ 77 bilhões. Embora a princípio possuíssem somente duas funções básicas – programação de softwares e centros de assistência – atualmente, entre as tarefas desempenhadas por empresas indianas, incluem-se transcrição de relatórios médicos (e, em alguns casos, fornecimento de diagnósticos), editoração eletrônica, arquivamento de restituições de impostos, processos de títulos de seguros, preparação de apresentações e afins. Como os limites entre softwares, serviços de tecnologia da informação e processos comerciais tornam-se imprecisos, o termo "tecnologia da informação" torna-se limitado. Surge, então, um novo jargão: "terceirização de processos de negócios".

Tal crescimento é ainda mais impressionante quando se considera que, até 1991, a Índia ainda não havia iniciado grandes reformas com relação à abertura de seu mercado e, diferentemente da China, que se tornou um importante fabricante de manufaturados, a Índia não conseguiu atrair investimentos diretos externos significativos. Em vez de seguir a evolução comum de pequena fabricante de produtos simples até tornar-se fabricante de produtos e serviços com maior valor agregado (como exemplificado por Cingapura e pela Coréia do Sul), a Índia é a primeira grande economia emergente que construiu diretamente sua competitividade internacional em serviços.

Por que a indústria de tecnologia da informação (ou de terceirização de processos de negócios) indiana emergiu com tamanha influência global (perdendo apenas para os Estados Unidos)? A combinação entre a natureza da indústria, as capacidades das empresas indianas e a grande estrutura institucional que governa a competição dentro e fora da Índia pode fornecer algumas explicações. Primeiro, a natureza dessa indústria – que vai ao encontro das necessidades de serviços em tecnologia da informação de empresas multinacionais, como a Boeing (http://www.boeing.com), a DaimlerChrysler (http://www.daimlerchrysler.com) e a Lehman Brothers (http://www.lehman.com) – impõe uma rivalidade intensa entre os prestadores de serviços. Ao grupo comum, formado por Accenture (http://www.accenture.com),Price waterhouseCoopers (http://www.pwcglobal.com), IBM (http://ibm.com) e EDS (http://www.eds.com), somam-se agora as empresas indianas. Por exemplo, Tata Consultancy Services (TCS, http://www.tcs.com), Infosys (http://www.infosys.com), Wipro (http://www.wipro.com), Satyam (http://www.satyam.com) e HCL (http://www.hclinfosystems.com) oferecem qualidade excelente combinada a custos significativamente baixos – geralmente de 20 a 25% menores que suas concorrentes ocidentais. Por um dado projeto, um programador de Bangalore cobraria US$ 10 mil por ano para executar um trabalho igual, ou melhor, que o de um programador do Vale do Silício, que cobraria US$ 60 mil por ano. Muitas empresas da Índia entraram nesse setor industrial como subempreiteiras a serviço das sobrecarregadas empresas ocidentais durante a crise dos softwares ocorrida na virada do milênio. A partir de então, expandiram suas responsabilidades até mesmo à assistência em tecnologia da informação. Por exemplo, os engenheiros indianos da Wipro trabalham com dois monitores em suas mesas – um referente ao próprio sistema e outro, ao sistema de um profissional da Lehman Brothers. Dessa forma, qualquer problema é monitorado e solucionado na Índia. Atualmente, algumas importantes empresas indianas desejam ser mais valorizadas e bem pagas por seus "provedores integrais de serviços".

As empresas indianas possuem várias capacidades valiosas, únicas e difíceis de reproduzir. As dez horas de diferença entre os Estados Unidos e a Índia permitem que os clientes norte-americanos ofereçam serviços 24 horas, trocando os trabalhadores norte-americanos por indianos durante a noite. O fato de possuírem um staff anglófono dificulta que concorrentes do Brasil, da China e da Polônia, que não falam inglês, ganhem contratos de serviços de empresas multinacionais ocidentais. Lutando para combater o ataque das empresas indianas, algumas companhias norte-americanas, incluindo Accenture, PricewaterhouseCoopers, IBM e EDS, estão estabelecendo subsidiárias na Índia.

Em 2004, por exemplo, a Accenture e a IBM contrataram 4 mil pessoas cada na Índia. Lutando contra isso, várias empresas indianas, na tentativa de serem mais responsivas com relação aos compradores e ganharem confiança de futuros clientes, têm investido bastante em países do Ocidente, especialmente nos Estados Unidos. Nesse processo, tais empresas, que se tornaram um novo tipo de empresa multinacional, querem ser "menos indianas". Por exemplo, a Wipro planeja aumentar nos próximos cinco anos a proporção de seu staff não indiano de 3%, de um total atual de 13 mil, para 15% . Recentemente, a empresa fixou sua segunda instalação em Santa Clara, na Califórnia, coração do Vale do Silício.

Institucionalmente, as reformas econômicas ocorridas na Índia após 1991 tornaram possível a existência de um ambiente aberto, competitivo e empreendedor. Além da Índia, o ambiente global, mais amplo e pró-globalização, também ajudou. Entretanto, com o tempo, o sucesso fenomenal das empresas da Índia vem sofrendo ataques no Ocidente, tanto formal como informalmente. No aspecto formal, a fim de proteger os empregos, alguns estados norte-americanos criaram leis que impedem empresas indianas de ganharem contratos oficiais. No aspecto informal, a reação é mais difusa. Enfrentando perdas significativas de empregos, vários políticos, jornalistas, ativistas e desempregados, em economias desenvolvidas, estão descontentes (ver, por exemplo, as histórias postadas em http://www.yourjobisgoingtoindia.com) e exigem que sejam tomadas ações protecionistas. Além dessa reação política, as empresas indianas de tecnologia da informação (terceirização de processos de negócios) também enfrentam uma grande competição internacional. No curto prazo, as Filipinas, que fornecem muitos profissionais anglófonos a baixo custo parecem determinadas a "comer parte da fatia" de mercado indiana. No longo prazo, a Bulgária, a China e a Romênia emergem como competidores globais em potencial. Para executivos de empresas indianas de tecnologia da informação (terceirização de processos de negócios) e suas empresas clientes (atuais e em potencial), está em primeiro lugar aprender a definir estratégias com custo eficiente, qualidade satisfatória e de maneira politicamente correta.

Fontes: Baseado em (1) S. Baker; M. Kripalani, 2004, Will outsourcing hurt America's supremacy? *Business Week*, 1º de março: 85-94; (2) *Economist*, 2003, America's pain, India's gain, 11 de janeiro: 57; (3) *Economist*, 2003, An American in Bangalore, 8 de fevereiro: 64; (4) *Economist*, 2003, Backroom deals, 22 de fevereiro: 70-71; (5) *Economist*, 2004, The remote future, 21 de fevereiro: 14-15; (6) Y. Huang; T. Khanna, 2003, Can India overtake China? *Foreign Policy*, julho-agosto: 74-81; (7) D. Kapur; R. Ramamurti, 2001, India's emerging competitive advantage in services, *Academy of Management Executive*, 15 (2): 20-32; (8) M. Kripalani, 2004, Scrambling to stem India's onslaught, *Business Week*, 26 de janeiro: 81-82.

Um livro *global* sobre estratégia global

Como as companhias competem ao redor do globo? Como na indústria de tecnologia da informação (terceirização de processos de negócios) na Índia, as várias empresas locais e as concorrentes estrangeiras interagem, competem e/ou, às vezes, colaboram umas com as outras? Quais estratégias as empresas indianas, que visam ocupar altas posições no mundo, utilizam? Como suas concorrentes multinacionais ocidentais reagem? O que determina seu sucesso e fracasso? Em virtude do fato de estratégia dizer respeito a competir e ganhar, este livro sobre estratégia global ajuda estrategistas atuantes e em potencial a responder essas e outras questões importantes.

Entretanto, este livro *não* está centrado em nenhuma forma específica de estratégia internacional (além das fronteiras), característica dos produtos e serviços padronizados distribuídos nesse setor. Comumente designada **estratégia global** por falta de um termo mais adequado, esse tipo de estratégia tem sido defendido em livros tradicionais sobre estratégia global por mais de duas décadas.[1] No entanto, atualmente há um grande descontentamento e muita reflexão por parte de administradores frustrados, pois seus "carros mundiais", suas "bebidas mundiais" ou sua "publicidade mundial" foram incapazes de conquistar o mundo.[2] Na verdade, **empresas multinacionais**, definidas como empresas que fazem **investimentos diretos externos**, que controlam e administram atividades com valor agregado em outros países,[3] geralmente devem adaptar suas estratégias, seus produtos e serviços aos mercados locais. Um exemplo disso é que o fundamento principal do sucesso das empresas indianas de tecnologia da informação está na personalização. Não existe um "carro mundial" na indústria automobilística. Carros que são populares em certa região costumam ser rejeitados em outras. O Camry, da Toyota, é o carro mais vendido nos Estados Unidos, mas é pouco vendido no Japão. O Golf, da Volkswagen, e o Mondeo, da Ford (anunciado como Contour, nos Estados Unidos), dominaram a Europa, mas tiveram pouca visibilidade nas ruas da Ásia e da América do Norte.[4]

A Coca-Cola, designada "bebida mundial", atualmente tem sabores diferentes ao redor do mundo (variação no teor de açúcar). Os esforços da Coca-Cola Company de produzir "comerciais mundiais", centrados no suposto apelo do urso polar a valores e interesses gerais, foram arruinados por telespectadores que não responderam da forma esperada. Em resposta a isso, a Coca-Cola passou a produzir uma propaganda mais dispendiosa, porém mais eficaz, específica para cada país. Por exemplo, a subsidiária da Índia lançou uma campanha de propaganda na qual a Coca-Cola é comparada à "*thanda*", palavra em híndi que significa "frio". A subsidiária da China comemora o ano-novo segundo o calendário chinês (geralmente em fevereiro). Já a subsidiária da Alemanha desenvolveu uma série de anúncios que traziam um erotismo "escondido" (!).[5]

É evidente que a noção limitada de "estratégia global" – em outras palavras, a estratégia "um tamanho serve para todos" – em voga nas últimas duas décadas, embora útil para algumas empresas de certos setores da indústria, com freqüência é incompleta e desequilibrada. Isso se reflete em pelo menos três manifestações:

- É comum que a busca, em âmbito mundial, por redução de custos, consolidação e reestruturação em nome da estratégia global sacrifique a responsividade local e o aprendizado global. Os resultados podem ser insatisfatórios em muitos casos, e desastrosos em outros. Muitas empresas multinacionais desistiram de tal estratégia. Por exemplo, a MTV mudou da programação padrão em língua inglesa (dos Estados Unidos) para uma série de programações em idiomas locais. A Mitsubishi Motors recentemente descartou seus planos de fazer de sua Montero Sport um "carro mundial". É interessante notar que essa companhia japonesa esforçou-se para tornar esse carro mais americanizado. Com mais de 5 mil filiais espalhadas por 79 países e territórios, o Hong Kong and Shanghai Banking Corporation (HSBC) era o maior banco do mundo até a fusão do Citigroup com o Travelers, em 1998. Entretanto, em vez de enfatizar seu poder "global", o HSBC vangloriava-se de ser "o banco local do mundo" (Figura 1.1).
- Em sua definição, a noção limitada de estratégia global centra-se em como competir no âmbito internacional e ainda como concorrentes globais (Coca-Cola *versus* Pepsi, Toyota *versus* Honda, Reuters *versus* Bloomberg) se desafiam em um país após o outro. Conseqüentemente, a questão de como companhias domésticas competem, tanto entre si quanto com concorrentes estrangeiras, parece ser ignorada. Alguém sabe as nacionalidades e os setores industriais das seguintes companhias: Hutchison Whampoa, Singtel e Cemex? Estabelecidas em Hong Kong, Cingapura e México, essas três empresas são grandes competidoras em diversificados setores da indústria, telecomunicações e indústria de materiais para construção, respectivamente. Também são as três maiores empresas multinacionais de economias emergentes, classificadas por ativos *fora* de seus países.[6] Se tais companhias não são detectadas pelo radar dos estrategistas globais, é provável que esse radar esteja cego para muitos aspectos.
- A idéia atual de estratégia global parece ser relevante somente para empresas multinacionais de economias desenvolvidas, principalmente da América do Norte, da Europa e do Japão – em geral, denominados a **Tríade**[7] – a fim de competirem em outras economias desenvolvidas, em que as rendas e preferências dos consumidores sejam semelhantes. Em 2002, a China roubou a posição dos Estados Unidos de maior receptor de investimentos diretos externos do mundo. A ascensão da China é seguida pela ascensão de outras economias emergentes, como Brasil, Índia, México e África do Sul, cada qual atraindo porcentagens globais crescentes de investimentos diretos externos. As **economias emergentes**, termo referente a economias em desenvolvimento que vêm experimentando um rápido crescimento desde 1990, atualmente concentram ⅓ de participação no fundo mundial de investimentos diretos externos. Uma vez que economias emergentes tornam-se cada vez mais o novo cenário de batalhas globais, muitas empresas locais estão entrando na briga.[8] As indianas TCS, Infosys e Wipro, por exemplo, surgiram como sérias competidoras contra empresas multinacionais ocidentais como IBM e EDS (ver Caso de Introdução). Companhias vindas de economias emergentes, que competem cada vez mais, tanto interna quanto externamente em mercados de seus países de origem, estão criando ramificações que vão além das empresas multinacionais da Tríade e, portanto, devem chamar nossa atenção.[9]

FIGURA 1.1 HSBC: O Banco Local do Mundo

Como resultado, mais e mais administradores e acadêmicos se detêm na idéia de modificar (ou até mesmo abandonar) a abordagem tradicional de estratégia global.[10] Estratégia em Ação 1.1 (p. 7) ilustra como focar estrategicamente a base da pirâmide econômica global; a saber, as 4 a 5 bilhões de pessoas ao redor do mundo que vivem na pobreza e têm sido ignorados pela estratégia global tradicional, no entanto, podem fornecer fortes mecanismos de crescimento para o desenvolvimento futuro. Acima de tudo, este livro pode ser considerado como parte do extenso movimento em busca de melhor compreensão sobre *definição de estratégias e competição efetivas pelo globo*, e não somente sobre uma "estratégia global" em si própria.

Este livro se diferencia dos livros sobre estratégia global existentes no mercado, pois fornece uma abordagem mais balanceada, não somente em relação à estratégia global tradicional e às estratégias não globais, mas também em relação tanto às perspectivas das empresas multinacionais como às visões das empresas locais. Além disso, esta obra não apenas examina a competição em economias desenvolvidas, mas também reserva grande espaço às batalhas competitivas travadas em economias emergentes. Em poucas palavras, este é, de fato, um livro *global* sobre estratégia global.

Estratégia em ação 1.1.

Estratégia para a base da pirâmide

Nem mesmo a "estratégia global" tradicional das empresas multinacionais da Tríade é global, pois está focada nos consumidores mais ricos da América do Norte, da Europa e do Japão. Até mesmo quando se inserem em economias emergentes, essas multinacionais costumam concentrar-se nos consumidores de renda mais alta. Como conseqüência, essa estratégia lida apenas com 1 bilhão de pessoas, situadas no vértice da pirâmide econômica global, ignorando a vasta base. A segunda camada da pirâmide é composta por mais de 1 bilhão de pessoas com renda anual entre US$ 2 mil e US$ 20 mil. Os 4 bilhões de pessoas situados na base da pirâmide ganham menos de US$ 2 mil por ano.

A estratégia das empresas multinacionais é de fácil compreensão; elas presumem que pobres não têm dinheiro e que não há, portanto, oportunidades lucrativas nesse caso. Entretanto, apesar da baixa renda individual, o poder de compra coletivo das pessoas pobres é substancial. Os habitantes pobres do Rio de Janeiro, por exemplo, possuem um poder de compra total de US$ 1,2 bilhão. Embora o modelo comercial existente, em que a preocupação é servir consumidores abastados, possa passar por fases difíceis ao considerar a base da pirâmide, há oportunidades empreendedoras que estão sendo exploradas principalmente por empresas locais e por um pequeno número de empresas multinacionais de visão. Na Índia, por exemplo, a Arvind Mills (*http://www.arvindmills.com*) introduziu o Ruf and Tuf Jeans, um kit para fabricação de jeans que custa US$ 6, atualmente líder de mercado naquele país, superando marcas globais como a Levi's (*http://www.levi.com*), cujos preços variam entre US$ 20 e US$ 40 a unidade. Na China, a Li Ning (*http://www.lining.com.cn*) bateu a Nike (*http://www.nike.com*) e a Reebok (*http://www.reebok.com*), entrando no mercado rural, no qual não há vestígios de empresas multinacionais. A Li Ning agora lidera com 50% de *market share* (participação no mercado) na China (ver Caso de Conclusão, no Capítulo 5). Na zona rural de Bangladesh, onde a renda *per capita* era de apenas US$ 300, poucos possuíam telefones celulares. A Grameen Telecom (*http://www.gtctelecom.com*) inovou concedendo "pequenos empréstimos" de US$ 175 junto com telefones celulares a empreendedores, que então poderiam vender a utilização de ligações telefônicas aos habitantes locais, lucrando US$ 300 por ano.

Posto que os mercados desenvolvidos estão saturados, a base da pirâmide pode fornecer fortes mecanismos de crescimento, não só a economias emergentes, mas também a mercados desenvolvidos. Por exemplo, a Unilever (*http://www.unilever.com*), baseada no sucesso na Índia rural, de sua subsidiária indiana Hindustan Lever (*http://www.hll.com*), centra-se hoje na base da pirâmide como prioridade estratégica corporativa. Atualmente, várias fábricas de carros, como a GM (*http://www.gm.com*) e a Honda (*http://www.honda.com*), buscam desenvolver modelos de carros a US$ 5 mil para a emergente classe média chinesa. Em virtude da incapacidade de produzir de forma lucrativa tais modelos nos Estados Unidos e no Japão, imagina-se o lucro em potencial que esses modelos desenvolvidos na China podem dar ao voltarem a seus países de origem, onde os carros mais baratos são vendidos a US$ 10 mil. Acima de tudo, modos criativos de configuração de produtos e serviços a fim de abocanhar a base da pirâmide possuem grande valor ético e moral, pois melhoram as condições de vida de muitas pessoas e geram desenvolvimento econômico. Entretanto, as empresas não devem fazê-lo por caridade. Tal estratégia gera lucros. A pergunta de 1 milhão de dólares é: como?

Fontes: Baseado em (1) S. Hart; C. Christensen, 2002, The great leap: Driving innovation from the base of the pyramid, *MIT Sloan Management Review*, outono: 51-56; (2) S. Hart; M. Milstein, 1999, Global sustainability and the creative destruction of industries, *MIT Sloan Management Review*, outono: 23-33; (3) C. K. Prahalad; A. Hammond, 2002, Serving the world's poor, profitably, *Harvard Business Review*, setembro: 48-57.

Por que estudar estratégias globais?

Estratégia global é um dos temas mais interessantes e desafiadores oferecidos pelas escolas de negócios. Há, pelo menos, três razões que levam uma pessoa a estudar estratégia global. Primeira, os profissionais (tanto pós-graduados como graduados) mais procurados e bem pagos dessa área são consultores administrativos com especialização em estratégia global. É possível ser um deles. Se a pessoa quer fazer parte das maiores empresas, além de setores industriais, especialização em estratégia global costuma ser um dos pré-requisitos. Eventualmente, costuma-se exigir experiência internacional, e não somente conhecimento.[11] Entretanto, possuir conhecimentos e mostrar interesse em estratégia global durante a formação transformará a pessoa em um candidato ideal a um cargo de administração no exterior, o que lhe permitirá adquirir a tão importante experiência internacional.[12]

Segunda, mesmo profissionais de grandes companhias que não têm interesse em trabalhar com consultorias, nem visam competir por um cargo superior; pessoas que trabalham em pequenas empresas ou profissionais liberais podem lidar com fornecedores e compradores externos, competindo com empresas estrangeiras no mercado de seu próprio país de origem e, talvez, até vendam e invistam no exterior. Da mesma forma, uma pessoa pode trabalhar em uma corporação de propriedade de estrangeiros, que era de um empregador doméstico e foi comprada por um jogador estrangeiro, ou ficar desempregada porque a unidade foi fechada visando obter consolidação global. Cada um desses casos é um cenário provável. Corporações de propriedade de estrangeiros empregam diretamente cerca de 80 milhões de pessoas no mundo, incluindo 5,2 milhões de americanos, 1 milhão de britânicos e 18 milhões de chineses. Subsidiárias de corporações norte-americanas, entretanto, empregam aproximadamente 8 milhões de africanos, asiáticos, australianos, canadenses, europeus e latino-americanos.[13] Compreender como as decisões estratégicas são tomadas pode facilitar a carreira de uma pessoa em tais organizações.[14] Se há uma racionalidade estratégica nos cortes de uma unidade, qualquer pessoa gostaria de descobri-la e ser a primeira a colocar o currículo no Monster.com e o último a receber a carta de demissão. Posto que cerca de 11% dos empregos norte-americanos, tanto operacionais quanto administrativos, estão vulneráveis à competição global,[15] esse é um cenário bastante realista. Em outras palavras, todos devem ser mais *estratégicos*. O que está em jogo é a carreira. Não seja o último a saber!

Por fim, até mesmo estudantes de outras áreas e leitores em geral devem ter conhecimento sobre estratégia global a fim de estar a par do que se passa na economia global. Não é preciso ser um homem de negócios ou um administrador para observar o impacto da globalização em sua vida. Uma análise superficial dos países que produzem sua camiseta, seu computador e seu carro (ou bicicleta) o fará pensar nisso. Como um cidadão bem instruído e informado, é necessário que se compreenda esse importante fator do mundo contemporâneo. Para tanto, primeiro é preciso entender o que é estratégia, nosso próximo assunto.

O que é estratégia?

Esta seção introduz a origem da estratégia, enfatiza as duas principais escolas de pensamento da discussão moderna sobre esse tema e pontua a definição de estratégia utilizada em todo o livro.

Origem

Derivada do grego antigo *strategos*, a palavra "estratégia" refere-se originalmente à "arte do general". Estratégia possui fortes raízes militares, desde os trabalhos de Sun Tzu, estrategista militar chinês, que escreveu em aproximadamente 500 a.C.[16] Seu ensinamento mais famoso é "Conheça a si próprio, conheça seu inimigo; enfrente centenas de batalhas, obtenha centenas de vitórias". A aplicação dos princípios da estratégia militar na competição de negócios, conhecida como **administração estratégica** ou somente **estratégia**, é um fenômeno mais recente, do início da década de 1960.[17]

TABELA 1.1 O que é Estratégia?

ESTRATÉGIA COMO PLANO
• "Trata-se de traçar planos de guerra e dirigir campanhas individuais e, nelas, decidir sobre os engajamentos individuais." (Von Clausewitz, 1976)[1] • "Uma série de planos concretos a fim de ajudar a organização a alcançar seus objetivos." (Oster, 1994)[2]
ESTRATÉGIA COMO AÇÃO
• "A arte de distribuir e aplicar meios militares a fim de se cumprir um fim político." (Liddel Hart, 1967)[3] • "Um padrão em um fluxo de ações ou decisões." (Mintzberg, 1978)[4] • "A criação de uma posição única e valiosa, que envolve uma série de atividades... fazendo *trade-off* em competir... criando uma coerência entre as atividades da companhia." (Porter, 1996)[5]
ESTRATÉGIA COMO INTEGRAÇÃO
• "A determinação dos objetivos básicos da empresa em longo prazo, a adoção de modos de ação e a alocação dos recursos necessários para o cumprimento dos objetivos." (Chandler, 1962)[6] • "Uma série de comprometimentos e ações integrados e coordenados, desenvolvidos a fim de explorar as competências centrais e ganhar vantagem competitiva." (Hitt, Ireland e Hoskisson, 2003)[7]

Fontes: Baseado em (1) K. Von Clausewitz, 1976, *On War*, v. 1 (p. 177), Londres: Kegan Paul; (2) S. Oster, 1994, *Modern Competitive Analysis*, 2. ed. (p. 4), Nova York: Oxford University Press; (3) B. Liddell Hart, 1967, *Strategy*, 2. ed. rev. (p. 321), Nova York: Meridian; (4) H. Mintzberg, 1978, Patterns in strategy formulation (p. 934), *Management Science*, 24: 934-948; (5) M. Porter, 1996, What is strategy? (p. 68, 70 e 75), *Harvard Business Review*, 74 (6): 61-78; (6) A. Chandler, 1962, *Strategy and Structure* (p. 13), Cambridge, MA: MIT Press; (7) M. Hitt, D. Ireland; R. Hoskisson, 2003, *Strategic Management*, 5. ed. (p. 9), Cincinnati: Thomson South-Western.

Plano *versus* ação

Em razão do fato de que estratégia de negócios é um campo relativamente novo (apesar das antigas raízes na estratégia militar), o que define estratégia tem sido matéria de intensas discussões. Como mostrado na Tabela 1.1, há três escolas de pensamento. A primeira, **estratégia como plano**, é a mais antiga. Baseada no trabalho de Von Clausewitz, estrategista militar prussiano (alemão) do século XIX,[18] essa escola sugere que a estratégia encarna nos planejamentos explícitos, rigorosamente formais e militares. O exemplo mais extremo de planejamento de longo alcance pode ser encontrado no plano de 250 anos de Matsushita (ver Estratégia em Ação 1.2).

Entretanto, a escola do planejamento, até mesmo dentro do campo da estratégia militar, foi desafiada pelas proposições de Linddell Hart, estrategista militar britânico do início do século XX, que argumentava ser a estratégia uma série de ações flexíveis e orientadas pelos objetivos.[19] Hart era a favor de uma abordagem indireta buscando ações rápidas e flexíveis a fim de evitar uma colisão frontal com os inimigos. Dentro do campo da estratégia de negócios, o defensor mais vigoroso dessa escola de **estratégia como ação** é Henry Mintzberg, acadêmico canadense. Mintzberg postula que, além da **estratégia pretendida**, enfatizada pela escola, pode haver uma **estratégia emergente**, que não é resultado do planejamento "meticuloso", "de cima para baixo", mas conseqüência de um fluxo de pequenas decisões "práticas" "de baixo para cima".[20]

Estratégia como teoria

Embora a discussão entre a escola do planejamento e a escola da ação esteja longe de um fim, muitos acadêmicos e administradores perceberam que, na realidade, a essência da estratégia é como uma *combinação* tanto de ações deliberadamente planejadas quanto de atividades emergentes não planejadas, o que leva a uma escola da **estratégia como integração**.[21] Primeiramente defendida por Alfred Chandler,[22] historiador norte-americano da área de negócios, essa escola de pensamento mais equilibrada, da estratégia como integração, foi adotada em muitos textos sobre estratégia[23] e é a perspectiva adotada por este livro. Mais especificamente, ampliamos a escola da estratégia como integração, definindo **estratégia** como *uma teoria da empresa sobre como competir com sucesso*.[24]

Estratégia em ação 1.2.

Um plano de 250 anos da Matsushita

Konosuke Matsushita é denominado KM na Matsushita (*http://www.panasonic.co.jp*), companhia estabelecida no Japão. Em 5 de maio de 1932, no 14º aniversário de fundação da companhia, KM anunciou sua filosofia comercial e um plano de 250 anos, dividido em dez segmentos de 25 anos. Sua filosofia de negócios, que se institucionalizou por meio de programas de treinamento mundiais, define as metas fundamentais da companhia e os primeiros meios para alcançá-las. As propostas filosóficas são: "o objetivo da empresa é contribuir com a sociedade fornecendo mercadorias de alta qualidade a preços baixos e em grande quantidade" e "o lucro é a compensação da contribuição com a sociedade". Essa filosofia compreende os Sete Espíritos de Matsushita, que são: (1) serviço por meio da indústria, (2) integridade, (3) harmonia e cooperação, (4) luta pelo progresso, (5) cortesia e humildade, (6) ajuste e assimilação e (7) gratidão. Os administradores da Matsushita ainda fazem referência a esses princípios obviamente flexíveis e os utilizam para guiar os pensamentos estratégicos mesmo após tanto tempo da morte de KM.

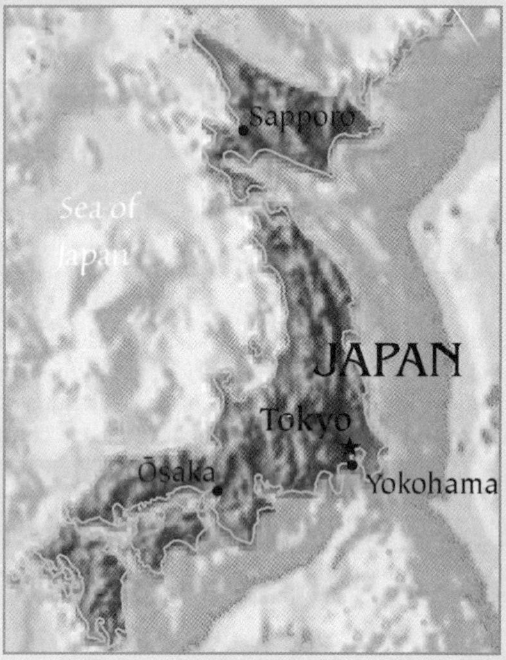

Fontes: Baseado em (1) C. Bartlett; S. Ghoshal, 1989, Managing Across Borders: *The Transnational Solution* (p. 41), Boston: Harvard Business School Press. (2) http://panasonic.co.jp (acesso em 26 de julho de 2004).

Há quatro vantagens associadas a nossa definição de estratégia como teoria. A primeira tira proveito de ambas as escolas de pensamento. Isso porque a teoria de uma empresa sobre como competir é uma idéia que deve ser traduzida para uma ação. Em outras palavras, **formulação** de uma teoria – defesa da escola do planejamento – é somente o primeiro passo; **implementá-la** por meio de uma série de ações – defesa da escola da ação – é um segundo passo necessário. Graficamente, a Figura 1.2 mostra como uma estratégia está vinculada à avaliação no ponto A, *tanto* das forças (F) *quanto* das fraquezas (f), aos níveis de desempenho desejáveis, no ponto B, e às oportunidades (O) e ameaças (A) no ambiente. Essa **análise SWOT** casa muito bem com os ensinamentos de Sun Tzu sobre a importância de conhecer a si próprio e seus inimigos. Após tal avaliação a empresa formula sua teoria sobre como conectar, da melhor forma, os pontos A e B. Em outras palavras, a grande seta torna-se sua estratégia pretendida. Entretanto, em virtude de muitas incertezas, nem todas as estratégias pretendidas obterão sucesso e algumas não se realizarão. Por outro lado, outras ações não pretendidas podem se tornar estratégias emergentes – uma investida sobre o ponto B. Essa definição de estratégia permite que a elegância da escola do planejamento seja mantida, com sua abordagem mais ortodoxa e lógica, e que a flexibilidade da escola da ação seja considerada em seu caráter mais dinâmico e experimental.

A segunda vantagem é que essa definição é baseada em uma idéia simples, mas poderosa: o conceito de uma teoria. A palavra "teoria" costuma assustar estudantes e administradores, pois implica algo abstrato e impraticável,[25] porém isso não deveria ocorrer. Uma teoria é somente uma afirmação que descreve relacionamentos entre uma série de fenômenos. Uma teoria e sua essência servem a dois objetivos poderosos: *explicar* o passado e *prever* o futuro. Se uma teoria é muito complicada, ninguém consegue entendê-la, testá-la e utilizá-la. A teoria da relatividade de Einstein, expressa por uma fórmula pseudo-simples,

FIGURA 1.2 A Essência da Estratégia

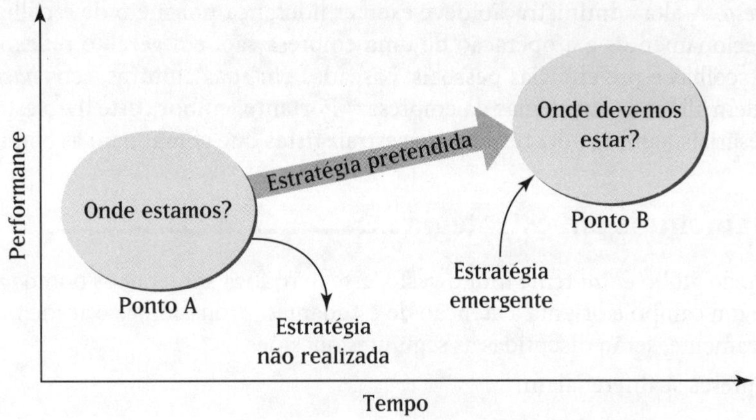

$E = MC^2$, é um dos exemplos mais notáveis de uma teoria que mudou o mundo. Embora estratégia não seja uma ciência concreta, os mesmos princípios podem ser aplicados. Por exemplo, a estratégia do Wal-Mart, "Preço baixo todo dia", indica sua teoria sobre como competir com sucesso. Da mesma forma, a estratégia da Komatsu, "Cercando a Caterpillar", serve a propósitos tanto explicativos quanto premonitórios ao comunicar a essência de suas inúmeras atividades pelo mundo.

Terceira, o fato de uma teoria ser provada com sucesso em um contexto, durante certo período de tempo, não significa que será provada com sucesso em outro. Como resultado, a marca registrada de uma investigação teórica é a **replicação**, isto é, testes repetidos de uma teoria sob condições diversas. Isso parece ser a essência da estratégia de negócios.[26] Empresas que fazem sucesso com um produto ou no mercado – já tendo provado o mérito de sua teoria – buscam expansão constante em novos mercados. Em outras palavras, tentam replicar o sucesso anterior. Às vezes conseguem, outras, não. Dessa forma, as empresas são capazes de estabelecer gradualmente *limites* às suas teorias particulares sobre como competir com sucesso.

Finalmente, a perspectiva de estratégia como teoria ajuda a explicar por que geralmente é difícil mudar de estratégia.[27] Imaginemos o quão difícil é mudar uma teoria estabelecida. Algumas teorias são aceitas em razão do sucesso passado. Entretanto, o sucesso passado não garante o sucesso futuro. Embora os cientistas, em suas pesquisas, devam ser objetivos, também são humanos e muitos não estão dispostos a aceitar o fracasso de suas teorias preferidas, mesmo diante de inúmeros testes que não alcançaram êxito. Pensemos quanta resistência da comunidade científica Galileu, Copérnico e Einstein enfrentaram inicialmente. O mesmo ocorre com estrategistas – herança nacional, políticas organizacionais e considerações relativas à carreira pessoal podem fazer que estrategistas não admitam o fracasso de uma estratégia existente. Embora difícil, o progresso da história científica sugere que é possível mudar teorias já estabelecidas. Se fracassos suficientes são relatados e pesquisas suficientes levantam dúvidas sobre certas teorias, tais visões, embora marginais no início, aos poucos derrubam as teorias fracassadas, substituindo-as por outras melhores no campo de estudo. O doloroso processo de mudança de estratégia em muitas companhias é semelhante. Geralmente, um grupo de administradores, motivados por dados de desempenho, opõem-se à estratégia atual. Sugerem, então, uma nova teoria sobre a melhor forma de competir, que de início costuma ser marginalizada pela administração geral. Entretanto, a força da nova teoria pode sobrepujar a resistência da antiga estratégia, levando a mudanças estratégicas.

Estratégia não é um livro de regras, uma cópia de uma planta ou uma série de instruções pré-programadas. Antes, estratégia é a teoria de uma empresa sobre como competir com sucesso, um tema unificador que dá coerência às suas várias ações. Em virtude do fato de que cada empresa – assim como cada indivíduo – é diferente, a teoria de sucesso de uma empresa (estratégia) não funciona necessariamente para outras empresas.

Assim como as estratégias militares e os generais devem ser estudados de forma simultânea, a compreensão das estratégias de negócios ao redor do globo seria incompleta se o papel dos administradores como estrategistas fosse ignorado. Embora os administradores de níveis mais baixos devam entender a estratégia, costumam perder a perspectiva e a confiança de traçar e executar uma estratégia *no nível da empresa*. A alta administração deve exercer liderança por meio de escolhas estratégicas.[28] Dado que os direcionamentos e a operação de uma empresa são, em geral, o reflexo dos executivos principais, suas escolhas e preferências pessoais, baseadas em suas culturas, seus *backgrounds* e suas experiências, podem afetar as estratégias da empresa.[29] Portanto, embora este livro esteja centrado nas estratégias empresariais, também diz respeito aos estrategistas que comandam as empresas.

Pontos fundamentais em estratégia

Já que estratégia pelo globo é um tema muito vasto, este livro foca somente os pontos *mais fundamentais*, o que define um campo e orienta a atenção de estudantes, profissionais e acadêmicos a uma certa direção. Especificamente, serão discutidas as seguintes questões:

- Por que as empresas se diferenciam?
- Como as empresas se comportam?
- O que determina o escopo da empresa?
- O que determina o sucesso e o fracasso internacional das empresas?[30]

Por que as empresas se diferenciam?

Em toda economia moderna, as empresas, assim como os indivíduos, se diferenciam. Essa questão parece óbvia e dificilmente gera discussões. Entretanto, muito do conhecimento que possuímos sobre empresas advém de pesquisas feitas com empresas nos Estados Unidos, e em uma proporção menor no Reino Unido, inseridas no que é denominado capitalismo anglo-americano. Poucos dados provêm de pesquisas feitas em outros países ocidentais, como Alemanha, França e Itália, denominados, em conjunto, como capitalismo da Europa continental.[31] Embora algumas diferenças entre empresas anglo-americanas e européias tenham sido relatadas (como horizontes de investimentos menores e maiores, respectivamente), o contraste entre essas empresas ocidentais (coletivamente) e seus correspondentes japoneses é mais notável.[32] Por exemplo, em vez de promoverem dispendiosas integrações e aquisições verticais, muito comuns no Ocidente, as empresas japonesas empregam uma rede de administração de fornecedores, gerando o termo *keiretsu* (rede interempresas), muito utilizado em publicações na língua inglesa sem nenhuma explicação – espera-se que um leitor bem informado da *Business Week*, do *Economist* ou do *Wall Street Journal* compreenda o termo.[33]

Recentemente, como o radar de estratégias começou a sondar o cenário comercial em economias emergentes, surgiram maiores enigmas. Por exemplo, já é estabelecido que o crescimento econômico dificilmente se dará em economias mal reguladas. Entretanto, considerando-se as estruturas institucionais e formais subdesenvolvidas da China (como a falta de tribunais eficazes), como foi possível para esse país alcançar tamanho crescimento econômico em tão pouco tempo?[34] Entre inúmeras respostas a essa questão intrigante, uma sugere que as redes interpessoais (*guanxi*), cultivadas pelos administradores, podem ter servido como substitutas informais da base institucional formal. Em outras palavras, as relações interpessoais entre os administradores traduzem a estratégia interempresas, segundo a qual se confia nas redes e alianças a fim de a empresa crescer, contribuindo, dessa forma, para o crescimento da economia.[35] Como conseqüência, a palavra *guanxi* tornou-se o termo de negócios mais famoso da China, aparecendo com freqüência na mídia de língua inglesa (novamente sem explicações).[36] Da mesma forma, a palavra coreana *chaebol* (grandes grupos comerciais) e a russa *blat* (relacionamentos) entraram para o vocabulário da língua inglesa.[37] Por trás de cada uma dessas palavras pseudo-simples subjazem diferenças fundamentais sobre como competir ao redor do mundo. Para estrategistas atuais e em potencial, saber o que dirige as diferenças entre as empresas ajuda a dimensionar os competidores e parceiros de diferentes países e evita que sejam pegos desprevenidos pelas ações dos concorrentes.[38]

Como as empresas se comportam?

Essa questão refere-se ao que determina a teoria das empresas sobre como competir. A Figura 1.3 identifica as três principais perspectivas. A primeira, **visão baseada em indústrias**, sugere que a principal tarefa estratégica é examinar as cinco forças competitivas que afetam um setor industrial (rivalidade interempresas; poder de barganha dos compradores; poder de barganha dos fornecedores; ameaça de uma entrada em potencial; e ameaça dos substitutos) e determinar a posição menos vulnerável com relação a essas cinco forças.[39] Enquanto a visão baseada em indústrias é centrada nas oportunidades e ameaças *externas* (o "O" e o "A" da análise SWOT), a segunda, **visão baseada em recursos**, concentra-se nas forças e fraquezas *internas* (F e F) da empresa.[40] Essa visão postula que os recursos e as capacidades específicos de uma empresa diferenciam empresas de sucesso das empresas fracassadas.

Recentemente, surgiu uma **visão baseada em instituições**, levando em conta as diferenças em estratégia empresarial. Segundo essa visão, além das condições industriais e empresariais, as empresas devem considerar influências mais amplas, vindas de fontes como o Estado e a sociedade, ao traçar sua estratégia.[41] Empresas em economias emergentes (como as de tecnologia da informação indianas relatadas no Caso de Introdução) podem estar suscetíveis a influências institucionais, como reformas no mercado doméstico e reações políticas externas.[42] Essas três visões formam a espinha dorsal da primeira parte deste livro, "Fundamentos da Estratégia Global" (capítulos 2, 3 e 4) e, além disso, esclarecem muito a questão "Como as empresas se comportam?".

O que determina o escopo da empresa?

Essa questão centra-se primeiramente no crescimento da empresa. Com exceção de algumas empresas familiares que preferem permanecer pequenas, a maioria das companhias no mundo possui longos "casos de amor" com o crescimento. Com relação a isso, a estratégia de uma grande corporação de sucesso e de capital aberto, como a Limited Brands, a fim de se fixar no mercado doméstico, é um pouco incomum (ver Estratégia em Ação 1.3). A motivação para crescer é impulsionada pelo desejo da alta administração de fornecer produtos mais completos e melhores a mais mercados geográficos (como cidades e países), além da empolgação de ser associada a uma organização em constante crescimento. Para empresas de capital aberto e sem crescimento, o preço das ações não aumenta. Entretanto, há um limite para que o crescimento não seja prejudicial. Conseqüentemente, *downsizing* (redução do número de funcionários), *downscoping* (redução do escopo da empresa) e recuos são sempre necessários.

FIGURA 1.3 Três Principais Perspectivas em Estratégia

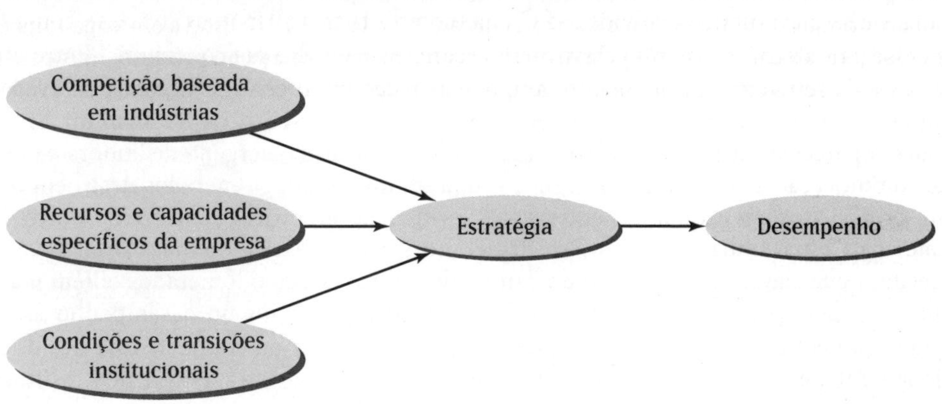

Estratégia em ação 1.3.

A "limited" é limitada aos Estados Unidos?

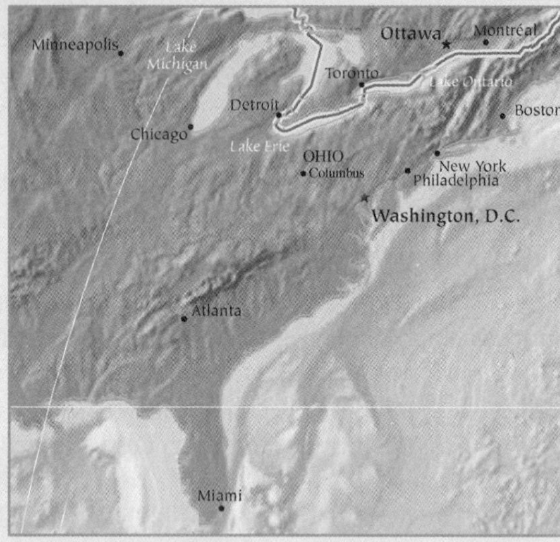

Tendo iniciado com uma loja de vestuário feminino em Columbus, Ohio, em 1963, a The Limited (*http://www.limitedbrands.com*) cresceu e tornou-se um império varejista de sucesso, com mais de 4 mil lojas e sete marcas (The Limited, Express, Victoria's Secret, Bath & Body Works, The White Barn Candle Co., Aura Science e Henri Bendel) difundidas pelos Estados Unidos. Renomeada como Limited Brands, em 2002, a empresa comprometia-se com "a construção de uma família das melhores marcas do mundo da moda". Em 2003, a revista *Fortune* designou a Limited Brands como a loja de varejo especializada mais admirada do planeta. É interessante notar que, embora seja compradora de mercadorias de aproximadamente 2.900 fornecedores e com fábricas espalhadas pelo mundo, a Limited Brands não pretende expandir suas principais operações varejistas para outros países. A teoria da Limited Brands sobre como competir com sucesso parece estar limitada a seu país de origem. Encarando a onda de globalização, Leslie Wexner, presidente e diretor-executivo, utilizou os seguintes argumentos em uma recente publicação anual: "Não nos tornaremos 'internacionais' – acredito que alguns daqueles que o fizeram se arrependeram" e "Prosseguiremos com nossa estratégia de conservadorismo e disciplina". Parece que a Limited Brands perpetuará sua estratégia voltada somente aos Estados Unidos, mesmo competindo com os principais varejistas do mundo da moda da Europa, como a italiana United Colors of Benetton (*http://www.benetton.com*) e a sueca Hennes & Mauritz (H&M, *http://www.hm.com*), que entraram no mercado norte-americano.

Fontes: Baseado em (1) *Business Week*, 2003, Stefan Persson, 13 de janeiro: 63; (2) http://www.limitedbrands.com (acesso em 14 de janeiro de 2003); (3) S. Alvarenga; C. Owana; P. Szelle, 2002, *Limited Brands: Pursuing Growth and International Expansion*, estudo de caso, Fisher College of Business, Universidade Estadual de Ohio.

Em outras palavras, a resposta à questão "O que determina o escopo da empresa?" não está relacionada somente ao crescimento da empresa, mas também à sua contração.

Em economias desenvolvidas, durante as décadas de 1960 e 1970 esteve em voga uma estratégia de conglomeração caracterizada pela diversificação não relacionada ao produto; mas concluiu-se que essa destruía seu valor e, por isso, foi amplamente desacreditada nas décadas de 1980 e 1990 (prova disso são as várias empresas do Ocidente que ainda tentam reduzir seu tamanho). Entretanto, essa estratégia parece estar viva e saudável em muitas economias emergentes. Embora os confusos meios de comunicação e consultores ocidentais sugiram que os conglomerados destroem o valor e deveriam ser desfeitos em economias emergentes, evidências empíricas sugerem o oposto. Pesquisas recentes na China, Índia, Indonésia, em Israel, no Peru, na África do Sul, Coréia do Sul e em Taiwan relatam que algumas (mas não todas) unidades afiliadas a conglomerados obtêm mais lucro que empresas independentes, demonstrando haver alguns benefícios no desempenho associados à conglomeração em economias emergentes.[43] Uma das razões de tal contraste está nas diferenças institucionais entre economias desenvolvidas e emergentes. Olhando através de lentes institucionais, a conglomeração em economias emergentes faz sentido, pelo menos até certo ponto, pois essa estratégia e sua conexão relativamente positiva com o desempenho podem exercer funções ligadas ao (sub)desenvolvimento institucional desses países.[44]

Além do escopo do produto, a deliberação cuidadosa do escopo geográfico é importante. Por um lado, uma posição definida em *cada* um dos três mercados da Tríade é freqüentemente necessária para companhias que queiram se tornar líderes globais. Expandir posições de mercados em economias emergentes estratégicas, como Brasil, China e Índia, também pode ser desejável. Por outro lado, nem todas as companhias podem ou devem definir uma estratégia global restrita. Em razão do atual estímulo ao comportamento "seja global", várias companhias entraram em muitos países rápido demais e estão sendo forçadas a recuar.

O que determina o sucesso ou o fracasso internacional das empresas?

Esse foco no desempenho, mais do que qualquer outra coisa, define o campo da administração estratégica e negócios internacionais.[45] O interesse não é somente *adquirir e alavancar* uma vantagem competitiva, mas também *sustentar* tal vantagem com o passar do tempo e em diferentes regiões.[46] Todas as três principais perspectivas, por fim, buscam a resposta a essa questão. A visão baseada em indústrias postula que o grau de competitividade em determinado setor industrial é o que basicamente determina o desempenho de uma empresa. Por exemplo, segundo essa visão, os atributos singulares da indústria de tecnologia da informação – conhecimento profundo e não limitado pela localização – permite que certas empresas indianas forneçam serviços remotos e a distância, a empresas multinacionais do Ocidente. A visão baseada em recursos acredita que as diferenças específicas entre as empresas com relação às capacidades levam a diferenças de desempenho. Mesmo dentro de uma mesma indústria indiana de tecnologia da informação, enquanto algumas empresas estão ganhando, outras estão lutando e perdendo. Empresas vencedoras tendem a possuir capacidades valiosas, singulares e de difícil imitação, de forma a dar trabalho a suas concorrentes. A visão baseada em instituições argumenta que forças institucionais também podem explicar as diferenças de desempenho. À medida que as reformas pró-mercado na Índia abriram muitas portas às suas empresas de tecnologia da informação, a legislação de alguns estados norte-americanos impediu que tais empresas fechassem contratos oficiais, o que obviamente restringiu o alcance global e os lucros delas. Embora as diferentes escolas de pensamento debatam com freqüência sobre os verdadeiros determinantes do desempenho das empresas, é provável que esse seja determinado por uma *combinação* tripla de forças (ver Figura 1.3).[47]

Enquanto essas três visões apresentam respostas relativamente diretas, a realidade da competição global costuma tornar tais respostas mais complexas e obscuras. Se pedirmos para que dez administradores de países diferentes definam desempenho, é provável que obtenhamos dez respostas diferentes. Desempenho em longo ou em curto prazo? Retornos financeiros ou *market share*? Lucros maximizados para acionistas ou benefícios maximizados para as partes interessadas – de funcionários a pescadores prejudicados pela poluição de uma fábrica? Encontrar uma resposta simples e incontestável é difícil, e generalizações baseadas em estereótipos não perduram. Por exemplo, acredita-se que, com relação às empresas ocidentais, as empresas asiáticas parecem ser mais dispostas a sacrificar o desempenho financeiro em curto prazo a fim de ganhar mercado em longo prazo.[48] Ainda quando realmente trabalham lado a lado com parceiros asiáticos em *joint ventures*, muitos administradores ocidentais são surpreendidos pelo fato de que seus colegas asiáticos possuem, na verdade, um horizonte muito mais *limitado* e são ansiosos para "colher" rapidamente seus dólares (ou ienes, ou iuanes, ou wons).[49] As razões que geram tais mitos e realidades ao redor do mundo devem ser exploradas.

Em suma, as quatro questões apresentadas representam alguns dos enigmas mais fundamentais em estratégia. Mesmo que outras questões sejam levantadas, estarão relacionadas de alguma forma a essas quatro. Portanto, o objetivo principal deste livro é responder a essas questões estratégicas, inseridas no contexto da competição global. *Todos* os capítulos discutem essas questões detalhadamente.

O que é estratégia global?

Pelo fato de o significado da palavra "global" ser tão amplo e ambíguo, é importante definir dois termos que derivam dela – *estratégia global* e *globalização*. Em primeiro lugar, pelo menos dois sentidos podem ser identificados para "estratégia global". Como já foi observado, uma noção tradicional e limitada de estratégia global refere-se a uma teoria específica sobre como competir, centrada no oferecimento de produtos e serviços padronizados em âmbito mundial.[50] Obviamente, essa estratégia é relevante apenas para grandes empresas multinacionais da Tríade ativas em vários países. No caso de companhias menores em economias desenvolvidas e da maioria das empresas em economias emergentes, que operam somente em um ou em poucos países, essa definição terá uso limitado.

Estratégia global também se refere a qualquer estratégia fora do país de origem. Norte-americanos parecem mais inclinados a utilizar a palavra "global" nesse sentido, que basicamente equivale a "internacional". Por exemplo, a primeira incursão do Wal-Mart fora dos Estados Unidos, em 1991, foi entendida como evidência de que essa empresa "era global", embora só tivesse ido ao México até então. Esse admirável primeiro passo dado pelo Wal-Mart é semelhante às ações das empresas de Hong Kong que fazem negócios com companhias chinesas e alemãs que investem na Áustria. Para muitos asiáticos e europeus acostumados a negociações internacionais, essas atividades entre vizinhos não são de fato globais. Então, por que existe um engodo em torno da palavra "global", em especial entre norte-americanos? Isso ocorre porque, historicamente, os vastos mercados domésticos norte-americanos faziam com que muitas empresas não precisassem buscar mercados estrangeiros. Como resultado, quando companhias norte-americanas se aventuraram no exterior, até mesmo em países tão próximos quanto o México, ficaram fascinadas com a "descoberta de mercados globais". Em parte por causa dessa mentalidade norte-americana tradicional, denominar os mercados não norte-americanos (ou não domésticos) de mercados globais tornou-se um clichê.[51] Em virtude de todos quererem uma estratégia global mais empolgante do que simples internacionalizações, pode ser que tenhamos perdido a capacidade de diferenciar os tipos de estratégia além das fronteiras (assim como a estratégia global tradicional mencionada anteriormente).[52]

Portanto, o que significa estratégia global neste livro? Não significa *nenhuma* das definições expostas. Para os fins desta obra, **estratégia global** é definida como a *estratégia de empresas pelo globo*, relacionada à teoria da empresa sobre como competir com sucesso. Rompendo a típica camisa-de-força norte-americana, este livro lida tanto com a estratégia de empresas multinacionais, algumas das quais se ajustam à definição tradicional e limitada de estratégia global, como com a estratégia de empresas menores, algumas com presença internacional e outras permanecendo no âmbito doméstico. Tais empresas têm suas bases e operam tanto em economias desenvolvidas como em emergentes. Diferentemente dos livros sobre estratégia global tradicionais, embora foquemos aspectos internacionais, *não* nos concentramos apenas nas empresas que possuem negócios no exterior. Considerando-se que negócios internacionais envolvem dois lados – empresas domésticas e concorrentes externos – um foco exclusivo nos concorrentes estrangeiros abrangeria somente um desses lados. A estratégia das empresas domésticas também é importante. Por este ser um livro verdadeiramente *global* sobre estratégia global, ele fornece uma abordagem balanceada.

O que é globalização?

Esta palavra composta por cinco sílabas, "globalização", é atualmente muito ouvida, discutida e mal utilizada.[53] Aqueles que a aprovam, atribuem-lhe contribuições como maior crescimento econômico, melhores condições de vida, intercâmbio crescente de tecnologias e integração cultural mais extensiva. Já os críticos alegam que a globalização diminui os salários em países ricos, explora trabalhadores em países pobres, devasta o meio ambiente, compromete os direitos humanos, afeta a soberania nacional e dá excessivo poder às grandes empresas multinacionais. Portanto, o que exatamente é globalização? Ainda mais importante: como estrategistas atuais e em potencial devem ver a globalização?

Dependendo das fontes consultadas, a globalização pode ser (1) uma nova força que se move de forma impetuosa pelo mundo; (2) uma evolução histórica de longo prazo que ocorre desde a origem da história humana; ou (3) um pêndulo que balança de um extremo a outro. A compreensão dessas visões ajuda a situar alguns aspectos em perspectiva. Primeiro, uma visão crítica sugere que a globalização é um novo fenômeno que surgiu no final do século XX, guiado tanto pelas recentes inovações tecnológicas em transportes e comunicações como pela noção de uma suposta hipocrisia ocidental das empresas multinacionais que pretendem explorar e dominar o mundo. Embora apresentando poucas alternativas bem trabalhadas à atual ordem econômica – além de um mundo ideal livre do estresse ambiental, das injustiças sociais e das roupas esportivas de marca (supostamente confeccionadas com o uso de "trabalho escravo") – os defensores dessa visão costumam preconizar que a globalização deve ser desacelerada, quando não interrompida.[54] A maioria dos militantes antiglobalização parece compartilhar dessa visão.

Uma segunda visão alega que a globalização sempre fez parte da história humana.[55] Empresas multinacionais, por exemplo, existem há mais de dois milênios, com raízes nos impérios assírio, fenício e romano.[56] A competição internacional entre países de baixo custo não é novidade. No século I d.C., o imperador romano Tibério estava tão incomodado com a enorme quantidade de importação de seda chinesa que instituiu a primeira cota de importação de tecidos conhecida do mundo.[57] A maioria das empresas multinacionais de sucesso atuais não chega nem perto do domínio exercido por algumas empresas multinacionais históricas, como a britânica Companhia das Índias Orientais durante o período colonial.[58] Assim como a geração atual enfrenta a "hipercompetição" ou os rápidos avanços tecnológicos que "mudam paradigmas", as gerações anteriores também tiveram de se acostumar com ondas de inovação (que vão desde a impressão até os motores de combustão interna).[59] Em poucas palavras, a globalização não é novidade e sempre ocorrerá.

Uma terceira visão sugere que globalização é a "integração mais próxima entre os países e as pessoas do mundo, trazida pela redução dos custos de transporte e comunicação e pela queda de barreiras artificiais, o que afeta os fluxos de mercadorias, serviços, capital, conhecimento e (em uma proporção menor) pessoas nas fronteiras".[60] Globalização não é nem recente, nem unidirecional; mais precisamente, é um *processo* semelhante ao balanço de um pêndulo. O mundo do início do século XXI guarda semelhanças em relação ao mundo do fim do século XIX. Esse período viu a diminuição das barreiras de comércio e viagens, sendo os Estados Unidos a principal "economia emergente" da época. Aquela era foi abruptamente encerrada com a primeira e a segunda guerras mundiais.

A era atual de globalização originou-se no final da Segunda Guerra Mundial, quando as principais nações ocidentais se comprometeram com o comércio e com os investimentos globais. Entretanto, entre as décadas de 1950 e 1970, a maioria dos países comunistas em desenvolvimento não concordava com essa visão. Países comunistas, como China, Polônia e a extinta União Soviética, buscavam desenvolver sua auto-suficiência. Países em desenvolvimento não comunistas, como Argentina, Brasil, Egito, Índia e México, concentravam-se na sustentação e proteção das indústrias domésticas. Entretanto, a recusa à participação no comércio e em investimentos globais acabou criando indústrias não competitivas. Em oposição, quatro países em desenvolvimento da Ásia, a saber, Hong Kong, Cingapura, Coréia do Sul e Taiwan, denominados "tigres asiáticos", ganharam sua fatia de mercado ao participarem da economia global. Esses são os *únicos* países que foram denominados pelo Banco Mundial como menos desenvolvidos (de baixa renda) e posteriormente alcançaram *status* de desenvolvidos (alta renda). Inspirados por esses exemplos, cada vez mais países e regiões, como a China, no fim dos anos 70, a América Latina, na metade dos anos 80, a Europa Central e Oriental, no fim dos anos 80 e a Índia, nos anos 90, perceberam que se unir à economia mundial era obrigatório. Assim que esses países surgiram como novos jogadores na economia mundial, foram denominados coletivamente como "economias emergentes".[61] Como conseqüência, e pela primeira vez após a Primeira Guerra Mundial, a economia mundial tornou-se mais integrada e os negócios internacionais se desenvolveram. Entre 1990 e 2000, o comércio global cresceu 80% e o total do fluxo de investimentos diretos externos foi cinco vezes maior que os 23% de crescimento da produção mundial durante esse mesmo período.[62]

Entretanto, como um pêndulo, a globalização não se dirige somente a uma direção. Na década de 1990, período que experimentou esse processo de forma rápida, presenciaram algumas reações significativas contra a globalização.[63] Em primeiro lugar, a velocidade da globalização gerou uma visão historicamente incorreta de que era uma novidade. Em segundo lugar, causou medo em muitas pessoas em economias desenvolvidas, pois havia uma percepção de que as economias emergentes não estavam somente tomando empregos, por meio da competição, no setor de produção, mas também ameaçando alguns empregos que requeriam alta tecnologia (ver Caso de Introdução). Por fim, algumas facções em economias emergentes reclamam do ataque das empresas multinacionais, que supostamente destroem as companhias, as culturas, os valores e o meio ambiente locais. Por exemplo, muitas pessoas na Indonésia, Coréia do Sul e Tailândia, países devastados pela crise econômica asiática de 1997, condenam as políticas de rápida abertura a mercados de capitais anteriores a 1997. Tais políticas supostamente submeteram esses países à exuberância e ao pessimismo racionais e irracionais dos investidores globais (leia-se, da Tríade). Depois, condenaram as políticas de "resgate", implementadas pelo Fundo Monetário Internacional, uma das principais instituições da globalização, pois perceberam que essas poderiam exacerbar a crise.[64] Os pequenos atos de vandalismo de símbolos corporativos, como os restaurantes McDonald's, relatados em vários países; os protestos antiglobalização, em dezembro de 1999, em Seattle; e os ataques terroristas de setembro de 2001, em Nova York e Washington são, sem dúvida, atos visíveis e extremos de forças antiglobalização. Como resultado, os negócios internacionais foram reduzidos e o comércio global e os fluxos de investimento diminuíram.[65] Em oposição a 1990, a globalização em 2000, em meio a uma recessão mundial, andou em marcha lenta. Os investimentos diretos externos mundiais encolheram para US$ 650 bilhões em 2002, cerca de 43% do pico, alcançado em 2000, de US$ 1,5 trilhões, sendo, portanto, o menor número desde 1998.[66] Contudo, a globalização não parece estar perto do fim.

Resumindo: a globalização é vista por todos, mas nem sempre é compreendida. A tarefa é mais difícil do que a do homem cego que estuda um animal em pé, já que tentamos conviver - e até mesmo obter lucros - com uma fera que se movimenta rapidamente (para trás e para a frente) chamada globalização. Ver a globalização como um pêndulo parece ser a perspectiva mais equilibrada e realista. Assim como as duas faces do deus romano, Jano, a globalização possui dois lados, um corado e um obscuro.[67] Uma das formas de se colocar a globalização em perspectiva é notando que a maioria das medidas de integração do mercado (como comércio global, investimentos e fluxos de capitais) recentemente alcançou novas alturas, mas ainda se está muito distante da globalização completa. Tal **semiglobalização** é mais complexa do que extremos, como o isolamento total ou a globalização total, pois sugere que as barreiras à integração de mercado, existentes nas fronteiras nacionais, ainda são altas, mas não o suficiente para isolar por completo um país do outro.[68] A semiglobalização não deve ser vista nem como uma ameaça, nem comemorada como uma panacéia; em vez disso, deve estar *engajada*.[69]

Estratégia global e globalização em uma encruzilhada

No século XXI, o desafio a ser enfrentado por estrategistas ao redor do globo é enorme. O mundo semiglobalizado pede mais do que uma experimentação estratégica. Uma vez que o isolamento total de uma nação sugere uma estratégia de localização e uma globalização total dita uma estratégia padronizada, não há uma única estratégia certa no mundo semiglobalizado. Isso resulta em uma ampla variedade de escolhas estratégicas apresentadas por este livro a fim de que o leitor esteja a par dessas escolhas.[70] Como pano de fundo, esta seção aponta três pontos principais. Primeiro, é necessário um entendimento sobre a economia mundial. Segundo, um resumo de três eventos fundamentais que ocorreram no início do século XXI e definiram o cenário global atual. Terceiro, como Sun Tzu nos ensinou há muito tempo, é imprescindível conhecer a si próprio e a seus inimigos.

Passando os olhos pela economia mundial

No início do século XXI, a publicação *Economist* estimou a produção mundial total em cerca de US$ 30 trilhões. O produto interno bruto (PIB) dos Estados Unidos, em 2003, foi de aproximadamente US$ 10,4 trilhões; da União Européia, US$ 9,5 trilhões; do Japão, US$ 4 trilhões; e da China, US$ 1,3 trilhões. Considerando as taxas de crescimento dos Estados Unidos, da União Européia e do Japão de 4% e da China, de 9% ao ano, tem-se que, em 2020, os Estados Unidos produzirão aproximadamente US$ 21 trilhões em mercadorias e serviços por ano; a União Européia, US$ 19 trilhões; o Japão, US$ 8 trilhões; e a China, US$ 5 trilhões (Figura 1.4).[71]

FIGURA 1.4 Estimativas do Produto Interno Bruto (PIB), 2003-2020

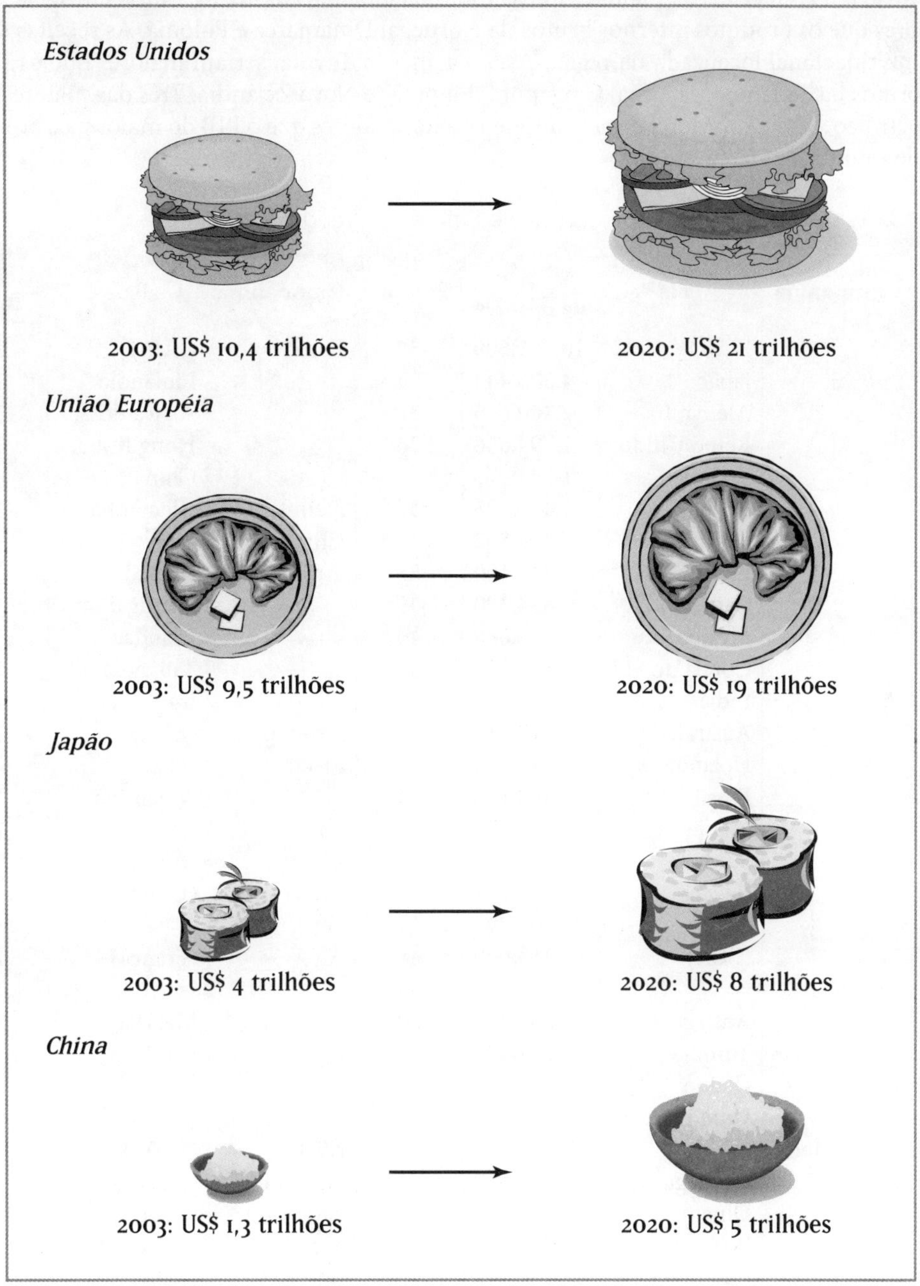

Baseado em estimativas extraídas da publicação *Economist*, 2003, Bergernomics, in *The World in 2003* (p. 30), Londres: *The Economist*. As estimativas de produto interno bruto para 2020 foram baseadas em 4% de crescimento anual para os Estados Unidos, a União Européia e o Japão, e em 9% para a China. O tamanho dos alimentos ilustrados é proporcional ao tamanho das economias.

Uma observação freqüentemente presente nos debates sobre globalização é o enorme tamanho das empresas multinacionais. A Tabela 1.2 elenca as receitas das maiores empresas multinacionais, juntamente com o PIB dos maiores países do mundo em 2003. O tamanho dessas principais empresas multinacionais é impressionante: 48 das 100 maiores entidades econômicas do mundo são companhias. Se a maior empresa multinacional, a Wal-Mart, localizada nos Estados Unidos, fosse um país independente, seria a 20ª maior economia (suas receitas são menores que o PIB da Suécia, mas maiores que o da Áustria). As receitas da maior empresa multinacional localizada na União Européia, a BP, seriam maiores que os produtos internos brutos da Noruega, Dinamarca e Polônia. As receitas da maior empresa multinacional localizada na região Ásia–Pacífico, a Toyota, seriam maiores que os produtos internos brutos da Tailândia, Malásia, Cingapura, Filipinas e Nova Zelândia. Três das maiores companhias de petróleo, BP, ExxonMobil e Shell, teriam receitas maiores que o PIB do maior país produtor de petróleo do mundo, a Arábia Saudita.

TABELA 1.2 As Cem Maiores Economias (PIB) e Empresas (Vendas), 2003

Posição	Companhia	País	Milhões de dólares	Posição	Companhia	País	Milhões de dólares
1		EUA	10.881.609	33	Ford Motor	(EUA)	164,505
2		Japão	4.326.444	34		Finlândia	161,549
3		Alemanha	2.400.655	35		África do Sul	159,886
4		Reino Unido	1.794.858	36		Hong Kong,	158,596
5		França	1.747.973			China	
6		Itália	1.465.895	37	Daimler	Alemanha	156,602
7		China	1.409.852		Chrysler		
8		Espanha	836.100	38	Toyota	(Japão)	153,111
9		Canadá	834.390	39		Portugal	149,454
10		México	626.080	40		Irlanda	148,553
11		Coréia do Sul	605.331	41		Tailândia	143,163
12		Índia	598.966	42		Irã	136,833
13		Austrália	518.382	43	General	(EUA)	134,187
14		Holanda	511.556		Electric		
15		Brasil	492,338	44		Argentina	129,735
16		Rússia	433,491	45	Total	(França)	118,441
17		Suíça	309,465	46	Allianz	(Alemanha)	114,950
18		Bélgica	302,217	47	Chevron	(EUA)	112,937
19		Suécia	300,795		Texaco		
20	Lojas	(EUA)	263,009	48	AXA	(França)	111,912
	Wal-Mart			49		Israel	103,689
21		Áustria	251,456	50		Malásia	103,161
22		Turquia	237,972	51	Conoco	(EUA)	99,468
23	BP	(Reino	232,571		Phillips		
		Unido)		52	Volkswagen	(Alemanha)	98,637
24	ExxonMobil	(EUA)	222,883	53	NTT	(Japão)	98,229
25		Noruega	221,579	54	Grupo ING	(Holanda)	95,893
26		Dinamarca	212,404	55	Citigroup	(EUA)	94,713
27		Polônia	209,563	56		Cingapura	91,342
28		Indonésia	208,311	57	Intern'l	(EUA)	89,131
29	Royal	(Reino Uni-	201,728		Business		
	Dutch/Shell	do/Holanda)			Machines		
30	General	(EUA)	195,324	58		República	85,438
	Motors					Tcheca	
31		Arábia	188,479	59		Venezuela	84,793
		Saudita		60		Hungria	82,805
32		Grécia	173,045	61		Egito	82,427

(continua)

TABELA 1.2 *(continuação)*

Posição	Companhia	País	Milhões de dólares	Posição	Companhia	País	Milhões de dólares
62	Grupo	(EUA)	81,803	83	Nestlé	(Suíça)	65,415
	American			84	Home	(EUA)	64,816
	Internatl				Depot		
		Filipinas	80,574	85	Berkshire	(EUA)	63,859
63	Siemens	(Alemanha)	80,501		Hathaway		
64	Carrefour	(França)	79,774	86	Nippon Life	(Japão)	63,841
65		Colômbia	77,559		Insurance		
66	Hitachi	(Japão)	76,423	87	Royal	(Holanda)	63,456
67		Nova	76,256		Ahold		
68		Zelândia		88	Deutsche	(Alemanha)	63,196
69	Hewlett-	(EUA)	73,061		Telekom		
	Packard			89	Peugeot	(França)	61,385
70		Chile	72,416	90		Peru	61,011
71	Honda	(Japão)	72,264	91	Grupo	(EUA)	60,704
	Motor		70,960		Altria		
72		Emirados		92	Metro	(Alemanha)	60,657
		Árabes		93		Romênia	60,358
73	McKessen	(EUA)	69,506	94	Aviva	(Grã-	59,719
74		Paquistão	68,815			Bretanha)	
75	Correios	(EUA)	68,529	95	ENI	(Itália)	59,304
	dos Estados			96	Grupo	(Alemanha)	50,803
	Unidos				Munich Re		
		Porto Rico	67,897	97	Credit	(Suíça)	58,957
76	Verizon	(EUA)	67,752		Suisse		
	Communi-			98	State Grid	(China)	58,348
77	cations			99	HSBC	(Grã-	
78	Assicurazio-	(Itália)	66,755		Holdings	Bretanha)	57,608
	ni Generali			100	BNP	(França)	57,272
79	Sony	(Japão)	66,366		Paribas		
80	Matsushita	(Japão)	66,218				
	Electric						
		Argélia	65,993				
81	Nissan						
82	Motor	(Japão)	65,771				

Fontes: Adaptada de (1) Banco Mundial, 2004, base de dados Indicadores do Desenvolvimento Mundial (http://www.worldbank.org, acesso em 25 de julho de 2004); e (2) *Fortune*, 2004, The *Fortune* Global *500*, 26 de julho: F1-F2.

Embora as Nações Unidas tenham identificado mais de 64 mil empresas multinacionais, que controlam 870 mil afiliadas estrangeiras, as 500 maiores totalizam 80% dos investimentos diretos externos mundiais. As receitas anuais totais dessas 500 empresas passam de US$ 11 trilhões, cerca de ⅓ da produção global. A Tabela 1.3 documenta as mudanças na composição das 500 maiores empresas multinacionais desde 1990. Em geral, mais de 80% dessas empresas advêm da Tríade, e os Estados Unidos contribuem com cerca de ⅓ dessas empresas, a União Européia mantém um crescimento razoável e constante e o Japão experimenta a variação mais dramática (correspondente ao *boom* e quebra em sua economia, atrasada por anos). Entre as empresas multinacionais de economias emergentes, as da Coréia do Sul e do Brasil mantêm presença e as da China apresentam um forte crescimento desde a metade dos anos de 1990. Críticos da globalização possuem um argumento válido: tais empresas multinacionais, especialmente as advindas da Tríade, exercem um impacto enorme na economia mundial.

TABELA 1.3 Mudanças nas 500 Fortunas Globais, 1990-2003

País/ Bloco	1990	1991	1992	1993	1994	1995	1996	1997	1998	1999	2000	2001	2002	2003
Estados Unidos	164	157	161	159	151	153	162	175	185	179	185	178	192	189
União Européia	129	134	126	126	149	148	155	155	156	148	136	139	150	147
Japão	111	119	128	135	149	141	126	112	100	107	95	88	88	100
Canadá	12	9	8	7	5	6	6	8	12	12	13	5	14	12
Coréia do Sul	11	13	12	12	8	12	13	12	9	12	8	12	13	9
Suíça	11	10	9	9	14	16	14	12	11	11	10	9	11	12
China	0	0	0	0	3	2	3	4	6	10	10	10	11	14
Austrália	9	9	9	10	3	4	5	7	7	7	7	6	6	7
Brasil	3	1	1	1	2	4	5	5	4	3	3	4	4	3
Outros	50	48	46	41	16	14	11	10	10	11	33	49	11	7
Total	500	500	500	500	500	500	500	500	500	500	500	500	500	500

Fontes: Baseado em dados exemplares da *Fortune Global 500*. Finlândia e Suécia estavam incluídas em "outros" até 1996; após esse ano, passaram a fazer parte da União Européia.

Por outro lado, a maioria das empresas multinacionais do mundo não faz parte da lista "As 100 Maiores Economias (PIB) e Empresas (Vendas)", apresentada na Tabela 1.2, e uma grande porcentagem das empresas do mundo nem sequer é multinacional; tendem a desaparecer no pano de fundo em livros tradicionais sobre estratégia global. Entretanto, muitas empresas que não estão relacionadas na Tabela 1.2 costumam ser competidoras respeitáveis em seus respectivos setores industriais e países. A Tabela 1.4 documenta as 20 maiores empresas estabelecidas em economias emergentes. Brasil, China, Índia, Malásia, México, Rússia, Coréia do Sul e Venezuela estão representados e sete dessas empresas também fazem parte da lista das 100 maiores, apresentada na Tabela 1.2. Estrategistas atuais e em potencial ignoram tais empresas por conta e risco próprios. Este livro ajuda a garantir que você não as ignorará.

Três eventos decisivos

No início do século XXI, ocorreram pelo menos três séries de eventos repentinos, dramáticos e de destaque, que geraram ramificações significativas para estrategistas em companhias pelo mundo: (1) protestos antiglobalização, (2) ataques terroristas e (3) crises na governança corporativa. A primeira delas, protestos antiglobalização, iniciou-se em dezembro de 1999, quando mais de 50 mil pessoas bloquearam as ruas do centro de Seattle na tentativa de impedir uma conferência da Organização Mundial do Comércio (OMC), quando os manifestantes protestavam contra várias questões, incluindo a perda de empregos em conseqüência de competidores estrangeiros, as pressões exercidas sobre salários defasados e a destruição ambiental. Enquanto os manifestantes enfrentavam a polícia nas ruas, os delegados não chegaram a um acordo nas salas de conferências. Embora houvesse pouca ligação entre os protestos e os desacordos, muitos acreditaram que os manifestantes haviam conseguido atrapalhar a agenda da OMC. Encorajados pela experiência em Seattle, os protestos antiglobalização surgiram em quase todas as grandes conferências sobre globalização e, algumas vezes, como em Seattle, terminaram em violência (Tabela 1.5).

TABELA 1.4 As 20 Maiores Empresas (Segundo suas Vendas) Estabelecidas em Economias Emergentes, 2003

Posição (500 Globais)	Companhia	País	Setor Industrial	Vendas (milhões de dólares)
1 [46]	State Grid	China	Utilidade pública	58,348
2 [53]	Sinopec	China	Refinaria de petróleo	55,062
3 [54]	Samsung Electronics	Coréia do Sul	Eletrônicos	54,400
4 [65]	Pemex	México	Refinaria de petróleo	49,240
5 [73]	China National Petroleum	China	Refinaria de petróleo	47,046
6 [76]	PDVSA	Venezuela	Refinaria de petróleo	46,000
7 [98]	Hyundai Motor	Coréia do Sul	Veículos automotores	39,100
8 [119]	SK	Coréia do Sul	Refinaria de petróleo	33,768
9 [144]	Petrobras	Brasil	Refinaria de petróleo	30,797
10 [147]	LG Electronics	Coréia do Sul	Eletrônicos	29,873
11 [167]	Gazprom	Rússia	Refinaria de petróleo	27,526
12 [186]	Petronas	Malásia	Refinaria de petróleo	25,660
13 [189]	Indian Oil	Índia	Refinaria de petróleo	25,316
14 [241]	China Life Insurance	China	Seguros	20,782
15 [242]	China Mobile Communications	China	Telecomunicações	20,764
16 [243]	Industrial & Commercial Bank of China	China	Bancos	20,757
17 [263]	Samsung Life Insurance	Coréia do Sul	Seguros	19,159
18 [265]	Korea Electric Power	Coréia do Sul	Utilidade pública	19,114
19 [270]	Sinochem	China	Produtos químicos	18,846
20 [323]	Hanwha	Coréia do Sul	Produtos químicos	16,181

Fonte: Adaptada de *Fortune*, 2004, "The Fortune Global 500", 26 de julho: F1-F10. Copyright ® 2004 Time Inc. Todos os direitos reservados. Reimpressa com permissão.

TABELA 1.5 Protestos Antiglobalização

Evento	Organização de Globalização	Manifestantes	Prisões
Seattle (dezembro de 1999)	Organização Mundial do Comércio	50.000	600
Washington (abril de 2000)	Banco Mundial - Fundo Monetário Internacional	10.000	1.300
Melbourne (setembro de 2000)	Cooperação Econômica Ásia-Pacífico	8.000	12
Praga (setembro de 2000)	Banco Mundial - Fundo Monetário Internacional	12.000	900
Davos, Suíça (janeiro de 2001)	Fórum Econômico Mundial	1.000	121
Quebec (abril de 2001)	Cúpula das Américas	30.000	400
Gênova, Itália (julho de 2001)	Cúpula do Grupo dos Oito (G8)	150.000	200 (1 morte)
Cancun, México (setembro de 2003)	Organização Mundial do Comércio	10.000	30

Fontes: Adaptada de (1) *Business Week*, 2001, When demonstrations turn violent, 6 de agosto: 8; e (2) *Economist*, 2003, Cancun's charming outcome, 20 de setembro: 11.

Obviamente, inúmeros indivíduos em muitos países acreditam que a globalização causa efeitos perniciosos às condições de vida e ao meio ambiente. Embora tanto a teoria quanto as evidências sugiram que esses temores possam ser exagerados,[72] isso ainda não foi explicitado suficientemente. Portanto, estrategistas atuais e em potencial, juntamente com políticos e acadêmicos, devem se esforçar mais para conter esses temores.[73]

A segunda série de eventos está centrada nos ataques terroristas, ocorridos em Nova York e Washington, em 11 de setembro de 2001, e na guerra ao terror que se instalou a partir de então. Economicamente, a globalização foi desacelerada e tornou-se mais dispendiosa, como retratado, (1) pela redução da liberdade de movimentação internacional em razão dos cortes, feitos por vários países, em vistos e na imigração; (2) pelo aumento nas vistorias de segurança em aeroportos, portos e pontos de embarque fronteiriços, que resultou na diminuição da velocidade e eficiência do trânsito; e (3) pelo cancelamento ou diminuição de projetos e negociações de investimentos diretos externos, especialmente em regiões de alto risco, como o Oriente Médio.

Por fim, o mundo foi tragado por uma crise na **governança corporativa**, iniciada, de acordo com muitos, pela implosão da Enron, em 2001. De um ponto de vista global, a crise na governança corporativa irrompeu provavelmente em 1997, com a crise financeira asiática, quando acionistas majoritários de empresas asiáticas, em geral familiares, usurparam aos acionistas minoritários. Avançando para perto de 2001, nos Estados Unidos, ocorreram escândalos corporativos em escala inimaginável. Os casos da Enron, WorldCom e Arthur Andersen espalharam ondas por todo o mundo. Sem ficarem atrás, em 2003, os escândalos envolvendo a holandesa Royal Ahold e a italiana Parmalat chocaram a Europa e ganharam o apelido de "Enron da Europa". Investidores passaram rapidamente a evitar algumas companhias culpadas e inúmeras inocentes, o que resultou em um esfriamento dos mercados financeiros ao redor do mundo. Como resultado, a responsabilidade, a ética e a governança sociais corporativas, por muito tempo "deixadas de lado" nas discussões sobre estratégia, passaram a ser o assunto cada vez mais central de muitas companhias (ver capítulos 4, 11 e, em especial, "Definindo estratégias com responsabilidade social corporativa" disponível no site da editora).[74]

Historiadores futuramente sugerirão, sem dúvida, que esses três eventos cruciais mudaram o mundo. Em poucas palavras, estrategistas atuais e em potencial, *pós-Seattle, 11 de setembro* e *Enron*, têm de conviver com um alto grau de incerteza.[75] Sem sombra de dúvida, outros eventos repentinos e inesperados ocorrerão (ver Caso de Conclusão).

Conheça a si próprio, conheça seu inimigo

Muitos executivos, políticos e acadêmicos foram pegos de surpresa pelos protestos antiglobalização e ataques terroristas porque não prestaram atenção no ensinamento mais famoso de Sun Tzu: Conheça a *si próprio* e a *seus inimigos*. Conhecer a si próprio remete a uma compreensão completa não só de suas forças, mas também de suas limitações. Muitos indivíduos não compreendem ou simplesmente ignoram as próprias limitações. Embora, com relação ao público em geral, executivos, políticos e acadêmicos costumem ser mais bem-educados e cosmopolitas, como todas as pessoas eles também podem ser sugestionados ou influenciados. Nas duas últimas décadas, tal influência, tanto em economias desenvolvidas quanto em emergentes, está relacionada aos benefícios da globalização.[76]

Embora a globalização traga custos e benefícios, muitos executivos, políticos e acadêmicos não levaram em conta os custos social, político e ambiental associados a ela. Entretanto, *não* é porque tais elites compartilham certas perspectivas sobre globalização que a maioria dos membros da sociedade também as compartilhará. Infelizmente, muitas elites não compreenderam os limites de suas crenças e presumiram erroneamente que o resto do mundo era ou deveria ser como "nós". Considerando-se que poderosas instituições econômicas e políticas são controladas por essas elites, não é de surpreender que alguns grupos antiglobalização, sem poder e voz (como os operários desempregados retratados, com humor e realismo, no filme *Ou Tudo Ou Nada*) tenham buscado táticas não-convencionais para serem ouvidos.

TABELA 1.6 Visões sobre Globalização: Público Norte-americano em Geral *versus* Estudantes de Economia

Porcentagem que respondeu "boa" à questão: você acredita que a globalização é boa ou ruim para	Público em Geral (N = 1.024)	Estudantes de Economia (faixa etária: 22 anos) (N = 494)
▪ Consumidores norte-americanos	68%	96%
▪ Companhias norte-americanas	63%	77%
▪ Economia norte-americana	64%	88%
▪ Economias de países pobres em fortalecimento	75%	82%

Fontes: Baseado em (1) A. Bernstein, 2000, Backlash against globalization, *Business Week*, 24 de abril: 43; (2) M. W. Peng; H. Shin, 2003, How do future business leaders view globalization? Working paper, Fisher College of Business, Universidade Estadual de Ohio, http://www.fisher.osu.edu/mhr/faculty/peng. Todas as diferenças são estatisticamente significantes.

É interessante e talvez chocante notar que, como estrategistas em potencial, que modelarão a futura economia mundial, estudantes de economia hoje já exibem valores e crenças a favor da globalização semelhantes aos trazidos por executivos, políticos e acadêmicos, e diferentes daqueles trazidos pelo público em geral. A pesquisa representada na Tabela 1.6 concluiu que, com relação ao público em geral, os estudantes de economia norte-americanos possuem visões significativamente mais positivas - quase unilaterais - concernentes à globalização.[77] Isso não surpreende, dado que tanto a escolha do ramo da economia como a familiarização com o curso, em que o livre comércio é considerado como positivo, podem levar a certas atitudes pró-globalização. Os estudantes das principais disciplinas de negócios costumam ser mais materialistas e individualistas que outros estudantes.[78] Como resultado, centram-se mais nos ganhos econômicos gerados pela globalização, preocupando-se pouco com o lado obscuro que pode advir desse processo.

Estrategistas atuais e em potencial devem estar cientes da influência que sofrem, explicitada em tais visões unilaterais de globalização. Partindo-se do pressuposto de que as escolas de economia visam treinar futuros líderes de negócios, inculcando nos estudantes os valores dominantes dos administradores, pode-se dizer que essas escolas obtiveram sucesso em sua missão. Entretanto, considerando-se que há pontos estratégicos não observados pelos administradores atuais (e professores), essa constatação pode ser assustadora, pois revela que os estudantes de negócios também não enxergam esses pontos, mesmo sendo relativamente jovens (a idade média dos participantes da pesquisa relatada na Tabela 1.6 é de 22 anos). Salvo a possível escolha da graduação em economia, não há dúvida de que os valores dos estudantes, pelo menos em parte, são moldados pela experiência educacional fornecida pelas escolas.[79] Cientes disso, professores e estudantes devem trabalhar muito para se livrarem da camisa-de-força colocada por visões tão limitadas, que quase exclusivamente são a favor da globalização.[80]

A segunda parte do mais famoso ensinamento de Sun Tzu é: conheça seu *inimigo*. Embora a análise dos competidores (incluindo compradores, fornecedores e substitutos) seja sempre discutida nos livros sobre estratégia global, esta parece ser muito limitada.[81] Muitos inimigos da globalização, geralmente **organizações não-governamentais (ONGs)**, ativos em Seattle - como ambientalistas (Greenpeace), ativistas pelos direitos humanos (United Students Against Sweatshops), grupos de consumidores (Citizen's Trade Campaign) e produtores rurais (Family Farm Coalition) - não eram detectados pelos radares tradicionais dos estrategistas globais.[82] Embora não seja realista dizer que empresas individuais lidem com todos esses inimigos, ignorá-los é um grave erro quando estratégias comerciais são traçadas e executadas ao redor do globo.[83] Em vez de ver as organizações não-governamentais como inimigas, muitas empresas as vêem como parceiras.[84] Essas organizações de fato levantam questões válidas sobre a necessidade de as empresas, em especial multinacionais, terem uma maior preocupação com relação às várias partes afetadas por suas ações.[85] Atualmente, essa visão move-se da periferia ao centro das discussões. Portanto, é imprescindível que a análise estratégica do século XXI se expanda, a fim de abranger as partes interessadas, que podem surgir como inimigas e/ou parceiras.

Em suma, na era *pós-Seattle, 11 de setembro* e *Enron*, estratégia global e globalização estão em uma encruzilhada. Há um reconhecimento crescente de que a estratégia global tradicionalmente definida, limitada, não funciona e de que a globalização das últimas duas décadas ultrapassou seus limites. Novas reflexões são necessárias. Este livro é uma delas.

Organização do livro

Este livro é dividido em três partes. A primeira estabelece os *fundamentos* da estratégia global. Os capítulos seguintes, 2, 3 e 4, tratam das três principais perspectivas em estratégia: visões baseadas em indústrias, recursos e instituições, respectivamente. A segunda parte aborda as estratégias *em nível de negócio*. Em oposição à maioria dos livros sobre estratégia global, centrados em grandes empresas multinacionais, iniciamos com a internacionalização das pequenas empresas empreendedoras (Capítulo 5) e seguimos com as maneiras de entrar no mercado externo (Capítulo 6), de alavancar alianças e redes (Capítulo 7) e de administrar a dinâmica competitiva global (Capítulo 8). Finalmente, a terceira parte lida com estratégias *no nível corporativo*. O Capítulo 9 inicia essa parte tratando de diversificação, aquisição e reestruturação, seguido de estratégias para estruturar, aprender e inovar (Capítulo 10), para governar a corporação ao redor do mundo (Capítulo 11) e para fazê-lo com responsabilidade social corporativa (Capítulo 12).

Um princípio organizacional singular é o foco nas quatro questões fundamentais de estratégia discutidas anteriormente, exploradas em meio ao conteúdo de todos os capítulos. Seguindo a proposta do capítulo de abertura, que contém inúmeras discussões, todos os capítulos possuem uma ampla seção, denominada "Discussões e Extensões". Praticamente todos os livros apresentam o conhecimento de forma acrítica, como uma verdade universal, ignorando que os debates sobre esse tema são dinâmicos. Em virtude do fato de que se fala aos estudantes que "não há respostas certas ou erradas" e de que as discussões enriquecem a prática e a pesquisa, é necessário que esses estudantes sejam expostos aos mais recentes debates e incentivados a formar suas próprias visões quando participam dessas discussões.[86]

Resumo do Capítulo

1. Este livro centra-se em como efetivamente criar estratégias e competir em nível global, em vez de se basear na definição de "estratégia global" tradicional e limitada, que não tem funcionado na prática corrente.
2. Sendo um livro *global* sobre estratégia global, esta obra fornece uma abordagem mais equilibrada, não somente com relação às tradicionais "estratégia global" e "estratégia não-global", mas também no que se refere às perspectivas tanto de empresas multinacionais como de empresas locais. Além disso, este livro vai muito além da análise da competição em economias desenvolvidas, dedicando grande espaço às batalhas competitivas travadas em economias emergentes.
3. Há um debate entre duas escolas de pensamento: "estratégia como plano" e "estratégia como ação". Este livro, como outros, segue a escola da "estratégia como integração".
4. Nesta obra, a definição de estratégia é: a teoria de uma empresa sobre como competir com sucesso. Estratégia global é definida como a estratégia das empresas ao redor do globo.
5. Por todo o livro, o foco são as quatro questões mais fundamentais: (1) Por que as empresas se diferenciam?; (2) Como as empresas se comportam?; (3) O que determina o escopo da empresa?; e (4) O que determina o sucesso ou o fracasso internacional das empresas? As três principais perspectivas que guiam nossa investigação são as visões baseadas em indústrias, em recursos e em instituições.
6. Alguns vêem a globalização como um fenômeno recente, ao passo que outros acreditam que essa é uma evolução unidirecional que ocorre desde o início da história humana. Sugerimos que a globalização pode ser mais bem compreendida como um processo semelhante ao balanço de um pêndulo, geralmente correspondente aos altos e baixos relativos às aberturas de mercado pelo mundo.
7. O mundo atual talvez seja mais bem caracterizado como semiglobalizado – sugerindo-se que as barreiras à integração de mercado são altas, mas não o suficiente para isolar completamente um país do outro. Tal semiglobalização implica uma série de experimentações estratégicas ao redor do globo.

8. Grandes empresas multinacionais, em especial advindas de economias desenvolvidas, são entidades econômicas consideravelmente grandes na economia global. Entretanto, pequenas empresas e suas estratégias também merecem atenção.

9. Três séries de eventos repentinos, dramáticos e de destaque ocorreram no início do século XXI. Hoje vivemos na incerteza do mundo ***pós-Seattle, 11 de setembro*** e *Enron*.

10. Estrategistas, segundo Sun Tzu, precisam conhecer tanto a si próprios quanto a seus inimigos. Da perspectiva de que a globalização possui lados obscuros, estrategistas atuais e em potencial devem conhecer "a si próprios", especialmente as influências implícitas pró-globalização que sofrem. O novo radar estratégico não deve detectar somente os competidores tradicionais, mas também inimigos não tradicionais e/ou parceiros em potencial (como as organizações não-governamentais).

Palavras-chave

- estratégia emergente
- economias emergentes
- investimento direto externo (IDE)
- formulação
- estratégia global
- implementação
- visão baseada em indústrias
- visão baseada em instituições
- estratégia pretendida
- empresas multinacionais (EMNs)
- organizações não-governamentais (ONGs)
- replicação
- visão baseada em recursos
- semiglobalização
- administração estratégica
- estratégia
- estratégia como ação
- estratégia como integração
- estratégia como plano
- análise SWOT
- Tríade

Questões para Discussão

1. Um aluno cético diz: "A estratégia global é relevante somente a grandes executivos, como diretores-executivos de grandes companhias. Sou apenas um estudante que terá de se esforçar para obter o primeiro emprego, provavelmente em uma pequena empresa. Por que eu deveria me preocupar com isso?" Como convencê-lo de que deve se preocupar?

2. Algumas pessoas alegam que a globalização beneficia cidadãos de países ricos. Outros alegam que a globalização beneficia cidadãos de países pobres. Qual é a sua opinião?

3. Ainda com relação à segunda questão, no tocante ao papel das empresas multinacionais, que, por meio de investimentos diretos externos, supostamente tanto explora os pobres em economias pobres, quanto rouba empregos dos países ricos, se você fosse o diretor-executivo de uma empresa multinacional de uma economia desenvolvida ou emergente, como defenderia sua empresa?

4. Quais são os principais desafios estratégicos no mundo pós-Seattle, 11 de setembro e Enron?

5. ***SOBRE ÉTICA***: Quais são alguns dos lados obscuros (em outras palavras, custos) associados à globalização? Como estrategistas podem ter certeza de que os benefícios de suas inúmeras ações (como a terceirização discutida no Caso de Introdução, por exemplo) superam as desvantagens (como a perda de empregos em economias desenvolvidas, por exemplo)?

6. ***SOBRE ÉTICA***: Algumas pessoas argumentam que investimentos agressivos em economias emergentes não são somente benéficos à economia, mas também extremamente éticos, pois têm potencial para tirar muitas pessoas da miséria (ver Estratégia em Ação 1.1). Entretanto, outras pessoas advertem que, na incerteza de lucros certos, recorrer a economias emergentes é precipitado. Qual seria sua contribuição a essa discussão?

Caso de conclusão: Flextronics e epidemias

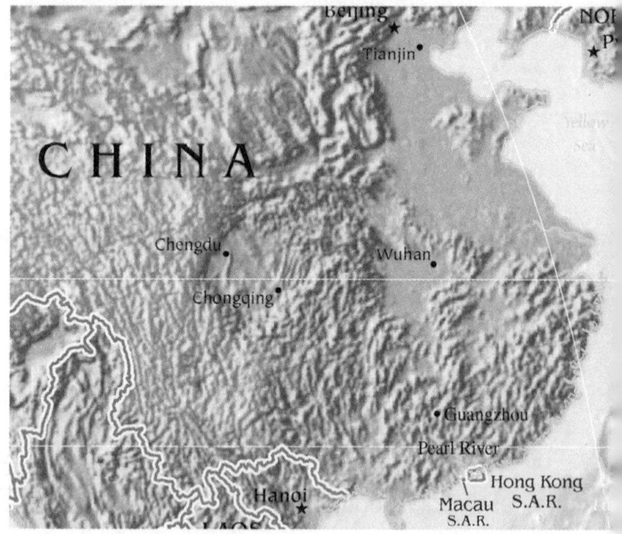

Desde sua fundação, em 1990, em Cingapura, a Flextronics (http://www.flextronics.com) é uma das principais fabricantes de equipamentos originais eletrônicos. Pelo fato de a Flextronics não comercializar produtos com sua própria marca, não é muito conhecida entre os usuários finais. Entretanto, está longe de ser pequena e obscura. Com uma receita, em 2002, de US$ 13 bilhões, opera em 28 países e emprega um exército composto de 70 mil funcionários. É líder entre os mais de 3 mil fabricantes de eletrônicos no mundo, com 11% de *market share*.

O crescimento fenomenal da Flextronics é resultado da vantagem que obteve ao terceirizar a produção a fabricantes de equipamentos originais, que, como um grupo, crescerá de 13% do valor total atual desse setor industrial para 50% nos próximos dez anos. Com uma tênue margem de 3 a 5%, eficiência é a chave para alcançar economias de escala por meio da redução de custos.

Por toda a China, a Flextronics opera 33 fábricas, nas quais trabalham um total de 34 mil pessoas. Desde 1996, a empresa investiu US$ 600 milhões em suas operações na China, ao longo do delta do rio Pearl, vizinho a Hong Kong. Dentro de um complexo de 150 acres de extensão, formado por sete fábricas, 11.600 trabalhadores produzem cerca de US$ 1 bilhão em produtos por ano. A maior parte dos controles do videogame Xbox, da Microsoft (http://www.microsoft.com), é feita lá. Outros grandes clientes são: Dell (http://www.dell.com), IBM (http://www.ibm.com), Motorola (http://www.motorola.com), Palm (http://www.palm.com) e SonyEricsson (http://www.sonyericsson.com). A região promove uma excelente combinação formada por salários baixos, boa infra-estrutura e logística eficaz. Isso age como um ímã que atrai investidores estrangeiros, o que transformou a região em uma oficina mundial, passando de eletrônicos a brinquedos.

Infelizmente, no delta do rio Pearl supostamente está a origem da Síndrome Respiratória Aguda Grave (SARS), que se expandiu a partir do início de 2003 por meio de ramificações globais. A epidemia causou a morte de centenas de pessoas em vários países e afetou outros milhares. Tim Dinwiddie, 40 anos, nativo de Louisville, Kentucky, no comando do complexo da Flextronics desde 1999, já havia enfrentado incêndios, furacões e o *bug* do milênio em sua carreira, mas esses obstáculos, segundo ele, eram insignificantes em comparação à SARS. As visitas diárias de clientes habituais e em potencial e de analistas de investimentos caíram para praticamente zero. Ligações telefônicas, internet e videoconferências mantinham os clientes inteirados acerca do que se passava. Em maio de 2003, nenhum contrato foi cancelado, mas a maioria dos grandes clientes disse estar considerando outras opções enquanto observavam se a Flextronics conseguiria manter a SARS distante.

Em resposta a isso, Dinwiddie e seu conselho de administração declararam guerra no complexo. Assim como outras empresas multinacionais da região, a Flextronics implementou uma série de procedimentos rígidos, a fim de garantir que a epidemia não entrasse nas fábricas. Todos os membros do staff que viajassem para outra região tinham sua temperatura corporal medida por dez dias, suposto período máximo de incubação. Trabalhadores recém-contratados comiam em um setor especial da cantina durante os primeiros dez dias e todos os trabalhadores eram obrigados a lavar as mãos antes e depois de fazerem qualquer refeição na cantina da companhia. Todos os visitantes também tinham suas temperaturas medidas. Dentro das fábricas, o temor parecia cessar. No início de abril, ⅓ dos funcionários usava máscaras, mas um mês depois, ninguém mais as usava. Os trabalhadores tiveram medo, mas não entraram em pânico. A Flextronics tentou permanecer como uma ilha de calmaria em meio a uma tempestade repentina.

Fontes: Baseado em (1) M. Clifford, 2003, Standing guard, *Business Week*, 5 de maio: 46-48; (2) P. Engardio, 2003, Epidemics and economics, *Business Week*, 28 de abril: 44-45; e (3) B. Einhorn, 2003, Damage in the Delta, *Business Week*, 21 de abril: 56.

Questões para Estudo de Caso

1. Por que o sul da China emergiu como um centro global de operações produtivas?
2. Para a Flextronics, quais são os benefícios e os custos de concentrar a produção em uma região?
3. O que abasteceu o forte crescimento da Flextronics no âmbito global e na China?
4. Quais são as lições deixadas pela epidemia da SARS para a Flextronics e outras empresas multinacionais?

Notas

1. Ver, por exemplo, V. Govindarajan; A. Gupta, 2001. *The Quest for Global Dominance*, San Francisco: Jossey-Bass; G. Yip, 2003, *Total Global Strategy II*, Upper Saddle River, NJ: Prentice Hall.
2. C. Baden-Fuller; J. Stopford, 1991, Globalization frustrated, *SMJ*, 12: 493-507.
3. Essa definição de MNE pode ser encontrada em R. Caves, 1996, *Multinational Enterprise and Economic Analysis*, 2. ed. (p. 1), Nova York: Cambridge University Press; J. Dunning, 1993, *Multinational Enterprises and the Global Economy* (p. 30), Reading, MA: Addison-Wesley. Outros termos são: corporação multinacional e corporação transnacional, que freqüentemente são utilizados no lugar da palavra "multinacional". Para evitar confusão, utilizaremos "multinacional" em todo o livro.
4. A. Rugman; R. Hodgetts, 2001, The end of global strategy, *EMJ*, 19: 333-343.
5. Na opinião do professor alemão, editor do mais respeitado periódico acadêmico europeu sobre negócios internacionais (e o segundo maior do mundo), "nem mesmo os americanos mais liberais concordariam que a Coca-Cola exibisse esses comerciais 'eróticos' na TV americana." Ver K. Macharzina, 2001, Editorial: The end of pure global strategies? (p. 106), *MIR*, 41: 105-108.
6. United Nations, 2003, *World Investment Report 2003* (p. 6), Nova York e Genebra: United Nations.
7. K. Ohmae, 1985, *Triad Power*, Nova York: Free Press.
8. J. Mathews, 2002, *Dragon Multinational*, Oxford: Oxford University Press; L. Wells, 1998, Multinationals and the developing countries, *JIBS*, 29: 101-114; M. Zeng; P. Williamson, 2003, The hidden dragons, *HBR*, 81 (10): 92-104.
9. M. W. Peng, 2000, *Business Strategies in Transition Economies*, Thousand Oaks, CA: Sage Publishing, Inc.
10. "Transnacional" e "metanacional" foram propostos para ampliar a noção tradicional de "estratégia global". Ver C. Bartlett; S. Ghoshal, 1989, *Managing Across Borders: The Transnational Solution*, Boston: Harvard Business School Press; Y. Doz; J. Santos; P. Williamson, 2001, *From Global to Metanational*, Boston: Harvard Business School Press. Uma idéia mais radical é abandonar "estratégia global". Ver A. Rugman, 2001, *The End of Globalization*, Nova York: AMACOM.
11. C. Daily; S. T. Certo; D. Dalton, 2000, International experience in the executive suite, *SMJ*, 21: 515-523; B. Kedia; A. Murkherji, 1999, Global managers, *JWB*, 34: 230-257; A. Yan; G. Zhu; D. Hall, 2002, International assignments for career building, *AMR*, 27: 373-391.
12. Gerentes expatriados normalmente trabalham com prêmios substanciais em compensação. Em empresas norte-americanas, o pacote de compensação total médio é de aproximadamente US$ 250 a 300 mil. Ver C. Hill, 2003, *International Business*, 4.ed. (p. 612), Chicago: McGraw-Hill Irwin; R. Griffin; M. Pustay, 2003, *International Business*, 3.ed. (p. 583), Upper Saddle River, NJ: Prentice Hall.

13. N. Driffield; M. Munday, 2000, Industrial performance, agglomeration, and foreign manufacturing investment in the UK *JIBS*, 31: 21-37; Griffin; Pustay, 2003, *International Business* (p. 6); M. Guillen, 2001, *The Limits of Convergence* (p. 125), Princeton, NJ: Princeton University Press; Y. Luo, 2001, *How to Enter China* (p. 14), Ann Arbor: University of Michigan Press.
14. W. Newburry, 2001, MNC interdependence and local embeddedness influences on perceptions of career benefits from global integration, *JIBS*, 32: 497-508.
15. J. Cooper, 2004, The price of efficiency, *BW*, 22 de março: 38-42.
16. Sun Tzu, 1963, *The Art of War,* tradução de S. Griffith, Oxford: Oxford University Press.
17. I. Ansoff, 1865, *Corporate Strategy,* Nova York: McGraw-Hill; K. Andrews, 1971, *The Concept of Corporate Strategy*, Homewood, IL: Irwin; D. Schendel; C. Hofer, 1979, *Strategic Management,* Boston: Little, Brown.
18. K. Von Clausewitz, 1976, *On War*, Londres: Kegan Paul.
19. B. Liddell Hart, 1967, *Strategy*, Nova York: Meridian.
20. H. Mintzberg, 1994, *The Rise and Fall of Strategic Planning,* Nova York: Free Press. Ver também C. Grimm; K. Smith, 1997, *Strategy as Action,* Thousand Oaks, CA: Sage Publishing, Inc.
21. S. Cummings; D. Angwin, 2004, The future shape of strategy, *AME*, 18 (2): 21-36; M. Farjourn, 2002, Towards an organic perspective on strategy, *SMJ*, 23: 561-594; R. Grant, 2003, Strategic planning in a turbulent environment, *SMJ*, 24: 491-517; R. Hoskisson; M. Hitt; W. Wan; D. Yiu, 1999, Theory and research in strategic management, *JM*, 25: 417-456; G. Johnson; L. Melin; R. Whittington, 2003, Microstrategy and strategizing, *JMS*, 40: 3-22; A. Inkpen; N. Choudhury, 1995, The seeking of strategy where it is not, *SMJ*, 16: 313-323; J. Mahoney, 2004, *Economic Foundations of Strategy*, Thousand Oaks, CA: Sage Publishing, Inc.
22. A. Chandler, 1962, *Strategy and Structure*, Cambridge, MA: MIT Press.
23. L. Greiner; A. Bhambri; T. Cummings, 2003, Searching for a strategy to teach strategy, *AMLE, 2:* 402-420; C. Hill; G. Jones, 2004, *Strategic Management*, 6.ed., Boston: Houghton Mifflin; M. Hitt; D. Ireland; R. Hoskisson, 2003, *Strategic Management*, 5.ed., Cincinnati: Thomson South-Western.
24. J. Barney, 2002, *Gaining and Sustaining Competitive Advantage*, 2.ed. (p. 6), Upper Saddle River, NJ: Prentice Hall; P. Drucker, 1994, The theory of business, *HBR*, 75 (5): 95-105.
25. C. Christensen; M. Raynor, 2003, Why hard-nosed executives should care about management theory, *HBR*, setembro: 67-74.
26. J. Rivkin, 2001, Reproducing knowledge, *OSc*, 12: 274-293; S. Winter; G. Szulanski, 2001, Replication as strategy, *OSc*, 12: 730-743.
27. W. Boeker, 1997, Strategic change: The influence of managerial characteristics and organizational growth, *AMJ*, 40: 152-170; S. Finkelstein, 2003, *Why Smart Executives Fail*, Nova York: Portfolio; A. Pettigrew; R. Woodman; K. Cameron, 2001, Studying organizational change and development, *AMJ*, 44: 697-713; N. Rajagopalan; G. Spreitzer, 1996, Toward a theory of strategic change, *AMR*, 22: 48-79.
28. J. Child, 1972, Organizational structure, environment, and performance: The role of strategic choice, *Sociology*, 6: 1-22; S. Finkelstein; D. Hambrick, 1996, *Strategic Leadership,* St. Paul, MN: West.
29. J. Guntz; R. M. Jalland, 1996, Managerial careers and business strategies, *AMR*, 21: 718-756; D. Hambrick; P. Mason, 1984, Upper echelons: The organization as a reflection of its top managers, *AMR*, 9: 193-206.
30. R. Rumelt; D. Schendel; D. Teece (eds.), 1994, *Fundamental Issues in Strategy: A Research Agenda* (p. 564), Boston: Harvard Business School Press.
31. M. Koza; J. Thoenig, 1995, Organization theory at the crossroads: Some reflections on European and United States approaches to organizational research, *OSc*, 6: 1-8; R. Whittington; M. Mayer, 2000, *The European Corporation*, Oxford: Oxford University Press.
32. E. Gedajlovic; D. Shapiro, 1998, Management and ownership effects, *SMJ*, 19: 533-553; L. Thomas; G. Waring, 1999, Competing capitalisms, *SMJ*, 20: 729-748.
33. Exemplos de trabalhos acadêmicos com o termo *keiretsu* no título incluem K. Banerji; R. Sambharya, 1996, Vertical *keiretsu* and

international market entry, *JIBS*, 27: 89-113; J. Dyer, 1996, Does governance matter? *Keiretsu* alliances and asset specificity as sources of Japanese competitive advantage, *OSc*, 7: 649-666; J. Lincoln; M. Gerlach; C. Ahmadjian, 1996, *Keiretsu* networks and corporate performance in Japan, *ASR*, 61: 67-88; M. W. Peng; S. Lee; J. Tan, 2001, The *keiretsu* in Asia: Implications for multilevel theories of competitive advantage, *JIM*, *7* (4): 253-276.

34. M. Boisot; J. Child, 1996, From fiefs to clans and network capitalism, *ASQ*, 41: 600-628; M. W Peng; P. Heath, 1996, The growth of the firm in planned economies in transition: Institutions, organizations, and strategic choices, *AMR*, 21 (2): 492-528.

35. M. W. Peng, 1997, Firm growth in transition economies: Three longitudinal cases from China, 1989-96, *OSt*, 18(3): 335-413; M. W. Peng; Y. Luo, 2000, Managerial ties and firm performance in a transition economy: The nature of a micro-macro link, *AMJ*, 43 (3): 486-501.

36. Exemplos de trabalhos acadêmicos com o termo *guanxi* no título incluem S. Park; Y. Luo, 2001, *Guanxi* and organizational dynamics, *SMJ*, 22: 455-477; E. Tsang, 1998, Can *guanxi* be a source of sustained competitive advantage for doing business in China? *AME*, 12 (2): 64-73; K. Xin; J. Pearce, 1996, *Guanxi:* Good connections as substitutes for institutional support, *AMJ*, 39: 1641-1658; I. Yeung; R. Tung, 1996, Achieving business success in Confucian societies: The importance of *guanxi* (connections), *OD*, 25: 54-65.

37. Um exemplo de trabalho acadêmico com o termo *chaebol* no título pode ser encontrado em H. Kim; R. Hoskisson; L. Tihanyi; J. Hong, 2004, The evolution and restructuring of diversified business groups in emerging markets: The lessons from *chaebols* in Korea, *APJM*, 21: 25-48. Um exemplo com o termo *blat* no título pode ser encontrado em S. Michailova; V. Worm, 2003, Personal networking in Russia and China: *Blat* and *guanxi*, *EMJ*, 21: 509-519.

38. G. Carroll, 1993, A sociological view on why firms differ, *SMJ*, 14: 237-249; J. Child, 2000, Theorizing about organizations cross-nationally, *AIM*, 13: 27-75; S. Hart; C. Banbury, 1994, How strategy-making processes can make a difference, *SMJ*, 15: 251-269.

39. M. Porter, 1980, *Competitive Strategy*, Nova York: Free Press.

40. J. Barney, 1991, Firm resources and sustainable competitive advantage, *JM*, 17: 99-120.

41. D. North, 1990, *Institutions, Institutional Change, and Economic Performance,* Cambridge, MA: Harvard University Press; M. W. Peng, 2003, Institutional transitions and strategic choices, *AMR*, 28 (2): 275-296.

42. R. Hoskisson; L. Eden; C. Lau; M. Wright, 2000, Strategy in emerging economies, *AMJ*, 43: 249-267; T. Khanna; J. Rivkin, 2001, The structure of profitability around the world, Working paper, Harvard Business School.

43. S. Chang; J. Hong, 2002, How much does the business group matter in Korea? *SMJ*, 23: 265-274; M. Guillen, 2000, Business groups in emerging economies, *AMJ*, 43: 362-380; T. Khanna; J. Rivkin, 2001, Estimating the performance effects of business groups in emerging markets, *SMJ*, 22: 45-74; M. Li; Y. Wong, 2003, Diversification and economic performance, *APJM*, 20: 243-265; M. Makhija, 2004, The value of restructuring in emerging economies, *SMJ*, 25: 243-267; L. Nachum, 2004, Geographic and industrial diversification of developing country firms, *JMS*, 41: 273-294; D. Yiu; G. Bruton; Y. Lu, 2005, Understanding business group performance in an emerging economy, *JMS* (no prelo).

44. T. Khanna; K. Palepu, 1997, Why focused strategies may be wrong for emerging markets, *HBR*, julho-agosto: 41-51; K. B. Lee; M. W. Peng; K. Lee, 2004, From diversification premium to diversification discount during institutional transitions, Working paper, Fisher College of Business, The Ohio State University; M. W. Peng; S. Lee; D. Wang, 2005, What determines the scope of the firm over time? A focus on institutional relatedness, *AMR* (no prelo).

45. M. W. Peng, 2004, Identifying the big question in international business research, *JIBS*, 25 (2): 99-108.

46. R. Wiggins; T. Ruefli, 2002, Sustained competitive advantage, *OSc*, 13: 82-105.

47. J. Doh; H. Teegen; R. Mudambi, 2004, Balancing private and state ownership in emerging markets' telecommunications infrastructure: Country, industry, and firm influences,*JIBS*, 35: 233-250.

48. S. Beldona; A. Inkpen; A. Phatak, 1998, Are Japanese managers more long-term oriented than US managers? *MIR*, 38: 239-256; K. Laverty, 1996, Economic "short-termism", *AMR*, 21: 825-860.
49. R. Peterson; C. Dibrell; T. Pett, 2002, Long-versus short-term performance perspectives of Western European, Japanese, and US companies, *JWB*, 37: 245-255.
50. T. Levitt, 1983, The globalization of markets, *HBR*, maio-junho: 92-102.
51. Há indícios de que as empresas norte-americanas, em média, são menos "globais" em relação a suas concorrentes asiáticas e européias. Ver J. Johansson; G. Yip, 1994, Exploiting globalization potential: US and Japanese strategies, *SMJ*, 15: 579-601; M. Makhija; K. Kim; S. Williamson, 1997, Measuring globalization of industries using a national industry approach, *JIBS*, 28: 679-710; A. Morrison; K. Roth, 1992, A taxonomy of business strategies in global industries, *SMJ*, 13: 399-418.
52. Yip, 2003, *Total Global Strategy II* (p.7).
53. T. Clark; L. Knowles, 2003, Global myopia, *JIM*, 9: 361-372.
54. A. Giddens, 1999, *Runaway World*, Londres: Profile; A. Prakash; J. Hart (eds.), 2000, *Coping with Globalization*, Londres: Routledge; S. Strange, 1996, *The Retreat of the State*, Cambridge: Cambridge University Press.
55. B. Husted, 2003, Globalization and cultural change in international business research, *JIM*, 9: 427-433.
56. K. Moore; D. Lewis, 1999, *Birth of the Multinational*, Copenhague: Copenhagen Business School Press.
57. D. Yergin; J. Stanislaw, 2002, *The Commanding Heights* (p. 385), Nova York: Simon & Schuster.
58. P. Doremus; W. Keller; L. Pauly; S. Reich, 1998, *The Myth of the Global Corporation* (p. 19), Princeton, NJ: Princeton University Press.
59. R. Bettis; M. Hitt, 1995, The new competitive landscape, *SMJ*, 16: 7-19; R. D'Aveni, 1994, *Hypercompetition*, Nova York: Free Press; G. Hamel; C. K. Prahalad, 1996, Competing in the new economy, *SMJ*, 17: 237-242; G. McNamara; P. Vaaler; C. Devers, 2003, Same as it ever was: The search for evidence of increasing hypercompetition, *SMJ*, 24: 261-278.
60. J. Stiglitz, 2002, *Globalization and Its Discontents* (p. 9), Nova York: Norton.
61. O termo "economias emergentes" foi provavelmente cunhado na década de 1980 pelo holandês Antonie van Agtmael, que trabalhava no International Finance Corporation (IFC), grupo do Banco Mundial. Ver Yergin; Stanislaw, 2002, *The Commanding Heights* (p. 134).
62. United Nations, 2000, *World Investment Report 2000*, Nova York e Genebra: United Nations.
63. R. Vernon, 1998, *In the Hurricane's Eye*, Cambridge, MA: Harvard University Press.
64. Essa visão é compartilhada não apenas por críticos leigos da globalização, mas também por Joseph Stiglitz, ex-presidente do Conselho Presidencial de Consultores Econômicos, ex-vice-presidente sênior e economista-chefe do Banco Mundial, e Prêmio Nobel de Economia em 2001. Ver Stiglitz, 2002, *Globalization and Its Discontents* (especialmente o Capítulo 4).
65. J. Oxley; K. Schnietz, 2001, Globalization derailed? *JIBS*, 32: 479-496.
66. United Nations, 2003, *World Investment Report 2003* (overview). Nova York e Genebra: United Nations.
67. L. Eden; S. Lenway, 2001, Multinationals: The Janus face of globalization, *JIBS*, 32: 383-400.
68. P. Ghemawat, 2003, Semiglobalization and international business strategy, *JIBS*, 34: 138-152.
69. Guillen, 2001, *The Limits of Convergence* (p. 232).
70. J. Ricart; M. Enright; P. Ghemawat; S. Hart; T. Khanna, 2004, New frontiers in international strategy, *JIBS*, 35: 175-200.
71. *The Economist*, 2003, Bergernomics, In: *The World in 2003* (p. 30), Londres: The Economist.
72. P. Krugman, 1994, Does Third World growth hurt First World prosperity? *HBR*, julho-agosto: 113-121; R. Rajan; L. Zingales, 2003, *Saving Capitalism from the Capitalists,* Nova York: Crown.
73. J. Bhagwati, 2004, *In Defense of Globalization*, Nova York: Oxford University Press; A. Rugman; A. Verbeke, 1998, Multinational enterprises and public policy, *JIBS*, 29: 115-136.

74. K. Schnatterly, 2003, Increasing firm value through detection and prevention of white-collar crime, *SMJ*, 24: 587-614; J. Walsh; K. Weber; J. Margolis, 2003, Social issues and management, *JM*, 29: 859-881.
75. E. Murphy; J. Gordon; A. Mullen, 2004, A preliminary study exploring the value changes taking place in the United States since the September 11, 2001 terrorist attack on the World Trade Center, *JBE*, 50: 81-96.
76. A. Bird; M. Stevens, 2003, Toward an emergent global culture and the effects of globalization on obsolescing national cultures, *JIM*, 9: 395-407.
77. M. W. Peng; H. Shin, 2003, How do future business leaders view globalization? Working paper, Fisher College of Business, The Ohio State University, *http://fisher. osu.edu/mhr/faculty/peng.*
78. S. Rynes; C. Trank, 1999, Behavioral sciences in the business school curriculum, *AMR*, 24: 808-824.
79. H. Levitt, 1991, Socializing our MBAs, *CMR*, summer: 127-143.
80. M. Hitt, 1998, Twenty-first-century organizations: Business firms, business schools, and the Academy, *AMR*, 23: 218-224. Ver também Eden; Lenway, 2001, Multinationals.
81. R. Bettis, 1998, Commentary on "Redefining industry structure for the information age", *SMJ*, 19: 357-361; J. Sampler, 1998, Redefining industry structure for the information age, *SMJ*, 19: 343-355.
82. P. Magnusson, 2000, Meet free traders' worst nightmare, *BW*, março 20: 114.
83. J. Doh; H. Teegen (eds.), *Globalization and NGOs*, Nova York: Praeger; S. Kobrin, 2001, Sovereignty@Bay, In: A. Rugman; T. Brewer (eds.), *The Oxford Handbook of International Business* (p. 181-205), Oxford: Oxford University Press.
84. D. Rondinelli; T. London, 2003, How corporations and environmental groups cooperate, *AME*, 17 (1): 61-76; S. Hart; M. Milstein, 2003, Creating sustainable value, *AME*, 17 (2): 56-67; H. Teegen, 2003, International NGOs as global institutions, *JIM*, 9: 271-285.
85. J. Garten, 2003, A new year, a new agenda, *Economist*, 4 de janeiro: 54-56; C. Robertson; W. Crittenden, 2003, Mapping moral philosophies: Strategic implications for multinational firms, *SMJ*, 24: 385-392.
86. D. Ricks, 2003, Globalization and the role of the global corporation, *JIM*, 9: 355-359.

CAPÍTULO 2

Administrando a competição industrial

Sumário

- Definindo competição industrial
- O modelo das cinco forças
- Três estratégias genéricas
- Discussões e extensões
- Implicações para os estrategistas

Caso de Introdução: Indústria Automobilística – de Boa Vida a um Banho de Sangue

Enfrentando recessão mundial e sobrecapacidade grave, a venda global de automóveis caiu entre 2002 e 2004 e as perspectivas são desanimadoras. No entanto, a vida não é tão estressante para três amplos segmentos desse setor industrial: os mercados de massa, de luxo e de superluxo. Os inúmeros jogadores que atuam no mercado de massa, como Chrysler (http://www.chrysler.com), Ford (http://www.ford.com), General Motors (http://www.gm.com), Honda (http://www.honda.com), Hyundai (http://www.hmc.co.kr), Nissan (http://www.nissandriven.com), Renault (http://www.renault.com), Toyota (http://www.toyota.com) e Volkswagen (http://www.vw.com), estão envolvidos em uma competição intensa. Por exemplo, é preciso uma média de US$ 3.300 em incentivos por veículo para que as três maiores (ou duas e metade de uma) fabricantes dos Estados Unidos façam seus carros rodarem, esmagando as margens de lucro de outros jogadores, que permanecem a uma média de mínimos 5%. No mercado de luxo, há menos jogadores, como Audi (http://www.audi.com), BMW (http://www.bmw.com), Lexus (http://www.lexus.com), Mercedes (http://www.mercedes-benz.com) e Porsche (http://www.porsche.com). Utilizam uma quantidade menor de artifícios como restituições ou 0% de financiamento, e suas margens permanecem relativamente saudáveis em 10%. A vida no mercado dos superluxos parece ser mais tranqüila. A competição é mais "cavalheiresca" e as mudanças ocorrem lentamente. Os poucos integrantes, como Ferrari (http://www.ferrari.com), Lamborghini (http://www.lamborghini.com) e Rolls-Royce (http://www.rolls-royce.com), produzem um número limitado de carros por ano para os consumidores mais diferenciados do mundo: aproximadamente 7 mil por ano (o que corresponde a 0,01 de 1% do total de vendas globais) para carros acima de US$ 150 mil. Os lucros por carro podem passar de US$ 20 mil, um mundo à parte comparado aos lucros do mercado de massa, que podem chegar a mínimos US$ 150 dólares por carro em razão dos incentivos. Sobretudo no grupo dos superluxos, as margens são confortáveis, o que denota a boa vida no topo.

Entretanto, essa boa vida pode estar acabando. Parece que todos os fabricantes respeitáveis de carros estão correndo para invadir o lucrativo mercado dos superluxos, criando riscos jamais vistos. A Mercedes está oferecendo por US$ 320 mil o Maybach, carro inspirado no lendário modelo SLR, de 1952. A BMW, que assumiu a Rolls-Royce em 1998, está lançando a US$ 360 mil o Rolls-Royce Phantom, mistura da herança britânica com a melhor mecânica alemã. A Lexus está trabalhando secretamente em um carro de US$ 150 mil. Outras marcas, como Acura (http://www.acura.com), Cadillac (http://www.cadillac.com) e Jaguar (http://www.jaguar.com.uk), aguardam ansiosas para entrar nessa briga. Enfrentando tamanhas tempestades, os fabricantes "das antigas", como Aston Martin (http://www.astonmartin.com) e Maserati (http://www.maserati.com), também correm para criar modelos.

Com um crescimento estimado na oferta para o mercado dos superluxos entre 40 e 50% até a próxima década, a grande questão é se tantos novos competidores irão saturar o mercado, repetindo o que ocorre atualmente no mercado de massa. Os fabricantes de carros enfatizam que seus produtos superluxos são únicos e que não são "meros meios de transporte". São como jóias, cavalos e outras coisas boas que fazem parte de um estilo de vida luxuoso. A BMW e a DaimlerChrysler (http://www.daimlerchrysler.com), por exemplo, acreditam que podem ampliar o mercado, oferecendo mais opções aos compradores abastados. Esses fabricantes também visam territórios "virgens". Na China (ver Caso 3, on-line, para mais detalhes), por exemplo, as vendas de marcas renomadas triplicaram nos últimos cinco anos. Em 2002, a Bentley (http://www.bentleymotors.co.uk), propriedade atual da BMW, abriu uma concessionária em Pequim e vendeu 29 carros, todos a US$ 400 mil ou mais. Estão incluídas três limusines Pinnacle Bentley, veículos top de linha que custam US$ 1,07 milhão cada (8,88 milhões de iuanes, número considerado de muita sorte na China). Entretanto, os Estados Unidos permanecem como o maior, mais rico e competitivo mercado de luxo, podendo criar ou destruir um fabricante de carros. Ao que parece, um banho de sangue está prestes a ocorrer no topo da indústria automobilística global.

Fontes: Baseado em (1) C. Dawson, 2003, Lexu's big test, *Business Week*, 24 de março: 68-69; (2) *Economist*, 2003, Is one Rolls-Royce enough? 24 de janeiro: 49-50; (3) G. Edmondson, 2003, Classy cars, *Business Week*, 24 de março: 62-66; (4) G. Maxton, 2004, A rough road, in The World in 2004 (105-106), Londres: Economist; (5) D. Roberts, 2003, Bentley Beijing: Chariots on fire, *Business Week*, 24 de março: 66; (6) J. Tansky, 2003, Personal communication, 1 de julho; (7) C. Tierney, 2003, Audi, Volvo, Acura... Chrysler? *Business Week*, 14 de abril: 68-69.

Por que o mercado de carros superluxuosos está saindo de sua relativa calmaria e tranqüilidade para se transformar em um campo de competição frontal? Por que empresas que antes não competiam nesse mercado estão querendo entrar nele agora? Qual será a resposta dos concorrentes preexistentes (encarregados)? Como reagirão os fornecedores de componentes e os compradores de carros? Enfim, existem substitutos para esses carros? Este capítulo destina-se a responder a essas e a outras questões estratégicas. Para isso, introduzimos a visão baseada em indústrias, uma das três principais perspectivas em estratégia (as outras duas, visões baseadas em recursos e em instituições, serão abordadas nos capítulos 3 e 4, respectivamente).

Como observado no Capítulo 1, um instrumento estratégico básico é a análise SWOT, que não lida somente com as forças (F) e as fraquezas (f) internas, mas também com oportunidades (O) e ameaças (A) ambientais – Ff são internos; AO são ambientais. O foco deste capítulo são as oportunidades (O) e ameaças (A) que o ambiente industrial oferece (F e f serão discutidas no Capítulo 3). Iniciamos definindo competição industrial e posteriormente o modelo das cinco forças, seguido de uma discussão sobre três estratégias genéricas. Por fim, detalhamos oito debates importantes.

Definindo competição industrial

Uma indústria é um grupo de empresas que produz mercadorias e/ou serviços semelhantes uns aos outros. A competição industrial atrai a atenção de economistas, políticos e administradores muito antes do desenvolvimento do campo estratégico. A compreensão tradicional baseia-se no modelo de **competição perfeita**, de Adam Smith (1776), segundo o qual o preço estabelecido pelo "mercado" é aceito pelas empresas, e as entradas e saídas são relativamente simples. Entretanto, é raro observar essa competição perfeita no mundo real. Como consequência, no final da década de 1930 surge um ramo mais realista da economia, chamado **economia de organização industrial** (ou **economia industrial**).[1] Sua principal contribuição é o **modelo estrutura-conduta-desempenho. Estrutura** refere-se aos atributos estruturais de uma indústria (como os custos de entrada/saída). **Conduta** refere-se às ações da empresa (como diferenciação do produto). **Desempenho** refere-se ao resultado da conduta da empresa, relacionada à estrutura industrial, que pode ser classificada em: (1) média (normal), (2) abaixo da média e (3) acima da média. O modelo sugere que a estrutura industrial determina a conduta da empresa (ou estratégia), que, por sua vez, determina o desempenho da empresa.[2]

Entretanto, o objetivo original da economia de organização industrial *não* era ajudar as empresas a competir; pelo contrário, era fornecer um melhor entendimento sobre a competição entre as empresas a fim de ajudar na criação de políticas que as regulassem adequadamente. No que se refere a números de empresas em uma indústria, há uma classificação contínua de milhares de pequenas empresas em competição perfeita para uma única empresa em **monopólio** (entre os extremos pode haver um **oligopólio**, com apenas alguns concorrentes, ou até mesmo um **duopólio**, com dois competidores). A única coisa que as inúmeras pequenas empresas podem fazer é esperar um retorno médio, na melhor das hipóteses, ao passo que o monopolista obtém retornos acima da média. Economistas e reguladores freqüentemente ficam alarmados com retornos acima da média (classificados como "lucros excessivos"). O monopólio geralmente é ilegal e o oligopólio é inspecionado com rigor.

Esse foco intenso sobre o desempenho acima da média de empresas é compartilhado entre a economia de organização industrial e a estratégia. Entretanto, economistas de organização industrial e políticos estão mais preocupados com a *minimização* do que com a maximização de lucros acima da média. A intenção, de acordo com a perspectiva de maximização dos lucros da empresa, é obter retornos acima da média. Portanto, estrategistas inverteram o modelo estrutura–conduta–desempenho, extraindo dele lições que ajudassem as empresas a obter melhores desempenhos.[3] Essa transformação é o cerne deste capítulo.

O modelo das cinco forças

A visão de estratégia baseada em indústrias é fundamentada no **modelo das cinco forças**, cujo primeiro defensor foi Michael Porter, professor de estratégia em Harvard; esse modelo posteriormente foi ampliado e fortalecido por inúmeros outros teóricos. Esta seção traça suas origens, introduz seus componentes e tira importantes lições.

Da Economia à Estratégia

Em 1980, Porter "traduziu" e ampliou o modelo estrutura – conduta – desempenho em favor da estratégia.[4] O resultado é o conhecido modelo das cinco forças. Como demonstrado na Figura 2.1, as cinco forças são: (1) a intensidade da rivalidade entre os competidores; (2) a ameaça de novos concorrentes em potencial; (3) o poder de barganha dos fornecedores; (4) o poder de barganha dos compradores; e (5) a ameaça dos substitutos. Uma proposição importante é de que o desempenho da empresa depende decisivamente do grau de competitividade que essas cinco forças exercem na indústria.

FIGURA 2.1 Modelo das Cinco Forças

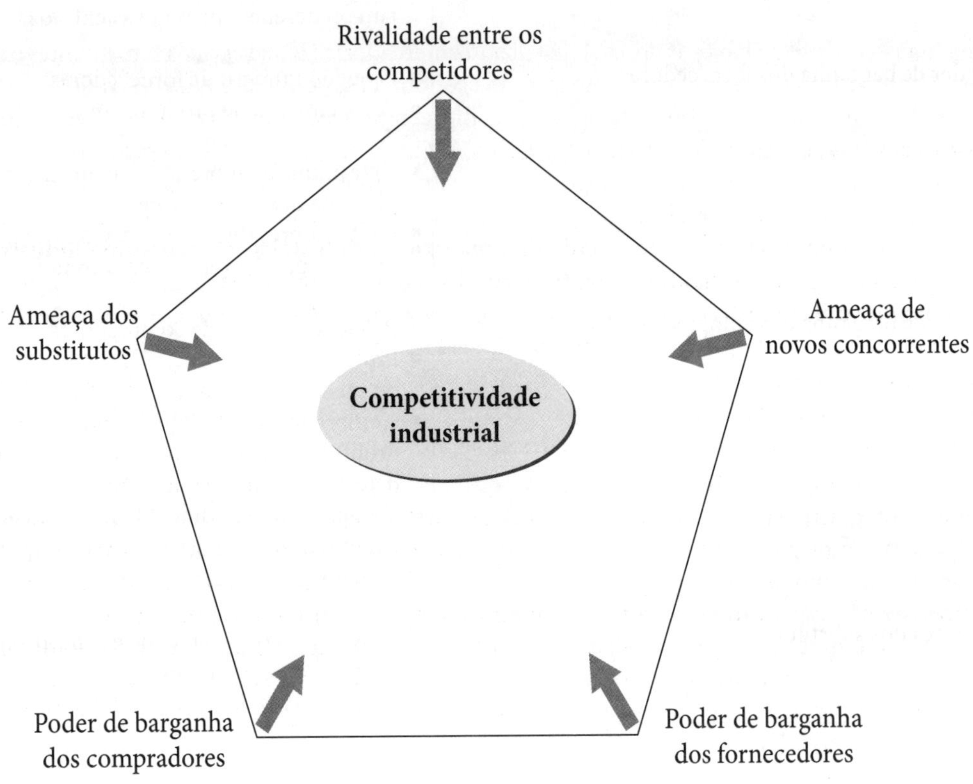

Quanto mais fortes e competitivas essas forças são, menor a probabilidade de determinada empresa obter retornos acima da média e vice-versa (Tabela 2.1).

Intensidade da Rivalidade entre Competidores

Dentre as ações que indicam um alto grau de rivalidade estão: (1) guerras de preço freqüentes; (2) proliferação de novos produtos, (3) campanhas de propaganda intensas; e (4) ações e reações competitivas dispendiosas (como comprar todos os cupons dos competidores). Essa rivalidade intensa ameaça as empresas por meio da redução dos lucros.[5] A questão principal é: que condições levam à rivalidade intensa?

TABELA 2.1 Ameaça das Cinco Forças

Cinco Forças	Indicativo das Ameaças de Forças Competitivas Fortes o Suficiente para Diminuir a Lucratividade Industrial
Rivalidade entre os competidores	▪ Grande número de empresas competidoras ▪ Concorrentes semelhantes em tamanho, influência e oferta de produtos ▪ Compra de produtos de preço alto e demanda pouco freqüente ▪ Capacidade acrescentada em grande escala ▪ Crescimento e declínio industriais lentos ▪ Altos custos de saída
Ameaça de novos concorrentes	▪ Poucas vantagens a baixo custo baseadas em escala (economias de escala) ▪ Poucas vantagens a baixo custo não baseadas em escala ▪ Diferenciação insuficiente dos produtos ▪ Pouco temor de retaliações ▪ Falta de políticas governamentais que restrinjam ou desencorajem novas entradas
Poder de barganha dos fornecedores	▪ Pequeno número de fornecedores ▪ Fornecimento de produtos únicos, diferenciados ▪ Determinada empresa não é um cliente importante dos fornecedores ▪ Fornecedores dispostos e capazes de promover uma integração vertical para frente
Poder de barganha dos compradores	▪ Pequeno número de compradores ▪ Produtos que proporcionam pouca economia ou melhoria da qualidade de vida ▪ Compradores que adquirem produtos padronizados, sem qualquer diferenciação, de determinadas empresas ▪ Compradores em dificuldades financeiras ▪ Compradores dispostos e capazes de promover uma integração vertical para trás
Ameaça dos substitutos	▪ Substitutos com qualidade e função superiores aos produtos existentes ▪ Custos baixos de troca por substitutos

Como mostrado na Tabela 2.1, ao menos seis séries de condições surgem. Primeira, o número de concorrentes é crucial. Quanto mais concentrada é uma indústria, menos são os concorrentes e maior a probabilidade de que esses reconheçam a interdependência mútua existente, restringindo a rivalidade (ver Capítulo 8 para mais detalhes). Como observado no Caso de Introdução, os poucos concorrentes que tradicionalmente produzem carros de luxo não se envolvem em ações competitivas intensas (como grandes descontos), típicas dos concorrentes que fabricam carros para o mercado de massa.

Segunda, concorrentes que possuem tamanho, influência no mercado e oferta de produtos semelhantes costumam competir vigorosamente entre si. Isso é verdadeiro em especial para empresas que não conseguem diferenciar seus produtos, como companhias de transportes aéreos, recentemente muito afetadas. Em um passado próximo, várias companhias (Hawaiian Airways, Philippines Airways, Sabena Airways, Swissair Airways, United Airways e US Airways) faliram. Em oposição a isso, a presença de uma empresa concorrente dominante diminui a rivalidade, pois pode estabelecer os preços industriais e disciplinar empresas que desviarem muito seus preços daquele estabelecido. Um exemplo de indústria que tem seus padrões determinados por um jogador dominante é a indústria global de petróleo, dominada pela Organização dos Países Exportadores de Petróleo (Opep) – 11 países que representam ⅓ da produção global.

Terceira, a rivalidade intensa também ocorre em indústrias que fabricam "produtos de preço alto" e de demanda pouco freqüente (como colchões e motocicletas). Isso ocorre porque pode ser difícil estabelecer uma **dominância** nesse tipo de indústria (o líder de mercado possui um grande *market share*.[6] Em oposição, pode ser relativamente fácil para empresas estabelecer dominância em indústrias de "mercadorias de preço baixo" e produtos cuja demanda é freqüente. Alguns exemplos são cerveja, lenços de papel ou filme fotográfico, dominados por Anheuser Busch (Budweiser), Kimberly-Clark (Kleenex) e Kodak, respectivamente (ver Tabela 2.2). O consumidor desse tipo de produto não está disposto a perder muito tempo decidindo que produto comprar e, por isso, prefere marcas conhecidas. Por outro lado, consumidores de produtos de preço alto e demanda pouco freqüente estão mais interessados em fazer bons negócios e, por isso, não confiam de imediato na reputação das principais empresas.

TABELA 2.2 Produtos de Preço Alto e Demanda Pouco Freqüente *versus* Mercadorias de Preço Baixo e Demanda Constante

Produto	Líder de Mercado nos Estados Unidos	*Market Share* (Participação no Mercado) do Líder	Participação do Líder com Relação às Quatro Maiores Empresas
Produtos de preço alto e demanda pouco freqüente			
Calçados esportivos	Reebok	25%	40%
Automóveis	General Motors	35%	46%
Colchões	Sealy	25%	46%
Jeans masculinos	VF Corporation	26%	40%
Motocicletas	Honda	33%	42%
Geladeiras	General Electric	34%	38%
Mercadorias de preço baixo e demanda constante			
Cerveja	Anheuser Busch (Budweiser)	44%	52%
Lenços de papel	Kimberly-Clark (Kleenex)	47%	56%
Sabão para lavar roupa	Procter & Gamble	53%	59%
Lâmpadas elétricas	General Electric	59%	62%
Filme fotográfico	Kodak	76%	81%
Queijo industrializado	Kraft	54%	71%

Fonte: Adaptada de J. Shamsie, 2003, The context of dominance: An industry-driven framework for exploiting reputation (p. 214-215), *Strategic Management Journal*, 24: 199-215. Todos os dados foram extraídos da média do *market share* norte-americano entre 1987 e 1994; os números foram arredondados pelo autor deste livro.

Quarta, em algumas indústrias, novas capacidades devem ser acrescentadas em grande escala, intensificando a rivalidade.[7] Se há três companhias de embarcações que possuem um navio cada, de tamanhos semelhantes, e servem uma mesma rota entre dois portos, a adição de um navio – feita tanto por uma dessas companhias quanto por novas companhias – soma ⅓ a mais de capacidade. Além da indústria das embarcações, a de hotéis, petroquímicas, de semicondutores e de aço também vivenciam períodos de sobrecapacidade, que levam à diminuição dos preços como principal mecanismo de superação.[8]

Quinta, o crescimento e declínio industriais lentos fazem com que o competidor se desespere de forma a implementar ações competitivas não utilizadas anteriormente. Por exemplo, quando percebeu que o interesse dos consumidores em *fast-food* estava diminuindo, o McDonald's lançou em seu cardápio o Big N'Tasty a US$ 1, e o preço de custo desse sanduíche em alguns restaurantes da rede é de US$ 1,07. Essa ação, projetada a fim de atingir os principais competidores do McDonald's, Burger King e Wendy's, teve como resultado a compressão das margens industriais.[9]

Por fim, indústrias que experimentam altos custos de saída estão mais dispostas a operar em prejuízo. Investimentos em ativos especializados, como máquinas, equipamentos e facilidades específicos, que não são utilizados freqüentemente, não possuem utilidades alternativas e nem sequer podem ser vendidos, são barreiras à saída. Além disso, os custos emocionais, pessoais e profissionais, em especial no que se refere a executivos declarando falência, podem ser altos. No Japão e na Alemanha, por exemplo, executivos podem ser processados caso suas empresas abram falência.[10] Portanto, não é de admirar que tais executivos façam de tudo antes de declarar a falência e retirar suas empresas do mercado.

Acima de tudo, se somente um pequeno número de concorrentes é liderado por poucas empresas dominantes, capacidades são acrescentadas de forma incremental; o crescimento industrial é grande e os custos de saída são razoáveis, o grau de rivalidade provavelmente será moderado e os lucros das indústrias serão mais estáveis. Condições opostas a essas levarão à rivalidade intensa. No Capítulo 8, encontramos mais discussões sobre a rivalidade interempresas.

Novos concorrentes

Além de vigiar os rivais existentes, empresas estabelecidas em um segmento de indústria, também conhecidas como **encarregados**, têm grande interesse em manter distantes novos concorrentes que queiram entrar na indústria. Esses são motivados a entrar em uma indústria pelos retornos lucrativos, acima da média, que alguns encarregados obtêm. Por exemplo, durante a década de 1990 a EMC dominou a indústria global de armazenagem de dados, com margens de lucro de até 59%. Um competidor criou uma sátira, dizendo que EMC significava "Excessive Margin Company" (companhia com margem excessiva). Conseqüentemente, um grupo poderoso de "pesos pesados", liderado por IBM, HP e Cisco, entrou nessa indústria para "comer a fatia" de mercado da EMC.[11]

As principais armas dos encarregados são as **barreiras à entrada**, definidas como estruturas industriais que aumentam os custos de entrada. Por exemplo, a Boeing gastou US$ 5 bilhões para desenvolver o 777 e a Airbus gastou entre US$ 10 bilhões e US$ 15 bilhões em seu A380. A Boeing precisa vender mais de 200 aeronaves (aproximadamente 15% do *market share*) somente para cobrir os gastos. Isso significa perder dinheiro por um período mínimo de 10 a 14 anos. Para a Airbus recuperar seu investimento no A380,[12] provavelmente levará mais tempo. Não é de se surpreender que esses sejam os dois únicos concorrentes atuais na grande indústria de aeronaves comerciais e que todos os concorrentes em potencial que queriam entrar nesse segmento, incluindo os subsidiados pelos governos japonês, coreano e chinês, tenham desistido (a própria Airbus entrou nessa indústria, nos anos de 1960, fortemente subsidiada pelos governos britânico, francês, alemão e espanhol). A questão principal é: que condições criaram barreiras à entrada tão altas?

Como observado na Tabela 2.1, ao menos cinco atributos estruturais estão associados às altas barreiras à entrada. O primeiro é se os encarregados desfrutam de **vantagens a baixo custo baseadas em escala**. O principal conceito aqui é o de **economias de escala**, que se refere às reduções do custo *por unidade* por meio do aumento na escala de produção.[13] Isso faz sentido considerando-se que, em geral, quanto mais as companhias desempenham certa tarefa, mais eficientes se tornam. Economias de escala podem ser observadas nas **curvas de experiência**, a saber, curvas por meio das quais as empresas podem baixar os custos das unidades, com base na experiência em expansão de escala. Concorrentes visando entrar em novas indústrias e que conseguirem seguir as curvas de experiência mais rápido que os encarregados, têm a possibilidade de superar as barreiras à entrada baseadas em economias de escala. Por exemplo, a Galanz, fabricante chinesa de fornos de microondas, produziu 200 mil unidades em 1999. Em 2002, produziu 15 milhões de fornos, sob mais de 200 marcas pelo mundo, tornando-se líder em volume (embora nem sempre utilizando sua própria marca). Tamanha produção permitiu que a Galanz seguisse rapidamente a curva de experiência. Como resultado, a gigante chinesa lançou sua própria marca na Europa, onde abocanhou 40% do mercado em 2002.[14]

O outro tipo de vantagem a baixo custo que os encarregados podem desfrutar é independente da escala. Há quatro fontes em potencial de **vantagens a baixo custo não baseadas em escala**. Primeira, a tecnologia proprietária (como patentes) é útil. Quando novos concorrentes têm que "inventar algo", o resultado é dispendioso e incerto. Caso os concorrentes copiem diretamente a tecnologia proprietária, os encarregados podem processá-los por violação de patente. Isso ocorreu com a Nexgen, fabricante de *chips* para computador. A empresa foi processada pela Intel e pagou um alto preço: foi expulsa da indústria.[15] Uma segunda fonte de vantagens desse tipo é o **know-how**, conhecimento complexo de como fabricar produtos e servir clientes, acumulado por anos, às vezes, por décadas. Os novos concorrentes geralmente esforçam-se para reproduzir esse know-how. Uma terceira fonte é o acesso favorável a matérias-primas e canais de distribuição. Por causa do longo histórico de negociações, é possível que fornecedores ofereçam aos encarregados descontos em volume, e compradores (corporativos) forneçam os melhores canais de distribuição. Tanto fornecedores quanto compradores não costumam oferecer negócios tão atraentes a novos concorrentes com pouco ou nenhum histórico na indústria, o que, de fato, causa o aumento do custo estrutural para esses possíveis concorrentes. Por fim, dado que os preços dos imóveis tendem a subir (na maioria das vezes), caso encarregados ocupem localizações favoráveis a suas operações, os novos concorrentes são obrigados a comprar ou alugar localizações semelhantes a preços mais altos ou buscar preços mais baixos, mas em locais menos interessantes.

Além das vantagens a baixo custo baseadas e não baseadas em escala, outra barreira à entrada é a **diferenciação do produto**, referente à singularidade dos produtos dos encarregados, valorizada pelos clientes. Duas fontes subjacentes à diferenciação são a identificação da marca e a lealdade do cliente. Encarregados, geralmente por meio de campanhas intensas de propaganda, querem que os clientes identifiquem suas marcas pelos atributos específicos.[16] Por exemplo, a BMW gaba-se de produzir carros que são "máquinas de última geração". Produtores da região de Champagne, na França, alegam que os produtos concorrentes fabricados no mundo não condizem com o nome Champagne.

A outra fonte de diferenciação do produto, a lealdade do cliente, ocorre especialmente quando os custos de troca por um novo produto são substanciais. Muitas indústrias de alta tecnologia caracterizam-se pelas **exterioridades da rede**, segundo as quais o valor de um produto obtido por um usuário aumenta com o número de outros usuários (rede) do mesmo produto,[17] e pela máxima "quem ganha, leva", segundo a qual os ganhadores (encarregados), cujo padrão tecnológico seja aceito pelo mercado (caso do Office, pacote da Microsoft composto de programas como Word, Excel e PowerPoint, que domina cerca de 93% do mercado global), não permitem que novos concorrentes entrem na indústria. Em outras palavras, essas indústrias possuem interessantes "retornos *crescentes*", em oposição aos "retornos *decrescentes*", ministrados em economia básica. Nos tempos da guerra das plataformas para microcomputadores, o DOS, da Microsoft, não era tecnicamente superior ao Macintosh, da Apple. Entretanto, negociando com a IBM, a Microsoft aumentou drasticamente suas bases de instalação e encorajou mais fabricantes a desenvolver softwares para a plataforma DOS. Após o DOS ter se instalado no mercado, a Microsoft espalhou seus custos por uma ampla rede de usuários, colhendo os frutos por meio de retornos crescentes.[18] A Apple, por outro lado, escolheu uma estratégia "isolacionista" e sofreu as conseqüências causadas por poucas bases de instalação, que, por fim, levaram muitos admiradores do Macintosh a trocá-lo pelo DOS.

Outra barreira à entrada é uma possível retaliação por parte dos encarregados, que freqüentemente mantêm um **excesso de capacidade**, projetado a fim de prejudicar os novos concorrentes (ver Capítulo 8). Saindo um pouco do contexto, o melhor exemplo são as forças armadas, existentes em

Estratégia em Ação 2.1.

Competição da Telecom na China pós-OMC

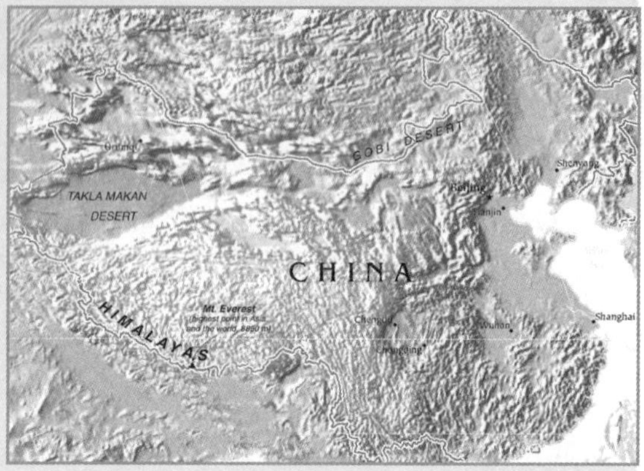

Como condição para sua adesão à Organização Mundial do Comércio (*http://www.wto.org*), em 2001, a China, com relutância, permitiu que empresas estrangeiras entrassem em sua indústria de telecomunicações. Entretanto, até hoje, salvo um pequeno investimento em banda larga da AT&T (*http://www.att.com*), em Xangai, nenhuma concorrente estrangeira apareceu. À primeira vista, isso parece estranho, dada a impressão de que a China possui o mercado de telecomunicações que cresce mais rapidamente no mundo. Uma investigação mais cuidadosa revela que evitar a China não é uma má idéia, já que a corrida do ouro nas telecomunicações chinesas parece ter acabado; de forma simples, pelo fato de já haver concorrentes domésticos demais.

Essa indústria experimentou transformações drásticas nas últimas duas décadas, passando de um encarregado a milhares de jogadores. A empresa encarregada, a estatal China Telecom (*http://www.chinatelecom.com.cn*), estava acostumada a ser um monopólio de âmbito nacional e a oferecer serviços de baixa qualidade a preços altos – receita para críticas, mas boa forma de fazer dinheiro. Com o surgimento do mercado de telefones celulares, o governo permitiu que a China Unicom (*http://www.chinaunicom.net*) entrasse na metade dos anos de 1990. Surgiu, então, da China Telecom, a China Mobile (*http://www.chinamobilehk.com*). Em 2002, a China Telecom em si dividiu-se em duas: a nova China Telecom e a China Netcom (*http://www.cnc.net.cn*). Além disso, o governo permitiu que inúmeros jogadores menores entrassem no mercado de *pagers*. Atualmente, mais de 2 mil empresas estão se acotovelando para conseguir uma fatia nesse mercado.

Apesar de a indústria chinesa de telecomunicações ter experimentado um enorme crescimento de penetração do telefone (número de assinaturas dividido pela população) de 0,4%, em 1980, para 14%, em 2002, tal crescimento está diminuindo rapidamente.

Quase todos os grandes mercados urbanos estão saturados. A penetração do telefone celular é atualmente maior que 50% em Xangai, Pequim e Cantão, nível semelhante ao dos mercados mais desenvolvidos do mundo. A sobrecapacidade levou a uma severa competição de preços. Os profundos abatimentos afetaram até mesmo o mercado de alta fidelidade. Em janeiro de 2002, a China Unicom, com muito estardalhaço, produziu a primeira rede de telefones celulares CDMA de alta fidelidade do país e anunciou o objetivo de alcançar 7 milhões de assinaturas em um ano. A China Unicom teve de baixar os preços e em algumas cidades quase chegou a doar os dispendiosos celulares de US$ 350 cada. O resultado é que falar é barato para os consumidores, mas as margens de lucro das companhias estão caindo vertiginosamente.

Fontes: Baseado em (1) B. Dolven, 2002, The end of China's telecom gold rush, *Far Eastern Economic Review*, 12 de dezembro: 36-42; (2) A. Weintraub, 2002, Go east, young chipmaker, *Business Week*, 30 de dezembro: 46; (3) B. Zhang; M. W. Peng, 2000, Telecom competition, post-WTO style, *China Business Review*, maio-junho: 12-21.

quase todos os países. Os contribuintes pagam enormes somas de dinheiro para mantê-las, porém não têm muito valor em tempos de paz. Contudo, existem por uma razão: deter a entrada de forças armadas invasoras. Por esse motivo, jamais um país resolveu dissipar suas forças armadas unilateralmente, e a pior punição a países derrotados (como Alemanha e Japão, em 1945, ou Iraque, em 2003) é ter seu exército desmantelado. Em geral, novos concorrentes enfrentam barreiras maiores se a ameaça de retaliação é crível e previsível. Por exemplo, a Coca-Cola é conhecida por retaliar, cortando preços, caso algum competidor (salvo a Pepsi) ultrapasse 10% de *market share* em algum mercado local. Enfrentando esse tipo de encarregado, concorrentes em potencial costumam pensar duas vezes antes de dar qualquer passo.

Por fim, políticas governamentais que restrinjam ou desencorajem novas entradas também podem ser barreiras. Por exemplo, o governo norte-americano não permite que concorrentes externos invistam na indústria de defesa e permite somente 25% de participação no capital da indústria de transportes aéreos. Em muitos países, os governos praticam políticas protecionistas a fim de restringir ou desencorajar concorrentes estrangeiros, possibilitando que encarregados já estabelecidos dividam entre si o mercado doméstico (ver Caso 2, on-line).[19] Em quase todos os casos, a diminuição das barreiras à entrada impostas pelos governos leva à proliferação de novos concorrentes, ameaçando as margens de lucro dos encarregados – como ilustrado pela indústria chinesa de telecomunicações (Estratégia em Ação 2.1).

Se os encarregados conseguirem alavancar vantagens baseadas e/ou não baseadas em escala, fornecer diferenciação suficiente, manter uma ameaça crível de retaliação ou desfrutar de proteções regularizadoras, a ameaça de novas entradas se tornará fraca e os encarregados obterão maiores lucros.

Poder de Barganha dos Fornecedores

Fornecedores são organizações que fornecem material, serviços e recursos humanos a empresas em determinadas indústrias. O **poder de barganha dos fornecedores** refere-se à habilidade de subir os preços e/ou reduzir a qualidade de produtos e serviços. Quatro condições levam ao fortalecimento do poder de barganha dos fornecedores (Tabela 2.1). Primeira, se poucas empresas dominam a indústria de suprimentos, pode ser que obtenham o controle. Por exemplo, na indústria de microcomputadores, os jogadores que mais têm lucro não são a Dell, a IBM ou a Sony, mas seus dois fornecedores, a Microsoft (sistemas operacionais) e a Intel (microprocessadores), que praticamente possuem o monopólio nessas duas áreas cruciais. Da mesma forma, inúmeros produtores de café na África e América Latina possuem pouco poder de barganha ao negociarem com multinacionais como Nestlé e Starbucks.

Segunda, o poder de barganha dos fornecedores pode se tornar substancial se disponibilizarem produtos únicos, diferenciados, que possuam poucos ou nulos substitutos.[20] Por exemplo, para um engarrafador de Coca-Cola só há um fornecedor de xarope de cola. Se a Coca-Cola aumenta o preço do xarope, os engarrafadores, que de fato engarrafam, comercializam e distribuem o refrigerante, têm de aceitar esse aumento, ainda que não possam repassá-lo aos consumidores. Não é surpresa que o retorno do capital da Coca-Cola seja substancialmente maior que o dos engarrafadores (por exemplo, 38% *versus* 6%, em 2002).[21]

Terceira, os fornecedores podem exercer um grande poder de barganha quando determinada empresa *não* é um cliente importante. A Boeing e a Airbus, por exemplo, não estão muito preocupadas em perder negócios para as pequenas companhias de transporte aéreo, que podem comprar somente uma ou duas aeronaves por vez. Conseqüentemente, recusam-se a baixar os preços. Em oposição, preocupam-se em não perder grandes companhias de transporte aéreo, como American Airlines, British Airlines, Japan Airlines e Singapore Airlines, que costumam comprar dúzias de aeronaves de cada vez. Como resultado, são oferecidos a essas companhias preços mais baixos e maior quantidade de serviços.

Por fim, os fornecedores podem aumentar seu poder de barganha se estiverem dispostos e forem capazes de entrar em determinada indústria por meio de uma **integração para frente**. Em outras palavras, os fornecedores podem ameaçar se tornarem *tanto* fornecedores *como* concorrentes. Por exemplo, além de fornecer tênis a tradicionais lojas de departamento e esporte, a Nike estabeleceu certo número de lojas em grandes cidades para vender diretamente seus produtos esportivos.

Em suma, poderosos fornecedores podem comprimir os lucros de empresas em determinados setores. Tais empresas, portanto, são incentivadas a fortalecer seus próprios poderes de barganha por meio da redução da dependência. Por exemplo, o Wal-Mart implementou uma política em que nenhum fornecedor disponibiliza mais do que 3% do total de compras da empresa.[22]

Poder de Barganha dos Compradores

Da perspectiva dos compradores (individuais ou corporativos), as empresas de determinados setores são essencialmente fornecedores. Dessa forma, a discussão anterior sobre fornecedores é relevante

(Tabela 2.1). Quatro condições levam ao fortalecimento do poder de barganha dos compradores. Primeira, um pequeno número de compradores fortalece o poder de barganha. Por exemplo, ao redor do mundo, milhares de fornecedores de componentes automobilísticos tentam vender para um reduzido número de fabricantes de carros, como a BMW, a GM e a Honda. Esses compradores geralmente conseguem concessões nos preços e melhorias na qualidade jogando um fornecedor contra o outro. Quando esses fabricantes de carros investem no exterior, freqüentemente sugerem, incentivam ou coagem fornecedores a investir em conjunto com eles e pedem que as fábricas dos fornecedores estejam localizadas próximo a suas plantas – à custa dos fornecedores. Não é surpreendente que muitos aceitem.[23]

Segunda, os compradores podem aumentar seu poder de barganha se os produtos de uma indústria não proporcionarem economia ou não agregarem valor para os compradores. Por exemplo, atualizações repetidas e freqüentes em pacotes de *software* estão cansando o comprador. Diretores de departamentos de tecnologia da informação suspeitam, cada vez mais, que os novos sistemas não os estejam ajudando a economizar dinheiro. Com relação aos eletrônicos (em especial na comunicação sem fio), a indústria lançou recentemente um arsenal de produtos como telefones celulares, assistentes digitais pessoais (PDA) e *pagers*. Para alguns consumidores que já investiram nesses aparelhos eletrônicos há poucos anos, não compensa substituí-los por novos dispositivos mais caros como o Treo, da Handspring. O resultado é que compradores relutantes podem tanto se recusar a comprar os produtos quanto conseguir descontos significativos.

Terceira, compradores podem ter um forte poder de barganha se adquirirem produtos padronizados, sem qualquer diferenciação de fornecedores. Embora os fornecedores de componentes automobilísticos, como um grupo, possuam menos poder de barganha que os fabricantes de carros, isso *não* significa que não possuem nenhum poder. Geralmente existem vários tipos de fornecedores.[24] Os mais importantes oferecem componentes não padronizados, diferenciados, como sistemas elétricos, volantes e bancos de carros. Os fornecedores menos importantes oferecem mercadorias padronizadas, não diferenciadas, como fivelas de cinto de segurança, porta-copos ou simples porcas e parafusos. Não é surpreendente que os primeiros tenham mais poder de barganha que os últimos.

Quarta, compradores podem aumentar seu poder de barganha quando estão em dificuldades financeiras. Durante o início dos anos 2000, consumidores individuais e corporativos em grande parte do mundo relutavam em gastar em virtude da recessão econômica e incerteza globais. Repetidos cortes nas taxas, feitos por autoridades americanas, européias, japonesas e outras, pareciam não impulsionar o consumo. O resultado é que muitas mercadorias e serviços entraram em liquidação.

Por fim, assim como os fornecedores, compradores podem ampliar seu poder de barganha entrando em determinada indústria por meio de uma **integração para trás**. Por exemplo, a Qualcomm possui 90% de *market share* de *chips* com acesso múltiplo por divisão de código (CDMA), componente da maioria dos telefones celulares. Infelizmente, seus dois maiores compradores, a Samsung e a Nokia, começaram a produzir seus próprios *chips* com acesso múltiplo por divisão de código, cortando a participação da Qualcomm para 80%, em 2004.[25] Muitas lojas de departamento e cadeias de lojas, além de comprarem mercadorias de marcas nacionais, também disponibilizam produtos de marcas próprias (de lojas), como Kroger, Meijer, Kenmore (Sears) e Safeway, que travam uma competição acirrada com as marcas nacionais por espaço nas prateleiras. Esse tipo de produto geralmente comanda 39% das vendas na Grã-Bretanha, 21% na França e 16% nos Estados Unidos.[26]

Em resumo, compradores poderosos ou desesperados podem aumentar seu poder de barganha. O poder de barganha dos compradores pode ser minimizado se empresas vendem para um grande número de consumidores, agregam valor de forma clara, fornecem produtos diferenciados, ajudam compradores em dificuldades e aumentam as barreiras à entrada.

Ameaça dos Substitutos

Substitutos são produtos de indústrias diferentes que satisfazem as necessidades dos consumidores, comumente supridas por um setor industrial determinado. Por exemplo, a Pepsi *não* é um substituto da Coca-Cola (é rival no mesmo segmento), mas chá, café, suco e água o são – são bebidas, mas estão em uma categoria de produtos diferente. Duas áreas de substitutos são particularmente ameaçadoras (Tabela 2.1). Primeira, se os substitutos possuem qualidade e função superiores aos produtos existentes, atrairão um grande número de consumidores. Por exemplo, o surgimento de escritórios de corretagem *on-line* - como E*Trade, Ameritrade e Scottrade, que possibilitam aos investidores um acesso mais conveniente, 24 horas por dia, a um custo de transação muito menor - ameaçou escritórios tradicionais como o Merrill Lynch. De forma semelhante, pagamentos digitais propiciados pela Viewpointe e pela NetDeposit, por exemplo, puseram em risco companhias que produzem cheques em papel, como a Deluxe Corporation.[27] Já certos substitutos inferiores possuem poucas chances de prosperar. Por exemplo, a Eurotunnel ameaçou substituir os serviços de barcos e balsas entre a Inglaterra e a França. Entretanto, não somente fracassou nessa missão como também foi substituída por empresas de transportes aéreos com serviços a preços mais baixos, como a Ryanair (ver Caso de Introdução do Capítulo 3) e a EasyJet.[28]

Segunda, substitutos impõem uma ameaça significativa quando os custos de mudança são baixos. Por exemplo, quase não há custo para os consumidores se esses trocarem o açúcar por seu substituto, o Nutrasweet. Ambos estão disponíveis em restaurantes e lojas. Por outro lado, não há substitutos para grandes aviões de passageiros, especialmente em se tratando de transporte transoceânico. Dado o desaparecimento dos serviços marítimos de transporte transoceânico desde os tempos do *Titanic*, a única forma que resta para ir ao Havaí ou à Nova Zelândia é nadando (!). Conseqüentemente, a Boeing e a Airbus podem cobrar preços mais altos até que haja substitutos para seus produtos.

A possível ameaça dos substitutos requer que as empresas observem atentamente o grande ambiente, em oposição à limitação de uma indústria determinada. Aumentar o valor para o consumidor (como preço, qualidade, utilidade e localização) pode reduzir a atração exercida pelos substitutos.

Lições do Modelo das Cinco Forças

No geral, o modelo das cinco forças oferece três lições significativas. Primeira, reforça o ponto importante de que nem todas as indústrias são iguais com relação à lucratividade em potencial. Esclarece porque, por exemplo, a indústria farmacêutica sempre será mais lucrativa que o segmento de lojas de varejo. Conclui-se que quando as empresas têm o privilégio de várias opções (como é o caso de companhias diversificadas considerando a entrada em novas indústrias ou empreendedores buscando novas oportunidades), escolhem as indústrias cujas cinco forças são mais fracas. Michael Dell, fundador da Dell Computer, confessa que provavelmente teria evitado a indústria de microcomputadores se soubesse quão competitiva essa se tornaria. Segunda, a tarefa dos estrategistas é avaliar as oportunidades (O) e as ameaças (A), subjacentes a todas as forças competitivas que afetam uma indústria e, com base nisso, estimar os lucros em potencial dessa indústria. Finalmente, segundo Porter, o segredo é "demarcar uma posição que seja menos vulnerável a ataques frontais de inimigos, quer seja estabelecida, quer seja nova, e menos vulnerável ao desgaste causado por compradores, fornecedores e substitutos.[29] Dessa forma, o modelo das cinco forças também é denominado escola de **posicionamento industrial**.

Embora Porter tenha proposto esse modelo há mais de 20 anos, ainda possui grande influência na prática e pesquisa estratégicas atuais. Mesmo com as discussões e modificações (citadas anteriormente), suas características principais permanecem esclarecedoras para a análise de novos fenômenos, como o *e-commerce* (comércio eletrônico). A Tabela 2.3 sugere que, apesar do mito de que a internet reescreverá completamente as regras de competição, o contrário também pode ser verdadeiro. A chamada "Nova Economia" "parece menos uma economia nova e mais uma economia antiga com acesso à nova tecnologia".[30] Infelizmente, da perspectiva das cinco forças, os benefícios da internet, como tornar as informações disponíveis e conectar compradores a vendedores, tendem a ameaçar as margens de lucro de determinadas empresas que tentam usufruir dessas vantagens.[31]

TABELA 2.3 As Cinco Forças e a Internet

Cinco Forças	Ameaças Advindas da Internet
Rivalidade entre os competidores	■ Redução da diferenciação entre os competidores ■ Transferência da base de competição para o preço ■ Aumento do número de competidores que, por meio da presença *on-line*, saem de suas regiões ou de seus países
Ameaça de novos concorrentes em potencial	■ Redução de barreiras à entrada como a necessidade de forças de venda e canais concretos ■ Dificuldade de manter a propriedade de aplicações na internet a salvo de novos concorrentes ■ Encarregados não possuem vantagens suficientes para deter entradas
Poder de barganha dos fornecedores	■ Maior conveniência para que fornecedores alcancem consumidores finais, reduzindo o poder de determinadas empresas ■ O mercado digital de aquisição da internet dá, a todas as empresas, igual acesso a fornecedores, reduzindo o valor dos "relacionamentos especiais"
Poder de barganha dos compradores	■ Compradores têm à disposição muita informação sobre os produtos de determinadas empresas e seus concorrentes, facilitando a compra comparada ■ Compradores chegam aos produtores (fornecedores) mais facilmente, reduzindo o poder de barganha de determinadas empresas com relação às indústrias de distribuição
Ameaça dos substitutos	■ A proliferação das aplicações na internet pode criar novos substitutos, tornando obsoletos os produtos (mercadorias e serviços) de determinadas empresas

Fontes: Baseado em (1) B. Canzer, 2003, *E-Business: Strategic Thinking and Practice*, Boston: Houghton Mifflin; (2) M. Porter, 2001, Strategy and the Internet, *Harvard Business Review*, março: 63-78; (3) S. Rangan; R. Adner, 2001, Profits and the Internet: Seven misconceptions, *MIT Sloan Management Review*, verão: 44-53.

TABELA 2.4 Três Estratégias Competitivas Genéricas

	Diferenciação do Produto	Segmentação de Mercado	Principais Áreas Funcionais
Liderança de custo	Baixa (principalmente pelo preço)	Baixa (mercado de massa)	Produção e administração de materiais
Diferenciação	Alta (principalmente pela singularidade)	Alta (vários segmentos de mercado	Pesquisa e desenvolvimento, marketing e vendas
Enfoque	Baixa (principalmente pelo preço) ou alta (principalmente pela singularidade)	Baixa (um ou poucos segmentos)	Qualquer tipo de área funcional

Três estratégias genéricas

Identificadas as cinco forças subjacentes à competição industrial, o próximo desafio é fazer escolhas estratégicas. Em 1985, Porter sugeriu três **estratégias genéricas**, a saber: (1) liderança de custo, (2) diferenciação e (3) enfoque, ou foco, a fim de fortalecer a posição das empresas com relação às cinco forças competitivas (ver Tabela 2.4).[32]

Liderança de custo

Cabe lembrar que nossa definição de estratégia (ver Capítulo 1) é a teoria de uma empresa sobre como competir com sucesso. Uma estratégia de **liderança de custo** indica basicamente que a teoria de uma empresa sobre como competir com sucesso é centrada em baixos custos e preços. A oferta de um mesmo valor de produto a um preço menor – em outras palavras, melhor valor – costuma atrair mais consumidores. Um líder de custo geralmente dirige seus produtos, pouco diferenciados, a consumidores "comuns" do mercado de massa. As principais áreas funcionais dos líderes de custo são a produção e a administração de materiais, que precisam sempre seguir as curvas de experiência a fim de manter a redução dos custos. A marca registrada dessa estratégia é uma abordagem *grande-volume, baixa-margem*.

Uma das grandes vantagens de um líder de custo, como o Wal-Mart, é minimizar as ameaças das cinco forças. Primeiro, tal líder consegue cobrar mais barato e obter mais lucros que seus rivais de custo. Segundo, sua vantagem de baixo custo é uma barreira à entrada significativa, que afasta os concorrentes. Terceiro, pelo fato de esses líderes costumarem comprar grandes volumes de produtos e serviços, o poder de barganha dos fornecedores é reduzido.[33] Quarto, esse líder será menos afetado negativamente caso grandes fornecedores resolvam aumentar os preços ou compradores poderosos pressionem para que o preço baixe. Por fim, o líder em custo desafia os substitutos a bater tanto a utilidade de seus produtos como seus preços – desafio difícil de ser superado. Portanto, um verdadeiro líder de custo está relativamente salvo dessas ameaças. Essa posição invejável é o motivo pelo qual tantas companhias visam se tornar líderes de custo. Entretanto, poucas conseguem. Por exemplo, a Nissan por décadas tentou, mas não conseguiu, bater a Toyota, líder em custos, pois essa possui um *market share* maior, fábricas com maiores economias de escala para cada modelo e, portanto, custos por unidade menores.

No entanto, há pelo menos dois empecilhos para ser o líder em custo. Primeiro, sempre existe o perigo de ter seus custos batidos, o que força o líder a buscar *continuamente* custos mais baixos. Por exemplo, a maioria dos produtos não alimentícios do Wal-Mart é produzida a baixos custos na China, Indonésia, no México e Vietnã. Contudo, há 20 anos, grande parte era produzida em Hong Kong, Cingapura, Coréia do Sul e Taiwan, conhecidos como tigres asiáticos. Como a margem de baixos custos desses países caiu um pouco, o Wal-Mart trocou-os por países onde o custo é ainda mais baixo. O trabalho administrativo de substituir centenas de fornecedores dos tigres asiáticos por centenas ou mais fornecedores de países menos desenvolvidos economicamente é colossal. Segundo, em sua tarefa implacável de baixar custos, pode ser que líderes de custo comprometam o valor procurado pelos consumidores. Um desses casos foi a tentativa da Toyota de comercializar no Japão carros com pára-choques sem pintura. Os consumidores notaram e se rebelaram rapidamente, fazendo com que o modelo fosse retirado do mercado. A lição é que não se deve "aparar demais as arestas."

A maioria das companhias adota uma estratégia de liderança de custo, pois encontram poucas alternativas de diferenciação. Entretanto, outras empresas decidem ser diferentes, adotando a segunda estratégia genérica, que será discutida a seguir.

Diferenciação

Uma estratégia de **diferenciação** centra-se na distribuição de produtos valiosos e diferentes para os consumidores (Tabela 2.4). Enquanto líderes de custos servem consumidores "comuns", os diferenciadores objetivam alcançar consumidores de segmentos menores e mais bem definidos, dispostos a pagar preços elevados. O segredo é uma abordagem *pouco-volume, alta-margem*. A habilidade de se cobrar preços mais altos faz com que os diferenciadores ultrapassem concorrentes incapazes de fazer o mesmo. Um carro da Lexus ou uma televisão da Sony não são significativamente mais caros para serem produzidos que um carro da Chrysler ou uma televisão da Samsung, mas geralmente os consumidores pagam mais pelos produtos da Lexus e da Sony, fazendo com que essas companhias maximizem seus lucros. Para atrair consumidores que paguem mais por produtos diferenciados, são necessários alguns atributos singulares, naturais ou obtidos, por exemplo, qualidade, sofisticação, prestígio e luxo. O desafio é identificar tais atributos e agregar-lhes valor para *cada* segmento de mercado.[34] Dessa forma, além de manter fortes linhas para suas séries 3, 5 e 7, a BMW está preenchendo as "lacunas" por meio das novas séries 1 e 6, assim como da renovação das marcas Mini e Rolls-Royce.[35] Para diferenciadores, a área funcional de pesquisa e desenvolvimento (P&D) é importante, pois com ela novas características podem ser testadas e introduzidas. Outra função importante é a dos departamentos de marketing e vendas, focados tanto na captura dos desejos psicológicos dos consumidores, que os levam a comprar, quanto na satisfação de suas necessidades pós-venda, por meio da excelência em serviços.

De acordo com o modelo das cinco forças, quanto menos os produtos dos diferenciadores se parecerem com os de sua concorrência, mais protegidos estarão. Por exemplo, a propaganda dos parques temáticos da Disney é centrada na experiência única, associada aos personagens de seus filmes, ao passo que a propaganda dos parques temáticos da Kings Island e da Six Flags é centrada na velocidade e altura de suas montanhas-russas. Em cosmética, à medida que a L'Oréal enfatiza quantas patentes possui, a Shiseido tem alegações mais concretas: seu novo gel para o corpo, Body Creator, queima 1,1 kg de gordura corporal por mês, sem a necessidade de dietas ou exercícios (ver Caso de Conclusão). O poder de barganha dos fornecedores é um problema relativamente menor, já que diferenciadores parecem ser mais capazes (em comparação aos líderes de custos) de repassar (de forma limitada) os aumentos nos preços aos consumidores. Da mesma forma, o poder de barganha dos compradores é menos problemático, já que costuma haver grande lealdade às marcas.

Por outro lado, há dois empecilhos à estratégia de diferenciação. Primeiro, pode ser que o diferenciador encontre dificuldades em manter as diferenciações em longo prazo. Sempre há o risco de os consumidores acharem que não vale a pena pagar a diferença de preço entre os produtos dos diferenciadores e dos líderes de custos. Por exemplo, considerando-se que a Mercedes e a Chrysler costumam utilizar alguns dos mesmos componentes em seus carros, os consumidores de Mercedes podem se questionar quanto a pagar preço de Mercedes por material da Chrysler. Segundo, o diferenciador tem de enfrentar as implacáveis tentativas de imitação competitiva. À medida que a qualidade das indústrias em geral cresce, a lealdade à marca, em favor dos diferenciadores, diminui. Por exemplo, os microcomputadores da IBM costumavam liderar o mercado em 1980, mas não o fazem mais. A conclusão é que diferenciadores devem observar os imitadores e não tabelar seus produtos com preços que não sejam de mercado.

A estratégia de diferenciação requer maior criatividade e capacidade do que o objetivo único de baixar custos. Diferenciadores de sucesso podem obter grandes retornos.

Foco

Uma estratégia de foco atende às necessidades de segmentos ou nichos específicos de uma indústria (Tabela 2.4). O segmento pode ser definido como o mercado geográfico, dividido por tipo de consumidor ou linha de produto. Ainda que a amplitude do foco seja uma questão de grau, empresas focadas costumam atender às necessidades de segmentos tão específicos que competidores mais amplos preferem não focar os mesmos segmentos. Como apresentado no Caso de Introdução, um pequeno número de empresas focadas domina o segmento de carros de superluxo. Durante as negociações desses carros, o preço não costuma ser problema. O segredo está em fornecer "um serviço 'super' especializado", segundo um revendedor da Bentley.[36]

Uma empresa focada é um diferenciador ou um líder de custo especializado. Embora pareça um trava-língua, um diferenciador especializado (como a Bentley) é basicamente mais diferenciado que um grande diferenciador (como a BMW). Essa abordagem pode ser bem-sucedida quando a empresa focada possui conhecimento profundo sobre um segmento específico. A lógica de como um diferenciador tradicional pode dominar as cinco forças aplica-se aqui, salvo o foco, que é muito menor, mais limitado, porém mais nítido. Os dois empecilhos à diferenciação, a saber, a dificuldade em manter as dispendiosas diferenciações e o desafio de se defender contra as ambiciosas imitações, também se aplicam aqui.

Uma empresa focada também pode tornar-se líder de custo especializado. Por exemplo, empresas indianas focadas em tecnologia da informação, como a Infosys, a Wipro e a TCS, competiram com sucesso contra as gigantes norte-americanas, de tamanhos infinitamente maiores, como a Accenture, a EDS e a IBM. As empresas indianas têm excelente reputação por oferecerem serviços de alta qualidade a custos baixos (ver Caso de Introdução do Capítulo 1). Seus programadores ganham entre US$ 5 e US$ 10 mil por ano para desempenharem o mesmo papel (ou mais) que seus colegas de trabalho norte-americanos ou europeus, que recebem de cinco a dez vezes mais. Aqui, pode ser aplicado o mesmo raciocínio (já descrito) sobre como um líder de custo domina as cinco forças. A principal diferença reside no fato de um líder de custo focado trabalhar com um segmento mais restrito. Os dois empecilhos, a saber, o perigo de ter seus custos batidos e de aparar demais as arestas, também são relevantes à estratégia de foco.[37]

Lições das Três Estratégias Genéricas

A essência das três escolhas estratégicas é *desempenhar atividades de forma diferente* ou *desempenhar diferentes atividades* com relação às empresas.[38] Surgem duas lições. Primeira, custo e diferenciação são duas dimensões estratégicas fundamentais. A essência é escolher uma dimensão e focar nela de forma consistente. Segunda, companhias que não são nem uma coisa nem outra (a saber, nem possuem custos mais baixos, nem diferenciação (ou foco) suficiente), indicam ou a falta de uma estratégia clara ou uma estratégia vaga. O desempenho dessas companhias pode sofrer as conseqüências.

Discussões e extensões

Embora a visão baseada em indústrias seja uma poderosa ferramenta estratégica, há controvérsias. Portanto, fazendo parte da nova geração de estrategistas, deve-se entender algumas discussões e extensões e evitar a aceitação acrítica da visão tradicional. Esta seção apresenta oito das principais discussões: (1) limites da indústria precisos *versus* imprecisos, (2) ameaças *versus* oportunidades, (3) cinco forças *versus* uma sexta força, (4) rivalidades industriais *versus* grupos estratégicos, (5) integração *versus* terceirização, (6) não ser "nem um nem outro" *versus* ser "bom em tudo", (7) posicionamento *versus* hipercompetição e (8) determinantes de desempenho específicos às indústrias *versus* determinantes de desempenho específicos às empresas e instituições.

Limites da Indústria Precisos *versus* Imprecisos

O centro da visão baseada em indústrias é a identificação de uma indústria claramente demarcada. Entretanto, esse conceito de indústria pode ser evasivo. Por exemplo, consideremos a indústria de transmissão de programas de televisão. O surgimento do cabo, do satélite e de outras tecnologias em telecomunicações tornou os limites dessa indústria imprecisos. A televisão, no futuro, poderá controlar sistemas de segurança domésticos, criar jogos interativos e fazer pedidos *on-line* – misturando-se às funções do computador. Com o objetivo de se prepararem para galgar uma posição vantajosa nesse futuro, inúmeras companhias de televisão, telecomunicações, cabo, *softwares* e filmes promoveram recentemente um grande número de fusões e alianças. Em outras palavras, dentre os competidores não estão somente a CBS, a NBC, a CNN e a Fox, mas também a AT&T, a SkyTV, a Microsoft, a Apple, a Sony etc.[39] Portanto, o que seria exatamente essa "indústria"?

Ameaças *versus* Oportunidades

Mesmo se considerarmos que os limites de uma indústria são claramente identificáveis, a suposição de que todas as cinco forças são (pelo menos em potencial) ameaças parece simplista e pode ser questionada de duas formas. Primeira, alianças estratégicas estão em alta e até mesmo competidores estão, cada vez mais, colaborando uns com os outros.[40] A GM e a Toyota fabricam carros em conjunto. A

Samsung fornece *chips* de microcomputadores para a Sony. A MiG e a Sukhoi, as duas principais concorrentes russas em aeronaves e armas, colaboram em marketing e sistemas eletrônicos de aeronaves (ver Estratégia em Ação 7.1, no Capítulo 7). Em outras palavras, mesmo que tais concorrentes não se amem, também não se odeiam. Ainda que a desconfiança permaneça, é necessário um pouco de confiança entre competidores para que haja colaboração no trabalho.[41] Por exemplo, em um determinado dia, a Motorola pode considerar a AT&T uma empresa rival e parceira (bem como fornecedora e compradora). Comparada à visão tradicional, em preto e branco, essa visão mais complicada, porém mais realista, requer uma compreensão mais sofisticada da natureza da competição *e* da colaboração atual (ver Capítulo 7 para mais detalhes).

Segunda, mesmo se as empresas não colaborarem com a concorrência, a rivalidade intensa dentro de uma indústria, costumeiramente considerada "indesejável", pode ser uma oportunidade em vez de uma ameaça. Tal rivalidade leva as empresas a sempre melhorar e inovar, o que não só cria um nível mais alto de competitividade dentro da indústria doméstica, mas também resulta no fortalecimento da competitividade internacional – descoberta importante relatada nos trabalhos mais recentes de Porter.[42] Sendo esse um bom presságio para as empresas localizadas em indústrias domésticas competitivas, o que dizer sobre as empresas localizadas em países onde a rivalidade doméstica é pequena? É interessante notar que em vez de desfrutarem de relativa tranqüilidade em seus países, como sugerido pelo modelo das cinco forças, algumas companhias de tecnologia da informação da Índia, de Israel, de Cingapura, da Coréia do Sul e de outros lugares, foram ao Vale do Silício em busca de um ambiente mais competitivo. Pensam que somente estando perto de "onde está a ação" poderão se tornar competitivos no âmbito global.[43] Em outras palavras, o novo lema estratégico parece ser "Ame seus competidores! Eles o tornam forte". Parece que o modelo das cinco forças deu ênfase exagerada à parte da ameaça (A) da análise SWOT. Uma visão mais balanceada deve enfatizar tanto O quanto A.

Cinco Forças *versus* uma Sexta Força

As cinco forças identificadas por Porter em 1980 não estão necessariamente completas. Em 1990, Porter acrescentou as indústrias relacionadas e de base como uma importante força que afeta a competitividade em uma indústria (ver também Capítulo 4).[44] Isso foi corroborado por Andrew Grove, ex-diretor-executivo da Intel, que sugeriu o termo **complementadores**.[45] Basicamente, os complementadores são empresas vendedoras de produtos que agregam valor aos produtos de determinada indústria.[46] Os complementadores da indústria de microcomputadores são as empresas que produzem softwares. Quando complementadores fabricam produtos empolgantes (como novos jogos), a demanda por videogames aumenta e vice-versa. Portanto, pode ser útil acrescentar os complementadores como uma possível sexta força. Isso é importante para as indústrias de alta tecnologia, com "retornos crescentes" (em outras palavras, mercados "quem ganha, leva", expostos anteriormente).

Rivalidades Industriais *versus* Grupos Estratégicos

Embora o modelo das cinco forças esteja centrado no nível industrial, sua importância depende de como uma "indústria" é definida. Em uma indústria definida de forma ampla, como a automobilística, nem todas as empresas competem entre si. Entretanto, grupos de empresas dentro de um setor amplo competem *sim* entre si, como os grupos do mercado de massa, de luxo e de superluxo citados no Caso de Introdução (ver também Figura 2.2). Esses diferentes grupos de empresas são chamados **grupos estratégicos**. Argumenta-se que as estratégias dentro de um grupo tendem a ser semelhantes: na indústria automobilística, empresas do grupo do mercado de massa visam à liderança de custo; empresas do grupo do mercado de luxo visam à diferenciação; e empresas do grupo do mercado de superluxo visam ao foco. Da mesma forma, acredita-se que membros de um mesmo grupo estratégico tendem a ter desempenhos semelhantes.[47]

Embora essa idéia intuitiva pareça incontestável, surgiu uma discussão baseada em três pontos. Primeiro, quão estáveis são os grupos estratégicos? Essa questão levanta a problemática de como identificar tais grupos e como determinar sua estabilidade após sua identificação. Pesquisadores têm explorado vários padrões objetivos de medida (como a intensidade de pesquisa e desenvolvimento) e os

FIGURA 2.2 Três Grupos Estratégicos na Indústria Automobilística Global

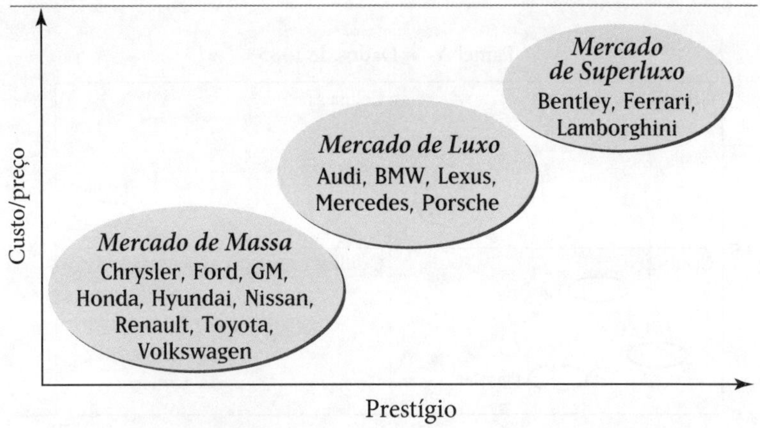

resultados não têm sido convincentes. Um lado do debate argumenta que grupos estratégicos são relativamente estáveis.[48] O outro lado discorda, sugerindo que grupos estratégicos "realmente" estáveis não existem e que grupos estratégicos documentados podem ser apenas uma maneira conveniente de resumir dados empresariais de determinado período.[49] Esse problema pode ser observado na Figura 2.3, que conta com o volume de vendas das cinco maiores empresas de automóveis localizadas nos Estados Unidos para identificar *subgrupos* dentro do grupo estratégico do mercado de massa.[50] O painel A utiliza dados de 1985 para mostrar que, com base em qualidade e agressividade, as três maiores empresas dos Estados Unidos (American Big Three) competem entre si na Célula 2 (subgrupo de menor qualidade e agressividade), ao passo que as duas empresas japonesas estão no subgrupo de alta qualidade (Célula 1 e Célula 3). Entretanto, a dificuldade de tal análise torna-se evidente ao se examinar o Painel B que, utilizando dados de 1995, mostra melhorias entre *todos* os competidores. Enquanto os japoneses mantiveram seu padrão de qualidade, as empresas norte-americanas preencheram a lacuna qualitativa significativamente. Com relação à agressividade, outra vez as três empresas norte-americanas tiveram melhorias consideráveis, com a Chrysler talvez se juntando à Toyota e à Honda, na Célula 3 (subgrupo de maior qualidade e agressividade). Em outras palavras, as afiliações a grupos podem mudar.

Segundo, o reconhecimento de que grupos estratégicos existem e de que as empresas podem mudar de grupo provavelmente será um processo lento e incerto. Essa discussão está centrada no papel das barreiras à mobilidade, isto é, diferenças dentro das indústrias que inibem o movimento entre grupos estratégicos.[51] A questão chave é: quão importantes são as barreiras à mobilidade? O Caso de Introdução mostra vários fabricantes de carros de luxo interessados em migrar para o grupo de mercado dos superluxos.[52] Devido às barreiras à mobilidade, nem todos os novos concorrentes obterão sucesso.

Por fim, pelo fato de a análise de grupos estratégicos geralmente requerer grandes quantidades de dados objetivos, quão útil essas análises serão no caso de escassez de dados, em especial ao entrar em novos mercados, como economias emergentes? Pesquisas em economias desenvolvidas sugerem que, enquanto os padrões objetivos de medida podem mudar com a evolução da competição (ver Figura 2.3), padrões subjetivos de medida, que lidam com inclusão e exclusão cognitivas, feitas por executivos de certas empresas como competidores, podem fornecer dados mais fidedignos.[53] Isso ocorre porque executivos, ao se confrontarem com a complexidade da competição industrial, tendem a utilizar alguns esquemas *simplificadores* a fim de organizar melhor suas compreensões estratégicas acerca de alguns pontos de referência identificáveis.[54] Um estudo recente sobre a indústria chinesa de produtos eletrônicos constatou que os executivos utilizam o tipo de propriedade, um simples e facilmente identificável ponto de referência, para organizar grupos estratégicos de forma cognitiva.[55] Em outras palavras, empresas estatais tendem a competir entre si; empresas privadas observam-se com atenção; e concorrentes estrangeiras baseiam-se umas nas outras. Suas posturas estratégicas (como defensores, prospectores ou analistas) também diferem dessa forma (ver Tabela 2.5.)

FIGURA 2.3 Subgrupos dentro do Grupo Estratégico do Mercado de Massa na Indústria Automobilística Norte-americana

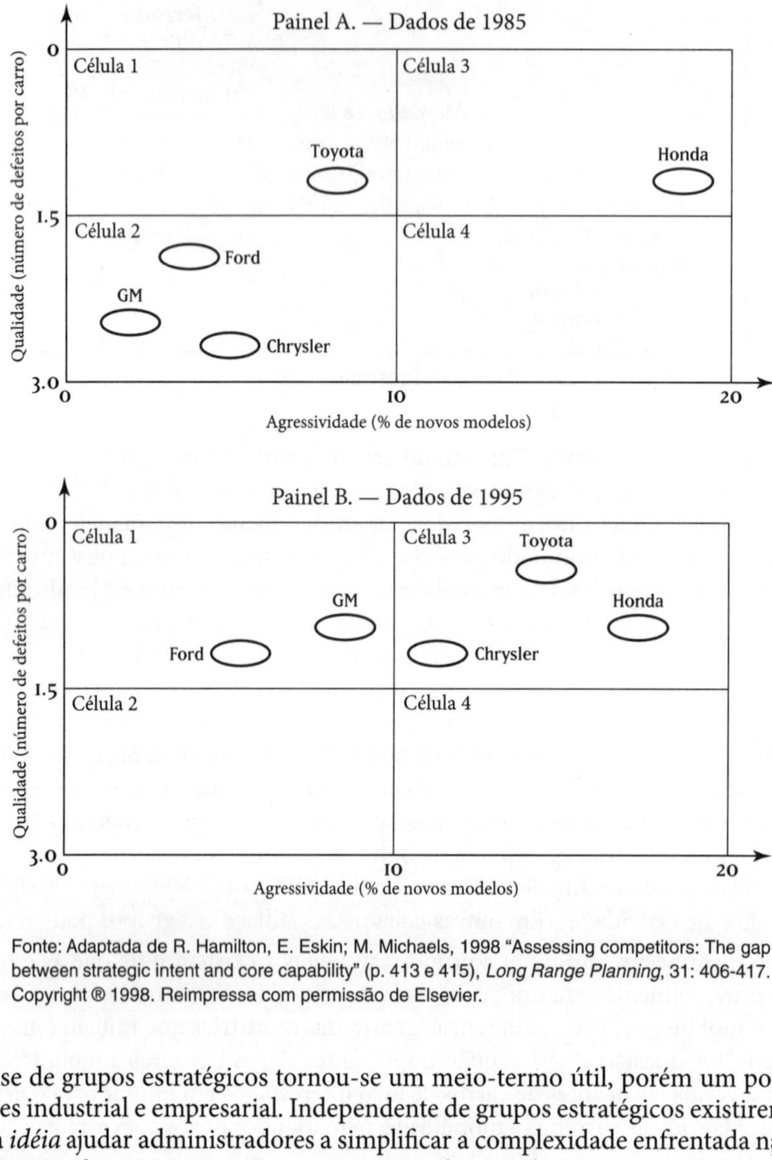

Fonte: Adaptada de R. Hamilton, E. Eskin; M. Michaels, 1998 "Assessing competitors: The gap between strategic intent and core capability" (p. 413 e 415), *Long Range Planning*, 31: 406-417. Copyright ® 1998. Reimpressa com permissão de Elsevier.

A análise de grupos estratégicos tornou-se um meio-termo útil, porém um pouco controverso entre as análises industrial e empresarial. Independente de grupos estratégicos existirem na "realidade" ou não, se essa *idéia* ajudar administradores a simplificar a complexidade enfrentada na análise de uma indústria, o conceito de grupos estratégicos parece ter algum valor.

TABELA 2.5 Grupos Estratégicos e Tipos de Propriedade na Indústria Chinesa de Produtos Eletrônicos

Grupo Estratégico	Defensor	Analista	Prospector
Tipo de propriedade	Estatal	Estrangeira	Privada
Baseada nos consumidores	Estável	Mista	Instável
Mistura de produtos	Estável	Mista	Variável
Estratégia de crescimento	Cautelosa	Mista	Agressiva
Administradores	Mais antigos e conservadores	Mistos	Mais novos e agressivos

Fonte: Adaptada de M. W. Peng, J. Tan; T. Tong, 2004, Ownership types and strategic groups in an emerging economy (p. 1.110), *Journal of Management Studies*, 41 (7): 1.105-1.129.

Integração *versus* Terceirização

Uma das quatro questões mais fundamentais em estratégia é como determinar o escopo de uma empresa.[56] Como já foi observado, a visão baseada em indústrias aconselha determinadas empresas a considerar a integração *para trás* (a fim de competirem com fornecedores) ou *para a frente* (a fim de competirem com compradores) – ou, ao menos, ameaçar fazê-lo. Essa estratégia é recomendada quando a incerteza no mercado é grande; a coordenação dos fonecedores/compradores exige um controle cerrado, em razão dos ativos altamente especializados (aqueles com nulas ou poucas utilidades alternativas) envolvidos; e quando o número de fornecedores e/ou compradores é pequeno.[57] Entretanto, essa estratégia de integração, por meio da aquisição de fornecedores e/ou compradores, é muito dispendiosa, pelo fato de serem necessárias enormes somas de capital para adquirir fornecedores e compradores independentes.

Nas últimas duas décadas, surgiu uma grande discussão, que desafiou a ciência da integração. Os críticos possuem dois argumentos. Primeiro, alegam que, sob condições incertas, é recomendável uma *menor* integração (e não maior).[58] Quando a demanda é incerta, uma empresa que não possui unidades internas de componentes pode reduzir a produção por meio da descontinuação ou não renovação de contratos de suprimento, ao passo que uma empresa que possui suas próprias unidades internas de fornecimento terá de continuar a produção a fim de manter essas unidades empregadas. Em outras palavras, a integração pode reduzir a *flexibilidade estratégica*, causando graves conseqüências no desempenho.[59] Segundo, críticos argumentam que fornecedores internos, que tinham de lutar muito para fechar contratos quando eram independentes, podem ser desmotivados porque agora seus negócios estão "em família".[60] Com o passar do tempo, esses fornecedores internos podem se tornar menos competitivos com relação aos externos. A empresa enfrenta, então, um dilema: buscar fornecedores externos faz com que os fornecedores internos fiquem ociosos, mas escolhê-los faz com que o custo e a qualidade sejam sacrificados. Nas últimas duas décadas, esses dois argumentos têm prevalecido. Não à integração, sim à terceirização. **Terceirização** é definida como a passagem do controle de toda ou parte de uma atividade a um fornecedor externo a fim de melhorar o desempenho de determinada empresa (como demonstrado no Caso de Introdução do Capítulo 1). A terceirização não envolve somente componentes, mas também inúmeras outras funções (como fabricação, recursos humanos, logística e tecnologia da informação) e inúmeros países (China, Índia, México e Rússia). O resultado de uma ampla terceirização (geralmente combinada com redução do número de funcionários, denominada *downsizing*) costuma ser uma empresa mais focada, que executa aquilo que sabe fazer melhor.[61]

O desafio japonês nas décadas de 1980 e 1990 influenciou o movimento de terceirização. Dado que o modelo das cinco forças é produto de práticas estratégicas ocidentais predominantes da década de 1970, a forma japonesa de administrar fornecedores, por meio da chamada *keiretsu* (rede interempresas), parece ser radicalmente diferente. Por exemplo, no início dos anos de 1990, a GM, que possuía 700 mil funcionários, cortou 90 mil deles, ao passo que a Toyota possuía um total de 65 mil funcionários, menos que o corte feito pela GM.[62] Muitas atividades desempenhadas pela GM, como aquelas em unidades internas de fornecimento, ficam a cargo das empresas que fazem parte da *keiretsu* da Toyota, com a utilização de funcionários que não são dessa empresa. Entretanto, ao mesmo tempo a Toyota possuía bem menos fornecedores que a GM. Esses tendem a ser membros confiáveis, "selecionados" da *keiretsu*. Em vez de tratar os fornecedores como adversários, mantidos à distância, a Toyota os trata como parceiros colaboradores, desenvolvendo tecnologias proprietárias em conjunto, confiando que farão as entregas a tempo, diretamente às linhas de montagem e ajudando-os quando passam por dificuldades financeiras. Contudo, a Toyota conta com mais do que confiança e boa vontade. A fim de minimizar as perdas de incentivo por parte dos membros da *keiretsu*, a empresa costuma praticar uma estratégia de fonte dupla, a saber, dividindo o contrato entre um membro da *keiretsu* e um não-membro (geralmente uma companhia local, quando a Toyota está no estrangeiro).[63] Dessa forma, garante-se que tanto o *keiretsu* quanto o externo estarão motivados a fazer o seu melhor.

Relacionamentos saudáveis com fornecedores podem proporcionar benefícios diretos.[64] Em 1986, a Toyota empregou 340 compradores a fim de adquirirem peças para 3,6 milhões de automóveis (10.560 unidades por comprador), ao passo que a GM precisou de 3 mil compradores, com o mesmo objetivo, para 6 milhões de veículos (2 mil unidades por comprador). Tal diferença resultou em US$ 700 de vantagem de custo por carro para a Toyota, praticamente 10% do custo total de um carro pequeno.[65] A abordagem japonesa, exemplificada pela Toyota, tem sido admirada e imitada por empresas de todo o mundo.[66] Essa difusão global deve-se: (1) à replicação das redes *keiretsu* aplicada pelas empresas japonesas em inúmeras locações estrangeiras; e (2) ao aprendizado natural de empresas não japonesas.[67] Esse aprendizado exerceu um importante papel na melhoria das companhias produtoras norte-americanas de carros durante os anos de 1990 (ver Figura 2.3). A GM, por exemplo, entrou no jogo da Toyota separando a Delphi – atualmente a GM está fora dos negócios de componentes. Semelhante à idéia discutida quanto à rivalidade poder representar oportunidades em vez de ameaças, relacionamentos com fornecedores (além de compradores e outros parceiros) que sejam sólidos e agreguem valor atualmente são considerados fonte de vantagens competitivas.[68]

Entretanto, esse debate não se encerra aqui. Em uma curiosa série de eventos, enquanto as empresas norte-americanas tornam-se mais "semelhantes às japonesas", as companhias japonesas sofrem pressões constantes para tornarem-se mais "semelhantes às norte-americanas" (!) ao enfrentarem mais de uma década de recessão no Japão, a partir dos anos de 1990. Isso se deve ao fato de que algumas atividades cruciais aos negócios não devem ser terceirizadas, sob pena de a empresa se tornar uma "corporação oca".[69] Relacionamentos próximos demais com fornecedores podem criar certa rigidez, resultando na perda da tão necessária flexibilidade.[70] No Japão, antigas relações sólidas entre compradores e fornecedores estão começando a se desgastar. As principais empresas estão menos dispostas a ajudar fornecedores em apuros. Até mesmo os membros da *keiretsu*, antes desencorajados (se não deliberadamente proibidos) a procurar outros contratos fora da rede, agora são incentivados a buscar trabalho em outros lugares, pois as empresas acreditam que benefícios absorvidos por fornecedores que negociam com outros consumidores podem ser trazidos à empresa (como a Toyota).[71] Os altos e baixos dessas duas perspectivas, nas últimas duas décadas, mostram a importância de uma análise cuidadosa ao se determinar o escopo ideal de uma empresa.[72]

Não Ser "Nem Um Nem Outro" *versus* Ser "Bom em Tudo"

Um importante tema discutido na visão baseada em indústrias refere-se à necessidade de as empresas escolherem entre liderança de custo e diferenciação. A busca por ambas pode levar a empresa a não ser "nem um nem outro", com poucas perspectivas de bom desempenho. Entretanto, abundam exemplos de empresas de sucesso, como a Toyota, que são tanto líderes nos preços como diferenciadores. Conseqüentemente, surge uma discussão. Primeiro, críticos alegam que quando há uma constante tecnológica, a curva de experiência não declina de forma contínua; em oposição, a curva empaca em alguns pontos. Portanto, para empresas que já operam na máxima escala de eficiência, expandir a produção não cria mais ganhos em custos e eficiência.[73] Em muitas indústrias, várias empresas podem deter a posição mínima de custo. A essa altura, a única forma de essas empresas se distinguirem é por meio de algum tipo de diferenciação[74] (ver Estratégia em Ação 2.2).

Segundo, críticos sugerem que a tecnologia não é constante. A tecnologia de fabricação dos anos de 1970 influenciou a idéia de que diferenciadores não conseguem ser competitivos em custo, ao passo que a recente **tecnologia de produção flexível** permite que empresas fabriquem produtos diferenciados a um baixo custo (geralmente em lotes menores que os grandes lotes produzidos por líderes em custo). Dessa forma, o nome do jogo pode ser **personalização em massa**, a busca *simultânea* de liderança em custo e diferenciação.[75]

Uma publicação recente contendo 17 estudos confirma que, em vez de estarem em desvantagem, as empresas que não seguem "nem uma nem outra" estratégia, têm potencial para serem "boas em tudo", a saber, tanto competitivas no custo quanto diferenciadas.[76] Outro estudo revelou que para exportadores no Brasil, Chile e México, uma liderança em custo encaixa-se em economias desenvolvidas, ao passo que uma estratégia de diferenciação obtém sucesso em economias emergentes.[77] Portanto, empresas com ambições internacionais locadas nesses países devem empregar ambas as estratégias simultaneamente ao entrarem em mercados diferentes. Embora não sejam conclusivas, essas observações levantam questões interessantes e enriquecem as discussões.

Posicionamento *versus* Hipercompetição

Outro grupo de críticos alega que o foco no posicionamento da indústria e na seleção de estratégias genéricas pode ser estático demais, não deixando espaço suficiente para mudanças dinâmicas, associadas à evolução das indústrias.[78] Na realidade, para a maioria das indústrias do mundo, nas últimas duas décadas a única constante parece ser a mudança. Dessa forma, críticos acreditam que as empresas não podem depositar seu sucesso na escolha de uma estratégia genérica. Há muito tempo, as empresas com freqüência são obrigadas a mudar de estratégia genérica (como líderes de custo que se tornam diferenciadores). Portanto, qualquer vantagem adquirida por meio de um posicionamento único provavelmente é temporária. Críticos afirmam que a competição, em muitas indústrias, tornou-se **hipercompetição**, cuja marca registrada são manobras dinâmicas a fim de desencadear séries de pequenas e imprevisíveis, mas poderosas ações, destruindo a vantagem competitiva do rival.[79] Em termos militares, se a visão tradicional baseada em indústrias pode ser vista como uma *guerra estática*, com o objetivo de ocupar certas posições desejáveis, como fortalezas de defesa, a escola da hipercompetição prega uma *guerra móvel* a fim de desorganizar e desalojar os concorrentes, criando manobras estratégicas melhores que as deles. O jogo *não* é buscar vantagens competitivas sustentáveis, proposição difícil em qualquer caso; em vez disso, o objetivo é desfazer o *status quo*, tomando a iniciativa por meio de uma série de vantagens *temporárias*.

Estratégia em Ação 2.2.

Nosso Macarrão Instantâneo é Diferente!

Uma guerra do macarrão instantâneo está sendo travada na Ásia. Macarrões instantâneos, produto alimentício industrializado e conveniente, não são baratos em comparação aos macarrões tradicionais. Consumidores em países com baixa renda, como Indonésia e Vietnã, são sensíveis aos preços, levando empresas a competir em relação aos valores. A tecnologia amadureceu, possibilitando que certas empresas produzam a baixo custo. A próxima fase da competição parece ser a diferenciação, já que as empresas lançam inúmeros novos sabores. Em 2002, a Indofood (*http://www.indofood.co.id*), da Indonésia, maior fabricante de macarrões instantâneos do mundo, lançou 12 sabores regionais, um apelo para o ressurgimento do orgulho local, despertado pela recente descentralização política do país. A Indofood viu-se forçada a diferenciar seus produtos, pois estava sendo atacada por novos concorrentes, como a Alhami, que batia a Indofood nos preços. Além disso, a Alhami abraçou uma imagem islâmica, declarando que seu macarrão era *halal* (permitido aos muçulmanos), mensagem bem aceita na Indonésia, país com a maior população muçulmana do mundo. Um drama semelhante desenrolou-se no Vietnã, onde três grandes companhias estatais, 40 empresas privadas e duas multinacionais estrangeiras, a gigante anglo-holandesa Unilever (*http://www.unilever.com*) e a taiwanesa Uni-President Enterprises (*http://www.pec.com.tw*),

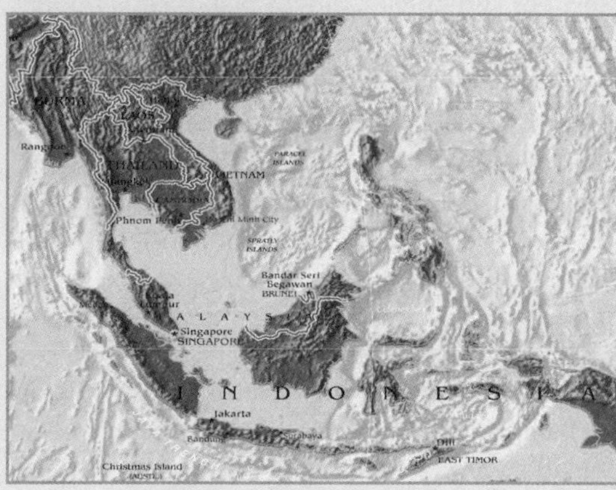

engalfinham-se para conseguir seu espaço. Uma empresa privada lançou 20 novos sabores em 2002, incluindo, entre vários sabores coreanos, o de *kimchi* (repolho fermentado). Posteriormente, qualquer coisa coreana, de programas de televisão a maquiagem, tornou-se moda entre os vietnamitas. Para que não fosse sobrepujada, uma empresa estatal, geralmente apagada, lançou dez sabores ao mesmo tempo, incluindo seu próprio macarrão de *kimchi*. É interessante notar que os administradores estrangeiros da Unilever e da Uni-President, que não são coreanos, estão em dúvida quanto a tornarem ou não seus produtos "coreanos".

Fonte: Baseado em (1) A. Granitsas, 2003, The instant-noodle war, *Far Eastern Economic Review*, 9 de janeiro: 42-43; (2) M. W. Peng, 2003, Four CEOs in one year: The case of Indofood, artigo não publicado.

Estratégia em Ação 2.3.

Administrando a Hipercompetição na Indústria de Brinquedos

Embora brinquedos sejam divertidos, sobreviver na indústria global de brinquedos de US$ 50 bilhões requer nervos de aço, devido à instabilidade do setor. Cerca de metade da produção é consumida por 2% das crianças do mundo, que vivem nos Estados Unidos, e a demanda delas é extremamente sazonal. Novembro e dezembro representam perto de 50% das vendas anuais, e cerca de metade dessas vendas ocorre na semana que precede o Natal. Como a maior parte da fabricação dá-se na Ásia, a distância impede que haja reposição de produtos durante o período natalino. O planejamento deve ser perfeito, pois qualquer dano na cadeia de suprimentos, como a greve dos estivadores da costa oeste dos Estados Unidos, em 2002, pode prejudicar toda uma temporada. Além disso, os brinquedos recém-lançados podem ser desconhecidos até que a temporada de compras esteja em andamento. Novos brinquedos podem surgir de repente, fazendo com que os compradores corporativos procurem desesperadamente por estoques em fábricas na Ásia.

Ambas localizadas nos Estados Unidos, tanto a Mattel (*http://www.mattel.com*) quanto a Hasbro (*http://www.hasbro.com*) lideram essa indústria e controlam aproximadamente ⅓ do mercado (20% *versus* 13%). Nenhuma das dez jogadoras próximas, como a Lego (*http://www.lego.com*), da Dinamarca, e a VTech (*http://www.vtech.com*), de Hong Kong, controlam mais que 3% do mercado. À medida que milhares de novos brinquedos são introduzidos a cada ano, poucos deles permanecem por mais de um a dois anos – clássicos como a Barbie, da Mattel, e o Senhor Cabeça-de-Batata, da Hasbro, são exceções. Considerando-se a demanda volúvel e as modas passageiras, as vantagens obtidas em um ano podem ser temporárias. Até mesmo a Mattel, que vende 70% de novos produtos todos os anos, pode estar "apenas a uma boa idéia de desistir do negócio", segundo o vice-presidente de *design* de produtos.

Os mecanismos de superação das empresas centram-se: (1) na redução da sazonalidade, (2) no aumento do número de canais e (3) na construção de variedade. Primeiro, por meio de campanhas de propaganda durante todo o ano, as empresas esperam reduzir a sazonalidade. Segundo, empresas fabricantes de brinquedos costumam associar-se a estúdios de cinema e redes de fast-food. Uma vez que os principais canais de distribuição são grandes redes, como Wal-Mart (*http://www.walmart.com*) e Target (*http://www.target.com*), e cadeias nacionais de brinquedos, como Toys R Us (*http://www.toysrus.com*), os fabricantes também espalham brinquedos por postos de combustível, lojas de conveniência e locais de entretenimento.

Terceiro, todas as companhias de brinquedos esforçam-se para aumentar a variedade (ou modificar a aparência de seus produtos), como inúmeras roupas para a Barbie e blocos de Lego representando diferentes carros, navios e cenários do filme *Guerra nas Estrelas*, por exemplo. O esquema mais interessante é o misto, que introduz continuamente versões um pouco diferentes do *mesmo* produto. Na metade da década de 1990, a Mattel utilizou-se da estratégia mista no caso dos carros em miniatura Hot Wheels. Quando consumidores vêem novos produtos nas lojas, inclinam-se a comprá-los. Entretanto, é difícil adivinhar as preferências individuais e coordenar os fabricantes. A estratégia mista resolve esse problema, mudando automaticamente de 7 a 8% dos 72 tipos de carrinhos a cada duas semanas. Toda a linha do produto muda cerca de duas vezes ao ano. Varejistas amam a estratégia mista, não somente porque aumenta as vendas, sem que seja necessário mais espaço nas prateleiras, mas também porque elimina a necessidade de manter um estoque diferente para cada estilo individual – as coleções vêm de fábrica. Os fabricantes também apreciam essa estratégia, pois dessa forma não têm que ficar correndo atrás das irregulares demandas de reposição de produtos. Essa idéia foi rapidamente copiada por competidores. Toda essa indústria transformou-se em um jogo contínuo e veloz, e cada passo visa obter alguma vantagem *temporária*, que será canibalizada pela próxima coleção.

Fontes: Baseado em (1) D. Ahlstrom, 2003, Personal communication, 10 de setembro; (2) C. Bullington, H. Lee; C. Tang, 1998, Successful strategies for product rollovers, *Sloan Management Review*, 39 (3): 23-30; (3) M. E. Johnson, 2001, Learning from toys: Lessons in managing supply chain risk from the toy industry, *California Management Review*, 43 (3): 106-124.

Enquanto é fácil observar como a hipercompetição atua em indústrias dinâmicas e de alta tecnologia, como a de tecnologia da informação, é importante notar que a competição está crescendo em todo o mundo, até mesmo em indústrias com aparentemente pouca tecnologia, como as dos brinquedos (ver Estratégia em Ação 2.3).[80] Essa luta implacável entre concorrentes pode levar muitas indústrias ao mundo de competição perfeita de Adam Smith, em que as vantagens competitivas de todos os competidores são eliminadas e nenhuma empresa obtém retornos acima da média. À medida que Porter rejeita a hipercompetição dizendo que essa é "uma autopunição, e não o resultado inevitável de um paradigma de competição inconstante",[81] golpes e contragolpes entre empresas rivais tornaram-se parte importante do repertório estratégico (ver Capítulo 8).

Determinantes de Desempenho Específicos às Indústrias *versus* Determinantes de Desempenho Específicos às Empresas e Instituições

A visão baseada em indústrias afirma que o desempenho da empresa é fundamentalmente determinado pelos atributos específicos da indústria.[82] Embora exerça influência, há pouco tempo essa visão foi contraposta em duas direções. A primeira refere-se à **visão baseada em recursos**. Ainda que o modelo das cinco forças sugira que certas indústrias (como a de transportes aéreos) não são atraentes, algumas empresas, como a Southwest Airlines, nos Estados Unidos, e a Ryanair, na Europa, não só o são como obtêm sucesso. Por que essas empresas são bem-sucedidas? Uma breve resposta seria que o desempenho dessas empresas vencedoras deve ser determinado por recursos e capacidades específicos, que independem das condições não atraentes da indústria a que pertencem.

Uma segunda crítica alega que a visão baseada em indústrias "ignora a história e as instituições industriais".[83] Em particular, o trabalho de Porter levantou suposições fundadas na forma como a competição era estruturada nos Estados Unidos, nos anos de 1970. As instituições obviamente afetam as estratégias das empresas, pois são as "regras do jogo" de uma sociedade. Portanto, estrategistas devem compreender como as instituições afetam a forma de competição das empresas. Essa perspectiva tornou-se conhecida como **visão baseada em instituições**.

Essas duas visões, que acima de tudo complementam a visão baseada em indústrias, serão introduzidas no Capítulo 3 e no Capítulo 4.

Esclarecendo as Discussões

As oito discussões sugerem que a visão baseada em indústrias – e, na verdade, o campo estratégico em geral – é dinâmica, empolgante e ainda incerta. Todas essas discussões referiam-se ao trabalho de Porter, que se tornou um *encarregado* no campo de análise da estratégia. Ao descrever seu trabalho, Porter deliberadamente escolheu o termo "framework" (quadro geral) em vez de "model", um termo mais formal. Em suas palavras, "frameworks identificam as variáveis relevantes e as questões que o usuário deve responder a fim de desenvolver conclusões feitas sob medida para uma indústria ou companhia em particular".[84] Nesse sentido, o quadro geral de Porter obteve sucesso, pois identificou variáveis e levantou questões, embora não tenha necessariamente dado respostas definitivas. Algumas dessas discussões são mais controversas que outras, mas nenhuma delas deu a palavra final.

Implicações para os estrategistas

Quais são as implicações para os estrategistas atuais e em potencial? Há duas respostas a essa questão. Primeira, para a prática estratégica, a visão baseada em indústrias fornece *fundamentos* sistemáticos, objetivando-se tanto a análise da indústria quanto dos competidores sobre os quais se acrescentarão pesquisas mais detalhadas, introduzidas em capítulos posteriores. Segunda, a visão baseada em indústrias fornece uma série de respostas a quatro questões fundamentais em estratégia, discutidas no Capítulo 1. A primeira questão é "Por que as empresas se diferenciam?". A visão baseada em indústrias diz que as cinco forças, atuando em diferentes indústrias, levam à diversidade de comportamento das empresas. A resposta à segunda questão, "Como as empresas se comportam?", centra-se em como essas empresas maximizam as oportunidades e minimizam as ameaças apresentadas pelas cinco forças.

A resposta tradicional à terceira questão, "O que determina o escopo da empresa?", está em examinar o poder de barganha de determinada empresa com relação ao poder de barganha dos fornecedores e compradores. A integração, que resulta na ampliação do escopo da empresa, é recomendada com freqüência. Entretanto, pesquisas recentes sugerem cautela; aconselha-se que as companhias alavanquem as oportunidades de terceirização, mantendo o foco em suas principais atividades, e estejam dispostas a colaborar, não só com fornecedores e compradores, mas também com competidores. A quarta questão é "O que determina o sucesso ou o fracasso internacional das empresas?". A resposta novamente é que as condições específicas de uma indústria devem exercer um papel importante na determinação do desempenho da empresa ao redor do mundo.

Resumo do Capítulo

1. A visão de estratégia baseada em indústrias surge da economia de organização industrial, que fornece um melhor entendimento sobre a competição entre as empresas a fim de ajudar na criação de políticas que as regulem adequadamente.
2. Proposto por Michael Porter, o quadro geral das cinco forças é a espinha dorsal da visão de estratégia baseada em indústrias.
3. Quanto mais fortes e competitivas são as cinco forças, menor a probabilidade de empresas de uma determinada indústria obterem retornos acima da média e vice-versa.
4. As cinco forças são: (1) a força da rivalidade entre os competidores dentro de uma indústria; (2) a ameaça de novos concorrentes; (3) o poder de barganha dos fornecedores; (4) o poder de barganha dos compradores; e (5) a ameaça dos substitutos.
5. As três estratégias genéricas, que visam fortalecer a posição de determinada empresa com relação às cinco forças competitivas são: (1) liderança no preço; (2) diferenciação; e (3) foco.
6. Dentre as principais discussões nessa área estão: (1) limites da indústria precisos *versus* imprecisos; (2) ameaças *versus* oportunidades; (3) cinco forças *versus* uma sexta força; (4) rivalidades industriais *versus* grupos estratégicos; (5) integração *versus* terceirização; (6) não ser "nem um nem outro" *versus* ser "bom em tudo"; (7) posicionamento *versus* hipercompetição; e (8) determinantes de desempenho específicos às indústrias *versus* determinantes de desempenho específicos às empresas e instituições.

Palavras-chave

- integração para trás
- poder de barganha dos fornecedores
- complementadores
- liderança de custo
- diferenciação
- dominância
- duopólio
- economias de escala
- barreiras à entrada
- excesso de capacidade
- curvas de experiência
- barreiras à saída
- quadro geral das cinco forças
- tecnologia de produção flexível
- foco
- integração para a frente
- estratégias genéricas
- hipercompetição
- encarregados
- economia de organização industrial
- indústria
- posicionamento industrial
- *know-how*
- personalização em massa
- barreiras à mobilidade
- monopólio
- exterioridades da rede
- vantagens a baixo custo não baseadas em escala
- oligopólio
- terceirização
- competição perfeita
- diferenciação do produto
- vantagens a baixo custo baseadas em escala
- grupos estratégicos
- modelo estrutura–conduta–desempenho
- substitutos

Questões para Discussão

1. Por que guerras de preço surgem mais freqüentemente em certos setores da indústria e menos em outros? O que as empresas podem fazer a fim de desestimular guerras de preço ou de se prepararem para elas?
2. Compare e contraste as cinco forças que afetam as indústrias de transportes aéreos, de *fast-food*, de produtos de beleza e farmacêutica, *mundial* ou *regionalmente*. Qual indústria promete obter maiores retornos? Por quê?
3. Conduza uma análise, com base nas cinco forças, sobre a indústria "de escolas de negócios" ou "de ensino superior". Identifique o "grupo estratégico" ao qual a instituição em que estuda pertence. Utilize-se dessa análise para explicar o motivo de essa instituição estar indo bem (ou mal) na competição por melhores estudantes, professores, doadores e classificações.
4. Dentre as oito discussões apontadas, escolha aquela à qual você mais se inclina. Reúna os melhores argumentos a favor de sua posição e, posteriormente, faça o papel de "advogado do diabo", argumentando contra sua posição.
5. **SOBRE ÉTICA:** "Lucros excessivos" obtidos por monopólios, duopólios ou qualquer outro tipo de forte poder de mercado são alvo de investigações e processos governamentais (por exemplo, a Microsoft foi processada por autoridades tanto dos Estados Unidos quanto da União Européia). Estrategistas, por sua vez, buscam abertamente lucros acima da média, alegando que são "lucros justos". Você vê um dilema ético nisso? Analise de acordo com uma das seguintes perspectivas: a do governo ou a dos estrategistas de empresas (como Bill Gates).

Caso de conclusão: Competindo na Indústria de Produtos de Beleza

Indústria global de US$ 160 bilhões ao ano, a indústria de produtos de beleza engloba maquiagens, tratamentos de pele e cabelo, perfumes, cirurgias plásticas, institutos de beleza e pílulas para controle de peso. Encarregados nessa indústria possuem um poder impressionantemente duradouro de permanência no mercado. A L'Oréal (http://www.loreal.com), da França, líder atual, foi fundada em 1909. Em 1911, tanto a Nivea (http://www.nivea.com), da Alemanha, quanto a Shiseido (http://www.shiseido.co.jp), do Japão, foram estabelecidas. Nos Estados Unidos, a Elizabeth Arden (http://www.elizabetharden.com) e a Max Factor (http://www.maxfactor.com) foram fundadas quase na mesma época. Todas essas marcas ainda estão no mercado, embora não necessariamente como companhias independentes.

Em tempos recentes, essa indústria tem crescido 7% ao ano, mais do que duas vezes a taxa de crescimento do PIB do mundo desenvolvido. Dois grupos no mundo sustentam tal crescimento: pessoas mais maduras e ricas, nascidas no *baby boom* em economias desenvolvidas, e uma classe média, cada vez mais influente, em economias emergentes, como Brasil, China, Índia, Rússia e Coréia do Sul. Por exemplo, a tropa de 900 mil mulheres que vendem produtos da Avon (http://www.avon.com), no Brasil, é maior do que o número de homens e mulheres do exército e da marinha do país em conjunto (!).

Há três grandes mudanças afetando essa indústria. Primeira, surgiu um grande número de concorrentes. A maioria das empresas de produtos de luxo, como a Chanel (http://www.chanel.com), a Dior (http://www.dior.com), a Ralph Lauren (http://www.polo.com) e a Yves St. Laurent (http://www.ysl.com), agora também possui produtos de beleza. Duas empresas gigantes, a Procter & Gamble (P&G, http://www.pg.com) e a Unilever (http://www.unilever.com) são as que provavelmente oferecem maiores ameaças. Uma vez que seus produtos tradicionais, como fraldas e sabonetes, estão estabelecidos no mercado, essas empresas investem mais recursos no segmento de produtos de beleza. Segunda, certas mudanças no comportamento do consumidor permitem que cadeias varejistas, como o Wal-Mart (http://www.walmart.com), obtenham poder de barganha à custa de elegantes lojas especializadas, cujos preços são mais altos e as vendas são mais baixas. O Wal-Mart, por exemplo, só negocia com alguns grandes fornecedores, do nível da L'Oréal e da P&G. Empresas menores, como a Estée Lauder (http://www.esteelauder.com) e a Revlon (http://www.revlon.com), que dependem mais das lojas especializadas, estão sofrendo as conseqüências. Por fim, encarregados resistem cada vez mais dizendo que seus produtos são únicos. A L'Oréal, por exemplo, enfatiza quantas marcas possui. Já a Shiseido tem argumentos mais concretos: seu novo gel para o corpo, Body Creator, queima 1,1 kg de gordura corporal por mês, sem a necessidade de dietas ou exercícios. Aparentemente funciona ou, pelo menos, os consumidores acreditam nisso: durante 2002, primeiro ano desse produto no mercado, um pote era vendido no Japão a cada 3,75 segundos.

À medida que o mercado de produtos de beleza tradicionais torna-se mais competitivo, o crescimento real dessa indústria pode estar em áreas não rastreadas pelos "radares" dos principais "competidores": cirurgias plásticas e institutos de beleza. A primeira área, cirurgias plásticas, não é mais território exclusivo de atrizes e celebridades. Há dez anos, nos Estados Unidos, reconstruir as mamas custava US$ 12 mil – atualmente, isso pode ser feito por US$ 600. Mais de 70% desses consumidores ganham menos de US$ 50 mil ao ano. Desde 1997, o mercado de cirurgias plásticas nos Estados Unidos, um negócio de US$ 20 bilhões, cresceu 220%. A segunda área de crescimento, institutos de beleza, conhecidos como spas, salões e clubes, liga beleza a soluções naturais, como exercícios e dietas, opondo-se ao uso de substâncias químicas. Numerosos empreendedores operam um pequeno número de spas, salões e clubes aqui e ali em um mercado fragmentado. Mais cedo ou mais tarde, algumas companhias de produtos de beleza tradicionais se voltarão para essas novas áreas.

Questões para Estudo de Caso

1. Por que os encarregados dessa indústria possuem um grande poder de permanência no mercado?
2. Como os novos concorrentes enfrentam as barreiras à entrada? Como encarregados reagem a eles?
3. Por que as cadeias varejistas obtêm poder de barganha como compradores à custa de lojas especializadas?
4. Empresas tradicionais devem centrar-se na expansão a mercados de novos países, em economias emergentes, ou na entrada em mercados de novos produtos em crescimento, em economias desenvolvidas?

Fontes: Baseado em (1) *Economist*, 2003, Pots of promise, 24 de maio: 69-71; (2) *Economist*, 2003, The color of money, 8 de março: 59; (3) *Economist*, 2003, The right to be beautiful, 24 de maio: 9; (4) N. Shute, 2004, Makeover nation, *US News & World Report*, 31 de maio: 53-63.

Notas

1. E. Mason, 1939, Price and production policies of large-scale enterprises, *AER*, 29: 61-74.
2. J. Bain, 1956, *Barriers to New Competition*, Cambridge, MA: Harvard University Press; F. Scherer, 1980, *Industrial Market Structure and Economic Performance*, Boston: Houghton Mifflin.
3. M. Porter, 1981, The contribution of industrial organization to strategic management, *AMR*, 6: 609-620.
4. M. Porter, 1980, *Competitive Strategy*, Nova York: Free Press.
5. K. Cool; I. Dierickx, 1993, Rivalry, strategic groups, and firm profitability, *SMJ*, 14: 47-59; K. Cool; L. Roller; B. Leleux, 1999, The relative impact of actual and potential rivalry on firm profitability in the pharmaceutical industry, *SMJ*, 20: 1-14.
6. J. Shamsie, 2003, The context of dominance: An industry-driven framework for exploiting reputation, *SMJ*, 24: 199-215.

7. B. Kim; Y. Lee, 2001, Global capacity expansion strategies, *LRP*, 34: 309-333.

8. J. Campa, 1994, Multinational investment under uncertainty in the chemical processing industries, *JIBS*, 25: 557-578; J. Henderson; K. Cool, 2003, Learning to time capacity expansions, *SMJ*, 24: 393-413.

9. *BW*, 2003, Hamburger hell, 3 de março: 104-108.

10. S. Lee; M. W. Peng; J. Barney, 2005, Bankruptcy law and entrepreneurship development: A real options perspective, *AMR* (no prelo).

11. *BW*, 2002, Everybody wants to eat EMC's lunch, 2 de setembro: 76-77.

12. C. Hill, 2003, Boeing versus Airbus, In: C. Hill, *International Business,* 4. ed. (p. 295), Boston: McGraw-Hill.

13. F. Katrishen; N. Scordis, 1998, Economies of scale in services: A study of multinational insurers, *JIBS*, 29: 305-324; R. Makadok, 1999, Interfirm differences in scale economics and the evolution of market shares, *SMJ*, 20: 935-952.

14. M. Zeng; P Williamson, 2003, The hidden dragons, *HBR*, outubro: 92-99.

15. M. Schilling, 1998, Technological lockout, *AMR*, 23: 267-284.

16. L. Thomas, 1996, Advertising sunk costs and credible spatial preemption, *SMJ*, 17: 481-498.

17. R. Garud; A. Kumaraswamy, 1993, Changing competitive dynamics in network industries, *SMJ*, 14: 351-369; C. Hill, 1997, Establishing a standard: Competitive strategy and technological standards in winner-take-all industries. *AME*, 11 (2): 7-26; M. Schilling, 2002, Technology success and failure in winner-take-all markets, *AMJ*, 45: 387-398; V. Shankar; B. Bayus, 2003, Network effects and competition, *SMJ*, 24: 375-384; C. Shapiro; H. Varian, 1999, *Information Rules,* Boston: Harvard Business School Press.

18. W. B. Arthur, 1996, Increasing returns and the new world of business, *HBR*, julho-agosto: 100-109.

19. H. Chang; F. Tang, 2001, An empirical study on strategic entry barriers in Singapore, *APJM*, 18: 503-517; M. Guillen, 2001, *The Limits of Convergence*, Princeton, NJ: Princeton University Press.

20. M. Bensaou; E. Anderson, 1999, Buyer-supplier relations in industrial markets, *OSc*, 10: 460-481; S. Michael, 2000, Investments to create bargaining power, *SMJ*, 21: 497-514.

21. *BW*, 2002, Coke: The cost of babying bottlers, 9 de dezembro: 93-94.

22. B. Curtis; B. Dougherty; C. Hackett; R. Patel; B. Wysong, 2003, *Wal-Mart's Retailing Prospects in Europe*, estudo de caso sob supervisão do Professor M. W. Peng, Fisher College of Business, The Ohio State University.

23. M. W. Peng; S. Lee; J. Tan, 2001, The *keiretsu* in Asia: Implications for multilevel theories of competitive advantage, *JIM*, *7*: 253-276.

24. A. Kaufman; C. Wood; G. Theyel, 2000, Collaboration and technology linkages, *SMJ*, 21: 649-663.

25. A. Weintraub, 2003, Chipping away at Qualcomm's chips, *BW*, 16 de junho: 66-67.

26. *Economist*, 2003, A survey of food (p. 7), 13 de dezembro: 1-16.

27. T. Mullaney, 2004, E-biz strikes again! (p. 84), *BM*, 10 de maio: 80-90.

28. *Economist*, 2004, The Channel Tunnel: Under water, 14 de fevereiro: 59.

29. M. Porter, 1998, *On Competition* (p. 38), Boston: Harvard Business School Press.

30. M. Porter, 2001, Strategy and the Internet (p. 78), *HBR*, março: 63-78; S. Rangan; R. Adner, 2001, Profits and the Internet: Seven misconceptions, *SMR*, summer: 44-53.

31. Porter, 2001, Strategy and the Internet (p. 66); S. Zaheer; A. Zaheer, 2001, Market microstructure in a global B2B network, *SMJ*, 22: 859-873.

32. M. Porter, 1985, *Competitive Advantage*, Nova York: Free Press; E. Segev, 1989, A systematic comparative analysis and synthesis of two business-level strategic typologies, *SMJ*, 10: 487-505.

33. W Lasser; J. Kerr, 1996, Strategy and control in supplier-distributor relationships, *SMJ*, 17: 613-632.

34. W. Desarbo; K. Jedidi; I. Sinha, 2001, Customer value analysis in a heterogeneous market, *SMJ*, 22: 845-857; M. Kroll; P. Wright; R. Heiens, 1999, The contribution of product

quality to competitive advantage, *SMJ*, 20: 375-384; O. Sorenson, 2000, Letting the market work for you, *SMJ*, 21: 577-592.

35. *BW*, 2003, BMW: Will Panke's high-speed approach hurt the brand? 9 de junho: 57-60.
36. D. Roberts, 2003, Bentley Beijing: Chariots on fire, *BW*, 24 de março: 66.
37. G. Carroll, 1985, Concentration and specialization, *AJS*, 90: 1262-1283; B. Mascarenhas, 1996, The founding of specialist firms in a global fragmenting industry, *JIBS*, 27: 27-42.
38. M. Porter, 1996, What is strategy? *HBR*, 74 (6): 61-78.
39. R. Bettis; M. Hitt, 1995, The new competitive landscape, *SMJ*, 16: 7-19.
40. G. Hamel; Y. Doz; C. K. Prahalad, 1989, Collaborate with your competitors – and win, *HBR*, 67 (1): 133-139.
41. R. Lewicki; D. McAlister; R. Bies, 1998, Trust and distrust, *AMR*, 23: 438-458.
42. M. Porter, 1990, *The Competitive Advantage of Nations*, Nova York: Free Press; M. Sakakibara; M. Porter, 2001, Competing at home to win abroad: Evidence from Japanese industry, *RES*, 83: 310-322. Ver também K. Ito; V. Pucik, 1993, R&D spending, domestic competition, and export performance of Japanese manufacturing firms, *SMJ*, 14: 61-75; G. Miles;. C. Snow; M. Sharfman, 1993, Industry variety and performance, *SMJ*, 14: 163-177.
43. A. Inkpen; A. Sundaram; K. Rockwood, 2000, Cross-border acquisitions of US technology assets, *CMR*, 42 (3): 50-71; L. Nachum, 2000, Economic geography and the location of TNCs, *JIBS*, 31: 367-385; M. W. Peng; D. Wang. 2000. Innovation capability and foreign direct investment: Toward a learning option perspective, *MIR*, 40 (1): 79-93; R. Pouder; C. St. John, 1996, Hot spots and blind spots: Geographical clusters of firms and innovation, *AMR*, 21: 1192-1225.
44. Porter, 1990, *The Competitive Advantage of Nations*.
45. A. Grove, 1996, *Only the Paranoid Survive*, Nova York: Doubleday.
46. J. Bonardi; R. Durand, 2003, Managing network effects in high-tech markets, *AME*, 17 (4): 40-52.
47. K. Cool; D. Schendel, 1987, Strategic group formation and performance, *MS*, 33: 1102-1124; A. Nair; S. Kotha, 2001, Does group membership matter? *SMJ*, 22: 221-235; H. Thomas; N. Venkatraman, 1988, Research on strategic groups, *JMS*, 25: 537-555.
48. J. D. Osborne; C. Stubbart; A. Ramaprasad, 2001, Strategic groups and competitive enactment, *SMJ*, 22: 435-454; S. Tallman, 1991, Strategic management models and resource-based strategies among MNEs in a host country, *SMJ*, 12: 69-82.
49. J. Barney; R. Hoskisson, 1990, Strategic groups: Untested assertions and research proposals, *MDE*, 11: 187-198; D. Dranove; M. Peteraf; M. Shanley, 1998, Do strategic groups exist? *SMJ*, 19: 1029-1044; R. Wiggins; T. Ruefli, 1995, Necessary conditions for the predictive validity of strategic groups, *AMJ*, 38: 1635-56.
50. R. Hamilton; E. Eskin; M. Michaels, 1998, Assessing competitors: The gap between strategic intent and core capability, *LRP*, 31: 406-417.
51. R. Caves; P. Ghemawat, 1992, Identifying mobility barriers, *SMJ*, 13: 1-12; R. Caves; M. Porter, 1977, From entry barriers to mobility barriers, *QJE*, 91: 241-261; J. Lee; K. Lee; S. Rho, 2002, An evolutionary perspective on strategic group emergence, *SMJ*, 23: 727-746.
52. W. Bogner; H. Thomas; J. McGee, 1996, A longitudinal study of the competitive positions and entry paths of European firms in the US pharmaceutical market, *SMJ*, 17: 85-107.
53. D. Johnson; D. Hoopes, 2003, Managerial cognition, sunk costs, and the evolution of industry structure, *SMJ*, 24: 1057-1068; J. Porac; H. Thomas; F. Wilson; D. Paton; A. Kanfer, 1995, Rivalry and the industry model of Scottish knitwear producers, *ASQ*, 40: 203-227; M. Peteraf; M. Shanley, 1997, Getting to know you: A theory of strategic group identity, *SMJ*, 18: 165-186; R. Reger; A. Huff, 1993, Strategic groups: A cognitive perspective, *SMJ*, 14: 103-124.
54. A. Fiegenbaum; S. Hart; D. Schendel, 1996, Strategic reference point theory, *SMJ*, 17: 219-235; G. McNamara; R. Luce; G. Tompson, 2002, Examining the effect of complexity in strategic group knowledge structures on firm performance, *SMJ*, 23: 151-170.

55. M. W. Peng; J. Tan; T. Tong, 2004, Ownership types and strategic groups in an emerging economy, *JMS*, 41 (7): 1105-1129.

56. R. Rumelt; D. Schendel; D. Teece (eds.), 1994, *Fundamental Issues in Strategy,* Boston: Harvard Business School Press. Ver também A. Afuah, 2003, Redefining firm boundaries in the face of the Internet, *AMR*, 28: 34-53; R. Coase, 1937, The nature of the firm, *Economica*, 4: 386-405.

57. K. Sutcliffe; A. Zaheer, 1998, Uncertainty in the transaction environment, *SMJ*, 19: 1-23; O. Williamson, 1985, *The Economic Institutions of Capitalism*, Nova York: Free Press.

58. A. Afuah, 2001, Dynamic boundaries of the firm, *SMJ*, 44: 1211-1228; N. Argyres; J. Lieberkind, 1999, Contractual commitments, bargaining power, and governance inseparability, *AMR*, *24:* 49-63; K. Harrigan, 1985, *Strategic Flexibility*, Nova York: Lexington Books.

59. R. D'Aveni; A. Ilinitch, 1992, Complex patterns of vertical integration in the forest products industry: Systematic and bankruptcy risks, *AMJ*, 35: 596-625.

60. J. Mahoney, 1992, The choice of organizational form, *SMJ*, 13: 559-584; A. Vining, 2003, Internal market failure, *JMS*, 40: 431-457; G. Walker, 1994, Asset choice and supplier performance in two organizations – US and Japanese, *OSc*, 5: 583-593.

61. M. Kotabe; S. Swan, 1994, Offshore sourcing, *JIBS*, 25: 115-140; M. Kotabe; H. Zhao, 2002, A taxonomy of sourcing strategic types for MNCs operating in China, *APJM*, 19: 11-27; D. Levy, 1995, International sourcing and supply chain stability, *JIBS*, 26: 343-360.

62. D. E. Westney, 2001, Japanese enterprise faces the twenty-first century, In: P. DiMaggio (ed.), *The Twenty-First Century Firm*, (105-143), Princeton, NJ: Princeton University Press.

63. J. Richardson, 1993, Parallel sourcing and supplier performance in the Japanese automobile industry, *SMJ*, 14: 339-350.

64. J. Dyer, 1997, Specialized supplier networks as a source of competitive advantage, *SMJ*, 17: 271-292; C. Hill, 1995, National institutional structures, transaction cost economics, and competitive advantage: The case of Japan, *OSc*, 6: 119-131.

65. J. Dyer; W. Ouchi, 1993, Japanese-style business partnerships, *SMR*, 35: 51-63.

66. J. Womack; D. Jones; D. Roos, 1990, *The Machine That Changed the World*, Nova York: Harper & Row.

67. K. Banerji; R. Sambharya, 1996, Vertical *keiretsu* and international market entry, *JIBS*, 27: 89-113; X. Martin; W. Mitchell; A. Swaminathan, 1995, Recreating and extending Japanese automobile buyer-supplier links in North America, *SMJ*, 16: 589-619; N. Oliver; B. Wilkinson, 1992, *The Japanization of British industry,* Oxford: Blackwell; Peng et al., 2001, The *keiretsu* in Asia.

68. J. Dyer; H. Singh, 1998, The relational view: Cooperative strategy and sources of interorganizational competitive advantage, *AMR*, 23: 660-679.

69. J. Barthelemy, 2003, The seven deadly sins of outsourcing, *AME*, 17 (2): 87-98; A. Takeishi, 2001, Bridging inter- and intra-firm boundaries, *SMJ*, 22: 403-433.

70. M. Kotabe; X. Martin; H. Domoto, 2003, Gaining from vertical partnerships, *SMJ*, 24: 293-316.

71. C. Ahmadjian; J. Lincoln, 2001, *Keiretsu,* governance, and learning, *OSc*, 12: 683-701; R. Lamming, 2000, Japanese supply chain relationships in recession, *LRP*, 33: 757-778. Para ter provas da persistência da *keiretsu*, ver J. McGuire; S. Dow, 2003, The persistence and implications of Japanese *keiretsu* organization, *JIBS*, 34: 374-388; Peng et al., 2001, The *keiretsu* in Asia.

72. M. Leiblein; J. Reuer; F. Dalsace, 2002, Do make or buy decisions matter? The influence of organizational governance on technological performance, *SMJ*, 23: 817-833; C. Nicholls-Nixon; C. Woo, 2003, Technology sourcing and output of established firms, *SMJ*, 24: 651-666.

73. S. Kobrin, 1991, An empirical analysis of the determinants of global integration, *SMJ*, 12: 17-31.

74. C. Hill, 1988, Differentiation versus low cost or differentiation and low cost, *AMR*, 13: 401-412.

75. S. Kotha, 1995, Mass customization, *SMJ*, 16: 21-42; S. Kotha; B. Vadlamani, 1995, Assessing generic strategies, *SMJ*, 16: 75-83; W. Reitsperger; S. Daniel; S. Tallman; W. Chis-

mar, 1993, Product quality and cost leadership: Compatible strategies? *MIR*, 33: 7-21; R. Sanchez, 1995, Strategic flexibility in product competition, *SMJ*, 16: 135-169; N. Warren; K. Moore; P. Cardona, 2002, Modularity, strategic flexibility, and firm performance, *SMJ*, 23: 1123-40.

76. C. Campbell-Hunt, 2000, What have we learned about generic competitive strategy? *SMJ*, 21: 127-154.
77. P. Aulakh; M. Kotabe; H. Teegen, 2000, Export strategies and performance of firms from emerging economies, *AMJ*, 43: 342-361.
78. J. Sampler, 1998, Redefining industry structure for the information age, *SMJ*, 19: 343-355.
79. R. D'Aveni, 1994, *Hypercompetition*, Nova York: Free Press. Ver também S. Brown; K. Eisenhardt, 1998, *Competing on the Edge*, Boston: Harvard Business School Press.
80. T. Craig, 1996, The Japanese beer wars, *OSc*, 7: 302-321; A. Ilinitch; R. D'Aveni; A. Lewin, 1996, New organizational forms and strategies for managing in hypercompetitive environments, *OSc*, 7: 211-220; J. Richardson, 1996, Vertical integration and rapid response in fashion apparel, *OSc*, 7: 400-413.
81. Porter, 1998, *On Competition* (p. 39).
82. A. McGahan; M. Porter, 1997, How much does industry matter, really? *SMJ*, 18: 15-30; R. Schmalense, 1985, Do markets differ much? *AER*, 75: 341-351.
83. S. Oster, 1994, *Modern Competitive Analysis*, 2. ed. (p. 46), Nova York: Oxford University Press.
84. M. Porter, 1994, Toward a dynamic theory of strategy, In: R. Rumelt; D. Schendel; D. Teece (eds.), *Fundamental Issues in Strategy* (p. 427), Boston: Harvard Business School Press.

CAPÍTULO 3

Alavancando recursos e capacidades

Sumário

- Compreendendo recursos e capacidades
- Recursos, capacidades e a cadeia de valor
- O modelo VRIO
- Discussões e extensões
- Implicações para os estrategistas

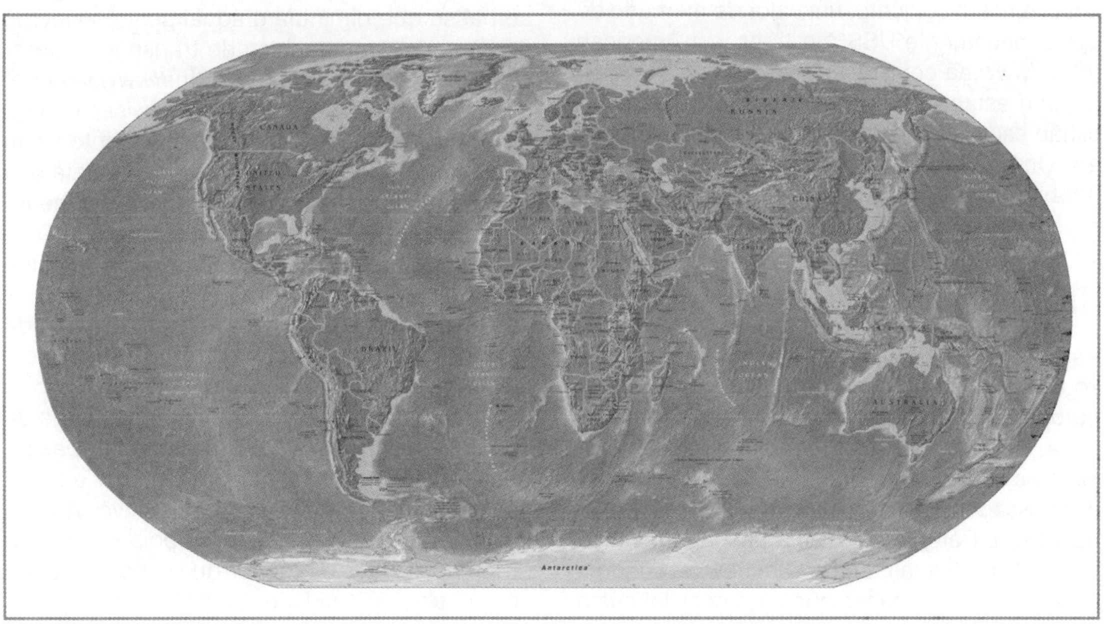

Caso de Introdução: Ryanair – Surge uma Estrela na Indústria Aérea

Devastada em virtude dos acontecimentos do 11 de setembro, da recessão econômica global, da guerra no Iraque e da epidemia da síndrome respiratória aguda grave (SARS) na Ásia, a indústria de transportes aéreos ao redor do mundo tem passado por maus bocados, talvez os piores dos cem anos de história da aviação. No entanto, a irlandesa Ryanair (http://www.ryanair.com), empresa de transportes aéreos de baixo custo localizada em Dublin e fundada em 1985, nos moldes da tão falada norte-americana Southwest Airlines (http://www.iflyswa.com) desafiou as leis da gravidade e alcançou as alturas. Durante 2002-03, a margem de lucro de operação de 30% da Ryanair reduziu o crescimento da British Airways (http://www.british-airways.com) a 3,8%, a 8,7% o da easyJet (outro concorrente de baixo custo na Europa, http://www.easyjet.com) e a 8,6% o da Southwest. A Ryanair juntou US$ 1 bilhão em caixa para encomendar 250 novos Boeings 737, em 2001-02; lançar 60 rotas, em 2002; e negociar com mais 40 aeroportos pela Europa ocidental e oriental, em 2003. Durante 2003, a capitalização de US$ 5 bilhões excedeu a de grandes empresas européias de transportes aéreos, como a British Airways (US$ 3 bilhões) e a Air France (US$ 2,7 bilhões, http://www.airfrance.com). Em comparação, as maiores empresas de transportes aéreos dos Estados Unidos possuem, em conjunto, um valor de mercado de aproximadamente US$ 4 bilhões – a American (http://www.aa.com) e a Delta (http://www.delta.com) estão avaliadas em cerca de US$ 1,4 bilhão cada; a Northwest (http://www.nwa.com) e a United (http://www.ual.com) valem de US$ 0,6 bilhões a US$ 0,75 bilhões cada. Somente a Southwest, com um valor de mercado de US$ 13 bilhões, vale mais que a Ryanair na indústria de transportes aéreos.

Quais são os segredos da Ryanair? Muitos. Assim como a Southwest, a Ryanair especializou-se em vôos de curta distância entre cidades européias, utilizando somente um tipo de aeronave, o Boeing 737. Manter em um patamar mínimo os custos de operação e cortar os preços das passagens são as marcas registradas de sua estratégia. Por exemplo, uma passagem de ida e volta da Ryanair entre Glasgow e Londres custa US$ 71, ao passo que a da easyJet custa US$ 123 e a da British Airways, US$ 136. Entretanto, há um truque: os aeroportos de Glasgow e Londres utilizados pela Ryanair são menores e ficam longe dessas cidades, ao passo que as outras empresas utilizam-se de aeroportos maiores e mais próximos às cidades. Aeroportos menores, muitos deles ex-bases militares, ansiosos para atrair passageiros, oferecem à Ryanair bons negócios, que abrangem desde taxas de desembarque e manutenção, até assistência de marketing. Os vôos diretos permitem que os aviões da Ryanair retornem rapidamente, ao passo que os operadores do sistema de conexões têm de deixar suas caras aeronaves estacionadas à espera de vôos de conexão. Como resultado, a Ryanair acumula 50% a mais de horas de vôo por dia do que as empresas convencionais; também aluga os bagageiros de teto e os cintos de segurança para anunciantes. Comida e bebida de avião? Esqueça. Os passageiros têm de comprá-las. A fim de minimizar os custos dos bilhetes, a Ryanair vende 90% de suas passagens on-line, o que a torna uma das maiores empresas de vendas eletrônicas da Europa.

A ascensão da Ryanair diz tudo sobre as mudanças drásticas na indústria da aviação comercial européia ocorridas a partir da desregulamentação de 1997. A grande oferta de descontos permitia valores ínfimos de passagens, ao passo que diminuía gradualmente os lucros das grandes companhias de transportes aéreos, a ponto de a Sabena (http://www.sabena.com) e a Swissair (http://www.swissair.com), da Bélgica e da Suíça, respectivamente, irem à falência. Tendo batido as grandes, a nata das empresas de descontos está agora competindo entre si. A Ryanair, especificamente, está apontando suas armas contra a easyJet, que pode até ser maior, com seus 19 milhões de passageiros em 2002, versus os 16 milhões da Ryanair, mas perde com relação aos lucros. Com um "fundo de guerra" de US$ 1 bilhão, a Ryanair crê que pode iniciar uma nova briga de preços – baixando em 5% o valor das passagens todos os anos por algum tempo – e ainda assim permanecer altamente lucrativa. A Ryanair pode ganhar essa guerra, pois sua média de preços já é 30% menor que a da easyJet e seus custos por unidade são 80% menores.

Ainda que a história da Ryanair seja impressionante, essa empresa não está sozinha no mundo. Nos Estados Unidos, a United e a US Airways (http://www.usairways.com) há pouco tempo declararam falência; outras companhias de transportes aéreos estão tendo de lutar bravamente, pois linhas aéreas de baixo custo, como a Southwest, a JetBlue (http://www.jetblue.com) e a AirTran (http://www.airtran.com), estão se expandindo e lucrando. Na Ásia, desenrola-se algo semelhante. A Jet Airways (http://www.jetairways.com) está desafiando as poderosas Air India (http://www.airindia.com) e Indian Airlines (http://www.indian-airlines.nic.in) no subcontinente. A Air Asia (http://www.airasia.com) abocanhou 10% do mercado doméstico da Malásia, deixando a Malaysia Airlines (http://www.malaysiaair.com) com mais do que uma dor de cabeça. No Camboja, existe a Air Mekong (http://www.marveltour.com/mekong); na Indonésia, a Air Paradise (http://www.airparadise.co.id); e nos Emirados Árabes, a Air Arabia (http://www.airarabia.com).

Fontes: Baseado em (1) K. Capell, 2003, Ryanair rising, *Business Week*, 2 de junho: 40-41; (2) *Economist*, 2003, Airlines: A way out of the wilderness, 3 de maio: 61-62; (3) *Economist*, 2003, Low-cost airlines: Cheap and cheerful, 24 de maio: 66-67; (4) C. Prystay, 2002, The sky's the limit, *Far Eastern Economic Review*, 5 de dezembro: 34-36; (5) J. Slater, 2002, High-flyer seeks airspace, *Far Eastern Economic Review*, 5 de dezembro: 37-40.

Por que a Ryanair e outras companhias de transportes aéreos de baixo custo conseguem superar os concorrentes em uma indústria *estruturalmente* não atraente? Uma simples análise das cinco forças sugere que a indústria de transportes aéreos, que fornece um serviço não diferenciado, é caracterizada por grandes pressões de preço entre rivais e pelos poderes de barganha dos fornecedores (somente dois no mundo para grandes aviões) e dos compradores (que deixam de viajar). Embora não haja substitutos para viagens de longa distância, carros, trens e barcos podem substituir vôos de curta distância, como na Europa. Com a desregulamentação, as barreiras à entrada também estão caindo. Se as empresas podem dar-se ao luxo de escolher um segmento para entrar, não é recomendável competir no segmento em questão. Portanto, a visão baseada em indústrias sugere que todas as empresas do setor de transportes aéreos provavelmente sofrerão os efeitos. Em muitos casos, os dados de desempenho corroboram essa visão. Entretanto, algumas empresas, como a Ryanair, têm se dado bem. Como obtêm sucesso nessa indústria pouco atraente, até mesmo durante a recessão? A resposta é que a Ryanair e outras empresas semelhantes possuem certos recursos e capacidades que os competidores da mesma indústria não têm. Essa percepção foi desenvolvida com uma **visão baseada em recursos**, que surgiu como uma das três principais perspectivas em estratégia (a terceira será introduzida no Capítulo 4).[1] Ao passo que a visão baseada em indústrias é centrada em como empresas "em geral" competem em um setor (perspectiva importante e elucidativa), a visão baseada em recursos esclarece como empresas individuais diferem umas das outras em um setor. Popularizada desde os anos de 1990, a visão baseada em recursos surgiu em resposta às limitações da visão baseada em indústrias.[2]

Em uma análise SWOT, a visão baseada em indústrias trabalha com as oportunidades (O) e ameaças (A) *externas* e a visão baseada em recursos concentra-se nas forças (F) e nas fraquezas (f) *internas*, lidando com tudo aquilo que está dentro da empresa e pode gerar vantagens competitivas sustentáveis. Neste capítulo, primeiro definimos recursos e capacidades; depois, discutimos a análise da cadeia de valor. Centramo-nos no valor (V), na raridade (R), na imitabilidade (I) e na organização (O), por meio do modelo VRIO. Discussões e extensões completam esta exposição.

Compreendendo recursos e capacidades

Os conceitos de "recursos" e "capacidades" são os alicerces da visão baseada em recursos. Em um primeiro momento, esta seção define o que significam e, posteriormente, fornece uma série de exemplos.

Definições

A proposta básica da visão baseada em recursos é de que uma empresa consiste em um conjunto de recursos e capacidades produtivos.[3] **Recursos** são "ativos tangíveis e intangíveis utilizados por uma empresa a fim de escolher e implementar suas estratégias".[4] Já com relação à definição de capacidades, surgem alguns debates. Determinados autores alegam que capacidades dizem respeito à aptidão de uma empresa para empregar os recursos de forma dinâmica. Sugerem uma distinção crítica entre recursos e capacidades e defendem uma visão baseada em **capacidades dinâmicas**.[5] Outros preferem o termo **competências centrais** ao se referirem aos atributos internos de uma empresa que fornecem uma base para a vantagem competitiva.[6]

Enquanto acadêmicos entram em discussões teóricas sobre as distinções entre recursos, capacidades e competências, é provável que essas diferenças, na prática, tornem-se cada vez mais imprecisas.[7] Por exemplo, a estrutura de baixo custo da Ryanair é um recurso, uma capacidade ou uma competência? E com relação a seus negócios com pequenos aeroportos? O que dizer sobre sua capacidade de fazer as aeronaves retornarem rapidamente? Para estrategistas atuais e em potencial, o que importa é compreender como esses atributos ajudam a melhorar o desempenho da empresa, mais do que saber

TABELA 3.1 Exemplos de Recursos e Capacidades

Recursos e capacidades tangíveis	Exemplos
Financeiros	• Habilidade de gerar fundos internos • Habilidade de levantar capital externo
Físicos	• Localização de fábricas, escritórios e equipamentos • Acesso a matérias-primas e canais de distribuição
Tecnológicos	• Posse de patentes, marcas registradas e direitos autorais
Organizacionais	• Sistemas formais de planejamento, comando e controle • Sistemas integrados de administração de informações
Recursos e capacidades intangíveis	**Exemplos**
Humanos	• Conhecimento • Confiança • Talentos administrativos • Cultura organizacional
Inovadores	• Atmosfera propícia a novas idéias • Capacidade de pesquisa e desenvolvimento • Capacidade de inovação e mudança organizacionais
Reputacionais	• Percepção da qualidade, durabilidade e confiabilidade do produto perante os clientes • Reputação como um bom funcionário • Reputação como uma entidade com responsabilidade social corporativa

Fontes: Adaptada de (1) J. Barney, 1991, Firm resources and sustained competitive advantage (p. 101), *Journal of Management*, 17: 101; (2) R. Grant, 1991, *Contemporary Strategy Analysis* (p. 100-104), Cambridge, Reino Unido: Blackwell; (3) R. Hall, 1992, The strategic analysis of intangible resources (p. 136-139), *Strategic Management Journal*, 13: 135-144.

se são recursos, capacidades ou competências. Este livro segue teóricos da visão baseada em recursos, como Jay Barney, David Collis e Cynthia Montgomery, ao utilizar os termos "recursos" e "capacidades" de forma *intercambiável* e freqüentemente *paralela.*[8] Em outras palavras, a definição de **capacidades** será a mesma que a de recursos. A fim de evitar confusões, o termo "competências centrais" somente será utilizado na discussão sobre estratégias de diversificação (ver Capítulo 9).

Recursos e Capacidades Tangíveis e Intangíveis

Todas as empresas, até mesmo as menores, possuem uma variedade de recursos e capacidades. O desafio está em como classificar essa diversidade de forma significativa. Uma maneira útil de fazê-lo é separando recursos e capacidades em duas categorias: tangíveis e intangíveis (Tabela 3.1).

Recursos e capacidades tangíveis são ativos observáveis e facilmente quantificados. Podem ser organizados em quatro categorias: (1) financeiros, (2) físicos, (3) tecnológicos e (4) organizacionais. A primeira categoria, **recursos e capacidades financeiros**, refere-se à quantidade de recursos financeiros de uma empresa. Alguns exemplos são as habilidades em gerar fundos internos e levantar capital externo, como a Southwest Airlines, que possui US$ 1,8 bilhão em caixa e US$ 575 milhões adicionais em linhas de crédito armazenadas após o 11 de setembro, quando a maioria dos competidores ou perderam dinheiro ou faliram.[9]

Recursos e capacidades físicos incluem fábricas, escritórios, equipamentos, localizações geográficas e acesso a matérias-primas e canais de distribuição de uma empresa. Por exemplo, enquanto muitas pessoas atribuem o sucesso da Amazon.com a seu fator *on-line* (o que faz sentido), uma razão crucial para a ascensão dessa empresa como a livraria que mais vende foi a construção de alguns dos maiores depósitos físicos de livros, em localizações estratégicas dos Estados Unidos.

Recursos e capacidades tecnológicos referem-se a habilidades e ativos que geram produtos e serviços de ponta, respaldados por patentes, marcas registradas, direitos autorais e segredos comerciais. Por exemplo, Roomba, um aspirador de pó que limpa sozinho, *sem* precisar de um operador, todos os tipos de piso (carpete, madeira, piso frio), foi lançado recentemente pela iRobot Corporation. As capacidades tecnológicas dessa empresa empreendedora provavelmente revolucionarão a forma como se limpa o chão.

Recursos e capacidades organizacionais referem-se a sistemas e estruturas de planejamento, comando e controle formais de uma empresa. Em geral, empresas mais novas tendem a confiar mais nas visões de administradores (geralmente fundadores), ao passo que empresas já estabelecidas possuem sistemas e estruturas mais formalizados. No início da Excite.com (fundada em 1994), os executivos costumavam empreender novas iniciativas sem uma base de análise formal. Entretanto, isso não ocorre mais e hoje a Excite.com trabalha com uma série de elaborados critérios de avaliação formal.[10]

Recursos e capacidades intangíveis são, por definição, de difícil observação e (às vezes impossível) quantificação. No entanto, sabe-se que existem, pois nenhuma empresa consegue gerar vantagens competitivas confiando somente em recursos e capacidades tangíveis.[11] Como demonstrado na Tabela 3.1, alguns exemplos de ativos intangíveis são recursos e capacidades (1) humanos, (2) inovadores e (3) reputacionais.

Recursos e capacidades humanos referem-se ao conhecimento, à confiança e ao talento inerentes a uma empresa, elementos que não se detêm em sistemas e estruturas formais, tangíveis.[12] Por exemplo, é muito difícil que novos concorrentes consigam replicar o conhecimento utilizado por fabricantes de carros de superluxo, como a Bentley e a Ferrari, para servir aos consumidores mais diferenciados do mundo (ver Caso de Introdução, no Capítulo 2). Outro exemplo: a tradicional confiança entre administradores e funcionários na Southwest Airlines provavelmente crescerá durante o atual período de recessão. Isso porque, desde 2001, as seis maiores rivais norte-americanas da Southwest demitiram mais de 70 mil funcionários. Em contrapartida, a Southwest, que nunca demitiu uma alma sequer em três décadas de história, manteve seus 35 mil funcionários voando.[13]

Recursos e capacidades inovadores referem-se a ativos e habilidades de uma empresa para: (1) gerar e nutrir novas idéias; (2) pesquisar e desenvolver novos produtos e serviços; (3) inovar e transformar a organização.[14] Algumas empresas são conhecidas por suas inovações. Por exemplo, mais de 60%

dos produtos da Canon que estão no mercado, incluindo as populares câmeras e copiadoras digitais, foram introduzidos nos últimos dois anos.[15] Da mesma forma, a Sony lança inúmeros produtos todos os anos e freqüentemente é a pioneira em novas *classes* de produtos, como o walkman, o discman e o bichinho de estimação eletrônico chamado Aibo. Os competidores, que tentam fabricar produtos semelhantes, sofrem para acompanhar os passos imbatíveis da Canon e da Sony no desenvolvimento de novos produtos.

Por fim, **recursos e capacidades reputacionais** referem-se à capacidade da empresa de desenvolver e impulsionar sua reputação de fornecedor sólido de mercadorias/serviços, de empregador atraente e/ou de entidade com responsabilidade social corporativa. A reputação pode ser considerada o resultado de um processo competitivo em que as empresas mostram suas principais características aos constituintes.[16] Considerando-se que as empresas não ganham reputação do dia para a noite, faz sentido que essa reputação, após sua aquisição, seja impulsionada.[17] Um caso clássico é o da Intel, que acrescentou o logotipo Intel Inside nos gabinetes de muitos microcomputadores. O lançamento de três marcas de luxo, Lexus, Acura e Infiniti, da Toyota, Honda e Nissan, respectivamente, indica uma linha de pensamento estratégico semelhante. Outro exemplo é a Tata Group of India, que tem feito fama com produtos químicos, hotéis, aço e chá e tem se tornado ativa em uma ampla variedade de indústrias, de *softwares* e telecomunicações à geração de energia e administração de aeroportos. Antes nem todas as unidades utilizavam a poderosa marca Tata (p. ex., a ACC, a Telco e a Indian Hotels são membros da companhia), mas uma onda de reestruturação exigiu que todos os membros da companhia adotassem a marca Tata na tentativa de alavancar ainda mais a reputação da empresa.[18]

Todos os recursos e capacidades expostos anteriormente são simples *exemplos*; portanto, não representam uma lista exaustiva. Com o crescimento das empresas, novos recursos e capacidades serão descobertos e alavancados. Algumas vezes, as distinções entre recursos tangíveis e intangíveis não são claras. Por exemplo, a habilidade da Canon e da Sony em criar produtos está baseada tanto nas capacidades tangíveis de organização da pesquisa e do desenvolvimento quanto nas habilidades e direcionamentos intangíveis de funcionários individuais. Em geral, é a combinação entre capacidades tangíveis e intangíveis que leva a uma vantagem competitiva, como pode ser observado na seguinte análise sobre a cadeia de valor.

Recursos, capacidades e cadeia de valor

Uma análise da cadeia de valor centra-se em como o conjunto de recursos e capacidades de uma empresa agrega valor. O Painel A da Figura 3.1 mostra que a maioria das mercadorias e serviços é produzida por meio de uma cadeia de atividades verticais (de cima para baixo), que agregam valor – resumidamente, uma **cadeia de valor**. Em geral, a cadeia de valor é formada por duas áreas: atividades primárias e atividades de suporte.[19] As atividades primárias estão diretamente relacionadas com desenvolvimento, produção e distribuição de mercadorias e serviços. Já as atividades de suporte sustentam as atividades primárias.

Cada uma das atividades primárias e de suporte requer certos recursos e capacidades. A análise da cadeia de valor faz que os estrategistas pensem sobre recursos e capacidades da empresa em um nível micro, com base nas atividades.[20] O termo "recursos e capacidades da empresa" naturalmente leva as pessoas a pensarem que tais recursos e capacidades estão dentro da empresa; entretanto, pelo fato de as companhias em geral possuírem inúmeras unidades (espalhadas pelo mundo, no caso das multinacionais), a determinação do lugar exato ao qual os recursos e capacidades agregam valor é uma questão importante.[21] Dado que provavelmente nenhuma empresa possui recursos e capacidades suficientes para ser boa em todas as atividades primárias e de suporte, o segredo está em examinar se a empresa possui recursos e capacidades para desempenhar uma atividade *específica* de forma superior aos competidores. Se a resposta for negativa, a empresa pode aplicar um modelo de decisão em duas fases a fim de remediar a situação (Figura 3.2). Na primeira fase, estrategistas devem se perguntar: "Precisamos realmente desempenhar essa atividade?". Se a resposta for "não", a empresa deverá decidir se vende a unidade envolvida ou se arrenda os serviços dessa unidade a outras empresas – em outras palavras, se sai do negócio (*downsizing*). Essa decisão deve ser tomada porque operar múltiplas fases de atividades na cadeia de valor pode ser complicado e resultar na perda de flexibilidade estratégica. Se os fabricantes de carros fossem proprietários de metalúrgicas, teriam grandes problemas no corte da produção durante um período de recessão, em que clientes estivessem comprando menos carros, pois as metalúrgicas ainda teriam de manter a produção total. Por essa razão, atualmente nenhum fabricante de carros se envolve com o ramo do aço, embora muitos deles, como a Ford e a GM, já tenham se envolvido no passado.

Se a resposta à questão "Precisamos realmente desempenhar essa atividade?" for "sim", mas os recursos e capacidades atuais da empresa não forem suficientes para a tarefa, haverá duas escolhas nessa segunda fase (Figura 3.2). Primeira, a empresa pode querer adquirir e desenvolver recursos e capacidades em âmbito doméstico a fim de desempenhar essa atividade específica de forma superior. A Microsoft, que adquiriu o sistema operacional QDOS em 1980 (precursor do onipresente sistema MS-DOS), da Seattle Computer Products, por somente US$ 50 mil, é um famoso exemplo de como adquirir um recurso útil, sobre o qual agregar mais valor.[22] Segunda, se a empresa não possui habilidades suficientes para desenvolver tais recursos e capacidades em âmbito doméstico, pode ser que tenha de buscá-los em **alianças estratégicas** (ver Capítulo 7 para mais detalhes).

A **terceirização** é definida como a passagem do controle de toda ou parte de uma atividade de certa organização a um fornecedor externo que a desempenhe a favor daquela empresa.[23] Por exemplo,

FIGURA 3.1 A Cadeia de Valor

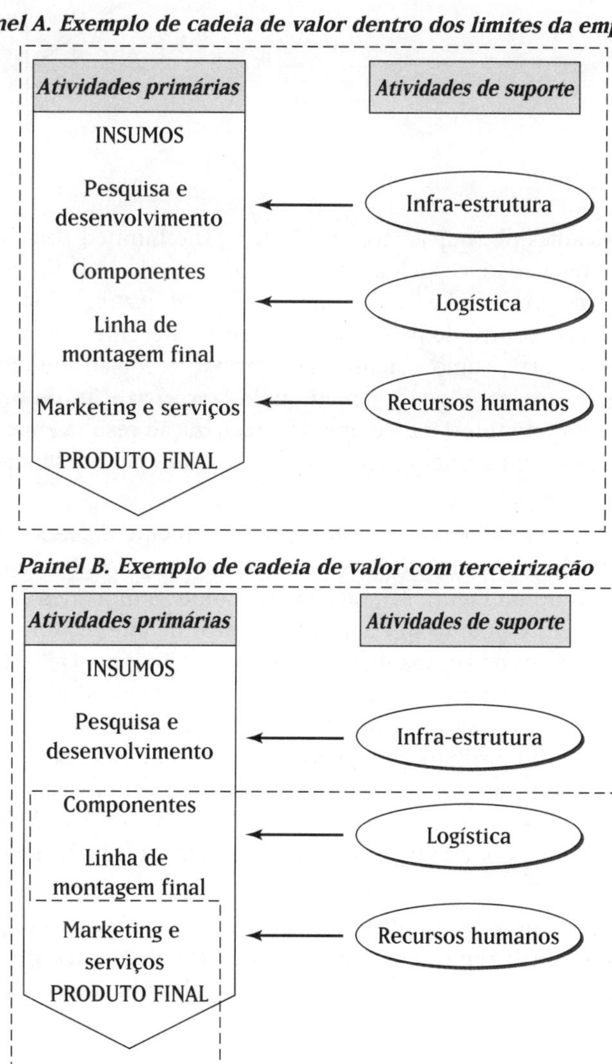

FIGURA 3.2 Modelo de Decisão em Duas Fases na Análise da Cadeia de Valor

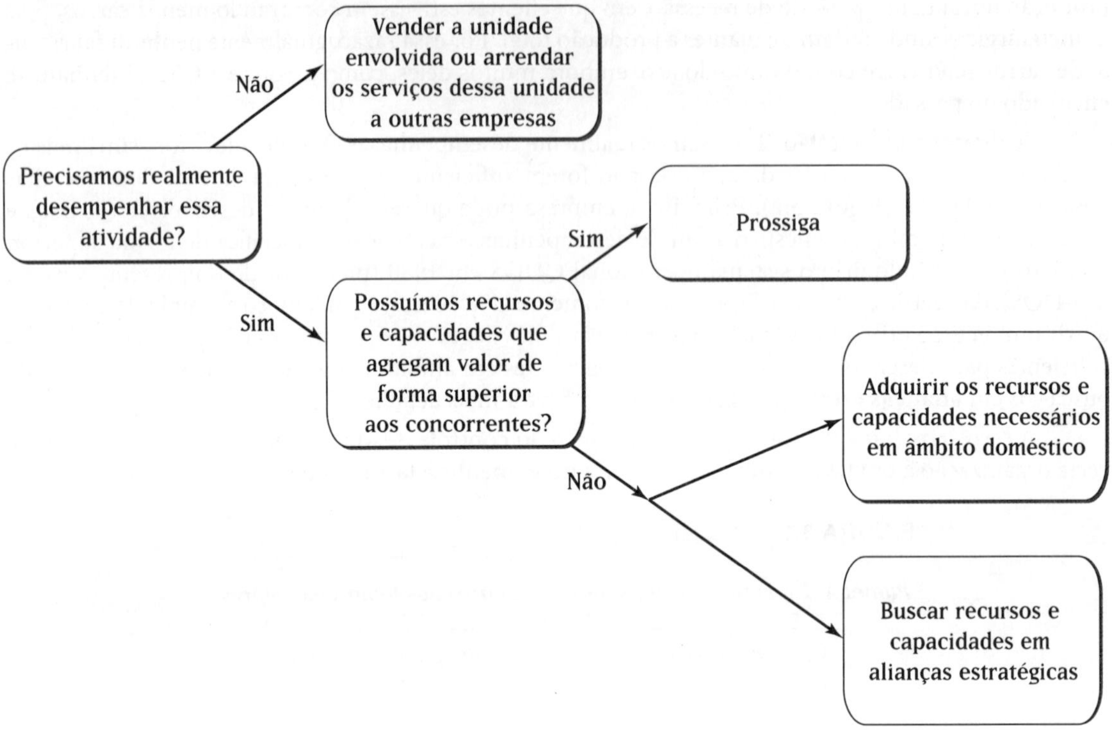

muitas companhias fabricantes de roupas (como a Nike, a The Limited Brands e a United Colors of Benetton), que possuem recursos e capacidades em atividades relacionadas ao fornecimento (como *design* e desenvolvimento de produtos) e à distribuição (como *marketing*), *não* investem na fabricação, que é terceirizada para fornecedores de países de baixo custo. Recentemente, além das atividades de fabricação, atividades de suporte, como sistemas de informação, logística e recursos humanos, estão sendo cada vez mais terceirizadas, o que é denominado "**terceirização de processos de negócios**" (ver Caso de Introdução, no Capítulo 1). Esse tipo de terceirização resulta em empresas cada vez mais enxutas e eficientes, que possuem grandes recursos e capacidades para desempenhar as atividades escolhidas (ver Figura 3.1, Painel B).

Atividades que agregam valor podem estar geograficamente dispersas pelo mundo, a fim de obter vantagens com as melhores localizações para desempenhar certas atividades (ver Capítulo 6 para mais detalhes).[24] Isso fica claro na Figura 3.3, que mostra como as unidades da General Electric espalhadas pelo mundo criam em conjunto um aparelho médico de alta tecnologia. Um outro exemplo mostra que microcomputadores de companhias como Apple, Compaq, Dell, IBM, a Samsung e Sony podem ser desenvolvidos nos Estados Unidos; ter componentes mais avançados produzidos no Japão e na Coréia do Sul e componentes-padrão fabricados em Cingapura e Taiwan; ser montados na China ou no México; e vendidos como produtos completos por todo o mundo. Nos Estados Unidos, os consumidores geralmente recebem um número de telefone gratuito para assistência técnica. Pelo fato de ser comum essas companhias possuírem serviços de atendimento ao consumidor terceirizados, o funcionário que atende ao telefone discado pelo consumidor pode estar na Irlanda, na Índia, na Jamaica ou nas Filipinas.

Uma análise da cadeia de valor faz com que estrategistas avaliem as forças e fraquezas de uma empresa com relação aos concorrentes em cada uma das atividades desempenhadas, por meio de uma análise SWOT.[25] A próxima seção apresenta um modelo de como fazer isso.

O modelo VRIO[26]

A visão baseada em recursos centra-se no valor (V), na raridade (R), na imitabilidade (I) e na organização (O) dos recursos e capacidades, o que leva a um modelo VRIO. Antes de esses aspectos cruciais serem apresentados, duas importantes premissas serão levantadas.

Duas Premissas Centrais

A visão baseada em indústrias considera que empresas de um mesmo setor geralmente são semelhantes, salvo a questão do tamanho (empresas grandes possuem melhores economias de escala). Já a visão baseada em recursos questiona essa premissa relativamente irrealista, primeiro considerando que todas as empresas, até em um mesmo setor, possuem diferentes recursos e capacidades – a premissa da **heterogeneidade de recursos**. Em outras palavras, embora algumas empresas sobrepujem outras (possuindo o mesmo *software*, utilizando a mesma aeronave, possuindo MBAs nas mesmas escolas),

FIGURA 3.3 Uma Cadeia de Valor Global Geograficamente Dispersa: Como os Sistemas Médicos da General Electric Produzem o Sistema Radiográfico Proteus

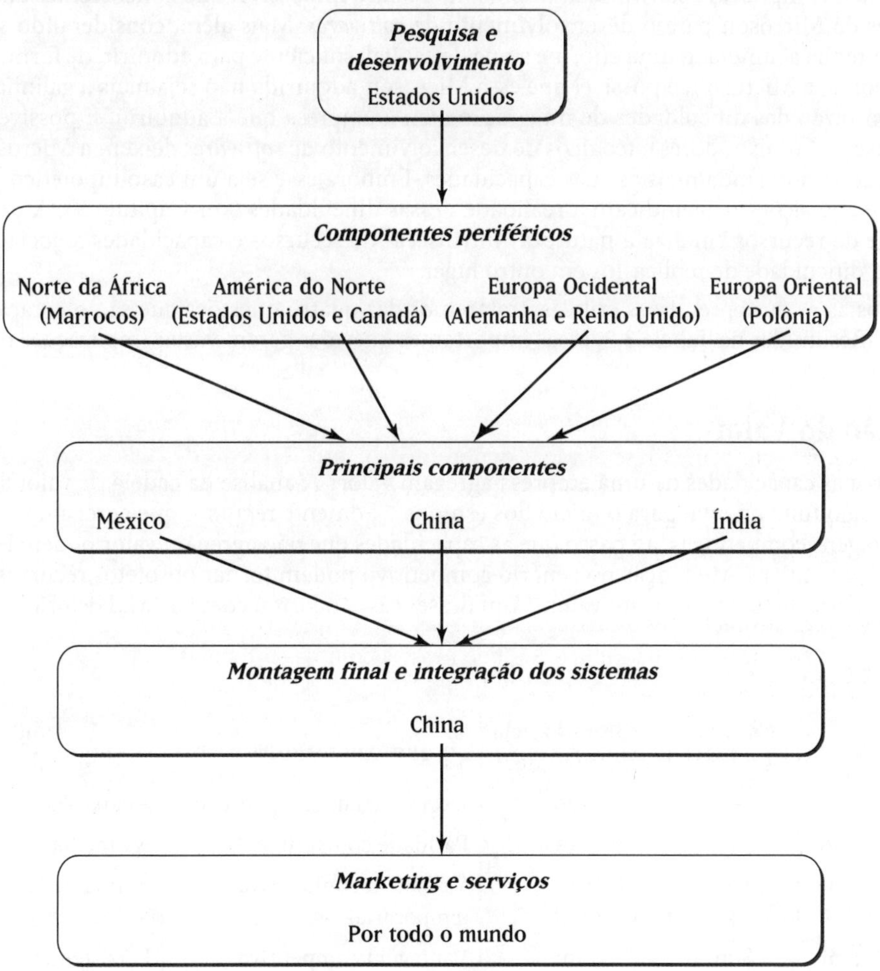

Fontes: Adaptada de T. Khanna; J. Weber, 2002, *General Electric Medical Systems*, 2002, caso da Harvard Business School, 702-428.

todas possuem uma *combinação* única de recursos e capacidades, e nenhuma é "gêmea" da outra.[27] Em um "experimento" interessante, as sete "Baby Bells",* legalmente criadas como sete "irmãs (quase) idênticas", com relação à composição organizacional e ao tamanho do mercado, evoluíram após a AT&T ter quebrado, em 1984, tornando-se, em uma década, competidoras significativamente diferentes.[28] A diferença entre a premissa da heterogeneidade de recursos, baseada em recursos, e a premissa da homogeneidade das empresas, baseada em indústrias, é significativa. Em seu âmago, a visão baseada em indústrias aconselha o estrategista a procurar a indústria (segmento) mais atraente no aspecto estrutural. Entretanto, se todos os estrategistas seguirem esse conselho, segundo um dos principais teóricos da visão baseada em recursos, Berger Wernerfelt, "por que a competição não destruiria a atratividade" dessa indústria (segmento)?[29] Por outro lado, a visão baseada em recursos impele as empresas a serem empreendedoras na busca de diferentes indústrias (segmentos), obtendo vantagens de diferentes recursos e capacidades de cada uma delas.

A segunda premissa – **imobilidade de recursos** – é que recursos e capacidades singulares de uma empresa não migram facilmente para empresas concorrentes. É comum competidores tentarem imitar empresas vencedoras.[30] Entretanto, replicar "as coisas certas" que a empresa de sucesso possui é difícil, se não impossível. Por exemplo, nenhum dos esforços das companhias de transportes aéreos tradicionais, para imitar as empresas de baixo custo, como a Southwest e a Ryanair, surtiu resultado (ver Caso de Introdução). Além disso, os mercados para recursos estratégicos são imperfeitos.[31] Mesmo sendo fácil comprar um *software* da Microsoft, é quase impossível que concorrentes adquiram as capacidades da Microsoft para o desenvolvimento de *softwares*. Mais além, considerando-se que um competidor tenha acumulado uma enorme soma de capital, suficiente para adquirir, de forma agressiva e bem-sucedida, a Microsoft, é possível que essa Microsoft adquirida não seja mais a galinha dos ovos de ouro, em razão das dificuldades de integração com a empresa que a adquiriu. É possível também que talentosos administradores e técnicos de desenvolvimento de *softwares* deixem a Microsoft após a mudança, reduzindo ainda mais as suas capacidades. Embora esse seja um caso hipotético, inúmeros fracassos de aquisições reais indicam a realidade dessas dificuldades (ver Capítulo 9). A premissa da imobilidade de recursos enfatiza a natureza "intrínseca" de recursos e capacidades associados a uma empresa e a dificuldade de replicá-los em outro lugar.[32]

Expostas as duas premissas críticas, trataremos das quatro questões que são o coração do modelo VRIO. Resumidas na Tabela 3.2, essas importantes questões geram várias implicações para a vantagem competitiva.

A Questão do Valor

Os recursos e as capacidades de uma empresa agregam valor? A análise da cadeia de valor sugere que essa é a questão fundamental para o início dos estudos.[33] Somente recursos que agregam valor podem levar a vantagens competitivas, ao passo que as capacidades que não agregam valor podem levar a *desvantagens* competitivas. Mudanças no cenário competitivo podem tornar obsoletos recursos e capacidades que anteriormente agregavam valor.[34] Um desses casos ocorreu com a IBM. Historicamente, essa

TABELA 3.2 Características de Recurso ou Capacidade

Valioso?	Raro?	Caro de imitar?	Explorado pela organização?	Implicações competitivas	Desempenho da empresa
Não	–	–	Não	Desvantagem competitiva	Abaixo da média
Sim	Não	–	Sim	Paridade competitiva	Na média
Sim	Sim	Não	Sim	Vantagem competitiva temporária	Acima da média
Sim	Sim	Sim	Sim	Vantagem competitiva sustentável	Persistentemente acima da média

Fontes: Adaptada de (1) J. Barney, 2002, *Gaining and Sustaining Competitive Advantage*, 2ª ed. (p. 173), Upper Saddle River, NJ: Prentice Hall; (2) R. Hoskisson; M. Hitt; R. D. Ireland, 2004, *Competing for Advantage* (p. 118), Cincinnati: Thomson South-Western.

*N.T.: designação das companhias telefônicas regionais dos Estados Unidos.

empresa sempre se destacou na fabricação de *hardwares*, incluindo máquinas calculadoras, nos anos de 1930; *mainframes*, nos anos de 1960; e microcomputadores, nos anos de 1980. Entretanto, à medida que a competição dos *hardwares* aumentava, as principais capacidades da IBM para a produção de *hardwares* não só agregavam pouco valor, mas também cada vez mais impunham uma inflexibilidade que atrapalhava a movimentação da empresa a novas áreas.[35] Desde 1990, com dois novos diretores-executivos, a IBM tem passado por uma transformação, centrando-se em *softwares* e serviços mais lucrativos, setor para o qual desenvolveu novos recursos e capacidades que agregam valor, a fim de se tornar uma fornecedora de *serviços* de gerenciamento computacional para as corporações.[36]

A relação entre recursos e capacidades valiosos e desempenho da empresa é direta. Em vez de serem forças, recursos e capacidades que não agregam valor, como a habilidade histórica da IBM de fazer *hardwares*, podem ser fraquezas organizacionais. Se as empresas não conseguirem dar fim a recursos e capacidades que não agregam valor, é possível que tenham um desempenho abaixo da média.[37] No pior dos casos, podem ser extintas, destino ladeado com perigo pela IBM, no início dos anos de 1990.

A Questão da Raridade

Mesmo sendo importante, a simples posse de recursos e capacidades valiosos pode não ser suficiente. A próxima questão é: quão raros são esses valiosos recursos e capacidades? Na melhor das hipóteses, recursos e capacidades valiosos, porém comuns, levam a uma paridade competitiva, e não a uma vantagem. Considerando-se, por exemplo, as aeronaves idênticas fabricadas pela Boeing e pela Airbus, utilizadas pela maior parte das companhias de transportes aéreos, conclui-se que certamente são valiosas; entretanto, é difícil obter vantagens competitivas somente por meio delas. As companhias têm de competir por meio da utilização diferenciada dessas mesmas aeronaves. Isso também ocorre nas indústrias de petróleo e gás, nas quais todas as grandes empresas formulam planos estratégicos (ver Caso de Conclusão, no Capítulo 10) que, por si só, não trazem benefícios significativos ao desempenho. Entretanto, na indústria da moda, em que planos estratégicos não são difundidos em virtude de uma tradição empreendedora de muito tempo, empresas que possuem planos estratégicos rigorosos e sistemáticos têm um melhor desempenho.[38]

Somente recursos e capacidades valiosos e raros têm potencial para fornecer vantagem competitiva temporária.[39] Por exemplo, a Ford obteve uma vantagem temporária por meio de sua capacidade de mesclar incentivos com demandas variáveis em âmbito regional. Essa empresa coleta dados de vendas *diariamente* de revendedores e utiliza-se de programas de computador para calcular quais carros necessitam de incentivos e em que regiões – e que carros e regiões não. O raciocínio é simples: por que gastar o precioso capital em incentivos para veículos que já possuem boas vendas? Conseqüentemente, em 2003, a Ford gastou US$ 300 em incentivos por carro a menos que a GM, cujos incentivos chegaram a US$ 3.800, em média. Embora essas capacidades pareçam ser senso comum, são raras.[40] A GM prefere a simplicidade de promover um único negócio, a saber, 0% de financiamento, em toda a rede por determinado período. Já a Chrysler está tentando fugir dos incentivos, enfatizando garantias de longo prazo. Concorrentes japoneses e europeus confiam pouco em incentivos.[41] A proeza dos preços na Ford, portanto, garante uma vantagem temporária, até que os rivais aprendam a competir utilizando-se dessa capacidade.

A questão da raridade lembra o clichê: se todos possuem isso, você não conseguirá fazer dinheiro com isso. Esse aspecto é relevante considerando-se que as empresas enfrentam formas de administração passageiras, como a corrida à administração qualitativa, ao comércio eletrônico e a países de baixo custo, como a China e o México. Agregar valor a essas novas áreas é recomendável; entretanto, se todos os competidores o fizerem, faltará às empresas a capacidade única e distintiva necessária para a construção de vantagens competitivas. A menos que determinada empresa tenha muita sorte (e os concorrentes, azar) poderá, no máximo, atingir um desempenho médio.

A Questão da Imitabilidade

Para empresas que possuam recursos e capacidades valiosos e raros, a questão é: quão desafiador é para os competidores imitar tais recursos e capacidades? Recursos e capacidades valiosos e raros somente podem ser fonte de vantagens competitivas se os competidores tiverem dificuldade para imitá-los. Ainda que imitar os recursos *tangíveis* (como plantas, *softwares* e frota de caminhões de transporte) de uma empresa seja relativamente fácil, imitar os recursos *intangíveis* (como conhecimento tácito, talentos administrativos e relacionamentos com os clientes) é muito mais desafiador e, freqüentemente, impossível.[42]

Empresas podem imitar de duas formas: duplicação direta e substituição. A **duplicação direta** é a forma mais difícil de imitação, pois exige que os competidores copiem exatamente os componentes organizacionais – pessoal, maquinário e marcas – de determinada empresa. Salvo adquirindo a empresa, obter acesso completo a seus recursos e capacidades é virtualmente impossível. Até mesmo após a aquisição, como já visto, a integração pode falhar e parte do pessoal pode abandonar a empresa (ver Capítulo 9). A **substituição** envolve capacidades semelhantes ou relacionadas. Em comparação à duplicação direta, é relativamente menos desafiadora, pois não requer que a empresa copie por completo os recursos e capacidades da empresa determinada. Entretanto, ainda não é fácil e, em alguns casos, não há substitutos para certos recursos, como o papel de Arnold Schwarzenegger em *O Exterminador do Futuro 3* (ver Estratégia em Ação 3.1).

Por que imitar é tão difícil? A visão baseada em recursos sugere três fatores subjacentes: (1) deseconomias por compressão de tempo; (2) dependências do caminho; e (3) ambigüidade causal. A primeira, **deseconomias por compressão de tempo**, refere-se à incapacidade de um competidor adquirir com sucesso, em um curto período de tempo, recursos e capacidades desenvolvidos por uma determinada empresa durante um longo período de tempo.[43] Programas de impacto costumam ser ineficazes quando comparados ao aprendizado acumulado em anos (ou décadas).[44] É importante que qualquer empresa interessada em competir com a Kikkoman, principal produtora mundial de molhos de soja, tenha em mente os 350 anos dessa companhia japonesa, que comanda uma das marcas mais antigas e conhecidas.[45] Superar a Kikkoman no mercado do qual essa empresa tem participado por tanto tempo e tão bem

Estratégia em ação 3.1

O Inimitável Exterminador do Futuro

Alguns ativos são simplesmente inimitáveis. Por exemplo, quem pode ser um segundo Arnold Schwarzenegger, astro dos filmes *O Exterminador do Futuro 1* (1984) e *O Exterminador do Futuro 2* (1991)? Com o filme *O Exterminador do Futuro 3 (http://www.terminator3.com)*, lançado em julho de 2003, Schwarzenegger levou, de cara, US$ 30 milhões e o direito de 20% sobre todas as vendas de produtos. Superprodução de US$ 175 milhões, o filme *O Exterminador do Futuro 3* foi produzido por Mario Kassar e Andy Vajna, que levantaram financiamentos suficientes para garantir a si mesmos, no mínimo, US$ 5 milhões de retorno – *antes* mesmo de o filme vender uma entrada sequer.

O negócio funcionou assim: em primeiro lugar, a Intermedia (*http://www.intermedia.com*), companhia de financiamento de filmes alemã, investiu US$ 20 milhões a fim de fazer parte do empreendimento. Em segundo lugar, a Sony (*http://www.sony.com*) e outras distribuidoras estrangeiras pagaram US$ 95 milhões pela maioria dos direitos de exibição fora dos Estados Unidos, *após* os produtores já terem obtido US$ 20 milhões vendendo direitos de exibição para o Japão e para a Alemanha. Em terceiro lugar, a Warner Brothers (*http://www.warnerbros.com*) esforçou-se para que nenhum filme atrapalhasse seu grande lançamento do verão de 2003, *Matrix Reloaded* (*http://www.whatisthematrix.warnerbros.com*), oferecendo exorbitantes US$ 50 milhões pelos direitos de exibição nos Estados Unidos. Em quarto lugar, fundos adicionais vieram de patrocinadores. A Toyota (*http://www.toyota.com*), por exemplo, exibiu seu caminhão Tundra no filme e a Pepsi (*http://www.pepsi.com*) pagou US$ 1 milhão pelos direitos promocionais na Rússia. Finalmente, e por sorte, a entrada (e vitória) de Schwarzenegger nas eleições para governador da Califórnia, no verão de 2003, deu ainda mais notoriedade ao filme.

Fontes: Baseado em (1) *Economist*, 2003, California's recall race, 16 de agosto: 23-24; (2) R. Grover, 2003, Lights! Camera! Investors! *Business Week*, 26 de maio: 89.

Estratégia em ação 3.2

Os Eternos Reis das Estradas?

A venda de carros sempre tem marés altas e baixas, mas a venda de determinados carros parece ser a mesma, ano após ano, ainda que a indústria esteja em baixa. Atualmente, por exemplo, os consumidores norte-americanos não se cansam de comprar a minivan Odyssey e o utilitário esportivo Pilot, ambos da Honda (*http://www.hondacars.com*), e estão dispostos a pagar até US$ 3 mil de comissão a um revendedor *sobre* o preço de fábrica de US$ 25 mil. Outros carros que parecem ser à prova de recessão nos Estados Unidos são o Camry, da Toyota (*http://www.toyota.com*), o Altima, da Nissan (*http://www.nissan.com*), e o Passat, da Volkswagen (*http://www.vw.com*).

Entretanto, não há garantias de que os reis das estradas de hoje serão vencedores eternos. Por exemplo, a Mercedes (*http://www.mercedes-benz.com*) constrangeu-se em relação à qualidade de seu carro que, segundo a influente pesquisa da J. D. Power (*http://www.jdpower.com*), caiu do 16º lugar, em 2002, para o 26º, em 2003 (sendo que a qualidade média está no 18º lugar). Tal classificação abaixo da média – logo após a Chrysler (*http://www.chrysler.com*) – está longe da primeira posição, alcançada em 1990, e da terceira, em 1995, na mesma pesquisa. Uma das principais razões para isso é que a Mercedes revolucionou a forma como os carros eram desenvolvidos e fabricados. Em vez de projetar o carro antes e calcular os custos depois – como era a prática da empresa – a Mercedes tentou imitar a capacidade japonesa de "projetar pensando no custo", a saber, desenvolver um carro objetivando um preço predeterminado. Infelizmente, enquanto a Toyota, a Honda e a Nissan aprimoraram essa capacidade ao longo de décadas, a Mercedes só começou a desenvolvê-la nos anos de 1990, e não era muito boa nela. A recente posição constrangedora foi causada pelo novo utilitário esportivo M-class e pelo *sedan* E-class, baseados no novo princípio de *design*.

Fontes: Baseado em (1) L. Armstrong, 2002, Those perennial kings of the road, *Business Week*, 14 de outubro: 50; (2) C. Tierney, 2003, Mercedes' head-on collision with a quality survey, *Business Week*, 21 de julho: 27.

é uma tarefa muito difícil. Outro exemplo é o da Mercedes, cuja incapacidade de aprender rapidamente como "projetar pensando no custo" custou caro (ver Estratégia em Ação 3.2). O fato de uma companhia tão prestigiosa e, por outro lado, capaz de ter falhado em aprender novas habilidades cruciais em pouco tempo indica como é difícil fazer com que os últimos jogadores não fiquem para trás.

Uma segunda barreira à imitação são as **dependências do caminho**. Um processo é dependente do caminho quando eventos anteriores à sua evolução causam efeitos significativos nos eventos subseqüentes.[46] Praticamente todas as empresas no mundo possuem "uma mistura de recursos – alguns bons, outros comuns e algumas desvantagens explícitas".[47] Por exemplo, inúmeras empresas em economias emergentes acham que imitar multinacionais ocidentais é difícil, pois seus históricos de operações em sistemas que não são de mercado as atrapalham quando tentam aprender novos artifícios em ambientes de novos mercados.[48] A essas empresas não faltam somente recursos tangíveis, como tecnologias e finanças, mas também capacidades intangíveis, como obstinação empresarial e *know-how* em *marketing*.[49] Enquanto algumas empresas em economias emergentes desligam-se de seu passado, aprendendo rapidamente novos caminhos (ver Estratégia em Ação 3.3), outras sofrem com seu passado problemático.[50]

Uma terceira barreira à imitação é a ambigüidade causal, que se refere à dificuldade de identificar os determinantes causais do desempenho de sucesso de uma empresa.[51] Quando empresas como a Ryanair, a Kikkoman e a Microsoft obtêm muito sucesso, surge a seguinte questão: como conseguem? Geralmente, vários recursos e capacidades são citados: da *breve* história da Ryanair (menos de 20 anos) à *longa* história da Kikkoman (350 anos); da visão da Microsoft em descobrir uma pedra preciosa de outra empresa, a baixo custo, ao (quase) monopólio de seu sistema operacional MS-DOS. Embora todos esses recursos e essas capacidades sejam plausíveis, qual é *exatamente* o fator determinante? A resposta a essa questão não só intriga acadêmicos e estudantes, mas também pode ser muito lucrativa

Estratégia em ação 3.3

Recursos e Capacidades da Szczecin Shipyard na Polônia

A Szczecin Shipyard era uma grande empresa estatal da Polônia. Antes de 1990, vendia principalmente para países do bloco oriental. Em 1991, quando a antiga União Soviética, em decadência, cancelou a compra de oito navios que já estavam sendo construídos, a dívida do estaleiro passou de zero para US$ 190 milhões. Encarando um novo governo, não comunista e sem pretensões de salvar a empresa, esse estaleiro rapidamente iniciou uma reviravolta, de três maneiras. Primeira, vendeu ativos que não agregavam valor, como apartamentos, escolas e *resorts*. Segunda, escolheu a estratégia de um novo produto a fim de capitalizar seus recursos e capacidades. Uma análise SWOT constatou que navios porta-contêineres possuíam tanto uma demanda substancial quanto um preço-prêmio ao redor do mundo. Além disso, uma avaliação das forças e fraquezas internas determinou que as forças do estaleiro estavam em navios de médio porte, porta-contêineres de 12.500 t. Conseqüentemente, por volta de 1993, toda a capacidade foi transferida para esses navios. Entre 1991 e 1993, o tempo de produção de um navio caiu de três anos para 11 meses, desempenho de primeiro mundo. Terceira, utilizando estratégias agressivas, a empresa passou a atrair compradores ocidentais, com grande margem de sucesso.

A reviravolta da Szczecin Shipyard foi impressionante em todos os sentidos. Sua participação no mercado mundial de navios porta-contêineres de 12.500 t passou de uma presença insignificante, em 1990, para 40%, em 1993, tornando-se o maior produtor mundial de navios dessa categoria. Todas essas mudanças ocorreram quando a empresa, privatizada em 1993, ainda era uma estatal.

Infelizmente, o estaleiro privatizado foi à falência em 2002. O motivo? Não desenvolveu capacidades suficientes para enfrentar novos desafios, como: (1) o aumento dos níveis salariais na Polônia (a renda *per capita* dobrou de 1992 a 2002 e os trabalhadores do estaleiro ganhavam US$ 800 por mês em 2002); (2) rivais de baixo custo da Ásia (trabalhadores de estaleiros chineses, por exemplo, ganhavam de US$ 20 a US$ 30 por mês); e (3) a demanda em decadência em virtude da recessão global. No fim de 2002, o governo polonês comprou o estaleiro por um (1) zloty (US$ 0,26) e renomeou-o Szczecin New Shipyard (*http://www.ssn.pl*). É interessante notar que a empresa voltou a ser uma estatal.

Fontes: Baseado em (1) M. W. Peng, 2000, *Business Strategies in Transition Economies* (p. 89-90), Thousand Oaks, CA: Sage; (2) J. Renzema, 2004, Szczecin Shipyard: Full circle, estudo de caso de MBA, Fisher College of Business, Universidade de Ohio.

para os concorrentes. Infelizmente, pessoas de fora costumam ter dificuldade para compreender o que ocorre dentro dos limites de uma empresa. Pode-se tentar, como muitos concorrentes fazem, identificar a receita de sucesso listando-se as possíveis razões, denominadas em sala de aula "recursos e capacidades". Mas, em última análise, como pessoas externas à empresa, é impossível ter certeza.

Ainda mais interessante para acadêmicos e estudantes, e mais frustrante para competidores, é que muitas vezes nem mesmo os administradores dessas empresas sabem o que de fato contribui para o sucesso. Quando eles são entrevistados, conseguem listar inúmeras atividades que sabem fazer bem, como possuir uma cultura organizacional forte, perseguir de forma implacável o corte de custos, e assim por diante. Para piorar as coisas, administradores de uma mesma empresa podem fazer listas diferentes. Quando inquiridos sobre qual é "o" recurso ou "a" capacidade essencial, costumam sugerir que se trata da *combinação*.[52] Este é, provavelmente, um dos aspectos mais interessantes e paradoxais da visão baseada em recursos: se pessoas de dentro têm dificuldade para descobrir o que contribui, sem qualquer ambigüidade, para o desempenho de suas empresas, não é de estranhar que os esforços de pessoas de fora para, em primeiro lugar, entender e posteriormente imitar tais recursos e capacidades falhem, na maioria das vezes.

Recursos e capacidades valiosos e raros, porém imitáveis, podem proporcionar às empresas vantagens competitivas temporárias, que levam a desempenhos acima da média por algum tempo. Entretanto, é improvável que essa vantagem seja sustentável. Somente recursos e capacidades valiosos, raros e de difícil imitação levam a uma vantagem competitiva sustentável.

A Questão da Organização

Até mesmo recursos e capacidades valiosos, raros e de difícil imitação podem não proporcionar uma vantagem competitiva sustentável caso a empresa não seja apropriadamente organizada. Embora astros de cinema representem alguns dos recursos mais valiosos, raros e de difícil imitação (bem como mais bem pagos), a *maioria* dos filmes fracassa. De forma mais genérica, a questão da organização é: de que forma uma empresa (como um estúdio de cinema) deve ser organizada, a fim de desenvolver e alavancar o potencial total de seus recursos e capacidades?

Para responder a essa questão, outra pergunta é fundamental: por que as empresas existem? Em outras palavras: por que pessoas organizam empresas? A visão baseada em recursos sugere que empresas existem para desenvolver e alavancar recursos e capacidades de forma superior àquela passível de ser executada por indivíduos.[53] Por exemplo, quando um empresário do século XIX descobriu minas de ouro, provavelmente organizou uma companhia de mineração. Da mesma forma, quando um empresário do século XX identificou algumas oportunidades na internet, organizou um empreendimento em comércio eletrônico. Em ambos os casos, as empresas foram criadas porque poderiam obter maiores vantagens das oportunidades que os indivíduos.

Inúmeros componentes dentro de uma empresa são relevantes à questão da organização. Em um estúdio de cinema, esses componentes incluem os talentos que "farejam" boas idéias, equipe de fotografia, músicos, cantores, especialistas em maquiagem, artistas de animação e administradores, para as questões comerciais, que lidem com patrocinadores, distribuidoras e empresas locais. Geralmente esses componentes são denominados **ativos complementares**,[54] pois por si só teriam dificuldades para gerar campeões de bilheteria. Você se lembra do nome dos maquiadores do último filme ao qual assistiu? Por outro lado, astros sozinhos não geram grandes sucessos; é a combinação de recursos – astros mais ativos complementares – que cria filmes de grande sucesso.[55] Pode ser que somente alguns recursos e capacidades não sejam suficientes para que uma empresa obtenha vantagem competitiva; talvez seja necessário um pacote de, literalmente, milhares de atributos organizacionais para que tal vantagem seja gerada.[56]

Outra idéia organizacional é a complexidade social, que se refere às formas socialmente complexas de organização, típicas de muitas empresas. Embora a complexidade social da indústria do entretenimento – em que mudanças inconstantes na formação/dissolução de estúdios e nas associações de artistas parecem ser uma regra – seja lendária, a maioria das empresas, em todas as indústrias, também é organizada por meio de formas socialmente complexas. Em casos mais extremos, empresas multinacionais possuem milhares de pessoas espalhadas em diferentes países. A maneira como são organizadas em uma entidade corporativa e como atingem objetivos organizacionais é algo extremamente complexo (ver Figura 3.3 para um exemplo e capítulos 6, 9 e 10 para mais detalhes).[57] Freqüentemente, nesse tipo de organização, são os relacionamentos invisíveis que agregam valor, e não as estruturas formais.[58] Portanto, tais recursos e capacidades, com organizações intrínsecas, são de difícil imitação por parte dos rivais.

Somente recursos e capacidades valiosos, raros, de difícil imitação e com organizações intrínsecas e exploradas possivelmente levam a vantagens competitivas sustentáveis e persistente, desempenhos acima da média.[59] O Caso de Conclusão utiliza-se do modelo VRIO para ilustrar como, em pouco tempo, a Ispat passou de uma obscura fabricante de aço asiática à segunda maior empresa da indústria global do segmento.

Lições do Modelo VRIO

Pelo fato de recursos e capacidades não poderem ser avaliados isoladamente, o modelo VRIO apresenta quatro obstáculos interconectados e cada vez mais difíceis de serem superados, que impedem tais recursos e capacidades de serem fonte de vantagens competitivas sustentáveis (Tabela 3.2). Com base em duas premissas, heterogeneidade e imobilidade de recursos, o modelo VRIO sugere três lições significativas. Primeira, algumas empresas superam outras, até dentro de uma mesma indústria, porque os vencedores possuem recursos e capacidades valiosos, raros, de difícil imitação e com organizações intrínsecas, aos quais os competidores não conseguem se igualar. Portanto, a tarefa dos estrategistas é fortificar uma empresa identificando, desenvolvendo e alavancando tais recursos e capacidades. Em outras palavras, a principal tarefa estratégica não é necessariamente a indústria (ou segmento) mais atraente. Embora o posicionamento na indústria (ou segmento) certa não a prejudique, caso a empresa possa desfrutar desse luxo, a maioria das empresas é incapaz de selecionar (ou sair de) indústrias facilmente por causa das dependências do caminho.

Segunda, a imitação não costuma ser uma estratégia de sucesso. Na melhor das hipóteses, uma empresa que replique meticulosamente cada um dos recursos e capacidades de uma empresa vencedora pode esperar uma *paridade* competitiva com relação àquela. Uma empresa tão dotada de recursos, a ponto de conseguir imitar outras, deve desenvolver suas próprias capacidades exclusivas. As empresas que possuem os melhores desempenhos costumam ser empreendedoras na criação de novas formas de agregar valor.[60]

Por fim, ter uma vantagem competitiva sustentável não significa que esta durará para sempre. Na presente competição global, tudo que as empresas podem esperar é uma vantagem competitiva, sustentável pelo máximo de tempo possível, já que, com o passar do tempo, todas as vantagens têm fim. Como observado anteriormente, cada uma das vantagens relacionadas ao produto obtidas pela IBM com máquinas calculadoras, *mainframes* e microcomputadores foi sustentada por um período de tempo. Entretanto, essas vantagens acabaram sendo anuladas, tanto pelas imitações dos competidores quanto pela evolução da indústria. Portanto, a lição para todas as empresas, incluindo os líderes de mercado atuais, é que desenvolvam *visões* estratégicas – "radares além do horizonte" é uma boa metáfora – que lhes capacitem antecipar necessidades e buscar novos recursos e capacidades que serão necessários em competições futuras.[61]

Discussões e extensões

Assim como outras teorias, a visão baseada em recursos dá espaço a controvérsias e discussões. Como no capítulo anterior, introduzimos quatro das principais discussões, de forma que a nova geração de estrategistas possa observar a visão baseada em recursos em perspectiva, quais sejam: (1) determinantes de desempenho específicos às empresas *versus* determinantes de desempenho específicos às indústrias; (2) recursos estáticos *versus* capacidades dinâmicas; (3) geração *versus* apropriação de renda; e (4) recursos domésticos *versus* capacidades internacionais.

Determinantes de Desempenho Específicos às Empresas *versus* Determinantes de Desempenho Específicos às Indústrias

No centro da visão baseada em recursos está a proposição de que recursos e capacidades específicos a uma empresa fundamentalmente determinam seu desempenho, ao passo que a visão baseada em indústrias alega que o desempenho de uma empresa é, no final das contas, uma função dos atributos específicos à indústria. A visão baseada em indústrias enfatiza diferentes taxas de lucro médias de diferentes segmentos, como o farmacêutico *versus* o de lojista.[62] A visão baseada em recursos, por outro lado, documentou diferentes níveis de desempenho em empresas de uma mesma indústria, como a Ryanair *versus* outras companhias de transportes aéreos (ver Caso de Introdução).[63] Embora ambas as tendências sejam persuasivas naquilo a que se propõem, os resultados de estudos são desagregadores. Alguns constataram que os efeitos específicos às indústrias são mais significativos.[64] Entretanto, um número *muito maior* de estudos concorda com a visão baseada em recursos, a saber, recursos e capacidades específicos às empresas são determinantes mais fortes do desempenho de uma empresa do que os efeitos específicos às indústrias.[65]

À medida que os debates prosseguem, deve-se evitar que um dos lados da discussão seja declarado "vencedor".[66] Há duas razões para tal cautela – uma metodológica e outra prática. Primeiro (razão metodológica), enquanto estudos baseados em indústrias utilizam dados mais observáveis, como barreiras à entrada e razões de concentração, estudos baseados em recursos têm de enfrentar o desafio de medir recursos e capacidades *não observáveis*, específicos às empresas como aprendizado organizacional, gestão do conhecimento e talento administrativo. Embora acadêmicos da teoria baseada em recursos tenham criado padrões de medida inovadores a fim de "mensurar" esses recursos, tais medidas, na melhor das hipóteses, são "conseqüências observáveis de recursos não observáveis", sujeitas, portanto, a críticas metodológicas.[67] Críticos alegam que a visão baseada em recursos parece seguir a lógica de "mostre-me uma história de sucesso e lhe mostrarei uma competência central [recurso] (ou mostre-me uma história de fracasso e lhe mostrarei a competência que falta)".[68] Os teóricos que se fundamentam em recursos admitem que "a fonte de vantagens competitivas sustentáveis pode ser encontrada em diferentes lugares, períodos de tempo e indústrias".[69] Embora esse raciocínio *explique* de forma compreensível o que ocorreu no passado, dificilmente *predirá* o que acontecerá no futuro – por exemplo, uma empresa sobrepujará seus rivais caso consiga equiparar seus equipamentos e suas localizações aos deles?[70]

A metodologia prática, talvez mais importante, oferece uma boa razão para se acreditar que a *combinação* entre atributos específicos às indústrias e às empresas dirige, coletivamente, o desempenho de uma empresa. Na verdade, diz-se que são os dois lados da mesma "moeda", em se tratando de análise estratégica, desde o princípio do desenvolvimento da visão baseada em recursos.[71] Encarar ambas as perspectivas como *complementares* parece fazer mais sentido. Inúmeros estudos recentes têm salientado esse ponto.[72] Por exemplo, um estudo relata que (1) para líderes e fracassados de uma indústria, os fatores específicos às empresas contam mais do que os fatores específicos às indústrias e (2) que para a maioria das outras empresas, os efeitos de uma indústria tornam-se mais importantes, com relação ao desempenho do que fatores específicos às empresas.[73] Parece evidente que uma estratégia diligente requer a combinação desses dois esclarecedores modelos, complementares entre si.

Recursos Estáticos *versus* Capacidades Dinâmicas

Outra discussão origina-se na natureza relativamente estática da lógica baseada em recursos, que sugere: "deve-se identificar o F e o f em uma análise SWOT e partir desses pontos". Tal fotografia da situação competitiva pode ser adequada para indústrias de movimentação lenta (como as de embalagens para alimentos), mas pode não ser satisfatória para indústrias de movimentação dinâmica mais rápida (como as de tecnologia da informação). Críticos, portanto, postulam que a visão baseada em recursos deve ser reforçada por uma maior ênfase nas capacidades dinâmicas.[74]

Mais recentemente, enquanto avançamos em uma "economia do conhecimento", vários acadêmicos defendem uma visão da empresa "baseada no conhecimento".[75] O conhecimento tácito, provavelmente o recurso mais valioso, raro, difícil de imitar e complexo, pode, com relação à sua organização, representar a capacidade dinâmica mais importante de uma empresa na busca por vantagens competitivas.[76] Tais ativos invisíveis englobam desde o conhecimento sobre os clientes, em razão dos anos (e, às vezes, das décadas) de interação, até o conhecimento sobre processos de desenvolvimento de produtos e contatos políticos.

Centradas nas capacidades dinâmicas baseadas no conhecimento, algumas pesquisas recentes mostram interessantes constatações contra-intuitivas. Resumidas na Tabela 3.3, enquanto a marca registrada de recursos em indústrias de movimentação relativamente lenta, como hotéis e estradas de ferro, é a complexidade (de difícil observação e que resulta em ambigüidade causal), capacidades em indústrias muito dinâmicas, de alta velocidade, como a de tecnologia da informação, são "simples (não são complicadas), experimentais (não são analíticas) e iterativas (não são processos lineares)".[77] Em outras palavras, enquanto a tradicional visão baseada em recursos impele empresas a analisarem com rigor suas forças e fraquezas e, posteriormente, traçarem aplicações lineares para seus recursos ("aprender *antes* de fazer"), empresas em indústrias de alta velocidade têm de "aprender *fazendo*".

TABELA 3.3 Capacidades Dinâmicas em Indústrias de Movimentação Lenta e Rápida

	Indústrias de movimentação lenta	Indústrias de movimentação rápida (alta velocidade)
Ambiente de mercado	Estrutura industrial estável, limites definidos, modelos comerciais claros, jogadores identificáveis, mudanças lineares e previsíveis	Estrutura industrial ambígua, limites imprecisos, modelos comerciais fluidos, jogadores ambíguos e variáveis, mudanças não lineares e imprevisíveis
Atributos de capacidades dinâmicas	Rotinas complexas, detalhadas e analíticas que contam extensivamente com o conhecimento preexistente ("aprender antes de fazer")	Rotinas simples e experimentais que contam com o conhecimento novo, específico à situação ("aprender fazendo")
Foco	Alavancagem de recursos e capacidades existentes	Desenvolvimento de novos recursos e capacidades
Execução	Linear	Iterativa
Organização	Uma coleção compacta de recursos com estabilidade relativa	Uma coleção vaga de recursos que são freqüentemente agregados, recombinados e abandonados
Resultado	Previsível	Imprevisível
Objetivo estratégico	Vantagem competitiva sustentável (espera-se longo prazo)	Uma série de vantagens competitivas em curto prazo (temporais)

Fontes: Adaptada de (1) K. Eisenhardt; J. Martin, 2000, Dynamic capabilities: What are they? *Strategic Management Journal*, 21: 1105-1121; (2) G. Pisano, 1994, Knowledge, integration, and the locus of learning, *Strategic Management Journal*, 15: 85-100.

A necessidade da flexibilidade estratégica requer rotinas simples (em oposição às complicadas), que ajudem administradores a permanecer focados em questões mais amplas sem se prenderem a detalhes específicos ou experiências passadas inapropriadas. Por exemplo, o bem-sucedido processo de alianças estratégicas do site Yahoo! é amplamente desestruturado, possuindo apenas duas regras simples: (1) nenhum negócio exclusivo e (2) os serviços básicos fornecidos pelas alianças (como organização de festas e cartões-postais *on-line*) devem ser grátis. Essas regras simples permitem que os administradores do Yahoo! alarguem seus horizontes, experimentando uma grande variedade de tipos e formatos de alianças.[78]

Pesquisas recentes sobre capacidades dinâmicas sugerem que a visão baseada em recursos existentes talvez tenha superestimado a alavancagem de recursos e capacidades existentes e subestimado o desenvolvimento de novos. A premissa de que uma empresa é uma coleção compacta de recursos pode ser derrubada em ambientes de alta velocidade, nos quais recursos são agregados, recombinados e abandonados com regularidade.[79] Por exemplo, no mundo caótico e instável do comércio eletrônico, ser um grupo muito compacto pode ser uma desvantagem em vez de vantagem. No mundo da hipercompetição, em que vantagens competitivas sustentáveis são irreais, uma série de vantagens imprevisíveis, em curto prazo, parece ser o melhor que as empresas podem esperar.[80]

Geração *versus* Apropriação de Renda

Rendas são valores econômicos gerados pelos recursos e capacidades de uma empresa. Considerando-se a visão baseada em recursos como uma teoria relativamente bem desenvolvida sobre a geração de renda,[81] o que dizer sobre a apropriação da renda; a saber, quem leva o quê?[82] A visão baseada em recursos tem sido criticada por não ter prestado atenção suficiente a essa importante questão. Há dois níveis de discussão: empresarial e individual. Primeiro, com relação ao nível *empresarial*, a lógica tradicional baseada em recursos alega que as empresas devem ocultar seus principais ativos dentro de si e longe dos competidores. É preferível uma "fortaleza corporativa", que possua limites empresariais fortificados. Entretanto, essa lógica pode ser contestada quando não há mais possibilidade de limites empresariais fixos. Como demonstrado anteriormente, na análise da cadeia de valor, foi-se o tempo em que a Ford e a GM recebiam insumos como minério de ferro, carvão, areia e borracha e fabricavam produtos como carros (e tudo que está nos entremeios, por exemplo, aço e vidro). Tal "fortaleza corporativa" – também conhecida como "caixa-preta" – é insustentável no mundo atual, em que alianças estratégicas e terceirizações costumam penetrar nos limites de uma empresa.

Por exemplo, um dos principais objetivos da empresa A, ao estabelecer uma aliança estratégica com a empresa B, é obter acesso aos recursos e às capacidades de B. Uma questão interessante é: por que B concederia tal acesso a A e compartilharia com ela as rendas geradas por seus recursos e capacidades? A empresa B, após considerar os custos do compartilhamento de rendas com a empresa A, deve acreditar que uma aliança estratégica com A produzirá ganhos em rede (ver Capítulo 7 para mais detalhes). Entretanto, ao abrir suas fronteiras (embora seletivamente), B corre o risco de que A, observadora (quase) interna, imite suas capacidades. B, portanto, tem de enfrentar o desafio de preservar, proteger e fortalecer seus recursos e capacidades simultaneamente, permitindo que A tenha acesso a alguns deles.[83] Essa questão torna-se desafiadora quando A e B são competidores, como a GM e a Toyota, na *joint venture* NUMMI, e como na aliança entre Yahoo! e Google em ferramentas de busca. Limites empresariais não são somente barreiras; são também *pontes* que ligam duas empresas. Operar com as fronteiras relativamente abertas e, ainda assim, apropriar-se da maior parte das rendas tornou-se um recurso ou capacidade útil para algumas empresas.[84] Em poucas palavras, empresas têm de abocanhar rendas tanto dentro quanto fora dos limites empresariais.[85]

A segunda parte dessa discussão está no nível *individual*. Quem colhe os frutos de recursos e capacidades de uma empresa? Pode ser que o leitor intuitivamente pressuponha que os proprietários (como os acionistas) colham os ganhos por meio dos lucros (e dos retornos das ações, em empresas de capital aberto); entretanto, essa premissa tem sido muito debatida. A profissionalização da administração, na maioria das empresas modernas, sugere que os administradores, que são os agentes dos proprietários, possuem mais informações sobre recursos e capacidades específicos à empresa do que os proprietários.[86] Administradores, portanto, podem apropriar-se das rendas de forma desproporcional, em detrimento dos interesses dos proprietários – algo conhecido como **problemas de agência** (ver Capítulo 11 para mais detalhes). Por exemplo, no período das privatizações, no início dos anos de 1990, os recursos e as capacidades de empresas estatais russas e de outros países que faziam parte da ex-União Soviética eram desconhecidos dos investidores externos. Somente os administradores possuíam uma visão relativamente clara do valor desses ativos e também possuíam contatos com políticos que negligenciavam o processo de privatização. Não é de surpreender que os administradores, em grupo, ficaram com a maior parte desses ativos.[87]

A **governança corporativa**, a saber, como comandar apropriadamente as corporações modernas, cujos proprietários delegam responsabilidades cotidianas aos administradores, tornou-se um problema *mundial* (ver Capítulo 11). Além do papel dos administradores, de que forma as outras partes interessadas, como funcionários e fornecedores, barganham para se apropriar de rendas, advindas de recursos e capacidades de uma empresa que ainda não foram explorados? (ver capítulo "Definindo estratégias com responsabilidade social corporativa", on-line). O "resultado" dessa situação é que a maior parte das rendas é "apropriada antes que a conta de resultados [tradicional contabilização do desempenho] seja calculada".[88] Ao que parece, a visão baseada em recursos precisa desenvolver a questão da apropriação de renda.

Recursos Domésticos *versus* Capacidades Internacionais

Empresas de sucesso em âmbito doméstico possuem os requisitos necessários para obter sucesso internacional? Algumas obtêm sucesso no exterior enquanto muitas outras fracassam. A questão é se recursos e capacidades domésticos podem ser alavancados e desenvolvidos fora do país de origem da empresa. As respostas são "Sim" e "Não".[89] Essa discussão é uma extensão do amplo debate quanto à diferença entre negócios internacionais e domésticos. A resposta positiva é um ótimo argumento para a existência de cursos de negócios internacionais independentes (e de livros sobre estratégia global como este). O argumento da resposta negativa é que "negócios internacionais" são fundamentalmente "negócios", tema já abordado por cursos de marketing, finanças e operações (e por cursos "da moda" sobre estratégia, que acharam utilidade para este livro "globalizado" sobre estratégia). Em virtude das restrições de espaço, não é possível alongar a discussão sobre esse tema crucial. Entretanto, essa discussão será considerada em *cada* um dos próximos capítulos deste livro (especialmente no Capítulo 4 e no Capítulo 6).

Implicações para os estrategistas

Este capítulo sugere três importantes implicações para os estrategistas. Primeira, não há nada de novo na afirmação de que empresas "competem por meio de recursos e capacidades". A sutileza está na tentativa dos estrategistas, por meio do modelo VRIO, de distinguir recursos e capacidades valiosos, raros, de difícil imitação e com organizações intrínsecas daqueles que não possuem tais atributos. Se os estrategistas fizessem uma lista de todos os recursos e capacidades potencialmente importantes, essa seria muito longa para fins estratégicos. Portanto, estrategistas devem ter bom senso para definir o que *realmente* importa.

Segunda, no fim das contas, estrategistas não devem se esquecer de que os talentos administrativos provavelmente representam recursos e capacidades mais valiosos, raros, difíceis de imitar e com maior quantidade de organizações intrínsecas que uma empresa pode ter. Tanto versões mais antigas quanto mais modernas da visão baseada em recursos ressaltam o princípio de que administradores podem levantar ou destruir uma empresa.[90]

Finalmente, a visão baseada em recursos oferece várias respostas às quatro questões fundamentais em estratégia. A premissa da heterogeneidade de recursos, qual seja, todas as empresas possuem recursos e capacidades únicos, responde diretamente à primeira questão: por que as empresas se diferenciam? A resposta à segunda questão – como as empresas se comportam – centra-se em como essas aproveitam suas forças, agregadas por seus recursos e capacidades, e superam suas fraquezas. A fim de responder à terceira questão – o que determina o escopo da empresa? –, a análise da cadeia de valor sugere que a forma como uma empresa desempenha diferentes atividades, que agregam valor, com relação a seus rivais, determina seu escopo. Um erro comum, freqüentemente cometido por administradores, é avaliar recursos e capacidades, mas não em comparação aos dos outros competidores, o que resulta em um amplo escopo desnecessário, com algumas unidades medíocres. Por fim, o que determina o sucesso ou o fracasso internacional das empresas? Empresas vencedoras têm sorte ou são perspicazes? A resposta dada pela visão baseada em recursos, novamente, centra-se em recursos e capacidades específicos às empresas, embora um pouco de sorte sempre ajude.[91]

Resumo do Capítulo

1. A visão de estratégia baseada em recursos surge da busca por uma explicação para o desempenho persistentemente superior de algumas empresas, mesmo em setores não atraentes no aspecto estrutural.
2. Recursos e capacidades são os ativos tangíveis e intangíveis utilizados pelas empresas a fim de selecionar e implementar suas estratégias.
3. Uma análise da cadeia de valor requer que estrategistas determinem as forças e as fraquezas de uma empresa, em cada uma de suas atividades, com relação a suas rivais.
4. O modelo VRIO sugere que somente recursos e capacidades valiosos, raros, de difícil imitação e com organizações intrínsecas geram vantagens competitivas sustentáveis.
5. Dentre as principais discussões nessa área estão: (1) determinantes de desempenho específicos às empresas *versus* determinantes de desempenho específicos às indústrias; (2) recursos estáticos *versus* capacidades dinâmicas; (3) geração ou apropriação de renda; e (4) recursos domésticos *versus* capacidades internacionais.

Palavras-chave

- alianças estratégicas
- ambigüidade causal
- ativos complementares
- cadeia de valor
- capacidades
- capacidades dinâmicas
- competências centrais
- complexidade social
- dependências do caminho
- deseconomias por compressão de tempo
- duplicação direta
- imobilidade de recursos
- governança corporativa
- heterogeneidade de recursos
- modelo VRIO
- problemas de agência
- recursos
- recursos e capacidades financeiros
- recursos e capacidades físicos
- recursos e capacidades humanos
- recursos e capacidades inovadores
- recursos e capacidades intangíveis
- recursos e capacidades organizacionais
- recursos e capacidades reputacionais
- recursos e capacidades tangíveis
- recursos e capacidades tecnológicos
- substituição
- terceirização
- terceirização de processos de negócios
- visão baseada em recursos

Questões para Discussão

1. Escolha dois concorrentes da mesma indústria (como Sony/Samsung, GE/Siemens, Coca-Cola/Pepsi, Ryanair/easyJet, Ispat/USX) e explique por que uma empresa sobrepuja a outra. Quais recursos e capacidades a empresa perdedora deve adquirir para superar a outra?

2. Faça uma análise VRIO de sua escola de administração com relação: (1) às forças da instituição; (2) à qualidade dos estudantes; (3) à eficiência administrativa; (4) aos sistemas de informação; e (5) à conservação do imóvel, comparando-a com as três principais rivais. Se você fosse o reitor, com um orçamento limitado, onde investiria os preciosos recursos financeiros a fim de ser a instituição número um?

3. Dez anos após a graduação, um antigo colega de universidade que veio da China e montou dois bons (mas não excelentes) restaurantes de comida chinesa nos Estados Unidos após ter se formado telefona-lhe pedindo US$ 20 mil emprestados a fim de abrir um restaurante de "comida ocidental" na cidade natal dele, na China. Ele admite que a rivalidade lá é intensa e que há poucas barreiras à entrada. Entretanto, alega que há muitos consumidores (essa cidade possui 10 milhões de habitantes), que a experiência vivida nos Estados Unidos o ajudará a dar um tempero "ocidental" a esse novo restaurante, em meio a tantos restaurantes de comida chinesa (na China), e que as habilidades obtidas na administração de restaurantes nos Estados Unidos podem ser transferidas à China. Partindo do pressuposto de que possui o capital, você emprestaria esse dinheiro a ele? Justifique.[92]

4. ***SOBRE ÉTICA***: Há muitos dilemas éticos associados à terceirização, do fechamento de plantas no país de origem até a suposta exploração de trabalhadores (mal pagos) no exterior. Escolha um desses dilemas e faça um estudo de caso, tanto defendendo as atividades de terceirização de sua empresa quanto recomendando que seu empregador desista delas (você pode "colar" a resposta lendo o Capítulo 4).

5. ***SOBRE ÉTICA***: Pelo fato de as empresas lerem informações divulgadas por competidores em suas páginas da internet, é ético fornecer informações falsas sobre recursos e capacidades em páginas eletrônicas corporativas?[93]

Caso de Conclusão: Ispat é Sinônimo de Aço em Todo o Mundo

A indústria global do aço é cronicamente prejudicada pela sobrecapacidade. Reestruturações, reduções (*downsizing*) e fechamento de plantas ocorreram com freqüência durante os anos de 1990. Mesmo estando nessa indústria pouco atraente do ponto de vista estrutural, a Ispat (http://www.ispat.com) – empresa fundada na Índia, incorporada nos Países Baixos, localizada na Grã-Bretanha e listada nas bolsas de valores de Nova York e Amsterdã – tem sido uma exceção à regra. A Ispat, que há uma década era uma obscura fabricante de aço asiática (1,5 milhão de toneladas, em 1992), atualmente é a segunda maior produtora de aço do mundo, com capacidade para 38 milhões de toneladas e renda de US$ 12 bilhões (2003). A Ispat adquiriu fábricas em 12 países (Argélia, Canadá, República Tcheca, Alemanha, França, Indonésia, Cazaquistão, México, Romênia, África do Sul, Trindad e Tobago e Estados Unidos) e tem mais de 5 mil clientes, em 120 países, empregando 120 mil pessoas. Essa é a primeira companhia de aço verdadeiramente global. É considerada, na indústria do aço, como a "Nucor do século XXI". Tão inovadora quanto a Nucor (http://www.nucor.com), importante usina semi-integrada norte-americana dos anos de 1980, a Ispat adiciona uma crucial dimensão internacional, que faltou à Nucor.

Em 1950, em Calcutá, Mohan Mittal fundou a Ispat – que significa "aço" em hindi –, para comercializar sucata. Atualmente, 80% da Ispat é propriedade do LNM Group, que pertence 100% ao filho de Mohan, Lakshmi Niwas Mittal (doravante denominado Mittal) – daí o nome LNM. Em 1976, Mittal, trabalhando com seu pai, foi à Indonésia instalar uma usina semi-integrada (fábrica de aço de pequeno porte que derrete sucata em fornos elétricos em vez de produzir aço virgem, como uma usina integrada, e utiliza minério de ferro, coque e calcário como matérias-primas). Em 1988, Mittal fez sua primeira aquisição, tomando o controle da Iscott, uma usina de aço estatal de Trinidad e Tobago. A partir de então, a Ispat iniciou uma série de aquisições pelo mundo, assumindo o controle de plantas do governo da província de Quebec, do governo municipal de Hamburgo e do governo nacional do México, da Irlanda e do Cazaquistão, bem como da sexta maior fabricante de aço dos Estados Unidos, a Inland Steel. A Ispat rapidamente levantou essas novas unidades. Considerando-se que a maioria das aquisições costumava falhar, como as da Ispat obtinham sucesso nessa indústria aparentemente pouco atraente?

Uma análise VRIO ajuda a entender essa questão. Primeiramente, a Ispat traz à tona valores tangíveis e intangíveis. Com relação ao valor tangível, a Ispat é líder na produção de ferro esponja, substituto da sucata, produzido diretamente do minério de ferro, em vez de ser produzido da sucata, cuja qualidade não é confiável. A fábrica da Indonésia foi pioneira global na combinação de produção de ferro esponja com tecnologia de fornos elétricos, a ponto de Mittal apelidá-la de "uma usina semi-integrada integrada". Tal combinação produziu aço a baixo custo e de boa qualidade em relação às usinas integradas e semi-integradas. Entretanto, a Ispat não era a única produtora de ferro esponja. Mais importante que isso são as fontes intangíveis da Ispat, que agregam valor. Uma delas é sua capacidade notável de identificar "tesouros" escondidos em usinas de aço com baixo desempenho, adquirindo-as por uma fração de seu custo e, depois, tornando-as lucrativas.

A combinação das capacidades tangíveis e intangíveis da Ispat é rara no mundo. Quando, em 1991, o governo do México privatizou a dispendiosa empresa estatal Sicartsa (que custou US$ 2 bilhões para ser construída, nos anos de 1980), a Ispat ofereceu US$ 220 milhões, lance 60% maior que o segundo – o terceiro licitante ofereceu US$ 1. Internamente, embora a Sicartsa tivesse alguns dos engenheiros mais bem treinados do México, a empresa adotava o hábito de confiar em consultores externos. Os administradores da Ispat dispensaram todos os consultores e incentivaram os engenheiros a buscar soluções por si próprios, permitindo que alguns erros fossem cometidos. Esses engenheiros tornaram-se especialistas em aço no México e são constantemente procurados por outras empresas, como consultores.

As capacidades da Ispat não são apenas valiosas e raras, mas também de difícil imitação. A maioria das plantas adquiridas por ela era considerada irrecuperável e seus proprietários somente recorreram à venda após os consultores externos terem falhado. Por exemplo, uma equipe de especialistas da USX (http://www.ussteel.com), maior fabricante de aço dos Estados Unidos, não conseguiu conter os prejuízos da Karmet, do Cazaquistão. Entretanto, após a Ispat tê-la adquirido, seu desempenho melhorou significativamente. É evidente que a USX e muitos outros competidores possuíam a mesma informação proprietária sobre os alvos de aquisição da Ispat; no entanto, não conseguiram imitar suas capacidades de restauração da empresa.

A Ispat também se supera na integração e restauração pós-aquisição, complexo desafio organizacional que está por trás do fracasso da maioria das aquisições. Exemplos de táticas de integração e restauração são: (1) reuniões diárias de administradores; (2) registros contábeis mais precisos; (3) contratos internos; e (4) aprendizado global. Os chefes dos diversos departamentos encontram-se diariamente a fim de tomar decisões na hora, em vez de as delegarem a "comitês". O sistema de contabilização de custos no México, por exemplo, tem acesso aos dados do mês três semanas após seu término – isso significa que os dados sobre os custos de março estarão disponíveis na quarta semana de abril. A Ispat faz questão que o sistema contábil trabalhe com os dados de custo em tempo real, diariamente. A empresa também iniciou uma série de contratos de serviços internos (como serviços de transporte internos, que fornecem guindastes e caminhões no momento preciso, a fim de atender às necessidades internas da planta). Por fim, "no centro de sua filosofia administrativa", de acordo com a página eletrônica da Ispat, "está o compartilhamento de conhecimentos e habilidades por meio de programas globais de integração do conhecimento, que englobam todas as funções". Duas vezes ao ano, os diretores-executivos de todas as subsidiárias promovem uma reunião de sete dias, a fim de apresentar e criticar seus planos comerciais. Esses diretores-executivos também integram o quadro de diretores de subsidiárias irmãs. Além desses acordos formais, existe uma intensa troca informal de informações entre os administradores da Ispat. "Quando tenho algum problema – diz um diretor-executivo – não espero até a próxima [grande] reunião. Canadá ou Trindad e Tobago estão a apenas um telefonema ou e-mail de distância".

Questões para Estudo de Caso

1. Você já ouviu falar dessa empresa? Justifique.
2. Por que a Ispat conseguiu crescer tanto em uma indústria estruturalmente "não atraente" durante um período em que essa indústria passava por muitas dificuldades e desordens?
3. Qual é a mais importante fonte de vantagens competitivas da Ispat?
4. Baseado nesse caso, por que a questão da organização, no modelo VRIO, é tão importante? (Dica: complexidade social e ativos complementares).

Fontes: Baseado em (1) Ispat International profile, http://www.ispat.com (acesso em 31 de maio de 2004); (2) J. Mathews, 2002, *Dragon International* (p.32-33), Nova York: Oxford University Press; (3) D. Sull; M. Hayward; G. Piramal, 1998, Spinning steel into gold: The case of Ispat International N. V., *European Management Journal*, 17: 368-381.

Notas

1. M. W. Peng, 2001, The resource-based view and international business, *JM*, 27 (6): 803-829.
2. J. Barney, 1991, Firm resources and sustained competitive advantage, *JM*, 17: 99-120; K. Conner, 1991, A historical comparison of resource-based theory and five schools of thought within industrial organization economics, *JM*, 17: 121-154; J. Mahoney; J. R. Pandian, 1992, The resource-based view within the conversation of strategic management, *SMJ*, 13: 363-380; M. Peteraf, 1993, The cornerstones of competitive advantage, *SMJ*, 14: 179-191.
3. M. W. Peng; P. Heath, 1996, The growth of the firm in planned economies in transition: Institutions, organizations, and strategic choices, *AMR*, 21 (2): 492-528; E. Penrose, 1959, *The Theory of the Growth of the Firm*, Londres: Blackwell; M. Pettus, 2001, The resource-based view as a developmental growth process, *AMJ*, 44: 878-896.
4. J. Barney, 2001, Is the resource-based "view" a useful perspective for strategic management research? Yes (p. 54), *AMR*, 26: 41-56.
5. D. Teece; G. Pisano; A. Shuen, 1997, Dynamic capabilities and strategic management, *SMJ*, 18: 509-533.

6. C. K. Prahalad; G. Hamel, 1990, The core competence of the organization, *HBR*, 68 (2): 57-69.
7. J. Barney, 2002, *Gaining and Sustaining Competitive Advantage*, 2. ed. (p. 157), Upper Saddle River, NJ: Prentice Hall.
8. Barney, 2002, *Gaining and Sustaining Competitive Advantage* (p. 157); D. Collis; C. Montgomery, 1997, *Corporate Strategy* (p. 9), Chicago: Irwin.
9. W. Zellner, 2003, Holding steady, *BW*, 3 de fevereiro: 66-68.
10. V. Rindova; S. Kotha, 2001, Continuous "morphing" *AMJ*, 44: 1263-1280.
11. H. Itami; T. Roehl, 1987, *Mobilizing Invisible Assets*, Cambridge, MA: Harvard University Press.
12. J. Barney, 1986, Organizational culture: Can it be a source of sustained competitive advantage? *AMR*, 11: 656-665; J. Barney; M. Hansen, 1994, Trustworthiness as a source of competitive advantage, *SMJ*, 15: 175-190; B. Becker; B. Gerhart, 1996, The impact of human resource management on organizational performance, *AMJ*, 39: 779-801; K. Law; D. Tse; N. Zhou, 2003, Does human resource management matter in a transition economy? *JIBS*, 34: 255-265.
13. Zellner, 2003, Holding steady; W. Zellner, 2003, Coffee, tea, or bile? *BW*, 2 de junho: 56-58.
14. A. Afuah, 2002, Mapping technological capabilities into product markets and competitive advantage, *SMJ*, 23: 171-179; P. Roberts, 1999, Product innovation, product-market competition, and persistent profitability in the US pharmaceutical industry, *SMJ*, 20: 655-670.
15. *Fortune*, 2003, Canon: The power of hybrid management, special advertising section, 21 de julho: S5.
16. C. Fombrun, 1996, *Reputation*, Boston: Harvard University Press; O. Shenkar; E. Yuchtman-Yaar, 1997, Reputation, image, prestige, and goodwill, *HR*, 50: 1361-1381.
17. P. Lee, 2001, What's in a name.com? *SMJ*, 22: 793-804; P. Roberts; G. Dowling, 2002, Corporate reputation and sustained superior financial performance, *SMJ*, 23: 1077-1093.
18. T. Khanna; K. Palepu; D. Wu, 1998, *House of Tata*, case study, Boston: Harvard Business School.
19. M. Porter, 1985, *Competitive Advantage*, Nova York: Free Press.
20. G. Johnson; L. Melin; R. Whittington, 2003, Microstrategy and strategizing, *JMS*, 40: 3-22.
21. J. Birkinshaw; N. Hood, 1998, Multinational subsidiary evolution, *AMR*, 23: 773-795; A. Rugman; A. Verbeke, 2001, Subsidiary-specific advantages in multinational enterprises, *SMJ*, 22: 237-250.
22. R. Makadok, 2001, Toward a synthesis of the resource-based and dynamic capability views of rent creation (p. 388), *SMJ*, 22: 387-401.
23. J. Barthelemy, 2003, The seven deadly sins of outsourcing, *AME*, 17 (2): 87-98.
24. J. Anand; A. Delios, 2002, Absolute and relative resources as determinants of international acquisitions, *SMJ*, 23: 119-134; M. K. Erramilli; S. Agarwal; S. Kim, 1997, Are firm-specific advantages location-specific too? *JIBS*, 28: 735-757; A. Madhok; T. Osegowitsch, 2000, The international biotechnology industry: A dynamic capabilities approach, *JIBS*, 31: 325-335; S. Tallman; K. Fladmoe-Lindquist, 2002, Internationalization, globalization, and capability-based strategy, *CMR*, 45: 116-135.
25. M. Leiblein; D. Miller, 2003, An empirical examination of transaction- and firm-level influences on the vertical boundaries of the firm, *SMJ*, 24: 839-859.
26. Esta seção foi fortemente baseada em Barney, 2002, *Gaining and Sustaining* (p. 159-174).
27. D. Hoopes; T. Madsen; G. Walker, 2003, Why is there a resource-based view? Toward a theory of competitive heterogeneity, *SMJ*, 24: 889-902; A. Knott; 2003, Persistent heterogeneity and sustainable innovation, *SMJ*, 24: 687-706; G. Walker; T. Madsen; G. Carini, 2000, How does institutional change affect heterogeneity among firms? *SMJ*, 23: 89-104.
28. R. Kashlak; M. Joshi, 1994, Core business regulation and dual diversification patterns, *SMJ*, 15: 603-611; T. Noda; D. Collis, 2001, The evolution of intraindustry firm heterogeneity, *AMJ*, 44: 897-925.
29. B. Wernerfelt, 1995, The resource-based view of the firm: Ten years after (p. 172), *SMJ*, 16: 171-174.
30. S. Schnaars, 1994, *Managing Imitation Strategies*, Nova York: Free Press.
31. J. Barney, 1986, Strategic factor markets: Expectations, luck, and business strategy, *MS*, 32: 1231-1241; T. Chi, 1994, Trading in strategic

resources, *SMJ*, 15: 271-290; J. Denrell; C. Fang; S. Winter, 2003, The economics of strategic opportunity, *SMJ*, 24: 977-990.

32. C. Maritan; T. Brush, 2003, Heterogeneity and transferring practices, *SMJ*, 24: 945-960; G. Szulanski, 1996, Exploring internal stickiness, *SMJ*, 17: 27-43; S. Winter; G. Szulanski, 2000, Replication as strategy, *OSc*, 12: 730-743.
33. S. Lippman; R. Rumelt, 2003, A bargaining perspective on resource advantage, *SMJ*, 24: 1069-1086.
34. C. Helfat; M. Peteraf, 2003, The dynamic resource-based view, *SMJ*, 24: 997-1010.
35. C. Christensen, 1997, *The Innovator's Dilemma*, Boston: Harvard Business School Press; D. Leonard-Barton, 1992, Core capabilities and core rigidities, *SMJ*, 13: 111-125; V. Rindova; C. Fombrun, 1999, Constructing competitive advantage, *SMJ*, 20: 691-710.
36. S. Ante, 2003, The new blue, *BW*, 17 de março: 80-88.
37. N. Siggelkow, 2001, Change in the presence of fit, *AMJ*, 44: 838-857; G. P. West; J. DeCastro, 2001, The Achilles heel of firm strategy, *JMS*, 38: 417-442.
38. T. Powell, 1992, Strategic planning as competitive advantage, *SMJ*, 13: 551-558.
39. N. Carr, 2003, *Does IT Matter?* Boston: Harvard Business School Press; M. Peteraf; M. Bergen, 2003, Scanning dynamic competitive landscapes, *SMJ*, 24: 1027-1042.
40. S. Dutta; M. Zbaracki; M. Bergen, 2003, Pricing process as a capability, *SMJ*, 24: 615-630.
41. D. Welch, 2003, Ford tames the rebate monster, *BW*, 5 de maio: 38.
42. D. Collis, 1991, A resource-based analysis of global competition, *SMJ*, 12: 49-68; A. Knott; D. Bryce; H. Posen, 2003, On the strategic accumulation of intangible assets, *OSc*, 14: 192-208; D. Miller, 2003, An asymmetry-based view of advantage, *SMJ*, 24: 961-976; G. Ray; J. Barney; W. Muhanna, 2004, Capabilities, business processes, and competitive advantage, *SMJ*, 25: 23-37; R. Schroeder; K. Bates; M. Junttila, 2002, A resource-based view of manufacturing strategy, *SMJ*, 23: 105-118; B. Skaggs; T. Huffman, 2003, A customer interaction approach to strategy and production complexity alignment in service firms, *AMJ*, 46: 775-786; B. Skaggs; M. Youndt, 2004, Strategic positioning, human capital, and performance in service organizations, *SMJ*, 25: 85-99.
43. I. Dierickx; K. Cool, 1989, Asset stock accumulation and sustainability of competitive advantage, *MS*, 35: 1504-1511.
44. A. Delios; P. Beamish, 2001, Survival and profitability: The roles of experience and intangible assets in foreign subsidiary performance, *AMJ*, 44: 1028-1038; Y. Luo; M. W. Peng, 1999, Learning to compete in a transition economy: Experience, environment, and performance, *JIBS*, 30: 269-296; T. Isobe; S. Makino; D. Montgomery, 2000, Resource commitments, entry timing, and market performance of foreign direct investments in emerging economies, *AMJ*, 43: 468-484.
45. *Fortune*, 2003, Kikkoman: A recipe for success, special advertising section, 21 de julho: S9.
46. W Barnett; H. Greve; D. Park, 1994, An evolutionary model of organizational performance, *SMJ*, 15: 11-28; C. Helfat; R. Raubitschek, 2000, Product sequencing, *SMJ*, 21: 961-980; D. Holbrook; W. Cohen; D. Hounshell; S. Klepper, 2000, The nature, sources, and consequences of firm differences in the early history of the semiconductor industry, *SMJ*, 21: 1017-1042; S. Karim; W. Mitchell, 2000, Path-dependent and path-breaking change, *SMJ*, 21: 1061-1082; S. Klepper; K. Simons, 2000, Dominance by birthright, *SMJ*, 21: 997-1016; R. Nelson; S. Winter, 1982, *An Evolutionary Theory of Economic Change*, Cambridge, MA: Belknap.
47. D. Collis; C. Montgomery, 1995, Competing on resources (p. 124), *HBR*, 73 (4): 118-128.
48. R. Hoskisson; L. Eden; C. Lau; M. Wright, 2000, Strategy in emerging economies, *AMJ*, 43: 249-267; M. W. Peng, 2000, *Business Strategies in Transition Economies*, Thousand Oaks, CA: Sage Publishing, Inc.
49. O. Shenkar; J. T. Li, 1999, Knowledge search in international cooperative ventures, *OSc*, 10: 134-143.
50. K. Newman, 2000, Organizational transformation during institutional upheaval, *AMR*, 25: 602-619.

51. S. Lipman; R. Rumelt, 1982, Uncertain imitability: An analysis of interfirm differences in efficiency under competition, *BJE*, 13: 418-438; A. King; C. Zeithaml, 2001, Competencies and firm performance: Examining the causal ambiguity paradox, *SMJ*, 22: 75-99; R. Reed; R. DeFillippi, 1990, Causal ambiguity, barriers to imitation, and sustainable competitive advantage, *AMR*, 15: 88-102.

52. M. W. Peng, 1998, *Behind the Success and Failure of US Export Intermediaries: Transactions, Agents, and Resources*, Westport, CT: Quorum Books.

53. K. Conner; C. K. Prahalad, 1996, A resource-based theory of the firm: Knowledge versus opportunism, *OSc*, 7: 477-501; B. Kogut; U. Zander, 1992, Knowledge of the firm, combinative capabilities, and the replication of technology, *OSc*, 3: 383-397; A. Madhok, 1997, Cost, value, and foreign market entry mode, *SMJ*, 18:39-62.

54. C. Helfat, 1997, Know-how and asset complementarity and dynamic capability accumulation, *SMJ*, 18: 339-360; D. Teece, 1986, Profiting from technological innovation, *RP*, 15: 285-305.

55. D. Miller; J. Shamsie, 1996, The resource-based view of the firm in two environments, *AMJ*, 39: 519-543.

56. J. Barney, 1997, *Gaining and Sustaining Competitive Advantage* (p. 155), Reading, MA: Addison-Wesley; J. Black; K. Boal, 1994, Strategic resources, *SMJ*, 15: 131-148; S. Thomke; W. Kuemmerle, 2002, Asset accumulation, interdependence, and technological change, *SMJ*, 23: 619-635; P. Yeoh; K. Roth, 1999, An empirical analysis of sustained advantage, *SMJ*, 20: 637-653.

57. D. Collis, 1991, A resource-based analysis of global competition: The case of the bearings industry, *SMJ*, 12: 49-68; S. Tallman, 1991, Strategic management models and resource-based strategies among MNEs in a host market, *SMJ*, 12: 69-82.

58. T. Kostova; K. Roth, 2003, Social capital in multinational corporations and a micro-macro model of its formation, *AMR*, 28: 297-317.

59. S. McEvily; B. Chakravarthy, 2002, The persistence of knowledge-based advantage, *SMJ*, 23: 285-305; T. Powell, 1992, Organizational alignment as competitive advantage, *SMJ*, 13: 119-134; S. Zahra; A. Nielsen, 2002, Sources of capabilities, integration, and technology commercialization, *SMJ*, 23: 377-398.

60. E. Mosakowski, 1998, Entrepreneurial resources and organizational choices, *OSc*, 9: 625-643.

61. I. Cockburn; R. Henderson; S. Stern, 2000, Untangling the origins of competitive advantage, *SMJ*, 21: 1123-1145; G. Hamel; C. K. Prahalad, 1994, *Competing for the Future*, Boston: Harvard Business School Press; R. Makadok; G. Walker, 2000, Identifying a distinctive competence: Forecasting ability in the money fund industry, *SMJ*, 21: 853-864.

62. R. Schmalensee, 1985, Do markets differ much? *AER*, 75:341-351.

63. J. Cubbin; P. Geroski, 1987, The convergence of profits in the long run, *JIE*, 35: 427-442; R. Jocobson, 1988, The persistence of abnormal returns, *SMJ*, 9: 415-430; C. Zott, 2003, Dynamic capabilities and the emergence of intraindustry differential firm performance, *SMJ*, 24: 97-125.

64. A. McGahan; M. Porter, 1997, How much does industry matter, really? *SMJ*, 18: 15-30; A. McGahan; M. Porter, 1999, The persistence of shocks to profitability, *RES*, 81: 143-153; G. Waring, 1996, Industry differences in the persistence of firm-specific returns, *AER*, 86: 1253-1265.

65. T. Brush; P. Bromiley; M. Hendrickx, 1999, The relative influence of industry and corporation on business segment performance, *SMJ*, 20: 519-547; G. Hansen; B. Wernerfelt, 1989, Determinants of firm performance, *SMJ*, 10: 399-411; A. Mauri; M. Michaels, 1998, Firm and industry effects within strategic management, *SMJ*, 19: 211-219; A. McGahan; M. Porter, 2002, What do we know about variance in accounting profitability? *MS*, 48: 834-851; T. Powell, 1996, How much does industry matter? An alternative empirical test, *SMJ*, 17: 323-334; J. Roquebert; R. Phillips; P. Westfall, 1996, Markets vs. management: What "drives" profitability? *SMJ*, 17: 653-664; T. Ruefli; R. Wiggins, 2003, Industry, corporate, and segment effects and business performance, *SMJ*,

24: 861-879; R. Rumelt, 1991, How much does industry matter? *SMJ*, 12: 167-185; Y. Spanos; G. Zaralis; S. Lioukas, 2004, Strategy and industry effects on profitability, *SMJ*, 25: 139-165.

66. R. Henderson; W. Mitchell, 1997, The interactions of organizational and competitive influences on strategy and performance, *SMJ*, 18: 5-14.
67. P. Godfrey; C. Hill, 1995, The problem of unobservables in strategic management research (p. 530), *SMJ*, 16: 519-533; R. Henderson; I. Cockburn, 1994, Measuring competence? Exploring firm effects from pharmaceutical research, *SMJ*, 15: 63-84.
68. O. Williamson, 1999, Strategy research: Governance and competence perspectives (p. 1093), *SMJ*, 20: 1087-1108. Ver também R. Arend, 2003, Revisiting the logical and research considerations of competitive advantage, *SMJ*, 24: 279-284; R. Priem; J. Butler, 2001, Is the resource-based "view" a useful perspective for strategic management research? *AMR*, 26: 22-40; T. Powell, 2003, Strategy without ontology, *SMJ*, 24: 285-291.
69. D. Collis, 1994, How valuable are organizational capabilities (p. 151), *SMJ*, 15: 143-152.
70. M. Javidan, 1998, Core competence: What does it mean in practice? *LRP*, 31: 60-71.
71. B. Wernerfelt, 1984, A resource-based view of the firm (p. 171), *SMJ*, 5: 171-180; C. Lengnick; J. Wolff, 1999, Similarities and contradictions in the core logics of three strategy research streams, *SMJ*, 20: 1109-32.
72. S. Chang; H. Singh, 2000, Corporate and industry effects on business unit competitive position, *SMJ*, 21: 739-752; J. Child; L. Chung; H. Davis, 2003, The performance of cross-border units in China, *JIBS*, 34: 242-254; D. Griffith; M. Harvey, 2001, A resource perspective of global dynamic capabilities, *JIBS*, 32: 597-606; D. Levinthal; J. Myatt, 1994, Co-evolution of capabilities and industry, *SMJ*, 15: 45-62; Y. Spanos; S. Lioukas, 2001, An examination into the causal logic of rent generation, *SMJ*, 22: 907-934; J. Stimpert; I. Duhaime, 1997, Seeing the big picture, *AMJ*, 40: 560-583; G. Young; K. Smith; C. Grimm, 1996, "Austrian" and industrial organization perspectives on firm-level competitive activity and performance, *OSc*, *7*: 243-255.
73. G. Hawawini; V. Subramanian; P. Verdin, 2003, Is performance driven by industry- or firm-specific factors? A new look at the evidence, *SMJ*, 24: 1-16.
74. R. Adner; C. Helfat, 2003, Corporate effects and dynamic managerial capabilities, *SMJ*, 24: 1011-1026; Priem; Butler, 2001, Is the resource-based "view" a useful perspective?; Teece; Pisano; Shuen, 1997, Dynamic capabilities; S. Winter, 2003, Understanding dynamic capabilities, *SMJ*, 24: 991-998; M. Zollo; S. Winter, 2002, Deliberate learning and the evolution of dynamic capabilities, *OSc*, 13: 339-351.
75. J. Birkinshaw; R. Nobel; J. Ridderstrale, 2002, Knowledge as a contingency variable, *OSc*, 13: 274-289; D. Carr; J. Markusen; K. Maskus, 2001, Estimating the knowledge-capital model of the multinational enterprise, *AER*, 91: 693-708; D. DeCarolis; D. Deeds, 1999, The impact of stocks and flows of organizational knowledge on firm performance, *SMJ*, 20: 953-968; A. Grandori; B. Kogut, 2002, Dialogue on organization and knowledge, *OSc*, 13: 224-231; Kogut; Zander, 1992, Knowledge of the firm; J. Spender; R. Grant, 1996, Knowledge and the firm: Overview, *SMJ*, 17: 5-10.
76. J. Barney; M. Wright; D. Ketchen, 2001, The resource-based view of the firm: Ten years after 1991, *JM*, 27: 625-641; S. Berman; J. Down; C. Hill, 2002, Tacit knowledge as a source of competitive advantage in the National Basketball Association, *AMJ*, 45: 13-32; B. Kogut; U. Zander, 1996, What do firms do?, *OSc*, 7: 502-18.
77. K. Eisenhardt; J. Martin, 2000, Dynamic capabilities: What are they? (p. 1113), *SMJ*, 21: 1105-1121.
78. Eisenhardt; Martin, 2000, Dynamic capabilities (p. 1112); Rindova; Kotha, 2001, Continuous "morphing" (p. 1274). This finding, however, is still being contested. Ver G. Lumpkin; G. Dess, 1995, Simplicity as a strategy-making process, *AMJ*, 38: 1386-1407.
79. S. Brown; K. Eisenhardt, 1998, *Competing on the Edge*, Boston: Harvard Business School Press.
80. R. D'Aveni, 1994, *Hypercompetition*, Nova York: Free Press; A. Ilinitch; R. D'Aveni; A. Lewin, 1996, New organizational forms and strategies for managing in hypercompetitive environments, *OSc*, 7: 211-220.

81. R. Amit; P. Shoemaker, 1993, Strategic assets and organizational rent, *SMJ*, 14: 33-46.
82. S. Lippman; R. Rumelt, 2003, The payments perspective, *SMJ*, 24: 903-927.
83. N. Argyres, 1996, Evidence on the role of firm capabilities in vertical integration decisions, *SMJ*, 17: 129-150.
84. J. Dyer; H. Singh, 1998, The relational view, *AMR*, 23: 660-679; A. Lado; N. Boyd; S. Hanlon, 1997, Competition, cooperation, and the search for economic rents, *AMR*, 22: 110-141; G. Lorenzoni; A. Lipparini, 1999, The leveraging of interfirm relationships as a distinctive organizational capability, *SMJ*, 20: 317-338; A. Madhok; S. Tallman, 1998, Resources, transactions, and rents, *OSc*, 9: 326-339; J. Masters; G. Miles, 2002, Predicting the use of external labor arrangements, *AMJ*, 45: 431-442; S. Matusik; C. Hill, 1998, The utilization of contingent work, knowledge creation, and competitive advantage, *AMR*, 23: 680-698; S. McEvily; S. Das; K. McCabe, 2000, Avoiding competence substitution through knowledge sharing, *AMR*, 25: 294-311; S. McGaughey, 2002, Strategic interventions in intellectual asset flows, *AMR*, 27: 248-274.
85. L. Araujo; A. Dubois; L. Gadde, 1993, The multiple boundaries of the firm, *JMS*, 40: 1255-1277; A. Madhok, 2002, Reassessing the fundamentals and beyond, *SMJ*, 23: 535-550.
86. R. Coff, 2003. Bidding wars over R&D-intensive firms, *AMJ*, 46: 74-85; R. Makadok, 2003, Doing the right thing and knowing the right thing to do, *SMJ*, 24: 1043-1056; A. Sharma, 1997, Professional as agent, *AMR*, 22: 758-798.
87. M. W. Peng; T. Buck; I. Filatotchev, 2003, Do outside directors and new managers help improve firm performance? An exploratory study in Russian privatization, *JWB*, 38 (4): 348-360.
88. M. Blyler; R. Coff, 2003, Dynamic capabilities, social capital, and rent appropriation: Ties that split pies (p. 684), *SMJ*, 24: 677-686.
89. J. Boddewyn, 1997, Is international business a distinct field of inquiry? No and yes, but life goes on, In: B. Toyne; D. Nigh (eds.), *International Business: An Emerging Vision* (p. 639-644), Columbia: University of South Carolina Press; M. W. Peng, 2004, Identifying the big question in international business research, *JIBS*, 35 (2): 99-108.
90. Penrose, 1959, *The Theory of the Growth of the Firm*; C. Bartlett; S. Ghoshal, 1993, Beyond the M-form: Toward a managerial theory of the firm, *SMJ*, 14: 23-46.
91. S. Alvarez; L. Busenitz, 2001, The entrepreneurship of resource-based theory, *JM*, 27: 755-776; A. Lockett; S. Thompson, 2001, The resource-based view and economics, *JM*, 27: 723-754; T. Powell; A. Dent-Micallef, 1997, Information technology as competitive advantage, *SMJ*, 18: 375-406; M. Russo; P. Fouts, 1997, A resource-based perspective on corporate environmental performance and profitability, *AMJ*, 40: 534-559; R. Srivastava; L. Fahey; H. K. Christensen, 2001, The resource-based view and marketing, *JM*, 27: 777-802; P. Wright; B. Dunford; S. Snell, 2001, Human resources and the resource-based view of the firm, *JM*, 27:701-722.
92. Adaptado de Barney, 2002, *Gaining and Sustaining Competitive Advantage* (p. 185).
93. Adaptado de R. Hoskisson; M. Hitt; R. D. Ireland, 2004, *Competing for Advantage* (p. 126), Cincinnati: Thomson South-Western.

CAPÍTULO 4

Enfatizando instituições, culturas e ética

Sumário

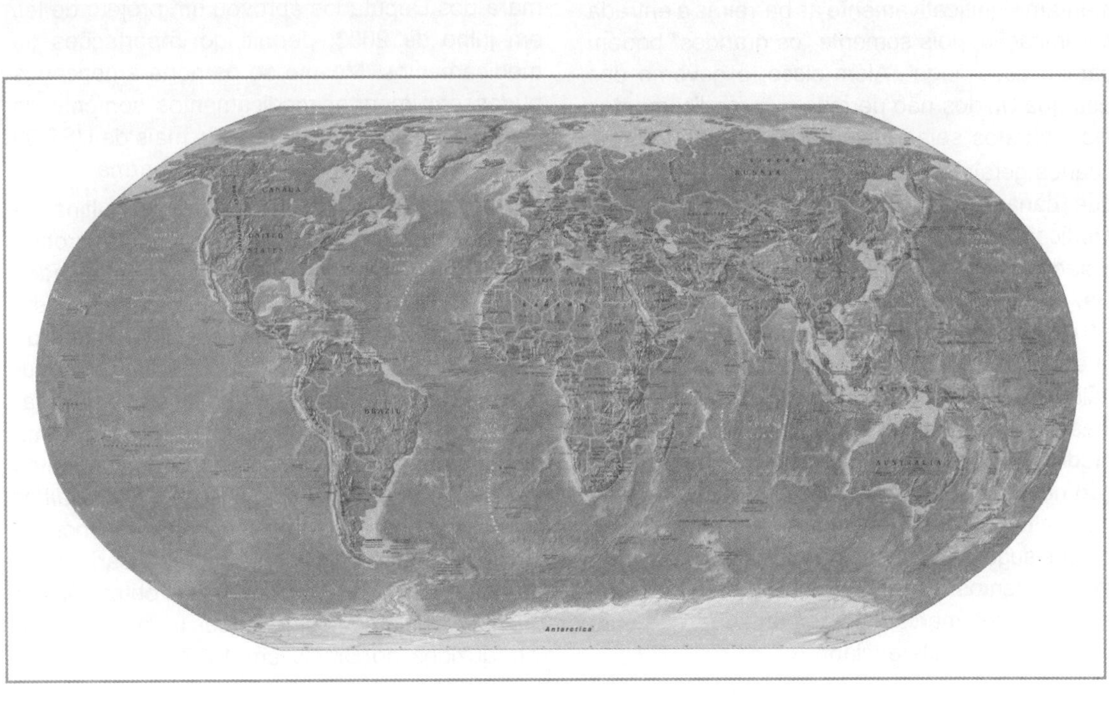

Caso de Introdução: Por Trás da Rentabilidade da Indústria Farmacêutica

A indústria farmacêutica é dominada por grandes empresas multinacionais, coletivamente conhecidas como Big Pharma. Dentre elas estão: Merck (http://www.merck.com), Eli Lilly *(http://www.lilly.com)*, Bristol-Myers Squibb *(http://www.bms.com)* e Pfizer *(http://www.pfizer.com)*, dos Estados Unidos; GlaxoSmithKline *(http://www.gsk.com)* e Wellcome *(http://www.wellcome.ac.uk)*, da Grã-Bretanha; e Hoffman La Roche *(http://www.roche.com)*, Ciba Geigy *(http://www.ciba.com)*, Novartis *(http://www.novartis.com)* e Sandoz *(http://www.sandoz.com)*, da Suíça. Caracterizada por seu investimento implacável em pesquisa e desenvolvimento (P&D), essa indústria é uma das mais lucrativas do mundo.

Ainda que a estrutura industrial e os recursos empresariais possam esclarecer o que está por trás do desempenho invejável das empresas multinacionais da indústria farmacêutica, o papel dos quadros gerais institucionais parece ser igualmente importante. Por exemplo, o governo dos Estados Unidos contribui para que essas multinacionais obtenham grandes lucros. As exigências para a aprovação de novos medicamentos impostas pelo FDA (Food and Drug Administration – órgão governamental dos Estados Unidos) são as mais rigorosas do mundo e aumentam significativamente as barreiras à entrada e à imitação, pois somente "os grandes" podem bancar esse "jogo". Além disso, o governo dos Estados Unidos não permite que medicamentos mais baratos sejam importados. Os norte-americanos geralmente pagam mais que o dobro do que canadenses ou europeus pelos mesmos medicamentos desenvolvidos e produzidos nos Estados Unidos (Tabela 4.1). Como conseqüência, os norte-americanos gastam cerca de US$ 240 bilhões por ano com medicamentos, mais do que Canadá, França, Alemanha, Grã-Bretanha, Itália, Japão e Espanha juntos. Pessoas mais velhas e mais pobres, que não possuem convênios médicos – aproximadamente 15% da população norte-americana – acabam pagando preços mais altos. Esses diferenciais internacionais de preços sugerem que não há mercado global para medicamentos. Em vez disso, no âmbito nacional, há vários mercados fragmentados, cada um com seu preço diferenciado.

Em outros lugares do mundo, a mão de certos governos também é evidente. Na Grã-Bretanha, o ministro da saúde negocia diretamente com fabricantes de medicamentos, dando margens de lucro diferentes a cada um deles. Empresas britânicas e estrangeiras com trabalhos de pesquisa e desenvolvimento intensos no país conseguem negociar tendo maiores margens de lucro com relação às empresas estrangeiras que simplesmente exportam para o país. No Japão, o Ministério da Saúde, do Trabalho e do Bem-estar Social negocia os preços com as empresas. Entretanto, uma vez fixado, o preço não pode mudar durante toda a vida útil do medicamento. Conseqüentemente, embora os custos de fabricação tendam a cair em razão das economias de escala, os preços permanecem iguais. Portanto, no Japão, os medicamentos mais antigos – e não os mais novos – obtêm as maiores margens de lucro.

Segundo a *Business Week*, "hoje, a maioria dos preços de medicamentos não é determinada pelos mercados, mas sim pelo poder de influência política". Atualmente, esse modelo comercial está sob fogo cruzado. Quase todas as comunidades de aposentados dos Estados Unidos estão importando medicamentos mais baratos do Canadá – principalmente pela internet. A Câmara dos Deputados aprovou um projeto de lei, em julho de 2003, permitindo importações de medicamentos. Mesmo se os norte-americanos pudessem importar medicamentos somente do Canadá, a economia já seria de mais de US$ 38 bilhões por ano – à custa da Big Pharma.

Ao mesmo tempo, as empresas multinacionais da indústria farmacêutica enfrentam problemas relacionados a países pobres, infestados por doenças como a Aids, malária e tuberculose. Tais países requerem que seus fabricantes de medicamentos sejam licenciados a fim de produzir versões mais baratas e genéricas de medicamentos atualmente patenteados, em detrimento dos interesses dos proprietários das patentes – a chamada "licença compulsória". Os *royalties* simbólicos que essas multinacionais receberiam pelas licenças dificilmente compensariam os grandes lucros que deixariam de obter. Desde que os medicamentos genéricos para Aids foram introduzidos no Brasil, em 1997, as empresas

TABELA 4.1 Preços ao Redor do Mundo dos Mesmos Medicamentos Desenvolvidos nos Estados Unidos (2003)

Medicamentos Desenvolvidos nos Estados Unidos	LIPITOR	ZOLOFT	VIOXX	NEXIUM
Vendas globais em 2002	$7,97 bilhões	$2,74 bilhões	$2,53 bilhões	$1,98 bilhão
Por prescrição médica	20 mg, 30 tabletes	50 mg, 30 tabletes	25 mg, 30 tabletes	20 mg, 28 cápsulas
Preços nos Estados Unidos	$93,99	$69,99	$78,99	$112,00
Preços no Canadá	$70,74	$55,30	$47,49	$74,87
Preços no México	$88,74	Não é vendido	$56,33	$63,46
Preços na França	$54,45	$28,96	$49,01	$44,35
Preços na Índia (genéricos)	$7,50	$2,24	$2,60	$2,09

multinacionais tiveram de baixar seus preços em até 65%. A Índia, além de fabricá-los para consumo doméstico, exporta uma variedade de medicamentos genéricos. O México tem intenção de fazer o mesmo.

A Big Pharma está lutando contra essas ameaças. Empresas afirmam que suas fontes de inovação irão secar caso suas patentes não sejam protegidas. Além disso, sugerem que a legalização da importação de medicamentos nos Estados Unidos aumentará a crescente ameaça dos medicamentos falsificados, que podem pôr a vida dos pacientes em risco. As empresas do setor também temem que medicamentos baratos, vendidos em países pobres, tragam conseqüências a países ricos e que tal diferenciação global de preços dê mais munição aos governos dos países pobres para cortarem os preços internos dos medicamentos. Na prática, consumidores em países ricos, especialmente nos Estados Unidos, subsidiariam consumidores de outras partes do mundo. À medida que os consumidores norte-americanos ficam cada vez mais "doentes" por terem de pagar mais, países pobres requerem que seus consumidores sejam mais subsidiados. De um ponto de vista ético, a Big Pharma não consegue combater doenças tropicais, aplicando suas descobertas em pesquisa e desenvolvimento, pois a solução para tais doenças oferece pouco (ou nenhum) lucro potencial para países ricos. Em resposta a isso, a GlaxoSmithKline e a Novartis estabeleceram recentemente novas unidades a fim de desenvolver medicamentos contra doenças tropicais e anunciaram que, exceto os louros pela responsabilidade social corporativa (ver capítulo "Definido estratégias cpm responsabilidade social corporativa", on-line), não esperam lucrar com esses novos empreendimentos.

Fontes: Baseado em (1) *Business Week*, 2003, Rethinking the drug business, 11 de agosto: 108; (2) J. Carey, 2003, Why do we pay more? *Business Week*, 11 de agosto: 26-28; (3) *Economist*, 2003, Exotic pursuits, 1º de fevereiro: 52; (4) *Economist*, 2003, Where the money is, 26 de abril: 53-54; (5) R. Gilmartin, 2003, Drug coverage: Good and bad prescriptions, *Business Week*, 8 de setembro: 12; (6) R. Henderson, L. Orsenigo; G. Pisano, 1999, The pharmaceutical industry (p. 267-311), in *Sources of Industrial Leadership*, eds. D. Mowery; R. Nelson, Cambridge: Cambridge University Press; (7) F. Rothaermel, 2003, personal communication, 29 de agosto; (8) G. Smith, 2003, Drugmakers feel the heat in Mexico, *Business Week*, 11 de agosto: 28.

O que determina as estratégias e o desempenho das empresas na indústria farmacêutica? O que está por trás da rentabilidade historicamente alta dessa indústria? O que dizer sobre seu futuro? É evidente que as perspectivas baseadas em indústrias e em recursos, introduzidas no Capítulo 2 e no Capítulo 3, embora esclarecedoras, não são suficientes para responder a essas intrigantes questões. É difícil acreditar que a Big Pharma se tornaria tão lucrativa sem as barreiras à entrada impostas pelo governo. Da mesma forma, é plausível supor que as grandes margens de lucro da Big Pharma diminuiriam diante da competição mais acirrada, permitida pelos governos nacional e estrangeiro. As estratégias e o desempenho da empresa são, em grande parte, determinados por instituições, conhecidas popularmente como "as regras do jogo" de uma sociedade. Em outras palavras, a forma com a qual as empresas vão competir nesse jogo e ganhar (ou perder), pelo menos em parte, depende das regras estabelecidas e reforçadas. Popularizada desde os anos de 1990, essa visão baseada em instituições, que abrange instituições, culturas e ética, surgiu como uma das três principais perspectivas em estratégia, permitindo que estrategistas apreciem melhor o "cenário" em que a competição ocorre.

Este capítulo, em primeiro lugar, introduz a visão baseada em instituições; em segundo, discute o papel estratégico exercido pela cultura e pela ética e, posteriormente, examina um modelo de resposta estratégica. Discussões e implicações finalizam o capítulo.

TABELA 4.2 Dimensões das Instituições

Grau de Formalidade	Exemplos	Pilares de Sustentação
Instituições formais	▪ Leis ▪ Regulamentações ▪ Regras	▪ Regulamentário (coercitivo)
Instituições informais	▪ Normas ▪ Culturas ▪ Ética	▪ Normativo ▪ Cognitivo

Compreendendo instituições

Esta seção introduz o conceito de instituições, discute suas funções e enfatiza suas habilidades de diminuir a incerteza.

Definições

Baseado na metáfora "regras do jogo", o prêmio Nobel Douglas North define **instituições** mais formalmente como "instrumentos de repressão criados pelos homens a fim de estruturar a interação humana.[1]" Richard Scott, importante sociólogo, define instituições como "estruturas e atividades regulamentárias, normativas e cognitivas que dão estabilidade e significado ao comportamento social."[2]

Um **quadro geral institucional** é constituído de instituições formais e informais que dirigem o comportamento dos indivíduos e das empresas, as quais são, por sua vez, sustentadas por três "pilares".[3] A Tabela 4.2 introduz os três pilares: regulamentário, normativo e cognitivo – o primeiro sustenta instituições formais e os outros dois, instituições informais. Entre as **instituições formais** estão leis, regulamentações e normas (como políticas de competição e regulamentação, regimes de direitos de propriedade intelectual, leis contratuais e suas execuções). O primeiro pilar de sustentação dessas instituições – o **pilar regulamentário** – é o poder coercitivo dos governos. Por exemplo, eles decretam e reforçam leis de direitos autorais. Qualquer um que as violar, independente de quão incomuns ou novas sejam as tecnologias, corre o risco de ser punido, como demonstrado pela sanção severa imposta a indivíduos que baixavam e compartilhavam músicas on-line ilegalmente nos Estados Unidos. As severas multas para tal violação chegam a US$ 150 mil *por música* copiada.[4]

Por outro lado, dentre as **instituições informais** estão normas, culturas e ética. Os dois principais pilares de sustentação dessas instituições são o normativo e o cognitivo. Pelo fato de as normas estabelecerem como as coisas devem ser feitas, o **pilar normativo** refere-se a como valores, crenças e normas de jogadores relevantes influenciam no comportamento dos indivíduos e das empresas. Por exemplo, considerando-se algumas normas novas, como nomear diretores independentes do quadro ou investir em economias emergentes, como China e México, muitas empresas ocidentais costumam imitar umas às outras, sem que compreendam como tais mudanças funcionam.[5] Em outro exemplo, enquanto o individualismo permeia as normas competitivas nos Estados Unidos, ações coletivas, geralmente em forma de grupos comerciais (como os *keiretsu* japoneses ou os *chaebol* coreanos), estão na base das normas econômicas na Ásia. Os asiáticos, baseados na confiança, vêem os relacionamentos entre indivíduos e empresas como normais e benéficos; os norte-americanos, por sua vez, descreveriam os mesmos relacionamentos como sendo conluios. Apesar do recente interesse em relacionamentos de confiança,[6] a existência de leis *antitruste* (no inglês, "*trust*" significa confiança) no Ocidente indica as diferenças nas normas de comportamento nos negócios (ver Capítulo 8).

O **pilar cognitivo** refere-se aos valores e crenças, internalizados e convencionados, que dirigem o comportamento dos indivíduos e das empresas. Por exemplo, pessoas denunciaram a Enron e algumas prisões do exército norte-americano no Iraque em razão do que acreditavam ser certo e errado.[7] Embora muitos outros funcionários e soldados também não se sentissem confortáveis com as más condutas organizacionais, as normas os forçavam a não expressar suas opiniões. Essencialmente, delatores escolhem seguir suas crenças internalizadas sobre o que é certo, passando por cima das normas, segundo as quais é melhor que fiquem calados.[8]

Estratégia em Ação 4.1.

Enfrentando a Incerteza Institucional na Argentina

A Argentina, embora rica em recursos naturais e humanos, passou por drásticos altos e baixos caracterizados pela falta de certeza institucional. A crise mais recente desse país ocorreu em 2002, quando seu PIB caiu 15%, o desemprego aumentou 23% e irromperam-se agitações. A crise de 2002 foi causada pela inadimplência do governo com relação à dívida pública de US$ 155 bilhões, um recorde mundial. O governo, ávido por maximizar as receitas, mudou bruscamente o direcionamento da economia – retomou o controle do Banco Central e voltou a regular os preços dos serviços de utilidade pública privatizados. Todos os ativos em dólar, apesar de possuírem garantias legais de segurança, foram simplesmente convertidos em pesos por um novo decreto do governo; isso fez que, em poucos meses, o peso desvalorizasse quatro vezes mais em relação ao dólar. O congelamento das contas bancárias – essencialmente, o confisco direto de todo o dinheiro depositado, por um período indeterminado – visava controlar o colapso total do sistema bancário. Com essa medida, o dinheiro sumiu de circulação. A quebra da cadeia de pagamentos entre consumidores, empresas e fornecedores fez a economia entrar em "coma". É claro que um dos principais atributos para a sobrevivência de uma empresa é a flexibilidade, a saber, a adaptação rápida a mudanças. Entretanto, até mesmo empresas flexíveis precisam de ambientes mais estáveis. Praticamente todos os políticos e executivos entrevistados reclamaram da falta de regras econômicas claras e confiáveis e enfatizaram a importância de a Argentina ser mais "previsível", caso quisesse recuperar a confiança de investidores domésticos e estrangeiros.

Fontes: Baseado em (1) A. Carrera; L. Mesquita; G. Perkins; R. Vassolo, 2003, Business groups and their corporate strategies on the Argentine roller coaster of competitive and anti-competitive shocks, *Academy of Management Executive*, 17: 32-44; (2) A. Carrera; J. Quiroga, 2003, Marcelo Arguelles, presidente do Grupo de Empresas Farmacêuticas Sidus, on Argentine competitiveness, *Academy of Management Executive*, 17: 51-55; (3) L. traverso; J. Quiroga, 2003, Luis Pagani, presidente do Grupo Arcor, on the globalization of Argentine firms, *Academy of Management Executive*, 17: 56-59.

O que as Instituições Fazem?[9]

Embora as instituições exerçam várias funções, a principal delas é *reduzir a incerteza*. De forma mais específica, as instituições influenciam as tomadas de decisão dos indivíduos, sinalizando quais condutas são aceitáveis e quais não o são. As instituições também afetam as estratégias das empresas, restringindo o número de ações aceitáveis. Basicamente, as instituições definem o que é (ou não) legítimo.[10] A redução da incerteza é muito importante porque ela pode ser devastadora. A incerteza política pode fazer que planejamentos de longo prazo se tornem obsoletos. A incerteza econômica, como não concluir transações segundo o que regem os contratos, pode resultar em perdas econômicas. A Argentina, em 2002, foi um caso extremo de incertezas políticas e econômicas e seus impactos devastadores nas empresas (Estratégia em Ação 4.1).

A incerteza em transações econômicas pode levar a **custos de transação**, definidos como custos associados a transações econômicas ou – de um modo mais amplo – custos para fazer negócios. Oliver Williamson, importante teórico, cita o atrito em sistemas mecânicos: "As engrenagens estão conectadas e lubrificadas? Há algum deslizamento dispensável ou outro tipo de perda de energia?" Ele se utiliza disso para sugerir que os custos de transação podem ser considerados "a parte econômica dos atritos: as partes, em intercâmbio, operam em harmonia ou há desentendimentos e conflitos constantes?"[11]

Uma importante origem de custos de transação é o **oportunismo**, definido como "interesses próprios buscados com astúcia."[12] Iludir, enganar e confundir a outra parte em uma transação são exemplos de oportunismo. Na tentativa de reduzir esses custos de transação não triviais, os modelos institucionais facilitam estratégias que aumentem a certeza, ditando as regras do jogo de forma que desvios (como disputas de contratos) sejam mitigados com certa facilidade (por meio de arbitragens e tribunais formais, por exemplo). Em outras palavras, modelos institucionais fornecem importantes hipóteses de planejamentos estratégicos.[13]

Sem modelos institucionais estáveis, os custos de transação podem se tornar proibitivamente altos a ponto de algumas transações deixarem de ocorrer. Por exemplo, na falta de modelos institucionais confiáveis que os protejam, investidores domésticos talvez prefiram investir fora do país e investidores estrangeiros prefiram investir em "pastos mais verdes" em outro lugar.[14] Consideremos a indústria de petróleo na Argentina. Em 1955, o governo cancelou os contratos internacionais fechados pelo presidente anterior, Perón, em 1952. O presidente posterior firmou novos contratos em 1958, anulados em 1963 por outro presidente. As companhias de petróleo estrangeiras foram convidadas a retornar, em 1966; a se retirar, em 1973; e, após 1976,[15] foram novamente encorajadas a entrar no mercado. Não é de se surpreender que as companhias de petróleo estrangeiras tenham perdido o entusiasmo com relação às perspectivas na Argentina. Com base nessas lições, a maioria dos governos compete entre si a fim de fornecer aos investidores modelos institucionais mais interessantes.[16] As normais globais estão se tornando cada vez mais amigáveis com relação a investidores estrangeiros (ver capítulos 1 e 6).

Como as Instituições Reduzem a Incerteza?

Ao redor do mundo, há dois tipos principais de instituições – informais e formais – que reduzem a incerteza em transações econômicas. Geralmente chamado de **contrato relacional**, o primeiro tipo de transação econômica é conhecido como **intercâmbio personalizado, informal e baseado no relacionamento**. Em muitas partes do mundo, não há necessidade de vales ou documentos escritos quando se pega dinheiro emprestado de um amigo. Quando você ou, pior, seu amigo insiste em pedir tal documento, isso pode ser interpretado como uma ofensiva falta de confiança. Como você se comprometeu a pagar a dívida, seu amigo acredita – essa transação é governada por normas informais e crenças cognitivas subjacentes à amizade. Se você for oportunista e fugir com o dinheiro, sua reputação será arruinada e você perderá não somente esse amigo mas, pelo boca-a-boca, também perderá os outros amigos que poderiam lhe emprestar dinheiro no futuro.

Entretanto, além dos benefícios da amizade, há os custos – quanto tempo gasta com seus amigos e quantos presentes já lhes deu? No gráfico (Figura 4.1), em T1, os custos de um contrato relacional são altos (ponto A) e os benefícios, poucos (ponto B), pois é necessária a construção de fortes redes sociais, por meio de um processo que demanda tempo e recursos, para que as partes se conheçam bem (indo à escola juntas, por exemplo). Se os relacionamentos passarem pela prova do tempo, os benefícios podem superar os custos. Com o passar do tempo, quando a escala e o escopo das transações informais aumentam, os custos por transação baixam (de A a C e, posteriormente, a E) e os benefícios aumentam (de B a C e, posteriormente, a D), pois a ameaça do oportunismo é limitada pelo volume de sanções informais que podem ser impostas contra os oportunistas, se necessário.[17] A demanda por reforços dispendiosos e formais de terceiros (como vales, documentos ou contratos formais, emitidos por advogados e reconhecidos por governos) é pequena. Portanto, entre T2 e T3, você e seus amigos – e a economia, no âmbito coletivo – provavelmente se beneficiarão de tais contratos relacionais.[18]

Passado T3, entretanto, os custos de tal método, aos poucos, sobrepujarão os benefícios, pois "quanto maiores a variedade e a quantidade de intercâmbios, mais complexos serão os tipos de acordos a serem feitos e, portanto, mais difíceis de serem realizados" informalmente.[19] De forma mais específica, a quantidade e a força dos laços que um indivíduo, ou uma empresa, pode possuir são limitadas. Em outras palavras, quantos melhores amigos cada pessoa (ou empresa) pode ter? Ninguém pode dizer que tem cem *melhores* amigos (não importando a definição de "melhor amigo"). Quando o regime de reforço informal é fraco, a confiança pode ser explorada e abusada com facilidade. O que você faria se seu (dito) amigo pegasse dinheiro emprestado de você e depois se recusasse a pagar ou simplesmente desaparecesse? Como conseqüência, o limite de contratos relacionais é provavelmente alcançado em T3. A partir de T4, os custos superam os benefícios de forma gradativa.

Geralmente denominadas **transações *arm's-length*** (transações nas quais as partes mantêm certa distância), a segunda forma institucional de governar os relacionamentos é o **intercâmbio impessoal, formal e baseado na regra, com reforço de terceiros.** À medida que a economia se expande, a escala e o escopo das transações aumentam (muitos empreendedores desejam mais dinheiro emprestado para abrir seus negócios), tornando necessário o reforço de terceiros por meio de instituições formais de suporte ao mercado. Como demonstrado na Figura 4.2, os custos iniciais por transação são altos, em razão dos altos custos das instituições formais. Os serviços dos sistemas de tribunais, da polícia e dos escritórios de advocacia são dispendiosos. Cidades pequenas geralmente não podem arcar com esses serviços e não precisam deles. Com o passar do tempo, entretanto, reforços de terceiros facilitam a ampliação de mercados, pois possibilitam que partes não familiares, pessoas que não são suas amigas e que não ousariam negociar com você, adquiram a confiança necessária para fazer negócios com você (e com outros); ou seja, com um modelo institucional formal adequado, você (e sua empresa) pode emprestar dinheiro de bancos locais, de outros estados ou, até mesmo, estrangeiros. Portanto, instituições formais de suporte ao mercado propiciam o aumento de novas entradas (como todos os incentivos que você e seus amigos empreendedores podem encontrar e todas essas financeiras que fazem empréstimos) por meio da diminuição dos custos de transação. Conseqüentemente, empresas crescem e economias se expandem.

FIGURA 4.1 Custos e Benefícios do Intercâmbio Personalizado, Informal e Baseado no Relacionamento

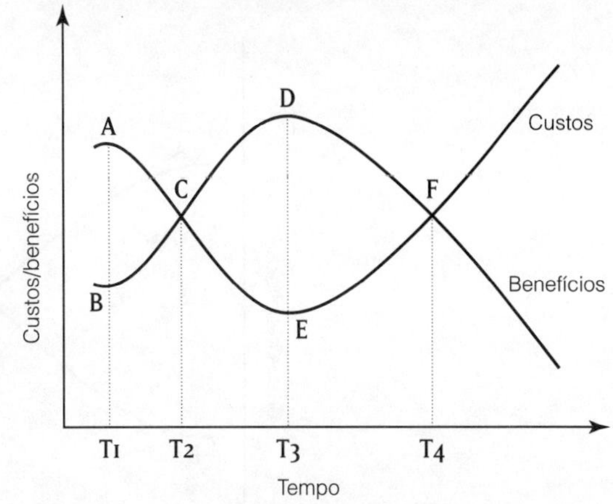

Fonte: M. W. Peng, 2003, Institutional transitions and strategic choices (p. 279), *Academy of Management Review*, 28 (2): 275-296. Copyright © 2003. Reimpressa com permissão de Academy of Management Review via Copyright Clearance Center.

Não há nada que prove que as instituições formais são melhores que as informais, pois em muitas situações a demanda por instituições formais não é evidente. Ambas são complementares. Contratos relacionais possuem vantagem quando o tamanho da economia é limitado – imaginemos a economia de uma pequena cidade, onde todos se conhecem. A desvantagem dos contratos relacionais está na possibilidade de as empresas se prenderem aos relacionamentos já estabelecidos e não darem oportunidade a jogadores novos e inexperientes; dessa forma, criam barreiras à entrada. À medida que a complexidade das transações aumenta, negociações informais, dentro de um grupo, tornam-se mais difíceis – pensemos em uma cidade ou em uma economia nacional; seria muito difícil impor sanções informais a oportunistas. Já as transações *arm's-length* ajudam a superar essas barreiras, pois grupos outrora distantes (empresas, comunidades e até países) reúnem-se para desfrutar dos ganhos advindos de complicadas negociações a longas distâncias. Essas transações baseadas na regra tornam-se, portanto, cada vez mais atraentes à medida que novos participantes começam a jogar. Uma economia global não pode operar somente com instituições informais. Isso explica o surgimento, nas últimas cinco décadas, de instituições formais internacionais, como o Banco Mundial (*http://www.worldbank.org*), o Fundo Monetário Internacional (*http://www.imf.org*), a Organização para Cooperação e Desenvolvimento Econômico (*http://www.oecd.org*) e a Organização Mundial do Comércio (*http://www.wto.org*), e de instituições regionais, como a União Européia (*http://www.europa.eu.int*).

As interações entre instituições e empresas, que reduzem os custos de transação, moldam a atividade econômica. Além disso, as instituições não são estáticas. As **transições institucionais**, definidas como "mudanças fundamentais e amplas introduzidas nas regras formais e informais do jogo, que afetam a organização dos jogadores",[20] estão espalhadas pelo mundo, em especial nas economias emergentes. As transições institucionais em algumas economias emergentes, como aquelas que estão passando da centralização para a competição de mercado (p. ex., China, Polônia e Rússia), são tão penetrantes que esses países são chamados de **economias de transição** (um subconjunto de "economias

FIGURA 4.2 Custos e Benefícios do Intercâmbio Impessoal, Formal e Baseado na Regra

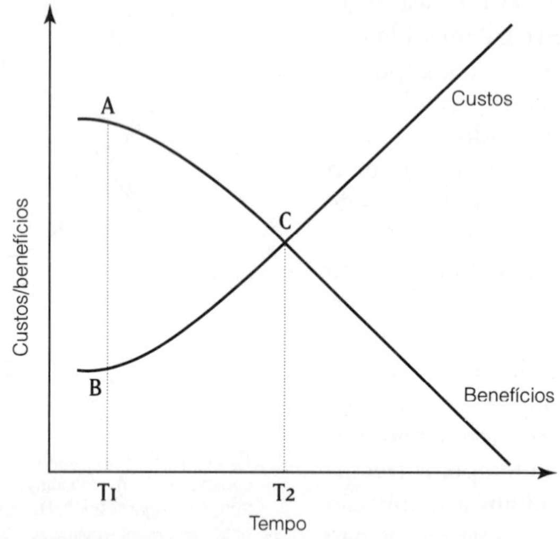

Fonte: M. W. Peng, 2003, Institutional transitions and strategic choices (p. 280), *Academy of Management Review*, 28 (2): 275-296. Copyright © 2003. Reimpressa com permissão de Academy of Management Review via Copyright Clearance Center.

emergentes"). Administradores, que estão fazendo escolhas estratégicas durante tais transições, devem considerar a natureza dos quadros gerais institucionais e suas transições (ver Caso 8, on-line), perspectiva que será introduzida a seguir.

Uma visão de estratégia baseada em instituições

De início, esta seção fornece uma síntese da visão de estratégia baseada em instituições, que recentemente se juntou às visões baseadas em indústrias e em recursos, já estabelecidas, para formar um "tripé" de importantes perspectivas. Na seqüência, são discutidas as duas proposições centrais da visão baseada em instituições.

Síntese

Historicamente, a maior parte da literatura sobre estratégia, como exemplificado pelas visões baseadas em indústrias e em recursos, não aborda o relacionamento específico entre as escolhas estratégicas e os quadros gerais institucionais. Para se ter certeza, a influência do "ambiente" foi comentada. Entretanto, uma visão do "ambiente de operações", centrada em variáveis econômicas, como demanda de mercado e mudança tecnológica, dominou grande parte dos trabalhos existentes sobre estratégia.[21]

Por exemplo, consideremos o influente modelo do "diamante" de Porter, segundo o qual a vantagem competitiva de diferentes indústrias, em diferentes nações, depende de quatro fatores que formam um "diamante"[22] (Figura 4.3). Primeiro: **estratégia, estrutura e rivalidade das empresas** dentro de um país são as mesmas previstas pela visão baseada em indústrias, abordada no Capítulo 2. Por exemplo, uma das razões pelas quais a indústria de aparelhos eletrônicos do Japão é tão competitiva no âmbito *global* é a rivalidade *doméstica* que enfrenta, provavelmente a mais intensa do mundo. Segundo: a **dotação de fatores** refere-se ao conjunto de repertórios naturais e humanos. Alguns países (como a Arábia Saudita) são ricos em recursos naturais, mas pouco populosos; outros (como Cingapura e Coréia do Sul) possuem populações bem instruídas, mas poucos recursos naturais. Terceiro: as **indústrias relacionadas e sustentadoras** fornecem a base sobre a qual outras importantes indústrias obterão sucesso. A excelência global da indústria farmacêutica suíça anda de mãos dadas com sua indústria de tinturas. Finalmente, uma **demanda doméstica** consistente impulsiona empresas a escalarem novas alturas a fim de satisfazer tal demanda. Por que a indústria cinematográfica norte-americana é tão competitiva no âmbito mundial? Uma das razões é que os cinéfilos norte-americanos demandam o melhor em "sexo e violência" (dois temas universalmente vendáveis, se trabalhados da maneira correta). Ávidos por satisfazer a demanda doméstica, os estúdios de cinema lançaram *O Retorno da Múmia*, após *A Múmia* e *O Exterminador do Futuro 3*, após *O Exterminador do Futuro 1* e *2* – filmes ainda mais empolgantes que as produções anteriores. Porter alega que a combinação desses quatro fatores explica o que está por trás da vantagem competitiva das principais indústrias globais em diferentes países.

Embora interessante, críticos postulam que o modelo do "diamante" ignora as histórias e instituições.[23] Entre os estrategistas, Porter não está sozinho. Até pouco tempo, raras vezes acadêmicos olhavam além do ambiente de operações (para descobrir, por exemplo, o que está *por trás* da rivalidade entre as empresas).[24] Considerando-se que a maioria das pesquisas centra-se em economias de mercado, o modelo institucional, baseado no mercado, foi relegado a segundo plano – na verdade, nenhum outro livro sobre estratégia dedicou um capítulo inteiro, como este, a instituições.

Como os profissionais já perceberam há muito tempo, essa omissão é imprópria, pois escolhas estratégicas – como as da Big Pharma – são tomadas e restritas dentro de quadros gerais institucionais, em economias desenvolvidas (ver Caso de Introdução). Atualmente, esse raciocínio é ainda mais importante, já que é crescente o número de empresas que fazem negócios no exterior, em especial empresas ocidentais que estão entrando com freqüência em economias emergentes não ocidentais. As impressionantes diferenças institucionais entre economias desenvolvidas e emergentes levam a visão baseada em instituições à vanguarda das discussões sobre estratégia.[25] Como demonstrado na Figura 4.4, a visão baseada em instituições centra-se na interação dinâmica entre instituições e empresas e considera as escolhas estratégicas resultado de tais interações. De forma mais específica, as escolhas estratégicas não são somente dirigidas pela estrutura industrial e pela capacidade empresarial, como

FIGURA 4.3 O Diamante de Porter: Determinantes da Vantagem Competitiva Nacional

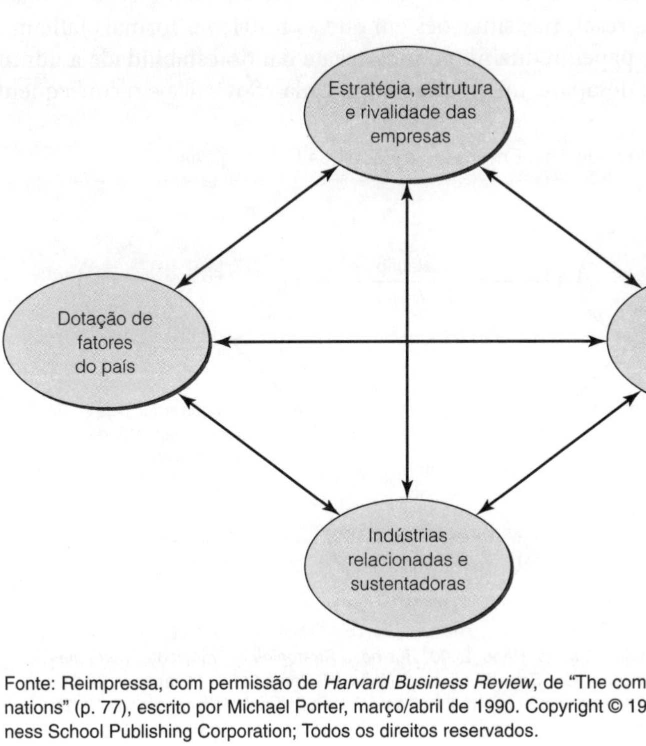

Fonte: Reimpressa, com permissão de *Harvard Business Review*, de "The competitive advantage of nations" (p. 77), escrito por Michael Porter, março/abril de 1990. Copyright © 1990 por Harvard Business School Publishing Corporation; Todos os direitos reservados.

enfatizado pelo pensamento estratégico tradicional, mas também refletem as restrições formais e informais exercidas por um quadro geral institucional específico.[26]

Instituições vêm sendo reconhecidas como mais do que condições secundárias, e muitos acreditam que as "instituições determinam *diretamente* quais setas uma empresa possui em sua aljava ao bravamente formular e implementar estratégias e criar vantagem competitiva".[27] Atualmente, a idéia de que as "instituições contam" não é mais nova ou polêmica. A seguir, pode-se compreender melhor *de que forma* as instituições contam.

Duas Proposições Centrais

A visão baseada em instituições sugere duas proposições centrais. Primeira, administradores e empresas buscam *racionalmente* seus interesses e fazem escolhas estratégicas dentro de restrições institucionais. Na indústria farmacêutica (ver Caso de Introdução), enquanto o quadro geral nos Estados Unidos incentiva uma estratégia centrada em inovações, que levam a maiores ganhos, o quadro geral institucional no Japão *desincentiva* inovações, que tornam antigos medicamentos obsoletos – lá, medicamentos mais antigos costumam ser os mais lucrativos. Ambas as estratégias são perfeitamente racionais, dentro de seus quadros gerais institucionais específicos.

Em outro exemplo, milhares de empresas pelo mundo têm seguido uma estratégia para lidar com falsificações (ver Caso de Conclusão). Embora esse seja um fenômeno alarmante, que preocupa muitas empresas em economias emergentes, o segredo para compreender essa estratégia é perceber que administradores e empreendedores que decidem por essa estratégia não são monstros amorais, mas gente comum. Tomaram uma decisão *racional* (pelo menos, segundo seus pontos de vista), considerando o ambiente institucional com pouca proteção intelectual e a disponibilidade de algumas capacidades de fabricação e distribuição.[28] Embora empresas e governos em economias desenvolvidas condenem essa estratégia, as falsificações não estão restritas aos países pobres. Segundo a publicação *Economist*, "olhando para trás, há um ou dois séculos, muitos dos atuais defensores ferrenhos dos direitos de propriedade intelectual, na Europa e nos Estados Unidos, estavam ocupados fazendo exatamente o mesmo".[29] Obviamente, sugerir que a estratégia de falsificação é racional não nega o fato de essa ser antiética e ilegal. Entretanto, sem a compreensão de sua base institucional, fica difícil tomar medidas defensivas.

A segunda proposição afirma que, embora a combinação de instituições formais e informais reja o comportamento das empresas, nas situações em que as restrições formais falham, as restrições informais exercem um *grande* papel, reduzindo a incerteza e dando estabilidade a administradores e empresas. Por exemplo, com o desaparecimento da antiga União Soviética e o conseqüente colapso de

FIGURA 4.4 Instituições, Empresas e Escolhas Estratégicas

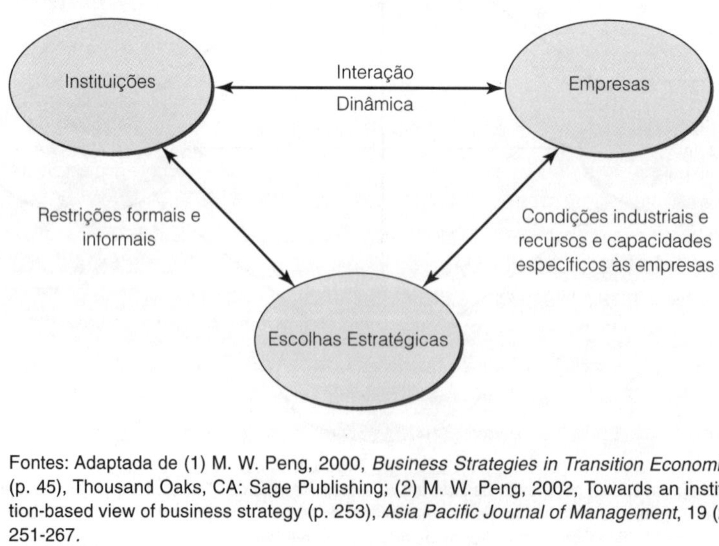

Fontes: Adaptada de (1) M. W. Peng, 2000, *Business Strategies in Transition Economies* (p. 45), Thousand Oaks, CA: Sage Publishing; (2) M. W. Peng, 2002, Towards an institution-based view of business strategy (p. 253), *Asia Pacific Journal of Management*, 19 (2): 251-267.

seu regime institucional formal, foram as restrições informais (baseadas nos relacionamentos e contatos pessoais – chamados *blat*, em russo) entre administradores e funcionários que facilitaram muito o crescimento de empresas empreendedoras.[30]

Muitos observadores acreditam que confiar em contatos informais seja uma estratégia relevante somente a empresas em economias emergentes, e que empresas em economias desenvolvidas sigam apenas estratégias baseadas no mercado. Isso está longe de ser verdade. Mesmo em economias desenvolvidas, regras formais compõem uma pequena (embora importante) parte das restrições institucionais, já que as restrições informais estão espalhadas por todos os lados. Da mesma forma que empresas competem nos mercados de produtos, competem no mercado político, caracterizado por relacionamentos informais.[31] As empresas com melhores relacionamentos colhem benefícios significativos. Por exemplo, em 2003, a Halliburton Company, da qual Dick Cheney, atual vice-presidente dos Estados Unidos, foi diretor-executivo e presidente do conselho de 1995 a 2000, fechou um lucrativo contrato de reconstrução da infra-estrutura do Iraque sem que houvesse licitação obrigatória. Conseqüentemente, sua receita aumentou de US$ 500 milhões, em 2002, para impressionantes US$ 3,9 bilhões, em 2003.[32] Um estudo concluiu que, quando executivos são designados pelo governo norte-americano, em geral, o valor das ações de suas empresas sobe significativos 2%, e algumas empresas experimentam aumentos de até 14%.[33] É evidente que o mercado de capitais influencia esses relacionamentos.

Basicamente, mesmo se uma empresa não for líder no preço, na diferenciação ou no foco, ainda terá a chance de ganhar a competição em outra arena, a saber, o ambiente político, que não é de mercado, mas sim caracterizado por relacionamentos informais.[34] Em muitos países, quando tudo sai errado, empresas sofisticadas (ou desesperadas) no aspecto político podem punir competidores estrangeiros por **dumping** (definido como a venda abaixo do custo) e geralmente contar com a proteção de seus governos (ver Capítulo 8). Um estudo constatou que a mobilização de recursos políticos, a fim de arquivar petições *antidumping*, é uma estratégia muito lucrativa, que resulta em 200% de retorno em investimentos (multas legais para o arquivamento) para as empresas norte-americanas; outro estudo relata que o simples *arquivamento* desses processos resulta em um aumento, do valor de mercado, de US$ 46 milhões, para as empresas norte-americanas relacionadas.[35] Utilizando a linguagem baseada em recursos, os ativos políticos podem ser muito valiosos, raros e de difícil imitação.

O papel estratégico da cultura

Embora haja centenas de livros e milhares de artigos sobre as culturas do mundo, esta seção tratará dos aspectos estratégicos das culturas. Em um primeiro momento, definiremos cultura; depois, ressaltaremos suas cinco dimensões; por fim, associaremos as culturas às escolhas estratégicas das companhias.

Definição de Cultura

Embora haja muitas definições de cultura, utilizaremos a proposta do maior especialista do mundo em cruzamento de culturas, o professor holandês Geert Hofstede. Ele define **cultura** como "a programação coletiva da mente que distingue os membros de um grupo ou de uma categoria de pessoas pertencentes a outros grupos ou outras categorias".[36] Embora a maioria dos livros sobre negociações internacionais e comércio citem a cultura (geralmente enumerando detalhes sobre, por exemplo, como apresentar cartões de visita no Japão ou beber vodca na Rússia), praticamente todos os livros sobre estratégia a ignoram. Estratégia geralmente é associada a "números duros"; já a cultura é considerada "branda" demais. Infelizmente, essa crença é limitada em se tratando da economia global vigente.[37] Sem citar os inúmeros "como" (modos de comportamento que certamente são importantes, mas podem ser encontrados em outros lugares), trabalharemos com o papel *estratégico* da cultura.

Antes de prosseguir, dois pontos devem ser destacados a fim de minimizar as confusões. Primeiro, embora seja comum falar de uma cultura norte-americana ou de uma cultura brasileira, não há correspondência estrita entre cultura e Estados-Nação. Dentro dos Estados Unidos, há inúmeras subculturas, como a asiático-americana. O mesmo ocorre em países multiétnicos, como a Bélgica, a China, a Índia, a Indonésia, a Rússia, a África do Sul e a Suíça.[38] Segundo, há várias camadas de cultura, como culturas regionais, étnicas e religiosas. Dentro de uma empresa, pode ser encontrada uma cultura organizacional específica (como a da Toyota). Confirmando a validade desses dois pontos, seguiremos Hofstede com relação à utilização do termo "cultura" significando cultura *nacional* – exceto quando alguma outra orientação seja notificada. Embora imperfeita, essa abordagem é tanto uma questão de conveniência como uma reflexão sobre as realidades institucionais do mundo, que consiste em mais de 200 Estados-Nação, impondo quadros gerais institucionais diferentes.

Cinco Dimensões da Cultura

Embora haja várias formas de identificar dimensões de cultura,[39] o trabalho de Hofstede exerceu, sem dúvida, a maior influência. Ele e seus colaboradores propuseram cinco dimensões (Tabela 4.3). Primeira, **distância do poder**, é o grau de desigualdade social. Por exemplo, nos Estados Unidos, os subordinados costumam chamar seus chefes pelo primeiro nome, reflexo de uma distância do poder relativamente pequena. Embora esse chefe, Maria ou João, ainda tenha o poder de demiti-lo, a distância parece ser menor do que se devesse chamá-los de Sra. Y ou Dr. Z. Em Copenhague, na Dinamarca, país com uma das menores distâncias do poder, nenhum portão ou cerca separa o palácio real (vigiado somente por um soldado) da praça real, onde veículos e pessoas transitam regularmente. Um outro exemplo, ainda mais impressionante, da pequena distância do poder, ocorreu com o rei da Suécia, que fazia compras de Natal para sua família (ato extremamente incomum em outros lugares). A vendedora pediu-lhe a carteira de identidade, a fim de que ele pudesse utilizar seu cartão de crédito. O rei não a possuía e a vendedora não se dissuadiu pelos argumentos dos outros compradores, que diziam "ele é o nosso rei, ele estava na televisão" – até que o rei encontrou, no fundo de seu bolso, uma moeda com seu rosto estampado, a identificação mais autêntica possível (!).

Segunda, o **individualismo** refere-se à perspectiva de que a identidade de um indivíduo é fundamentalmente sua, ao passo que o **coletivismo** refere-se à idéia de que a identidade de um indivíduo é baseada na identidade da comunidade à qual pertence (como a família, a cidade ou a empresa). Em sociedades individualistas (sendo a principal delas os Estados Unidos), os laços entre os indivíduos são relativamente fracos e as realizações e liberdades individuais são bastante valorizadas. Em oposição, em sociedades coletivistas (como as de muitos países da África, Ásia e América Latina), os laços entre os indivíduos são fortes.

Terceira, as dimensões masculina *versus* feminina referem-se à *diferenciação* entre os papéis dos diferentes sexos. Em todas as sociedades tradicionais, geralmente os homens ocupam cargos que exigem assertividade, como político, soldado e executivo. As mulheres, por outro lado, costumam ter profissões afetivas, como professora e enfermeira, além de cuidarem da casa. Sociedades extremamente machistas (sendo a principal delas o Japão) ainda mantêm uma diferenciação acentuada, já que homens têm "trabalhos de homens" e mulheres, "trabalhos de mulheres". Sociedades menos machistas (sendo a principal delas a Suécia) são caracterizadas pela penetração substancial de ambos os sexos em ocupações tradicionais do sexo oposto. Cada vez mais, mulheres entram para a carreira política, científica e militar (como mostrado no filme *Até o Limite da Honra*), ao passo que homens assumem funções como as de enfermeiro, professor e *dono de casa*.

Quarta, a **aversão à incerteza** refere-se ao ponto máximo até o qual membros de diferentes culturas aceitam situações ambíguas e toleram a incerteza. Membros de culturas com muita aversão à incerteza (sendo a principal delas a Grécia) dão valor a empregos seguros, padrões de carreira e benefícios de aposentadoria. São resistentes a mudanças que, por definição, são incertas. Culturas com pouca aversão à incerteza (sendo a principal delas Cingapura) caracterizam-se por uma maior disposição a correr riscos e menor resistência a mudanças.[40]

Finalmente, a **orientação de longo prazo** enfatiza a perseverança e a economia visando a uma melhoria no futuro. A China, que possui os mais antigos registros históricos contínuos do mundo (cerca de 4 mil anos), encabeça a lista, seguida por seus vizinhos da Ásia oriental. Por outro lado, membros de sociedades com orientação de curto prazo (a principal delas, dentro de uma amostra de 23 países, é o Paquistão), preferem resultados relativamente rápidos e gratificações instantâneas.

As dimensões de Hofstede são interessantes e instrutivas. Embora não sejam perfeitas,[41] representam um *ponto de partida* para estrategistas que querem entender o papel estratégico da cultura.

TABELA 4.3 Dimensões da Cultura Segundo Hofstede[a]

	1. Distância do Poder	2. Individualismo	3. Machismo	4. Aversão à Incerteza	5. Orientação de Longo Prazo
1	Malásia (104)	Estados Unidos (91)	Japão (95)	Grécia (112)	China (118)
2	Guatemala (95)	Austrália (90)	Áustria (79)	Portugal (104)	Hong Kong (96)
3	Panamá (95)	Reino Unido (89)	Venezuela (73)	Guatemala (101)	Taiwan (87)
4	Filipinas (94)	Canadá (80)	Itália (70)	Uruguai (100)	Japão (80)
5	México (81)	Países Baixos (80)	Suíça (70)	Bélgica (94)	Coréia do Sul (75)
6	Venezuela (81)	Nova Zelândia (79)	México (69)	El Salvador (94)	Brasil (65)
7	Países árabes (80)	Itália 76)	Irlanda (68)	Japão (92)	Índia (61)
8	Equador (78)	Bélgica (75)	Jamaica (68)	Iugoslávia (88)	Tailândia (56)
9	Indonésia (78)	Dinamarca (74)	Reino Unido (66)	Peru (87)	Cingapura (48)
10	Índia (77)	Suécia (71)	Alemanha (66)	França (86)	Países Baixos (44)
11	África ocidental (77)	França (71)	Filipinas (64)	Chile (86)	Bangladesh (40)
12	Iugoslávia (76)	Irlanda (70)	Colômbia (64)	Espanha (86)	Suécia (33)
13	Cingapura (74)	Noruega (69)	África do Sul (63)	Costa Rica (86)	Polônia (32)
14	Brasil (69)	Suíça (68)	Equador (63)	Panamá (86)	Alemanha (31)
15	França (68)	Alemanha (67)	Estados Unidos (62)	Argentina (86)	Austrália (31)
16	Hong Kong (68)	África do Sul (65)	Austrália (61)	Turquia (85)	Nova Zelândia (30)
17	Colômbia (67)	Finlândia (63)	Nova Zelândia (58)	Coréia do Sul (85)	Estados Unidos (29)
18	El Salvador (66)	Áustria (55)	Grécia (57)	México (82)	Grã-Bretanha (25)
19	Turquia (66)	Israel (54)	Hong Kong (57)	Israel (81)	Zimbábue (25)
20	Bélgica (65)	Espanha (51)	Argentina (56)	Colômbia (80)	Canadá (23)
21	África oriental (64)	Índia (48)	Índia (56)	Venezuela (76)	Filipinas (19)
22	Peru (64)	Japão (46)	Bélgica (54)	Brasil (76)	Nigéria (16)
23	Tailândia (64)	Argentina (46)	Países árabes (53)	Itália (75)	Paquistão (0)
24	Chile (63)	Irã (41)	Canadá (52)	Paquistão (70)	
25	Portugal (63)	Jamaica (39)	Malásia (50)	Áustria (70)	
26	Uruguai (61)	Brasil (38)	Paquistão (50)	Taiwan (69)	
27	Grécia (60)	Países árabes (38)	Brasil (49)	Países árabes (68)	
28	Coréia do Sul (60)	Turquia (37)	Cingapura (48)	Equador (67)	
29	Irã (58)	Uruguai (36)	Israel (47)	Alemanha (65)	
30	Taiwan (58)	Grécia (35)	Indonésia (46)	Tailândia (64)	
31	Espanha (57)	Filipinas (32)	África ocidental (46)	Irã (59)	
32	Paquistão (55)	México (30)	Turquia (45)	Finlândia (59)	
33	Japão (54)	África oriental (27)	Taiwan (45)	Suíça (58)	
34	Itália (50)	Iugoslávia (27)	Panamá (44)	África ocidental (54)	
35	Argentina (49)	Porto Rico (27)	Irã (43)	Países Baixos (53)	
36	África do Sul (49)	Malásia (26)	França (43)	África oriental (52)	
37	Jamaica (45)	Hong Kong (25)	Espanha (42)	Austrália (51)	
38	Estados Unidos (40)	Chile (23)	Peru (42)	Noruega (50)	
39	Canadá (39)	África ocidental (20)	África oriental (41)	África do Sul (49)	
40	Países Baixos (38)	Cingapura (20)	El Salvador (40)	Nova Zelândia (49)	
41	Austrália (36)	Tailândia (20)	Coréia do Sul (39)	Indonésia (48)	
42	Costa Rica (35)	El Salvador (19)	Uruguai (38)	Canadá (48)	
43	Alemanha (35)	Coréia do Sul (18)	Guatemala (37)	Estados Unidos (46)	
44	Reino Unido (35)	Taiwan (17)	Tailândia (34)	Filipinas (44)	
45	Suíça (34)	Peru (16)	Portugal (31)	Índia (40)	
46	Finlândia (33)	Costa Rica (15)	Chile (28)	Malásia (36)	
47	Noruega (31)	Paquistão (14)	Finlândia (26)	Reino Unido (35)	
48	Suécia (31)	Indonésia (14)	Iugoslávia (21)	Irlanda (35)	

(continua)

TABELA 4.3 (continuação)

	1. Distância do Poder	2. Individualismo	3. Machismo	4. Aversão à Incerteza	5. Orientação de Longo Prazo
49	Irlanda (28)	Colômbia (13)	Costa Rica (21)	Hong Kong (29)	
50	Nova Zelândia (22)	Venezuela (12)	Dinamarca (16)	Suécia (29)	
51	Dinamarca (18)	Panamá (11)	Países Baixos (14)	Dinamarca (23)	
52	Israel (13)	Equador (8)	Noruega (8)	Jamaica (13)	
53	Áustria (11)	Guatemala (6)	Suécia (8)	Cingapura (8)	

a. Quando a pontuação é a mesma, os países são listados por ordem alfabética. Países árabes, África oriental e África ocidental são grupos que englobam vários países. Alemanha e Iugoslávia referem-se às antigas Alemanha ocidental e Iugoslávia, respectivamente.

Fontes: Adaptada de G. Hofstede, 1997, *Cultures and Organizations: Software of the Mind* (p. 26, 53, 84, 113, 166), Nova York: McGraw-Hill. Os dados sobre as primeiras quatro dimensões foram baseados em pesquisas realizadas com funcionários da IBM, durante o período de 1968-1972, primeiramente publicados em G. Hofstede, 1980, *Culture's Consequences,* Beverly Hills, CA: Sage Publishing. Os dados da quinta dimensão foram baseados em pesquisas realizadas com estudantes, durante os anos de 1980, primeiramente publicados em The Chinese Culture Connections, 1987, Chinese values and the search for culture-free dimensions of culture, *Journal of Cross-Cultural Psychology,* 18: 143-164.

Culturas e Escolhas Estratégicas

Muitas escolhas estratégicas são compatíveis com as dimensões culturais de Hofstede. Por exemplo, administradores em países com grandes distâncias do poder, como França e Itália, tendem a centralizar mais a autoridade. Portanto, quando empresas francesas e italianas estabelecem subsidiárias no exterior, é mais provável que exerçam um controle societário majoritário (do que minoritário).[42] Em outro exemplo, a solicitação, por parte dos administradores, da opinião e participação dos subordinados na tomada de decisões, prática comum em países ocidentais com pequena distância do poder, é considerada como falta de liderança e confiança em países onde há grande distância do poder, como Egito, Índia, México e Rússia.[43]

O individualismo e o coletivismo também afetam as escolhas estratégicas. Individualistas, as empresas norte-americanas costumam diferenciar-se, ao passo que as coletivistas empresas japonesas tendem a convergir em algumas posições defensivas.[44] Pelo fato de os empreendedores estarem, na maioria das vezes, dispostos a correr mais riscos, as sociedades individualistas incentivam mais empreendimentos, ao passo que o coletivismo resulta em níveis de empreendimentos mais baixos.[45] Ao trabalharem em parceria, individualistas confiam mais na proteção dada por contratos formais, ao passo que coletivistas dão maior ênfase ao entendimento informal.[46]

Da mesma forma, as dimensões masculinas e femininas trazem consigo implicações estratégicas. No nível individual, o típico administrador de uma sociedade machista é "assertivo, decidido e 'agressivo' (somente nesse tipo de sociedade essa palavra carrega uma conotação positiva)", ao passo que, em sociedades feministas, esse administrador é "menos visível, intuitivo em vez de decidido e acostumado a buscar decisões consensuais".[47] No nível econômico, países machistas (como o Japão) possuem relativa vantagem na produção em massa, a saber, fabricação eficiente, qualificada e rápida de produtos. Países feministas (como a Dinamarca) possuem uma relativa vantagem na fabricação personalizada, em pequena escala.[48]

A aversão à incerteza também está relacionada ao comportamento estratégico. Administradores em países com pouca aversão à incerteza (como a Grã-Bretanha) confiam mais em experiência e treinamento, ao passo que administradores em países com muita aversão à incerteza (como a China) confiam mais em regras e procedimentos.[49] Por exemplo, o desastre em um vôo da Swissair, em 1998, foi um indicativo de muita aversão à incerteza. Os pilotos, notando a presença de fumaça na cabine, conduziram a aeronave até o mar para descarregar um pouco do combustível antes de tentarem um pouso de emergência. Infelizmente, a aeronave explodiu ao cair no mar e todos os que estavam a bordo morreram. A polêmica surgiu com a seguinte questão: os pilotos deveriam ter tentado aterrissar mesmo com o excesso de combustível (que poderia causar uma explosão)? Embora falar seja fácil, pilotos norte-americanos disseram que os pilotos da Swissair deveriam ter pousado assim que notaram a fumaça na cabine. Funcionários dessa empresa alegaram que os pilotos seguiram estritamente as regras escritas. Comentaristas norte-americanos disseram que, nessas circunstâncias, os pilotos deveriam ter feito um julgamento mais independente a despeito das regras – em outras palavras, "as regras existem para serem quebradas durante emergências como essa", típica atitude regida pelas normas de aceitação da incerteza dos norte-americanos. Os funcionários da Swissair, por outro lado, acreditam que "as regras existem justamente para tais emergências".[50]

Além disso, é provável que culturas com orientação de longo prazo incentivem empresas com grandes horizontes em se tratando de planejamento estratégico. Por exemplo, a Estratégia em Ação 1.1, no Capítulo 1, apresenta o plano de 250 anos de Matsushita. Embora esse seja um caso extremo, em geral empresas japonesas e coreanas costumam ter mais disposição a abrir mão de lucros em curto prazo a fim de investir em um maior *market share*, que resulta, em longo prazo, em ganhos financeiros.[51] Por outro lado, empresas ocidentais tendem a centrar-se nos lucros em curto prazo (em geral trimestrais).[52] Recentemente, algumas empresas ocidentais *diminuíram* seus horizontes de planejamento (de 10 a 15 anos para cinco anos ou menos, nas grandes companhias de petróleo; ver Caso de Conclusão, no Capítulo 10).

Evidências apontam a importância estratégica da cultura.[53] A sensibilidade com relação às diferenças culturais pode não só ajudar estrategistas a compreender melhor o que ocorre em outras partes do mundo, como também a evitar erros estratégicos. Por exemplo, não é de surpreender que poucos consumidores latino-americanos se interessaram pelo Nova, da Chevrolet, pois em espanhol o nome desse carro significa "não vá". Já um fabricante chinês tentou exportar ao Ocidente baterias de uma marca chamada White Elephant (a expressão "elefante branco" designa algo pouco prático, que dá muito trabalho e é incômodo). Outro exemplo, mais sério, é a Mitsubishi Motors que, vinda do Japão (líder na dimensão masculina de cultura), encontrou vários problemas ao operar nos Estados Unidos, onde muitas mulheres estão no mercado de trabalho (há indicativos de um nível da dimensão feminina ligeiramente mais alto). Em 1998, a divisão norte-americana da Mitsubishi pagou US$ 34 milhões para cobrir acusações de assédio sexual.

As diferenças no cruzamento de culturas podem ser tão interessantes quanto antiéticas e ilegais – tudo depende dos modelos institucionais em que as empresas estão inseridas. Portanto, é necessário que estrategistas atuais e em potencial estejam atentos à importância da ética de negócios, tema introduzido a seguir.

O papel estratégico da ética

De início, esta seção define ética segundo uma perspectiva estratégica e discute seu impacto. Dá-se, posteriormente, ênfase especial à administração da ética no exterior. A seção é finalizada por uma discussão sobre a relação entre ética e corrupção.

Definição e Impacto da Ética

A **ética** refere-se a normas, princípios e padrões de conduta que governam o comportamento dos indivíduos e das empresas.[54] A ética não só é parte importante das instituições *informais*, mas também está refletida profundamente em leis e regulamentações *formais*. Considerando-se que as leis refletem os mínimos padrões de conduta de uma sociedade, o que é ético e o que é legal são conceitos que se confundem. Entretanto, o que é legal pode ser antiético. Por exemplo, demitir milhares de funcionários em razão de um *downsizing* (como fez Al Dunlap, apelidado de Al Serra Elétrica, e muitos outros administradores) é legal, mas considerado antiético.[55]

Embora, nos últimos anos, vários escândalos corporativos, como os da Enron, da WorldCom, da Royal Ahold e da Parmalat (ver Estratégia em Ação 11.1, no Capítulo 11), tenham ocorrido e levado a ética de negócios à vanguarda das discussões sobre estratégia, há duas décadas existe um movimento global crescente em busca de níveis de ética de negócios mais altos. No fim dos anos de 1980, cerca de 75 e 41% das grandes empresas dos Estados Unidos e da Europa, respectivamente, já haviam adotado códigos de conduta formais.[56] Mais de uma década depois, a maioria das grandes empresas, em economias desenvolvidas, já possuía tais códigos. A Ethics Officer Association (*http://www.eoa.org*), iniciada em 1992 com 12 membros, em 2004 contava com quase mil empresas associadas.

Há um debate sobre o que motiva as empresas a serem éticas. Uma visão *negativa* sugere que algumas empresas somente "pegam carona na onda" da ética por causa de pressões sociais a fim de parecerem mais legítimas sem, necessariamente, tornarem-se mais éticas. Uma visão *positiva* sustenta que algumas (embora não todas) empresas se motivam a "fazer a coisa certa", independentemente de pressões sociais.[57] Uma terceira visão, *instrumental*, acredita que a ética representa apenas um instrumento útil para a obtenção de maiores lucros.[58] Todas essas perspectivas, entretanto, concordam que a ética pode levantar ou derrubar uma empresa. Empresas cuja reputação é ética e confiável não ganham somente louros, mas também uma significativa vantagem competitiva, atraindo mais investidores, clientes e funcionários.[59]

Talvez a melhor forma de observar o valor estratégico da ética seja examinar o que ocorre após uma crise. Como um "fundo de *Goodwill*", o valor de uma reputação ética é *exaltado* no período de crise. Um estudo constatou que empresas norte-americanas mergulhadas em crises (como a Johnson & Johnson, no caso da adulteração do Tylenol, e o navio Exxon Valdez, no desastre do vazamento de óleo) sofreram uma queda do valor de mercado de, em média, 8% na primeira semana. Entretanto, passadas dez semanas, as ações de empresas com reputação ética, na verdade, *subiram* 5%, ao passo que as ações de empresas sem tal reputação caíram 15%.[60] Paradoxalmente, catástrofes permitem que as empresas mais éticas se destaquem. Por exemplo, após a crise econômica de 1998 na Rússia, o recém-nascido mercado de capitais começou a distinguir empresas mais bem geridas e éticas das menos éticas. Em 1999, havia uma diferença de 700 vezes entre o valor da empresa mais bem gerida (Vimpelcom, área de telecomunicações) e das últimas da lista (várias empresas do setor de petróleo).[61] Ao que parece, o resultado é: a ética compensa.

Lidando com Ética no Exterior

Administrar a ética no exterior é um grande desafio, pois o que é ético em um país pode ser antiético ou até mesmo ilegal em outro.[62] Por exemplo, ao lidar com funcionários com baixo desempenho que são os provedores de suas famílias, administradores coreanos tendem a ver sua manutenção como *ética*, e administradores norte-americanos tendem a ver sua manutenção como *antiética*.[63] Delatores, em sociedades coletivistas como o Japão, são considerados mais como traidores vis do que como grandes heróis. Na Nigéria, o comércio exterior ilegal é tão difundido que acaba sendo a norma.[64] As práticas competitivas da Microsoft, que sobreviveram a anos de julgamento e foram absolvidas pelas autoridades antitruste dos Estados Unidos, foram consideradas ilegais na União Européia. Enfrentando essas e inúmeras outras diferenças, como estrategistas atuais e em potencial devem se preparar para não se darem mal no exterior?

Segundo Thomas Donaldson, especialista em ética comercial, há duas linhas de pensamento que abordam os dilemas éticos no exterior.[65] A primeira, **relativismo ético**, refere-se a uma extensão do clichê: "Em Roma, faça como os romanos". E daí se funcionárias são discriminadas no Japão e na Arábia Saudita? Da mesma forma, quem se importa se os belgas não punem o comércio interno? Não é desse jeito que os "romanos" fazem em "Roma"? A segunda, **imperialismo ético**, refere-se à crença absoluta de que "há somente uma Ética (com a letra "e" maiúscula): a nossa". Ao redor do mundo, os norte-americanos têm fama de acreditar que seus valores éticos devem ser aplicados universalmente.[66] Em outras palavras, se a discriminação sexual e o comércio interno são errados nos Estados Unidos, também devem ser considerados errados no mundo todo. Do final da década de 1970 até o final da de 1990, os Estados Unidos eram o único país que punia suas empresas por subornar (ou fazer outros "pagamentos suspeitos" a) oficiais de governos estrangeiros. Em oposição, até o fim dos anos de 1990, muitos países da União Européia, como Áustria, França, Alemanha e Países Baixos, permitiam que fossem pagos subornos a oficiais estrangeiros, desde que declarados no imposto de renda (!) – exemplo claro de relativismo ético.

Na prática, entretanto, nenhumas dessas duas linhas de pensamento é realista. Levados ao extremo, o relativismo ético teria de aceitar qualquer prática de uma cultura diferente e o imperialismo ético causaria ressentimentos e reações em alguns locais. Donaldson sugere três princípios intermediários.

Primeiro, o *respeito à dignidade humana e aos direitos básicos* (como os referentes à saúde, à segurança e à necessidade de educação, em vez de trabalho, para os jovens) deve ser o preceito ético absoluto e mínimo de *todas* as operações pelo mundo.

Segundo, o *respeito às tradições locais* significa ter sensibilidade cultural. Se todo o tipo de propina for proibido, as empresas estrangeiras podem desistir de fazer negócios na China e no Japão. Ainda que contratar filhos e parentes de funcionários, em vez de candidatos mais qualificados, seja ilegal de acordo com as leis das oportunidades iguais dos Estados Unidos, companhias indianas adotam o nepotismo como parte dos benefícios do funcionário, que ajudam a fortalecer sua lealdade. O que as companhias norte-americanas, estabelecendo subsidiárias na Índia, deveriam fazer? Donaldson adverte que esse nepotismo não é necessariamente errado – pelo menos, na Índia.

Por fim, o *respeito ao contexto institucional* exige compreensão cuidadosa das instituições locais. Códigos de conduta que proíbem o suborno não são muito úteis, a não ser que venham acompanhados de diretrizes com relação à escala e ao escopo das propinas adequadas àquele local. Por exemplo, a Rhone-Poulenc Rorer, empresa francesa de produtos farmacêuticos, solicitou às subsidiárias estrangeiras que adicionassem informações locais complementares a seu amplo código de conduta corporativo. Esses três princípios, embora longe de serem perfeitos, têm ajudado administradores a tomarem decisões a fim de que suas empresas (e eles próprios) se sintam relativamente confortáveis.

Ética e Corrupção

A ética é importante, pois ajuda no combate à **corrupção**, que costuma ser definida como o abuso do poder público a fim de obter benefícios privados, geralmente em forma de suborno (em dinheiro ou em espécie).[67] A corrupção perverte a base da competição, que deve se fundamentar em produtos e serviços, causando má alocação dos recursos e reduzindo a velocidade do desenvolvimento econômico[68] (ver Estratégia em Ação 4.2). Segundo a Transparency International (*http://www.transparency.org*), localizada na Alemanha e provavelmente a ONG anticorrupção mais influente, economias mais ricas e desenvolvidas tendem a ser menos corruptas que países mais pobres, em desenvolvimento (ver Tabela 4.4). A correlação entre altos níveis de corrupção e baixos níveis de desenvolvimento econômico é grande. Alguns indícios sustentam a idéia de que a corrupção desestimula investimentos diretos externos.[69] Por exemplo, se o nível de corrupção em Cingapura (que é muito baixo) aumentasse até o nível do México (que está em uma posição intermediária), o efeito negativo nos investimentos diretos externos provavelmente seria o mesmo do que o causado pelo aumento de 50% (!) nos impostos.[70]

Entretanto, há paradoxos como a China e a Indonésia. Apesar de um suposto alto nível de corrupção, em 2002 a China tornou-se a maior receptora de investimentos diretos externos do mundo. Outro caso é a Indonésia, cujo ex-presidente, Suharto, apelidado de "Sr. Dez Por Cento", pelo conhecido (e transparente!) suborno esperado de empresas estrangeiras, pago a ele ou a membros de sua família. Contudo, a Indonésia também recebe muitos investimentos diretos externos. Há duas possíveis explicações para a popularidade da China e da Indonésia como destinos de investimentos diretos externos. Primeira, o vasto potencial dessas duas economias, a partir das recentes reformas, sobrepuja as desvantagens de lidar com a corrupção.[71] Segunda, as principais empresas que investem na China e na Indonésia são as de Hong Kong e Taiwan e as do Japão, respectivamente. Essas empresas, embora estejam relativamente "corretas", não estão entre os países "mais corretos" (Tabela 4.4). Portanto, segundo um estudo, é provável que "a exposição à corrupção doméstica deixe lições que ensinem as companhias a lidar com a corrupção no exterior e, dessa forma, tais companhias adquiram habilidades que ajudem no desenvolvimento de certa vantagem competitiva".[72]

Se isso for verdade, não é de surpreender que muitas empresas norte-americanas reclamem de discriminações injustas em virtude da *Foreign Corrupt Practices Act* – FCPA (Lei Contra Práticas de Corrupção no Exterior), lei norte-americana aprovada em 1977. Também ressaltam que o suborno costumava ser descontado no imposto de renda, em muitos países europeus, pelo menos até o final dos anos de 1990. Por outro lado, considera-se que tal lei fornece às empresas norte-americanas uma *arma* ética na luta contra a corrupção. A lei permite que administradores norte-americanos digam a oficiais estrangeiros corruptos: "gostaríamos de lhe pagar, mas se o fizermos, seremos presos. Por isso

Estratégia em Ação 4.2.

Guinness na África: Lubrificando os Motores do Comércio com Cerveja

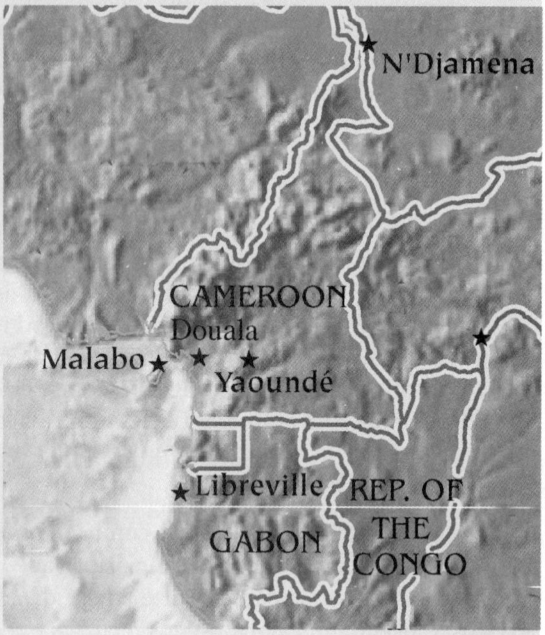

A Guinness (*http://www.guinness.ie*), importante fabricante de cerveja multinacional, localizada na Irlanda, opera uma cervejaria em Douala, principal cidade portuária de Camarões, país da África ocidental. Pelo fato de as estradas, que desaparecem no período das chuvas, serem péssimas, é impossível fazer entregas "imediatas". A fábrica tem de manter um estoque para 40 dias. No início do período das chuvas, atacadistas precisam fazer um estoque para cinco meses. Entretanto, o maior problema não são as estradas, mas os policiais gananciosos que fazem batidas nas estradas do país. Uma entrega em uma cidade que ficava a 500 km de distância - aproximadamente a distância entre Nova York e Pittsburgh - demorou quatro dias, durante os quais o caminhão foi parado em comandos 47 vezes (!). Policiais corruptos examinaram os documentos na tentativa de encontrar erros e verificaram os extintores de incêndio, as luzes de freio e os espelhos - tudo em nome da segurança nas estradas. Alguns não fizeram nada além de pedir alguma coisa. Costuma-se pedir dinheiro, mas o item mais disponível naquele momento era, naturalmente, cerveja. Ao final de sua jornada, o caminhão chegou com apenas ⅔ da carga original. Apesar desses desafios administrativos incomuns, a Guinness é muito lucrativa em Camarões, quinto maior mercado, após a Grã-Bretanha, a Irlanda, a Nigéria e os Estados Unidos. Em Camarões, a empresa obtém um retorno, em capital, de saudáveis 16% e as vendas cresceram 14% ao ano, nos últimos cinco anos. Os que mais perdem são os consumidores locais, em especial os que vivem no interior. Uma garrafa de Guinness, vendida a US$ 0,53 em Douala, custa US$ 0,68 em uma cidade mais a leste; um aumento de 28% pelos altos custos de transporte e por causa do suborno.

Fontes: Baseado em (1) *Economist*, 2002, The road to hell is unpaved, 21 de dezembro: 37-39; e (2) http://www.guinness.ie (acesso em 1º de setembro de 2003).

não podemos lhe pagar". Até pouco tempo, empresas de outros países não possuíam essa arma. Há indícios de que essa lei não deixa as empresas norte-americanas em desvantagem no exterior.[73]

Entretanto, mesmo com a lei contra práticas de corrupção no exterior, nada prova que as empresas norte-americanas são mais éticas que outras. Essa lei surgiu em virtude da investigação, nos anos de 1970, de muitas empresas norte-americanas corruptas - sendo a Lockheed a mais notória, uma grande empresa aeroespacial que subornou oficiais japoneses. Há exceções nessa lei, como as pequenas gorjetas a fim de liberar mercadorias na aduana. Em 1995, a Lockheed foi condenada novamente, dessa vez por subornar oficiais egípcios. O mais alarmante é que um estudo recente realizado pelo Banco Mundial constatou que, apesar de a lei contra práticas de corrupção no exterior ter sido criada há mais de duas décadas, as empresas norte-americanas "exibem sistematicamente níveis cada vez mais *altos* (grifo do autor) de corrupção", em comparação a outras empresas da Organização para Cooperação e Desenvolvimento Econômico (OCDE).[74]

Parece justo que a FCPA seja considerada uma arma institucional na luta contra a corrupção no mundo. Entretanto, apesar de seu "viés" *regulamentário* formal, por muito tempo não houve nem o pilar *normativo*, nem o *cognitivo* - dois apoios a menos no tripé que sustenta qualquer instituição.

TABELA 4.4 Ranking da Corrupção segundo a Transparency International

	Índice de Corrupção: os 22 Países menos Corruptos, dentre 133 (10: Muito Corretos — 0: Muito Corruptos)		Corrupção: os 22 Países mais Corruptos, dentre 133 (10: Muito Corretos - 0: Muito Corruptos)		Índice de Subornos: Propensão a Pagamento de Subornos das Empresas Estrangeiras dos 21 Países a Seguir (10: Pequena Propensão — 0: Grande Propensão)
1	Finlândia (9,7)	1	Bangladesh (1,3)	1	Austrália (8,5)
2	Islândia (9,6)	2	Nigéria (1,4)	2	Suécia (empate) (8,4)
3	Dinamarca (empate) (9,5)	3	Haiti (1,5)		Suíça (empate) (8,4)
	Nova Zelândia (empate) (9,5)	4	Mianmar (empate) (1,6)	4	Áustria (8,2)
5	Cingapura (9,4)		Paraguai (empate) (1,6)	5	Canadá (8,1)
6	Suécia (9,3)	6	Angola (empate) (1,8)	6	Países Baixos (empate) (7,8)
7	Países Baixos (8,9)		Azerbaijão (empate) (1,8)		Bélgica (empate) (7,8)
8	Austrália (empate) (8,8)		Camarões (empate) (1,8)	8	Reino Unido (6,9)
	Noruega (empate) (8,8)		Geórgia (empate) (1,8)	9	Cingapura (empate) (6,3)
	Suíça (empate) (8,8)		Tadjiquistão (empate) (1,8)		Alemanha (empate) (6,3)
11	Canadá (empate) (8,7)	11	Indonésia (1,9)	11	Espanha (5,8)
	Luxemburgo (empate) (8,7)	12	Quênia (1,3)	12	França (5,5)
	Reino Unido (empate) (8,7)	13	Costa do Marfim (empate) (2,1)	13	Japão (empate) (5,3)
14	Áustria (empate) (8,0)		Quirguistão (empate) (2,1)		Estados Unidos (empate) (5,3)
	Hong Kong (empate) (8,0)		Líbia (empate) (2,1)	15	Malásia (empate) (4,3)
16	Alemanha (7,7)		Papua-Nova Guiné (empate) (2,1)		Hong Kong (empate) (4,3)
17	Bélgica (7,6)	17	República do Congo (empate) (2,2)	17	Itália (4,1)
18	Irlanda (empate) (7,5)		Equador (empate) (2,2)	18	Coréia do Sul (3,9)
	Estados Unidos (empate) (7,5)		Iraque (empate) (2,2)	19	Taiwan (3,8)
20	Chile (7,4)		Serra Leoa (empate) (2,2)	20	China (3,5)
21	Israel (empate) (7,0)		Uganda (empate) (2,2)	21	Rússia (3,2)
	Japão (empate) (7,0)		Bolívia (empate) (2,2)	22	Empresas Domésticas (1,9)

Fonte: Adaptada de Transparency International *Corruption Perceptions Index 2003* (primeiras duas colunas) e *Bribe Payers Index 2002* (terceira coluna), http://www.transparency.org (acesso em 19 de outubro de 2003).

Por muito tempo, pagar subornos e depois deduzi-los no imposto (!) parecia ser norma entre outras empresas da OCDE. Somente em 1997, uma convenção anti-suborno da OCDE (OECD Convention on Bribery of Foreign Public Officials) obrigou todos os países-membros (praticamente todas as economias desenvolvidas) a não só remover a dedutibilidade dos subornos no imposto de renda, mas também criminalizar tal comportamento. Se todos os países tratassem o suborno como crime e todos os investidores resistissem à corrupção, esse poder combinado a erradicaria. Entretanto, isso não ocorrerá até que legislações como a Lei Contra Práticas de Corrupção no Exterior sejam institucionalizadas *e* implementadas em todos os países.

O quadro geral de resposta estratégica

Em sua essência, a visão baseada em instituições centra-se em como as escolhas estratégicas, sob influências institucionais, espalham-se entre as empresas. Em outras palavras, como certas práticas (passar da competição com base no relacionamento para a competição com base no mercado; da insensibilidade cultural para a sensibilidade cultural; da aceitação de suborno para a rejeição) são *institucionalizadas*. A resposta de cada empresa leva a um quadro geral de resposta estratégica, caracterizado por quatro escolhas estratégicas: (1) reativa, (2) defensiva, (3) adaptativa e (4) proativa (ver Tabela 4.5).

Estratégia Reativa

A estratégia reativa é passiva. As empresas não se sentem compelidas a agir na ausência de desastres ou protestos. Mesmo quando surgem alguns problemas, a negação costuma ser a primeira forma de defesa. Em outras palavras, a necessidade de agir não é nem internalizada por meio de crenças cognitivas, nem uma norma na prática. Somente intensas pressões regulamentárias formais fazem que tais empresas entrem em ação. Por exemplo, a Ford Motor Company lançou o Ford Pinto* no início da década de 1970, sabendo que o tanque de combustível desse carro, por causa de uma grave falha no *design*, deixava-o suscetível a explosões, caso acontecesse uma colisão na parte traseira. A Ford não quis fazer uma revisão nos tanques de combustível, que custaria US$ 11 por carro, pois estimou que os custos monetários totais dessa revisão superariam três vezes os benefícios trazidos pelas supostas 180 vidas que seriam salvas. Obviamente, ocorreram acidentes e pessoas morreram e sofreram queimaduras nesse carro. Mesmo assim, por vários anos a Ford se recusou a retirar esse modelo de circulação, o que custou a vida de mais pessoas. Somente em 1978, em razão de intensas pressões formais, advindas do governo e de acusadores, e informais, advindas da mídia e de grupos de consumidores, a Ford recolheu 1,5 milhão de Ford Pintos fabricados entre 1970 e 1976.[75]

Estratégia Defensiva

Uma estratégia defensiva centra-se no consentimento regulamentário. Na ausência de pressões regulamentárias, as empresas costumam resistir às pressões que exijam mudanças em suas estratégias. Por exemplo, no início dos anos de 1990, a Nike foi acusada de utilizar "mão-de-obra escrava", sendo que tais incidentes, na verdade, ocorreram nas fábricas de seus fornecedores em Bangladesh, na Indonésia e no Vietnã. Embora essas fábricas não fossem da Nike, sua primeira declaração: "não fabricamos sapatos" não transmitiu nenhum tipo de responsabilidade ou entendimento éticos. Com relação aos baixos salários (por vezes denominados "salário-escravo" ou "salário abaixo do nível de subsistência"), a Nike alegou que pareciam ser baixos (como menos de US$ 1 por dia), mas que eram razoáveis considerando-se os padrões locais. Inicialmente, estava claro que a Nike não cooperaria. Entretanto, quando vários senadores começaram a sugerir soluções legais e o presidente Clinton convocou uma força-tarefa para apurar o caso – em outras palavras, quando pressões regulamentárias surgiram – a Nike adotou um posicionamento mais sério.[76]

TABELA 4.5 Modelo de Resposta Estratégica

Restrições Institucionais	Principais Pressões Subjacentes	Respostas Estratégicas	Comportamentos Estratégicos	Exemplos no Texto
Formais	Regulamentárias	Reativas	Negar a responsabilidade e fazer menos do que o esperado	Explosão do Ford Pinto (na década de 1970)
Formais	Regulamentárias	Defensivas	Admitir a responsabilidade, mas relutar e fazer o mínimo esperado	Nike (início da década de 1990)
Informais	Normativas	Adaptativas	Aceitar a responsabilidade e fazer tudo o que é esperado	Capotamentos Ford Explorer/Firestone (anos 2000)
Informais	Cognitivas	Proativas	Antever a responsabilidade e fazer mais do que o esperado	Credit Suisse First Boston (anos 2000)

Fontes: Baseado em (1) A. Carroll, 1979, A three-dimensional conceptual model of corporate social performance, *Academy of Management Review*, 4: 497-505; (2) M. Clarkson, 1995, A stakeholder framework for analyzing and evaluating corporate social performance, *Academy of Management Review*, 20: 92-117; (3) S. Wartick; P. Cochran, 1985, The evolution of the corporate social performance model, *Academy of Management Review*, 10: 758-769.

* No Brasil, o modelo foi chamado de Corcel.

Estratégia Adaptativa

Uma estratégia adaptativa é caracterizada por uma norma organizacional emergente, a fim de que a responsabilidade seja aceita, e por uma série progressiva de crenças e valores cognitivos internalizados, a fim de que certas mudanças sejam feitas. Além disso, pode ser que alguns administradores que gostem muito de certas causas ou tenham empatia por elas unam-se à organização, ao passo que alguns administradores tradicionais podem mudar em algumas coisas, a fim de terem empatia por certas causas. Mais além, esses valores normativos e cognitivos podem ser compartilhados com várias empresas, o que leva a novas normas industriais. Em outras palavras, torna-se legítimo aceitar a responsabilidade e fazer tudo o que é esperado. A Nike, por exemplo, tornou-se mais adaptativa no final dos anos de 1990, e a indústria, em geral, estabeleceu várias coalizões e parcerias com grupos ativistas a fim de tratar de questões trabalhistas em conjunto (ver Estratégia em Ação 3, no capítulo "Definindo estratégias com responsabilidade social", on-line).

Em 2000, quando foi dito que o Ford Explorer equipado com pneus da Firestone apresentava grande probabilidade de causar capotamentos fatais, a Ford já havia aprendido uma dolorosa lição com a experiência das explosões do Ford Pinto, nos anos de 1970. Por isso, tomou atitudes agressivas, que incluíam mobilização para o rápido e completo recolhimento dos carros, a criação de uma campanha publicitária protagonizada por seu diretor-executivo e a descontinuidade da antiga relação com a Firestone. Já a Firestone foi mais cautelosa, assim como as ações reativas e defensivas da Ford no fracasso do Ford Pinto. A poeira ainda não baixou, mas parece que a Ford sobreviveu à tempestade, ao passo que a reputação da Firestone anda baixa.

Embora críticos digam que a estratégia adaptativa da Ford visava jogar a culpa sobre a Firestone, a visão baseada em instituições sugere que essas ações, bastante racionais, eram esperadas, dado como as pressões institucionais trabalham a fim de incutir valores. Independentemente do real motivo da Ford, o fato de essa empresa ter embarcado de forma tangível em uma jornada ética é animador, em especial quando comparado à sua dureza nos anos de 1970. Mesmo que fosse somente "maquiagem", ao explicitar uma série de critérios éticos, com os quais a empresa pode ser julgada, a campanha de relações públicas da Ford permite que as partes interessadas examinem a empresa de forma minuciosa. As pressões institucionais provavelmente incentivam a empresa a fazer transformações internas que a tornem uma melhor cidadã corporativa. Talvez seja justo dizer que a Ford foi melhor cidadã corporativa em 2000 do que em 1975.

Estratégia Proativa

Empresas proativas constantemente antevêem as mudanças institucionais e esforçam-se para fazer mais do que o esperado. A administração geral, além de apoiar e patrocinar tais atividades, considera-as como fonte de diferenciação. A recente transformação do Credit Suisse First Boston, antigamente conhecido como o banco de investimentos "mais despreocupado" de Wall Street, é um bom exemplo. Contratado em 2001, o diretor-executivo, John Mack, afirmou que "riscos à reputação ou à integridade podem nos tirar do mercado". Mack levou o Credit Suisse First Boston a combater práticas dúbias em Wall Street. Trabalhando com investigadores e legisladores, forçou os principais atores a adquirirem códigos de conduta e inspecionou como as empresas garantiam que os interesses dos clientes estivessem em primeiro lugar. Determinou-se que o Credit Suisse First Boston perderia um negócio, mas não perderia a confiança de um cliente. Dessa forma, desde 2001, esse banco de investimentos não só se retirou voluntariamente de 47 processos de fusões, mas também contratou um grupo especializado em ética. O Credit Suisse First Boston atraiu mais clientes e, assim, forçou rivais a repensarem seus atos da mesma forma, ajudando a estabelecer normas mais atuais e éticas em Wall Street. Mack também anteviu que os reguladores poderiam exigir que todas as empresas de Wall Street separassem os bancos de investimentos e preparou o Credit Suisse First Boston para essas possíveis exigências futuras.[77]

Embora possa haver uma certa "maquiagem", o fato de as empresas proativas irem além das exigências *regulamentárias* do momento demonstra as várias crenças *normativas* e *cognitivas* de administradores quanto à importância de se fazer a "coisa certa".[78]

Discussões e extensões

Com relação às visões baseadas em indústrias e em recursos, a visão baseada em instituições é a mais nova perspectiva líder em estratégia. Não é de surpreender que algumas discussões significativas surjam, como: (1) culturas *versus* instituições; (2) oportunismo *versus* individualismo/coletivismo; (3) distância cultural *versus* distância institucional; e (4) maçãs podres *versus* cestas podres.

Culturas *versus* Instituições

Por ser a "programação coletiva da mente", a cultura pode ser considerada parte essencial dos pilares normativos e cognitivos que sustentam as instituições informais em todas as sociedades. A cultura também costuma asseverar sua influência nas instituições formais.[79] Por outro lado, as instituições também influenciam a evolução da cultura. Portanto, "as instituições são as cristalizações da cultura e essa é o substrato das organizações institucionais".[80] Considerado isso, o que é "maior" ou mais fundamental: a cultura ou a instituição? Enquanto diferentes acadêmicos discutem essa questão,[81] Hofstede e colaboradores alegam que, segundo uma perspectiva prática, tal discussão pode levar a uma "distinção inútil",[82] posição com a qual concordamos. Neste livro, em vez de debater esse tema, estamos interessados em como as culturas, as instituições e/ou a ética afetam as escolhas estratégicas e os resultados de desempenho.[83]

Oportunismo *versus* Individualismo/Coletivismo[84]

A discussão oportunismo *versus* individualismo/coletivismo é mais importante na prática. Como observado anteriormente, o oportunismo é uma grande fonte de incerteza e aqueles que defendem a teoria do custo de transação reiteram que as instituições surgem para combater o oportunismo. Entretanto, críticos alegam que a ênfase no oportunismo como parte da "natureza humana", na prática, pode ter um efeito contrário do esperado.[85] Por exemplo, se uma empresa supor que seus funcionários roubem e, por isso, instalar câmeras de vigilância por toda parte, pode ser que funcionários que não roubariam em uma situação normal fiquem tão chateados que passem a roubar. Em outro exemplo, se a empresa A insistir na especificação de pormenores em um contrato de aliança a fim de evitar que a empresa B tenha um comportamento oportunista *no futuro*, é possível B considerar que A está sendo oportunista *no momento* (ver Capítulo 7 para mais detalhes). Isso ocorre em especial quando B vem de uma sociedade coletivista, cuja norma dita que contratos devem expressar princípios gerais de cooperação e, portanto, as partes devem acertar suas diferenças posteriormente.[86] Em poucas palavras, tentativas de combater o oportunismo podem gerá-lo.

Estudiosos que defendem a teoria do custo de transação afirmam que a minoria de uma população é oportunista. Entretanto, essa afirmação é contestada por outros teóricos, pois é difícil identificar essa minoria *antes* que causem qualquer estrago; infelizmente, é imprescindível proteger-se, tratando todas as pessoas como oportunistas em potencial. Por exemplo, graças a somente 19 terroristas, milhões de passageiros pelo mundo, desde o 11 de setembro, têm de passar por várias fiscalizações de segurança. Todo mundo odeia ter de enfrentar isso, mas ninguém contesta a necessidade desses procedimentos. Essa discussão, portanto, parece acabar aqui.

Uma dimensão cultural, individualismo *versus* coletivismo, pode ajudar na compreensão do oportunismo. Há um estereótipo de que competidores de mercados advindos de sociedades coletivistas (como China e Japão) são mais colaboradores e confiáveis, ao passo que os de sociedades individualistas (como Estados Unidos e Austrália) são mais competitivos e oportunistas. Entretanto, pesquisas recentes mostram que esse *não* é necessariamente o caso. Coletivistas são mais colaboradores *somente* intragrupo, a saber, somente com os membros, indivíduos ou empresas considerados como parte de um coletivo. Já os indivíduos e empresas extragrupo são duramente discriminados. Por outro lado, individualistas, segundo os quais cada pessoa (empresa) é independente, fazem menos distinções entre indivíduos e empresas intragrupo e extragrupo. Portanto, embora individualistas possam de fato ser mais oportunistas que coletivistas com relação a indivíduos e empresas intragrupo (de acordo com o estereótipo), coletivistas parecem ser *mais* oportunistas com relação a indivíduos e empresas extragrupo.

Estratégia em Ação 4.3.

Honda: Ofendida pelo Individualismo?

Por mais de uma década (de 1979 a 1994), a Honda (*http://www.honda.com*) investiu pesado em alianças com a fabricante de carros britânica Rover (*http://www.mgrover.com*). A Honda considerava essa relação de longo prazo como um casamento, em que a confiança vem antes de tudo, e compartilhou grande parte de sua tecnologia proprietária, muito mais do que o combinado no acordo de aliança, crendo que haveria reciprocidade de investimentos. Em 1994, executivos da Honda ficaram em choque quando informados pela matriz da Rover, a British Aerospace (BAe, *http://www.baesystems.com*), que a Rover seria vendida por 800 milhões de libras à BMW (*http://www.bmw.com*), arquiinimiga da Honda. Advinda de uma cultura coletivista, a Honda não só considerava a Rover como "intragrupo", merecedora de toda a confiança, mas também *presumia* que a Rover tinha a mesma forma de pensamento. Infelizmente, a Honda estava muito errada. Enquanto executivos e funcionários da Rover gostavam de trabalhar com a Honda, a matriz, a BAe, praticamente não mantinha contato com a Honda. Sob o ponto de vista da BAe, considerando-se que a Rover estava em prejuízo contínuo, vender a empresa fazia muito sentido financeiro e era perfeitamente legal. Mais importante que isso, os investimentos desproporcionais feitos pela Honda possibilitaram que a BAe cobrasse *mais* da BMW, à custa da empresa japonesa.

Fontes: Baseado em (1) J. Sebenius, 2002, The hidden challenge of cross-border negotiations, *Harvard Business Review*, 80 (3): 76-85; (2) *The Times*, 2004, Honda signals the severing of partnership with Rover, 22 de fevereiro: 1; (3) BBC News, 1994, MPs condemn sale of Rover, 1º de fevereiro.

Em outras palavras: em geral chineses não são inerentemente mais confiáveis do que norte-americanos. Por exemplo, o lema chinês com relação a indivíduos e empresas extragrupo é: "Cuidado com estranhos. Eles vão prejudicar você!". Isso ajuda a explicar por que os Estados Unidos, o país mais individualista, possuem um alto nível de confiança espontânea nas sociedades, ao passo que há uma grande *desconfiança* interpessoal e interempresas na grande sociedade chinesa.[87] Também fica clara a importância do estabelecimento de redes *guanxi* (de relacionamento) entre indivíduos e entre empresas em sociedades coletivistas como a China; do contrário, a vida seria muito desafiadora em meio a tantos estranhos.

Essa visão provavelmente não promoverá melhoria na fiscalização em aeroportos, mas pode ajudar empresas a se entenderem melhor. Enquanto individualistas do Ocidente preferem "negociar primeiro, relacionar-se depois" (sair para "tomar alguma coisa" após a negociação), coletivistas como China, Japão, México e Rússia preferem o contrário (entretenimento e interações sociais primeiro, tratar de negócios depois). Individualistas entendem as atividades sociais como *não relacionadas* ao negócio[88] em questão, ao passo que coletivistas acreditam que tais interações são parte *essencial* da negociação. Coletivistas somente decidem se aceitam (ou não) novos parceiros como membros intragrupo depois de repetidas interações sociais. Se estrangeiros, que por definição são extragrupo, não demonstrarem interesse em se juntar ao intragrupo, nada mais justo do que levar vantagem sobre eles. Isso, em parte, explica por que muitas empresas ocidentais, ingênuas com relação ao cruzamento de culturas, reclamam em alto e bom som que foram "passadas para trás" em sociedades coletivistas – elas simplesmente estão sendo tratadas como parte "merecedora" do extragrupo. Por outro lado, como observado na Estratégia em Ação 4.3, coletivistas desconfiados ficam impressionados com algumas atitudes oportunistas de seus parceiros individualistas.

Distância Cultural *versus* Distância Institucional

Como a discussão anterior ilustrou, negociar com estrangeiros pode estar vinculado a custos de transação significativamente mais altos do que negociar em âmbito doméstico – é a **desvantagem de quem vem de fora** (ver Capítulo 6 para detalhes).[89] Por exemplo, não é de surpreender que *joint ventures* entre Japão e Estados Unidos durem menos que *joint ventures* entre empresas do Japão.[90] Quando surgem disputas e desentendimentos, fica difícil averiguar se a outra parte está sendo oportunista ou apenas (culturalmente) diferente.[91] Assim, empresas preferem começar em países culturalmente próximos. Somente após o esgotamento gradual dos países com culturas semelhantes é que as empresas obtêm confiança suficiente para entrar em países distantes no aspecto cultural. Em outras palavras, uma seqüência identificável de entradas no mercado estrangeiro pode ser baseada na **distância cultural** entre o país de origem e o país-alvo.[92] Essa visão é conhecida como hipótese da distância cultural.

Entretanto, críticos contestam a hipótese da distância cultural com base em cinco argumentos. Primeiro, apontam várias constatações incompatíveis com tal hipótese.[93] Na China, um estudo relata que *joint ventures* entre empresas locais e ocidentais obtêm melhor desempenho que aquelas entre empresas locais e asiáticas.[94] Na Itália, um estudo encontrou uma associação *positiva* entre distância cultural e desempenho de aquisições além das fronteiras.[95] Segundo, críticos alegam que, dada a complexidade das decisões de entrada no país estrangeiro, a distância cultural, embora importante, é somente um dos fatores a serem considerados.[96] Por exemplo, com relação à cultura nacional, a cultura *organizacional* (específica da empresa) pode influenciar o desempenho da *joint venture* e da fusão tanto quanto a distância cultural.[97]

Terceiro, outras pesquisas observaram que a importância da distância cultural, inicialmente *muito grande*, diminui conforme os concorrentes se conhecem melhor – como parte do processo de formação do intragrupo, discutido anteriormente.[98] A distância cultural é aos poucos diminuída em virtude da globalização.[99] Quarto, críticos apontam que a maior parte das pesquisas é baseada nos dados de Hofstede colhidos em pesquisas realizadas com funcionários da IBM entre 1968 e 1972. Além da questão permanente sobre os funcionários da IBM serem (ou não) realmente representativos de suas respectivas culturas (provavelmente não), outro problema surge com a questão de que esses dados antigos não conseguem registrar as *mudanças* culturais que ocorreram pelo mundo nas últimas três décadas.

Finalmente, alguns pesquisadores sugerem que o conceito de distância cultural talvez deva ser complementado (mas não substituído) pelo conceito de **distância institucional**. Essa idéia emergente está ganhando força à medida que pesquisadores examinam além das dimensões de Hofstede, investigando a complexidade de outras diferenças institucionais ao redor do mundo.[100] Por exemplo, se os esportes preferidos puderem ser considerados "instituições nacionais", o mundo pode ser dividido em três grandes regiões: beisebol, críquete e futebol. Segundo essa lógica, em países onde o beisebol é o esporte nacional, como Japão e México (salvo Cuba), empresas norte-americanas provavelmente lideram o setor de empresas multinacionais. Em países onde o críquete é a paixão nacional, como Austrália e Índia, empresas multinacionais britânicas assumem o comando. E finalmente, em países onde as pessoas são loucas por futebol, como o Brasil, empresas multinacionais da Europa continental provavelmente vencem os competidores globais.[101]

Duas importantes lições podem ser tiradas dessa discussão. Primeira, ignorar o conceito, potencialmente importante, de distância cultural é imprudência. Segunda, *não* é aconselhável se apegar demais à cultura, pois essa é apenas uma das muitas variáveis que afetam o comportamento estratégico.[102]

Maçãs Podres *versus* Cestas Podres

A discussão sobre maçãs podres *versus* cestas podres centra-se na causa original do comportamento de negócios antiético. Um argumento sugere que pessoas possuem predisposições éticas e antiéticas *antes* de fazerem parte de empresas. Outro alega que embora realmente haja algumas "maçãs podres" oportunistas, muitas vezes pessoas apresentam um comportamento antiético não por serem "maçãs podres", mas porque foram estragadas por "cestas podres".[103] Algumas empresas não somente fecham os olhos para comportamentos antiéticos como também os esperam. Por exemplo, na extinta Arthur Andersen, a norma era "aumentar os números", não importando como. Tais expectativas tornam-se pilares *normativos* e *cognitivos* que sustentam uma cultura organizacional antiética.

A discussão sobre maçãs podres *versus* cestas podres é uma extensão do debate mais amplo sobre "natureza *versus* criação". Somos o que somos por causa de nossos genes (natureza) ou do ambiente (criação)? Muitos estudos afirmam que o comportamento humano é resultado *tanto* da natureza *quanto* da criação. Embora indivíduos e empresas (formadas por pessoas) realmente possuam algumas predisposições éticas ou antiéticas, que influenciam no comportamento, o ambiente institucional (como as culturas organizacionais e as instituições nacionais) também causa um impacto significativo. Em poucas palavras, até mesmo "maçãs boas" podem apodrecer em "cestas podres".[104]

Implicações para os estrategistas

Estratégias são escolhas. Ao tentar entender como essas escolhas são feitas, profissionais e acadêmicos geralmente "utilizam-se das suspeitas usuais", a saber, estruturas industriais e capacidades empresariais. Embora muito esclarecedoras, tais visões geralmente não prestam a devida atenção ao *contexto* das estruturas e capacidades.[105] Uma das contribuições da visão baseada em instituições é a ênfase na importância das instituições, das culturas e da ética, como bases que impulsionam ou restringem as escolhas estratégicas. Se estratégia tem a ver com um "contexto amplo", a visão baseada em instituições relembra, a estrategistas atuais e em potencial, que existe um "contexto ainda mais amplo".

Conclui-se este capítulo retomando as quatro questões fundamentais. Primeira, por que as empresas se diferenciam? A visão baseada em instituições ressalta os modelos institucionais que definem as diferenças entre as empresas. Segunda, como as empresas se comportam? A resposta também está nas diferenças institucionais. Terceira, o que determina o escopo da empresa? Embora mais tempo seja dispensado a essa questão no Capítulo 9, em resumo quadros gerais institucionais formais, mais bem desenvolvidos, no Ocidente, requerem escopos corporativos reduzidos, ao passo que quadros gerais institucionais informais, em muitas economias emergentes, trarão mais benefícios a escopos corporativos mais amplos.[106] Por fim, o que determina o sucesso e fracasso internacional das empresas? A visão baseada em instituições alega que o desempenho da empresa, pelo menos em parte, é determinado pelos quadros gerais institucionais que governam as escolhas estratégicas.

Resumo do Capítulo

1. Comumente denominadas "regras do jogo", as instituições possuem componentes formais e informais, cada um dos quais com pilares de sustentação diferentes (pilar regulamentário, para instituições formais e pilares normativos e cognitivos, para instituições informais). As principais funções das instituições são reduzir a incerteza, cortar os custos de transação e combater o oportunismo.

2. Instituições reduzem a incerteza de duas formas: (1) por meio do intercâmbio personalizado, informal e baseado no relacionamento (conhecido como contrato relacional); (2) por meio do intercâmbio impessoal, formal e baseado na regra, com reforço de terceiros (conhecido como transações *arm's-length).*

3. A visão de estratégia baseada em instituições sugere duas proposições: (1) administradores e empresas buscam *racionalmente* seus interesses e fazem escolhas estratégicas dentro de restrições institucionais; e (2) em certas situações, em que as restrições formais falham, as restrições informais exercem um *grande* papel.

4. De acordo com a pesquisa de Hofstede, a cultura nacional possui cinco dimensões principais: (1) distância do poder; (2) individualismo/coletivismo; (3) masculina/feminina; (4) aversão à incerteza; e (5) orientação de longo prazo. Cada uma dessas dimensões possui uma relação significativa com as escolhas estratégicas.

5. Com relação à ética no exterior, há duas escolas de pensamento: (1) relativismo ético; e (2) imperialismo ético. Três princípios intermediários centram-se no respeito: (1) à dignidade humana e aos direitos básicos; (2) às tradições locais; e (3) ao contexto institucional.

6. A luta contra a corrupção ao redor do mundo é uma batalha global de longo prazo que requer tanto legislações formais (como a *Foreign Corrupt Practices Act* – lei contra práticas de corrupção no exterior) quanto normas e cognições informais.

7. Ao confrontarem pressões institucionais, empresas individuais possuem quatro escolhas estratégicas: (1) reativa; (2) defensiva; (3) adaptativa; e (4) proativa.

8. Dentre as principais discussões nessa área estão: (1) culturas *versus* instituições; (2) oportunismo *versus* individualismo/coletivismo; (3) distância cultural *versus* distância institucional; e (4) maçãs podres *versus* cestas podres.

Palavras-chave

- aversão à incerteza
- coletivismo
- contrato relacional
- corrupção
- cultura
- custos de transação
- demanda doméstica
- desvantagem de quem vem de fora
- distância do poder
- distância institucional
- dotação de fatores
- *dumping*
- economias de transição
- ética
- extragrupo
- feminina [dimensão]
- imperialismo ético
- individualismo
- indústrias relacionadas e sustentadoras
- instituições
- instituições formais
- instituições informais
- intercâmbio impessoal, formal e baseado na regra
- intercâmbio personalizado, informal e baseado no relacionamento
- intragrupo
- masculina [dimensão]
- modelo institucional
- oportunismo
- orientação de longo prazo
- pilar cognitivo
- pilar normativo
- pilar regulamentário
- relativismo ético
- transações *arm's-length*
- transições institucionais
- visão baseada em instituições

Questões para Discussão

1. Se você fosse o diretor-executivo de uma companhia argentina em 2002, como responderia ao colapso econômico (ver Estratégia em Ação 4.1)? E se fosse o diretor-executivo de uma companhia estrangeira, operando na Argentina, que ações tomaria durante o ano de 2002 (salvo deixar o país)? Depois de passada a crise, o que faria para deixar sua empresa bem preparada (independente de sua nacionalidade) para enfrentar possíveis crises no futuro?

2. Alguns dizem que *guanxi* (relacionamentos e conexões) é um fenômeno único, exclusivo dos chineses, pois está arraigado à cultura do país. Para prová-lo, dizem que essa palavra, *guanxi*, atualmente entrou para a língua inglesa, referindo-se à descrição das estratégias chinesas baseadas em relacionamentos. Também é freqüentemente utilizada pela mídia (como na publicação *Economist*), sem maiores explicações. Outros discordam, dizendo que todas as culturas possuem uma ou duas palavras para descrever o que os chineses chamam de *guanxi*, como *blat*, na Rússia, *guan he*, no Vietnã e *old boys' network*, nos lugares onde se fala inglês. Sugere-se que o uso intenso da palavra *guanxi*, na China (e em outros lugares), é reflexo da falta de modelos institucionais formais. A qual dos lados da discussão você gostaria de se juntar? Justifique.

3. ***SOBRE ÉTICA:*** Suponha que você trabalhe para uma companhia neozelandesa que está exportando um contêiner de kiwis à Mauritânia, África ocidental. O funcionário da alfândega lhe informa que há um atraso, que pode durar um mês, na liberação de sua mercadoria. Entretanto, se você estiver disposto a pagar uma "taxa de expedição" de US$ 200, ele tentará reduzir o processo para uma semana. O que você faria?

Caso de Conclusão: Lidando com as Falsificações

Embora seja antiética e ilegal, a falsificação é um negócio global próspero. Cerca de 10% de todo o comércio global são falsificações. Países diferentes desenvolveram "competências distintas". Por exemplo, a Rússia vem despontando como especialista na falsificação de softwares. A Ucrânia é famosa por suas cópias de discos óticos. Os cigarros falsificados do Paraguai são famosos. As falsificações não estão restritas a países pobres. A Itália é a principal fabricante de mercadorias de luxo falsificadas. A Flórida possui uma reputação global por falsificar componentes de aeronaves. Ambulantes vendem abertamente bolsas falsificadas em frente à Casa Branca, em Washington, D.C. Atualmente, a China parece ser a líder global: seu próprio governo estima que a falsificação é uma indústria de US$ 16 bilhões ao ano. Falsificadores chineses têm como alvo uma grande variedade de produtos, como roupas, componentes de automóveis, medicamentos, DVDs, produtos de beleza, softwares e brinquedos, e exportam grande parte deles para todo o mundo.

A falsificação é considerada subproduto de um empreendimento de sucesso. Uma questão fundamental é o motivo pelo qual empreendedores escolhem uma estratégia de falsificação. As estruturas industriais certamente exercem influência, considerando-se que falsificadores tendem a convergir para indústrias que possuem baixas barreiras à entrada. Os recursos específicos às empresas também são importantes, já que todos esses produtos devem ser desenvolvidos (por engenharia inversa), produzidos, transportados e vendidos com capacidades razoáveis. Entretanto, especialistas costumam concordar que o maior determinante são os modelos institucionais. A falta de um regime de direitos de propriedade intelectual (DPI) formal e efetivo parece ser um pré-requisito para falsificações. Como novo membro da OMC (Organização Mundial do Comércio) desde 2001, a China fortaleceu significativamente as leis sobre propriedade intelectual, de acordo com o Tratado sobre Direitos de Propriedade Intelectual Relacionado ao Comércio Internacional (TRIPS), da OMC. Entretanto, não há sanções na China.

Nos Estados Unidos, falsificadores condenados recebem multas de até US$ 2 milhões e chegam a pegar dez anos de prisão, na primeira ocorrência. Na China, falsificadores – se pegos – são libertos com o pagamento de fianças de mil dólares, consideradas o (baixo) preço a se pagar pelo negócio. Em muitos casos, governo e polícia locais têm poucos incentivos para implementar tais leis, pois temem perder o recolhimento de impostos e aumentar o desemprego. A China não está sozinha. Por exemplo, na Tailândia, em 2000, uma batida montada para pegar falsificadores foi bloqueada por milhares de pessoas furiosas, organizadas por funcionários locais. Na maioria dos países pobres, alguns falsificadores são severamente punidos, ao passo que outros podem continuar fazendo seu trabalho "de sempre".

Na falta de proteções legais, o mundo das falsificações é regulado por normas e crenças informais. Operando fora (ou debaixo) da área de visão do radar legal, os jogadores envolvidos nesse tipo de negócio, como financiadores, produtores, transportadores, atacadistas e varejistas, têm de confiar em redes informais de relacionamento. Isso é especialmente desafiador e perigoso à medida que esse negócio se torna globalizado. Apesar da desvantagem de ter de confiar em laços informais, a falsificação parece estar em alta no mundo.

Para acabar com as falsificações, são necessárias quatro medidas. A primeira são sanções – que, mesmo se obtiverem sucesso, provavelmente terá vida curta se a demanda continuar aumentando. As outras três – educação, pressões externas e crescimento econômico – requerem um trabalho bem mais paciente. A educação não se refere exclusivamente aos oficiais que implementarão as leis, mas também à demonstração, ao público em geral, do perigo das falsificações (medicamentos falsificados podem matar, assim como componentes automobilísticos). Espera-se que esforços educacionais incutam novas normas em uma nova geração de empreendedores, que internalizarão valores em favor de negócios mais éticos e legítimos. Pressões externas devem ser aplicadas com habilidade. Confrontar governos locais não parece ser eficaz. Por exemplo, a Microsoft, ao se deparar com a extensa pirataria de softwares na China, preferiu colaborar com o Ministério dos Eletrônicos no desenvolvimento de um novo software, em vez de bater de frente com a questão. A Microsoft concluiu que se o governo tivesse participação nas vendas de produtos legítimos da Microsoft, teria um maior interesse em punir a produção de *softwares* piratas. Finalmente, o crescimento econômico e o desenvolvimento de marcas locais são o melhor remédio, em longo prazo. Em 1500, os Países Baixos (economia emergente naquela época) ocupavam-se com a falsificação de porcelanas chinesas. Nos anos de 1960, o Japão era o líder global em falsificações. Nos anos de 1970, Hong Kong obteve esse título questionável. Nos anos de 1980, Coréia do Sul e Taiwan passaram a dominar. Agora é a vez da China. À medida que as próprias indústrias desses países se desenvolvem, as leis sobre direitos de propriedade intelectual são fortalecidas. Se as experiências passadas ocorridas no mundo servirem de guia, a China e outras nações envolvidas em falsificação tendem a seguir essa trajetória.

Questões para Estudo de Caso

1. Por que alguns empreendedores escolhem a estratégia de falsificação?
2. Quais são os prós e os contras de operar no submundo da falsificação, com normas e relacionamentos informais? Para fins desta discussão, quais seriam suas principais preocupações se você estivesse envolvido nesse tipo de negócio?
3. Quais são os prováveis atributos das empresas de falsificação "de maior sucesso" (lucrativas)?
4. Quais são as ações recomendáveis caso os produtos de sua companhia estejam sendo falsificados?

Fontes: Baseado em (1) D. Chow, 2002, *A Primer on Foreign Investment Enterprises and Protection of Intellectual Property in China*, Boston: Kluwer; (2) *Economist*, 2003, Imitating property is theft, 17 de maio: 52-54; (3) *Economist*, 2003, In praise of the real thing, 17 de maio: 12; (4) T. Moga, 2002, The TRIPS agreement and China, *China Business Review*, novembro-dezembro: 12-18; (5) M. W. Peng, 2001, How entrepreneurs create wealth in transition economies, *Academy of Management Executive*, 15 (1): 95-108; (6) S. Schnaars, 1994, *Managing Imitation Strategies*, Nova York: Free Press; (7) T. Trainer, 2002, The fight against trademark counterfeiting, *China Business Review*, novembro-dezembro: 20-24.

Notas

1. D. North, 1990, Institutions, Institutional Change, and Economic Performance (p. 3), Nova York: Norton.
2. W. R. Scott, 1995, Institutions and Organizations (p. 33), Thousand Oaks, CA: Sage Publishing.
3. Scott, 1995, Institutions and Organizations.
4. M. France, 2003, Music pirates, you're sunk, BW, 8 de setembro: 40-41.
5. M. Guillen, 2003, Experience, imitation, and the sequence of foreign entry, JIBS, 34: 185-198; J. Lu, 2002, Intra- and inter-organizational imitative behavior, JIBS, 33: 19-37; M. W. Peng, 2004, Outside directors and firm performance during institutional transitions, SMJ, 25: 453-471.
6. T. Das; B. Teng, 1998, Between trust and control, AMR, 23: 491-512; F. Fukuyama, 1995, Trust, Nova York: Free Press; D. Rousseau; S. Sitkin; R. Burt; C. Camerer, 1998, Not so different after all: A cross-discipline view of trust, AMR, 23: 393-404.
7. S. Watkins, 2003, Former Enron Vice President Sherron Watkins on the Enron collapse, AME, 17: 119-125.
8. V. Anand; B. Ashforth; M. Joshi, 2004, Business as usual, AME, 18: 39-54.
9. M. W. Peng, 2000, Business Strategies in Transition Economies (p. 42-44), Thousand Oaks, CA: Sage Publishing.
10. M. T. Dacin; J. Goodstein; W. R. Scott, 2002, Institutional theory and institutional change, AMJ, 45: 45-57; W. Powell; P. DiMaggio, 1991, The New Institutionalism in Organizational Analysis, Chicago: University of Chicago Press.
11. O. Williamson, 1985, The Economic Institutions of Capitalism (p. 1-2), Nova York: Free Press.
12. Williamson, 1985, The Economic Institutions of Capitalism (p. 47-48).
13. D. Elenkov, 1997, Strategic uncertainty and environmental scanning, SMJ, 18: 287-302; T. Murtha; S. Lenway, 1994, Country capabilities and the strategic state, SMJ, 15: 113-129; O. Sawyerr 1993, Environmental uncertainty and environmental scanning activities of Nigerian manufacturing executives, SMJ, 14: 287-299.
14. R. Mamamurti, 2003, Can governments make credible promises? JIM, 9: 253-269.

15. M. Guillen, 2001, The Limits of Convergence (p. 135), Princeton, NJ: Princeton University Press.
16. W. Henisz, 2002, Politics and International Investment, Cheltenham, UK: Elgar; B. Koka, J. Prescott; R. Madhavan, 1999, Contagion influence on trade and investment policy: A network perspective, JIBS, 30: 127-148; E. O'Higgins, 2002, Government and the creation of the Celtic Tiger, AME, 16 (3): 104-120; R. Ostergard, 2000, The measurement of intellectual property rights protection, JIBS, 31: 349-360.
17. A. Bhappu, 2000, The Japanese family: An institutional logic for Japanese corporate networks and Japanese management, AMR, 25: 409-415; J. Hagen; S. Choe, 1998, Trust in Japanese interfirm relations, AMR, 23: 589-600.
18. M. W. Peng, 2003, Institutional transitions and strategic choices, AMR, 28: 275-296. Ver também S. Li, 1999, The benefits and costs of relation-based governance: An explanation of the East Asian miracle and crisis, Artigo não publicado, Hong Kong: City University of Hong Kong.
19. North, 1990, Institutions (p. 34).
20. Peng, 2003, Institutional transitions and strategic choices (p. 275).
21. L. Brouthers; S. Werner; E. Matulich, 2000, The influence of Triad nations' environments on price-quality product strategies and MNC performance, JIBS, 31: 39-62; B. Kogut, 1991, Country capability and the permeability of borders, SMJ, 12: 33-47; S. Kotha; A. Nair, 1995, Strategy and environment as determinants of performance, SMJ, 16: 497-518; V. Rindova; C. Fombrun, 1999, Constructing competitive advantage, SMJ, 20: 691-710.
22. M. Porter, 1990, Competitive Advantage of Nations, Nova York: Free Press.
23. H. Davies; P. Ellis, 2001, Porter's Competitive Advantage of Nations: Time for the final judgment? JMS, 37: 1189-1215; H. Moon; A. Rugman; A. Verbeke, 1998, A generalized double diamond approach to the global competitiveness of Korea and Singapore, IBR, 7: 135-151.
24. Há um reduzido número de estudos que investigam os setores regulamentados no Ocidente. Ver K. Ramaswamy; A. Thomas; R. Litschert, 1994, Organizational performance in a regulated environment, SMJ, 15: 63-74; M. Russo, 1992, Power plays, SMJ, 13: 13-27.
25. S. T. Cavusgil; P. Ghauri; M. Agarwal, 2002, Doing Business in Emerging Markets, Thousand Oaks, CA: Sage Publishing; R. Hoskisson; L. Eden; C. Lau; M. Wright, 2000, Strategy in emerging economies, AMJ, 43: 249-267; Peng, 2000, Business Strategies in Transition Economies; K. Meyer; M. W. Peng, 2004, Identifying leading theories for research on Central and Eastern Europe, Working paper, Copenhagen Business School; M. Wright; I. Filatotchev; R. Hoskisson; M. W. Peng, 2005, Strategy research in emerging economies: Challenging the conventional wisdom, JMS (no prelo).
26. N. Biggart; R. Delbridge, 2004, Systems of exchange, AMR, 29: 28-49; P. Moran; S. Ghoshal, 1999, Markets, firms, and the process of economic development, AMR, 24: 390-412; C. Oliver, 1997, Sustainable competitive advantage: Combining institutional and resource-based views, SMJ, 18: 679-713; M. W. Peng, 2002, Towards an institution-based view of business strategy, APJM, 19: 251-267; M. Ruef, 2003, A sociological perspective on strategic management, SO, 1: 241-251.
27. P. Ingram; B. Silverman, 2002, Introduction (p. 20, itálico acrescentado), In: P. Ingram; B. Silverman (eds.), The New Institutionalism in Strategic Management 1-30. Amsterdam: Elsevier. Ver também U. Haley, 2003, Assessing and controlling business risks in China, JIM, 9: 237-253; M. Kotabe; R. Mudambi, 2003, Institutions and international business, JIM, 9: 215-217; R. Mudambi; C. Paul, 2003, Domestic drug prohibition as a source of foreign institutional instability, JIM, 9: 335-349; T. Ozawa, 2003, Japan in an institutional quagmire, JIM, 9: 219-235; A. Parkhe, 2003, Institu- tional environments, institutional change, and international alliances, JIM, 9: 305-216; H. Teegen, 2003, International NGOs as global institutions, JIM, 9: 271-285.
28. K. Gillespie, 2003, Smuggling and the global firm, JIM, 9: 317-333; K. Gillespie; J. McBri-

de, 1996, Smuggling in emerging markets, JWB, 31: 39-54.

29. Economist, 2003, In praise of the real thing (p. 12), 17 de maio: 12.
30. M. W. Peng, 2001, How entrepreneurs create wealth in transition economies, AME, 15 (1): 95-108.
31. G. Keim, 2001, Business and public policy, In: M. Hitt; R. E. Freeman; J. Harrison (eds.), The Blackwell Handbook of Strategic Management (p. 583-601), Boston: Blackwell; M. Lord, 2003, Constituency building as the foundation for corporate political strategy, AME, 17: 112-124; A. McWilliams; D. van Fleet; K. Cory, 2002, Raising rivals' costs through political strategy, JMS, 39: 707-723; R. Schuler; K. Rehbein; R. Cramer, 2002, Pursuing strategic advantage through political means, AMJ, 45: 659-672; M. Watkins, 2003, Government games, SMR, winter: 91-95.
32. Economist, 2003, Halliburton: What we know, 21 de fevereiro: 60-61.
33. A. Hillman; A. Zardkoohi; L. Bierman, 1999, Corporate political strategies and firm performance: Indications of firm-specific benefits from personal service in the US government, SMJ, 20: 67-81.
34. D. Baron, 1995, Integrated strategy: Market and non-market components, CMR, 37: 47-65; J. Boddewyn; T. Brewer, 1994, International-business political behavior, AMR, 19: 119-143; R. Schuler, 1996, Corporate political strategy and foreign competition, AMJ, 39: 720-737.
35. S. Marsh, 1998, Creating barriers for foreign competition, SMJ, 19: 25-37; T. Moran, 1985, MNCs: The Political Economy of FDI, Lexington, MA: Lexington Books.
36. G. Hofstede, 1997, Cultures and Organizations: Software of the Mind (p. 5), Nova York: McGraw-Hill.
37. P. C. Earley; R. Peterson, 2004, The elusive cultural chameleon, AMLE, 3: 100-115.
38. K. Au, 1999, Intra-cultural variation: Evidence and implications for international business, JIBS, 30: 799-813; G. Cheung; I. Chow, 1999, Subcultures in Greater China, APJM, 16: 369-387; P. Huo; D. Randall, 1991, Exploring subcultural differences in Hofstede's value survey, APJM, 8: 159-173; D. Ralston; K. Yu; R. Terpstra; D. Gustafson, 1996. The cosmopolitan Chinese manager, JIM, 2: 79-109.
39. E. Hall; M. Hall, 1987, Hidden Differences, Garden City, NY: Doubleday; S. Ronen; O. Shenkar, 1985, Clustering countries on attitudinal dimensions, AMR, 10: 435-454.
40. P. Barr; M. Glynn, 2004, Cultural variation in strategic issue interpretation, SMJ, 28: 59-67.
41. T. Fang, 2003, A critique of Hofstede's fifth national cultural dimension, IJCCM, 3: 351-372; R. Yeh; J. Lawrence, 1995, Individualism and Confucian dynamism, JIBS, 26: 655-669.
42. M. K. Erramilli, 1996, Nationality and subsidiary ownership patterns in multinational corporations, JIBS, 27: 225-248.
43. C. Fey; I. Bjorkman, 2001, The effect of HRM practices on MNC subsidiary performance in Russia, JIBS, 32: 59-75; J. Parnell; T. Hatem, 1999, Behavioral differences between American and Egyptian managers, JMS, 36: 399-418; S. Michailova, 2002, When common sense becomes uncommon, JWB, 37: 180-187.
44. S. Kotha; R. Dunbar; A. Bird, 1995, Strategic action generation, SMJ, 16: 195-220.
45. T. Begley; W. Tian, 2001, The socio-cultural environment for entrepreneurship, JIBS, 32: 537-553; M. Morris; D. Davis; J. Allen, 1994, Fostering corporate entrepreneurship, JIBS, 25: 65-89; A. Thomas; S. Mueller, 2000, A case for comparative entrepreneurship, JIBS, 31: 287-301.
46. R. Bhagat; B. Kedia; P. Herveston; H. Triandis, 2002, Cultural variations in the cross-border transfer of organizational knowledge, AMR, 27: 204-221; H. K. Steensma; L. Marino; K. M. Weaver, 2000, Attitudes toward cooperative strategies: A cross-cultural analysis of entrepreneurs, JIBS, 31: 591-609.
47. Hofstede, 1997, Cultures and Organizations (p. 94). Ver também S. Appold; S. Siengthai; J. Kasarda, 1998, The employment of women managers and professionals in an emerging economy, ASQ, 43: 538-565.
48. Hofstede, 1997, Cultures and Organizations (p. 95).

49. P. Smith; M. Peterson; Z. M. Wang, 1996, The manager as mediator of alternative meanings, JIBS, 27: 115-137.

50. R. Griffin; M. Pustay, 2003, International Business, 3. ed. (p. 109), Upper Saddle River, NJ: Prentice Hall.

51. G. Hundley; C. Jacobson; S. Park, 1996, Effects of profitability and liquidity on R&D intensity, AMJ, 39: 1659-1674; R. Peterson; C. Dibrell; T. Pett, 2002, Long- vs. short-term performance perspectives of Western European, Japanese, and U.S. companies, JWB, 37: 245-255; L. Thomas; G. Waring, 1999, Competing capitalism, SMJ, 20: 729-748.

52. J. Child; D. Faulkner; R. Pitkethly, 2000, Foreign direct investment in the UK 1985-1994, JMS, 37: 141-166; K. Laverty, 1996, Economic "short-termism", AMR, 21: 825-860; M. Porter, 1992, Capital disadvantage: America's failing capital investment system, HBR, 62 (3): 65-82.

53. H. Barkema; J. Bell; J. Pennings, 1996, Foreign entry, cultural barriers, and learning, SMJ, 17: 151-166; M. de Mooij; G. Hofstede, 2002, Convergence and divergence in consumer behavior, JR, 78: 61-69; J. Hennart; J. Larimo, 1998, The impact of culture on the strategy of MNEs, JIBS, 29: 515-538; S. Makino; K. Neupert, 2000, National culture, transaction costs, and the choice between joint venture and wholly owned subsidiary, JIBS, 31: 705-713; L. Palich; L. Gomez-Mejia, 1999, A theory of global strategy and firm efficiencies, JM, 25: 587-606.

54. L. Trevino; K. Nelson, 2004, Managing Business Ethics, 3. ed. (p. 13), Nova York: Wiley.

55. S. Puffer; D. McCarthy, 1995, Finding the common ground in Russian and American business ethics, CMR, 37: 29-46; B. Victor; C. Stephens, 1994, The dark side of the new organizational forms, OSc, 5: 479-482.

56. C. Langlois; B. Schlegelmilch, 1990, Do corporate codes of ethics reflect national character? Evidence from Europe and the United States, JIBS, 21: 519-539.

57. L. Hosmer, 1994, Strategic planning as if ethics mattered, SMJ, 15: 17-34; D. Quinn; T. Jones, 1995, An agent morality view of business policy, AMR, 20: 22-42.

58. R. E. Freeman, 1984, Strategic Management: A Stakeholder Approach, Boston: Putnam; T. Jones, 1995, Instrumental stakeholder theory, AMR, 20: 404-437; D. Swanson, 1995, Addressing a theoretical problem by reorienting the corporate social performance model, AMR, 20: 43-64.

59. J. Barney; M. Hansen, 1994, Trustworthiness as a source of competitive advantage, SMJ, 15: 175-190; M. Baucus; D. Baucus, 1997, Paying the piper: An empirical examination of longer-term financial consequences of illegal corporate behavior, AMJ, 40: 129-151.

60. C. Fombrun, 2001, Corporate reputations as economic assets, In: M. Hitt; R. E. Freeman; J. Harrison (eds.), The Blackwell Handbook of Strategic Management (p. 289-312), Cambridge, UK: Blackwell.

61. M. W. Peng; Y. Ruban, 2005, Institutional transitions and strategic choices: Implications for corporate social responsibility in Russia, In: The World Bank (ed.), Corporate Social Responsibility and Sustainable Competitiveness in Russia, Washington: The World Bank (no prelo).

62. V. Brand; A. Slater, 2003, Using a qualitative approach to gain insights into the business ethics experiences of Australian managers in China, JBE, 45: 167-182; B. Bucar; M. Glas; R. Hisrich, 2003, Ethics and entrepreneurs, JBV, 18: 261-281; G. Weaver, 2001, Ethics program in global business: Culture's role, JBE, 30: 3-15.

63. T. Jackson, 2000, Making ethical judgments, APJM, 17: 443-472.

64. A. Fadahunsi; P. Rosa, 2002, Entrepreneurship and illegality, JBV, 17: 397-429.

65. O restante desta seção foi fortemente baseado em T. Donaldson, 1996, Values in tension: Ethics away from home, HBR, setembro-outubro: 4-11.

66. D. Vogel, 1992, The globalization of business ethics, CMR, fall: 30-49.

67. P. Rodriguez; K. Uhlenbruck; L. Eden, 2004, Government corruption and the entry strategies of multinationals, AMR, (no prelo).

68. J. Doh; P. Rodriguez; K. Uhlenbruck; J. Collins; L. Eden, 2003, Coping with corruption in foreign markets, AME, 17: 114-127.

69. J. Doh; R. Ramamurti, 2003, Reassessing risk in developing country infrastructure, LRP, 36: 337-354; S. Globerman; D. Shapiro, 2003, Governance infrastructure and US foreign direct investment, JIBS, 34: 19-39; D. Loree; S. Guisinger, 1995, Policy and non-policy determinants of US equity foreign direct investment, JIBS, 26: 281-299.
70. S. Wei, 2000, How taxing is corruption on international investors? RES, 82: 1-11.
71. C. Robertson; A. Watson, 2004, Corruption and change: The impact of foreign direct investment, SMJ, 25: 385-396.
72. M. Habib; L. Zurawicki, 2002, Corruption and foreign direct investment (p. 295), JIBS, 33: 291-307.
73. Wei, 2000, How taxing (p. 2).
74. J. Hellman; G. Jones; D. Kaufmann, 2002, Far from home: Do foreign investors import higher standards of governance in transition economies (p. 20), Working paper, Washington: The World Bank (http://www.worldbank. org).
75. D. Gioia, 2004, Pinto fires, In: Trevino; Nelson, 2004, Managing Business Ethics (p. 105-108).
76. J. Burns; D. Spar, 2000, Hitting the wall: Nike and international labor practices, HBS case 700-047.
77. E. Thornton, 2002, Can this man be a Wall Street reformer? BW, 23 de setembro: 90-96.
78. D. Deephouse, 1999, To be different, or to be the same? SMJ, 20: 147-166.
79. N. Adler; R. Brahm; J. Graham, 1992, Strategy implementation, SMJ, 13: 449-466; K. Newman; S. Nollen, 1996, Culture and congruence: The fit between management practices and national culture, JIBS, 27: 753-779; D. Ralston; D. Holt; R. Terpstra; K. Yu, 1997, The impact of national culture and economic ideology on managerial work values, JIBS, 28: 177-207.
80. G. Hofstede; C. Van Deusen; C. Mueller; T. Charles; The Business Goals Network, 2002, What goals do business leaders pursue? (p. 800), JIBS, 33: 785-803.
81. P. Gooderham; O. Nordhaug; K. Ringdal, 1999, Institutional and rational determinants of organizational practices, ASQ, 44: 507-531; R. Whittington; M. Mayer, 2000, The European Corporation, Oxford, UK: Oxford University Press.
82. Hofstede et al., 2002, What goals (p. 800).
83. M. W. Peng, 2002, Cultures, institutions, and strategic choices, In: M. Gannon; K. Newman (eds.), The Blackwell Handbook of Cross-Cultural Management (p. 52-66), Cambridge, UK: Blackwell.
84. Esta seção baseia-se fortemente em C. Chen; M. W. Peng; P. Saparito, 2002, Individualism, collectivism, and opportunism: A cultural perspective on transaction cost economics, JM, 28: 567-583.
85. S. Ghoshal; P. Moran, 1996, Bad for practice: A critique of the transaction cost theory, AMR, 21:13-47; P. Hirsch; R. Friedman; M. Koza, 1990, Collaboration or paradigm shift? OSc, 1: 87-98.
86. P. Doney; J. Cannon; M. Mullen, 1998, Understanding the influence of national culture on the development of trust, AMR, 23: 601-620; B. Husted; J. Dozier; J. T. McMahon; M. Kattan, 1996, The impact of cross-national carriers of business ethics on attitudes about questionable practices and form of moral reasoning, JIBS, 27: 391-411; J. Sebenius, 2002, The hidden challenge of cross-border negotiations, HBR, 80 (3): 76-85.
87. F. Fukuyama, 1995, Trust; G. Redding, 1993, The Spirit of Chinese Capitalism, Nova York: Gruyter.
88. J. Graham; N. Lam, 2003, The Chinese negotiation, HBR, 81 (10): 82-91.
89. J. Hennart, 1982, A Theory of Multinational Enterprise, Ann Arbor: University of Michigan Press; D. Griffith; M. Hu; J. Ryans, 2000, Process standardization across intra- and inter-cultural relationships, JIBS, 31: 303-

324; S. Shane, 1994, The effect of national culture on the choice between licensing and direct foreign investment, SMJ, 15: 627-642; S. Zaheer, 1995, Overcoming the liability of foreignness, AMJ, 38: 341-363.

90. J. Hennart; M. Zeng, 2002, Cross-cultural differences and joint venture longevity, JIBS, 33: 699-716.

91. A. Thomspon, 1996, Compliance with agreements in cross-cultural transactions, JIBS, 27: 375-390.

92. B. Kogut; H. Singh, 1988, The effect of national culture on the choice of entry mode, JIBS, 19: 411-432; J. Johanson; J. Vahlne, 1977, The internationalization process of the firm, JIBS, 8: 23-32.

93. S. O'Grady; H. Lane, 1996, The psychic distance paradox, JIBS, 27: 309-333.

94. J. Li; K. Lam; G. Qian, 2001, Does culture affect behavior and performance of firms? JIBS, 32: 115-31.

95. P. Morosini; S. Shane; H. Singh, 1998, National cultural distance and cross-border acquisition performance, JIBS, 29: 137-158.

96. J. Evans; F. Mavondo, 2002, Psychic distance and organizational performance, JIBS, 33: 515-532; C. Hill; P. Hwang; W. Kim, 1990, An eclectic theory of the choice of international entry modes, SMJ, 11: 117-128.

97. V. Pothukuchi; F. Damanpour; J. Choi; C. Chen; S. Park, 2002, National and organizational culture differences and international joint venture performance, JIBS, 33: 243-265; Y. Weber; O. Shenkar; A. Raveh, 1996, National and corporate culture fit in mergers/acquisitions, MS, 42: 1215-1227.

98. R. S. Marshall; D. Boush, 2001, Dynamic decision-making: A cross-cultural comparison of US and Peruvian export managers, JIBS, 32: 873-893.

99. M. Heuer; J. Cummings; W. Hutabarat, 1999, Cultural change among managers in Indonesia? JIBS, 30: 599-610; J. Lee; T. Roehl; S. Choe, 2000, What makes management style similar or distinct across border? JIBS, 31: 631-652.

100. K. Brouthers; L. Brouthers, 2001, Explaining the national cultural distance paradox, JIBS, 32: 177-189; L. Busenitz; C. Gomez; J. Spencer, 2000, Country institutional profiles, AMJ, 43: 994-1003; R. Calori; M. Lubatkin; P. Very; J. Veiga, 1997, Modeling the origins of nationally-bound administrative heritages, OSc, 8: 681-696; A. Delios; W. Henisz, 2003, Policy uncertainty and the sequence of entry by Japanese firms, 1980-98, JIBS, 34: 227-242; C. Lau; H. Ngo, 2001, Organization development and firm performance, JIBS, 32: 95-114; T. Kostova, 1999, Transnational transfer of strategic organizational practice, AMR, 24: 308-324; O. Shenkar, 2001, Cultural distance revisited, JIBS, 32: 519-535; D. Xu; O. Shenkar, 2002, Institutional distance and the multinational enterprise, AMR, 27: 608-618.

101. S. Rangan; A. Drummond, 2002, Explaining outcomes in competition among foreign multinationals in a focal host market, SMJ, 25: 285-293.

102. J. Salk; M. Brannen, 2000, National culture, networks, and individual influence in a multinational management team, AMJ, 43: 191-202.

103. D. Brass; K. Butterfield; B. Skaggs, 1998, Relationships and unethical behavior: A social network perspective, AMR, 23: 14-31; Trevino; Nelson, 2004, Managing Business Ethics (p. 10).

104. L. Trevino; M. Brown, 2004, Managing to be ethical, AME, 18: 69-81.

105. R. Bettis, 1998, Commentary, SMJ, 19: 357-361; J. Cheng, 1994, On the concept of universal knowledge in organizational science, MS, 40: 162-168; A. Madhok, 2002, Reassessing the fundamentals and beyond, SMJ, 23: 535-550.

106. M. W. Peng; S. Lee; D. Wang, 2005, What determines the scope of the firm over time? A focus on institutional relatedness, AMR (no prelo).

Parte II

Estratégias comerciais

5 Fazendo empresas empreendedoras crescerem e se internacionalizarem

6 Entrando em mercados externos

7 Firmando alianças estratégicas e interações no trabalho

8 Administrando a dinâmica competitiva global

CAPÍTULO 5

Fazendo empresas empreendedoras crescerem e se internacionalizarem

Sumário

- Empreendedorismo, empreendedores e empresas empreendedoras
- Um modelo abrangente de empreendedorismo
- Cinco estratégias empreendedoras
- Internacionalizando a empresa empreendedora
- Discussões e extensões
- Implicações para os estrategistas

Caso de Introdução: All A Cart Observa os Mercados Internacionais

A All A Cart (http://www.allacart.com), localizada em Columbus, Ohio, é uma pequena empresa especializada em desenvolvimento e fabricação de sistemas personalizados de máquinas de venda automática. Iniciou suas atividades em 1972, contando apenas com o presidente, Jeff Morris e sua esposa, Bonnie. Tendo começado com carrinhos de mão, os produtos da All A Cart agora incluem trailers, caminhões, vans e outras estruturas modulares e móveis que servem alimentos e diversos tipos de mercadorias. Os clientes da All A Cart variam de empresas familiares a multinacionais, como McDonald's e Merrill Lynch. A All A Cart trabalha extensivamente com cada um de seus clientes para que as máquinas de venda sejam personalizadas. Agora a companhia possui um *staff* de mais de 30 pessoas e opera nos sete dias da semana.

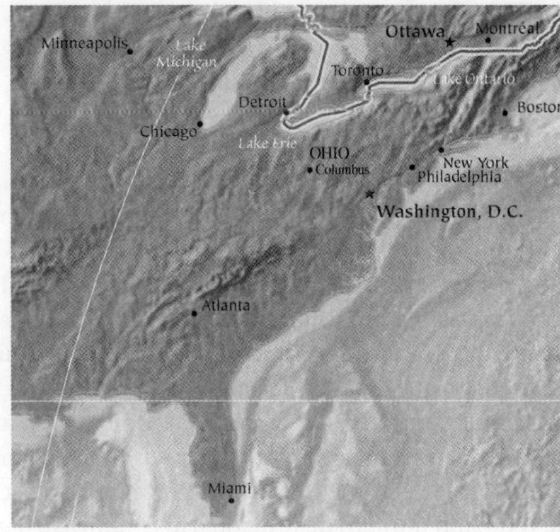

Nas três últimas décadas, a empresa não expandiu somente a variedade de seus produtos mas também a de clientes, que atualmente vêm de países desenvolvidos, como Canadá, Alemanha e Japão, e em desenvolvimento, como Serra Leoa e Emirados Árabes. "Todos os dias, pessoas do mundo todo entram em contato conosco, interessadas em abrir seu próprio negócio", afirma Morris. "Tenho muito prazer em ajudar esses empreendedores, muitos deles de outros países, ansiosos para trabalhar nas ruas, vendendo suas mercadorias, assim como sua família fazia".

Em 1995, a All A Cart começou a utilizar a internet – "um complemento", segundo Morris. A Thomas Register (http://www.thomasregister.com), editora de uma enciclopédia industrial em que a All A Cart publicava anúncios todos os anos, sugeriu a internet a Morris. A Thomas Register estava começando a disponibilizar suas publicações on-line. Morris apresentou um texto que se tornou a primeira página eletrônica da All A Cart. Naquela época, uma página eletrônica custava US$ 175 por mês, uma quantia impressionante se comparada com a média atual de US$ 9,99 pelo mesmo período.

Embora as vendas internacionais recentes contabilizem somente cerca de 6% das vendas totais (uma base de 80 acessos, em 2002), todas ocorrem graças à internet. Em 1990, a All A Cart recebeu dois pedidos internacionais e não exportou nada. Em 1995, primeiro ano em que a empresa entrou na rede, o número de pedidos internacionais foi dez vezes maior (20 pedidos) e as exportações alcançaram 2% das vendas totais.

Em uma grande parede do escritório de Morris, há um mapa-múndi com tachinhas fincadas nos países que já fizeram pedidos à All A Cart e compraram mercadorias dela. Todos os continentes estão representados. Isso parecia inimaginável em 1972, quando a companhia começou suas atividades. Mesmo em 1995, de acordo com as palavras de Morris: "Nunca imaginei que essa coisa chamada internet seria tão grande".

"A internet é a responsável pelo crescimento dessa companhia", segundo Morris. A All A Cart não somente desfrutou de um aumento nas vendas, mas também se beneficiou da comunicação mais eficaz. "Não preciso mais conversar pessoalmente com cada um dos clientes", disse Morris. "Podemos nos comunicar por e-mail; posso lhes mostrar e lhes enviar fotografias dos itens". A comunicação é o segredo da All A Cart para contemplar as necessidades dos clientes, em especial com relação às vendas internacionais. O carrinho de venda de alimentos personalizado do cliente é desenvolvido, fabricado e, posteriormente, fotografado. A fotografia é, então, enviada por e-mail para a apreciação do cliente. Caso sejam necessárias mudanças, a All A Cart pode fazê-las antes de exportar o produto.

"A All A Cart só tende a melhorar", afirma Morris, confiante. "Eu gostaria de trabalhar com outras culturas; é possível que no futuro tenhamos uma estratégia de vendas internacionais mais agressiva. No momento, tenho clientes em potencial na Moldávia, solicitando estruturas modulares para um parque de diversões. Mas é difícil estabelecer relacionamentos no âmbito internacional". A fim de compensar a falta de recursos internacionais da companhia, Morris conta com a ajuda de recursos dos governos estaduais e municipais, para construir suas relações internacionais como o Departamento de Comércio Exterior do Estado de Ohio.

Fonte: Estudo de caso escrito por Tara Wedwaldt (Fisher College of Business, Universidade de Ohio), sob orientação do professor Mike W. Peng, e utilizado como ponto de partida para discussões em sala de aula. Foi baseado em entrevistas com Jeff Morris, que permitiu o uso desse estudo de caso para fins didáticos. Reimpresso com permissão do autor.

De que maneira **empresas de pequeno e médio porte** – geralmente empresas com menos de 500 funcionários – como a All A Cart, crescem? De que forma entram em mercados internacionais? Quais são os desafios e as restrições que enfrentam? Este capítulo lida com essas e outras questões estratégicas. Essa é uma diferença com relação a muitos livros sobre estratégia, que se centram somente nas grandes empresas. Considerando-se que *todas* as grandes empresas existentes hoje já foram pequenas e que algumas (não todas) empresas de pequeno e médio porte atuais podem se tornar multinacionais, estrategistas atuais e em potencial não terão uma visão completa do cenário estratégico se voltarem suas atenções apenas para as grandes empresas. Mais importante do que isso é o fato de que as empresas de pequeno e médio porte (em oposição à maioria das grandes empresas, que no geral têm de reduzir o número de funcionários – *downsizing*) são as que geram mais empregos atualmente (de 60 a 90% dos empregos, dependendo do país); como conseqüência, muitos estudantes serão contratados por essas empresas quando estiverem entrando no mercado de trabalho. Alguns leitores deste livro também podem abrir empresas de pequeno e médio porte, o que torna ainda mais imperativo o foco nos inúmeros "Davis", em vez de no pequeno número de "Golias".

De uma forma mais ampla, este capítulo sobre empreendedorismo abre a Parte II (capítulos 5, 6, 7 e 8), que se centra na **estratégia do nível de negócio**, definida como a maneira de construir vantagens competitivas em mercados pequenos e identificáveis. Isso pode ser executado por meio de empreendimentos de risco (este capítulo), entradas em outros países (Capítulo 6), alianças estratégicas (Capítulo 7) e/ou uma série de manobras competitivas (Capítulo 8). A Parte III (capítulos 9, 10, 11 e 12), por sua vez, terá como foco a **estratégia corporativa**, isto é, a maneira como uma empresa cria valor por meio da configuração e coordenação de suas atividades em multimercados.

Em primeiro lugar, este capítulo define empreendedorismo; posteriormente, dá seguimento a uma discussão sobre sua natureza. Em seguida, é delineado um modelo abrangente de empreendedorismo de acordo com as três principais perspectivas em estratégia. Além disso, são apresentadas cinco importantes estratégias e várias formas de internacionalização de empresas empreendedoras. Assim como nos outros, discussões e extensões finalizam este capítulo.

Empreendedorismo, empreendedores e empresas empreendedoras

Embora o empreendedorismo seja freqüentemente associado a empresas pequenas e novas, nada impede que empresas grandes e mais antigas sejam "empreendedoras". Na verdade, muitas grandes empresas, que tendem a ser mais estabelecidas e burocráticas, precisam ser mais empreendedoras. Portanto, o que exatamente significa empreendedorismo? Pesquisas recentes sugerem que o tamanho e a idade da empresa *não* são características que definem o termo. **Empreendedorismo**, assim, é definido como "a identificação e exploração de oportunidades não exploradas anteriormente."[1] De modo mais específico, o empreendedorismo está relacionado com "as fontes de oportunidades; os processos de descoberta, avaliação e exploração de oportunidades; e com os indivíduos que as descobrem, avaliam e exploram."[2] Esses indivíduos são os **empreendedores**, que podem ser fundadores e proprietários de novos negócios ou administradores de empresas existentes. Conseqüentemente, e**mpreendedorismo internacional** é definido como "uma combinação de comportamentos inovadores, proativos e arriscados que atravessa as fronteiras nacionais e almeja criar riquezas nas organizações."[3]

Embora tais definições sugiram que as empresas de pequeno e médio porte não vejam o domínio exclusivo do empreendedorismo, muitas pessoas associam-no a essas empresas, que em geral são mais empreendedoras do que as grandes. A fim de evitar confusões no restante deste capítulo, seguiremos essa convenção, ainda que não seja totalmente correta. Apesar de reconhecermos que alguns administradores de grandes empresas são muito empreendedores, limitaremos o uso do termo "empreendedor" a proprietários, fundadores e administradores de empresas de pequeno e médio porte. Além disso, utilizaremos o termo "empresas empreendedoras" para referências a empresas de pequeno e médio porte (com menos de 500 funcionários). As empresas com mais de 500 funcionários serão denominadas "grandes empresas", e o termo "empreendedorismo corporativo" será utilizado na discussão sobre empreendedorismo nessas empresas.[4]

Empresas de pequeno e médio porte são importantes em todo o mundo. Embora sejam freqüentemente ignoradas pela imprensa comercial, as empresas de pequeno e médio porte totalizam mais de 95% do número de empresas, criam aproximadamente 50% do valor agregado total e geram de 60 a 90% dos empregos (dependendo do país) por todo o mundo.[5] A cada ano, cerca de 4 a 6% da população adulta economicamente ativa na América do Norte, na Europa ocidental e na Europa central e oriental tentam abrir novos empreendimentos.[6] Obviamente, o empreendedorismo possui aspectos tanto recompensadores quanto punidores. Muitos tentarão, muitos não conseguirão (cerca de 60% dos novos negócios nos Estados Unidos declaram falência em um período de seis anos)[7] e somente alguns obterão sucesso.

Um modelo abrangente de empreendedorismo

As três principais perspectivas em estratégia, a saber, as visões baseadas em indústrias, em recursos e em instituições, ajudam-nos a compreender o fenômeno do empreendedorismo e resultam em um modelo abrangente, ilustrado na Figura 5.1.

Considerações Baseadas em Indústrias

A visão baseada em indústrias, exemplificada no Capítulo 2 pelas cinco forças de Porter, sugere que: (1) a rivalidade interempresas; (2) as barreiras à entrada; (3) o poder de barganha dos fornecedores; (4) o poder de barganha dos compradores; e (5) a ameaça dos produtos substitutos estão relacionados ao empreendedorismo. Em primeiro lugar, a intensidade da *rivalidade interempresas* exerce um impacto direto no sucesso (ou não) de um novo empreendimento.[8] Quanto menor o número de empresas incumbentes, é mais provável que formem algum tipo de conluio a fim de evitar que novos concorrentes obtenham *market share* (participação no mercado) (ver Capítulo 8 para mais detalhes). Na pior das hipóteses, um encarregado monopolista, como a Microsoft, pode tornar-se dominante a ponto de sufocar inovações de empresas de pequeno e médio porte – essa é a principal razão pela qual a Microsoft foi processada pelas autoridades antitruste dos Estados Unidos e da União Européia.

As *barreiras à entrada* também causam impacto no empreendedorismo. Não é de surpreender que novas empresas se aglomerem em indústrias com menores barreiras à entrada, como restaurantes. Já as indústrias de capital intensivo barram as chances de empreendedores obterem sucesso. Por exemplo, atualmente nenhum empreendedor sensato apostaria seu dinheiro na competição com a Boeing ou a Airbus, que estão em indústrias de capital intensivo, cujas barreiras à entrada são muito grandes.

Quando o *poder de barganha dos fornecedores* torna-se muito grande, empreendedores têm de buscar meios para reduzi-lo. Por exemplo, a Microsoft, que obviamente tem sido muito empreendedora, é o fornecedor monopolista de sistemas operacionais para quase todos os fabricantes de microcomputadores do mundo; esses fabricantes, embora desconfortáveis, sentem-se compelidos a comprar os produtos da Microsoft. Conseqüentemente, a Linux está se popularizando como uma alternativa emergente.

Da mesma forma, empreendedores que conseguem reduzir o *poder de barganha dos vendedores* encontram um nicho para si. Por exemplo, pequenas cadeias nacionais de livrarias ("físicas") costumavam representar os únicos pontos de revenda para centenas de editoras. Lojas empreendedoras na

FIGURA 5.1 Um Modelo Abrangente de Empreendedorismo

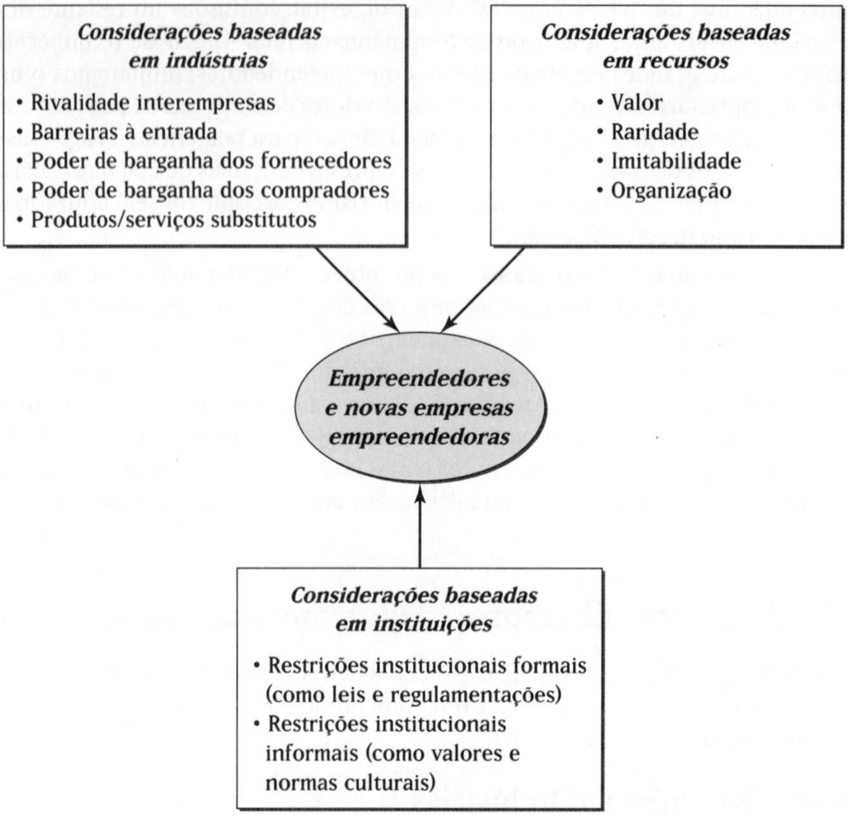

internet, lideradas pela Amazon, forneceram uma opção de vazão para editoras; dessa forma, o poder de barganha das livrarias tradicionais foi reduzido.

Os *produtos/serviços substitutos* geram grandes oportunidades a empreendedores. Considerando-se que é difícil competir com empresas incumbentes maiores e mais estabelecidas, em indústrias com grandes barreiras à entrada (como observado anteriormente), empreendedores que criam produtos substitutos, dessa forma redefinindo o jogo, conseguem efetivamente arrancar algumas vantagens competitivas de empresas. Por exemplo, os e-mails, os arquivos anexos e os pagamentos on-line, nos quais empresas empreendedoras foram precursoras, estão substituindo, em grande escala, os faxes, as malas-diretas e os boletos bancários, diminuindo, assim, o poder de competição de empresas incumbentes nessas indústrias.

Obviamente, empreendedores têm de compreender a natureza das indústrias nas quais pretendem entrar. Entretanto, um paradoxo importante é o fato de que certos princípios subjacentes às cinco forças podem não ser conhecidos, em especial em indústrias emergentes e turbulentas. Por exemplo, é difícil prever as preferências dos consumidores, as inovações nos preços dos produtos e a capacidade de construção. Entretanto, mesmo quando a indústria contribui para as entradas, nada garante que os empreendedores obterão sucesso. Considere o comércio eletrônico. Empresas não possuíam muito poder de mercado nesse campo; as barreiras à entrada eram relativamente pequenas (em parte por causa dos inúmeros investidores em capital de risco); vendedores e compradores possuíam poder de barganha limitado, em virtude da falta de experiência nesse domínio; e a ameaça dos substitutos era insignificante. No entanto, o massacre que ocorreu nos últimos anos sugere que nessa indústria, como em muitas outras, somente algumas empresas fortes (como a Amazon e a eBay) saem vencedoras, ao passo que muitas outras desaparecem. Essa conclusão está relacionada à importância de recursos e capacidades específicos às empresas, explanados a seguir.

Considerações Baseadas em Recursos

A visão baseada em recursos, representada pelo modelo VRIO, apresentado no Capítulo 3, centra-se no *v*alor, na *r*aridade, na *i*mitabilidade e nos aspectos *o*rganizacionais (ver Figura 5.1) do empreendedorismo. Em primeiro lugar, os recursos empreendedores devem criar *valor*.[9] Por exemplo, redes e contatos são importantes recursos em potencial para novos empreendedores. Entretanto, a menos que tais redes e contatos sejam canalizados para a criação de valores econômicos, geralmente por meio de novos empreendimentos, tais recursos permanecerão sendo recursos *em potencial*.

Em segundo lugar, os recursos devem ser *raros*. Como diz o clichê, "se todo mundo possui algo, você não conseguirá fazer dinheiro com isso". Os empreendedores com os melhores desempenhos geralmente possuem conhecimento e *insight* mais raros sobre as oportunidades comerciais. Por exemplo, somente algumas cabeças muito criativas pensariam em construir uma estação de esqui na África (ver Estratégia em Ação 5.1).

Em terceiro lugar, os recursos devem ser *inimitáveis*. Por exemplo, o sucesso da Amazon instigou muitas livrarias on-line a imitá-la. Obviamente, ser o primeiro jogador não garante um bom desempenho. Os empreendedores com os melhores desempenhos sobressaem na *execução*, a saber, na alavancagem agressiva de seus conhecimentos e *insights* por meio da exploração de oportunidades desconhecidas dos demais. Na falta de um modelo comercial comprovado, a Amazon logo construiu o maior depósito de livros do mundo, ironicamente físico. Os incomparáveis estoques físicos da Amazon – e não sua presença on-line – é que são difíceis de imitar. Além disso, a Amazon também desenvolveu

Estratégia em ação 5.1.

Esquiar no Sul da África. Quem Quer?

É difícil de acreditar, mas empreendedores na África do Sul e no país vizinho, Lesoto, construíram estações de esqui nas montanhas Drakensberg. Não são montanhas alpinas (3.000 metros/9.900 pés), as nevadas são irregulares e o acesso é complicado. Entretanto, a Tiffindell Resort (*http://www.tiffindell.co.za*) conseguiu produzir temporadas de esqui, todos os anos, na parte da África do Sul. Entre maio e setembro (inverno, no hemisfério sul), mais de 5 mil esquiadores chegam à estação. Quando há escassez de neve real, os esquiadores divertem-se com 1,5 hectare (3,7 acres) de neve artificial. Esse empreendimento vai ao encontro de uma demanda ainda não atendida: consumidores ricos e jovens, interessados em adquirir *prática* com os esquis e, posteriormente, ir a estações mais importantes, na Europa e na América do Norte. Pessoas que esquiam na estação Tiffindell formaram a primeira e única equipe da África do Sul a ir às Olimpíadas de Inverno. A crescente notoriedade da Tiffindell apareceu em algumas competições internacionais. A Afri-Ski (*http://www.afriski.co.za*), uma estação de esqui rival, está sendo aberta na parte de Lesoto; se obtiver sucesso, a Tiffindell perderá um pouco do valor de inovação que possui. Para continuar à frente no jogo, a estação de esqui da África do Sul iniciou uma expansão de 150 milhões de rands (US$ 20 milhões), embora o empreendimento ainda não possua rentabilidade segura.

Fontes: Baseado em (1) *Economist*, 2003, No business like snow business, 2 de agosto: 57; (2) *http://www.afriski.co.za* (acesso em 15 de outubro de 2003); (3) *http://www.tiffindell.co.za* (acesso em 15 de outubro de 2003).

grandes capacidades de entrega direta ao consumidor. À medida que amplia seus negócios para outras *commodities* (por exemplo, brinquedos), empresas incumbentes, como a Toys R Us, encontram dificuldades para imitar suas capacidades. Por isso, a Toys R Us pediu ajuda à Amazon nas comercializações on-line.

Em quarto lugar, os recursos empreendedores devem possuir *organizações* intrínsecas. Uma estratégia-chave é utilizar-se de ações observáveis para sinalizar que empreendedores possuem credibilidade organizacional. Portanto, empreendedores com os melhores desempenhos são os que possuem melhores capacidades de sinalização.[10] Por exemplo, a especialização em uma área é uma forma de sinalizar credibilidade aos consumidores.[11] Muitos empreendedores na internet especializam-se em *commodities* altamente padronizadas, como livros, CDs e passagens aéreas, a fim de minimizar as preocupações dos compradores com relação à qualidade do produto. A falência da WebVan, especializada em artigos incomuns, como produtos frescos e perecíveis, deve-se muito à especialização na indústria errada.[12]

Outro sinal importante, do qual empreendedores dependem, é a reputação. Na América do Norte e na Europa, para pessoas que viajam muito de avião e procuram bons negócios, a reputação das empresas de transportes aéreos empreendedoras, como a Southwest, a easyJet e a Ryanair (ver Caso de Introdução, no Capítulo 3), e das páginas de comércio eletrônico, como a Travelocity e a Priceline – por oferecerem sempre os preços mais competitivos – exerce grande atração. Se pequenas empresas empreendedoras não possuem uma boa reputação, é possível que tenham de se juntar a empresas maiores por meio de alianças estratégicas a fim de aumentar suas legitimidades e credibilidades.[13] Por exemplo, no início dos anos de 1980, a Microsoft obteve benefícios significativos ao contar com o apoio da IBM para seu sistema operacional MS-DOS.

Por fim, outro sinal essencial é a disposição para adquirir mercadorias e serviços intermediados.[14] Em vez de trabalhar com comissões (como agências de viagens tradicionais costumam fazer), a Expedia e a Priceline compram grandes quantidades de passagens aéreas. Tradicionalmente, há uma preocupação por parte das empresas de transportes aéreos no que se refere à agressividade com que os agentes de viagens, que recebem comissões, comercializam suas passagens aéreas em relação às passagens aéreas dos concorrentes. A forma de negociação da Expedia e da Priceline resolve esse problema: se essas empresas não conseguirem (re)vender as passagens aéreas, pior para elas. Conseqüentemente, as empresas de transportes aéreos gostam de lhes vender passagens, mesmo que precisem dar grandes descontos. Da mesma forma, no comércio exterior, companhias empreendedoras dispostas a assumir propriedade de mercadorias tendem a obter um melhor desempenho do que competidores que não estão dispostos a isso.[15]

A visão baseada em recursos sugere que, além de condições industriais, recursos e capacidades específicos às empresas (e, em muitos casos, específicos aos empreendedores) determinam o sucesso e o fracasso dos empreendimentos. Além disso, condições institucionais também fazem uma grande diferença, como explanado a seguir.

Considerações Baseadas em Instituições

Apresentadas no Capítulo 4, tanto as restrições institucionais formais apresentadas como as informais, como regras do jogo, afetam o empreendedorismo, que possui desenvolvimento desigual, mesmo progredindo por todo o globo. O fato de o empreendedorismo ser facilitado ou retardado depende das instituições formais que governam a maneira como os empreendedores abrirão seus novos negócios.[16] Um estudo recente do Banco Mundial relata que há diferenças impressionantes entre as regulamentações governamentais concernentes à abertura de empresas, como registros, concessões, incorporações, taxações e inspeções (Tabela 5.1).[17] Em geral, governos em economias desenvolvidas exigem menos procedimentos (a ponto de demorar somente dois dias para os dois procedimentos exigidos na Austrália e no Canadá) e impõem custos totais menores (menos de 2% do produto interno bruto *per capita*, na Dinamarca, na Irlanda, na Nova Zelândia e nos Estados Unidos). Por outro lado, em países pobres, empreendedores enfrentam encargos regulamentários mais pesados. A República Dominicana, por exemplo, exige 21 procedimentos e impõe um custo total 4,63 vezes maior do que o produto interno bruto *per capita*. A Bolívia, o Egito, a Hungria, a Indonésia, a Nigéria e o Vietnã também impõem cus-

TABELA 5.1 Custos para a Abertura de Novas Empresas em 42 Países

País	Número de Procedimentos	Tempo (Dias)	Custos Diretos (% do PIB *per capita*)	Tempo + Custos Diretos (% do PIB *per capita*)	PIB *per capita* 1999 (US$)
Canadá	2	2	1,45	2,25	19.320
Austrália	2	2	2,25	3,05	20.050
Nova Zelândia	3	3	0,53	1,73	13.780
Dinamarca	3	3	1,00	1,12	32.030
Irlanda	3	16	1,16	1,80	19.160
Estados Unidos	4	4	0,50	1,69	30.600
Noruega	4	18	4,72	11,92	32.880
Reino Unido	5	4	1,43	3,03	22.640
Hong Kong	5	15	3,33	9,33	23.520
Mongólia	5	22	3,31	12,11	350
Finlândia	5	24	1,16	10,76	23.780
Israel	5	32	21,32	34,12	15.860
Suécia	6	13	2,56	7,76	25.040
Zâmbia	6	29	60,49	72,09	320
Suíça	7	16	17,24	23,64	38.350
Cingapura	7	22	11,91	20,71	29.610
Letônia	7	23	42,34	51,54	2.470
Países Baixos	8	31	18,41	30,81	24.320
Taiwan	8	37	6,60	21,40	13.248
Hungria	8	39	85,87	101,47	4.650
África do Sul	9	26	8,44	18,84	3.160
Tailândia	9	35	6,39	20,39	1.960
Nigéria	9	36	257,00	271,40	310
Chile	10	28	13,08	24,28	4.740
Alemanha	10	42	15,69	32,49	25.350
República Tcheca	10	65	8,22	34,22	5.060
Índia	10	77	57,76	88,56	450
Japão	11	26	11,61	22,01	32.230
Egito	11	51	96,59	116,99	1.400
Polônia	11	58	25,46	48,66	3.960
Espanha	11	82	17,30	50,10	14.000
Indonésia	11	128	53,79	104,99	580
China	12	92	14,17	50,97	780
Coréia do Sul	13	27	16,27	27,07	8.490
Brasil	15	63	20,14	45,34	4.420
México	15	67	56,64	83,44	4.400
Itália	16	62	20,02	44,82	19.710

(continua)

TABELA 5.1 *(continuação)*

País	Número de Procedimentos	Tempo (Dias)	Custos Diretos (% do PIB *per capita*)	Tempo + Custos Diretos (% do PIB *per capita*)	PIB *per capita* 1999 (US$)
Vietnã	16	112	133,77	178,57	370
Madagascar	17	152	42,63	103,43	250
Rússia	20	57	19,79	42,59	2.270
Bolívia	20	88	265,58	300,78	1.010
República Dominicana	21	80	463,09	495,09	191
Média Global	10.48	47.49	47,08	65,98	8.226

Fonte: Adaptada de S. Djankov; R. La Porta; F. Lopez-de-Silanes; A. Shleifer, 2002, The regulation of entry (p.18-20), *Quaterly Journal of Economics*, 67: 1-37. Utilizando um estudo realizado pelo Banco Mundial, a tabela é baseada (1) na ordem crescente do número total de procedimentos domésticos aos quais empreendedores devem se submeter; (2) no número de dias necessários para se obter a autorização legal para abertura da empresa; e (3) nos custos diretos para tal, em porcentagem de produto interno bruto per capita. A medida "tempo + custos diretos" captura o valor monetizado do tempo dos empreendedores adicionado aos custos diretos. A média global é baseada na amostra total de 85 países (essa tabela mostra somente 42 deles).

tos totais maiores do que seu produto interno bruto *per capita*. Madagascar é o campeão: exige que os empreendedores esperem 152 dias para obter autorização legal para a abertura de uma nova empresa. Como é de se esperar, quanto mais amigáveis forem as exigências das instituições formais, mais empreendimentos surgirão e mais desenvolvidas as economias se tornarão – e vice-versa.

Além das instituições formais, as informais, como valores e normas culturais, afetam o empreendedorismo.[18] Por exemplo, pelo fato de empreendedores necessariamente arriscarem-se mais, sociedades individualistas e com pouca aversão à incerteza tendem a incentivar mais o empreendedorismo, ao passo que sociedades coletivistas e com muita aversão à incerteza possuem níveis menores de empreendedorismo. O Capítulo 4 abordou profundamente esse tema, portanto, não repetiremos seu conteúdo; aqui enfatizamos apenas a importância das instituições informais. A visão baseada em instituições sugere que as instituições são relevantes.[19] O quão relevantes é o que será discutido a seguir.

Cinco estratégias empreendoras

Esta seção discute cinco estratégias empreendedoras: (1) crescimento; (2) inovação; (3) rede; (4) financiamento/governança; e (5) colheita (*harvest*)/saída (*exit*). Uma sexta estratégia, a internacionalização, será enfatizada na próxima seção, "Internacionalizando a empresa empreendedora". Cabe lembrar que uma estratégia não exclui a outra, sendo freqüentemente implementadas, por empresas empreendedoras, em conjunto.

Crescimento

Para alguns, o que os torna empreendedores é a empolgação associada ao crescimento da empresa.[20] Deve-se lembrar que, segundo a visão baseada em recursos, uma empresa pode ser definida como um pacote de recursos e capacidades. O crescimento de uma empresa empreendedora pode ser visto, portanto, como uma tentativa de maior utilização de recursos e capacidades subutilizados no momento.[21] Em se tratando de empresas recém-abertas, tais recursos e capacidades são principalmente a visão, o espírito e a liderança empreendedora.[22] Embora costumem possuir poucos recursos tangíveis (como capital), empresas novas freqüentemente possuem recursos intangíveis abundantes (como o espírito empreendedor). A tentativa de alavancar tal espírito empreendedor tem motivado Azim Premji, presidente do conselho da Wipro e o homem mais rico da Índia, a acordar às 4h30 da manhã todo santo dia (Estratégia em Ação 5.2).

Uma das marcas registradas do crescimento empreendedor é uma estratégia dinâmica, flexível e guerrilheira. Como azarões, empresas empreendedoras de pequeno e médio porte não conseguem

ESTRATÉGIA EM AÇÃO 5.2.

Wipro, de Premji, Decola da Índia

Com um patrimônio líquido de US$ 5,3 bilhões, Azim Premji, presidente do conselho da Wipro (*http://www.wipro.com*), fornecedora de softwares e serviços, é o homem mais rico da Índia e provavelmente o terceiro ou quarto homem mais rico do mundo. Entretanto, esse empreendedor está trabalhando mais do que nunca. Ele acorda às 4h30 da manhã o ano todo. Ao meio-dia, ele já trabalhou sete horas e ainda faltam mais sete. O pai de Premji fundou a Western India Vegetable Products Ltd. (Wipro) em 1945, como uma pequena produtora de óleo de cozinha. Em 1977, o governo indiano expulsou a IBM (*http://www.ibm.com*), criando, assim, um espaço para empresas locais. A Wipro e outras empresas indianas aproveitaram a oportunidade, inicialmente trabalhando com hardwares. Logo, Premji notou que as rivais locais não estavam investindo em serviços de assistência técnica, tradição da IBM que ele achou interessante manter. Esse *insight* levou a Wipro, no início dos anos de 1980, a centrar-se em serviços de software. Nos anos de 1990, essa empresa surgiu como um dos principais jogadores no contexto da ascensão da Índia como potência global em tecnologia da informação. O segredo do sucesso da Wipro? Qualidade excelente, credibilidade e economia de custo de

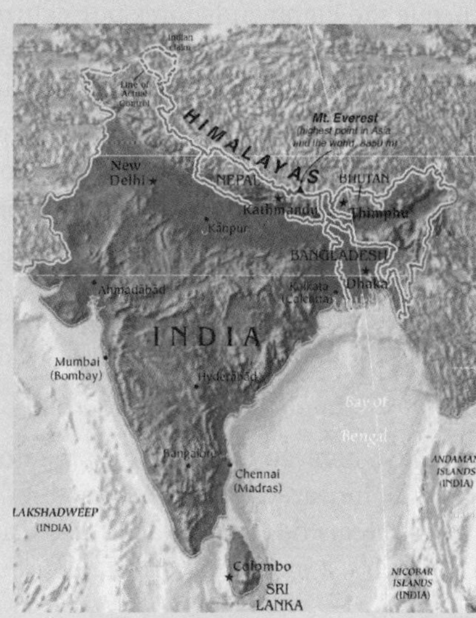

40% com relação aos custos da maioria das grandes rivais ocidentais. De 1998 a 2002, as vendas e lucros da Wipro aumentaram, respectivamente, 25 e 52% *por ano*. Entretanto, o foco de Premji parece ser um só: mais sucesso ainda.

Fontes: Baseado em (1) M. Kripalani, 2003, Global designs for India's tech king, Business Week, 13 de outubro: 56-58; (2) R. Ramamurti, 2001, Wipro's chairman Azim Premji on building a world-class Indian company, *Academy of Management Executive*, 15: 13-16. Ver também Caso de Introdução, no Capítulo 1.

bater de frente com suas rivais grandes e estabelecidas. Ao poucos (pelo menos no início), essas empresas de pequeno e médio porte costumam atacar indireta e sutilmente seus grandes rivais, que podem não perceber, de imediato, que essas posturas são desafios competitivos.[23] Empresas empreendedoras possuem recursos escassos, necessários a importantes batalhas com concorrentes. Costumam utilizar velocidade e sagacidade para se antecipar aos competidores, adquirindo, dessa forma, vantagens substanciais do primeiro jogador. A Amazon, na indústria de comércio de livros dos Estados Unidos; a Wipro, na indústria de softwares da Índia; e a Li Ning, na indústria de produtos esportivos da China (ver Caso de Conclusão) são exemplos dessa estratégia.

Empresas com estratégias de crescimento empreendedor dão mais ênfase à ação e menos à análise. Enquanto grandes empresas que possuem muitos recursos analíticos se tornam incapazes de aproveitar as oportunidades (inação conhecida como "*paralysis by analysis*" – paralisia pela análise), muitas empresas empreendedoras crescem, pois aproveitam certas oportunidades sem fazer grandes análises anteriores, uma clássica estratégia de ação "emergente".[24] Por exemplo, um estudo sobre as empresas com crescimento mais rápido nos Estados Unidos constatou que 41% delas não possuíam nenhum planejamento comercial formal; 26% possuíam apenas um planejamento rudimentar, um esboço; e somente 28% desenvolveram planejamentos comerciais na íntegra.[25] Obviamente, é bom que todos os novos empreendimentos possuam algum tipo de análise e planejamento.[26] Entretanto, pesquisas revelam que empreendedores que perdem muito tempo com planejamento não necessariamente obtêm melhor desempenho do que indivíduos que, com pouco planejamento, aproveitam as oportunidades.[27]

Por outro lado, o excesso de agressividade por causa de empresas concorrentes também pode levar à falência. Empreendedores de *todas* as nacionalidades costumam ser confiantes demais.[28] A crise do comércio eletrônico, desde 2000, alerta sobre essa confiança excessiva. Os melhores empreendedores encaram a incerteza, mas protegem-se dos riscos em excesso.[29] Por exemplo, alguns capitalistas de risco, que são empreendedores por natureza, utilizam-se de conhecidas etapas de desenvolvimento ("rodadas" de investimento), a fim de basear seu compromisso com projetos de risco no desempenho da rodada anterior. Empreendedores que não o fazem, podem sofrer grandes perdas.

Essencialmente, as estratégias de crescimento empreendedor apóiam-se em um suprimento abundante de recursos intangíveis empreendedores e administrativos para compensar a falta de recursos tangíveis. Entretanto, a disponibilidade finita de empreendedores e administradores capazes restringe tal crescimento. Portanto, ao atingir certo ponto, o crescimento rápido diminui e os nichos não atendidos pelos grandes rivais tornam-se limitados. Por exemplo, as gigantes Coca-Cola e Pepsi perceberam a estratégia da Kola Real no Peru e no México e retaliaram (ver Estratégia em Ação 5.3).

Inovação

A inovação é o coração de todo pensamento empreendedor.[30] Em geral, há uma relação positiva entre o alto grau de inovação e maiores rentabilidades.[31] Uma estratégia de inovação é uma forma especializada da estratégia de diferenciação (ver Capítulo 2).[32] De modo mais específico, ela oferece três vantagens. Primeira, a inovação permite obter uma vantagem competitiva mais sustentável. As empresas

Estratégia em Ação 5.3.

Guerra dos Refrigerantes no México: Um Davi contra Dois Golias

O México é o segundo maior mercado consumidor de refrigerantes do mundo, com um consumo *per capita* de 101 litros por ano, pouco menos do que os 113 litros consumidos pelos norte-americanos. A Coca-Cola (*http://www.coca-cola.com*) e a Pepsi (*http://www.pepsi.com*) consideram, há muito tempo, o México como seu quintal. A Coca-Cola controla 70% do mercado, o que totaliza 11% de suas vendas globais. A Pepsi possui 15% do mercado. Diante de tais gigantes, a entrada, em 2002, da Kola Real (*http://www.kolareal.com*), empresa do Peru que está no mercado há apenas 15 anos, fez que a guerra dos refrigerantes se assemelhasse à luta entre Davi e Golias. A Kola Real obteve sucesso considerável no Peru, com 17% de *market share*. Também expandiu-se ao Equador e à Venezuela, mas seu principal alvo era o México. Antes de a Kola Real entrar nesse país, a mesma garrafa de refrigerante custava US$ 1 nos Estados Unidos e US$ 1,40 no México, país muito mais pobre. Empreendedores da Kola Real deduziram que o México seria o mercado perfeito para receber um produto semelhante, por um preço mais baixo. Conseqüentemente, no México, de início, a Kola Real comercializava a mesma garrafa de refrigerante por US$ 0,90, depois, por US$ 0,81. No primeiro ano, essa empresa abocanhou respeitáveis 3,5% de *market share* no México. Em resposta a isso, a Coca-Cola e a Pepsi reduziram os preços, intensificaram o marketing e pressionaram varejistas para terem exclusividade. Sem temer, a Kola Real acredita que terá 10% de *market share* em cinco anos, o que é considerado irreal por especialistas. Mas antes de Davi matar Golias, ninguém respeitava muito aquele garotinho.

Fontes: Baseado em (1) *The Atlantic Journal-Constitution*, 2003, Coke pervades Mexico, 7 de setembro (*http://www.ajc.com*, acesso em 15 de outubro de 2003); (2) *Economist*, 2003, Cola down México way, 11 de outubro: 69-70.

que primeiro introduzirem novas mercadorias e serviços provavelmente obterão "lucro de monopólio" até que surjam competidores. Se empresas empreendedoras apareceram com tecnologias "de quebra de continuidade" (com relação à tecnologia dos encarregados), poderão redefinir as regras da competição, destruindo as vantagens dos encarregados.[33] Por exemplo, consideremos o impacto da Microsoft, da Ryanair e da Wipro em suas respectivas indústrias.

Segunda, a inovação possui um sentido amplo. Rupturas tecnológicas não são as únicas formas de inovação; novos métodos de fazer negócios, não tão novos, mas ainda substanciais, também são inovações. A maior parte dos novos empreendimentos utiliza-se de rotinas organizacionais já existentes, porém *recombina*-as a fim de criar alguma novidade em oferta de produtos/serviços, como a Federal Express, que (re)combinou os recursos de entrega, aéreos ou não, já existentes, criando um novo mercado.[34] Outro exemplo é a *Hola!*, publicação espanhola semanal para a alta sociedade, que exportou sua fórmula vencedora à Grã-Bretanha, publicando lá sua revista de celebridades. Editada e impressa na Espanha, a *Hello!* tornou-se a revista britânica que mais se desenvolve.[35] Em poucas palavras, essas empresas utilizaram-se de inovações organizacionais, em vez de inovações tecnológicas.

Por fim, empresas empreendedoras são preparadas de forma única para inovações. Proprietários, administradores e funcionários em empresas empreendedoras tendem a ser mais inovadores e a correr mais riscos do que aqueles em grandes empresas.[36] Na verdade, muitas empresas de pequeno e médio porte são fundadas porque ex-funcionários de grandes empresas estão frustrados com a impossibilidade de traduzir idéias inovadoras em realidades da empresa. A Intel, por exemplo, foi fundada por três ex-funcionários (um deles, Andy Grove), da Fairchild Semiconductor, que deixaram a empresa em 1968. Inovadores em grandes empresas obtêm lucros pessoais limitados, pois os direitos de propriedade intelectual das inovações geralmente pertencem às corporações. Em oposição, inovadores em empresas empreendedoras têm facilidade para colher os ganhos financeiros associados às inovações, o que os motiva a seguir em frente.

Rede

Uma estratégia de rede refere-se à construção e ao aproveitamento intencional de relacionamentos, conexões e laços entre indivíduos e organizações. Os dois tipos de rede existentes – pessoal e organizacional – são importantes. Antes da (e durante a) fase de fundação da empresa empreendedora, essas duas redes sobrepõem-se de forma significativa – a saber, a rede pessoal do empreendedor é, na essência, a rede organizacional da empresa.[37] A essência do empreendedorismo é "traduzir" as redes pessoais em redes organizacionais com valor agregado. Embora praticamente todas as empresas (incluindo as grandes) devam nutrir e cultivar redes, uma estratégia de rede é mais importante para pequenas empresas. Três atributos – urgência, intensidade e impacto – distinguem as redes empreendedoras.

Primeiro, empresas empreendedoras possuem um alto grau de *urgência* no desenvolvimento e alavancagem de redes. Essencialmente, enfrentam a **desvantagem de ser novas**, definida como a desvantagem inerente que empresas empreendedoras enfrentam por serem "jovens" no mercado.[38] Pela falta de subsídios e de produtos tangíveis – muitos negócios possuem somente uma idéia – novos empreendimentos não inspiram confiança, nem legitimidade aos olhos dos fornecedores, dos clientes, dos investidores e de outras partes interessadas. Portanto, novos empreendimentos necessitam urgentemente das redes sociais dos empreendedores já existentes e da construção de novas redes a fim de superar a desvantagem de ser novo. Convencer indivíduos mais legitimados e estabelecidos (como co-fundadores, membros do conselho de administração, investidores ou diretores) e organizações (como parceiros, patrocinadores ou clientes) a ajudarem na questão da legitimidade das empresas de pequeno e médio porte pode ser de grande auxílio. Em outras palavras, a legitimidade é um recurso intangível e muito importante que pode ser transferido. Por exemplo, o preço das ações da Net2Phone, um provedor de internet pouco conhecido, subiu mais de 50% logo após o anúncio de alianças estratégicas com a Compaq e a Sprint.[39] Por outro lado, empresas empreendedoras têm de tomar cuidado com seus parceiros grandes e poderosos, pois esses podem querer se beneficiar com alianças[40] (tema que será discutido no Capítulo 7).

Uma segunda característica que distingue as redes empreendedoras é a *intensidade*. Relacionamentos de rede podem ser classificados como laços fortes ou fracos. **Laços fortes** são relacionamentos mais duráveis, seguros e confiáveis, ao passo que **laços fracos** são menos duráveis, seguros e confiáveis.[41] Tentativas de cultivar, desenvolver e manter laços fortes são mais intensas. Os empreendedores costumam confiar em laços fortes – em geral, de 5 a 20 indivíduos – para aconselhamento, ajuda e assistência. Tais laços resultam em confiança, advinda de uma longa história de interações amigáveis; também levam à previsibilidade, que se refere à habilidade que uma parte possui de adivinhar o comportamento da outra sob novas circunstâncias. Não é de surpreender que empreendedores, como a Li Ning (ver Caso de Conclusão), confiem inicialmente em laços fortes, como os de membros da família, antigos colegas de sala e amigos de longa data para a obtenção de metas organizacionais.[42] Com o passar do tempo, isso pode mudar e os benefícios dos laços fracos podem prevalecer (ver próxima seção, "Financiamento e Governança").

Por fim, pelo fato de essas empresas serem pequenas, as contribuições das redes pessoais dos empreendedores tendem a exercer um *impacto* maior no desempenho delas.[43] Em oposição, o impacto de redes semelhantes, cultivadas por administradores de grandes empresas, é menos decisivo em razão do enorme tamanho desse tipo de empresa. Além disso, por serem os proprietários, os empreendedores embolsam diretamente os lucros de um bom desempenho empresarial, o que os motiva a fazer tais redes funcionarem.

Há fortes evidências de que tanto as redes pessoais quanto as organizacionais representam recursos e oportunidades significativos e de que uma rede de sucesso pode levar uma empresa ao sucesso.[44] As posições mais vantajosas são as conectadas a um número de jogadores que, do contrário, não estariam ligados a ninguém – em palavras, posições de rede mais *centralizadas* são de grande ajuda. Armados com laços e contatos úteis, os empreendedores "agregam valor agendando conexões com os demais".[45]

Financiamento e Governança

Todos os novos empreendimentos têm de levantar capital. Além dos recursos próprios dos empreendedores, os laços fortes – especialmente a família e os amigos – são as fontes mais prováveis de financiamento. Uma charada: além da família (*family*) e dos amigos (*friends*), quem é o outro "F" no modelo de financiamento empreendedor de "3Fs"? A resposta é... tolos (*fools*)! Embora seja uma brincadeira, esse é um mote no mundo dos empreendimentos: considerando-se o conhecido risco que ronda as empresas recém-criadas (a *maior parte* delas fracassa), por que alguém, exceto um tolo, investiria nelas? Na realidade, a maioria dos investidores estratégicos externos, que podem ser anjos investidores (investidores individuais ricos), capitalistas de risco, bancos, concorrentes estrangeiros e agências governamentais, não é tola. Esses investidores costumam analisar os planos de negócios, exigir uma forte equipe de gerentes e inspecionar as análises financeiras.[46] Também exigem algumas garantias para que os empreendedores não "fujam com o dinheiro". Os empreendedores têm de desenvolver relacionamentos com esses investidores externos, alguns dos quais representam laços fracos. Fazer que contatos ligados por laços fracos se tornem investidores dispostos é sempre desafiador.[47]

Enquanto contatos ligados por laços fortes são mais informais (baseados no aperto de mão e em contratos simples), os contatos unidos por laços fracos costumam ser mais formais. Na falta de uma longa história de interações, investidores unidos por laços fracos, como anjos e capitalistas de risco, freqüentemente exigem estratégias de **governança** mais formais, a fim de proteger seus investimentos, como porcentagens significativas de participação no capital (de 20 a 40%, por exemplo), determinado número de cadeiras no quadro de diretores e uma série de regras e políticas formais.[48] Em casos extremos, quando os negócios não vão bem, capitalistas de risco chegam a utilizar seu poder de voto para demitir o diretor-executivo, fundador da empresa.[49] O empreendedor, portanto, deve encontrar um equilíbrio entre a necessidade de financiamentos em larga escala e a conseqüente doação de uma parte significativa de seu "sonho" de posse e controle de uma empresa (ver Capítulo 11).

Dado que os perigos associados à falência de novos empreendimentos são bem conhecidos, qualquer coisa que empreendedores façam para melhorar essa impressão é válida. Pesquisas indicam que a probabilidade de sobrevivência de uma empresa, durante os primeiros, e cruciais, anos está significativamente relacionada ao tamanho da empresa – quanto maior, melhor (Tabela 5.2). Conclui-se que quanto mais rápido os empreendimentos alcançarem certo tamanho, é mais provável

TABELA 5.2 Taxas de Sobrevivência após Um Ano e após Quatro Anos com Relação ao Tamanho da Empresa

Tamanho da Empresa (Funcionários)	Chances de Sobrevivência após 1 Ano	Tamanho da Empresa (Funcionários)	Chances de Sobrevivência após 4 Anos
0–9	78%	0–19	50%
10–19	86%	20–49	67%
20–99	95%	50–99	67%
100–249	95%	100–499	70%
250 ou mais	100%		

Fonte: Adaptada de J. Timmons, 1999, *New Venture Creation* (p. 33), Boston: Irwin McGraw-Hill, com base em dados dos Estados Unidos.

que sobrevivam aos primeiros anos, nos quais se enfrenta a desvantagem de ser novo. Pelo fato de a velocidade de expansão absorver (entre outras coisas) um volume de capital muito grande, empreendedores costumam aceitar maiores investimentos externos e concordar com as restrições de posse e controle.

No âmbito internacional, o grau de confiança que empreendedores depositam em recursos advindos de suas famílias ou amigos, em comparação aos advindos de investidores externos, é diferente. No Ocidente, poucos grupos (como o de imigrantes chineses e coreanos) podem contar com o suporte financeiro da família e de amigos; já na Ásia, essas duas fontes, em geral, contribuem mais.[50] Isso se deve às normas culturais informais do coletivismo e à falta de instituições formais de suporte ao mercado, como capitalistas de risco e agências de crédito.[51] É interessante notar que esse padrão permanece, mesmo quando imigrantes asiáticos já estão no Ocidente. Por exemplo, um estudo realizado na Grã-Bretanha constatou que 33% dos empreendedores que vieram da Ásia emprestavam capital da família e 49%, dos amigos. Em oposição, somente 10% dos empreendedores nativos recorriam aos recursos da família e 3% dos amigos.[52]

Colheita e Saída

A colheita (*harvest*) e a saída (*exit*) empreendedoras dão-se de várias formas: (1) vendendo parte do negócio; (2) vendendo todo o negócio; (3) fundindo uma empresa em outra; (4) propondo uma **oferta pública inicial**, que é a primeira oferta das ações de uma companhia ao mercado público; e/ou (5) declarando falência.

Primeira, vender parte do negócio a um investidor estratégico externo, como já foi discutido, pode aumentar substancialmente o valor da empresa e, portanto, ser uma excelente opção de colheita (*harvest*). Entretanto, os empreendedores devem estar dispostos a abrir mão de alguns direitos de posse e controle.

Segunda, a venda a companhias e proprietários privados de uma empresa que está falindo será feita com um doloroso deságio, ao passo que a venda de uma empresa que estiver no auge será feita com um ágio satisfatório. Uma empresa empreendedora pode ser vendida por meio de um leilão ou de negociações.[53] Independentemente do preço ou método da venda, vender uma empresa é um dos momentos mais significativos e emocionantes que empreendedores têm de enfrentar. Cabe lembrar que "vender" uma empresa não significa a falência do negócio. Muitos empreendedores montam negócios com o propósito de vendê-los posteriormente a grandes corporações, adquirindo, dessa forma, lucros consideráveis. Por exemplo, os fundadores da Dangdang.com, a livraria on-line número um da China, copiaram o modelo da Amazon e deixaram claro em entrevistas que, como estratégia de saída, pretendem vender a empresa à Amazon e lucrar com isso, caso esta entre no país.[54]

Terceira, quando os negócios não vão bem, a fusão com outra companhia é uma alternativa. As desvantagens são que a empresa pode perder sua independência e alguns dos empreendedores talvez tenham de deixá-la (após o recebimento de alguma compensação), a fim de abrir espaço aos executivos da outra companhia. Obviamente, uma empresa empreendedora em maus lençóis não está em con-

TABELA 5.3 Vantagens e Desvantagens de uma Oferta Pública Inicial

Vantagens	Desvantagens
• Melhora da condição financeira • Maior acesso ao capital • Diversificação de acionistas • Habilidade de controlar o dinheiro • Incentivos aos administradores e funcionários • Aumento da reputação corporativa • Maiores oportunidades de aquisições futuras	• Sujeição às extravagâncias do mercado financeiro • Foco forçado no curto prazo • Perda do controle empreendedor • Novas responsabilidades fiduciárias com relação aos acionistas • Perda de privacidade • Limitação da liberdade de ação dos administradores • Solicitação de relatórios periódicos

Fonte: Baseada em J. Kaplan, 2003, *Patterns of Entrepreneurship* (p.428-430), Nova York: Wiley.

dições de barganhar os melhores negócios. Entretanto, se devidamente estruturada e negociada, uma fusão permite que empreendedores colham tudo aquilo de bom que plantaram (ver Capítulo 9).

Quarta, empreendedores podem fazer uma oferta pública inicial de suas empresas, objetivo de muitos deles. A oferta pública inicial possui várias vantagens e desvantagens (Tabela 5.3). A primeira e principal vantagem é a estabilidade financeira, em que a empresa não precisa mais "implorar" por dinheiro. Para muitos empreendedores, uma oferta pública inicial pode trazer benefícios financeiros inesperados. Para a empresa, a distribuição de ações pode ser encarada como um incentivo à atração, motivação e manutenção de funcionários capacitados. A oferta pública inicial também é sinal de que a empresa obteve sucesso, reputação essa que permite a acumulação de mais capital, facilitando crescimentos futuros, como aquisições. Por outro lado, esse tipo de oferta também gera inúmeras desvantagens. A empresa fica exposta ao vigor (e também ao pessimismo) racional e irracional do mercado financeiro. Por exemplo, no final dos anos de 1990, viu-se muitas companhias abrirem ofertas públicas iniciais, ao passo que, no novo milênio, poucas o fizeram em razão ao colapso da bolha. No processo de oferta pública inicial, empreendedores que fundaram as empresas podem perder gradualmente o controle majoritário. A empresa, do ponto de vista legal, não pertence mais a "eles". Ao contrário, os empreendedores fundadores passam a ter o dever fiduciário de cuidar dos interesses de acionistas externos. Como conseqüência, restringe-se sua liberdade de ação. Autoridades, acionistas, mídia e outros grupos interessados (como organizações não-governamentais) controlam os passos dos empreendedores, forçando as empresas a centrarem-se no curto prazo (ver Capítulo 11). A privacidade também é comprometida, pois são reveladas informações como a riqueza, o valor das ações e as compensações pessoais. Alguns empreendedores, como Ingvar Kamprad, fundador da cadeia de móveis sueca Ikea, e Tadao Yoshida, fundador da fabricante de zíperes YKK, não abrem suas ações ao mercado para não serem forçados a centrarem-se no curto prazo.[55]

Por fim, embora abrir a empresa a uma oferta pública inicial seja a forma mais triunfante de fazer a colheita, muitas empresas empreendedoras que estão falindo não podem se dar a esse luxo. A única saída viável nesses casos é abrir falência. Entre 2000 e 2002, aproximadamente 38 mil empresas norte-americanas declararam falência por ano, sendo a maioria delas novos empreendimentos.[56] Durante os anos de 1990, a média anual de empresas que faliram foi de 14 mil a 15 mil, no Japão; 52 mil, na França; 47 mil, na Grã-Bretanha; e 21.100, na Alemanha.[57]

Várias opções de colheita e saída estão disponíveis aos empreendedores. Eles devem refletir sobre o plano de saída já no início do ciclo comercial e maximizar os frutos de seu trabalho.[58] Do contrário, podem ter de declarar falência e encarar as conseqüências; com certeza, isso não é algo que planejaram.

Internacionalizando a empresa empreendedora

Há um mito de que somente grandes empresas multinacionais possuem negócios no exterior e de que empresas de pequeno e médio porte operam essencialmente em âmbito doméstico. Essa idéia, baseada em estereótipos históricos, está sendo cada vez mais questionada à medida que empresas de pequeno e médio porte, como a All A Cart (ver Caso de Introdução), a Kola Real (ver Estratégia em Ação 5.3) e a Li Ning (ver Caso de Conclusão), se internacionalizam. No entanto, algumas empresas tentam negociar no exterior desde sua abertura. Estas são conhecidas como empresas que **nasceram globais** (ou "novos empreendimentos internacionais").[59] Esta seção examina *como* empresas empreendedoras se internacionalizam.

Custos de Transação e Oportunidades de Empreendimento

Comparados aos domésticos, os custos de transação internacionais são qualitativamente mais altos.[60] Por um lado, várias diferenças inofensivas em instituições formais e culturas e normas informais funcionam como barreiras (ver Capítulo 4). Por outro, podem existir altos níveis de oportunismo deliberado, difíceis de detectar e remediar. Por exemplo, no caso de um pagamento atrasado, fica difícil determinar se a pontualidade não é uma norma para empresas daquele país ou se aquele comprador específico está sendo oportunista. Se a última situação for a verdadeira, de que modo abordar o comprador estrangeiro oportunista se torna mais que um problema. Todos esses fatores, somados à complexidade e à incerteza de negociar com o estrangeiro, fazem com que empresas de pequeno e médio porte, em especial, não persigam oportunidades internacionais. Portanto, sempre há oportunidades inovadoras de diminuir tais custos de transação por meio da união de pessoas, empresas e países distintos.[61]

Como demonstrado na Tabela 5.4, as empresas empreendedoras podem se internacionalizar não só entrando em mercados externos, mas também adicionando uma dimensão internacional, sem que haja necessidade de ir ao exterior. A seguir, discutiremos como empresas empreendedoras aplicam tais estratégias na prática.

Estratégias Internacionais para Entrar em Mercados Externos

Há três estratégias de entrada em mercados externos: (1) exportações diretas; (2) concessões/franquias; e (3) investimentos diretos externos (ver Capítulo 6 para mais detalhes). Primeira, as **exportações diretas** são a venda de produtos, feitos pelas empresas empreendedoras (como a All A Cart, no Caso de Introdução) no país de origem, a compradores de outros países. Essa estratégia é atraente porque empresas empreendedoras chegam aos consumidores estrangeiros de forma direta. Quando o mercado doméstico está em baixa, as vendas para o exterior podem compensar tal queda (ver Caso 6, online).[62] Entretanto, uma grande desvantagem está no fato de que essas empresas podem não possuir recursos suficientes para aproveitar oportunidades internacionais. Também podem não estar familiarizadas com a forma de transformação dessas oportunidades em vendas e lucros. A maneira como a

TABELA 5.4 Estratégias de Internacionalização para Empresas Empreendedoras

Entrando em Mercados Estrangeiros	Permanecendo em Mercados Domésticos
• Exportações diretas • Concessões/franquias • Investimentos diretos externos (por meio de alianças estratégicas, subsidiárias integrais e/ou aquisições externas)	• Exportações indiretas (por meio de intermediários de exportação domésticos) • Fornecedor de empresas estrangeiras • Concessionária/franqueada de marcas estrangeiras • Parceiro de investidores diretos externos • Colheita e saída (por meio da venda a concorrentes estrangeiros)

All A Cart alcança seus consumidores estrangeiros é denominada **exportação esporádica** (ou **passiva**), pronta a solicitações externas espontâneas. Perseguir consumidores externos ativa e sistematicamente faz parte de outro jogo, para o qual a All A Cart, bem como muitas outras empresas de pequeno e médio porte, não está preparada.

As concessões/franquias são uma segunda forma de entrar em mercados internacionais. Geralmente utilizada em indústrias de *produção*, a **concessão** é um acordo entre duas empresas, A e B, no qual a empresa A cede à B os direitos de utilizar sua tecnologia e marca desde que B pague certos *royalties* à A. Por exemplo, se hipoteticamente a All A Cart não conseguisse suprir a demanda na Arábia Saudita, poderia outorgar a uma empresa saudita a concessão da utilização de sua tecnologia e marca, por determinada taxa. A **franquia** representa essencialmente a mesma idéia, salvo o fato de que é típica das indústrias de *serviços*, como as de fast food. Uma grande vantagem é que concessores/franqueadores conseguem se expandir no exterior com um capital próprio relativamente pequeno – muito atraente às típicas empresas de pequeno e médio porte com recursos restritos.[63] Empresas estrangeiras interessadas em se tornar concessionárias/franqueadas têm de disponibilizar capital próprio. Por exemplo, atualmente uma franquia do McDonalds e do Wendy's custa cerca de US$ 1 milhão e 0,5 milhão, respectivamente. Por outro lado, concessores e franqueadores podem perder o controle de como suas tecnologias e marcas são utilizadas. A saber, se a hipotética empresa concessionária da All A Cart começar a fabricar produtos abaixo do padrão, que prejudiquem a marca, será muito difícil a All A Cart conseguir remediar a situação. Se a concessionária se recusar a melhorar a qualidade, a empresa estará entre duas escolhas difíceis, complicadas e dispendiosas: (1) mover uma ação judicial contra a empresa concessionária, em um nada familiar tribunal saudita, por exemplo (em que ninguém fala inglês), ou (2) descontinuar o relacionamento.

Uma terceira estratégia de entrada é o **investimento direto externo**, definido como o investimento direto que uma empresa faz em produção e/ou serviços no exterior. Ocorre por meio de alianças estratégicas com parceiros estrangeiros (como *joint ventures*), aquisições externas e/ou subsidiárias integrais (a saber, instalações, construídas do zero, no exterior). A palavra-chave aqui é "direto", que enfatiza o envolvimento prático e administrativo em operações internacionais. Os investimentos diretos externos geram uma série de vantagens distintas. Ao plantar algumas sementes no exterior, uma empresa torna-se mais comprometida em servir mercados estrangeiros, pois está física e psicologicamente próxima aos clientes estrangeiros. Com relação às concessões/franquias, uma empresa consegue controlar melhor a forma como sua tecnologia e marca proprietárias são utilizadas, pois participa diretamente da administração das operações no exterior.[64] Entretanto, entre as principais desvantagens dos investimentos diretos externos estão o custo e a complexidade. Os investimentos diretos externos requerem tanto uma soma de capital incomum quanto um comprometimento administrativo significativo. Há evidências de que, em longo prazo, investimentos diretos externos, realizados por empresas de pequeno e médio porte, aumentem o desempenho e de que algumas empresas empreendedoras de pequeno e médio porte possuem recursos suficientes para isso.[65] No entanto, muitas empresas de pequeno e médio porte são incapazes de trabalhar com investimentos diretos externos.

Em geral, o nível de complexidade e os recursos exigidos aumentam das exportações diretas para as concessões/franquias e, finalmente, para os investimentos diretos externos. Por isso, considera-se que grande parte das empresas deve passar por essas diferentes "fases" de internacionalização e que as empresas de pequeno e médio porte (talvez haja uma ou outra exceção) são incapazes de chegar aos investimentos diretos externos. Tais idéias – coletivamente denominadas **modelo das fases** – baseiam-se na alegação de que as empresas de pequeno e médio porte, mesmo que consigam se internacionalizar, passarão por um processo de fases lento e evolutivo.[66] Por exemplo, demorou 30 anos para que as vendas da All A Cart no exterior alcançassem 6% das vendas totais (ver Caso de Introdução). A Starbucks passou cerca de uma década somente nos Estados Unidos, seus investimentos mais agressivos no exterior começaram há pouco tempo (ver Caso de Introdução do Capítulo 6).

Entretanto, há exemplos suficientes de empresas empreendedoras que se internacionalizaram *rapidamente*, um desafio para o modelo das fases. A Logitech, líder global em componentes periféricos para microcomputadores, é um desses exemplos.[67] Empreendedores da Suíça e dos Estados Unidos estabeleceram essa empresa nos dois países. No início, os processos de pesquisa e desenvolvimento e fabricação eram divididos entre a Suíça e os Estados Unidos. Logo se espalharam pela Irlanda e por Taiwan mediante investimentos diretos externos. O primeiro contrato comercial da Logitech foi firmado com uma companhia japonesa. Outro exemplo interessante é o da Technomed, empresa de equipamentos médicos estabelecida na França. Desde o início, o fundador não a via como uma companhia francesa; ao contrário, era vista como uma companhia global, cuja língua oficial era o inglês – característica incomum em empresas francesas. Após somente nove meses de sua abertura, por meio de investimentos diretos externos, a Technomed estabeleceu uma subsidiária em um mercado-chave: os Estados Unidos. Encontramos mais um exemplo nas empresas de internet que, por seu alcance mundial instantâneo, definiram rapidamente seu mercado: o mundo – embora haja níveis de sucesso variados.[68]

Considerando-se que a maioria das empresas de pequeno e médio porte ainda se encaixa no estereótipo de internacionalização lenta (se for o caso) e que algumas empresas de pequeno e médio porte empreendedoras "nasceram globais", surge uma questão: o que leva à internacionalização rápida? A principal diferença entre empresas de pequeno e médio porte que se internacionalizam de forma rápida e as que se internacionalizam de forma lenta parece ser a experiência internacional do empreendedor.[69] Se fundadores, proprietários e administradores possuem uma sólida experiência no exterior (trabalharam ou estudaram no exterior e migraram de certos países, por exemplo), negociar no âmbito internacional não é tão intimidador. Já o fator "medo e aversão", associado ao desconhecido mundo dos negócios internacionais, faz com que empreendedores evitem problemas em outros países.

Enquanto muitas empresas empreendedoras entraram no mercado externo usando estratégias agressivas, a maioria das empresas de pequeno e médio porte provavelmente não o fará – o mercado doméstico já lhes dá muita dor de cabeça. Entretanto, é interessante notar que algumas empresas de pequeno e médio porte podem se internacionalizar permanecendo em seus países de origem, como discutido a seguir.

Estratégias Internacionais para Permanecer em Mercados Domésticos

Como pode ser observado na Tabela 5.4, empresas empreendedoras de pequeno e médio porte têm, no mínimo, cinco estratégias de internacionalização para escolher, sem que haja necessidade de deixar seus países de origem: (1) adotar exportações indiretas; (2) tornarem-se fornecedores de empresas estrangeiras; (3) tornarem-se concessionárias/franqueadas de marcas estrangeiras; (4) tornarem-se parceiros de investidores diretos externos; e (5) adotar colheita e saída por meio de vendas. Primeira, embora exportações diretas sejam lucrativas, muitas empresas de pequeno e médio porte não possuem recursos para trabalhar com elas. Entretanto, podem entrar em contato com clientes no exterior por meio de **exportações indiretas**, a saber, ato de exportar por meio de intermediários de exportação domésticos. **Intermediários de exportação** são "empresas especializadas que atuam como departamentos de exportação de diversos fabricantes, em linhas não competitivas".[70] Tais intermediários, que também são empreendedores, como a Asia Trade (ver Estratégia em Ação 5.4), desempenham uma função importante, ao ligar vendedores e compradores internacionais que, de outra forma, não entrariam em contato.[71] Esses intermediários facilitam muito a internacionalização das empresas de pequeno e médio porte (como a Brown Lumber, no Caso 6, on-line). Intermediários de exportação, como companhias de administração e comércio exterior, negociam cerca de 50% das exportações totais, no Japão e na Coréia do Sul; 38%, na Tailândia; e de 5 a 10%, nos Estados Unidos.[72]

Uma segunda estratégia é tornar-se fornecedor de empresas estrangeiras que venham fazer negócios em seu país de origem. A maioria das empresas estrangeiras busca fornecedores locais a fim de reduzir os custos. Por exemplo, uma padaria do Norte da Irlanda firmou um contrato para o fornecimento de pães semiprontos e resfriados com uma empresa norte-americana, a Subway, que entrou na Irlanda em meados da década de 1990. Esse relacionamento foi tão bem-sucedido que, atualmente, a empresa é a fornecedora de todas as franqueadas da Subway na Europa.[73] Portanto, empresas fornecedoras de pequeno e médio porte podem internacionalizar-se "pegando carona" nas grandes concorrentes estrangeiras.

Terceira, empresas empreendedoras devem considerar se tornarem concessionárias ou franqueadas de marcas estrangeiras. Concessores e franqueadores estrangeiros fornecem treinamento e trans-

Estratégia em Ação 5.4.

As Exportações da Asia Trade à Rússia

A Asia Trade (*http://www.asiatrade.com*) é uma pequena companhia de comércio exterior, localizada em Seattle, fundada por um imigrante russo e sua esposa norte-americana, em 1992. O colapso da União Soviética criou tanto caos quanto oportunidades. A queda do sistema de comércio centralizado teve grande impacto na Rússia, especialmente no extremo oriente. A Asia Trade aproveitou-se da escassez geral de alimentos, levando até esse novo mercado enlatados, como comida, bebida e farinha, na maior parte advindos do noroeste do Pacífico. Como era um mercado virgem, o extremo oriente da Rússia era muito atraente aos primeiros concorrentes. Entretanto, também oferecia todos os perigos que espantam os menos determinados. Os habitantes locais não negociariam com estranhos, a menos que se estabelecesse uma relação de amizade. Essa norma cultural, reforçada por décadas de comunismo, criou muita suspeita com relação a estrangeiros e a região, cercada como uma reserva militar, afastava muitas empresas estrangeiras interessadas. A Asia Trade tinha uma vantagem: um de seus co-fundadores nasceu e foi criado no país e possuía sete anos de experiência comercial. A Asia Trade cavou um nicho para si, pois sabia com quem falar e era capaz de encontrar produtos confiáveis nos Estados Unidos. Dois anos após sua fundação, as exportações *per capita* da Asia Trade mais que dobraram a média dos vários e pequenos intermediários de exportação norte-americanos.

Fonte: Baseada em entrevistas realizadas pelo autor, adaptadas de M. W. Peng, 1998, *Behind the Success and Failure of US Export Intermediaries*: Transactions, Agents, and Resources (p. 86-87), Westport, CT: Quorum.

ferência de tecnologia – obviamente por uma taxa. Assim, empresas de pequeno e médio porte podem aprender muito sobre como operar em padrões de classe mundial. Além disso, concessionárias e franqueadas não estarão sob o controle permanente dos concessores e franqueadores. Se o aprendizado for suficiente e houver o capital necessário acumulado, é possível descontinuar o relacionamento e obter grandes lucros com o empreendimento. Por exemplo, na Tailândia, a Minor Group, franqueada da Pizza Hut por 20 anos, pôs fim ao relacionamento. Seu novo empreendimento, a The Pizza Company, é a atual líder de mercado nesse país.[74]

Uma quarta estratégia é tornar-se parceiro de investidores diretos externos. Diante de um ataque agressivo das empresas multinacionais, muitas empresas empreendedoras possuem poucas chances de sucesso na defesa de suas posições de mercado. Nesse caso, faz sentido seguir o antigo provérbio: "se não pode vencê-los, junte-se a eles". Embora perigoso, é melhor para a empresa fazer isso do que ser esmagada pelos gigantes (ver capítulos 6, 7 e 8 para mais detalhes).[75]

Por fim, com uma estratégia de colheita e saída, empreendedores podem vender parte da empresa ou toda ela a concorrentes estrangeiros. Por exemplo, um casal norte-americano de Seattle fundou uma cadeia de cafés semelhante à Starbucks, chamada Seattle Coffee, formada por seis lojas na Grã-Bretanha. Quando a Starbucks entrou nesse país, o casal vendeu sua cadeia à Starbucks pela gorda quantia de US$ 84 milhões (ver Caso de Introdução, no Capítulo 6). Pelo fato de as aquisições serem o meio mais rápido de se estabelecer presença no mercado, concorrentes estrangeiros, como a Starbucks, freqüentemente estão dispostos a pagar uma boa quantia (ver capítulos 6 e 9). Considerando o grande número de falência de novos empreendimentos, ser adquirido por um concorrente estrangeiro pode ajudar na preservação do negócio em longo prazo.

Enquanto algumas empresas empreendedoras se arriscam no exterior, outras alcançam uma internacionalização bem-sucedida sem molhar um pé sequer em águas estrangeiras desconhecidas.[76]

Discussões e extensões

O recente crescimento do empreendedorismo em âmbito mundial continua a atrair significativas controvérsias e discussões.[77] Esta seção introduz três delas: (1) características *versus* instituições; (2) empresas com internacionalizações lentas *versus* empresas que "nasceram globais"; e (3) tendência antifracasso *versus* leis de falência favoráveis aos empreendedores.

Características *versus* Instituições

Essa discussão, provavelmente a mais antiga sobre empreendedorismo, centra-se na questão: o que motiva empreendedores a estabelecerem novas empresas, enquanto muitos outros estão contentes em trabalhar para seus chefes? A linha de pensamento das "características" alega que características pessoais os diferenciam. Em comparação aos não-empreendedores, os que são parecem desejar mais ardentemente o sucesso dos empreendimentos; possuir um *locus* de controle maior (crença de que podem controlar seu próprio destino); e estar mais dispostos a correr riscos e tolerar ambigüidades. O empreendedorismo "inevitavelmente implica um desvio do comportamento costumeiro"[78] e esse desvio parece estar no "sangue" dos empreendedores. Por exemplo, algumas pessoas são **empreendedores em série**, iniciam, fazem crescer e vendem vários negócios ao longo de suas carreiras. Wayne Huizenga, fundador de uma série de empresas de sucesso, como a Waste Management, a Blockbuster e a AutoNation, é um exemplo dessas pessoas.[79]

Críticos, no entanto, alegam que algumas dessas características, como orientação voltada aos empreendimentos, não são necessariamente exclusivas de empreendedores; ao contrário, são características de muitos indivíduos de sucesso. Mais além, a diversidade existente entre os empreendedores faz com que qualquer tentativa de desenvolver um perfil psicológico padronizado torne-se inútil.[80] Críticos sugerem que são as instituições - a saber - o ambiente que determina as regras do jogo formais e informais.[81] Por exemplo, os chineses mostraram um alto grau de empreendedorismo por todo o sudeste da Ásia, onde controlam, mesmo sendo um grupo étnico minoritário (em geral menos de 10% da população em países como a Indonésia e a Tailândia), de 70 a 80% da riqueza. Entretanto, na China, por quase três décadas (dos anos de 1950 até os anos de 1970) praticamente não houve empreendedorismo em razão das rígidas políticas comunistas. Nas duas últimas décadas, à medida que as políticas governamentais se tornaram mais favoráveis aos empreendedores, as transições institucionais abriram as comportas do empreendedorismo, contribuindo para um *boom* na economia.[82] Em suma, não é aquilo que está no "sangue" das pessoas que incentivam ou podam o empreendedorismo; são as instituições que encorajam ou restringem tal comportamento.

Além das macroinstituições, que envolvem toda a sociedade, as microinstituições também contam. Alguns grupos, social ou culturalmente desfavorecidos (como os imigrantes), por causa da dificuldade de encontrar um emprego no principal setor corporativo, podem ser levados às profissões liberais. O suporte familiar e o nível educacional também estão relacionados ao empreendedorismo. Filhos de pais ricos, em especial donos de empresas, tendem a abrir seus próprios negócios, pois são mais bem orientados.[83] Em conjunto, as normas informais que governam um grupo socioeconômico, com relação à legitimidade (ou não) da abertura de uma empresa, exercem uma influência poderosa na propensão a criar novos empreendimentos.

Essa discussão entre "características" e "instituições" é uma extensão do debate mais amplo sobre "natureza *versus* criação". Muitos acadêmicos concordam que o comportamento humano, como o empreendedorismo, é resultado *tanto* da natureza *quanto* da criação. Uma questão interessante é se o empreendedorismo pode (ou não) ser ensinado formalmente. Alex DeNoble, professor de empreendedorismo, sugere que:

> *Você não pode ensinar a ninguém como adquirir o espírito, o desejo, a paixão e a obstinação para seguir o caminho do empreendedorismo. Entretanto, traga-nos alguém com essas características "nas veias" e poderemos ajudá-lo a desenvolver habilidades empreendedoras críticas, que o guiarão por esse caminho.*[84]

Empresas com Internacionalizações Lentas *versus* Empresas que "Nasceram Globais"

Essa discussão possui duas vertentes: (1) as empresas de pequeno e médio porte *podem* internacionalizar-se mais rapidamente do que o tradicional modelo das fases sugere?; (2) essas empresas *devem* internacionalizar-se tão rápido assim? A poeira já baixou com relação à primeira vertente – é possível que algumas (não todas) empresas de pequeno e médio porte progridam em suas internacionalizações rapidamente. A discussão atual está na segunda vertente.

Por um lado, alguns defensores alegam que todas as indústrias se tornaram "globais" e que empresas empreendedoras devem ir atrás dessas oportunidades.[85] Por outro, o modelo das fases sugere que empresas devem, de início, entrar em mercados com culturas e instituições semelhantes às suas; passar certo tempo lá, a fim de acumular experiência no exterior e depois, gradualmente, passar de modelos mais primitivos, como exportações, para estratégias mais sofisticadas, como investimentos diretos externos em mercados distantes. Em conformidade com o modelo das fases, a sueca Ikea, por exemplo, esperou 20 anos (1943-1963) para entrar em um país vizinho, a Noruega. Somente há pouco tempo acelerou sua internacionalização.[86] O modelo das fases adverte que nadadores inexperientes podem se afogar nas águas desconhecidas e turbulentas do exterior se tentarem mergulhar rápido demais.

Uma questão estratégica fundamental, portanto, é saber se empreendedores devem começar o processo de internacionalização logo após a fundação (como as empresas que "nasceram globais" fazem) ou esperar até que a empresa acumule recursos significativos (como a Ikea fez). Um estudo realizado na Finlândia defende a internacionalização rápida.[87] Mais especificamente, empresas que seguem as prescrições do modelo das fases, quando se internacionalizam, têm de enfrentar uma inércia substancial por causa de suas orientações domésticas. Em oposição, empresas que se internacionalizam mais cedo enfrentam barreiras menores. Portanto, empresas de pequeno e médio porte, que não possuem orientações domésticas estabelecidas (como a Logitech e a Technomed, citadas anteriormente), podem sobrepujar seus rivais que esperarem muito tempo para se citadas. Em outras palavras, ao contrário das inerentes desvantagens da internacionalização das empresas de pequeno e médio porte, propostas pelo modelo das fases, segundo essa pesquisa há "vantagens inerentes" em ser uma pequena empresa ao se arriscar no exterior.[88]

Já outro estudo, realizado nos Estados Unidos, constatou que não há diferenças de desempenho entre empresas que se internacionalizam agressivamente e empresas com postura mais passiva.[89] Um estudo realizado na Hungria relatou que as vendas ao exterior, durante os primeiros anos de existência, podem *reduzir* as chances de sobrevivência de um novo empreendimento.[90] Conseqüentemente, conselhos indiscriminados para que as empresas "sejam globais" não são garantidos. Com base nessas constatações, outros escritores alegam que "embora atraente, a idéia de empresas que nasceram globais é uma perigosa meia verdade". Sustentam que "uma empresa deve, em primeiro lugar, ser bem-sucedida em seu país de origem e, posteriormente, antecipando e acomodando as diferenças locais, sair dele".[91] Sugerem que nem todos os empreendimentos na internet são capazes de ser globais, pois os possíveis clientes no exterior somente fecham negócios com essas empresas se confiarem nelas. Para obter tal confiança, é necessário que haja *marketing* e serviços *locais* em cada um dos países, assim como fizeram a eBay, a Schwab e a Yahoo!. A única maneira de fazê-lo bem é seguindo os ensinamentos do modelo de fases.

Considerando-se que as opiniões ainda se dividem, não há regras rígidas e prontas sobre a necessidade (ou não) de uma rápida internacionalização das empresas empreendedoras. Embora o empreendedorismo incentive aqueles que "são audaciosos", empreendedores devem se lembrar das virtudes daqueles que "não são audaciosos demais".[92]

Tendência Antifracasso *versus* Leis de Falência Favoráveis aos Empreendedores[93]

Considerando-se que boa parte das empresas empreendedoras falirá, o fracasso sempre é vislumbrado no horizonte do empreendedorismo. Entretanto, empreendedores, acadêmicos, jornalistas e funcionários do governo possuem uma tendência "antifracasso".[94] A saber, todos estão interessados no sucesso deles. Empreendedores ambiciosos, como Meg Whitman, da eBay, e Richard Branson, da Virgin

Group, fazem tanto sucesso quanto astros do rock. Em comparação à importância dada ao sucesso dos empreendedores, a atenção dispensada ao fracasso é quase nula – e essa crítica também vale para este capítulo (!).

Uma das principais discussões é como empreendedores falidos devem ser tratados. Embora saibamos que muitos novos empreendimentos declararão falência, é impossível prevermos de antemão com quais deles isso ocorrerá. Portanto, de uma perspectiva institucional, se o empreendedorismo for estimulado a crescer, os males associados à falência devem ser minimizados, por exemplo, perdoando as dívidas dos empreendedores, direito legal muito apreciado nos Estados Unidos. Já na Alemanha, empreendedores que declaram falência são responsabilizados judicialmente por até 30 anos. Indo além, administradores alemães e japoneses de empresas falidas podem ser indiciados criminalmente, motivo pelo qual alguns administradores japoneses cometem suicídio. Não é de surpreender que muitos empreendedores alemães e japoneses falidos tentem evitar o fechamento do negócio, apesar das perdas. Portanto, como regras do "fim do jogo", leis de falência severas tornam-se grandes barreiras à *saída*. Também podem criar significativas barreiras à *entrada*, à medida que menos empreendedores em potencial terão coragem de abrir negócios.

No nível social, se muitos empreendedores em potencial abandonarem suas idéias por temerem a falência, o setor de empreendimentos deixará de ser próspero. Dados os riscos e incertezas, muitos empreendedores não obtêm sucesso na primeira tentativa. Se lhes forem dadas outras oportunidades, entretanto, alguns serão bem-sucedidos. Por exemplo, cerca de 50% dos empreendedores norte-americanos, que declararam falência entre 1989 e 1993, retomaram seus negócios em 1993 em parte por causa das leis de falência favoráveis aos empreendedores.[95] Por outro lado, uma sociedade que pune empreendedores falidos por meio de leis de falência rígidas não incentiva a expansão do empreendedorismo. Empreendedores falidos acumulam experiências e lições sobre como evitar erros já cometidos. Se deixarem o jogo do empreendedorismo (ou, na pior das hipóteses, suicidarem-se), essa sabedoria se perderá.[96]

Institucionalmente, é preciso conter a tendência antifracasso imperante e implementar políticas de falência favoráveis aos empreendedores a fim de que tenham maiores oportunidades. No nível social, o fracasso dos empreendimentos pode ser benéfico, pois é por meio de várias experiências – embora algumas fracassem – que soluções vitoriosas surgem, o empreendedorismo prospera e a economia se desenvolve.

Implicações para os estrategistas

Empreendedores e suas empresas são máquinas essenciais do processo de "destruição criativa" subjacente ao capitalismo global, descrito por Joseph Schumpeter, acadêmico austro-americano, no início do século XX.[97] As três principais perspectivas em estratégia podem nos ajudar a compreender o empreendedorismo. A visão baseada em indústrias sugere que as empresas empreendedoras tendem a escolher as indústrias com as mais baixas barreiras à entrada e freqüentemente geram ou uma competição inovadora, ou produtos substitutos. A visão baseada em recursos postula que vários recursos intangíveis, como visão, espírito e disposição a correr riscos, os impulsionam ao empreendedorismo. Por fim, a visão baseada em instituições alega que os inúmeros modelos institucionais esclarecem, em grande parte, as causas das diferenças de desenvolvimento nos empreendimentos e nas economias ao redor do mundo.

Concluímos este capítulo revendo as quatro questões fundamentais em estratégia. Pelo fato de os novos empreendimentos serem uma concretização das características pessoais de seus fundadores, a resposta para "por que as empresas se diferenciam?" (primeira questão) e para "como as empresas se comportam?" (segunda questão) pode estar na diferença entre empreendedores e não-empreendedores. A resposta para "o que determina o escopo da empresa?" (terceira questão) está no grau de sucesso obtido por empreendedores ao empregarem estratégias de crescimento, de inovação, de rede e de financiamento/governança a fim de expandir seus negócios. Finalmente, "o que determina o sucesso ou o fracasso internacional das empresas?" (quarta questão) depende da habilidade do empreendedor em selecionar a indústria certa, alavancar suas capacidades e tirar proveito dos recursos institucionais, formais e informais, tanto dentro quanto fora de casa.

Resumo do Capítulo

1. Empreendedorismo é a identificação e exploração de oportunidades não exploradas anteriormente. Embora grandes empresas possam ser empreendedoras, o termo "empreendedorismo" é mais associado a empresas de pequeno e médio porte que empregam menos de 500 funcionários.
2. Um modelo abrangente de empreendedorismo centra-se nas perspectivas baseadas em indústrias, em recursos e em instituições para elucidar esse fenômeno.
3. As cinco principais estratégias empreendedoras, freqüentemente implementadas em conjunto, são: (1) crescimento; (2) inovação; (3) rede; (4) financiamento/governança; e (5) colheita (*harvest*)/saída (*exit*).
4. Empresas empreendedoras podem se internacionalizar entrando em mercados estrangeiros por meio de, por exemplo: (1) exportações diretas; (2) concessões/franquias; e (3) investimentos diretos externos.
5. Empresas empreendedoras também podem se internacionalizar sem que haja a necessidade de deixar seus países de origem. As maneiras como isso pode acontecer são: (1) exportações indiretas; (2) tornando-se fornecedores de empresas estrangeiras; (3) tornando-se concessionárias/franqueadas de marcas estrangeiras; (4) tornando-se parceiras de investidores diretos externos; e (5) adotando colheita (*harvest*) e saída (*exit*) por meio de vendas a concorrentes estrangeiros.
6. Dentre as principais discussões sobre empreendedorismo estão: (1) características *versus* instituições; (2) empresas com internacionalizações lentas *versus* empresas que "nasceram globais"; e (3) tendência antifracasso *versus* leis de falência favoráveis aos empreendedores.

Palavras-chave

- concessão
- desvantagem de ser novo
- empreendedores
- empreendedores em série
- empreendedorismo
- empreendedorismo internacional
- empresas de pequeno e médio porte
- estratégia no nível do negócio
- estratégia corporativa
- exportação
- exportação esporádica (ou passiva)
- exportações diretas
- exportações indiretas
- franquia
- governança
- intermediários de exportação
- investimento direto externo
- laços fortes
- laços fracos
- modelo das fases
- nascer global
- oferta pública inicial

Questões para Discussão

1. Por que, em geral, o empreendedorismo é mais associado a empresas de pequeno e médio porte do que a grandes empresas?
2. Considerando-se que grande parte dos novos empreendimentos declaram falência, por que empreendedores abrem esses negócios? Por que (a maioria dos) governos têm interesse em promover novos empreendimentos?
3. Alguns sugerem que mercados estrangeiros são cemitérios de empresas empreendedoras que se ampliam além dos limites. Outros alegam que os mercados estrangeiros representam o futuro para as empresas de pequeno e médio porte. Se você fosse proprietário de uma pequena empresa razoavelmente lucrativa você se arriscaria no exterior? Justifique.
4. ***SOBRE ÉTICA:*** Seu ex-colega de escola o convida para entrar em um novo empreendimento, especializado em decodificar os segredos de ***softwares*** protegidos, como CDs, VCDs e DVDs, para que possam ser copiados. Ele desenvolveu uma tecnologia pioneira e levantou financiamentos. A demanda mun-

dial dessa tecnologia parece ser enorme. Ele lhe oferece o cargo de diretor-executivo e 10% das ações da empresa. Qual seria sua resposta?

5. ***SOBRE ÉTICA:*** Temos o mesmo contexto da questão 4, salvo a tecnologia, que agora é a de fabricação de medicamentos genéricos a preços mais acessíveis para o tratamento da Aids. Isso poderia ajudar milhões de pacientes que não têm condições de adquirir os caros medicamentos patenteados, produzidos pela Big Pharma (ver Caso de Introdução, no Capítulo 4). Qual seria sua resposta?

Caso de Conclusão: Li Ning: de Medalhista Olímpico a Empreendedor de Sucesso

Li Ning, fundador e presidente da Li Ning Sports Goods Company (http://www.english.lining.com.cn), é um ginasta medalha de ouro nas Olimpíadas. Nos jogos de 1984, em Los Angeles, aos 21 anos, Li Ning ganhou três medalhas de ouro e tornou-se o herói nacional da China. Aposentou-se no final dos anos de 1980 e fundou sua companhia em 1990. Para esse novo empreendimento, adotou uma estratégia de diferenciação, posicionando-se em uma faixa de preço/valor intermediários entre os produtos de baixo preço/baixa qualidade produzidos pela indústria estatal de produtos esportivos da China e marcas internacionais muito caras, como a Nike (http://www.nike.com) e a Adidas (http://www.adidas.com). A Li Ning Sports Goods Company centrava-se na alavancagem dos quase 100% de reconhecimento do nome de seu proprietário na China.

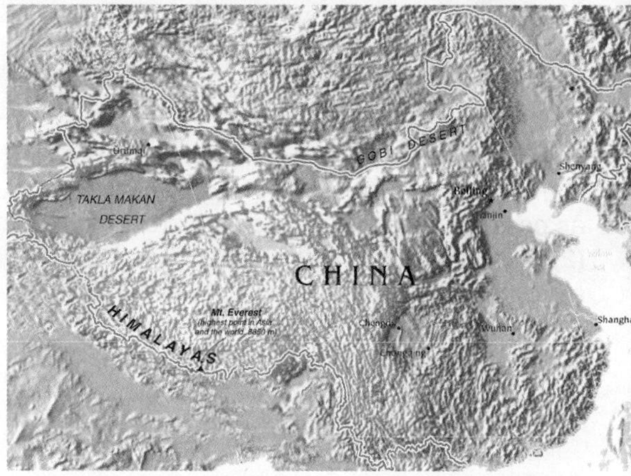

Como todos os novos empreendimentos, os primeiros anos da Li Ning foram cheios de frustrações. A empresa não possuía um setor de pesquisa e desenvolvimento, seus produtos eram de baixa qualidade e a verba era curta. Entretanto, a Li Ning possuía um ativo em especial: o relacionamento com inúmeros atletas e profissionais do esporte que geralmente se aposentam para entrar no ramo de produtos esportivos. A extensa rede de contatos da Li Ning e de seu conselho de administração gerou seu sucesso, à medida que muitos atletas e profissionais do esporte investiram nesse empreendimento, abrindo novas oportunidades.

A maior transição ocorreu quando a empresa mudou seu estilo de administração, de familiar para profissional, em 1995. Durante os primeiros anos, a Li Ning confiou a administração e o financiamento a família, amigos e antigos colegas de trabalho. Entretanto, percebeu-se que a lealdade e a paixão desses elementos, necessárias para levantar a empresa, não eram suficientes para a continuidade de seu crescimento. Faltava-lhes conhecimento sobre gestão de negócios. "Em apenas um corte", segundo Li, demitiu-se esses funcionários, sem exceção. Eles receberam lucrativas quotas de ações, mas foram proibidos de fazer parte do conselho de administração. Não é de surpreender que muitos parentes, amigos e antigos colegas de trabalho tenham acusado Li de ser "desumano". Mas Li persistiu.

Após a profissionalização do conselho administrativo, a companhia vivenciou um período de crescimento sólido. Atualmente é líder de mercado na China, controla aproximadamente 50% de *market share* – a Nike, a Adidas e uma série de outros jogadores disputam a outra metade. A Li Ning possui mais de 360 lojas próprias especializadas, seus produtos são distribuídos a mais de 600 lojas e cerca de 3 mil pontos-de-venda estão espalhados pela zona rural da China, um grande mercado costumeiramente ignorado pelas concorrentes estrangeiras. A Li Ning abriu o único centro de pesquisa e desenvolvimento de produtos esportivos do país e, nos últimos anos, investiu 10% de sua receita de 1 bilhão de iuanes (US$ 122 milhões) em marketing, em oposição aos 5% anteriores.

A Li Ning também entrou na onda da internacionalização. Contratou desenhistas italianos e passou a fabricar produtos misturando preferências chinesas e européias. Além de ser patrocinadora de várias equipes chinesas, a Li Ning patrocinou as equipes de ginástica da França e da República Tcheca nas Olimpíadas de Sidney, em 2000. Abriu duas lojas varejistas, na Espanha e na Rússia, e atualmente possui distribuidores/parceiros por toda Ásia, Europa e América Latina. Para as Olimpíadas de Pequim, em 2008, a Li Ning planeja maximizar a vantagem de estar em seu país de origem, patrocinando várias equipes, a fim de globalizar ainda mais a marca.

Durante uma entrevista, Li atribuiu o sucesso de seu empreendimento ao esporte. Em suma: (1) auto-expressão ("o esporte encoraja as pessoas a mostrarem o que têm de melhor"); (2) disciplina; (3) respeito aos competidores; e (4) conhecimento sobre seu competidor. Segundo Li, "no esporte, as pessoas não se empolgam com jogos comuns. Elas se lembram somente de partidas extraordinárias. É esse tipo de partida que buscamos em nosso negócio".

Questões para Estudo de Caso

1. Quais são os recursos cruciais que incentivam o crescimento desse empreendimento?
2. Quais são os prós e contras de ter os "três Fs" para administração e finanças?
3. Como a Li Ning estava capacitada para se tornar o maior jogador no setor de produtos esportivos na China, em pouco menos de uma década, diante da competição multinacional promovida pela Nike, Adidas e outras concorrentes estrangeiras?
4. Quais estratégias de internacionalização foram utilizadas pela Li Ning? Avalie a eficácia delas.
5. Quais são as características pessoais subjacentes ao sucesso da Li Ning? E os fatores institucionais?

Fontes: Baseado em (1) *Economist*, 2003, "Just do it" Chinese-style, 2 de agosto: 59; (2) *Time Asia*, 2002, The mainland's sneaker king, 5 de agosto (http://www.timeasia.com., acesso em 15 de outubro de 2003); (3) A. Tsui, 2001, The story of Li Ning Sports Goods Company, *HKUST Hang Lung Center for Organizational Research Newsletter*, 6: 2-5.

Notas

1. M. Hitt; R. D. Ireland; M. Camp; D. Sexton, 2001, Strategic entrepreneurship: Entrepreneurial strategies for wealth creation (p. 480), *SMJ*, 22: 479-491. Ver também T. Brown; P. Davidsson; J. Wiklund, 2001, An operationalization of Stevenson's conceptualization of entrepreneurship as opportunity-based firm behavior, *SMJ*, 22: 953-968; S. Shane, 2001, Technological opportunities and new firm creation, *MS*, 47: 205-220.
2. S. Shane; S. Venkataraman, 2000, The promise of entrepreneurship as a field of research (p. 218), *AMR*, 25: 217-226.
3. P. McDougall; B. Oviatt, 2000, International entrepreneurship (p. 903), *AMJ*, 43: 902-906.
4. G. Ahuja; C. Lampert, 2001, Entrepreneurship in the large corporation, *SMJ*, 22: 521-543; B. Barringer; A. Bluedorn, 1999, The relationship between corporate entrepreneurship and strategic management, *SMJ*, 20: 421-444; J. Birkinshaw, 2000, *Entrepreneurship in the Global Firm*, Londres: Sage; C. Covin; M. Miles, 1999, Corporate entrepreneurship and the pursuit of competitive advantage, *ETP*, 23: 47-63; G. Dess; G. Lumpkin; J. McGee, 1999, Linking corporate entrepreneurship to strategy, *ETP*, 23: 85-102; S. Floyd; B. Wooldridge, 1999, Knowledge creation and social networks in corporate entrepreneurship, *ETP*, 23: 123-143; W. Guth; A. Ginsberg, 1990, Corporate entrepreneurship, *SMJ*, 11: 5-15; S. Zahra; D. Garvis, 2000, International corporate entrepreneurship and firm performance, *JBV*, 15: 469-492.
5. G. Knight, 2001, Entrepreneurship and strategy in the international SME, *JIM*, 7: 155-171; R. Wright; H. Etemad, 2001, SMEs and the global economy, *JIM*, 7: 151-154.
6. H. Aldrich, 1999, *Organizations Evolving* (p. 75), Londres: Sage Publishing; M. W. Peng, 2001, How entrepreneurs create wealth in transition economies (p. 96), *AME*, 15 (1): 95-108.
7. J. Timmons, 1999, *New Venture Creation* (p. 32-34), Boston: Irwin McGraw-Hill.

8. N. Huyghebaert; L. Van de Gucht, 2004, Incumbent strategic behavior in financial markets and the exit of entrepreneurial start-ups, *SMJ*, 25: 669-688.

9. E. Mosakowski, 1998, Entrepreneurial resources, organizational choices, and competitive outcomes, *OSc*, 9: 625-643.

10. A. Spence, 1973, *Market Signaling*, Cambridge, MA: Harvard University Press.

11. B. Mascarenhas, 1996, The founding of specialist firms in a global fragmenting industry, *JIBS*, 27: 27-42.

12. J. de Figueiredo, 2000, Finding sustainable profitability in electronic commerce, *SMR*, 41: 41-52.

13. B. Gomes-Casseres, 1997, Alliance strategies of small firms, *SBE*, 9: 33-44; T. Stuart; H. Hoang; R. Hybels, 1999, Interorganizational endorsements and the performance of entrepreneurial ventures, *ASQ*, 44: 315-349.

14. M. W. Peng; H. Wang, 2002, An intermediation-based view of entrepreneurship, In: M. Hitt; R. Amit; C. Lucier; R. Nixon (eds.), *Creating Value: Winners in the New Business Environment* (p. 48-60), Oxford, UK: Blackwell.

15. M. W. Peng, 1998, *Behind the Success and Failure of US Export Intermediaries: Transactions, Agents, and Resources*, Westport, CT: Quorum Books.

16. W. Baumol, 1990, Entrepreneurship: Productive, unproductive, and destructive, *JPE*, 98: 893-921; A. Fadahunsi; P. Rosa, 2002, Entrepreneurship and illegality, *JBV*, 17: 397-429.

17. S. Djankov; R. La Porta; F. Lopez-de-Silanes; A. Shleifer, 2002, The regulation of entry, *QJE*, 67: 1-37.

18. T. Begley; W. Tan, 2001, The socio-cultural environment for entrepreneurship, *JIBS*, 32: 537-553; L. Busenitz; C. Lau, 1996, A cross-cultural cognitive model of new venture creation, *ETP*, summer: 25-39.

19. A. Thomas; S. Mueller, 2000, A case for comparative entrepreneurship, *JIBS*, 31: 287-301; S. Venkataraman, 2004, Regional transformation through technological entrepreneurship, *JBV*, 19: 153-167; A. Zacharakis; D. Shepherd; J. Coombs, 2003, The development of venture-capital-based Internet companies, *JBV*, 18: 217-231.

20. J. Covin; D. Slevin, 1991, A conceptual model of entrepreneurship as firm behavior, *ETP*, 6: 7-25; W. Gartner, 1985, A conceptual framework for describing the phenomenon of new venture creation, *AMR*, 10: 696-706; S. Lee; P. Wong, 2004, An exploratory study of technopreneurial intentions, *JBV*, 19: 7-28; T. Nelson, 2003, The persistence of founder influence, *SMJ*, 24: 707-724; S. Park; Z. Bae, 2004, New venture strategies in a developing country, *JBV*, 19: 81-105.

21. G. Bruton; Y. Rubanik, 2002, Resources of the firm, Russian high-technology start-ups, and firm growth, *JBV*, 17: 553-576; E. Mosakowski, 1998, Entrepreneurial resources, organizational choices, and competitive outcomes, *OSc*, 9: 625-643; E. Penrose, 1959, *A Theory of the Growth of the Firm*, Nova York: Wiley.

22. G. D. Meyer; K. Sheppard, 2000, *Entrepreneurship as Strategy*, Thousand Oaks, CA: Sage Publishing; R. McGrath; I. MacMillan, 2000, *The Entrepreneurial Mindset*, Boston: Harvard Business School Press; G. Rowe, 2001, Creating wealth in organizations: The role of strategic leadership, *AME*, 15: 81-94.

23. M. Chen; D. Hambrick, 1995, Speed, stealth, and selective attack, *AMJ*, 38: 453-482; A. Fiegenbaum; A. Karnani, 1994, Output flexibility – a competitive weapon for small firms, *SMJ*, 12: 101-114; M. K. Erramilli; D. D'Souza, 1993, Venturing into foreign markets, *ETP*, 17: 29-41.

24. H. Mintzberg, 1989, *Mintzberg on Management*, Nova York: Free Press; S. Sarasvathy, 2001, Causation and effectuation, *AMR*, 26: 243-264.

25. A. Bhide, 1994, How entrepreneurs craft strategies that work (p. 152), *HBR*, março-abril: 150-161.

26. F. Delmar; S. Shane, 2003, Does business planning facilitate the development of new ventures? *SMJ*, 24: 1165-85.

27. B. Honig; T. Karlsson, 2004, Institutional forces and the written business plan, *JM*, 30: 29-48.

28. L. Busenitz; J. Barney, 1997, Differences between entrepreneurs and managers in large organizations, *JBV*, 12: 9-30; A. Cooper; W. Dunkelberg; C. Woo, 1988, Entrepreneurs' perceived chances for success, *JBV*,

3: 97-108; M. Kroll; L. Toombs; P. Wright, 2000, Napoleon's tragic march home from Moscow, *AME*, 14: 117-128; M. Manimala, 1992, Entrepreneurial heuristics, *JBV*, *7:* 477-504; R. McGrath; I. MacMillan, 1992, More like each other than anyone else? *JBV*, 7: 419-429; D. Miller, 1990, *The Icarus Paradox*, Nova York: Harper.

29. M. W. Peng; P. Heath, 1996, The growth of the firm in planned economies in transition: Institutions, organizations, and strategic choice, *AMR*, 21 (2): 492-528.
30. R. Amit; C. Zott, 2001, Value creation in e-business, *SMJ*, 22: 493-520; P. Drucker, 1985, *Innovation and Entrepreneurship*, Nova York: Harper; R. D. Ireland; M. Hitt; M. Camp; D. Sexton, 2001, Integrating entrepreneurship actions and strategic management actions to create firm wealth, *AME*, 15: 49-63; G. Lumpkin; G. Dess, 1996, Clarifying the entrepreneurial orientation construct and linking it to performance, *AMR*, 21: 135-172.
31. H. Lee; K. Smith; C. Grimm; A. Schomburg, 2000, Timing, order, and durability of new product advantages with imitation, *SMJ*, 21: 23-30; H. Li; K. Atuahene-Gima, 2001, Product innovation strategy and the performance of new technology ventures in China, *AMJ*, 44: 1123-1134; T. Man; T. Lau; K. Chan, 2002, The competitiveness of small and medium enterprises, *JBV*, 17: 123-142; P. Reynolds, 1997, New and small firms in expanding markets, *SBE*, 9: 79-84; P. Roberts, 1999, Product innovation, product-market competition, and persistent profitability, *SMJ*, 20: 655-670.
32. Z. Acs; D. Audretsch, 1988, Innovation in large and small firms, *AER*, 78: 678-690; N. Carter; T. Stearns; P. Reynolds; B. Miller, 1994, New venture strategies, *SMJ*, 15: 21-41; S. Zahra; W. Bogner, 1999, Technology strategy and software new ventures' performance, *JBV*, 15: 135-173.
33. R. Arend, 1999, Emergence of entrepreneurs following exogenous technological change, *SMJ*, 20: 31-47; C. Christensen, 1997, *The Innovator's Dilemma*, Boston: Harvard Business School Press; G. Hamel, 2000, *Leading the Revolution*, Boston: Harvard Business School Press.
34. C. Brush; P. Greene; M. Hart, 2001, From initial idea to unique advantage *AME*, 15: 64-78.
35. M. Guillen, 2001, *The Limits of Convergence* (p. 117), Princeton, NJ: Princeton University Press.
36. Z. Acs; D. Audretsch, 1990, *Innovation and Small Firms*, Cambridge, MA: MIT Press; S. Graves; N. Langowitz, 1993, Innovative productivity and returns to scale in the pharmaceutical industry, *SMJ*, 14: 593-605; G. Qian; L. Li, 2003, Profitability of small-and medium-sized enterprises in high-technology industries, *SMJ*, 24: 881-887.
37. S. Birley, 1985, The role of networks in the entrepreneurial process, *JBV*, 1: 107-117; P. Dubini; H. Aldrich, 1991, Personal and extended networks are central to the entrepreneurial process, *JBV*, 6: 305-313; A. Larson, 1992, Network dyads in entrepreneurial settings, *ASQ*, 37: 76-104; D. Lee; E. Tsang, 2001, The effects of entrepreneurial personality, background, and network activities on venture growth, *JMS*, 38: 583-602; H. Hoang; B. Antonic, 2003, Network-based research in entrepreneurship, *JBV*, 18: 165-187.
38. D. Ahlstrom; G. Bruton, 2001, Learning from successful local private firms in China: Establishing legitimacy, *AME*, 15: 72-83; H. Aldrich; C. M. Fiol, 1994, Fools rush in? The institutional context of industry creation, *AMR*, 19: 645-670; A. Henderson, 1999, Firm strategy and age dependence, *ASQ*, 44: 281-314; S. Human; K. Provan, 2000, Legitimacy building in the evolution of small-firm multilateral networks, *ASQ*, 45: 327-365; M. Lounsbury; M. Glynn, 2001, Cultural entrepreneurship, *SMJ*, 22: 545-564; C. Oliver, 1990, Determinants of interorganizational relationships, *AMR*, 15: 241-265; M. Zimmerman; G. Zeitz, 2002, Beyond survival: Achieving new venture growth by building legitimacy, *AMR*, 27: 414-431.
39. S. Alvarez; J. Barney, 2001, How entrepreneurial firms can benefit from alliances with large partners (p. 139), *Academy of Management Executive*, 15: 139-148.
40. D. Deeds; C. Hill, 1998, An examination of opportunistic action within research alliances, *JBV*, 14: 141-163.
41. M. Granovetter, 1973, The strength of weak ties, *AJS*, 78: 1360-1380.
42. N. Nicolaou; S. Birley, 2003, Social networks in organizational emergence, *MS*, 49: 1702-1725.

43. M. W. Peng; Y. Luo, 2000, Managerial ties and firm performance in a transition economy: The nature of a micro-macro link, *AMJ*, 43: 486-501.

44. B. Batjargal, 2003, Social capital and entrepreneurial performance in Russia, *OSt*, 24: 535-556; J. Baum; T. Calabrese; B. Silverman, 2000, Don't go it alone: Alliance network composition and start-ups' performance in Canadian biotechnology, *SMJ*, 21: 267-294; J. Florin; M. Lubatkin; W. Schulze, 2003, A social capital model of high-growth ventures, *AMJ*, 46: 374-384; R. Gulati; N. Nohria; A. Zaheer, 2000, Strategic networks, *SMJ*, 21: 203-215; C. Lee; K. Lee; H. Pennings, 2001, Internal capabilities, external networks, and performance, *SMJ*, 22: 615-640; Peng; Luo, 2000, Managerial ties and firm performance; M. Sarkar; R. Echsmbadi; J. Harrison, 2001, Alliance entrepreneurship and firm market performance, *SMJ*, 22: 701-711.

45. R. Burt, 1997, The contingent value of social capital (p. 342), *ASQ*, 42: 339-365.

46. J. Hall; C. Hofer, 1993, Venture capitalists' decision criteria in venture evaluation, *JBV*, 8: 25-42; A. Zacharakis; G. D. Meyer, 1998, A lack of insight: Do venture capitalists really understand their decision process? *JBV*, 13: 57-76.

47. D. Cable; S. Shane, 1997, A prisoners' dilemma approach to entrepreneur-venture capitalist relationship, *AMR*, 22: 142-176; D. Harrison; M. Dibben; C. Mason, 1997, The role of trust in the informal investors' investment decision, *ETP*, 21: 63-81.

48. W. Bygrave; J. Timmons, 1992, *Venture Capital at the Crossroads*, Boston: Harvard Business School Press; J. Lerner, 1995, Venture capitalists and the oversight of private firms, *JF*, 50: 301-318.

49. G. Bruton; V Fried; R. Hisrich, 1997, Venture capitalists and CEO dismissal, *ETP*, 21: 41-54; A. Ranft; H. O'Neill, 2001, Board composition and high-flying founders, *AME*, 15: 126-138; J. Rosenstein; A. Bruno; W. Bygrave; N. Taylor, 1993, The CEO, venture capitalists, and the board, *JBV*, 8: 99-113; H. Sapienza; A. Gupta, 1994, Impact of agency risks and task uncertainty on venture capitalist-CEO interaction, *AMJ*, 37: 1618-1632.

50. Aldrich, 1999, *Organizations Evolving* (p. 83); T. Bates, 1997, Financing small business creation: The case of Chinese and Korean immigrant entrepreneurs, *JBV*, 12: 109-124.

51. G. Bruton; D. Ahlstrom, 2003, An institutional view of China's venture capital industry, *JBV*, 18: 233-59.

52. C. Zimmer; H. Aldrich, 1987, Resource mobilization through ethnic networks, *SP*, 30: 422-455.

53. I. Arikan, 2003, How should an entrepreneurial firm be sold? Auctions versus negotiations, Working paper, Fisher College of Business, The Ohio State University.

54. *Economist*, 2003, China's Amazon, 23 de agosto: 52-53.

55. R. Larsson; K. Brousseau; M. Driver; M. Holmqvist; V. Tarnovskaya, 2003, International growth through cooperation (p. 15), *AME*, 17 (1): 7-21.

56. *http://www.aibworld.org* (acessado em 14 de outubro de 2003).

57. S. Claessens; L. Klapper, 2002, Bankruptcy around the world, Working paper 2865, The World Bank.

58. J. Gimeno; T Folta; A. Cooper; C. Woo, 1997, Survival of the fittest? *ASQ*, 42: 750-783.

59. G. Knight; S. T. Cavusgil, 2004, Innovation, organizational capabilities, and the born-global firm, *JIBS*, 35: 124-141; T. Madsen; P. Servais, 1997, The internationalization of born globals, *IBR*, 6: 561-583; B. Oviatt; P. McDougall, 1994, Toward a theory of international new ventures, *JIBS*, 25: 45-64.

60. A. Zacharakis, 1998, Entrepreneurial entry into foreign markets: A transaction cost perspective, *ETP*, spring: 23-39.

61. M. W. Peng; C. Hill; D. Wang, 2000, Schumpeterian dynamics versus Williamsonian considerations: A test of export intermediary performance, *JMS*, 37 (2): 167-184.

62. R. Chen; M. Martin, 2001, Foreign expansion of small firms, *JBV*, 16: 557-574.

63. J. Combs; D. Ketchen, 1999, Can capital scarcity help agency theory explain franchising? *AMJ*, 42: 196-207; J. Combs; D. Ketchen, 2003. Why do firms use franchising as an entrepreneurial strategy? *JM*, 29: 443-465; S. Michaels, 2000, Investments to create bargaining power, *SMJ*, 21: 497-515;

S. Shane, 1996, Hybrid organizational arrangements and their implications for firm growth and survival, *AMJ*, 39: 216-234; O. Sorenson; J. Sorensen, 2001, Finding the right mix, *SMJ*, 22: 713-724.

64. Z. Acs; L. Preston, 1997, Small- and medium-sized enterprises, technology, and globalization, *SBE*, 9: 1-6; H. Boter; C. Holmquist, 1996, Industry characteristics and internationalization processes in small firms, *JBV*, 11: 471-487; S. Preece; G. Miles; M. Baetz, 1998, Explaining the international intensity and global diversity of early-state technology-based firms, *JBV*, 14: 259-281.
65. M. Jones, 2001, First steps in internationalization, *JIM*, 7: 191-210; T. Kohn, 1997, Small firms as international players, *SBE*, 9: 45-51; J. Lu; P. Beamish, 2001, The internationalization and performance of SMEs, *SMJ*, 22: 565-586; S. Zahra; R. D. Ireland; M. Hitt, 2000, International expansion by new venture firms, *AMJ*, 43: 925-950.
66. J. Johanson; J. Vahlne, 1977, The internationalization process of the firm, *JIBS*, 4: 20-29; L. Li; D. Li; T. Dalgic, 2004, Internationalization process of small and medium-sized enterprises, *MIR*, 44: 93-116.
67. P. McDougall; S. Shane; B. Oviatt, 1994, Explaining the formation of international new ventures, *JBV*, 9: 469-487.
68. S. Kotha; V. Rindova; F. Rothaermel, 2001, Assets and actions: Firm-specific factors in the internationalization of U.S. Internet firms, *JIBS*, 32: 769-791; J. Tiessen; R. Wright; I. Turner, 2001, A model of e-commerce use by internationalizing SMEs, *JIM*, 7: 211-233.
69. A. Portes; W. Haller; L. Guarnizo, 2002, Transnational entrepreneurs: An alternative form of immigrant economic adaptation, *ASR*, 67: 278-298; A. B. Reuber; E. Fischer, 1997, The influence of the management team's international experience on the internationalization behaviors of SMEs, *JIBS*, 28: 807-825; P. Westhead; M. Wright; D. Ucbasaran, 2001, The internationalization of new and small firms, *JBV*, 16: 333-358.
70. F. Root, 1994, *Entry Strategies for International Markets* (p. 102), Lexington, MA: Lexington Books.
71. M. W. Peng; A. York, 2001, Behind intermediary performance in export trade: Transactions, agents, and resources, *JIBS*, 32: 327-346; H.Trabold, 2002, Export intermediation: An empirical test of Peng and Ilinitch, *JIBS*, 33: 327-344.
72. M. W. Peng; A. Y. Ilinitch, 1998, Export intermediary firms: A note on export development research, *JIBS*, 29: 609-620.
73. J. Bell; R. McNaughton; S. Young, 2001, "Born-again global" firms (p. 184), *JIM*, 7: 173-189.
74. R. Tasker, 2002, Pepperoni power, *FEER*, 14 de novembro: 59-60.
75. N. Dawar; T. Frost, 1999, Competing with giants, *HBR*, março-abril: 119-129; D. Lavie; A. Fiegenbaum, 2000, The strategic reaction of domestic firms to MNC dominance, *LRP*, 33: 651-72.
76. Z. Acs; R. Morck; B. Yeung, 201, Entrepreneurship, globalization, and public policy, *JIM*, 7: 235-251.
77. L. Busenitz; G. P. West; D. Shepherd; T. Nelson; G. Chandler; A. Zacharakis, 2003, Entrepreneurship research in emergence: Past trends and future directions, *JM*, 29: 285-308; P. Phan; M. Foo, 2004, Technological entrepreneurship in emerging regions, *JBV*, 19: 1-5.
78. R. Brenner, 1987, National policy and entrepreneurship (p. 95) *JBV*, 2: 95-101; C. McClelland, 1967, *The Achieving Society*, Nova York: Free Press.
79. D. Sexton, 2001, Wayne Huizenga: Entrepreneur and wealth creator, *AME*, 15: 40-48; P. Westhead; M. Wright, 1998, Novice, portfolio, and serial founders, *JBV*, 13: 173-204.
80. M. Low; I. MacMillan, 1988, Entrepreneurship, *JM*, 14: 119-135.
81. L. Busenitz; C. Gomez; J. Spencer, 2000, Country institutional profiles, *AMJ*, 43: 994-1003; A. Chua, 2004, *World on Fire*, Nova York: Anchor Books; R. Mitchell; B. Smith; K. Seawright; E. Morse, 2000, Cross-cultural cognitions and the venture creation decision, *AMJ*, 43: 974-993; J. Oxley; B. Yeung, 2001, E-commerce readiness: Institutional environment and international competitiveness, *JIBS*, 32: 705-724; H. K. Steensma; L. Marino; M. Weaver; P. Hickson, 2000, The influence of national culture on the formation of technology alliances

by entrepreneurial firms, *AMJ*, 43: 951-973; H. Yeung, 2002, Entrepreneurship in international business, *APJM*, 19: 29-61.

82. L. Busenitz; C. Lau, 1997, A cross-cultural cognitive model of new venture creation, *ETP*, summer: 25-39; Peng, 2001, How entrepreneurs create wealth in transition economies; J. Tan, 2002, Culture, nation, and entrepreneurial strategic orientations, *ETP*, summer: 95-111; E. Tsang, 1994, Threats and opportunities faced by private businesses in China, *JBV*, 9: 451-468.
83. A. Cooper; W. Dunkelberg, 1987, Entrepreneurial research: Old questions, new answers, and methodological issues, *AJSB*, 11: 1-20.
84. Citado em J. Kaplan, 2003, *Patterns of Entrepreneurship* (p. 11), Nova York: Wiley.
85. V. Govindarajan; A. Gupta, 2001, *The Quest for Global Dominance*, San Francisco: Jossey-Bass.
86. K. Kling; I. Goteman, 2003, IKEA CEO Anders Dahlvig on international growth, *AME*, 17: 31-45.
87. E. Autio; H. Sapienza; J. Almeida, 2000, Effects of age at entry, knowledge intensity, and imitability in international growth, *AMJ*, 43: 909-924.
88. P. Liesch; G. Knight, 1999, Information internationalization and hurdle rates in small and medium enterprise internationalization, *JIBS*, 30: 383-394.
89. P. McDougall; B. Oviatt, 1996, New venture internationalization, strategic change, and performance, *JBV*, 11: 23-40.
90. M. Lyles; T. Saxton; K. Watson, 2004, Venture survival in a transition economy, *JM*, 30: 351-373.
91. S. Rangan; R. Adner, 2001, Profits and the Internet (p. 49-50), *SMR*, summer: 44-53
92. Peng; Hill; Wang, 2000, Schumpeterian dynamics versus Williamsonian considerations.
93. Esta seção foi fortemente baseada em S.-H. Lee; M. W. Peng; J. Barney, 2005, Bankruptcy law and entrepreneurship development: A real options perspective, *AMR* (no prelo).
94. R. McGrath, 1999, Falling forward: Real options reasoning and entrepreneurial failure, *AMR*, 24: 13-30.
95. Lee; Peng; Barney, 2004, Bankruptcy law.
96. D. Shepherd, 2003, Learning from business failure, *AMR*, 28: 318-328.
97. J. Schumpeter, 1942, *Capitalism, Socialism, and Democracy*, Nova York: Harper.

CAPÍTULO 6

Entrando em Mercados Externos

Sumário

- Por Que Ir ao Exterior?
- Um Modelo Abrangente de Entrada em Mercados Externos
- Onde Entrar?
- Quando Entrar?
- Como Entrar?
- Discussões e Extensões
- Implicações para os Estrategistas

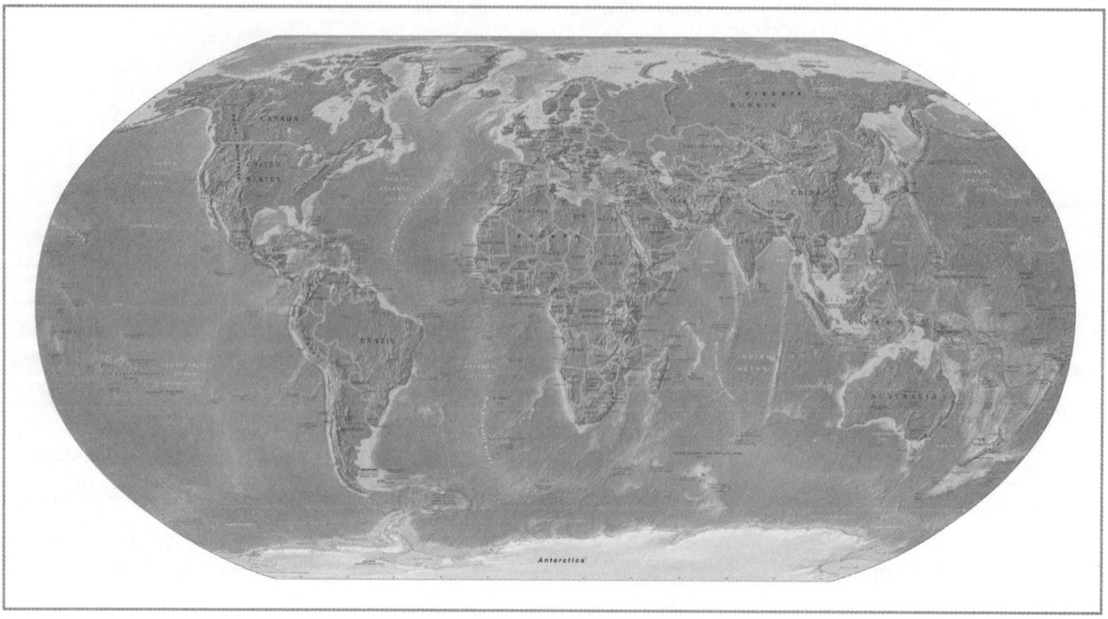

Caso de Introdução: Levando a Starbucks ao Mundo

Mantendo um crescimento nas vendas de 20% ao ano desde que abriu suas ações, em 1992, a Starbucks (http://www.starbucks.com) possui atualmente mais de 5 mil lojas espalhadas pelos Estados Unidos. Entretanto, mesmo em um mercado tão amplo, será difícil essa empresa crescer mais, o que leva a piadas do tipo: "abriu uma Starbucks no banheiro de outra Starbucks". Para manter esse ritmo de crescimento, abrir mercados no exterior é essencial. Em 1996, a Starbucks entrou em seu primeiro mercado externo, o Japão. Em 2000, Howard Schultz, fundador e presidente do conselho, renunciou ao cargo de diretor-executivo e autonomeou-se "estrategista global chefe". Atualmente, a empresa opera mais de 1.500 lojas em 31 países fora da América do Norte. Em comparação ao mercado doméstico, a Starbucks acredita que ainda há muitas oportunidades de crescimento internacional. Entretanto, as lojas no exterior, que totalizam 23% de todas as lojas e somente 9% das vendas, têm dado prejuízos líquidos. Em 2003, a Starbucks fechou seis lojas em Israel, e reduziu sua expansão ao exterior de 50 para 400 lojas.

Vários fatores contribuem para a dificuldade enfrentada pela Starbucks no exterior. Primeiro, mesmo com o relativo sucesso na Ásia, a empresa encontrou grande resistência na Europa. Inspirado nos cafés europeus, o conceito da Starbucks foi desenvolvido por Schultz após uma viagem que fez à Itália. Muitos europeus, acostumados a freqüentar cafés, vêem a Starbucks como uma imitação superfaturada das verdadeiras cafeterias. Em Londres, por exemplo, um tipo de café denominado *tall latte* é vendido por US$ 2,93 na Starbucks, ao passo que uma cafeteria rival, a Caffe Nero (http://www.caffenero.com), vende a mesma bebida por US$ 2,12. Isso não significa que o futuro da Starbucks na Europa esteja perdido. Na Áustria, por exemplo, a cafeteria está na moda, por isso atrai uma clientela jovem. Contudo, a Europa tem sido um "abacaxi difícil de descascar".

Segundo, a questão do momento em que a Starbucks entrou no mercado externo é relevante. Nos Estados Unidos, teve a sorte de ser a primeira empresa do ramo, já que não havia nenhum concorrente nacional. Entretanto, em muitos países, já havia empresas rivais locais fortemente estruturadas, de forma que a Starbucks teve de aceitar a última posição entre os concorrentes, e todas as suas peculiaridades. Por exemplo, na Grã-Bretanha, um casal norte-americano, nascido em Seattle, estabeleceu uma próspera cadeia, chamada Seattle Coffee, de 60 lojas. Em vez de bater de frente, a Starbucks a adquiriu por US$ 84 milhões.

Por fim, a forma como a Starbucks entra nesses mercados contribui para seus problemas no exterior. Nos Estados Unidos, a companhia é proprietária de todas as lojas. Embora se saiba que abrir várias lojas em uma mesma localidade faz com que uma canibalize as vendas da outra, a empresa está maximizando sua receita total. Entretanto, a Starbucks não obtém esses lucros com as lojas no exterior, pois a maioria delas é operada por parceiros locais (por meio de franquias ou *joint ventures*). Por exemplo, para alcançar Taiwan e China, estabeleceu-se uma *joint venture* 50/50 com a Uni-President (http://www.starbucks.com.tw), de Taiwan. Embora tornem mais fácil o processo de abertura de mercados estrangeiros, essas formas de entrada compartilhadas reduzem a participação da Starbucks para somente 20 a 50% dos lucros totais. Além disso, o relacionamento com parceiros estrangeiros nem sempre é agradável. Na Coréia do Sul, em 1999, a ESCO adquiriu a franquia da Starbucks. Embora a ESCO tenha aberto dez lojas de uma vez, a Starbucks achou que essa empresa não estava sendo suficientemente agressiva para que a cadeia crescesse. Em 2001, a Starbucks formou uma *joint venture* com a Shinsegae (http://www.shinsegae.com), matriz da ESCO, a fim de obter maior controle sobre a estratégia de crescimento. Na Tailândia, a Starbucks gastou US$ 12 milhões na aquisição da Coffee Partners, sua franqueada, que não cumpriu a proposta inicial de abertura de 20 lojas. Da mesma forma, a Starbucks resgatou a Bon Appetit (http://www.bon-appetit.ch), sua parceira, em virtude de suas problemáticas lojas na Suíça e na Áustria. A Starbucks ainda não conseguiu replicar fora de seu país de origem sua fórmula de sucesso. Fazer com que sua bebida amarga dê doces lucros no exterior tem sido uma tarefa difícil para a Starbucks.

Fontes: Baseado em (1) *Business Week*, 2003, Starbucks, 8 de dezembro: 11; (2) C. Hill, 2003, *International Business*, 4. ed. (p. 203-204), Chicago: Irwin McGraw-Hill; (3) S. Holmes, 2002, Planet Starbucks, *Business Week*, 9 de setembro: 99-110; (4) S. Holmes, 2003, For Starbucks, there's no place like home, *Business Week*, 9 de junho: 48.

De que maneira inúmeras companhias, como a Starbucks, entram em mercados externos? Por que conseguem entrar em alguns países e em outros não? Por que algumas de suas estratégias de entrada (como concessões, *joint ventures* e aquisições) mudam com o passar do tempo? Essas são algumas das principais questões abordadas neste capítulo. Entrar em mercados externos representa um dos temas sobre estratégia mais importantes para o comércio internacional; do contrário, somente haveria o âmbito doméstico para se tratar. Enquanto o Capítulo 5 discutiu como pequenas empresas empreendedoras se internacionalizam, este se centra mais em grandes empresas multinacionais. Em primeiro lugar, este capítulo analisa as razões pelas quais se vai ao exterior e, posteriormente, introduz um modelo amplo composto de fatores relacionados a: (1) *onde* entrar; (2) *quando* entrar; e (3) *como* entrar. Como nos outros, discussões e implicações concluem este capítulo.

Definindo competição industrial

Esta seção centra-se na motivação para se aventurar no exterior. De início, introduz o conceito da desvantagem de quem vem de fora, que deve ser superada. Em seguida, esboça um modelo simples da tendência à internacionalização demonstrada por quatro tipos de empresa.

Superando a Desvantagem de Quem Vem de Fora

Por que ir ao exterior? Dentre as respostas a essa pergunta, estão razões típicas como: (1) para atingir maiores economias de escala, vendendo a mais consumidores, em outros países; (2) para reduzir o risco da dependência excessiva com respeito a somente um país, dividindo as vendas entre vários países; e (3) para replicar o sucesso doméstico em novos ambientes. Entretanto, obter sucesso em um ambiente desconhecido não é fácil. Empresas estrangeiras devem superar a **desvantagem de quem vem de fora**, fator *inerente* que empresas estrangeiras enfrentam em países no exterior pelo fato de não serem nativas.[1] Tal desvantagem manifesta-se em, pelo menos, duas dimensões. Primeira, existem inúmeras diferenças entre instituições formais e informais que governam as regras do jogo em diferentes países (como diferenças regulamentárias, lingüísticas e culturais). Enquanto as empresas locais já estão versadas nessas regras, as empresas estrangeiras têm de absorvê-las rapidamente. Não aprender essas regras pode custar caro para elas. A Mitsubishi Motors, por exemplo, pagou uma multa de US$ 34 milhões em 1998, pois houve acusações de assédio sexual em sua fábrica nos Estados Unidos. Este país é governado por uma série de padrões formais, regulamentários e legais, e informais, diferentes daqueles do Japão.

Segunda, embora consumidores da era da globalização *supostamente* não discriminem mais empresas estrangeiras, a realidade é que ainda são discriminadas, algumas vezes de modo formal, outras, informal. Por exemplo, em suas aquisições, a maioria dos governos prefere "comprar nacionais" (como a legislação "Buy American"). A discriminação contra empresas estrangeiras é menor com relação aos produtos de consumo, mas ainda está longe de desaparecer. Mesmo *após* a revogação das políticas formais discriminatórias impostas por seus governos, consumidores japoneses e europeus, por anos, resistiram informalmente a adquirir arroz e carne bovina dos Estados Unidos, pois havia a suspeita (nunca provada) de que ofereciam riscos à saúde em longo prazo, por causa de modificações genéticas.

No combate a essas significativas desigualdades, empresas estrangeiras empregam recursos e habilidades irresistíveis que, após superarem a desvantagem de quem vem de fora, ainda oferecem alguma vantagem competitiva.[2] Há três tipos de recursos e habilidades como esses. Primeiro, a superioridade tecnológica ajuda a abocanhar mercados externos. Em muitos países, fotocópia é a mesma coisa que "Xerox", o que explica grande parte do sucesso global da empresa. A tecnologia de ponta do sistema *wave-piercing* (furador de ondas, ou seja, garante a flutuação e impede que o barco vire) da empresa australiana INCAT transpôs as barreiras protecionistas do militarismo norte-americano, que geralmente nem *considera* a possibilidade de comprar equipamentos de empresas não norte-americanas (ver Estratégia em Ação 6.1). Segundo, superioridade organizacional e capacidades de marketing podem superar parte da desvantagem de quem vem de fora. Por exemplo, o Manchester United, equipe inglesa de futebol de muito sucesso, está tentando entrar no mercado intensamente competitivo do esporte profissional norte-americano, promovendo tanto seu poder de estrela quanto sua força muscular (ver Estratégia em Ação 6.2). Por fim, a superioridade de conhecimento sobre a complexidade institucional dos vários países contribui para o sucesso no exterior.[3] Por exemplo, no início dos anos de 1980, quando a maioria das empresas multinacionais era ignorante com relação à China, a Volkswagen entrou nesse mercado alavancando seus conhecimentos sobre como economias centralizadas funcionavam, com base em sua experiência na Europa oriental. Por duas décadas, a empresa permaneceu sendo a "rainha das estradas" na China. Em 2004, ⅓ dos lucros corporativos totais da Volkswagen veio desse mesmo país (ver Caso 3, on-line).

Compreendendo a Tendência à Internacionalização

Apesar das recentes admoestações de alguns gurus, segundo os quais todas as empresas devem instalar-se no exterior, nem todas estão prontas para isso. Arriscar-se no exterior prematuramente pode ser prejudicial ao desempenho geral da empresa, em especial das pequenas, cuja margem de erro não pode ser muito grande.[4] Portanto, estrategistas devem decidir com cautela se fazer negócios no exterior é seguro (ou não) para suas empresas. Assim, o que motiva algumas empresas a instalarem-se no exterior, ao passo que outras permanecem, com satisfação, em seus países de origem?

Mesmo correndo o risco de sermos reducionistas, podemos identificar dois fatores subjacentes a essa questão: (1) o tamanho da empresa; e (2) o tamanho do mercado doméstico, que formam um quadro composto de quatro células (Figura 6.1). Na Célula 1, empresas grandes em mercados domésticos reduzidos provavelmente serão **internacionalizadores entusiastas**, pois podem esgotar de forma rápida as oportunidades de um país pequeno. Um exemplo é a ABB, da Suíça, especializada em

Estratégia em Ação 6.1.

Um Navio de Guerra Chamado Joint Venture

Com um orçamento militar superior ao das outras cinco potências (Grã-Bretanha, França, Alemanha, Rússia e China) em conjunto, os Estados Unidos é o maior mercado de defesa do mundo. Para as empresas que não são norte-americanas, entretanto, esse também é o "pior abacaxi para se descascar", pois o militarismo norte-americano é conhecido por ser protecionista com relação às empresas norte-americanas. Notavelmente, uma fabricante de barcos australiana, a INCAT (*http://www.incat.com.au*), superou boa parte da desvantagem de quem vem de fora, instigando *todos* os setores militares dos Estados Unidos (exceto a Força Aérea). O segredo? Tecnologia de ponta na produção de catamarãs de alta velocidade, com o sistema *wave-piercing*, o que garantiu à INCAT cerca de 50% de *market share* nessa área de embarcações comerciais de alta velocidade. Com relativamente poucas modificações, essa tecnologia pode ser adaptada às operações militares, marítimas ou ambas. Em 2001, a INCAT produziu um barco de 96 metros, apropriadamente batizado de *Joint Venture* (HSV-X1), para ser uma plataforma de avaliação das forças conjuntas da Marinha, do Exército e da Guarda Costeira dos Estados Unidos. Em 2003, o *Joint Venture* atuou com sucesso, como uma plataforma de comando, controle e diligência nas operações especiais que tomaram o porto Umm Qasr, do Iraque. Sua embarcação-irmã, a *Spearhead* (TSV-1X), partiu da Austrália e navegou direto até o Golfo Pérsico, em 2002. A *Spearhead* também atuou com sucesso no Iraque, em 2003. O grande interesse das Forças Armadas norte-americanas levou a INCAT a estabelecer uma *joint venture* com a Bollinger (*http://www.bollingershipyards.com*), fabricante dos barcos de patrulha para a Marinha e a Guarda Costeira dos Estados Unidos – a Bollinger/INCAT USA (*http://www.bollinger-incatusa.com*) – a fim de capitalizar tais oportunidades.

Fontes: Baseado em (1) http://www.bollinger-incatusa.com; e (2) http://www.incat.com.au (ambos acessados em 15 de julho de 2004). Ver também Caso 7, on-line: ***Joint Venture*** entre INCAT e AFAI: Transferência de Tecnologia por Meio de um Contrato Evasivo.

Estratégia em Ação 6.2.

Manchester United Invade o Campo dos Estados Unidos

O Manchester United (*http://www.manutd.com*), o time de futebol mais popular do mundo, com 53 milhões de fãs espalhados pelo globo, está tentando entrar nos Estados Unidos. O Man U (acrônimo de Manchester United) engloba um mercado mundial que vai muito além do futebol. Em 2002, o clube de capital aberto obteve US$ 50 milhões em lucros da receita bruta de US$ 230 milhões. A maior parte das receitas vem da venda de ingressos e de lucrativos acordos com canais de televisão. Além disso, o Man U vende desde canecas a lençóis. Também possui a concessão de um canal de televisão chamado Manu, que vai ao ar seis horas ao dia, nos sete dias da semana. O clube também trabalha com cartões de crédito, hipotecas, empréstimos ao consumidor e apólices de seguros. Até mesmo um filme, *Joga como Beckham*, foi produzido, contando a história de uma garota que idolatra o (ex) astro do time, David Beckham (contratado por um time espanhol em 2003).

O objetivo do Man U nos Estados Unidos é penetrar no mercado do esporte profissional que fatura US$ 15 bilhões ao ano. Atualmente, 4 milhões de fãs do Man U residem nos Estados Unidos; os ingressos para a turnê promocional de quatro jogos, realizada no verão de 2003, foram completamente esgotados. Entretanto, o clube precisa de milhões de fãs a mais. Embora 28 milhões de norte-americanos joguem futebol, a equipe norte-americana de futebol feminino domine o mundo e a equipe norte-americana de futebol masculino tenha chegado às quartas de final da Copa do Mundo de 2002, o futebol ainda encontra dificuldades para se estabelecer no abarrotado mercado de esportes norte-americano. Apesar do progresso constante, a Major League Soccer (principal liga de futebol dos Estados Unidos) continua perdendo dinheiro. Os Estados Unidos permanecem como um dos mercados de futebol mais fechados do mundo. Salvo poucos times canadenses, nenhuma equipe esportiva estrangeira – de futebol ou de outros esportes – penetrou no mercado norte-americano com sucesso. Se for para algum time estrangeiro fazer sucesso nos Estados Unidos, o Man U parece ser o melhor candidato. Para essa equipe, que está se aproximando rapidamente da saturação de mercado na Europa e na Ásia, a grande pergunta é: o Man U fará um gol nos Estados Unidos?

Fontes: Este estudo de caso foi escrito por Tara Wedwaldt (Fisher College of Business, Universidade de Ohio), sob a orientação do professor Mike W. Peng. Foi baseado em (1) *Business Week*, 2003, Bend it like – somebody else, 11 de agosto: 10; (2) *Economist*, 2003, Branded as Beckham, 5 de julho: 56-57; (3) S. Holmes, 2003, Can Man U score in America? *Business Week*, 23 de junho: 108-109. Reimpresso com permissão do autor.

FIGURA 6.1 Tamanho da Empresa, Tamanho do Mercado Doméstico e Tendência à Internacionalização

Tamanho da Empresa

Tamanho do Mercado Doméstico	Empresa Grande	Empresa Pequena	
	(Célula 1) Internacionalizador entusiasta	(Célula 2) Internacionalizador seguidor	Mercado Doméstico Pequeno
	(Célula 3) Internacionalizador lento	(Célula 4) Internacionalizador ocasional	Mercado Doméstico Grande

grandes equipamentos de geração de energia (e em muitos outros produtos). A demanda de tais equipamentos na Suíça é limitada. Conseqüentemente, 97% das vendas da ABB, 95% de seus ativos e 95% de seus funcionários estão fora desse país, fazendo com que a ABB seja a empresa mais internacionalizada, de acordo com o *Relatório de Investimentos Mundiais*, publicado pela Organização das Nações Unidas.[5]

Na Célula 2, grande parte das empresas pequenas em mercados domésticos reduzidos é conhecida como **internacionalizadores seguidores**, pois seguem seus parceiros maiores no exterior, como fornecedores.[6] As empresas pequenas que não são fornecedoras diretas das empresas grandes também se aventuram no exterior em razão do tamanho reduzido do mercado doméstico. Um número considerável de empresas pequenas de localidades como Áustria, Finlândia, Irlanda, Hong Kong, Nova Zelândia, Cingapura e Taiwan, possui atividades no exterior.

Na Célula 3, empresas grandes em mercados domésticos amplos são classificadas como **internacionalizadores lentos**, pois suas atividades em outros países costumam (mas nem sempre) ser mais lentas do que as de internacionalizadores entusiastas, na Célula 1. Por exemplo, o Wal-Mart começou a entrar em mercados externos (primeiro no México, em 1991) somente após esgotar todas as oportunidades domésticas. A internacionalização do Wal-Mart é considerada "lenta" em comparação a seus dois concorrentes globais, o Carrefour, da França, e o Metro, da Alemanha, ambos localizados em economias domésticas relativamente reduzidas. (Por outro lado, o grau de internacionalização do Wal-Mart sobrepuja o de seus três grandes rivais norte-americanos, a saber, Kmart, J. C. Penny e Sears).[7]

Por fim, como demonstrado pela Célula 4, muitas empresas pequenas em mercados domésticos amplos encontram "mais pedras" no caminho da internacionalização em virtude da relativa falta de recursos e do tamanho do mercado doméstico. Por exemplo, muitas empresas pequenas nos Estados Unidos não se sentem motivadas a ir ao exterior, mesmo na falta de uma posição significativa no mercado doméstico, a ponto de somente se envolverem com vendas externas por meio de solicitações externas espontâneas, como é o caso da All A Cart (ver Caso de Introdução, no Capítulo 5). As empresas pequenas em mercados domésticos amplos podem ser classificadas como **internacionalizadores ocasionais** (caso possuam algum negócio internacional).

Obviamente, esse quadro apresenta algumas generalizações grosseiras, não podendo, dessa forma, apreender padrões além das quatro células apresentadas. Por exemplo, como discutido no Capítulo 5, algumas empresas pequenas (Célula 2 e Célula 4) "nasceram globais". Além disso, as empresas não se enquadram necessariamente em apenas uma célula. Por exemplo, a Starbucks (ver Caso de Introdução), no início, enquadrava-se na Célula 4, sem qualquer internacionalização e, à medida que foi crescendo, moveu-se para a Célula 3. Apesar de tais exceções e migrações, na maioria dos casos a Figura 6.1 consegue retratar a tendência à internacionalização básica de cada tipo de empresa.

Um modelo abrangente de entrada em mercados externos

Pressupondo-se que a decisão sobre internacionalização já foi tomada, estrategistas devem tomar uma série de decisões com relação a onde, quando e como isso ocorrerá, a saber, a localização, o momento e a forma de entrada, respectivamente. Subjacentes a cada decisão estão várias considerações estratégicas, centradas nas três principais perspectivas e discutidas anteriormente, de modo que se forme um modelo abrangente (Figura 6.2).

Considerações Baseadas em Indústrias

Essas considerações foram extraídas principalmente do modelo das cinco forças, introduzido no Capítulo 2. Primeira, a rivalidade entre empresas já estabelecidas pode levar a certas movimentações. Empresas, em especial indústrias oligopolistas, geralmente medem forças com relação às entradas no exterior.[8] Se a Komatsu e a Federal Express entrarem em um novo país – por exemplo, no Afeganistão – é provável que a Caterpillar e a DHL sintam-se impulsionadas a fazê-lo também. Algumas vezes, empresas entram em mercados estrangeiros por retaliação. Por exemplo, a Texas Instrument não entrou no Japão para fazer dinheiro, mas para *perdê-lo*. Isso porque a Texas Instrument enfrentava a questão dos preços baixos dos produtos japoneses em muitos mercados, já que seus concorrentes, como a NEC e a Toshiba, cobravam mais caro no Japão e utilizavam-se desses lucros domésticos para subsidiar suas expansões ao exterior. A Texas Instrument retaliou entrando no Japão, cortando os preços lá e expondo-se aos prejuízos. Isso fez com que as empresas japonesas tivessem de defender seu "santuário" doméstico do lucro, pois em casa teriam mais a perder.

Segunda, quanto mais altas as barreiras à entrada, mais intensamente as empresas competirão no exterior. A forte presença de uma empresa em um mercado externo pode ser vista como uma grande barreira à entrada de outras que contemplem instalar-se no mesmo país. Abocanhando mercados mais amplos, é possível que as vendas internacionais aumentem as economias de escala e detenham as entradas. Por exemplo, é difícil imaginar quão altos seriam os custos das aeronaves da Boeing e da Airbus se não houvesse as vendas internacionais. Pesquisa e desenvolvimento também atuam como barreiras à entrada. Consideremos a Big Pharma (ver Caso de Introdução, no Capítulo 4). Em comparação aos rivais que operam em um único país, a Big Pharma possui recursos para desenvolver medicamentos mais dispendiosos, porém mais lucrativos, principalmente porque podem dissolver os altos custos de pesquisa e desenvolvimento em âmbito mundial (em oposição ao âmbito nacional). O marketing e os anúncios publicitários centrados na diferenciação característica do produto, que vão do "*just do it*", da Nike, até o "máquinas de última geração", da BMW, também funcionam como barreiras à entrada. Muitas empresas são motivadas a alavancar o valor da marca por todo o mundo.

FIGURA 6.2 Um Modelo Abrangente de Entrada em Mercados Externos

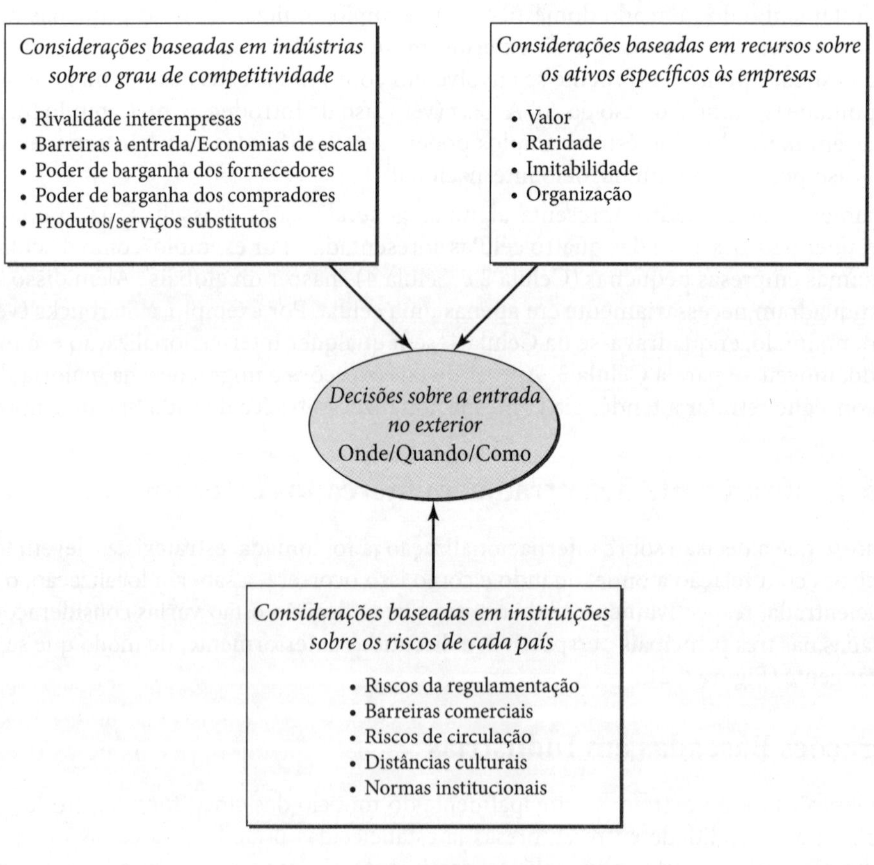

Terceira, o poder de barganha dos fornecedores pode induzir certas entradas em mercados externos, chamadas de **integração vertical para trás**, pois envolve as inúmeras fases da cadeia de valor (ver Capítulo 3). Muitas indústrias extrativas (como a de mineração de bauxita) caracterizam-se pela extensa integração para trás no exterior, para que haja um fornecimento constante de matérias-primas às fases tardias da produção (como no processo produtivo do alumínio). Pelo fato de os recursos naturais não serem sempre encontrados em países politicamente estáveis, não restam muitas escolhas às empresas, senão entrar em países incertos no aspecto político. Consideremos o filme *007 – O Mundo Não é o Bastante*, de 1998. Trata-se da problemática envolvendo um oleoduto na região do mar Cáspio, algumas empresas multinacionais ocidentais, ex-repúblicas soviéticas e países do Oriente Médio, que se complica com um atentado terrorista nuclear, em Istambul, na Turquia. Embora o filme seja ficção, o mundo real da exploração de petróleo talvez não seja menos arriscado (ou empolgante). Atualmente, navios petroleiros ocidentais estão explorando o mar do sul chinês. Todas as embarcações são escoltadas por navios de guerra da China, da Indonésia, da Malásia, das Filipinas e do Vietnã – armados até os dentes com armas e mísseis reais apontados uns para os outros (!). Por que as empresas multinacionais ocidentais correm esses riscos para assegurar o suprimento de petróleo? Evidentemente, os custos desses riscos são menores do que os custos de ter de lidar com fornecedores poderosos e hostis, como a Opep (Organização dos Países Exportadores de Petróleo).

Quarta, o poder de barganha dos compradores pode levar a certas entradas em mercados externos, chamadas de **integração vertical para a frente**. A Sony, por exemplo, adquirindo a Columbia Pictures e a Sony Music, promoveu uma integração vertical para a frente no exterior, pois agora possui ativos de subsidiárias vendedoras ou consumidoras de seus produtos e/ou serviços. Apesar dos enormes custos financeiros, sob certas circunstâncias, os benefícios sobrepujam os custos.

Por fim, o mercado em potencial de produtos substitutos pode encorajar empresas a levar esses produtos ao exterior. Se, como prometido, a terceira geração da tecnologia *wireless* (sem fio – 3G) não fizer parte somente dos telefones celulares, mas também de sistemas de videoconferência e e-mails, câmeras e videogames, haverá demanda em uma série de países. Com base nessa crença, a Hutchison Whampoa embarcou em uma ambiciosa, porém arriscada campanha para levar a tecnologia 3G a nove países (ver Caso de Conclusão).

A forma como uma indústria é estruturada e como as cinco forças atuam afeta significativamente as decisões sobre a entrada no exterior.[9] A seguir, temos uma análise da influência das considerações baseadas em recursos.

Considerações Baseadas em Recursos

O modelo VRIO apresentado no Capítulo 3 esclarece as decisões sobre a entrada centrando-se no *V*alor, na *R*aridade, na *I*mitabilidade e nos aspectos *O*rganizacionais (ver Figura 6.2).[10] Em primeiro lugar, o valor de recursos e capacidades específicos às empresas exerce um papel fundamental na decisão sobre internacionalizar-se ou não. Geralmente a excelência do valor dos ativos específicos às empresas permite que concorrentes estrangeiros superem a desvantagem de quem vem de fora. Portanto, quanto maior o valor dos ativos (em especial ativos intangíveis como marca, *know-how* e *software*), é mais provável que as empresas consigam alavancá-los no exterior.[11] Um exemplo disso é a valiosa tecnologia *wave-piercing*, da INCAT (ver Estratégia em Ação 6.1).

Em segundo lugar, a raridade dos ativos específicos às empresas incentiva as empresas que os possuem a alavancá-los em países diversos. Patentes, marcas e marcas registradas protegem legalmente a raridade de certas características dos produtos. Não é de surpreender que produtos patenteados e registrados, como carros, cigarros e CDs, sejam agressivamente comercializados no exterior.[12] Entretanto, há um paradoxo: considerando-se que os direitos de propriedade intelectual são desiguais nos diferentes países, quanto mais países puderem comprar esses produtos (tornam-se menos raros), mais provável que surjam falsificações (ver Caso de Conclusão, no Capítulo 4). A questão da raridade, portanto, está diretamente relacionada à questão da imitabilidade, discutida a seguir.

Em terceiro lugar, se for para as empresas se preocuparem com a possibilidade de seus ativos imitáveis serem expropriados em alguns países, é melhor *nem* entrar neles. Em outras palavras, os **custos de transação** podem ser inicialmente muito altos em razão dos **riscos de disseminação**, definidos como os riscos associados à difusão não autorizada de ativos específicos da empresa. Se uma companhia estrangeira outorga uma concessão para que uma empresa local fabrique ou comercialize seu produto, "corre o risco de que a concessionária, ou um funcionário dela, dissemine o *know-how* ou utilize-o para fins diferentes daqueles originalmente planejados.[13]" Embora, *na teoria*, possa haver um contrato abrangente, que especifique os direitos e obrigações de cada uma das partes, *na prática*, dadas as incertezas e mudanças inerentes ao mundo real, é impossível que seja fechado um contrato verdadeiramente abrangente, que anteveja todas as contingências possíveis. Sempre haverá contingências possíveis e inesperadas, que podem levar a comportamentos oportunistas, contra os quais as empresas estrangeiras possuem poucos recursos de defesa.[14] O pior pesadelo para uma empresa é criar um competidor, como ocorreu com a Pizza Hut, na Tailândia. Neste país, a franquia de longa data da Pizza Hut disseminou seu *know-how* e estabeleceu um concorrente direto, o The Pizza Company, que hoje controla 70% do mercado tailandês.[15]

Por fim, recursos e capacidades de organização específicos às empresas, em *conjunto*, favorecem as empresas com um sistema de ativos complementares integrados e incentivam-nas a utilizar esses ativos no exterior. Muitas empresas multinacionais são organizadas de forma a protegê-las contra entradas e favorecê-las em suas próprias investidas em outros mercados – um exemplo disso é a integração vertical quase total entre a ExxonMobil e a BP, que as leva a fechar contratos de exploração de petróleo e gás em muitos países.

Em suma, a visão baseada em recursos sugere que há várias considerações subjacentes às decisões sobre a instalação em um outro país. A questão da imitabilidade e dos riscos de disseminação está obviamente relacionada à proteção dos direitos de propriedade – próximo tema deste livro.

Considerações Baseadas em Instituições

O Capítulo 4 já ilustrou uma série de diferenças institucionais *informais*, como as diferenças culturais; nesta seção, serão explanadas as três principais restrições institucionais *formais* enfrentadas pelos concorrentes estrangeiros: (1) riscos da regulamentação; (2) barreiras comerciais; e (3) riscos monetários.

Riscos da regulamentação

São riscos associados às políticas governamentais desfavoráveis. Alguns governos podem exigir que concorrentes estrangeiros transfiram tecnologia a empresas locais, *aumentando*, de fato, o risco de disseminação. Mesmo sendo membro da Organização Mundial do Comércio, o governo chinês persiste em sua prática histórica de permitir que fabricantes de automóveis estrangeiros somente formem *joint ventures*, impedindo que estabeleçam subsidiárias integrais na indústria automobilística chinesa (ver Caso 3, on-line). O objetivo expresso do governo é "encorajar" fabricantes de automóveis locais a aprender com seus parceiros estrangeiros.

Além de os governos serem os reguladores que estabelecem as regras formais do jogo competitivo, algumas vezes também são competidores diretos. Portanto, tais governos são tanto juízes quanto jogadores do mesmo jogo do qual concorrentes estrangeiros tentam participar. Um fenômeno conhecido é a barganha obsoleta, que se refere a acordos entre empresas multinacionais e governos anfitriões, que são modificados por tais governos *após* a entrada das empresas multinacionais.[16] A barganha obsoleta, em geral, ocorre em três etapas. Na primeira, a empresa multinacional e o governo fecham um acordo. A empresa multinacional não estaria disposta a entrar se não fosse essa razoável segurança governamental com relação aos direitos de propriedade, lucros e até mesmo incentivos (como isenção de impostos). Na segunda, a empresa multinacional entra e, se tudo correr bem, obtém lucros, que são notados por políticos, jornalistas e empresas domésticas invejosas. Na terceira etapa, o governo, geralmente pressionado por grupos políticos domésticos, quer renegociar o acordo por esse estar rendendo lucros "excessivos" à empresa estrangeira (a empresa estrangeira, é claro, considera tais lucros "justos" e "normais"). O antigo acordo, portanto, torna-se obsoleto. Dentre as táticas do governo estão remover os incentivos, exigir uma maior participação nos lucros, aumentar os impostos e, até mesmo, confiscar os ativos externos — em outras palavras, **expropriar**. O governo indiano, nos anos de 1970, por exemplo, exigiu que a Coca-Cola revelasse sua fórmula secreta, algo que essa empresa multinacional não dividia nem sequer com o governo dos Estados Unidos. Até este momento, a multinacional já investiu somas substanciais de recursos (chamadas **custos irrecuperáveis**), e tem de se adaptar às novas demandas; do contrário, pode ser expropriada ou obrigada a sair do mercado, sofrendo grandes perdas (caso da Coca-Cola, na Índia). A experiência da Coca-Cola na Índia, infelizmente, não é um caso isolado. Inúmeros governos na África, na Ásia e na América Latina, nas décadas de 1950, 1960 e 1970, expropriaram ativos de empresas multinacionais por meio da **nacionalização**, transformando-as em empresas estatais.[17] Não é de surpreender que empresas estrangeiras não gostem desses riscos associados a barganhas obsoletas.[18]

Recentemente, houve algumas mudanças decisivas ao redor do mundo a favor das entradas estrangeiras (ver Capítulo 1), pois muitos governos perceberam que a nacionalização dos ativos de empresas multinacionais estrangeiras não necessariamente maximiza seus interesses nacionais. Ao expulsar as empresas multinacionais por meio da expropriação, as empresas estatais costumam não operar com tanta eficácia quanto essas empresas e acabam perdendo dinheiro e valor. Portanto, a tendência global desde os anos de 1980 e 1990 é a **privatização**, que, em oposição à nacionalização, transforma empresas e ativos estatais em empresas privadas (ver Capítulo 11). É interessante notar que muitos licitantes privados são empresas multinacionais.[19] Nessa nova era, as multinacionais pressionam para que os governos anfitriões sejam transparentes e previsíveis em suas decisões, *antes* de fecharem qualquer negócio. A Coca-Cola, por exemplo, concordou em voltar à Índia nos anos de 1990 com o comprometimento governamental explícito de que sua fórmula secreta seria intocável. Muitos governos perceberam que instituições favoráveis aos investidores atraem mais concorrentes estrangeiros. Da mesma forma, instituições desfavoráveis fazem com que investidores estrangeiros evitem ou se retirem de certos países.[20] A Indonésia, por exemplo, sofreu um *fluxo* líquido *de saída* de investimentos diretos externos de US$ 1,7 bilhão, em 2002, em razão do agravamento da corrupção e do caos internos.[21]

Governos anfitriões (especialmente de países em desenvolvimento) estão competindo com relação à transformação de seus relacionamentos, de confrontativos a cooperativos, com as empresas multinacionais.[22] O recente sucesso da China na atração de investimentos diretos externos (há 30 anos, o fluxo passou de zero ao *maior* receptor de investimentos diretos externos no mundo) pode ser diretamente atribuído à nova política, pós-Mao, de boas-vindas aos investimentos diretos externos. Somente em 2002, 70 países, o equivalente a mais de ⅓ do número total de países do mundo, mudaram suas regulamentações com relação a investimentos diretos externos a fim de se tornarem mais receptivos a concorrentes estrangeiros (Tabela 6.1). Apesar de os riscos da regulamentação, em especial os associados à expropriação, terem diminuído significativamente ao redor do mundo, a regulamentação de cada país costuma variar, de forma que é necessária uma análise cuidadosa.[23]

TABELA 6.1 Mudanças nas Regulamentações Nacionais de Investimento Direto Externo, 1991–2002

	1991	1992	1993	1994	1995	1996	1997	1998	1999	2000	2001	2002
Número de países	35	43	57	49	64	65	76	60	63	69	71	70
Número de mudanças	82	79	102	110	112	114	151	145	140	150	208	248
Mais favoráveis aos investimentos diretos externos	80	79	101	108	106	98	135	136	131	147	194	236
Mais favoráveis aos investimentos diretos externos	2	0	1	2	6	16	16	9	9	3	14	12

Fonte: Changes in National Regulations of Foreign Direct Investment (FDI), extraída do *Relatório Mundial de Investimentos* 2003, p. 13. Reimpressa com permissão da Organização das Nações Unidas.

Barreiras Comerciais

Dentre as barreiras comerciais estão: (1) barreiras tarifárias e não tarifárias; (2) exigências de conteúdo locais; e (3) restrições a certas entradas. As **barreiras tarifárias**, taxas recolhidas sobre as importações, são barreiras à entrada impostas pelos governos. As **barreiras não tarifárias** são mais sutis. Por exemplo, fiscais alfandegários japoneses, aparentemente a fim de detectar bactérias indesejadas advindas do exterior, costumam insistir para que *todas* as mudas de tulipas originárias dos Países Baixos sejam cortadas de cima a baixo. O argumento holandês de que suas tulipas têm sido exportadas com segurança para quase todos os países do mundo não os convence. Esse tipo de barreira anima concorrentes estrangeiros a produzirem em âmbito local e os desanima a exportar.

Entretanto, mesmo após as concorrentes estrangeiras terem instalado suas fábricas em âmbito local, ainda podem exportar kits com peças desmontadas (*completely knocked down* - CKD), para serem montados em fábricas de países anfitriões (ver Caso 3, on-line). Tais fábricas recebem o apelido de "fábricas chave de fenda", pois somente utilizam ferramentas e mão-de-obra local. Em resposta a isso, muitos governos impuseram **exigências de conteúdo locais**, segundo as quais produtos "fabricados em âmbito doméstico" podem estar sujeitos a barreiras tarifárias e não tarifárias, a menos que certa fração de seu valor (como 51%, nos Estados Unidos) seja realmente produzida dentro do país. Embora o Camry, da Toyota, e o Accord, da Honda, produzidos nos Estados Unidos, tenham preenchido todas as exigências de conteúdo locais, a imprensa popular e a maioria do público ainda os chamam de carros "importados" - pelas razões históricas.

Também há **restrições a certas entradas**. Muitos países limitam, ou até mesmo proíbem subsidiárias integrais estrangeiras. Por exemplo, enquanto o México implementou esse tipo de política (até 1994, quando se juntou ao Nafta - Acordo de Livre Comércio da América do Norte), os Estados Unidos protegeram algumas indústrias. Nos Estados Unidos, companhias de transportes aéreos estrangeiras não podem operar subsidiárias integrais ou adquirir companhias de transportes aéreos norte-americanas. Podem controlar, no máximo, 25% das ações de tais companhias (teto alcançado pela KLM Royal Dutch Airlines, na Northwest Airlines).

Riscos Monetários

Esses riscos resultam dos movimentos de circulação de moeda desfavoráveis, aos quais as empresas estão expostas. Por exemplo, o volume de vendas da Nestlé no Brasil cresceu 10% entre 1998 e 2002, mas, em virtude da desvalorização da moeda, suas receitas advindas do Brasil, em francos suíços, na verdade, *caíram* 30% durante o mesmo período.[24] A Honda também é prejudicada pelo poder de compra do iene, que está valorizado, em comparação ao dólar, desde 2000. Pelo fato de a Honda obter 80% de seus lucros nos Estados Unidos, esse valor, quando convertido para ienes japoneses, torna-se muito menor (US$ 889 milhões a menos, em 2003).[25] Se o iuane chinês for valorizado e sua taxa de câmbio atual (2004) de 8,3 iuanes para US$ 1 diminuir, empresas domésticas e estrangeiras, na China, perderão boa parte de suas vantagens a baixo custo.

Em resposta a isso, empresas praticam a especulação ou a cobertura.[26] A **especulação** refere-se à confiança em circulações de moeda estáveis. Entretanto, isso pode ser arriscado, pois empresas podem apostar nos movimentos de circulação errados. Por exemplo, a Japan Airlines (JAL) precisava de dólares norte-americanos para comprar um Boeing, mas a maior parte de suas receitas era em iene. Em 1985, a JAL assinou um contrato de dez anos com corretores de câmbio estrangeiros a uma taxa de US$ 1 para cada 185 ienes. Parecia ser um ótimo negócio, considerando-se a taxa de câmbio da época de US$ 1 para 240 ienes. Entretanto, em 1994, o iene valorizou-se em relação ao dólar e a taxa de câmbio foi para US$ 1 para 99 ienes. Pelo fato de a JAL ser obrigada, por causa do contrato, a comprar dólares a uma taxa de US$ 1 para 185 ienes, pagava 86% (!) a mais do que o necessário por Boeing adquirido.[27] A **cobertura** significa estender atividades a certo número de países, em diferentes zonas de circulação, a fim de compensar, com esses ganhos, as perdas que ocorrem em outras zonas de circulação.[28] Essa foi uma das principais motivações subjacentes à decisão da Toyota, em 1998, de estabelecer uma nova fábrica na França, em vez de expandir suas operações já existentes na Grã-Bretanha (o que, em curto prazo, custaria menos). Estando na França, dentro da zona de circulação do euro, a Toyota tem maior cobertura do que na Grã-Bretanha, que está fora da zona de circulação do euro.

Além de compreender tais restrições institucionais *formais*, as empresas que almejam entrar em mercados externos devem desenvolver uma compreensão sofisticada dos inúmeros aspectos *informais*, como distâncias culturais e normas institucionais. O Capítulo 4 já abordou profundamente esse tema, portanto, não se repete aqui seu conteúdo; cabe somente enfatizar sua importância. Na próxima seção, revemos alguns desses aspectos informais.

A proposição central da perspectiva baseada em instituições de que "as instituições contam" é *ampliada* nas decisões sobre a entrada no exterior.[29] Sair por aí sem uma compreensão sólida das diferenças institucionais pode ser arriscado e, até mesmo, desastroso.

Resumo

À medida que o modelo abrangente ilustra como *cada* uma das três principais perspectivas em estratégia esclarece as decisões sobre a entrada no exterior, é importante notar que considerações diferentes podem levar os concorrentes estrangeiros a direções diversas. Por exemplo, a visão baseada em indústrias sugere que as entradas no exterior são necessárias em razão das entradas dos rivais em certos países. Entretanto, a visão baseada em recursos questiona se os principais ativos da empresa são suficientemente valiosos para compensar a desvantagem de quem vem de fora e a visão baseada em instituições adverte quanto aos perigos dessas movimentações, pelos riscos institucionais inerentes a certos países. Na prática, é desafiador tomar a melhor decisão, considerando-se abordagens tão distintas. Contudo, estrategistas costumam ter de tomar uma série de decisões com relação a onde, a quando e a como entrar. Essas questões serão detalhadas nas três próximas seções.

Onde entrar?

Como no mercado imobiliário norte-americano, o lema para negócios internacionais é "localização, localização e localização". Na verdade, tal perspectiva *espacial* (a saber, fazer negócios fora de seu país de origem) é uma característica decisiva de negócios internacionais.[30] Dois tipos de considerações dirigem a localização das entradas no exterior: (1) objetivos estratégicos; e (2) distâncias culturais e institucionais. Cada uma delas será discutida a seguir.

Vantagens de uma Localização Específica e Objetivos Estratégicos

Localizações favoráveis em certos países fornecem às empresas que lá operam algumas **vantagens de uma localização específica**. A expansão contínua de negócios internacionais pode ser considerada como uma saga eterna de busca por vantagens de uma localização específica. Algumas localizações são dotadas de características geográficas, outras não. Cingapura, por exemplo, é a escala perfeita para o tráfego marítimo e aéreo que conecta a Europa/bacia do Oceano Índico e o leste da Ásia/Austrália. A Áustria é um local atraente para as sedes regionais de empresas multinacionais na Europa central e oriental. A Turquia é uma excelente plataforma de lançamento no Oriente Médio, Cáucaso e na Ásia central. Miami, que se autodenomina o "Portal das Américas", possui localização atraente tanto para as empresas da América do Norte que visam ao sul quanto para as companhias latino-americanas que vão ao norte. Embora seja difícil, as empresas conseguem imitar algumas dessas vantagens geográficas. Por exemplo, a Itália é freqüentemente associada a produtos de couro e de alta qualidade relacionados à moda. A marca Giordano, famosa no âmbito internacional por suas roupas elegantes e sonoramente italiana, não vem da Itália. Na verdade, é originária de Hong Kong e não possui nenhuma ligação com o país europeu.

Além das vantagens geográficas, vantagens de uma localização específica advêm do agrupamento de muitas atividades econômicas em alguns locais, a denominada **aglomeração**. Esse conceito data de, no mínimo 1890, quando Alfred Marshall, economista britânico, o publicou. Essencialmente, as vantagens de uma localização específica originam-se: (1) do compartilhamento de conhecimento entre empresas localizadas próximas umas das outras, que tentam contratar funcionários de competidores; (2) da demanda industrial que cria uma força de trabalho qualificada, cujos membros podem trabalhar para diferentes empresas sem ter de se mudar da região; (3) da demanda industrial que facilita a formação de um grupo de fornecedores e compradores especializados, também localizados na mesma região.[31] Por exemplo, os Países Baixos controlam ⅔ das exportações mundiais de flores de corte e experimentam crescimento no setor por causa de significativos benefícios da aglomeração. A Eslováquia vem produzindo mais carros *per capita* do que qualquer outro país do mundo graças à busca da Hyundai, da Kia, da Peugeot-Citroën e da Volkswagen pelos benefícios da aglomeração, nesse país relativamente pequeno de 5,4 milhões de habitantes.[32]

Considerando-se que localizações diferentes oferecem benefícios diferentes, os objetivos estratégicos, como busca por: (1) recursos naturais; (2) mercado; (3) eficiência; ou (4) inovação, têm de se adaptar às localizações (Tabela 6.2). Em primeiro lugar, para empresas interessadas na **busca por recursos naturais**, certos recursos, como petróleo e gás, estão ligados a localizações estrangeiras específicas, respectivamente, neste caso, Oriente Médio e Rússia. O apelido "Repúblicas de Banana", outro exemplo, demonstra com maior clareza as vantagens da localização específica de alguns países da América Central e do Caribe na produção de bananas.

Em segundo lugar, empresas **buscando mercado** vão atrás de países que ofereçam o preço mais alto e a maior demanda a seus produtos e serviços. Por exemplo, o apetite e a disposição dos japoneses para comer e comprar frutos do mar motivou os exportadores desse tipo de alimento em todo o mundo – desde as vizinhas China e Coréia até países tão distantes quanto a Noruega e o Peru – a destinarem sua produção ao Japão, pela maior quantia de dólares (ou ienes) possível. Considerando-se que *todos* os homens, mulheres e crianças bebem 101 litros de refrigerante por ano (a saber, cerca de uma garrafa de 2 litros por semana), a sede mexicana por esse tipo de bebida é a segunda maior do mundo (um pouco menor do que os 113 litros norte-americanos). Conseqüentemente, o México atraiu inúmeras companhias de bebidas, de todo o mundo, para competir por uma "participação na garganta" (ver Estratégia em Ação 5.3, no Capítulo 5).

Em terceiro lugar, empresas interessadas na **busca por eficiência** freqüentemente escolhem localizações mais eficientes, caracterizadas por uma combinação de economias de escala e fatores a baixo custo.[33]

TABELA 6.2 Adaptando os Objetivos Estratégicos às Localidades

Objetivos Estratégicos	Vantagens de uma Localização Específica	Localizações Ilustrativas Mencionadas no Texto
Busca por recursos naturais	Posse de recursos naturais e infra-estrutura de transporte e comunicação relacionada	Petróleo, no Oriente Médio e na Rússia; bananas, na América Central e no Caribe
Busca por mercado	Abundância de grandes demandas de mercado e de consumidores dispostos a pagar	Frutos do mar, no Japão; refrigerantes, no México
Busca por eficiência	Economias de escala e abundância de fatores a baixo custo	Fabricação, na China; tecnologia da informação, na Índia
Busca por inovação	Abundância de indivíduos, empresas e universidades inovadores	Tecnologia da informação, no Vale do Silício e na Índia; transações financeiras, em Nova York e em Londres; cosméticos, na França; produtos químicos, na Alemanha; espaço aéreo, na Rússia

Fonte: As duas primeiras colunas foram adaptadas de J. Dunning, 1993, *Multinational Enterprises and the Global Economy* (p. 82-83), Reading, MA: Addison-Wesley.

Várias empresas multinacionais instalaram-se na China a fim de fabricar produtos para o resto do mundo. Diz-se que somente a cidade de Xangai abriga mais de 300 das 500 empresas selecionadas pela pesquisa *Fortune* global. Da mesma forma, a Índia, em especial a cidade de Bangalore, surgiu como uma das principais localizações associadas à tecnologia da informação (ver Caso de Introdução, no Capítulo 1). As empresas que buscam eficiência não vão, necessariamente, atrás de localizações com os menores custos trabalhistas. A China e a Índia não apresentam os menores custos trabalhistas do mundo e Xangai e Bangalore são algumas das cidades com *maior* custo de vida da China e da Índia, respectivamente. Entretanto, essas cidades são atraentes porque reduzem os custos *totais* de entrada de estrangeiros. Considerando que a principal preocupação, com relação à eficiência, é reduzir os custos totais, não é de surpreender que alguns países nominalmente com "custos altos" (como os Estados Unidos) ainda atraiam significativos investimentos diretos externos. Por exemplo, o Grupo Mexico, terceiro maior produtor de cobre do mundo, considerou a possibilidade de mudar suas operações elétricas de refinação, do México, com seus "custos altos", para o Texas, com seus "custos baixos": neste local, o kW/h custa US$ 0,04; naquele, US$ 0,085.[34]

Finalmente, empresas interessadas na **busca por inovação** têm como alvo países e regiões conhecidas por causa da geração de inovações de ponta, como Vale do Silício e Índia (tecnologia da informação); Nova York e Londres (transações financeiras); França (cosméticos); Alemanha (produtos químicos); e Rússia (espaço aéreo). Tais entradas podem ser vistas como "uma opção de acesso às inovações do país anfitrião, de forma que haja um compartilhamento de informações, que pode levar a oportunidades de aprendizado e crescimento organizacional futuros".[35] As vantagens de uma localização específica podem ajudar concorrentes estrangeiros a desenvolverem novas capacidades inovadoras (ver Capítulo 10).[36]

Esses quatro objetivos estratégicos, embora distintos do ponto de vista analítico, *não* são mutuamente excludentes. Por exemplo, empresas multinacionais podem entrar em certas economias emergentes buscando eficiência na fabricação de produtos de última geração, que serão exportados a países com altas rendas (como os telefones celulares com tecnologia 3G, que custam mil dólares cada, no Ocidente). As empresas reconhecem que consumidores de países com baixas rendas não podem arcar com os custos desse tipo de telefone celular. Entretanto, com o passar do tempo e o aumento da renda, cada vez mais as empresas multinacionais encontram mercado nesses países. Esses países também podem desenvolver algumas capacidades de pesquisa e desenvolvimento essenciais, atraindo, dessa forma, multinacionais que buscam inovações. Portanto, em um país como a China ou a Índia, algumas empresas multinacionais podem buscar, simultaneamente, eficiência, mercado e inovação.

Outra consideração importante é que as vantagens de uma localização específica podem aumentar, se desenvolver e/ou diminuir. Entretanto, se os legisladores não conseguirem manter a atratividade institucional e aumentarem os impostos, e se as companhias saturarem o mercado e fizerem com que os custos aumentem (como o custo do solo, dos escritórios e de funcionários capacitados), pode ser que algumas empresas se mudem das localizações outrora consideradas vantajosas.[37] Por exemplo, a Mercedes e a BMW, que até o início dos anos de 1990 sempre projetaram com orgulho uma imagem de produtos 100% "fabricados na Alemanha", atualmente a estão substituindo pela imagem de produtos "fabricados pela Mercedes" e "fabricados pela BMW" em vários países, como Brasil, China, México, África do Sul, Estados Unidos e Vietnã. A ênfase nas vantagens de uma *empresa* (e não de uma *localização*) específica ilustra tanto a relativa diminuição das vantagens específicas da Alemanha quanto o aumento das vantagens de outros países.

Distâncias Culturais/Institucionais e Localizações de Entrada no Exterior

Outras considerações centram-se nas distâncias culturais/institucionais (ver também Capítulo 4). **Distância cultural** é a diferença entre duas culturas em dimensões semelhantes (como as defendidas por Hofstede, no Capítulo 4).[38] Considerando-se cultura como parte informal dos modelos institucionais que governam um país em especial, a **distância institucional** é o "grau de semelhança ou dessemelhança entre as instituições regulamentárias, normativas e cognitivas de dois países".[39]

Surgiram duas escolas de pensamento. A primeira, associada ao **modelo das fases**, alega que as empresas, em sua primeira fase de internacionalização, devem entrar em países culturalmente semelhantes e que devem ganhar mais confiança para entrar em países mais distantes do ponto de vista cultural, em fases posteriores.[40] Essa idéia é atraente porque faz sentido que empresas canadenses e austríacas entrem, respectivamente, nos Estados Unidos e na Alemanha primeiro, aproveitando-se da cultura em comum e das tradições lingüísticas. Em média, negociações entre países que falam o mesmo idioma são três vezes mais bem-sucedidas do que negociações entre países que não possuem a língua como um fator em comum. Empresas de países cujo sistema jurídico é denominado *common law* (direito anglo-saxônico de países anglófonos e suas ex-colônias) estão mais inclinadas a se interessar por países que adotam o mesmo sistema jurídico. Os relacionamentos colônia–colonizador (como os laços entre Grã-Bretanha e Commonwealth, entre França e a área da África Ocidental em que a moeda é o franco, entre Espanha e América Latina) impulsionam o comércio em 900%.[41] Algumas evidências comprovam que certos benefícios no desempenho advêm da competição em países cultural e institucionalmente próximos ao país de origem.[42]

Citando exemplos que provam o contrário, uma segunda escola de pensamento alega que os objetivos estratégicos, como o mercado e a eficiência, são mais importantes do que considerações culturais/institucionais.[43] Por exemplo, empresas que buscam recursos naturais possuem certas razões que as levam a entrar em países cultural e institucionalmente distantes (como em Papua-Nova Guiné, em busca de bauxita; na Zâmbia, em busca de cobre; e na Nigéria, em busca de petróleo). Empresas que buscam mercados tendem a procurar os mais amplos, independentemente de distâncias culturais/institucionais; isso explica, por exemplo, porque os exportadores da indústria da pesca norueguesa estão tão ansiosos para entrar no Japão.[44] Além disso, existem algumas evidências contra-intuitivas (embora inconclusivas) de que empresas operando em países distantes em relação a aspectos culturais e institucionais não obtêm desempenhos necessariamente menores do que os obtidos por países vizinhos.[45]

No cálculo complexo subjacente às decisões sobre a entrada no exterior, as localizações representam somente uma das várias considerações relevantes.[46] Como demonstrado a seguir, o momento e os métodos de entrada também são importantes.

Quando entrar?[47]

A menos que uma empresa receba solicitações externas espontâneas, que levam a entradas "passivas", as considerações conscientes sobre o momento de entrada centram-se na existência (ou não) de razões que incentivam instalações prematuras ou tardias em certos países. Freqüentemente, as empresas preferem as **vantagens do primeiro jogador**, definidas como as vantagens que somente quem inicia o jogo possui.[48] Entretanto, os primeiros jogadores também podem encontrar desvantagens significativas, que são, por sua vez, **vantagens do último jogador**.

Como mostra a Tabela 6.3, as vantagens do primeiro jogador originam-se: (1) do ganho da liderança proprietária e tecnológica; (2) da apropriação antecipada de ativos escassos; (3) do estabelecimento de barreiras à entrada; (4) da ausência de enfrentamentos com empresas dominantes em mercados domésticos; e (5) da criação de bons relacionamentos com importantes partes interessadas, como clientes e governos. De início, os primeiros jogadores podem obter vantagens por meio de inovações em tecnologia proprietária. Também podem seguir as curvas de experiência, em busca de economias de escala e de escopo, em novos países, como evidenciado pela eBay e seu leilão on-line, e pela INCAT e sua tecnologia *wave-piercing* (ver Estratégia em Ação 6.1).

Em segundo lugar, os primeiros jogadores também podem fazer investimentos antecipados. Algumas empresas multinacionais japonesas, por exemplo, escolheram "a dedo" os principais fornecedores e distribuidores locais como novos membros das ampliadas *keiretsu* (redes interempresas) do Sudeste Asiático, e procuraram bloquear o acesso dos últimos jogadores do Ocidente a essas redes.[49]

Em terceiro lugar, os primeiros jogadores podem erguer significativas barreiras à entrada contra os últimos jogadores, como os custos de transferência aos consumidores. Por exemplo, pais que escolheram comprar uma marca de fraldas descartáveis (como a Huggies ou a Pampers) para seus primeiros filhos, em geral são fiéis a essa marca com relação a seus próximos filhos. Compradores de equipamentos caros provavelmente serão fiéis, por um bom tempo, a seus fabricantes com relação a

TABELA 6.3 Vantagens do Primeiro Jogador e Vantagens do Último Jogador

Vantagens do primeiro jogador	Vantagens do último jogador (ou desvantagens do primeiro jogador)
▪ Liderança proprietária e tecnológica ▪ Apropriação antecipada de ativos escassos ▪ Estabelecimento de barreiras à entrada contra os últimos jogadores ▪ Ausência de concorrência com empresas dominantes, estabelecidas em casa ▪ Relacionamentos e ligações com importantes partes interessadas, como clientes e governos	▪ Oportunidade de usufruir os investimentos do primeiro jogador ▪ Resolução da incerteza tecnológica e de mercado ▪ Dificuldade do primeiro jogador se adaptar às mudanças de mercado

componentes, instruções e outros serviços. Por isso que as empresas aeroespaciais norte-americanas, britânicas, francesas, alemãs e russas disputaram de forma tão intensa o primeiro pedido feito pela Polônia, pós-guerra fria, de jatos de combate – o F-16 norte-americano levou a melhor.

Em quarto lugar, a intensa competição doméstica pode levar algumas empresas não dominantes a buscar novos destinos no exterior a fim de não haver um enfrentamento direto com empresas dominantes em seus mercados domésticos.[50] Por exemplo, dentre as empresas multinacionais japonesas ativas nos Estados Unidos, a Sony, a Honda e a Epson entraram antes do que a Matsushita, a Toyota e a NEC, líderes das indústrias domésticas, respectivamente.

Finalmente, os primeiros jogadores podem criar relacionamentos e ligações preciosos com importantes partes interessadas, como clientes e governos. A Motorola, por exemplo, entrou na China no início dos anos de 1980 e atualmente se beneficia de sua presença de longa data no país. Em 1996, a China adotou a tecnologia da Motorola como padrão nacional, deixando os rivais de fora. Da mesma forma, a American International Group (AIG) possui um acordo de cavalheiros com as autoridades chinesas que lhe garante o direito de ser a única companhia de seguros estrangeira a operar subsidiárias integrais. As outras companhias de seguros (a partir de 2004) só podem estabelecer *joint ventures*, com participações minoritárias.

Por outro lado, as vantagens em potencial do primeiro jogador podem ser contrabalançadas por várias desvantagens. Mais especificamente, os últimos jogadores podem se beneficiar: (1) das oportunidade de usufruir os investimentos do primeiro jogador; (2) da resolução da incerteza tecnológica e de mercado; e (3) da dificuldade de os primeiros jogadores se adaptarem às constantes mudanças de mercado. Há inúmeros exemplos de primeiros jogadores perdendo vantagens em suas indústrias, como a EMI e seus aparelhos de tomografia computadorizada; a Haviland e seus jatos aéreos; e a Netscape e seus browsers para internet. Últimos jogadores, como a GE, a Boeing e a Microsoft (Explorer), respectivamente, abocanharam vantagens significativas nessas indústrias.

De forma mais específica, as vantagens do último jogador manifestam-se de três formas. Primeira, os últimos jogadores podem usufruir os investimentos do primeiro jogador. Por exemplo, um primeiro jogador em tecnologia 3G, como a Hutchison Whampoa, terá gastos enormes com propaganda, a fim de educar os consumidores com relação *tanto* ao que é a tecnologia 3G *quanto* ao motivo pelo qual sua oferta é a melhor (ver Caso de Conclusão). O último jogador pode usufruir dessa educação que o consumidor já recebeu, preocupando-se somente com o motivo pelo qual seu produto, em especial, é o melhor; assim, seu investimento em marketing obtém mais "fôlego".

Segunda, como exploradores de territórios desconhecidos, os primeiros jogadores assumem riscos operacionais consideravelmente maiores e enfrentam inúmeras incertezas tecnológicas e de mercado. Depois de removidas algumas dessas incertezas, os últimos jogadores entram no jogo com um poder de fogo pesado. Certas empresas multinacionais, como a IBM e a Matsushita, são conhecidas por essa tendência.

Finalmente, no papel de encarregados, os primeiros jogadores podem estar amarrados por um dado conjunto de ativos fixos ou relutar contra a canibalização de linhas de produtos já existentes a favor de novos produtos. Os últimos jogadores podem se aproveitar dessa inflexibilidade dos primeiros jogadores, *pulando* algumas etapas do processo.

Enquanto algumas evidências ressaltam as vantagens do primeiro jogador.[51] Outras enfatizam uma estratégia para o último.[52] Infelizmente, as diversas pesquisas ainda não são capazes de recomendar, de modo conclusivo, o momento certo de entrada no mercado. Embora os primeiros jogadores tenham *oportunidade* de explorar certas vantagens, tal pioneirismo não é garantia de sucesso.[53] Por exemplo, dentre os três primeiros jogadores que entraram na indústria automobilística chinesa, no início dos anos de 1980, a Volkswagen abocanhou vantagens significativas, a Chrysler obteve sucesso moderado e a Peugeot fracassou e teve de sair do país. Dentre os últimos jogadores, que entraram em 1990, muitos estão tendo dificuldades, mas a GM, a Citröen e a Honda obtiveram significativos *market shares* (ver Caso 3, on-line). Obviamente, o momento de entrada, em si, não é o único fator que determina se uma entrada estrangeira obterá sucesso ou fracassará. É por meio da *interação* com outras variáveis estratégicas que o momento de entrada causa impacto no desempenho.[54]

Como entrar?

Esta seção, em um primeiro momento, foca as entradas em larga escala *versus* em pequena escala. Posteriormente, será introduzido um modelo hierárquico, que guia decisões sobre a entrada no mercado. O primeiro passo do modelo é determinar se os métodos de entrada serão baseados na participação no capital ou não. Essa decisão crucial diferencia uma empresa multinacional (que emprega o método com participação no capital) das empresas que não são multinacionais (que confiam em métodos sem participação no capital). Por fim, o segundo passo desse modelo é esboçado, detalhando os prós e os contras de vários métodos com e sem participação no capital.

Escala de Entrada: Comprometimento e Experiência

Outra importante dimensão nas decisões sobre a entrada no exterior é a **escala de entrada**. Entradas em larga escala são dispendiosas. Por exemplo, algumas financeiras européias, como a ABN Amro, a HSBC e a ING Group, recentemente gastaram vários bilhões de dólares com uma série de aquisições para entrar nos Estados Unidos. Entradas em larga escala beneficiam-se do **compromisso estratégico** com certos mercados, que tanto dá confiança aos consumidores e fornecedores locais (é como se afirmasse: "Estamos aqui para o que der e vier!") quanto barra concorrentes em potencial. As desvantagens de tais compromissos estratégicos em larga escala e de difícil reversão são: (1) a limitação da flexibilidade estratégica em outros lugares; e (2) as grandes perdas, caso tais "apostas" dêem errado. O Capítulo 9 detalha a triste realidade do fracasso da maioria das aquisições.

Entradas em pequena escala são menos dispendiosas. Centram-se na acumulação de experiência, pois a empresa só coloca um de seus "pés" na canoa, o que limita os riscos negativos. A ênfase está no **aprendizado organizacional**, com base no "aprender fazendo" em países anfitriões.[55] Por exemplo, para entrar no mercado financeiro islâmico, em que não se pode cobrar juros, o Citibank estabeleceu a Citibank Islamic Bank; o HSBC estabeleceu a Amanah; e o UBS estabeleceu a Noriba. Essas subsidiárias eram destinadas a testar diferentes interpretações do Alcorão sobre como fazer dinheiro sem cometer pecados religiosos.[56] Fora do mundo islâmico, é impossível adquirir essa experiência. Algumas evidências sustentam que quanto mais tempo as empresas estrangeiras passarem em países anfitriões, menor será a desvantagem enfrentada pelos estrangeiros.[57] A desvantagem das entradas em pequena escala é a falta de um compromisso estratégico forte, que pode levar a dificuldades na construção de um *market share* e na obtenção de vantagens do primeiro jogador.

Método de Entrada: Primeiro Passo

É improvável que estrategistas considerem, ao mesmo tempo, os inúmeros métodos de entrada existentes. Em razão da complexidade das decisões sobre a entrada, estrategistas devem *priorizar* algumas importantes variáveis que podem ser administradas e, posteriormente, considerar todas as outras. Para tanto, o **modelo hierárquico**, ilustrado na Figura 6.3 e explicado na Tabela 6.4, é útil.[58]

FIGURA 6.3 A Escolha dos Métodos de Entrada: Um Modelo Hirerárquico

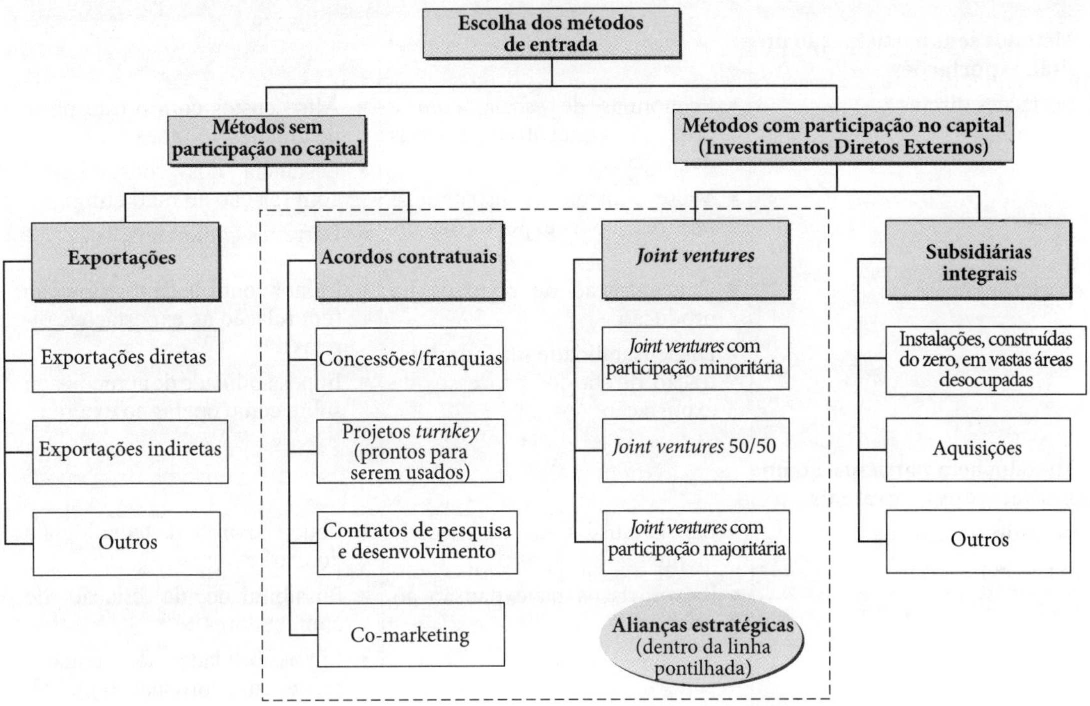

Fonte: Adaptada de Y. Pan; D. Tse, 2000, The hierarchical model of market entry modes (p. 538), *Journal of International Business Studies*, 31: 535-554.

No primeiro passo, as considerações com relação às entradas em pequena escala *versus* larga escala geralmente centram-se na questão da participação no capital (propriedade). **Métodos sem participação no capital** (exportações e acordos contratuais) tendem a refletir compromissos relativamente menores com os mercados externos, ao passo que **métodos com participação no capital** (*joint ventures* e subsidiárias integrais) indicam um grau de comprometimento maior e de difícil reversão. Métodos com participação no capital requerem o estabelecimento de organizações independentes no exterior (controladas de forma parcial ou integral). Métodos sem participação no capital não requerem tais organizações independentes. Esses métodos diferem significativamente em termos de custo, comprometimento, risco, retorno e controle (ver exemplos na próxima seção).

A distinção entre o método com participação no capital e o método sem participação não é insignificante. Na verdade, tal distinção crucial é o que define uma empresa multinacional: esse tipo de empresa entra em mercados externos por meio dos métodos com participação no capital, os **investimentos diretos externos**, que se referem ao controle e à administração diretos de atividades, que agregam valor, no exterior (ver Capítulo 1).[59] Uma empresa que somente exporta/importa, sem fazer nenhum investimento direto externo, não costuma ser considerada multinacional. Por que uma empresa importadora de petróleo, por exemplo, almejaria se tornar uma empresa multinacional, investindo diretamente no país produtor de petróleo, em vez de confiar no mecanismo do mercado, comprando o petróleo de um exportador desse país?

Em comparação a uma empresa que não seja multinacional, uma empresa multinacional possui duas vantagens fundamentais: propriedade e internalização. Possuindo ativos tanto em países importadores quanto produtores de petróleo, a empresa multinacional pode administrar e coordenar melhor as atividades além das fronteiras, como a entrega de petróleo bruto à refinaria do país importador, assim que sua capacidade de processamento esteja disponível (entrega expressa), em vez de armazenar o

TABELA 6.4 Métodos de Entrada: Vantagens e Desvantagens

Métodos de entrada	Vantagens	Desvantagens
1. Métodos sem participação no capital: exportações		
Exportações diretas	▪ Economias de escala, com a produção concentrada no país de origem ▪ Maior controle da distribuição (em relação às exportações indiretas)	▪ Altos custos com o transporte de grandes volumes ▪ Distância dos consumidores com relação ao marketing ▪ Barreiras comerciais
Exportações indiretas	▪ Concentração de recursos na produção ▪ Dispensabilidade da administração direta dos processos de exportação	▪ Menor controle da distribuição (em relação às exportações diretas) ▪ Impossibilidade de aprendizado sobre como operar no exterior
2. Métodos sem participação no capital: acordos contratuais		
Concessões/Franquias	▪ Baixos custos de desenvolvimento ▪ Baixos riscos na expansão ao exterior	▪ Pouco controle da tecnologia e do marketing ▪ Possibilidade da criação de competidores ▪ Impossibilidade de engajamento em coordenação global
Projetos *turnkey* (prontos para serem usados)	▪ Habilidade de obter retornos com o processamento de tecnologias em países onde os investimentos diretos externos são limitados	▪ Possibilidade da criação de competidores eficazes ▪ Falta de presença em longo prazo ▪ Dificuldade de negociação e implementação de contratos
Contratos de pesquisa e desenvolvimento	▪ Habilidade de abocanhar as melhores localizações para certas inovações, a custos baixos	▪ Possibilidade da criação de competidores inovadores ▪ Possibilidade da perda de capacidades inovadoras centrais
Co-marketing	▪ Habilidade de alcançar mais consumidores	▪ Coordenação limitada
3. Métodos com participação no capital: *joint ventures*	▪ Compartilhamento dos custos e riscos ▪ Acesso ao conhecimento e aos ativos do parceiro ▪ Politicamente aceitável	▪ Divergência de objetivos e interesses entre parceiros ▪ Controles participativo e operacional limitados ▪ Dificuldade de coordenação global
4. Métodos com participação no capital: subsidiárias integrais	▪ Controles participativo e operacional completos	▪ Problemas e riscos políticos em potencial
Instalações construídas do zero, em vastas áreas desocupadas	▪ Proteção da tecnologia e do *know-how*	▪ Altos custos de desenvolvimento
Aquisições	▪ Habilidade de coordenação global ▪ Os últimos três itens anteriores ▪ Grande velocidade de entrada	▪ Baixa velocidade de entrada (em comparação às aquisições) ▪ Os últimos três itens anteriores, salvo a baixa velocidade ▪ Problemas de integração pós-aquisição

petróleo bruto em dispendiosos navios ou reservatórios, por um longo tempo. Essa vantagem é, portanto, denominada **vantagem da propriedade**. Outra vantagem origina-se da remoção da relação de mercado entre o importador e o exportador de petróleo, que pode gerar altos custos de transação. No mercado, os acordos têm de ser negociados, os preços estabelecidos e as entregas verificadas, o que acarreta custos significativos. Ainda mais dispendiosa, entretanto, é a possibilidade do oportunismo, em ambos os lados. Por exemplo, o importador de petróleo pode se recusar a aceitar um carregamento, *após* sua entrega, alegando que a qualidade é insatisfatória, mas a razão real pode ser a sua incapacidade de repassar o petróleo refinado. O exportador, nesse caso, é obrigado a encontrar um outro comprador, de última hora, para seu carregamento de petróleo bruto, que será praticamente "rifado". Por outro lado, o exportador de petróleo pode exigir um preço acima do combinado, alegando uma série de razões, que vão desde inflação até desastres naturais. O importador, nesse caso, tem duas opções: (1) pagar um preço acima do combinado; ou (2) recusar-se a pagar e arcar com os enormes custos de manutenção de

Estratégia em Ação 6.3.

Haier Abre as Asas

Embora produtos de marcas esportivas norte-americanas fabricados na China estejam espalhados por todo o mundo, é muito raro ver uma marca chinesa fora da China — mais raros ainda são produtos de marcas chinesas fabricados nos Estados Unidos. A Haier (*http://www.haier.com*), maior fabricante de utensílios domésticos da China e quinta maior do mundo, está tentando mudar isso. Em âmbito doméstico, lutou contra gigantes como Electrolux (*http://www.electrolux.com*), Siemens (*http://www.siemens.com*) e Matsushita (*http://www.panasonic.jp*) até se tornar líder na China, no início dos anos de 1990. A partir de então, a Haier tem investido em exportações. Atualmente, domina cerca de 50% do mercado de refrigeradores compactos e 60% do mercado de adegas para vinho, nos Estados Unidos; e 8% do mercado de condicionadores de ar, na União Européia. Embora a Haier fabrique 250 modelos de refrigeradores, ar-condicionado, lava-louças e fogões, na sua entrada nos Estados Unidos, a partir de 1994, afugentou os líderes de mercado, como a GE (*http://www.ge.com*) e a Whirlpool (*http://www.whirlpool.com*), centrando-se em refrigeradores pequenos (menos de 180 litros), para saguões e dormitórios de hotéis — segmento que encarregados consideravam periférico e de baixa margem. A segunda incursão da empresa também foi cautelosa: entrou no mercado especializado de adegas para vinho, em 1997. De 1990 até hoje, a empresa penetrou com sucesso em nove das dez maiores cadeias varejistas dos Estados Unidos, incluindo Wal-Mart (*http://www.walmart.com*) e Target (*http://www.target.com*), que comercializam a marca.

A Haier também se tornou um investidor direto externo, estabelecendo fábricas em economias emergentes, como Índia, Indonésia e Irã. De 2000 até hoje, investiu US$ 30 milhões na construção, a partir do zero, de uma fábrica em uma vasta área desocupada em Camden, na Carolina do Sul. Por que uma multinacional chinesa, abençoada pela força de trabalho barata em âmbito doméstico, abre uma fábrica nos Estados Unidos, onde os salários são altos? Funcionários da Haier explicam que o transporte de refrigeradores através do Pacífico é dispendioso e pode levar até 40 dias, anulando a vantagem dos salários da China. É melhor, dessa forma, construir uma fábrica próxima ao consumidor e colar no produto a etiqueta "Fabricado nos Estados Unidos", que é um fator decisivo para os consumidores norte-americanos. A fábrica também traz outros benefícios, menos tangíveis. Demonstra um compromisso com o mercado dos Estados Unidos, o que aumenta a confiança dos varejistas na comercialização da marca. Além disso, é "politicamente correta", pois as exportações chinesas estavam sendo criticadas por roubarem os empregos dos norte-americanos. Em 2002, as vendas da Haier nos Estados Unidos, das quais 15% ocorriam localmente, alcançaram US$ 500 milhões, e sua unidade nos Estados Unidos tornou-se lucrativa.

Fontes: Baseado em (1) D. Biers, 2001, Taking the fight to the enemy, *Far Eastern Economic Review*, 29 de março: 52-54; (2) R. Crawford; L. Paine, 1998, *The Haier Group* (A), Harvard Business School case 9-398-101; (3) B. Wysocki, 2002, Chinese firms aim for global market, *Asian Wall Street Journal*, 29 de janeiro: 1; (4) M. Zeng; P. Williamson, 2003, The hidden dragons, *Harvard Business Review*, 81 (10): 92-104.

uma refinaria inativa. Esses custos de transação aumentam as ineficiências e imperfeições do mercado internacional. Substituindo tal relação de mercado por uma única organização que abranja ambos os países (processo denominado **internalização**, que basicamente transforma mercados externos em ligações domésticas), a empresa multinacional reduz os custos de transação além das fronteiras e aumenta sua eficiência. Essa vantagem é chamada **vantagem da internalização.**[60] Segundo John Dunning, um dos principais pesquisadores sobre empresas multinacionais, em comparação às empresas que não são multinacionais, uma multinacional, operando em certas localizações desejáveis, desfruta de uma combinação de três vantagens: propriedade, localização e internalização, conhecidas como as **três vantagens das empresas multinacionais.**[61]

O primeiro passo nas considerações sobre os métodos de entrada é extremamente crítico. Uma decisão estratégica deve ser tomada, com relação a fazer (ou não) investimentos diretos externos e tornar-se uma empresa multinacional, por meio da escolha de métodos com participação no capital.

Método de Entrada: Segundo Passo

Durante o segundo passo, estrategistas consideram as variáveis dentro de *cada* um dos métodos, com ou sem participação no capital. Se a decisão for exportar, a próxima questão será promover exportações diretas ou indiretas (ver também Capítulo 5). As **exportações diretas** são o método de entrada mais básico, que capitaliza em economias de escala, com a produção concentrada no país de origem, permitindo um maior controle da distribuição.[62] Entretanto, se os produtos em questão forem grandes volumes (como carros, refrigeradores e televisões), os custos com o transporte podem ser proibitivos, como ocorreu com a chinesa Haier (ver Estratégia em Ação 6.3). Essa estratégia trata a demanda externa como uma extensão da demanda doméstica, e a empresa prioriza mercado doméstico, tanto no desenvolvimento quanto na produção. Embora as exportações diretas funcionem com volumes pequenos, não é interessante se a empresa possuir um grande número de compradores estrangeiros. "Marketing 101" sugere que as empresas devem estar próximas — tanto física quanto psicologicamente — dos consumidores, o que as leva a considerar envolvimentos externos mais íntimos, como investimentos diretos externos.

Além disso, exportações diretas podem gerar protecionismo. No final dos anos de 1970, o sucesso das exportações diretas de automóveis do Japão levou o governo dos Estados Unidos, que costuma se autodenominar "comerciante livre", a ameaçar a aprovação de mecanismos protecionistas, a menos que o Japão reduzisse suas exportações. Em 1981, ambos os governos assinaram um acordo de **restrição voluntária de exportação**, em que o Japão "voluntariamente" concordou em limitar suas exportações de automóveis. É óbvio que os japoneses não concordaram com isso de forma espontânea: concordaram sob ameaças explícitas de imposição de tarifas ainda mais prejudiciais. As restrições de exportação voluntárias são um eufemismo para protecionismo e um indicativo dos perigos de uma estratégia de exportações diretas (de sucesso).

Outra estratégia de exportação são as **exportações indiretas**, a saber, exportar por meio de **intermediários de exportação** domésticos.[63] Geralmente é empregada por empresas pequenas, incapazes de exportar sozinhas ou por empresas grandes, que exploram países desconhecidos (ver Caso 6, on-line). Essa estratégia não só desfruta das economias de escala na produção doméstica (semelhante às exportações diretas), como também é relativamente livre de preocupações. Uma parcela significativa do comércio exterior de *commodities* (como tecidos, madeira e carnes), que competem principalmente no preço, é indireta, por meio de intermediários.[64] As exportações indiretas possuem algumas desvantagens geradas pela introdução de terceiras partes (como companhias de importação e exportação), que possuem suas próprias agendas e seus objetivos, não necessariamente compatíveis com os objetivos do exportador.[65] A principal razão pela qual exportadores contratam intermediários está na assimetria de informações com relação aos riscos e às incertezas associados aos mercados externos (a saber, as informações com relação aos mercados externos são assimetricamente distribuídas, de forma que o intermediário saiba muito mais que os exportadores). Como discutido no Capítulo 5, intermediários, que possuem contatos e conhecimentos internacionais, ganham a vida aproveitando-se das assimetrias de informação. Eles têm grande interesse em garantir que tais assimetrias não sejam reduzidas. Intermediários podem, por exemplo, reembalar os produtos com pacotes próprios e monopolizar a comunicação com os consumidores estrangeiros. Exportações indiretas não fornecem muitas oportunidades aos exportadores de saber como seus produtos operam no exterior.

O próximo grupo de métodos de entrada sem participação no capital refere-se aos acordos contratuais, divididos em: (1) concessões/franquias; (2) projetos *turnkey* (prontos para serem usados); (3) contratos de pesquisa e desenvolvimento; (4) co-marketing, dentre outros. Primeiro, como introduzido no Capítulo 5, em **acordos de concessões/franquias**, os concessores/franqueadores vendem, por certos *royalties*, os direitos de propriedade intelectual, como patentes e *know-how*, às concessionárias/franqueadas. Os concessores/franqueadores, portanto, não têm de arcar com todos os custos e riscos associados à expansão para mercados externos. Por outro lado, os concessores/franqueadores também não possuem um controle rígido sobre a produção e o marketing.[66] Esse método pode criar competidores em potencial e levar a riscos contratuais, como as disputas enfrentadas pela Pizza Hut na Tailândia (expostas anteriormente neste capítulo).

Os **projetos *turnkey*** referem-se a projetos em que os clientes pagam contratantes para desenvolver e construir novas instalações e treinar uma equipe. Após o término do projeto, os contratantes dão aos clientes a "chave" das instalações, prontas para a operação — daí o termo "*turnkey*"*. Tais projetos permitem a obtenção de retornos com o processamento de tecnologias, em países onde os investimentos diretos externos são limitados (como na geração de energia). Há duas desvantagens. Primeira, se os clientes estrangeiros forem competidores, vender-lhes tecnologia de última geração, por meio de projetos *turnkey*, pode aumentar sua competitividade. Segunda, tais projetos não permitem presença em longo prazo, após a "chave" ter sido entregue aos clientes. A fim de obter presença em longo prazo, **acordos do tipo BOT (Construção, Operação, Transferência)**, em que os contratantes constroem as instalações, operam-nas por um tempo e somente depois as transferem aos clientes, são freqüentemente utilizados, em lugar de projetos de transferência tradicionais, como os *turnkey*. Por exemplo, uma associação internacional entre empresas italianas, alemãs e iranianas fechou um acordo do tipo BOT, em larga escala, para um projeto de geração de energia no Irã. Após seu término, a associação operará o projeto por 20 anos, antes de transferi-lo ao governo iraniano.[67]

Os **contratos de pesquisa e desenvolvimento** referem-se a acordos de terceirização em pesquisa e desenvolvimento entre empresas (a saber, a empresa A concorda em fazer certos trabalhos em pesquisa e desenvolvimento para a empresa B). Esses contratos permitem que empresas abocanhem as melhores localizações para certas inovações a custos relativamente baixos, como é o caso dos trabalhos em tecnologia da informação, na Índia, e no espaço aéreo, na Rússia. Entretanto, podem surgir três grandes desvantagens. Primeira, dada a natureza incerta e multidimensional dos projetos em pesquisa e desenvolvimento, tais contratos costumam ser difíceis de negociar e implementar. Enquanto os prazos de entrega e os custos são relativamente fáceis de negociar, em geral há dificuldade na determinação da qualidade. Segunda, esses contratos podem criar competidores. Várias empresas de tecnologia da informação indianas, criadas por tais projetos, atualmente estão em uma ofensiva global, a fim de sobrepujar seus rivais ocidentais (ver Caso de Introdução do Capítulo 1). Finalmente, empresas que confiam somente nesses contratos com estrangeiros para desempenhar seus projetos de pesquisa e desenvolvimento podem perder, em longo prazo, algumas de suas capacidades de pesquisa e desenvolvimento centrais.

O **co-marketing** refere-se a acordos entre empresas a fim de comercializarem seus produtos e serviços conjuntamente. Os restaurantes de *fast food*, por exemplo, costumam lançar campanhas em co-marketing com estúdios de cinema e fabricantes de brinquedos a fim de comercializar brinquedos baseados em personagens de filmes. Por meio de vôos compartilhados (*code sharing*), as alianças entre empresas de transportes aéreos, como a One World e a Star Alliance, têm se envolvido extensivamente em co-marketing. A vantagem é a capacidade de alcançar mais consumidores. As desvantagens são o controle e a coordenação limitados pelo fato de que tudo deve ser negociado entre as empresas envolvidas no acordo de co-marketing.

Os **métodos de entrada com participação no capital** requerem investimentos diretos externos. São eles que transformam empresas em multinacionais.[68] Uma **joint venture** é uma "criança corporativa", uma nova entidade que nasce e pertence a duas ou mais matrizes conjuntamente (ver Estratégia

* Em português, carcereiro ou pessoa encarregada das chaves.

em Ação 6.1). As três principais formas de *joint ventures* são: com participação minoritária (menos de 50% de participação no capital); 50/50; e com participação majoritária (mais de 50% de participação no capital). Elas oferecem três vantagens. Primeira, uma empresa multinacional compartilha os custos e riscos com um parceiro local, o que leva a um certo nível de controle, porém com exposição limitada a riscos. Segunda, a empresa multinacional obtém acesso ao conhecimento dos parceiros locais sobre o país anfitrião; a empresa local, por sua vez, beneficia-se da expertise da empresa multinacional em tecnologia, capital e administração. Terceira, *joint ventures* podem ser politicamente mais aceitáveis do que subsidiárias integrais. Com relação às desvantagens, em primeiro lugar, *joint ventures* geralmente envolvem parceiros com experiências diferentes, objetivos divergentes e capacidades incompatíveis. Os parceiros podem até colaborar por certo tempo, mas, em longo prazo, seus objetivos divergem. Em segundo lugar, pode ser difícil obter o controle participativo e operacional efetivo, pelo fato de que tudo deve ser compartilhado e negociado (e, em alguns casos, disputado). Finalmente, a natureza da *joint venture* pode não fornecer à empresa multinacional o controle necessário sobre uma subsidiária estrangeira para sua coordenação global (como o lançamento simultâneo de novos produtos ao redor do mundo). Todos os tipos de acordos contratuais sem participação no capital, e as *joint ventures*, com participação no capital, podem ser denominados **alianças estratégicas** (*área pontilhada* na Figura 6.3). O Capítulo 7 trata dessas alianças em detalhes.

O último grupo de métodos de entrada refere-se às **subsidiárias integrais**. Há dois principais meios de se estabelecer uma subsidiária integral.[69] O primeiro é o estabelecimento de **operações *greenfield*** (novas instalações, construídas do zero, em vastas áreas desocupadas), que se referem à construção de fábricas e escritórios em "pedaços de terra" anteriormente utilizados para fins agrícolas. A Toyota e a Honda, por exemplo, construíram fábricas nos Estados Unidos, nos anos de 1980. Há três grandes vantagens associadas a esse tipo de operação. Primeira, uma subsidiária integral construída do zero dá um controle participativo e operacional completo à empresa multinacional, eliminando as dores de cabeça associadas às *joint ventures*. Segunda, esse controle total proporciona uma maior proteção da tecnologia proprietária e do *know-how*. Terceira, uma subsidiária integral permite ações globais coordenadas.[70] Algumas vezes, ordena-se que subsidiárias (como é o caso, discutido anteriormente, da Texas Instrument, no Japão) implementem ações desenvolvidas para *perder* dinheiro. Concessionárias/franqueadas locais ou parceiros em *joint ventures* podem não estar dispostos a aceitar esse papel subserviente. Com relação às desvantagens, subsidiárias integrais construídas a partir do zero tendem a ser muito dispendiosas e arriscadas, não só no aspecto financeiro, mas também no político. Em alguns países, o estrangeirismo manifesto em tais subsidiárias pode tornar-se alvo de sentimentos nacionalistas. Outra desvantagem é a baixa velocidade de entrada (em comparação às aquisições), considerando-se que geralmente leva, no mínimo, de um a dois anos (ou mais) para serem abertas.

A segunda estratégia para o estabelecimento de uma subsidiária integral é a **aquisição**. Embora seja a última discutida aqui, a aquisição provavelmente é a mais importante delas, levando-se em conta a soma de capital envolvida (representa cerca de 60% dos investimentos diretos externos globais).[71] Além dos mesmos benefícios obtidos pelas subsidiárias integrais construídas a partir do zero, as aquisições desfrutam de uma vantagem adicional, a saber, a grande velocidade de entrada. Por exemplo, em menos de uma década (anos de 1990), dois importantes bancos espanhóis com pouca experiência internacional, o Santander e o Bilbao Vizcaya, tornaram-se os maiores bancos estrangeiros na América Latina, por meio de 20 aquisições (ver Caso 10, on-line). As aquisições compartilham das mesmas desvantagens das subsidiárias integrais construídas a partir do zero, salvo a baixa velocidade de entrada. Além disso, as aquisições têm de enfrentar uma desvantagem única e potencialmente devastadora — problemas de integração pós-aquisição. Embora não haja evidências de que as aquisições obtêm melhores (ou piores) desempenhos do que as subsidiárias integrais construídas a partir do zero,[72] essas questões complexas ultrapassam o escopo da discussão presente (ver Capítulo 9 para discussões mais detalhadas).

Tomando Decisões Estratégicas

A ponderação das decisões sobre a entrada no mercado exterior é inevitável. Há três considerações a se fazer. Primeira, embora tenha sido ressaltado como fazer entradas específicas em um país, na prática as empresas não estão limitadas a escolher um único método de entrada. A mesma empresa multinacional pode estabelecer *joint ventures* em um país e envolver-se em aquisições, em outro. Segunda, estratégias de entrada podem mudar com o passar do tempo, como exemplificado pelas estratégias da Starbucks, no Caso de Introdução.[73] Em geral, como sugerido pelo modelo das fases, o envolvimento internacional das empresas tende a migrar de estratégias simples (como os métodos sem participação no capital), em países cultural e institucionalmente próximos, para estratégias complexas (como os métodos com participação no capital), em países distantes. Embora esse modelo não seja sempre apropriado, é muito pertinente em várias circunstâncias.[74] Por fim, tudo o que foi discutido neste capítulo se centrou em entradas. Embora importantes, as estratégias de entrada, mesmo quando bem-sucedidas, não garantem o sucesso internacional.[75] As estratégias pós-entrada, apontadas nos capítulos 8, 9 e 10, são igualmente importantes (ou até mais).

Discussões e extensões

A prática e as pesquisas de como entrar em mercados externos consistem em inúmeras discussões, algumas das quais já foram abordadas (como as vantagens do primeiro jogador *versus* as vantagens do último jogador e as entradas em larga escala *versus* as entradas em pequena escala). Esta seção ilustra três das discussões, especialmente calorosas, mais *recentes*.

Muito Controle *versus* Pouco Controle

No modelo hierárquico (Figura 6.3), passando de métodos sem participação no capital para métodos com participação no capital, o tópico subjacente é o *aumento* do controle organizacional das atividades no exterior, sustentado por uma deliberação fundamental sobre a empresa querer (ou não) se tornar uma multinacional, por meio de investimentos diretos externos. Surge, então, uma discussão com relação à importância de tal controle.[76] A escola de pensamento do "muito controle" alega que, em razão das incertezas inerentes ao exterior, o segredo para vencer provavelmente está na detenção de muito controle, de preferência por meio de subsidiárias integrais. Os defensores dessa perspectiva ressaltam os inúmeros riscos de transação dos métodos de pouco controle, como as concessões e as *joint ventures*. Recomendam que concorrentes estrangeiros descartem as operações das quais detêm pouco controle e estabeleçam operações das quais detenham muito controle, transformando, por exemplo, *joint ventures* em subsidiárias integrais.[77]

Por outro lado, a escola do "pouco controle" possui quatro argumentos. Primeiro, não há *nenhuma* evidência conclusiva de que as subsidiárias integrais sempre obtêm desempenhos melhores do que as *joint ventures.*[78] *Joint ventures* de sucesso, com parceiros mutuamente satisfatórios, existem — SonyEricsson, Fuji Xerox e Shanghai Volkswagen, para citar somente algumas. A reivindicação de uma parte por seus direitos de controle, mesmo quando justificada pela posição majoritária em uma *joint venture*, pode irritar a outra parte.[79] Segundo, uma pesquisa recente revelou que possuir várias *joint ventures*, com participação minoritária e "pouco controle", pode proporcionar à empresa maiores oportunidades de crescimento futuro, ao passo que possuir algumas *joint ventures*, com participação majoritária e "muito controle", e subsidiárias integrais pode esgotar tais oportunidades.[80] Terceiro, há diferenças, na preferência por "muito controle", entre as indústrias de produção e as de serviços. Quando se lida com a incerteza ambiental, os produtores preferem *joint ventures*, ao passo que os prestadores de serviços ficam mais interessados por subsidiárias integrais, presumivelmente pela grande necessidade de controlar seu pessoal e suas operações intensivas.[81] Portanto, a linha de pensamento direcionada exclusivamente à questão do "muito controle" pode não levar em conta as diferenças entre as indústrias de produção e de serviços. Por fim, algumas evidências sugerem que empresas advindas de culturas (como o Japão) com grandes distâncias do poder e muita aversão à incerteza preferem "muito controle".[82] Por exemplo, empresas japonesas que investem nos Estados Unidos preferem subsidiárias integrais (em comparação às *joint ventures*). Em oposição, empresas norte-americanas que investem no Japão preferem *joint ventures* (em comparação a subsidiárias integrais).[83] Fica claro que o conceito de "muito controle" não é universalmente aceito pelas empresas de todas as nacionalidades. Pode ser prejudicial recomendar uma estratégia de "muito controle" a empresas que não se sentem à vontade com ela.

Economias Desenvolvidas *versus* Economias Emergentes[84]

Grande parte do comércio internacional ocorre entre **economias desenvolvidas** – também descritas como países com alta renda; economias ocidentais (mais o Japão) e Primeiro Mundo – que contribuem com aproximadamente 80% do Produto Interno Bruto global. A Organização das Nações Unidas define que esses 54 países (principalmente a América do Norte, a União Européia, a Austrália, o Japão e a Nova Zelândia) possuem uma renda *per capita* que excede US$ 9 mil. Surge, então, um grande debate quanto à manutenção (ou não) do foco nessas economias no século XXI.

Sinônimo de economias em desenvolvimento, países menos desenvolvidos, nações com baixa renda e Terceiro Mundo, o termo **economias emergentes** foi cunhado nos anos de 1990. Um lado da discussão argumenta que as economias emergentes são os mercados do futuro (também conhecidos como mercados emergentes). Certamente esse argumento é *tanto* verdadeiro *quanto* falso. As economias emergentes correspondem a 156 países, em diversas fases de desenvolvimento, que totalizam 84% da população mundial e ocupam 76% da Terra, mas participam de somente 20% da produção. Algumas dessas economias realmente estão emergindo com velocidade, em âmbito global, ao passo que muitas outras estão destinadas à submersão (se não ao afogamento!) nos próximos anos.

Mesmo os defensores das economias emergentes assumem que as empresas estrangeiras devem se centrar nas 12 *principais* economias emergentes, que coletivamente representam cerca de 73% do Produto Interno Bruto desse grupo (Tabela 6.5). O relativo poder de fogo econômico, até mesmo das maiores economias emergentes, é limitado. Por exemplo, o Produto Interno Bruto da Rússia (com 141 milhões de habitantes) é menor que o dos Países Baixos (com 16 milhões de habitantes) e o da Índia (1 bilhão de habitantes) é menor que o da Califórnia (34 milhões de habitantes). Entretanto, o potencial de crescimento de algumas (não de todas) economias emergentes, como Brasil, China e Índia, é empolgante. Portanto, se as empresas ocidentais desejam crescer, devem participar dessas economias. Esse argumento parece atraente, considerando-se o crescimento lento das economias desenvolvidas. Por exemplo, a demanda por produtos duráveis, como lavadoras, secadoras e carros, no Ocidente, é baseada principalmente na substituição, ao passo que, em muitas economias emergentes, o aumento dos níveis de renda proporciona a oportunidade da primeira compra desses itens dispendiosos. Atualmente, os fluxos de investimentos diretos externos em economias emergentes ficam atrás dos fluxos em economias desenvolvidas em cerca de 1 para cada 3. A fim de combater tal tendência, segue o argumento de que as empresas ocidentais têm de investir *desproporcionalmente* nas economias emergentes, a saber, investir mais de 20% de seus recursos corporativos totais, por causa da justificativa dada pelas atuais contribuições dessas economias ao Produto Interno Bruto global.[85]

Por outro lado, fortes argumentos têm sido construídos contra as entradas agressivas em economias emergentes, pelos inúmeros riscos e incertezas. A maior parte das economias emergentes está passando por transições institucionais caóticas. As transições em um *subconjunto* de economias emergentes (composto de países ex-comunistas e enfraquecidos, como China, Hungria e Rússia, em transição a um capitalismo de mercado) estão tão difundidas que esses países são conhecidos como **economias de transição.**[86] Economias emergentes costumam passar por grandes altos e baixos.[87] Em 1997, o "milagre" econômico asiático foi repentinamente substituído por uma enorme crise. A Europa Central e a Europa Oriental experimentaram a euforia da queda do comunismo, em 1989, logo substituída por uma recessão profunda, agravada pelo colapso da Rússia, em 1998 (ver Caso 4, on-line). Na última década, as principais economias da América Latina passaram por crises econômicas significativas: México (1995), Brasil (1998), Argentina (2001) e Venezuela (2003).

TABELA 6.5 Principais Economias Emergentes

▪ Argentina	▪ Índia	▪ Polônia	▪ Coréia do Sul
▪ Brasil	▪ Indonésia	▪ Rússia	▪ Tailândia
▪ China	▪ México	▪ África do Sul	▪ Turquia

As economias emergentes representam a combinação clássica entre altos riscos e grandes retornos (em potencial). Uma estratégia sensata para as multinacionais ocidentais está no equilíbrio entre economias desenvolvidas e emergentes. A expertise das empresas multinacionais ocidentais, que se beneficiam dos consumidores com altas rendas, em economias abastadas, deve ser significativamente adaptada ao trabalho em economias emergentes. Do contrário, as empresas multinacionais ocidentais podem ficar "presas, em virtude de suas estratégias, em suas gaiolas douradas, atendendo somente a uma minoria afortunada e ignorando os bilhões de novos consumidores, que as atraíram até essas economias".[88] Por exemplo, xampus condicionadores (antigamente denominados xampus dois em um) são pouco relevantes aos consumidores que nunca utilizaram condicionadores - ou xampus. Entrar em economias emergentes com lojas atacadistas voltadas principalmente para clientes que são proprietários de carros de grande porte (como a COSTCO e a Sam's Club), como se faz em mercados em que a maioria das pessoas já possui carro, provavelmente não alcança as massas, que não costumam ter nenhum carro.

Finalmente, apesar das significativas diferenças entre regiões e países, economias emergentes possuem uma lógica em comum suficiente para justificar o desenvolvimento de um modelo comercial alternativo, com base em uma ponderação entre preço/valor diferente daquela de economias desenvolvidas.[89] Enquanto as empresas multinacionais ocidentais costumam achar difícil a exploração desses territórios desconhecidos, algumas novas empresas multinacionais, advindas de economias emergentes - às vezes denominadas multinacionais do Terceiro Mundo ou "multinacionais do dragão" - e bem versadas em tais modelos comerciais alternativos, estão abocanhando corações, mentes e carteiras dos consumidores de economias emergentes.[90] Nas Filipinas, a Jollibee bateu o todo-poderoso McDonald's e está aventurando-se pelo sudeste da Ásia e Oriente Médio. Na China, há pouco tempo, o único grande investidor estrangeiro era o C. P. Group, da Tailândia. Na África, na Ásia e na América Central, a South African Breweries (atualmente denominada SABMiller) corre emparelhada à Heineken, Carlsberg e Anheuser-Busch. Fora de Taiwan, a Acer surgiu como um forte competidor na indústria global de tecnologia da informação. Em poucas palavras, é possível ganhar dinheiro em economias emergentes, apesar dos altos riscos. Como ganhar esse dinheiro, entretanto, permanece sendo um dos principais desafios estratégicos do século XXI (ver Estratégia em Ação 1.1, no Capítulo 1).[91]

Entrada no Ciberespaço *versus* Entradas Convencionais

A chegada do *e-commerce* gerou duas novas discussões. A primeira refere-se à natureza *revolucionária* versus *evolucionária* do *e-commerce*. A despeito do argumento de que a internet pode revolucionar completamente a competição, parece ter ocorrido o contrário (ver também capítulos 2 e 5). A internet não "globaliza" todas as empresas indiscriminadamente, nem todas as novas empresas de *e-commerce* "nasceram globais". O modelo abrangente (Figura 6.2), originalmente desenvolvido para entradas "concretas", engloba as entradas no ciberespaço.[92] Por exemplo, a reputação, uma importante fonte de diferenciação segundo a visão baseada em indústrias, está por trás da internacionalização das empresas de *e-commerce*. As capacidades de coordenação de atividades globalmente dispersas, um importante ativo específico à empresa, segundo a visão baseada em recursos, possui relação direta com o sucesso ou o fracasso da internacionalização das empresas de *e-commerce*. Por fim, o respeito à regra da lei, extensivamente considerado uma importante instituição formal pela visão baseada em instituições, está relacionado de forma significativa à competitividade no comércio eletrônico de um país.

A internet realmente facilita a dispersão das atividades econômicas via acesso remoto, que, por sua vez, pode reduzir os benefícios da aglomeração de certas localizações. Entretanto, somente atividades cujas qualidades e quantidades possam ser especificadas e mensuradas de modo claro são adequadas ao acesso remoto (como as centrais de atendimento, na Irlanda, e a contabilidade básica, nas Filipinas). O compartilhamento do conhecimento tácito ainda será altamente localizado por meio de contatos pessoais. "Não é provável que isso seja afetado pela internet, que possibilita 'conversações' a longas distâncias, mas não possibilita um 'aperto de mão'".[93] A fim de obter sucesso real no exterior, as empresas de *e-commerce*, assim como todas as outras empresas, devem criar raízes no exterior, por meio de marketing e serviços *locais*. Parece ser consensual que a internet e o *e-commerce* devam causar um impacto evolucionário, e não revolucionário, nas entradas no exterior.[94]

Estratégia em Ação 6.4.

O Yahoo! Realmente Entrou na França?

No final dos anos de 1990, o Yahoo! (*http://www.yahoo.com*), um portal de internet norte-americano, hospedou leilões de terceiros, alguns dos quais vendiam recordações nazistas. Embora perfeitamente legais (na verdade, protegidas pela primeira emenda da constituição) nos Estados Unidos, as vendas de itens nazistas são ilegais na França. Dessa forma, o Yahoo! foi processado em um tribunal francês. Durante o processo, a empresa retirou os materiais nazistas de seu portal em francês, respeitando a lei francesa. Entretanto, em novembro de 2000, um tribunal francês determinou que o Yahoo! deveria proibir que os usuários franceses acessassem todas as páginas eletrônicas do portal - *em qualquer idioma* - em que tais itens pudessem ser encontrados, ou teria de pagar uma multa de 100 mil francos franceses (US$ 17.877) por dia. Primeiramente, o Yahoo! contra-atacou, solicitando que um tribunal norte-americano declarasse que essa decisão não poderia ser acatada nos Estados Unidos, pois violaria a primeira emenda da constituição e que, fora da França, as empresas norte-americanas não eram obrigadas a seguir as regras francesas. Um tribunal norte-americano sustentou tal argumento. Entretanto, o Yahoo! mudou de idéia e, censurando-se, retirou todos os itens que "promoviam ou glorificavam a violência ou o ódio" de sua página eletrônica.

O cerne desse caso é a controvérsia com relação ao direito (ou não) legal da França utilizar-se de sua lei para exigir que o Yahoo!, que aparentemente só possuía uma presença virtual no país, mudasse seu comportamento, que era adequado à lei norte-americana. A questão fundamental é se a jurisdição territorial nacional aplica-se (ou não) ao ciberespaço. Alguns analistas entenderam a decisão da França como perigosa, pois, levada ao extremo, significa que todas as jurisdições do planeta regulam tudo que estiver na internet. Outros alegam que as entradas ciberespaciais em mercados externos, assim como as entradas concretas, têm de seguir as regras locais.

Fontes: Baseado em (1) S. Kobrin, 2001, Territoriality and the governance of cyberspace, *Journal of International Business Studies*, 32: 687-704; (2) P. Lasserre, 2003, *Global Strategic Management* (p. 390), Londres: Palgrave.

Em comparação à primeira discussão, o debate com relação à governança do *e-commerce* ainda nem começou. Apesar de inúmeras repetições de que a globalização está comprometendo o poder dos governos nacionais, há poucas evidências de que o sistema moderno de Estados-Nação, instituído desde 1648, pela Paz de Vestfália, esteja acabando. Do ponto de vista legal, pode-se argumentar que não há nada igual a uma empresa *multinacional*. Pelo fato de incorporações somente serem possíveis sob leis nacionais, em sua essência, toda empresa multinacional representa um grupo de companhias *nacionais* (subsidiárias), registradas em vários países.[95]

Embora alguns sugiram que a jurisdição geográfica é inexpressiva no ciberespaço, outros alegam que a internet "não passa de um meio de comunicação, sem fronteiras, como o telefone, o telégrafo, o correio, o fax ou o sinal de fumaça".[96] Em princípio, os governos possuem todo o direito de regular o *e-commerce*. Como mostra o caso do Yahoo!, na França (ver Estratégia em Ação 6.4), quando as restrições institucionais *formais*, que governam o *e-commerce* entre a França e os Estados Unidos, entram em conflito, as restrições institucionais *informais* surgem — exemplificadas pela autocensura do Yahoo!, que afeta sua estratégia comercial. Na falta de regulamentações nacionais formais conciliadoras, com relação ao ciberespaço, tais restrições informais tornam-se muito importantes para a governança das atividades ciberespaciais entre nações, prognóstico clássico derivado da perspectiva em estratégia baseada em instituições.

Implicações para os estrategistas

As entradas em mercados externos representam uma *base* para as ações estratégicas em cenários internacionais. Sem esses primeiros passos cruciais, as empresas continuariam sendo jogadores domésticos. A internacionalização é caracterizada por desafios assustadores, complexidades enormes e altos riscos. Ao tomar decisões, estrategistas devem priorizar as tarefas complexas sugeridas pelo modelo hierárquico.

Não é de surpreender que este capítulo esclareça consideravelmente as quatro questões fundamentais em estratégia. O motivo pelo qual as empresas se diferenciam em sua tendência à internacionalização (Questão 1) centra-se no tamanho da empresa e no mercado doméstico (Figura 6.1). A forma como as empresas se comportam (Questão 2) em entradas no exterior depende de como as considerações sobre a competição industrial, as capacidades de uma empresa e as diferenças institucionais influenciam em suas decisões (Figura 6.2). A determinação do escopo da empresa (Questão 3) — nesse caso, o escopo de seu envolvimento internacional — depende fundamentalmente de como adquire e alavanca o tripé de vantagens das empresas multinacionais (propriedade-localização-internalização). Empresas comprometidas com a posse de alguns ativos no exterior, por meio de métodos com participação no capital, o que as transforma em multinacionais, tendem a possuir um escopo mais amplo do que aquelas indispostas a fazê-lo. Por fim, a determinação do sucesso ou do fracasso internacional das empresas (Questão 4) certamente tem a ver com as estratégias de entrada. Com estratégias de entrada inapropriadas (como concessões, em países onde não se respeitam nem se protegem os direitos de propriedade intelectual) empreendimentos no exterior estão fadados ao fracasso. Entretanto, estratégias de entrada apropriadas, embora importantes, são somente o *começo*. Para obter sucesso no exterior é preciso muito mais, como fazer com que as alianças funcionem, administrar a dinâmica competitiva e criar estruturas flexíveis (temas abordados nos próximos capítulos).

Resumo do Capítulo

1. Ao entrar em mercados externos, as empresas enfrentam a desvantagem de quem vem de fora.
2. A tendência à internacionalização é freqüentemente influenciada pelo: (1) tamanho da empresa; e pelo (2) tamanho do mercado doméstico. A compreensão das entradas em mercados externos pode ser aumentada por um modelo abrangente das perspectivas baseadas em indústrias, em recursos e em instituições.
3. Onde entrar depende de vantagens de uma localização específica de certos países e dos objetivos estratégicos da empresa, como a busca por: (1) recursos naturais; (2) mercado; (3) eficiência; e (4) inovação.
4. Quando entrar centra-se no interesse (ou não) das empresas em: (1) vantagens do primeiro jogador; ou (2) vantagens do último jogador. Entretanto, o momento de entrada não é o único determinante do sucesso ou fracasso de uma entrada no mercado exterior.
5. Como entrar depende da escala de entrada. Entradas em larga escala demonstram compromisso estratégico, ao passo que entradas em pequena escala centram-se no aprendizado organizacional.
6. Um modelo hierárquico de escolha das entradas no exterior centra-se, em primeiro lugar, na questão da participação no capital (propriedade). A distinção entre métodos com e sem participação no capital é importante, pois define uma empresa multinacional, que conceitualmente faz investimentos diretos externos via métodos com participação no capital. A empresa multinacional possui três principais vantagens: (1) propriedade; (2) localização; e (3) internalização.
7. Após decidir a questão da participação no capital, o segundo passo sugerido pelo modelo hierárquico centra-se na seleção efetiva do método de entrada, como exportações (diretas e indiretas), acordos contratuais (concessões/franquias, projetos ***turnkey*** (prontos para serem usados), contratos de pesquisa e desenvolvimento e co-marketing), *joint ventures* e subsidiárias integrais (instalações, construídas do zero, em vastas áreas desocupadas e aquisições). Cada um deles possui prós e contras.
8. Dentre as principais discussões nessa área, destacam-se três: (1) muito controle ***versus*** pouco controle; (2) economias desenvolvidas ***versus*** economias emergentes; e (3) entrada no ciberespaço ***versus*** entradas convencionais.

Palavras-chave

- acordos do tipo BOT (Construção, Operação, Transferência)
- aglomeração
- alianças estratégicas
- aprendizado organizacional
- aquisição
- barganha obsoleta
- barreiras comerciais
- barreiras não tarifárias

- barreiras tarifárias
- busca por eficiência
- busca por inovação
- busca por mercado
- busca por recursos naturais
- cobertura
- co-marketing
- compromisso estratégico
- concessões/franquias
- contratos de pesquisa e desenvolvimento
- custos de transação
- custos irrecuperáveis
- desvantagem de quem vem de fora
- distância cultural
- distância institucional
- economias de transição
- economias desenvolvidas
- economias emergentes
- escala de entrada
- especulação
- exigências de conteúdo locais
- exportações diretas
- exportações indiretas
- expropriação
- integração vertical para a frente
- integração vertical para trás
- intermediários de exportação
- internacionalizadores entusiastas
- internacionalizadores lentos
- internacionalizadores ocasionais
- internacionalizadores seguidores
- internalização
- investimento direto externo
- *joint venture*
- mercados emergentes
- métodos com participação no capital
- métodos sem participação no capital
- modelo das fases
- modelo hierárquico
- nacionalização
- operações *green-field* (novas instalações, construídas do zero, em vastas áreas desocupadas)
- privatização
- projetos *turnkey* (prontos para serem usados)
- restrição voluntária de exportação
- restrições a certas entradas
- riscos da regulamentação
- riscos de circulação
- riscos de disseminação
- subsidiárias integrais
- três vantagens das empresas multinacionais
- vantagem da internalização
- vantagem da propriedade
- vantagens de uma localização específica
- vantagens do primeiro jogador
- vantagens do último jogador

Questões para Discussão

1. Há exceções aos exemplos utilizados na Figura 6.1 (como empresas grandes, localizadas em mercados domésticos amplos que, *em vez de* serem internacionalizadores lentos, são internacionalizadores entusiastas)? Justifique.
2. Durante os anos de 1990, muitas empresas multinacionais norte-americanas, européias e asiáticas estabeleceram operações de produção no México, a fim de usufruir das vantagens dessa localização específica, como: (1) sua proximidade geográfica à maior economia mundial (Estados Unidos); (2) suas políticas de abertura de mercado, associadas à sua adesão ao Nafta (desde 1994); e (3) sua mão-de-obra abundante, barata e qualificada. Nenhum desses fatores mudou muito. Entretanto, no décimo aniversário do Nafta, muitas empresas multinacionais estão cortando ou encerrando suas operações no México e dirigindo-se à China. Utilize as perspectivas baseadas em indústrias, em recursos e em instituições para explicar esse caso (Dica: é adequado centrar-se em uma indústria específica).
3. Escolha uma indústria (como a de petróleo ou a de móveis) e duas empresas de um mesmo país de origem (como a Grã-Bretanha), que estão entrando no mesmo país anfitrião (como a Rússia), por meio de métodos diferentes (como exportações diretas ***versus*** produção local via uma ***joint venture***). Como você explicaria tais diferenças?
4. ***SOBRE ÉTICA*:** Entrar em mercados externos, por definição, significa não investir no país de origem de uma empresa. Por exemplo, desde 2000, a GN Netcom vem encerrando algumas operações em seu país de origem, a Dinamarca, à medida que abre outras na China (ver Caso 1, on-line). A Lucent demitiu milhares de pessoas nos Estados Unidos para reforçar suas operações na Índia. A Nissan fechou fábricas no Japão para abrir uma nova fábrica nos Estados Unidos. Quais são os dilemas éticos nesses exemplos? Que recomendações faria?

Caso de conclusão: 3G: Demais para um celular?

A terceira geração (3G) da tecnologia *wireless* (sem fio) promete, mas é arriscada. Produtos com a tecnologia 3G, além de serem telefones celulares, são capazes de tirar fotografias, enviar e-mails (inclusive com a fotografia recém-tirada), executar jogos, exibir mapas (utilizando-se do sistema de posicionamento geográfico global, o GPS), baixar mídias (tanto vídeos quanto músicas) e promover videoconferências (você vê a pessoa com quem está conversando). O problema é que parece haver pouca demanda. A indústria de telecomunicações européia, que gastou US$ 150 bilhões em concessões de 3G, mas cancelou seus planos de lançar a tecnologia ao público, chegou a essa conclusão dolorosa. Da mesma forma, o desempenho da NTT DoCoMo (http://www.nttdocomo.com) e da KTF (http://www.ktf.com), que recentemente lançaram a tecnologia 3G no Japão e na Coréia do Sul, respectivamente, não é encorajador.

Entretanto, a Hutchison Whampoa (http://www.hutchisonwhampoa.com), conglomerado controlado por Li Ka-shing, magnata mais influente de Hong Kong, quer ser diferente, investindo na tecnologia 3G, em uma velocidade arriscada. Gastou US$ 17,5 bilhões no estabelecimento de nove operadores (entre *joint ventures* e subsidiárias integrais), na Austrália, na Áustria, na Dinamarca, na Grã-Bretanha, em Hong Kong, na Irlanda, em Israel, na Itália e na Suécia. Como primeira empresa concorrente, a Hutchison está apostando que pode ser pioneira e dominar esse novo ramo de negócios. Sua marca global é simplesmente denominada "3". Salvo Hong Kong e Austrália, onde a Hutchison já é um jogador nas telecomunicações, será a primeira vez que a "3" entra nos outros sete países, não só na indústria da tecnologia 3G, mas também na indústria de telecomunicações em geral. Portanto, a "3" enfrentará a dificuldade dupla de superar tanto a desvantagem de quem vem de fora, pois é um jogador desconhecido, quanto a desvantagem de uma nova tecnologia.

Os países onde a Hutchison quer entrar são mercados desenvolvidos, saturados por fortes concorrentes locais. O número de usuários de telefone celular nesses lugares atingiu o máximo possível e a "3" terá de roubar o *market share* dos encarregados, ação que incita a retaliação. Com as taxas das concessões, a construção de uma rede de tecnologia 3G custa, no mínimo, 50% a mais do que uma rede de telefones celulares tradicional. Para adquirirem os serviços da empresa, os consumidores terão de comprar um novo aparelho, que custa US$ 960, na Grã-Bretanha, e cerca de US$ 2 mil, em Hong Kong. A título de comparação, os telefones celulares mais luxuosos com tecnologia 2G dificilmente custam mais de US$ 550. Além disso, para não ter prejuízo na Grã-Bretanha, em 2006, a 3 UK (subsidiária britânica) teve de cobrar US$ 350 por mês de cada um dos clientes registrados. Especialistas apontam que não há precedentes para que uma empresa comande esse tipo de poder de mercado, do zero, em mercados saturados. Os executivos da Hutchison alegam que a tecnologia 3G é totalmente inovadora e que os consumidores terão um motivo sem precedente para adquiri-la. Por exemplo, ressaltam a empolgação de baixar um vídeo dos últimos jogos esportivos. A questão é quanto tal conveniência custará. Considerando-se os altos preços, nenhuma dessas facilidades parece ser uma "necessidade".

Com relação à tecnologia, as experiências mais recentes com a 3G no Japão e na Coréia do Sul mostraram que, além de caros, os aparelhos são grandes e pesados e sua bateria descarrega rapidamente. Considerando-se a existência de inúmeros aplicativos, fornecidos por centenas de companhias, não há garantias de que sejam compatíveis. Os primeiros consumidores também podem ter suas ligações interrompidas, caso a área não possua cobertura 3G.

Por ser um conglomerado global bem-sucedido, e não somente mais um jogador nas telecomunicações, a Hutchison consegue sobreviver a um desastre total de seus empreendimentos em tecnologia 3G. Em 2002, somente 13% de suas receitas vieram das telecomunicações. Seu "pão de cada dia" vem dos portos, da infra-estrutura, do varejo e de propriedades, que em conjunto geram 46% dos lucros do grupo. Contudo, as ações da Hutchison já sofreram uma queda de 41%, em 2002, principalmente pela exposição aos riscos da tecnologia 3G. As apostas são grandes. Muitos torcem para que a "3" obtenha bons resultados com seus esforços pioneiros. Os fabricantes de aparelhos, como a Ericsson (http://www.ericsson.com), a NEC (http://www.nec.com) e a Nokia (http://www.nokia.com), desejam desesperadamente que a "3" obtenha sucesso. Até mesmo os rivais dessa empresa fazem bons votos. "Estão nos ensinando tudo sobre tecnologia 3G", comentou um estrategista da Orange (http://www.web.orange.co.uk), concorrente britânico. Advindo de um último jogador, tal comentário demonstra um interesse real.

Questões para Estudo de Caso

1. Por que a Hutchison Whampoa não lançou os serviços de 3G em seu mercado doméstico primeiro e, posteriormente, entrou em países estrangeiros? Em outras palavras, quais são os benefícios de fazer um lançamento simultâneo em nove países?
2. Enquanto todos os jogadores europeus de telecomunicações demonstraram uma atitude "cautelosa" com relação à tecnologia 3G (mesmo após gastarem bilhões em concessões), o que motiva a estratégia diferenciada da Hutchison?
3. Se você fizesse parte do quadro de diretores da Hutchison, votaria "a favor" ou "contra" os empreendimentos em tecnologia 3G?
4. Se você fizesse parte do quadro de diretores da Orange, que conselho estratégico daria à empresa?

Fontes: Baseado em (1) K. Au, M. W. Peng; D. Wang, 2000, Interlocking directorates, firm strategies, and performance in Hong Kong, *Asia Pacific Journal of Management*, 17: 29-47; (2) H. A. Bolande, 2002, High wireless act, *Far Eastern Economic Review*, 31 de outubro: 36-40; (3) A. Latour, 2002, Market leader or spoiler? *Far Eastern Economic Review*, 31 de outubro: 40; (4) T. Standage, 2004, Crunch time for 3G, in *The World in 2004* (p. 99-100), Londres: Economist; (5) *Standard* (Hong Kong), 2003, Troubled 3 UK, 19 de dezembro: A6.

Notas

1. S. Hymer, 1976, The International Operations of National Firms, Cambridge, MA: MIT Press; J. Mezias, 2002, Identifying liabilities of foreignness and strategies to minimize their effects, SMJ, 23: 229-244; S. Miller; A. Parkhe, 2002, Is there a liability of foreignness in global banking?, SMJ, 23: 55-75; S. Zaheer, 1995, Overcoming the liability of foreignness, AMJ, 38: 341-363.
2. S. Chang; P. Rosenzweig, 2001, The choice of entry mode in sequential foreign direct investment, SMJ, 22: 747-776; Y. Luo; J. Mezias, 2002, Liabilities of foreignness, JIM, 8: 217-221; S. Miller; M. Richards, 2002, Liability of foreignness and membership in a regional economic group, JIM, 8: 323-337; L. Nachum, 2003, Liability of foreignness in global competition? SMJ, 24: 1187-1208; B. Petersen; T. Pedersen, 2002, Coping with liability of foreignness, JIM, 8: 339-350.
3. M. Calhoun, 2002, Unpacking liability of foreignness, JIM, 8: 301-321; D. Sethi; S. Guisinger, 2002, Liability of foreignness to competitive advantage, JIM, 8: 223-240.
4. M Lyles; T. Saxton; K. Watson, 2004, Venture survival in a transition economy, JM, 30: 351-373; K. Miller, 1992, A framework for integrated risk management in international business, JIBS, 23: 311-331; W. Mitchell; J. M. Shaver; B. Yeung, 1992, Getting there in a global industry, SMJ, 13: 419-432.
5. United Nations, 2003, World Investment Report (p. 5), Nova York e Genebra: United Nations.
6. K. Banerji; R. Sambharya, 1996, Vertical keiretsu and international market entry, JIBS, 27: 89-113; X. Martin; A. Swaminathan; W. Mitchell, 1998, Organizational evolution in the interorganizational environment, ASQ, 43: 566-602.
7. A. Gupta; V. Govindarajan, 2004, Global Strategy and Organization (p. 50-52), Nova York: Wiley.
8. F. Knickerbocker, 1973, Oligopolistic Reaction and Multinational Enterprise, Boston: Harvard Business School Press; V. Terpstra; C. Yu, 1988, Determinants of foreign investment of US advertising agencies, JIBS, 19: 33-45.
9. B. Elango; R. Sambharya, 2004, The influence of industry structure on the entry mode choice of overseas entrants in manufacturing industries, JIM, 10: 107-124.
10. M. W. Peng, 2001, The resource-based view and international business, JM, 27 (6): 803-829. Ver também D. Griffith; M. Harvey, 2001, A resource perspective of global dynamic capabilities, JIBS, 32: 597-606; D. Tan; J. Mahoney, 2002, Examining the Penrose effect in an international business context, Working

paper, University of Illinois at Urbana-Champaign; S. Tallman, 1991, Strategic management models and resource-based strategies among MNEs in a host market, SMJ, 12: 69-82; S. Zahra; R. D. Ireland; M. Hitt, 2000, International expansion by new venture firms, AMJ, 43: 925-951.

11. J. Denekamp, 1995, Intangible assets, internalization, and FDI in manufacturing, JIBS, 26: 493-504.
12. R. Larsson; K. Brousseau; M. Driver; M. Holmqvist; V. Tarnovskaya, 2003, International growth through cooperation, AME, 17 (1): 7-21.
13. C. Hill; P. Hwang; C. Kim, 1990, An eclectic theory of the choice of international entry mode (p. 124), SMJ, 11: 117-128.
14. A. Thompson, 1996, Compliance with agreements in cross-cultural transactions, JIBS, 27: 375-390.
15. R. Tasker, 2002, Pepperoni power, FEER, 14 de novembro: 59-60.
16. T. Brewer, 1992, An issue-area approach to the analysis of MNE-government relations, JIBS, 23: 295-309; N. Fagre; L. Wells, 1982, Bargaining power of multinationals and host governments, JIBS, 21: 1-22; T. Murtha; S. Lenway, 1994, Country capabilities and the strategic state, SMJ, 15: 113-129.
17. T. Poytner, 1982, Government intervention in less developed countries, JIBS, 13: 9-25.
18. A. Delios; W. Henisz, 2000, Japanese firms' investment strategies in emerging economies, AMJ, 43: 305-323; J. Doh; R. Ramamurti, 2003, Reassessing risk in developing country infrastructure, LRP, 36: 337-353; W. Henisz; A. Delios, 2001, Uncertainty, imitation, and plant location, ASQ, 46: 443-475; M. Makhija, 1993, Government intervention in the Venezuelan petroleum industry, JIBS, 24: 531-555.
19. J. Doh, 2000, Entrepreneurial privatization strategies, AMR, 25: 551-572; K. Meyer; S. Estrin, 2001, Brownfield entry in emerging markets, JIBS, 32: 574-584; N. Uhlenbruck; J. DeCastro, 2000, Foreign acquisitions in Central and Eastern Europe, AMJ, 43: 381-402.
20. J. Zhao; S. Park; J. Du, 2003, The impact of corruption and transparency on foreign direct investment, MIR, 43: 41-62.
21. Economist, 2003, Indonesia: Still living dangerously, 25 de outubro: 58.
22. K. Brouthers; G. Bamossy, 1997, The role of key stakeholders in international joint venture negotiations, JIBS, 28: 285-308; Y. Luo, 2001, Toward a cooperative view of MNC-host government relations, JIBS, 32: 401-419; R. Ramamurti, 2001, The obsolescing bargaining model? JIBS, 32: 23-40.
23. T. Agmon, 2003, Who gets what, JIBS, 34: 416-427; M. Minor, 1994, The demise of expropriation as an instrument of LDC policy, 1980-1992, JIBS, 25: 177-188; J. Oetzel; R. Bettis; M. Zehner, 2001, Country risk measures, JWB, 36: 128-145; R. Vernon, 2001, Big business and national governments,JIBS, 32: 509-518.
24. Economist, 2003, Selling to the developing world, 13 de dezembro: 8.
25. D. Welch, 2004, How Honda is stalling in the US, BW, 24 de maio: 62-63.
26. L. Jacque; P. Vaaler, 2001, The international control conundrum with exchange risk, JIBS, 32: 813-832; D. Miller; J. Reuer, 1998, Firm strategy and economic exposure to foreign exchange rate movements, JIBS, 29: 493-514.
27. C. Hill, 2003, International Business, 4. ed. (p. 307), Chicago: Irwin McGraw-Hill.
28. B. Kogut; N. Kulatilaka, 1994, Operating flexibility, global manufacturing, and the option value of a multinational network, MS, 40: 123-139; S. Lee; M. Makhija, 2003, Environmental uncertainty and the value of Korean firms' international investments, Working paper, University of Texas at Dallas; C. Pantzalis; B. Simkins; P. Laux, 2001, Operational hedges and the foreign exchange exposure of US multinational corporations, JIBS, 32: 793-812.
29. J. Bonardi, 2004, Global and political strategies in deregulated industries, SMJ, 25: 101-120; P. Davis; A. Desai; J. Francis, 2000, Mode of international entry, JIBS, 31: 239-258; S. Estrin; K. Meyer, 2004, Investment Strategies in Emerging Economies, Cheltenham, UK: Elgar; J. Laurila; M. Ropponen, 2003, Institutional conditioning of foreign expansion, JMS, 40: 725-751; K. Meyer, 2001, Institutions, transaction costs, and entry mode choice in Eastern Europe, JIBS, 32: 357-367; D. Tse; Y. Pan; K. Au, 1997, How MNCs choose entry modes and form alliances, JIBS, 28: 779-805.
30. P. Buckley; N. Hashai, 2004, A global system view of firm boundaries, JIBS, 35: 33-45; J. Dun-

ning, 1998, Location and the multinational enterprise: A neglected factor?, JIBS, 29: 45-66.

31. T. Chen; H. Chen; Y. Ku, 2004, Foreign direct investment and local linkages, JIBS, 35: 320-333; S. Feinberg; S. Majumdar, 2001, Technology spillovers from FDI, JIBS, 32: 421-437; A. Kalnins; W. Chung, 2004, Resource-seeking agglomeration, SMJ, 25: 689-699; L. Nachum, 2000, Economic geography and the location of TNCs, JIBS, 31: 367-385; M. Porter, 1998, On Competition, Boston: Harvard Business School Press; R. Pouder; C. St. John, 1996, Hot spots and blind spots, AMR, 21: 1192-1225; L. Rosenkopf; P. Almeida, 2003, Overcoming local search through alliances and mobility, MS, 49: 757-766; S. Tallman; M. Jenkins; N. Henry; S. Pinch, 2004, Knowledge, clusters, and competitive advantage, AMR, 29: 258-271.
32. Economist, 2004, European carmaking: Going east, 26 de março: 60.
33. D. Sethi; S. Guisinger; S. Phelan; D. Berg, 2003, Trends in FDI flows, JIBS, 34: 315-326.
34. G. Smith, 2003, México: Was NAFTA worth it? (p. 72), BW, 22 de dezembro: 66-72.
35. M. W. Peng; D. Wang, 2000, Innovation capability and foreign direct investment (p. 80), MIR, 40: 79-93.
36. A. Madhok, 1997, Cost, value, and foreign market entry mode, SMJ, 18: 39-61.
37. W. Chung; A. Kalnins, 2001, Agglomeration effects and performance, SMJ, 22: 969-988; J. M. Shaver; F. Flyer, 2000, Agglomeration economies, firm heterogeneity, and foreign direct investment in the United States, SMJ, 21: 1175-93.
38. B. Kogut; H. Singh, 1988, The effect of national culture on the choice of entry mode, JIBS, 19: 411-432.
39. D. Xu; O. Shenkar, 2002, Institutional distance and the multinational enterprise (p. 608), AMR, 27: 608-618. Ver também L. Busenitz; C. Gomez; J. Spencer, 2000, Country institutional profiles, AMJ, 43: 993-1003.
40. T. Chen, 2003, Network resources for internationalization, JMS, 40: 1107-1130; K. Gillespie; L. Riddle; E. Sayre; D. Sturges, 1999, Diaspora interest in homeland investment, JIBS, 30: 623-634; J. Johansson; J. Vahlne, 1977, The internationalization process of the firm, JIBS, 8: 23-32.
41. P. Ghemawat, 2001, Distance still matters, HBR, setembro, 79 (8): 137-147.
42. H. Barkema; J. Bell; J. Pennings, 1996, Foreign entry, cultural barriers, and learning, SMJ, 17: 151-166; A. Rugman; A. Verbeke, 2004, A perspective on regional and global strategies of multinational enterprises, JIBS, 35: 3-18.
43. G. Benito; G. Gripsrud, 1992, The expansion of foreign direct investments, JIBS, 23: 461-476; A. Harzing, 2004, The role of culture in entry-mode studies, AIM, 15: 75-127; J. Hennart; J. Larimo, 1998, The impact of culture on the strategy of multinational enterprises, JIBS, 29: 515-538; O. Shenkar, 2001, Cultural distance revisited, JIBS, 32: 519-535.
44. G. Gripsrud, 1990, The determinants of export decisions and attitudes to a distant market, JIBS, 21: 469-485.
45. J. Evans; E Mavondo, 2002, Psychic distance and organizational performance, JIBS, 33: 515-532; P. Morosini; S. Shane; H. Singh, 1998, National cultural distance and cross-border acquisition performance, JIBS, 29: 137-158; S. O'Grady; H. Lane, 1996, The psychic distance paradox, JIBS, 27: 309-333.
46. J. Anand; A. Delios, 1996, Location specificity and the transferability of downstream assets to foreign subsidiaries, JIBS, 28: 579-603; M. K. Erramilli; S. Agarwal, 1997, Are firm-specific advantages location-specific too? JIBS, 28: 735-57.
47. Esta seção foi fortemente baseada em Y. Luo; M. W. Peng, 1998, First mover advantages in investing in transition economies, TIBR, 40: 141-163.
48. M. Lieberman; D. Montgomery, 1988, First-mover advantages, SMJ, 9: 41-58.
49. M. W. Peng; S. Lee; J. Tan, 2001, The keiretsu in Asia, JIM, 7(4):253-276.
50. B. Mascarenhas, 1986, International strategies of non-dominant firms, JIBS, 17: 1-25
51. T. Isobe; S. Makino; D. Montgomery, 2000, Resource commitment, entry timing, and market performance of foreign direct investments in emerging economies, AMJ, 43: 468-484; R. Makadok, 1998, Can first-mover and early-mover advantages be sustained in an industry with low barriers to entry/imitation?, SMJ, 19: 683-696; B. Mascarenhas, 1992, Order of entry and performance in international markets, SMJ, 13: 499-510; W. Mitchell, 1991, Dual clock, SMJ, 12: 85-100; R. Sinha; C. Noble, 1997, The performance consequences of subfield entry, SMJ, 18: 465-

481; X. M. Song; C. Nenedetto; Y. Zhao, 1999, Pioneering advantages in manufacturing and service industries, SMJ, 20: 811-836; B. Tan; I. Vertinsky, 1996, Foreign direct investment by Japanese electronics firms in the United States and Canada, JIBS, 27:655-681.

52. L. Fuentelsaz; J. Gomez; Y. Polo, 2002, Followers' entry timing, SMJ, 23: 245-264; H. Lee; K. Smith; C. Grimm; A. Schomburg, 2000, Timing, order, and durability of new product advantages with imitation, SMJ, 21: 23-30; J. Shamsie; C. Phelps; J. Kuperman, 2004, Being late than never, SMJ, 25: 69-84; L. Tegarden; D. Hatfield; A. Echols, 1999, Doomed from the start, SMJ, 20: 495-518.

53. V. Gaba; Y. Pan; G. Ungson, 2002, Timing of entry in international market, JIBS, 33: 39-55; M. Lieberman, 2002, Did first-mover advantage survive the dot-com crash? Working paper, UCLA; K. Miller; T. Folta, 2002, Option value and entry timing, SMJ, 23: 655-665.

54. M. W. Peng, 2000, Controlling the foreign agent: How governments deal with multinationals in a transition economy, MIR, 40 (2): 141-165; T. Q. Tao, 2004, The road to success: A resource-based view of joint ventures evolution in China's auto industry, PhD dissertation, Pittsburgh: Katz School of Business, University of Pittsburgh.

55. A. Delios; P. Beamish, 2001, Survival and profitability: The roles of experience and intangible assets in foreign subsidiary performance, AMJ, 44: 1028-1038; Y. Luo; M. W. Peng, 1999, Learning to compete in a transition economy: Experience, environment, and performance, JIBS, 30: 269-296; J. M. Shaver; W. Mitchell; B. Yeung, 1997, The effect of own-firm and other-firm experience on foreign direct investment survival in the United States, 1987-92, SMJ, 18: 811-824.

56. Economist, 2003, Islamic finance: West meets East, 25 de outubro: 69.

57. A. Delios; W. Henisz, 2003, Political hazards, experience, and sequential entry strategies, SMJ, 24: 1153-1164; M. K. Erramilli, 1991, The experience factor in foreign market entry behavior of service firms, JIBS, 22: 479-502; P. Padmansbhan; K. Cho, 1999, Decision specific experience in foreign ownership and establishment strategies, JIBS, 30: 25-44.

58. Y. Pan; D. Tse, 2000, The hierarchical model of market entry modes, JIBS, 31: 535-554. Ver também E. Anderson; H. Gatignon, 1986, Modes of foreign entry, JIBS, 16: 1-26.

59. R. Caves, 1996, Multinational Enterprise and Economic Analysis (p. 1), Nova York: Cambridge University Press.

60. P. Buckley; M. Casson, 1976, The Future of the Multinational Enterprise, Londres: Macmillan; J. Campa; M. Guillen, 1999, The internalization of exports, MS, 45: 1463-1478; W. Davidson; D. McFetridge, 1985, Key characteristics of the choice of international technology transfer mode, JIBS, 17: 5-21.

61. J. Dunning, 1993, Multinational Enterprises and the Global Economy (p. 79), Reading, MA: Addison-Wesley. Ver também S. Agarwal; S. Ramaswami, 1992, Choice of foreign market entry mode, JIBS, 23: 1-27.

62. L. Leonidou; C. Katsikeas, 1996, The export development process, JIBS, 27: 517-551.

63. G. Balabanis, 2000, Factors affecting export intermediaries' service offerings, JIBS, 31: 83-99; R. Castaldi; A. De Noble; J. Kantor, 1992, The intermediary service requirements of Canadian and American exporters, IMR, 9: 21-40; A. Perry, 1992, The Evolution of US Trade Intermediaries, Westport, CT: Quorum Books; T. Roehl, 1983, A transaction cost approach to international trading structures, HJE, 24: 119-135.

64. M. W. Peng, 1998, Behind the Success and Failure of US Export Intermediaries, Westport, CT: Quorum Books; M. W. Peng; A. Ilinitch, 1998, Export intermediary firms: A note on export development research, JIBS, 29 (3): 609-620; H. Trabold, 2002, Export intermediation: An empirical test of Peng and Ilinitch, JIBS, 33: 327-344.

65. P. Ellis, 2003, Social structure and intermediation, JMS, 40: 1683-1708; L. Li, 2003, Determinants of export channel intensity in emerging markets, APJM, 20: 501-516; D. Skarmeas; C. Katsikeas; B. Schlegelmilch, 2002, Drivers of commitment and its impact on performance in cross-cultural buyer-seller relationships, JIBS, 33: 757-783; C. Zhang; S. T. Cavusgil; A. Roath, 2003, Manufacturer governance of foreign distributor relationships, JIBS, 34: 550-566.

66. A. Arora; A. Fosfuri, 2000, Wholly owned subsidiary versus technology licensing in the worldwide chemical industry, JIBS, 31: 555-572; P. Aulakh; S. T. Cavusgil; M. Sarkar, 1998, Compensation in international licen-

sing agreements, JIBS, 29: 409-420; J. Combs; D. Ketchen, 1999, Can capital scarcity help agency theory explain franchising? AMJ, 42: 196-207; K. Fladmoe-Lindquist; L. Jacque, 1995, Control modes in international service operations, MS, 41: 1238-1249; S. Shane, 1996, Hybrid organizational arrangements and their implications for firm growth and survival, AMJ, 39: 216-234; X. Yin; E. Zajac, 2004, The strategy/governance structure fit relationship, SMJ, 25: 365-383.

67. Y. Luo, 2002, Multinational Enterprises in Emerging Markets (p. 202), Copenhague, Dinamarca: Copenhagen Business School Press.
68. S. Chen; J. Hennart, 2002, Japanese investors' choice of joint ventures versus wholly-owned subsidiaries in the US, JIBS, 33: 1-18; J. Hennart; Reddy, 1997, The choice between mergers/acquisitions and joint ventures, SMJ, 18: 1-12.
69. H. Barkema; F. Vermeulen, 1998, International expansion through start-up or acquisition, AMJ, 41: 7-26; A. Harzing, 2002, Acquisitions versus green-field investments, SMJ, 23: 211-227.
70. W. C. Kim; P. Hwang, 1992, Global strategy and multinationals' entry mode choice, JIBS, 23: 29-53.
71. United Nations, 2003, World Investment Report 2003 (p. 2).
72. J. M. Shaver, 1998, Accounting for endogeneity when assessing strategy performance, MS, 44: 571-585.
73. J. Hagedoorn; B. Sadowski, 1999, The transition from strategic technology alliances to mergers and acquisitions, JMS, 36: 87-107; B. Peterson; D. Welch; L. Welch, 2000, Creating meaningful switching options, LRP, 33: 688-705.
74. R. Grosse; L. Trevino, 1996, Foreign direct investment in the United States, JIBS, 27: 139-155; L. Melin, 1992, Internationalization as a strategy process, SMJ, 13: 99-118; D. Yiu; S. Makino, 2002, The choice between joint venture and wholly owned subsidiary, OSc, 13: 667-683.
75. J. Child; L. Chung; H. Davies, 2003, The performance of cross-border units in China, JIBS, 34: 242-254; J. Mata; P. Portugal, 2000, Closure and divestiture by foreign entrants, SMJ, 21: 549-562; A. Sharma, 1998, Mode of entry and ex-post performance, SMJ, 19: 879-900; F. Vermeulen; H. Barkema, 2002, Pace, rhythm, and scope, SMJ, 23: 637-653.
76. J. Brown; C. Dev; Z. Zhou, 2003, Broadening the foreign market entry mode decision, JIBS, 34: 473-488; J. Li, 1995, Foreign entry and survival, SMJ, 16: 333-351; C. P. Woodcock; P. Beamish; S. Makino, 1994, Ownership-based entry mode strategies and international performance, JIBS, 25: 253-273.
77. W. Vanhonacker, 1997, Entering China: An unconventional approach, HBR, março-abril: 130-140.
78. A. Delios; P. Beamish, 2004, Joint venture performance revisited, MIR, 44: 69-91; Y. Pan; P. Chi, 1999, Financial performance and survival of multinational corporations in China, SMJ, 20: 359-374.
79. H. K. Steensma; M. Lyles, 2000, Explaining IJV survival in a transition economy through social exchange and knowledge-based perspectives, SMJ, 21: 831-851.
80. T. Tong; J. Reuer; M. W. Peng, 2004, International joint ventures and the value of growth options, Working paper, Fisher College of Business, The Ohio State University.
81. K. Brouthers; L. Brouthers, 2003, Why service and manufacturing entry mode choices differ, JMS, 40: 1179-1204; F. Contractor; S. Kundu; C. Hsu, 2003, A three-stage theory of international expansion, JIBS, 5-18; R. Grosse, 1997, International technology transfer in services, JIBS, 27: 781-800; J. Murray; M. Kotabe, 1999, Sourcing strategies of US service companies, SMJ, 20: 791-809; P. Rivoli; E. Salorio, 1996, FDI under uncertainty, JIBS, 27: 335-357.
82. M. K. Erramilli, 1996, Nationality and subsidiary ownership patterns in multinational corporations, JIBS, 27: 225-248; Y. Pak; Y. Park, 2004, Global ownership strategy of Japanese multinational enterprises, MIR, 44: 3-21; S. Shane, 1994, The effect of national culture on the choice between licensing and direct foreign investment, SMJ, 15: 627-642.
83. J. Hennart, 1991, The transaction costs theory of joint ventures, MS, 37: 483-497; S. Makino; K. Neupert, 2000, National culture, transaction costs, and the choice between joint venture and wholly owned subsidiary, JIBS, 31: 705-713.
84. Esta seção foi baseada em R. Hoskisson; L. Eden; C. Lau; M. Wright, 2000, Strategy in emerging economies, AMJ, 43: 249-267; M. W. Peng, 2000, Business Strategies in Tran-

sition Economies, Thousand Oaks, CA: Sage Publishing.

85. C. K. Prahalad; K. Lieberthal, 1998, The end of corporate imperialism, HBR, julho-agosto: 68-79.
86. M. W. Peng, 2003, Institutional transitions and strategic choices, AMR, 28: 275-296.
87. D. McCarthy; S. Puffer; P. Simmonds, 1993, Riding the Russian roller coaster, CMR, 36: 99-115.
88. N. Dawar, 2002, Rethinking marketing programs for emerging markets (p. 457), LRP, 35: 457-474.
89. D. Arnold; J. Quelch, 1998, New strategies in emerging markets, SMR, 39: 7-20; S. Miller; A. Parkhe, 1998, Patterns in the expansion of US banks' foreign operations, JIBS, 29: 359-390.
90. P. Aulakh; M. Kotabe; H. Teegen, 2000, Export strategies and performance of firms from emerging economies, AMJ, 43: 342-361; S. Makino; C. Lau; R. Yeh, 2002, Asset-exploitation versus asset-seeking, JIBS, 33: 403-421; J. Mathews, 2002, Dragon Multinationals, Nova York: Oxford University Press.
91. M. Levesque; D. Shepherd, 2004, Entrepreneurs' choice of entry strategy in emerging and developed markets, JBV, 19: 26-54; S. T. Cavusgil; P. Ghauri; M. Agarwal, 2002, Doing Business in Emerging Markets, Thousand Oaks, CA: Sage.
92. S. Kotha; V. Rindova; F. Rothaermel, 2001, Assets and actions, JIBS, 32: 769-792; J. Oxley; B. Yeung, 2001, E-commerce readiness, JIBS, 32: 705-723; B. Peterson; L. Welch; P. Liesch, 2002, The Internet and foreign market expansion by firms, MIR, 42: 207-221; S. Rangan; R. Adner, 2001, Profits and the Internet, SMR, summer: 44-53; N. Singh; S. Kundu, 2002, Explaining the growth of e-commerce corporations, JIBS, 33: 679-697; S. Zaheer; S. Manrakhan, 2001, Concentration and dispersion in global industries, JIBS, 32: 667-686.
93. E. Leamer; M. Storper, 2001, The economic geography of the Internet age (p. 641), JIBS, 32: 641-665.
94. J. de la Torre; R. Moxon, 2001, E-commerce and global business, JIBS, 32: 617-639; S. Globerman; T. Roehl; S. Standifird, 2001, Globalization and electronic commerce, JIBS, 32: 749-768.
95. S. Kobrin, 2001, Sovereignty@bay, In: A. Rugman; T. Brewer (eds.), The Oxford Handbook of International Business (p. 181-205), Oxford, UK: Oxford University Press.
96. J. Goldsmith, 2000, citado em P. Lasserre, 2003, Global Strategic Management (p. 390). Nova York: Palgrave.

CAPÍTULO 7

Fazendo alianças e redes estratégicas funcionarem

Sumário

- Definindo alianças e redes estratégicas
- Um modelo abrangente de alianças e redes estratégicas
- Formação
- Evolução
- Desempenho
- Discussões e extensões
- Implicações para os estrategistas

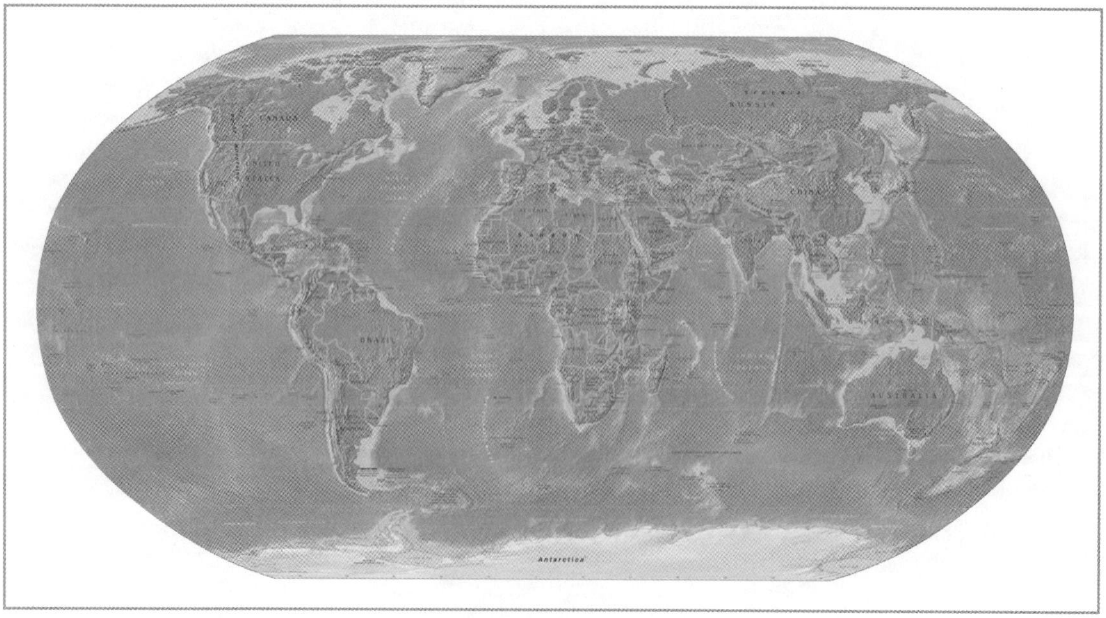

Caso de Introdução: General Motors e Daewoo: Casados, Divorciados e Casados Novamente

Em 1984, a General Motors (http://www.gm.com) e a Daewoo (http://www.daewoo.com) formaram uma *joint venture* 50/50, chamada The Daewoo Motor Company localizada na Coréia do Sul. Cada um dos parceiros participou com US$ 100 milhões. A *joint venture* produziria o Pontiac Le Mans, baseado no popular Kadett, da Opel ([http://www.opel.com], subsidiária integral da GM na Alemanha). Analistas aclamaram a *joint venture* como o resultado brilhante de um "casamento" corporativo entre a tecnologia alemã e a força de trabalho coreana (cujo custo, na época, era baixo). Com essa combinação ganha-ganha, a GM abocanharia o mercado de automóveis compactos da América do Norte e poderia até mesmo expandir-se à Ásia, ao passo que a Daewoo ganharia o acesso à superioridade tecnológica e ao maior mercado de carros do mundo, os Estados Unidos.

Entretanto, ao final dos anos de 1980, na nova era democrática, os trabalhadores coreanos deixaram de ser tão passivos. Reivindicando maiores salários, os empregados da *joint venture* iniciaram uma série penosa de greves. No final das contas, a The Daewoo Motor Company viu-se obrigada a mais que dobrar seus salários. Dessa forma, tornou-se mais barato fabricar carros na Alemanha do que na Coréia. Embora os salários fossem maiores, a produtividade na Alemanha era grande, o que levava a custos de trabalho por veículo menores do que os da Coréia. Também era problemática a baixa qualidade do Le Mans. Era comum o sistema elétrico não funcionar e os freios tendiam a falhar. Em 1991, as vendas nos Estados Unidos caíram para 37 mil veículos, 86% a menos em comparação à alta de 1988.

Entretanto, a Daewoo alegou que a principal causa da queda nas vendas não eram os problemas relacionados à qualidade, mas o marketing pobre implementado pela GM, que não tratou o Le Mans como um de seus modelos. Além do mais, a Daewoo estava profundamente frustrada com a determinação da GM de bloquear suas exportações à Europa oriental, vista por aquela como seu mercado ideal. A GM alegava que a Europa oriental era território da Opel.

Gradualmente, a Daewoo concentrou seus esforços no desenvolvimento independente de modelos de carros, antecipando-se ao colapso da *joint venture* e sem que a GM estivesse ciente de suas atividades. Após a Daewoo explicitar seus modelos de carros concorrentes, lançando-os no mercado, os problemas associados à *joint venture* especulados à exaustão pela mídia tornaram-se evidentes. A imagem do "casal perfeito", com um "filho perfeito" (a *joint venture*), foi substituída pela imagem de uma família desestruturada, em que um acusa o outro.

Em 1991, a GM e a Daewoo reiniciaram as negociações. A Daewoo sugeriu que ambos os parceiros investissem outros US$ 100 milhões. A GM recusou o pedido e fez uma contraproposta objetiva: vender a sua parte ou comprar a deles. Para a surpresa da GM, a Daewoo concordou em comprar suas ações por US$ 170 milhões e a GM abandonou a *joint venture* problemática em 1992, ficando sem nenhuma base de produção na Coréia. A Daewoo, por outro lado, dirigiu-se ambiciosamente a economias emergentes, construindo uma dúzia de fábricas de automóveis em países como Indonésia, Irã, Polônia, Ucrânia, Vietnã e Uzbequistão. Durante o processo, essa empresa tomou emprestado a assombrosa quantia de US$ 20 bilhões, o que levou o grupo ao colapso, na crise econômica asiática de 1997 (ver Caso de Conclusão, no Capítulo 9).

Em uma interessante série de eventos, a GM e a Daewoo uniram-se novamente. Apesar de suas graves dificuldades financeiras, a Daewoo tentou evitar que a GM assumisse seu controle, pois preferia que a Ford (http://www.ford.com) o fizesse. Quando a Ford recuou, a GM iniciou as negociações, que terminaram na formação de uma nova *joint venture*, chamada GM Daewoo Motor (http://www.daewoous.com), em 2001, com os credores coreanos da Daewoo. As cláusulas desse casamento foram diferentes das do primeiro. Em vez de uma divisão 50/50, a GM assumiu o lugar do motorista, com controle acionário de 67% (por US$ 400 milhões em investimentos). Alguns analistas sugerem que, dessa forma, a GM assumiu o controle disfarçadamente.

Fontes: Baseado em (1) C. Hill, 2000, General Motors and Daewoo, *International Business*, 3. ed., Boston: Irwin McGraw-Hill; (2) L. Kraar, 2003, Wanted, Fortune, 3 de fevereiro: 102-108; (3) M. W. Peng; O. Shenkar, 2002, Joint venture dissolution as corporate divorce, *Academy of Management Executive*, 16 (2): 92-105.

Por que a GM e a Daewoo estabeleceram alianças estratégicas? Dentre as várias formas de aliança estratégica, por que, nas duas vezes, escolheram *joint ventures*? Por que a distribuição da participação no capital nas duas *joint ventures* passou de uma contribuição igualitária para uma contribuição desigual? Por que algumas alianças estratégicas obtêm sucesso e outras não? Essas são algumas das principais questões discutidas neste capítulo.

Em 1966, a GM audaciosamente declarou, em seu relatório anual, que "a propriedade unificada, que controla as políticas coordenadas de todas as nossas operações ao redor do mundo, é essencial para nosso desempenho eficaz como uma corporação mundial.[1]" Evidente que a GM mudou de idéia. Com a globalização intensificada, as alianças e redes estratégicas proliferam ao redor do mundo, resultando em uma "explosão de alianças".[2] "A pior forma de se tentar vencer em âmbito global", segundo Jack Welch, ex-presidente do conselho e diretor-executivo da GE, "é pensando que você pode fazê-lo sozinho".[3] Em 1990, somente 7% das receitas das primeiras mil empresas públicas dos Estados Unidos eram gerados por meio de alianças e redes. No final dos anos de 1990, as alianças e redes produziram perto de ¼ das receitas dessas empresas.[4]

Atualmente, a proliferação de alianças e redes estratégicas semelhantes é evidente em quase todas as indústrias e países. Entretanto, de 30 a 70% de todas as alianças e redes, como a primeira *joint venture* entre a GM e a Daewoo, não contemplam os objetivos das matrizes,[5] o que nos instiga a buscar a causa desses fracassos.

Em um primeiro momento, este capítulo define o conceito de alianças e redes estratégicas; em seguida, introduz um modelo abrangente, baseado nas três principais perspectivas em estratégia. Posteriormente, discute a formação, a evolução e o desempenho das alianças e redes; por fim, seguem as discussões e extensões.

Definindo alianças e redes estratégicas

Alianças estratégicas são "acordos voluntários entre empresas, envolvendo intercâmbio, transferência ou parceria no desenvolvimento de produtos, tecnologias ou serviços.[6]" Como demonstrado na Figura 7.1, alianças estratégicas são *compromissos* entre transações de mercado simples, de curto prazo (como negociações à vista), e soluções de propriedade completas, de longo prazo (como fusões e aquisições - ver Capítulo 9).[7] Primeiramente citadas no Capítulo 6, as alianças dividem-se em duas categorias mais amplas: contratuais (sem participação no capital) e baseadas na participação no capital. Entre as **alianças contratuais** estão: o co-marketing, os contratos de pesquisa e desenvolvimento, os projetos *turnkey* (prontos para serem usados), os fornecedores estratégicos, os distribuidores estratégicos e as concessões/franquias (ver Capítulo 6, para definições). Essas alianças requerem um nível de comprometimento relativamente baixo e costumam ter escopo e duração limitados. As **alianças baseadas na participação no capital** exigem um grande comprometimento. Alguns exemplos são **investimento estratégico** (um parceiro investe em outro como investidor estratégico) e **distribuição de ações** (parceiros investem um no outro). A *joint venture* é um caso especial de aliança baseada na participação no capital, que estabelece uma nova entidade, legalmente independente (em outras palavras, a *joint venture* é uma nova empresa), cuja participação no capital pertence aos dois (ou mais) parceiros.

FIGURA 7.1 Variedade de Alianças Estratégicas

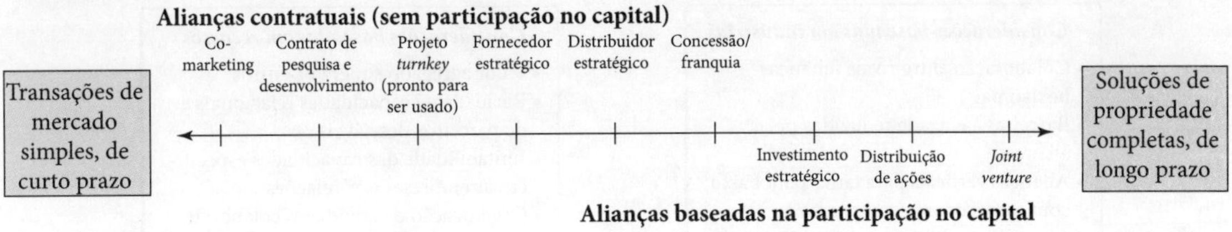

Embora as *joint ventures* sejam sempre utilizadas como exemplos de alianças estratégicas (ver Caso de Introdução), *nem* todas as alianças estratégicas são *joint ventures*. Essencialmente, uma *joint venture* é uma "criança corporativa", gerada por duas (ou mais) matrizes - como a SonyEricsson, estabelecida pela Sony e pela Ericsson.[8] Uma aliança baseada na participação no capital, que não é uma *joint venture*, pode ser definida como duas empresas "que se casam", mas não têm "filhos". Exemplo disso é a aliança Renault-Nissan (ver Caso de Introdução, no Capítulo 9): a Renault é um investidor estratégico da Nissan, mas ambas as fabricantes de automóveis ainda operam independentemente e *não* geraram uma nova companhia fabricante de carros (que seria uma *joint venture*).

O termo "redes estratégicas" derivou do termo "redes sociais", enfatizando os aspectos sociais das relações interempresas.[9] Para fins deste capítulo, as **redes estratégicas** são definidas como alianças estratégicas formadas por *inúmeras* empresas, a fim de competirem com outros grupos e com empresas autônomas tradicionais.[10] Por exemplo, as três alianças multiparceiros na indústria de transportes aéreos - Star Alliance (formada por United Airlines, Lufthansa, Air Canada, SAS, dentre outras companhias), Sky Team (formada por Delta, Air France, Korean Air, dentre outras) e One World (formada por American Airlines, British Airways, Cathay Pacific, Qantas, dentre outras) - são redes estratégicas, algumas vezes denominadas **constelações**. Tais redes estratégicas multilaterais são inerentemente mais complexas do que as relações de uma única aliança entre duas empresas (como a aliança entre a KLM Royal Dutch Airlines e a Northwestern Airlines).[11] Utilizamos os termos "alianças estratégicas" e "redes estratégicas" para nos referir às **relações cooperativas interempresas**.

Um modelo abrangente de alianças e redes estratégicas

Apesar da diversidade das relações cooperativas interempresas, subjacentes a cada decisão sobre envolver-se (ou não) em alianças e redes, há várias considerações estratégicas, centradas nas três principais perspectivas em estratégia, discutidas nos capítulos anteriores.[12] Forma-se, então, um modelo abrangente de alianças e redes estratégicas (ver Figura 7.2).

Considerações Baseadas em Indústrias

Segundo a tradicional visão baseada em indústrias, empresas são jogadores independentes e interessados em maximizar seu próprio desempenho. Na realidade, a maioria das empresas, em qualquer indústria, está envolvida em inúmeras relações competitivas e/ou colaborativas e, por isso, para a real compreensão da dinâmica das cinco forças é preciso considerar as alianças e redes entre empresas.[13]

Primeira, pelo fato de a rivalidade freqüentemente reduzir os lucros, as empresas não competem entre si em todas as ocasiões. Em vez disso, muitos competidores colaboram uns com os outros, formando alianças estratégicas (em geral denominadas **alianças horizontais**).[14] Por exemplo, a GM e a Toyota formaram uma *joint venture*, a NUMMI, a fim de fabricarem carros compactos conjuntamente, nos Estados Unidos. Isso não significa que essas empresas não competem mais entre si; ainda são concorrentes, na maioria dos casos; é interessante notar que elas decidiram colaborar uma com a outra, de forma limitada, por razões diferentes. A GM estava interessada em aprender como carros compactos são fabricados de forma lucrativa, ao passo que a Toyota estava interessada em aprender como se opera nos Estados Unidos (antecipando-se à chegada de suas subsidiárias integrais). Há outros casos como esse. Hoje, aproximadamente metade de todas as alianças estratégicas dá-se entre concorrentes

FIGURA 7.2 Modelo Abrangente de Alianças e Redes Estratégicas

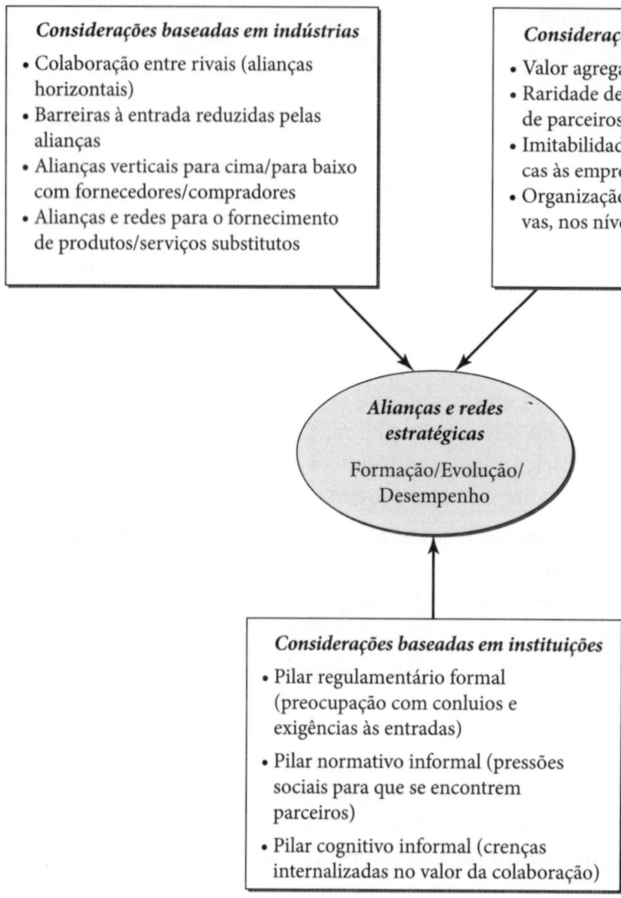

(ver Estratégia em Ação 7.1).[15] Algumas vezes, o objetivo de uma aliança é simplesmente deter um competidor.

Segunda, enquanto altas barreiras à entrada podem deter as empresas, essas formam alianças e redes estratégicas para escalar tais paredões. Por exemplo, tanto a Coca-Cola quanto a Nestlé estavam interessadas em entrar no mercado de bebidas quentes enlatadas (como café e chá) no Japão. Entretanto, os jogadores domésticos, liderados pela Suntory, construíram enormes barreiras à entrada, de forma que nem a Coca-Cola nem a Nestlé, apesar de suas vivências globais, conseguiram obter qualquer experiência nesse segmento tão específico e pouco conhecido fora do Japão. Embora a Suntory fosse melhor do que a Coca-Cola no setor de cafés solúveis e chás e possuísse uma rede de distribuição maior do que a da Nestlé, quando a Coca-Cola e a Nestlé formaram uma aliança, a Suntory foi incapaz de equiparar-se às forças combinadas das duas gigantes.[16] Forças combinadas permitem que os parceiros entrem em mercados novos e desconhecidos, a custos e riscos mais baixos.

Terceira, embora fornecedores sejam tradicionalmente considerados ameaças, nem sempre esse é o caso. Empresas podem estabelecer alianças estratégicas com fornecedores (em geral, denominadas **alianças verticais para cima**, introduzidas no Capítulo 2), como exemplificado pelas *keiretsu*, as redes interempresas japonesas. Essencialmente, as alianças estratégicas com fornecedores transformam uma relação competitiva, centrada na barganha dura, em uma relação colaborativa, caracterizada pelo compartilhamento de conhecimentos e pela assistência mútua. Em vez de contratos de curto prazo (em média, a duração dos contratos de fornecimento de automóveis, nos Estados Unidos, nos anos de 1990, era de dois anos a três anos) com vários fornecedores, as alianças estratégicas com fornecedores são compostas de contratos de longo prazo com um pequeno número de fornecedores importantes (em média, a duração dos contratos de fornecimento de automóveis, no Japão, nos anos de 1990, era de oito

Estratégia em Ação 7.1.

MiGs Russos e Sukhoi Dão as Mãos

Durante a guerra fria, os milhares de jatos de combate MiG, fabricados pela Mikoyan Moscow Production Organization (MAPO), eram como "entidades", amplamente reconhecidas e respeitadas pelos pilotos militares de todo o mundo. Na era pós-guerra fria, a MAPO passou por várias dificuldades, pois o governo russo não fez mais pedidos (nenhuma encomenda de aeronave de 1992 a 1998) e, com a dissolução do Pacto de Varsóvia, as forças aéreas da Europa central e oriental começaram a importar jatos de combate do Ocidente. A Polônia, por exemplo, encomendou F-16 dos Estados Unidos. A MAPO, dessa forma, teve de se voltar para novos mercados de exportação. Entretanto, nos novos mercados, a MAPO constatou que sua aeronave MiG, outrora popular, não obtinha tanto sucesso quanto as fabricadas por sua rival tradicional, a Sukhoi Aircraft Military and Industrial Group (*http://www.sukhoi.org*). Embora os jatos da Sukhoi não fossem tão famosos quanto os MiGs, a Sukhoi acertou, nos anos de 1990, fechando contratos importantes com a China, a Índia e o Vietnã, incluindo a exportação direta de mais de 150 unidades de Su-27 e a produção concedida de mais de 300. Ainda mais impressionante é que as forças aéreas da Indonésia e da Coréia do Sul, por tradição em mercados exclusivos dos jatos de combate norte-americanos, expressaram um grande interesse na Sukhoi (embora tenham cancelado os pedidos, em virtude da crise financeira asiática de 1997). A MAPO, em compensação, vendeu somente 80 unidades de MiG-29 à Índia e à Malásia, nos anos de 1990. Conseqüentemente, a MAPO não teve escolha a não ser cooperar com a Sukhoi. Para ser mais preciso, a cooperação inicial foi limitada, envolvendo apenas uma estratégia conjunta de marketing e o compartilhamento de alguns sistemas eletrônicos de aeronaves. Esperava-se, entretanto, que tal cooperação se intensificasse, à medida que a competição, no mercado armamentista global, aumentasse.

Fonte: Adaptado de M. W. Peng, 2000, *Business Strategies in Transition Economies* (p. 96), Thousand Oaks, CA: Sage Publishing, Inc.

anos).[17] Isso ajuda na conciliação entre os interesses da empresa e dos fornecedores, de forma que os fornecedores sintam-se mais motivados a fazer investimentos especializados para a produção de componentes melhores.[18] Isso não significa que o poder de barganha é irrelevante. Ao contrário, as empresas compradoras tornam-se mais dependentes de um pequeno número de fornecedores estratégicos, cujos poderes de barganha, por sua vez, *aumentam*.[19] Entretanto, a colaboração ameniza a rispidez do poder de barganha, transformando um jogo de soma zero em uma proposta tipo ganha-ganha.

Quarta, da mesma forma, em vez de tratar compradores e distribuidores como ameaças em potencial, as alianças estratégicas com distribuidores (também denominadas **alianças verticais para baixo**) unem empresa, compradores e distribuidores. Por exemplo, inúmeros hotéis, editoras, companhias de transportes aéreos e locadoras de carros constataram que alianças com os principais distribuidores da internet, como a Amazon, a Expedia, a Priceline e a Travelocity, permitem que atinjam um maior número de clientes.

Por fim, o possível mercado de produtos substitutos incentiva as empresas a formarem alianças e redes estratégicas a fim de que o poder comercial desses produtos seja materializado. Por exemplo, na intenção de fazer com que a tecnologia *wireless* (sem fio) 3G substitua, em nove países, a tecnologia *wireless* (sem fio) existente, a Hutchison Whampoa formou várias alianças com empresas locais (ver Caso de Conclusão no Capítulo 6).

Considerações Baseadas em Recursos

A visão baseada em recursos, representada pelo modelo VRIO, ilustra uma série de questões cruciais, com relação ao *V*alor, à *R*aridade, à *I*mitabilidade e aos aspectos *O*rganizacionais das alianças e redes estratégicas.

Valor

As alianças e redes estratégicas devem criar valor.[20] A Tabela 7.1 identifica quatro categorias amplas de vantagens que agregam valor. Primeira, com relação às transações de mercado simples e/ou fusões e aquisições, as alianças e redes estratégicas podem reduzir os custos, os riscos e as incertezas.[21] As três redes globais de companhias aéreas, por exemplo, reduzem os custos das passagens, por meio de vôos com duas escalas, de 18 a 28%, em comparação a vôos separados, na mesma rota, caso essas companhias não se unissem.[22] Segunda, as alianças e redes estratégicas permitem que as empresas usufruam dos ativos complementares de seus parceiros. A Airbus só se tornou um concorrente viável da Boeing por meio da associação das capacidades de seus parceiros. Terceira, as alianças e redes oferecem aos parceiros oportunidades de inovação e aprendizado, como exemplificado pela *joint venture* GM-Toyota.[23]

Por fim, uma vantagem importante das alianças e redes está no valor da "opção real". Uma **opção** é um instrumento de investimento que dá ao portador, que pagou uma pequena fração do valor do ativo, o direito (mas não a obrigação) de aumentar seu investimento a fim de adquirir o ativo. Uma **opção real** é um investimento opcional em operações reais em oposição ao capital financeiro.[24] Uma perspectiva de opção real sugere dois passos: (1) primeiro, o investidor faz um pequeno investimento inicial na compra de uma opção, que lhe dá o direito de fazer um investimento futuro, mas não o obriga a isso; e (2) o investidor segura a opção até que decida, em uma segunda fase, entre exercê-la ou abandoná-la. Empresas que estão interessadas em adquirir outras companhias, porém não estão certas disso, podem utilizar-se de uma aliança para observar "de dentro" e avaliar os parceiros. Pelo fato de as aquisições não serem somente dispendiosas, mas também arriscadas (ver Capítulo 9), as alianças, e redes permitem que empresas aumentem seus investimentos de forma *gradual*, até que decidam dar continuidade à aquisição. Por outro lado, se as empresas, durante o trabalho em conjunto com possíveis companhias-alvo, acharem que as aquisições não são uma boa idéia, não serão obrigadas a fazê-las. As alianças e redes estratégicas, em especial as *joint ventures*, surgiram como ótimos instrumentos de opção real em razão da flexibilidade do investimento gradual, que dá às empresas a escolha de aumentar ou reduzir esse investimento conforme necessário.[25]

Contudo, as alianças e redes também possuem desvantagens importantes. Primeira, sempre há a possibilidade de se ligar a um ou mais parceiros errados. Um futuro parceiro deve escolher a outra parte com cautela, dando preferência a empresas já conhecidas (por meio, por exemplo, de transações

TABELA 7.1 Alianças e Redes Estratégicas: Vantagens e Desvantagens

Vantagens	Desvantagens
Redução dos custos, dos riscos e das incertezas	Possibilidade de escolher parceiros errados
Acesso a ativos e capacidades complementares	Custos de negociação e coordenação
Oportunidade de aprendizado com os parceiros	Possibilidade de haver parceiros oportunistas
Possibilidade de utilização das alianças e redes como uma opção real	Risco da criação de competidores (correndo atrás do conhecimento)

Estratégia em Ação 7.2.

Sendo versus Microsoft: De Quem é a Culpa?

Embora a Sendo (*http://www.sendo.com*), empreendimento britânico, sonhasse em criar um aparelho telefônico habilitado à internet com funções semelhantes às de um microcomputador, ela ainda não possuía recursos suficientes e foi atrás de parceiros. Após um ano de namoro, em 2000, a Sendo e a Microsoft (*http://www.microsoft.com*) fecharam um acordo de colaboração para o desenvolvimento de um aparelho telefônico como esse, em 2001, que seria o primeiro a utilizar a versão do Windows para telefones celulares, conhecida pelo codinome Stinger. Como investidor estratégico, a Microsoft aplicou US$ 12 milhões na Sendo por 5% das ações e uma cadeira no quadro de diretores. Naturalmente, a Sendo estava encantada com o apoio da Microsoft a seu empreendimento.

Pelo fato de o lançamento do novo telefone da Sendo depender da entrega pontual do sistema operacional da Microsoft, o Stinger, a Sendo teve de adiá-lo várias vezes, pois a Microsoft não entregou o sistema operacional no prazo (dentre outros problemas). Ao final de 2001, a Sendo, em virtude da escassez de recursos, foi à falência e a Microsoft lhe ofereceu um empréstimo de US$ 14 milhões. Em troca, a Microsoft solicitou uma auditoria técnica de quatro dias do progresso da Sendo. Em setembro de 2002, a Sendo finalmente recebeu o Stinger da Microsoft e o lançamento de seu telefone no mercado foi programado para novembro. Entretanto, duas semanas antes da data prevista, outro telefone celular, equipado com o software da Microsoft e fabricado pela High Tech Computer (HTC, *http://www.htc.com.tw*), de Taiwan, foi inesperadamente lançado.

A Sendo ficou furiosa; seu diretor-executivo quebrou o contrato com a Microsoft, desperdiçando dois anos de trabalho duro e uma quantia de aproximadamente US$ 300 milhões em receitas não realizadas. A Sendo decidiu, então, utilizar o software da rival Nokia (*http://www.nokia.com*). Alegando que havia sido "traída", a Sendo processou a Microsoft, em dezembro de 2002, por possuir um "plano" para ganhar sua confiança, "roubar" sua tecnologia e levar a companhia "à beira da falência". Mais especificamente, a Sendo acusou a Microsoft de fornecer à HTC versões de teste de seu novo telefone celular, para que aquela desenvolvesse uma versão rival. A Microsoft negou as acusações. Até julho de 2004, o caso ainda estava em andamento.

Fontes: Baseado em: (1) B. Brewin, 2003, Phone designer takes Microsoft to court, pcworld.com (27 de dezembro); (2) A. Reinhardt, 2003, Death of a dream, *Business Week*, 10 de fevereiro: 44-45; (3) G. Wearden, 2003, Microsoft suit stays in Texas, *CNET News.com* (1º de outubro).

de mercado bem-sucedidas). Entretanto, a outra parte deve ser suficientemente diferenciada, para que forneça capacidades complementares (que não se sobreponham).[26] Assim como é difícil realmente conhecer o cônjuge antes do casamento, para muitas empresas é difícil avaliar as verdadeiras intenções e capacidades de seus futuros parceiros, até que seja tarde demais (ver Estratégia em Ação 7.2).[27]

Segunda, os custos de negociação e coordenação não são poucos. Durante o início dos anos de 1980, a American Motors (posteriormente adquirida pela Chrysler), a Volkswagen e a Peugeot gastaram quatro, seis e cinco anos, respectivamente, nas negociações de *joint ventures* com parceiros chineses.[28] Após as negociações, os custos de coordenação das operações podem ser inimagináveis. Na indústria de transportes aéreos, por exemplo, pensemos na dificuldade de coordenar as escalas dos milhares de vôos, dos vários parceiros envolvidos na Star Alliance, na One World e na Sky Team, ao redor do mundo.

Uma terceira possível desvantagem é o surgimento de parceiros oportunistas. Embora o oportunismo possa ocorrer em qualquer tipo de relação econômica (ver Capítulo 4), o ambiente das alianças/redes pode fornecer incentivos especiais para que alguns (não todos) parceiros se tornem oportunistas. Isso porque relações cooperativas sempre requerem elementos de confiança, que podem ser mal utilizados.[29] Por exemplo, em uma *joint venture* com a principal fabricante de chocolates japonesa, a Lotte, a Nestlé transferiu sua tecnologia de produção do chocolate Crunch ao Japão. Para espanto da Nestlé, a Lotte introduziu no mercado uma imitação do produto, denominada Crunky. No primeiro ano da *joint venture*, a Lotte vendeu 300 t do Crunch, da Nestlé, e 3.000 t de seu Crunky.[30] Infelizmente, tal exemplo não foi um caso isolado (ver Estratégia em Ação 4.3, no Capítulo 4, para outro exemplo).

Finalmente, alianças e redes, em especial as seladas entre rivais, são perigosas, pois podem ajudar os competidores. Pelo fato de as vantagens competitivas específicas à empresa estarem dentro de seus limites, por definição, as empresas são tradicionalmente advertidas a dificultar a observação e imitação de suas capacidades. Ao abrir as "portas" a estranhos, as alianças e redes podem *facilitar* a observação e imitação, por parte dos competidores, das capacidades específicas à empresa. Em alianças horizontais, pode ser que os competidores fiquem **correndo atrás do conhecimento**, caso pretendam ultrapassar um ao outro, o mais rápido possível, por meio do aprendizado dos "truques" do adversário.[31] As alianças entre concorrentes – também chamadas de "dança com o lobo" (ou com o "urso") – provavelmente são as mais difíceis de administrar.[32] Por exemplo, a aliança entre a GE e a Rolls Royce, para o desenvolvimento conjunto de motores a jato, entrou em colapso porque as empresas não conseguiam superar a rivalidade de longa data.[33] Alguns acreditam que certas alianças e redes são "cavalos de Tróia", criados por um parceiro para enfraquecer o outro.[34] Embora evidências empíricas não sustentem por completo essa visão,[35] a questão do efeito potencialmente devastador de certas alianças e redes é bem formulada.

Raridade

O segundo componente do modelo VRIO é a raridade, que possui duas dimensões: (1) raridade de capacidades; e (2) raridade de parceiros. Primeira, a competência para administrar com sucesso as relações entre empresas – algumas vezes denominadas **capacidades relacionais** (ou **colaborativas**) – pode ser rara. Os administradores envolvidos em alianças e redes precisam de habilidades de relacionamento, raramente abordadas nos cursos tradicionais de negócios, que enfatizam a oposição entre competição e colaboração. Para obter benefícios reais com alianças e redes, os administradores devem confiar nos parceiros, mas, ao mesmo tempo, proteger-se contra o oportunismo.[36] Tirar proveito de um parceiro (ou ser usurpado por ele) não aumenta a reputação de uma empresa.[37]

Da mesma forma que as alianças e redes representam acordos estratégicos e econômicos, também constituem um fenômeno social, psicológico e emocional: palavras como "namoro", "casamento" e "divórcio" sempre aparecem.[38] Considerando-se que os interesses das empresas parceiras não são de todo compatíveis e que com freqüência estão em conflito, administradores envolvidos em alianças e redes levam uma vida instável, tentando representar os interesses de suas respectivas empresas e, simultaneamente, fazer com que as complexas relações funcionem.[39] Dada a ausência geral de habilidades de administração de relacionamentos entre as pessoas (lembremos, por exemplo, que 50% dos casamentos nos Estados Unidos não dão certo), não é de surpreender que administradores com capacidades relacionais sólidas, que administrem com sucesso alianças e redes estratégicas, sejam escassos. Empresas com essas raras capacidades relacionais, como a sueca Ikea e a Ericsson, naturalmente tentam alavancá-las.[40]

Um segundo aspecto da raridade é a **raridade de parceiros**, definida como a dificuldade de se encontrar parceiros com certos atributos desejáveis. Origina-se de duas fontes: (1) estrutura industrial; e (2) posicionamento na rede. Da perspectiva de *estrutura industrial*, em muitas indústrias oligopolistas, o número de jogadores disponíveis – parceiros em potencial – é limitado. Em algumas economias emergentes, em que apenas poucas empresas locais são dignas de parceria, as empresas que chegam por último podem constatar que todos os parceiros em potencial já foram escolhidos "a dedo" pelos rivais. Na indústria automobilística chinesa (em que subsidiárias integrais são proibidas), a Ford Motor Company, como última empresa rival, teve de se aliar a parceiros, a Jiangling e a Changan, que não são fabricantes de carros de primeira classe nem mesmo na China. Não é surpreendente o fato de que a presença da Ford na China seja insignificante (ver Caso 3, on-line).

Além disso, de uma perspectiva de *posicionamento na rede*, empresas localizadas no centro das redes interempresas podem ter acesso a melhores e maiores oportunidades (como informação, acesso, capital, mercadorias e serviços) e, conseqüentemente, acumular mais poder e influência.[41] Em oposição, empresas periféricas podem não possuir essas atraentes propriedades. O resultado é que empresas com um alto grau de **centralidade na rede** – até que ponto a posição de uma empresa é pivô com relação às outras na rede entre empresas – podem ser parceiros mais atraentes. Infelizmente, tais empresas são raras e, em geral, muito seletivas quanto aos tipos de relação com os quais se envolvem. O Citibank, a Sony e o Carrefour, por exemplo, costumam recusar propostas de alianças, advindas de todas as partes do globo.

Imitabilidade

A questão da imitabilidade pode ser dividida em dois níveis: (1) empresarial; e (2) relacional (nível das alianças e redes). Primeiro, como observado anteriormente, os recursos e capacidades de uma empresa podem ser imitados por parceiros. Por exemplo, no final dos anos de 1980, o McDonald's estabeleceu uma *joint venture* com o governo municipal de Moscou, que o ajudou a entrar na Rússia. Entretanto, durante os anos de 1990, o prefeito daquela cidade estabeleceu uma cadeia de *fast food* concorrente, a The Bistro, que replicava inúmeros produtos, práticas e processos do McDonald's, que não pôde fazer quase nada, pois dificilmente um processo contra o prefeito, em Moscou, seria vitorioso.

Outra questão relativa à imitabilidade das alianças e redes estratégicas origina-se de sua complexidade. Alianças e redes de sucesso geralmente são baseadas em relações sociais complexas entre parceiros, que dificultam a observação e a superação competitiva dos membros de alianças e redes rivais. Relações de sucesso são construídas com confiança, compreensão e amizade – em outras palavras, tem de haver "química". Empresas sem essa "química" podem ter dificuldades para imitar tais atividades.

Organização

Da mesma forma, as questões organizacionais afetam tanto o nível empresarial quanto o relacional (nível das alianças e redes). Primeiro, a forma de organização das *empresas* a fim de se beneficiarem das alianças e redes é uma questão importante.[42] Muitas empresas, que possuem somente algumas alianças e redes, adotam uma abordagem de tentativa e erro. Não é de surpreender que o número de "erros" seja muito alto. A problemática é que, mesmo quando bem-sucedida, essa abordagem *ad hoc* não permite que as empresas aprendam sistematicamente com suas experiências. É óbvio que essa é uma forma de organização prejudicial às multinacionais que possuem inúmeras alianças e redes ao redor do mundo. Em resposta a isso, muitas empresas têm desenvolvido cargos dedicados às alianças (paralelos às funções tradicionais, como a financeira e a de marketing), geralmente encabeçados por um vice-presidente ou diretor, com *staff* e recursos próprios.[43] Tal dedicação serve para alavancar as lições extraídas dos relacionamentos passados e presentes. A Hewlett-Packard, por exemplo, desenvolveu um manual de 300 páginas sobre a tomada de decisões com relação às alianças; esse material incluiu 60 ferramentas e modelos diferentes (como contratos, gestão e procedimentos de alianças). A HP também organizou um curso de dois dias, que ocorre três vezes ao ano, a fim de passar esse aprendizado sobre alianças a seus administradores locados ao redor do mundo.

No nível relacional (nível das alianças e redes), alguns relacionamentos são organizados de forma que sua replicação seja difícil. A frase que inicia o livro *Anna Karenina*, de Tolstói é bem verdade: "As famílias felizes se parecem, mas as famílias infelizes são infelizes cada qual a sua maneira". Assim como as pessoas em casamentos infelizes encontram dificuldade em melhorar seu relacionamento (apesar do exército de conselheiros matrimoniais profissionais, assistentes sociais, amigos e família), as empresas, em alianças e redes fracassadas (independente do motivo), acham extremamente desafiador – se não impossível – organizar e administrar melhor seus relacionamentos interempresas.

Considerações Baseadas em Instituições

Pelo fato de as instituições que governam as atividades econômicas incluírem restrições tanto formais quanto informais, com base em pilares regulamentário e normativo/cognitivo, respectivamente, a análise delas será feita separadamente.

Instituições Formais Baseadas em Pilares Regulamentários

As alianças e redes estratégicas funcionam dentro de uma série de modelos formais legais e regulamentários. Essas instituições formais interferem: (1) nas preocupações antitruste (com os conluios); e (2) nas exigências quanto aos métodos de entrada. Primeiro, embora o número de alianças entre concorrentes esteja aumentando, o conluio explícito entre empresas concorrentes, a fim de fixarem os preços, é anticompetitivo e proibido pelas autoridades antitruste. Em geral, suspeita-se que a cooperação entre rivais é, no mínimo, um conluio tácito (ver Capítulo 8).[44] Entretanto, pelo fato de a integração e a coordenação dentro das alianças e redes freqüentemente não serem tão estreitas quanto as das fusões e aquisições completas de competidores (que eliminam um competidor), as autoridades antitruste tendem a aprovar mais as alianças e redes do que as fusões e aquisições. Por exemplo, a proposta de fusão entre a American Airlines e a British Airlines foi rejeitada pelas autoridades antitruste de ambos os países; entretanto, permitiu-se que essas companhias formassem uma aliança, a One World.

As instituições formais também afetam as alianças e redes estratégicas por meio de exigências formais impostas aos métodos de entrada em mercados externos (ver Capítulo 6). Em muitos países, os governos desencorajaram ou simplesmente proibiram a entrada de subsidiárias integrais, fazendo com que as empresas estrangeiras não tivessem outra escolha de entrada com participação no capital a não ser por meio de certas alianças com empresas locais. Por exemplo, o governo mexicano pré-Nafta, não só limitava as entradas de empresas multinacionais estrangeiras a *joint ventures,* mas também exigia que a participação no capital dessas empresas fosse de, no máximo, 49% (essas políticas foram abolidas desde o início do Nafta, em 1994).[45] Outro exemplo é a *joint venture* Fuji-Xerox, que originalmente, em 1962, propôs-se a ser uma companhia de vendas, com o objetivo de comercializar os produtos da Xerox no Japão. Entretanto, o governo japonês recusava-se a aprovar a *joint venture*, a não ser que a Xerox transferisse tecnologia à Fuji.

Recentemente, surgiram duas tendências de políticas governamentais formais no que tange aos métodos de entrada. Primeira, há uma tendência na direção de políticas mais liberais. Muitos governos (como os do México e da Coréia do Sul), que historicamente aprovavam apenas *joint ventures*, permitiram que subsidiárias integrais fossem utilizadas como métodos de entrada. Uma segunda tendência é que, apesar desses movimentos gerais em direção a políticas mais liberais, muitos governos ainda impõem exigências consideráveis. Por exemplo, enquanto as subsidiárias integrais são, a princípio, bem recebidas na maioria das indústrias chinesas e russas, somente alianças como *joint ventures* são permitidas nas indústrias estrategicamente importantes de montagem automobilística da China (ver Caso 3, on-line), e de petróleo e gás, da Rússia. Outros casos são as regulamentações norte-americanas, segundo as quais as empresas estrangeiras podem deter, no máximo, 25% de participação no capital de qualquer companhia de transportes aéreos e as regulamentações européias, que limitam a 49% a porcentagem não européia de propriedade de companhias de transportes aéreos européias.

Instituições Informais Baseadas em Pilares Normativos e Cognitivos

O primeiro conjunto de instituições informais centra-se em normas coletivas, baseadas em um pilar normativo. A perspectiva institucional sugere que, como as empresas agem visando aumentar ou proteger sua legitimidade, copiar as organizações respeitáveis de outras empresas – mesmo sem saber os benefícios de desempenho diretos de fazê-lo – pode ser uma forma de obter legitimidade a baixos custos. Portanto, quando os competidores possuem várias alianças, juntar-se à onda das alianças pode ser entendido como seguir a norma, em vez de ignorar as tendências industriais. Em outras palavras, pressões normativas informais, porém poderosas, advindas da imprensa comercial, da comunidade, dos investidores e das deliberações do quadro de diretores, provavelmente levaram os últimos jogadores, como a Ford, a se aliarem a parceiros obscuros na China (como já discutido), em vez de permanecerem sem parceiros e, dessa forma, sem presença nesse país. O mesmo motivo que leva adultos solteiros a serem pressionados para o casamento, leva as empresas, que insistam em "permanecer sozinhas", especialmente se estiverem passando por problemas de desempenho, a enfrentarem pressões e críticas semelhantes, advindas de empresas, de analistas, de investidores e da mídia. Embora nem todas as decisões sobre alianças/redes sejam tomadas por imitação, tal motivação parece explicar grande parte dessas atividades.[46] O outro lado desse comportamento é que muitas empresas correm para estabelecer relacionamentos interempresas, sem o cuidado adequado, e acabam se prejudicando.

Um segundo conjunto de instituições informais ressalta o pilar cognitivo, que se centra nos valores e nas crenças, internalizados e convencionados, que dirigem o comportamento das empresas. A British Aerospace (agora denominada BAE Systems) anunciou, nos anos de 1990, que *todos* os programas de desenvolvimento de suas aeronaves futuras envolveriam alianças. Os administradores de empresas como a British Aerospace costumam ter uma abordagem proativa, esforçando-se para visualizar a futura estrutura da rede de relacionamentos interempresas desejada e, dessa forma, trabalhar de modo inverso na definição de sua estratégia de alianças presente. Por exemplo, após a proposta de fusão haver sido sabotada pelas políticas antitruste, a American Airlines e a British Airways juntaram-se em uma aliança estratégica, deliberadamente posicionada como o relacionamento central da rede entre multiparceiros One World.

Ambas as proposições centrais subjacentes à visão baseada em instituições (apresentada no Capítulo 4) são aplicáveis. A primeira proposição – indivíduos e empresas buscam, de forma racional, seus interesses e fazem escolhas estratégicas dentro de restrições institucionais – é ilustrada pelo poder constrangedor e capacitador do pilar regulamentário formal; do pilar normativo informal, porém poderoso; e do pilar cognitivo internalizado, porém evidente. A segunda proposição – quando as restrições formais falham, as restrições informais exercem um grande papel – também é evidente. Assim como ocorre com as instituições que governam os casamentos entre os homens, as regulamentações e os contratos formais somente governam uma pequena (embora importante) parte do comportamento das alianças/redes. O sucesso e o fracasso de tais relacionamentos, em grande parte, dependem da interação diária entre os parceiros, influenciada por normas e cognições informais.[47] Essa questão será abordada mais detalhadamente nas três próximas seções sobre a formação, a evolução e o desempenho das alianças e redes estratégicas.

Formação[48]

O processo de formação de alianças e redes estratégicas pode ser ilustrado por um modelo de decisão administrativa, composto de três etapas (Figura 7.3), e que é discutido nesta seção.

Etapa I: Cooperar ou Não Cooperar?

Na Etapa I, a empresa faz uma escolha estratégica entre formar relacionamentos cooperativos interempresas ou confiar em transações de mercado simples, ou fusões e aquisições, a fim de que a empresa cresça. Para crescer por meio de transações de mercado simples, a empresa deve estar preparada para enfrentar desafios competitivos com independência. Esse é um obstáculo muito grande até mesmo para empresas multinacionais ricas em recursos.[49] As fusões e aquisições não acarretam somente o gasto de enormes somas de capital financeiro, mas também significativos custos de transação. Diferente do mercado regular de mercadorias e serviços, cujos preços e qualidades podem ser razoavelmente determinados, o mercado de compra e venda de companhias em geral é cheio de "ruídos", o que torna difícil a tarefa de determinar se os negócios aparentemente atraentes são de fato bons negócios. Como conseqüência, muitas fusões e aquisições acabam destruindo o valor (ver Capítulo 9). Excluídas as transações de mercado simples e as fusões e aquisições, como possíveis estratégias de crescimento, muitos administradores concluem que as alianças e redes são o caminho certo. Além disso, esses relacionamentos não impedem uma progressão futura a fusões e aquisições em potencial ou uma regressão a transações de mercado *arm's-length*, por meio da quebra dos laços. Em poucas palavras, as alianças e redes podem ser uma solução *intermediária* flexível para os problemas do crescimento estratégico.

FIGURA 7.3 Modelo de Decisão para a Formação de Alianças e Redes Estratégicas

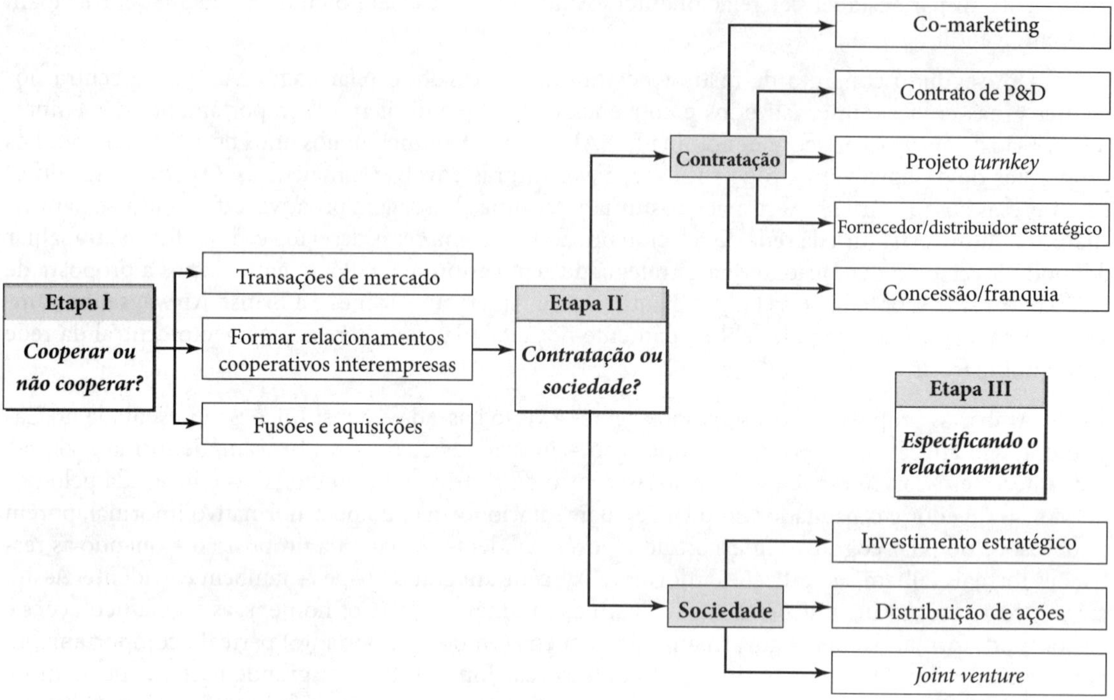

Fonte: Adaptada de S. Tallman; O. Shenkar, 1994, A managerial decision model of international cooperative venture formation (p. 101), *Journal of International Business Studies*, 25 (1): 91-113.

O passo seguinte é como encontrar parceiros. No geral, as empresas encontram parceiros de três formas. Primeira, um método informal, em que os administradores traduzem seus laços *interpessoais* (no nível micro, individual) com executivos de outras empresas para relacionamentos *interempresas* (no nível macro, empresarial) – em outras palavras, os administradores criam uma **ligação micro-macro.**[50] Isso é especialmente crucial para pequenas empresas empreendedoras, cujos fundadores estejam interessados em alavancar seus laços interpessoais (como *guanxi*, na China, e *blat*, na Rússia).[51] É interessante notar que muitas empresas grandes também confiam nesse processo informal de busca de parceiros. Esses contatos são feitos em diversos lugares, como em exposições comerciais, associações industriais, *workshops* profissionais e eventos de caridade, dentre outras atividades sociais. Em geral, administradores que já obtiveram experiências de sucesso com alianças e redes possuem uma visão mais favorável a novos relacionamentos.[52]

Embora útil, a maneira informal de encontrar parceiros é limitada pelo número de amigos pessoais (e amigos de amigos) confiáveis do administrador. Embora razoável para pequenas empresas empreendedoras, essa estratégia não funciona para grandes empresas multinacionais. Uma segunda forma de encontrar parceiros é confiando nas transações comerciais de sucesso passadas (ver Caso 7, on-line).[53] Como tais transações criam bons relacionamentos sociais entre os administradores de ambos os lados, as alianças e redes entre eles possuem uma base sólida, exigem negociações contratuais menos extensas e oferecem uma maior probabilidade (mas não garantia) de sucesso (ver Caso 7, on-line). Em alguns casos, duas empresas, advindas de dois países diferentes, têm um relacionamento comercial tão satisfatório que formam uma aliança para entrar em um *terceiro* país.[54] Foi assim que a Coca-Cola e a Swire Pacific (Hong Kong) instalaram-se na China.

Uma terceira forma de encontrar parceiros é por meio de um esquadrinhamento, formal e sistemático, de todo o mundo, para a identificação de candidatos que apresentem tanto um ajuste estratégico como um ajuste organizacional. O **ajuste estratégico** refere-se à empresa parceira possuir (ou não) habilidades e recursos "rijos" complementares, que não podem ser facilmente adquiridos pela outra empresa, como tecnologia, capital e canais de distribuição.[55] O **ajuste organizacional** re-

Estratégia em Ação 7.3.

Como Escolher Parceiros? Perspectiva de uma Empresa Local

Como nos casamentos, em que ambos os lados escolhem seus parceiros, alianças estratégicas internacionais envolvem futuros parceiros de dois (ou mais) países, que escolhem a(s) outra(s) parte(s) com objetivos diferentes. Entretanto, grande parte da literatura centra-se em como as empresas multinacionais estrangeiras selecionam parceiros em economias emergentes, considerando, de modo implícito, que as empresas locais são relativamente passivas e ficam esperando para serem escolhidas. Isso, entretanto, está longe de ser a verdade. Algumas empresas, em economias emergentes, possuem capacidades tão grandes que pretendentes fazem fila a fim de se relacionarem com elas. Por exemplo, a Shanghai Automobile Industrial Corporation (*http://www.saicgroup.com*) conseguiu fazer parceria e estabelecer duas *joint ventures* de sucesso na China, com a Volkswagen (*http://www.vw.com*) e com a GM (*http://www.gm.com*), duas rivais agressivas em outros lugares. Da mesma forma, a Baosteel (*http://www.baosteel.com*), maior fabricante de aço da China, conseguiu atrair vários rivais globais, como a Arcelor (*http://www.arcelor.com*), a Nippon Steel (*http://www.nsc.co.jp*) e a ThyssenKrupp (*http://www.thyssenkrupp.com*), e estabelecer uma *joint venture* com cada um deles. Evidentemente, essas empresas multinacionais vêem-se obrigadas a engolir o orgulho e suportar a "poligamia" a fim de obterem acesso à economia chinesa em constante expansão. De modo semelhante, o portfólio de alianças da indiana Tata Group (*http://www.tata.com*) mostra-nos "quem é quem", dentre as 500 empresas globais, apresentando parceiros como a American Express (*http://www.americanexpress.com*), a Bell Canada (*http://www.bell.ca*) e a Hitachi (*http://www.hitachi.com*). Embora muitas empresas locais não se importem com a rivalidade global entre as empresas multinacionais, freqüentemente estão interessadas na utilização de alianças para bater seus próprios rivais domésticos. Como conseqüência, se rivais *domésticos* possuírem parcerias com empresas multinacionais (por exemplo, com a Heineken [*http://www.heineken.com*] ou a DHL [*http://www.dhl.com*]), as empresas locais, em retaliação, costumam atrair as multinacionais concorrentes das multinacionais parceiras de seus rivais domésticos (como a Carlsberg [*http://www.carlsberg.com*] ou a Federal Express [*http://www.fedex.com*]). Com relação aos objetivos, enquanto as empresas multinacionais estrangeiras buscam parceiros com conhecimentos locais desejáveis, recursos de produção e canais de distribuição, as empresas locais costumam utilizar-se de critérios diferenciados. Por exemplo, empresas chinesas, mexicanas, polonesas, romenas e russas tendem a centrar-se na força e disposição financeiras dos parceiros estrangeiros, para compartilhar a experiência, como sendo o critério mais importante na escolha de um parceiro. Ao passo que são evidentes os benefícios de possuir parceiros estrangeiros fortes no aspecto financeiro, possuir "professores" dispostos a compartilhar seu conhecimento – juntamente com a capacidade de absorção dos parceiros locais – também contribui de forma direta para o desempenho de todas as partes, como constatado por estudos na Hungria e em outros lugares.

Fontes: Baseado em (1) M. Hitt; D. Ahlstrom; T. Dacin; E. Levitas; L. Svobodina, 2004, The institutional effects on strategic alliance partner selection in transition economies, *Organization Science*, 15: 173-185; (2) M. Kotabe; P. Aulakh; H. Teegen, 2000, Strategic alliances in emerging Latin America, *Journal of World Business*, 35: 114-125; (3) P. Lane; J. Salk; M. Lyles, 2001, Absorptive capacity, learning, and performance in international joint ventures, *Strategic Management Journal*, 22: 1.139-1.161; (4) M. W. Peng, 2000, *Business Strategies in Transition Economies*, Thousand Oaks, CA: Sage Publishing; (5) O. Shenkar; J. Li, 1999, Knowledge search in international cooperative ventures, *Organization Science*, 10: 134-143; (6) H. K. Steensma; M. Lyles, 2000, Explaining IJV survival in a transition economy through social exchange and knowledge-based perspectives, *Strategic Management Journal*, 21: 831-851.

fere-se à empresa parceira possuir (ou não) certos traços organizacionais "maleáveis", como objetivos, experiências e comportamentos, que facilitam a cooperação.[56] Empresas ricas em experiências colaborativas de sucesso são sempre procuradas. Isso é muito importante em economias emergentes como a Índia, a Rússia e o Vietnã, pois é provável que as empresas locais que possuem alguma experiência colaborativa com empresas multinacionais ocidentais se tornem mais semelhantes às empresas

TABELA 7.2 Alianças e Redes Estratégicas com Participação no Capital *versus* sem Participação no Capital

Forças Motrizes	Alianças e Redes com Participação no Capital	Alianças e Redes sem Participação no Capital
Natureza dos recursos compartilhados (quão tácitos e complexos são)	Grande	Pequena
Importância do monitoramento e controle organizacionais diretos	Grande	Pequena
Potencial de serem opções reais	Grande (possíveis progressões a fusões e aquisições)	Grande (possíveis progressões a relacionamentos com participação no capital)
Influência das instituições formais	Grande (quando as regulamentações demandam ou estimulam)	Grande (quando as regulamentações demandam ou estimulam)

ocidentais (embora não necessariamente ocidentalizadas) quanto a seus estilos administrativos, o que pode facilitar a compreensão mútua entre os parceiros (ver Estratégia em Ação 7.3).[57]

Os administradores devem estar cientes de que essas três formas não se excluem. É provável que, isoladas, todas sejam inadequadas. Confiar somente em relacionamentos interpessoais, sem estimar os ajustes estratégico e organizacional entre empresas, pode levar a certa insatisfação, pois bons amigos podem não ser bons parceiros em alianças. Por outro lado, utilizar somente o esquadrinhamento impessoal de traços estratégicos e organizacionais pode não resultar em bons relacionamentos interempresas pela ausência de "química" entre os principais jogadores. Uma combinação dessas abordagens parece ser a melhor opção para a determinação de relacionamentos interempresas de qualidade.[58]

Etapa II: Contratação ou Sociedade?

Como observado no Capítulo 6, a escolha entre contratação ou sociedade é uma importante distinção. As quatro forças motrizes que levam a essas escolhas estão identificadas na Tabela 7.2. Primeira, a principal preocupação é com o tipo de recursos e capacidades que estão sendo compartilhados. Quanto mais tácitos forem (difíceis de serem descritos e codificados), mais provável que as empresas prefiram se envolver em sociedades. Por outro lado, quanto mais fácil for especificar tais recursos e capacidades compartilhados, mais provável que as empresas busquem acordos contratuais. A consideração central aqui é o **aprendizado organizacional**, que se refere a como uma organização aprende com suas experiências a fim de executar novas tarefas.[59] Embora não seja a única fonte de aprendizado, o **aprender fazendo** é provavelmente a forma mais eficaz de obter um *know-how* complexo. Assim como somente lendo livros de receitas, manuais de carros e livros sobre paternidade as pessoas não aprenderão a cozinhar, dirigir ou ser pais, empresas tentando produzir novos carros ou operar em países desconhecidos perceberão que nem todo o conhecimento advindo de livros e relatórios (conhecimento codificado disseminador) é suficiente.[60] Além dos livros e relatórios, grande parte do conhecimento, implícito, tácito e não codificável, somente pode ser adquirida na prática, especialmente com indivíduos e empresas especialistas nesses domínios.

Mais importante do que isso, grande parte do conhecimento tácito, relacionado às habilidades e ao *know-how* complexos, é intrínseca e "aderida" (a saber, difícil de ser isolado da empresa específica que o possui) a cenários organizacionais específicos.[61] Por exemplo, se a Toyota pudesse codificar todo o conhecimento tácito associado ao seu lendário sistema de produção – algo impossível, na realidade – e vendê-lo, as empresas compradoras constatariam que, independentemente do esforço que fizessem, jamais o replicariam por completo. Isso ocorre porque o sistema de produção da Toyota, que é, por definição, específico à empresa, está fortemente "aderido" à marca. Salvo adquirindo completamente a empresa (oferta bastante dispendiosa), nenhuma empresa deve ter esperança de conseguir dominar esse sistema na sua totalidade. Além disso, se muitos funcionários da Toyota abandonarem seus empregos após a aquisição (cenário realista na maioria das aquisições), a empresa compradora terá um controle incompleto do sistema. Portanto, a forma mais realista de ter acesso ao sistema de produção da Toyota é estabelecer uma aliança com participação no capital (uma sociedade), a fim de aprender como "se faz" ao lado da Toyota, assim como o fez a GM, por meio de uma *joint venture* com a Toyota. Em geral, alianças e redes com participação no capital costumam ser formadas quando se lida com tecnologia e *know-how* mais complexos (como a associação da Airbus) do que com algumas habilidades, menos complexas, que podem ser transferidas com mais eficiência entre duas organizações (como as franquias do McDonald's).

Embora envolvam menos conhecimento tácito, os relacionamentos contratuais são mais simples *relativamente*, a saber, apenas em comparação aos relacionamentos com participação no capital. Quando analisados de modo isolado, os relacionamentos contratuais, em especial os que lidam com tecnologias um pouco mais complexas (como os contratos de pesquisa e desenvolvimento), podem ser muito complicados.[62] Empresas que não consideram esse ponto crucial podem sair prejudicadas. Por exemplo, a Intentia, uma fabricante de softwares sueca, recorreu à Índia para assinar um contrato de pesquisa e desenvolvimento esperando cortar os custos em 40% (ver Caso de Introdução no Capítulo 1), mas essa economia nunca se materializou. Os softwares entregues pela parceira indiana continham inúmeros erros e os engenheiros da Intentia tiveram de refazê-los do zero. Um estudo recente constatou que metade desses projetos contratuais, destinados a reduzir as taxas, não conseguem garantir as economias esperadas.[63]

Uma segunda força motriz é a importância do monitoramento e controle diretos. Como discutido no Capítulo 6, relacionamentos com participação no capital (sociedades) permitem que as empresas exerçam, no mínimo, um controle parcial, direto e continuado, sobre as atividades conjuntas, ao passo que os relacionamentos contratuais geralmente não o permitem.[64] Na maioria das vezes, as empresas preferem alianças com participação no capital (e níveis maiores de participação no capital) quando temem que sua propriedade intelectual seja expropriada pelos parceiros. Considerando-se a possibilidade de haver oportunismo entre os parceiros, os mecanismos de uma sociedade, com participação no capital (como cargos no quadro de diretores, posições administrativas importantes e relatórios), fornecem algumas oportunidades práticas de monitoramento e controle diretos (ver Caso de Conclusão, que relata um exemplo recente).[65]

Uma terceira força refere-se à questão da opção real. Algumas empresas preferem, de início, estabelecer relacionamentos contratuais, que podem ser vistos como opções reais (ou etapas) para possíveis progressões a alianças com participação no capital, caso as interações mostrem-se satisfatórias para os envolvidos. Por exemplo, a associação da Airbus (originalmente com dois parceiros, a francesa Aerospatiale e a alemã Deutsche Aerospace, nos anos de 1960) iniciou-se por meio de relacionamentos contratuais com a CASA, da Espanha, e a British Aerospace, do Reino Unido, que provaram ser satisfatórios. Posteriormente, nos anos de 1970, a CASA e a British Aerospace tornaram-se membros, com participação no capital, da associação da Airbus. Por outro lado, como já foi observado, relacionamentos com participação no capital podem ser utilizados como opções reais para possíveis progressões a subsidiárias integrais, por meio de fusões e aquisições (ver também o Capítulo 9).

Por fim, a escolha entre contratação ou sociedade também sofre a influência das restrições institucionais. Por exemplo, muitos governos de países ricos em petróleo, temendo o domínio estrangeiro, proíbem alianças com participação no capital (sociedades) entre empresas domésticas e estrangeiras (e subsidiárias integrais), nos setores de petróleo e refinaria. Portanto, os únicos relacionamentos que as empresas de energia estrangeiras podem estabelecer com as empresas domésticas são os contratuais, como os projetos *turnkey* (prontos para serem usados – ver Capítulo 6). Por outro lado, alguns governos em economias emergentes, ansiosos para ajudar as empresas domésticas a subir a escada tecnológica, tanto demandam quanto ativamente incentivam alianças com participação no capital (sociedades) entre empresas estrangeiras e domésticas, principalmente as *joint ventures*, que dão às empresas domésticas um maior acesso ao aprendizado organizacional (ver Caso 3, on-line).

A escolha entre contratação ou sociedade é crucial. No caso das entradas em mercados externos, possuir relacionamentos com participação no capital (sociedades), por meio de alianças e redes estratégicas (e ainda subsidiárias integrais), é uma marca registrada das empresas multinacionais, ao passo que empresas que somente possuem relacionamentos contratuais no exterior não costumam ser consideradas multinacionais (ver Capítulo 6 para mais detalhes).[66] Não é de se surpreender que grandes empresas multinacionais prefiram alianças com participação no capital e/ou uma maior participação no capital nesses relacionamentos.[67] Algumas empresas, como a Starbucks, inicialmente acreditam que podem confiar no trabalho de parceiros contratuais, mas, com o passar do tempo, à medida que o desempenho se torna insatisfatório, costumam mudar para relacionamentos com participação no capital (sociedades) (ver Caso de Introdução no Capítulo 6).

Etapa III: Posicionando o Relacionamento

No contexto de entradas em mercados externos, o Capítulo 6 abordou profundamente cada um dos tipos específicos de relacionamento interempresas; portanto, não repetiremos aquele conteúdo. Cabe aqui ressaltar como uma aliança ou rede específica deve ser posicionada dentro de vários relacionamentos. Embora se suponha historicamente que alianças estratégicas sempre ocorrem entre dois parceiros (como um estrangeiro e outro local), a proliferação de relacionamentos interempresas sugere que essa concepção talvez deva ser ampliada.[68] Cada empresa costuma possuir inúmeros relacionamentos interempresas, o que torna importante a administração desses relacionamentos, como um portfólio (ou rede) corporativo.[69] A maioria das empresas tenta se aproximar do projeto de relacionamentos interempresas otimizando cada uma das alianças e redes. Entretanto, a combinação de vários relacionamentos individualmente "ótimos" pode não criar um ótimo portfólio de relacionamento para a empresa, em virtude de algumas alianças traiçoeiras com concorrentes.[70] Em um mundo de intrigas multilaterais, um passo a caminho de uma aliança pode abrir portas, mas também pode destruir oportunidades. Em outras palavras, o antigo lema estratégico, "os inimigos dos meus amigos são meus inimigos e os inimigos dos meus inimigos são meus amigos", ainda é válido para a competição moderna.[71] Portanto, para evitar uma "pane total do sistema de alianças", a avaliação cuidadosa do impacto de cada um dos novos relacionamentos, *antes de suas formações*, nos relacionamentos já existentes da empresa torna-se cada vez mais importante. Mais especificamente, o escopo de um novo relacionamento precisa ser definido de forma apropriada para evitar uma sobreposição substancial desses aos outros relacionamentos.[72] Alguns relacionamentos aparentemente ideais podem ser prejudiciais ao portfólio, como a introdução de um importante concorrente de muitos parceiros atuais, por exemplo. Tais relacionamentos - apesar de seus méritos individuais - devem ser evitados.

Evolução

Todos os relacionamentos se desenvolvem - uns crescem, outros não.[73] Esta seção enfatiza dois aspectos da evolução dos relacionamentos interempresas: (1) minimizando a ameaça do oportunismo; e (2) passando de laços fortes a laços fracos.

Minimizando a Ameaça do Oportunismo

Como já foi observado, a ameaça do oportunismo[74] sempre pode ser vislumbrada. Salvo um pequeno número de empresas oportunistas, que deliberadamente formam alianças e redes para explorar umas às outras, a maioria das empresas quer que seus relacionamentos dêem certo, ao mesmo tempo que quer se proteger, caso a outra parte seja oportunista. Embora seja difícil eliminar o oportunismo, é possível minimizar sua ameaça: (1) isolando habilidades e tecnologias importantes por meio de salvaguardas contratuais; e (2) permutando habilidades e tecnologias importantes por meio de compromissos confiáveis.

Em primeiro lugar, ambas as partes podem concordar, em contrato, com o isolamento de habilidades e tecnologias importantes que não serão compartilhadas. Por exemplo, a GE e a SNECMA da França cooperaram na construção de mecanismos para aeronaves, embora a GE não quisesse compartilhar completamente sua tecnologia proprietária com a SNECMA. A GE, dessa forma, apresentou vários componentes lacrados em "caixas-pretas", a cujos conteúdos a SNECMA não tinha acesso, embora participasse da montagem final. Outro exemplo semelhante é a colaboração entre a Boeing e várias empresas japonesas para a produção de unidades de 767. A Boeing isolou habilidades importantes de pesquisa, desenvolvimento e marketing, compartilhando com os parceiros japoneses somente tecnologias de produção.[75] Em poucas palavras, esse tipo de relacionamento, utilizando-se ainda a metáfora do casamento, é como o dos noivos que se casam com separação total de bens. As partes podem isolar certos ativos por meio de acordos. Desde que ambas as partes concordem com essa forma de minimizar a ameaça do oportunismo, os relacionamentos podem prosperar.

A segunda abordagem, permutando habilidades e tecnologias, é exatamente o *oposto* da primeira. Ambas as partes concordam em não reter habilidades e tecnologias importantes e firmam compromissos confiáveis, que as mantêm "reféns" umas das outras.[76] A Motorola, por exemplo, concedeu a tecnologia de seu microprocessador à Toshiba, que, por sua vez, concedeu a tecnologia de seu cartão de memória à Motorola. Em alianças internacionais, o estabelecimento de um relacionamento paralelo e recíproco no país de origem do parceiro estrangeiro pode incentivar ainda mais a cooperação entre os parceiros. Outro exemplo: o acordo entre a Pernod-Ricard, da França, e a Heublein, dos Estados Unidos, para a distribuição da vodca Smirnoff, da Heublein, na Europa, foi balanceado por outro acordo, em que a Heublein concordou em distribuir o bourbon Wild Turkey, da Pernod-Ricard, nos Estados Unidos. Em poucas palavras, "reféns" mútuos reduzem a ameaça do oportunismo. Pensando em um contexto um pouco mais amplo, a paz nuclear precária, durante a guerra fria, entre os Estados Unidos e a ex-União Soviética também pode ser considerada uma situação em que "reféns" mútuos obtiveram sucesso. Por vários motivos, ambas as partes tinham incentivos para iniciar uma guerra nuclear; entretanto, nenhuma delas o fez, em parte pelo fato de que uma era refém da outra e vice-versa. Como à vítima de um primeiro ataque nuclear somente restaria *um* míssil balístico nuclear, lançado de um submarino (como um Ohio norte-americano ou um Typhoon soviético), esse submarino tinha de possuir um poder de retaliação suficiente para varrer da face da Terra as 20 principais cidades, norte-americanas ou soviéticas, resultado que nenhuma das superpotências aceitaria (ver o filme *Caçada ao Outubro Vermelho*, para uma ilustração). Estranhamente (e assustadoramente), a guerra fria não esquentou, em parte, por essa estratégia de destruição mútua assegurada, que é um jargão militar.*

Em alianças e redes estratégicas, tanto o isolamento de habilidades importantes quanto a permuta de habilidades ajudam os relacionamentos a se desenvolverem e, assim, minimizarem a ameaça do oportunismo. Enquanto essas abordagens enfatizam salvaguardas contratuais, ressaltar os aspectos brandos e relacionais da evolução da cooperação interempresas também é importante, como discutido a seguir.

Passando de Laços Fortes a Laços Fracos[77]

Introduzidos no Capítulo 5, os **laços fortes** são relacionamentos mais duráveis, seguros e confiáveis, cultivados por um longo período.[78] Os laços fortes apresentam duas vantagens. Primeira, estão associados à troca de informações mais apuradas e de maior qualidade. Segunda, embora os relacionamentos interpessoais e interempresas sejam repletos de situações de oportunismo em potencial, laços fortes servem como um mecanismo informal de controle social, uma alternativa a contratos formais no combate ao oportunismo.[79] Contratos formais costumam ser ineficazes, pois não conseguem cobrir todas as contingências; na verdade, a ênfase em contratos formais pode até mesmo indicar a falta de confiança e, dessa forma, minar a cooperação. Não é de se surpreender que muitas alianças e redes estratégicas sejam inicialmente construídas sobre laços fortes entre indivíduos e empresas.

Definidos como relacionamentos caracterizados por uma interação não muito freqüente e de pouca intimidade, os **laços fracos**, paradoxalmente, são mais amplos e tendem a oferecer maiores oportunidades. Os laços fracos, apesar da capacidade limitada de servirem como um mecanismo de controle social, gozam de duas vantagens. Primeira, possuem manutenção menos dispendiosa (exigem menos tempo, energia e dinheiro). Segunda e mais importante, distinguem-se por conectar partes distantes, que possuam informações únicas e recentes sobre ações estratégicas – considerada como a *força* dos laços fracos.[80] Mais especificamente, quanto mais ampla for a rede de laços fracos de uma empresa, mais fácil será a identificação de parceiros adequados. Isso pode ser importante à medida que as empresas procuram novos conhecimentos para tecnologias e práticas de última geração.

---

* NT: Em inglês, a sigla para "destruição mútua assegurada" é MAD, que significa "louco(a)".

Da mesma forma que indivíduos tendem a possuir uma combinação de poucos "bons amigos" (laços fortes) a muitos conhecidos (laços fracos), as empresas, em qualquer época, tendem a possuir uma combinação de laços fortes e laços fracos em seus relacionamentos interempresas. Ambos os laços "são benéficos às empresas, mas sob circunstâncias distintas, para objetivos diversos e em épocas diferentes.[81]" Até certo ponto, as estratégias das empresas são desenvolvidas principalmente para *explorar* os recursos existentes (como conexões atuais) ou *explorar* novas oportunidades (como tecnologias futuras). Particularmente interessante é a distinção entre "exploitation" e "exploration",* observada por James March, importante teórico organizacional. ***Exploitation* (exploração no sentido de aproveitamento dos aprendizados anteriores)** refere-se a ações como "refinamento, escolha, produção, eficiência, seleção e execução", ao passo que ***exploration* (exploração no sentido de investigação de novos domínios)** se refere a termos como "pesquisa, variação, riscos, experimentação, jogo, flexibilidade, descoberta e inovação.[82]" Ambas as atividades estratégicas são importantes e, com freqüência, ocorrem ao mesmo tempo, mas há uma ponderação entre as duas, pois as empresas possuem recursos limitados.[83] Portanto, certa *ênfase* em um dos tipos de laço freqüentemente é necessária, por algum período de tempo. Em ambientes que tendem à *exploitation*, laços fortes podem ser mais benéficos. Por outro lado, em ambientes mais adequados à *exploration*, laços fracos são preferíveis.

Muitos relacionamentos interempresas passam de uma ênfase nos laços fortes ao foco nos laços fracos. Exemplos, em dois contextos diferentes, ilustram essa dinâmica. Primeiro, em um contexto de empreendimentos, um novo negócio costuma concentrar-se em densos laços fortes, pois "busca explorar, no sentido de aproveitamento dos aprendizados anteriores, as redes e os recursos externos atuais do(s) empreendedor(es) fundador(es), para garantia de sua sobrevivência.[84]" Na próxima fase, após haver esgotado as oportunidades iniciais, a empresa busca novas oportunidades. Portanto, a empresa muda para a exploração, no sentido de investigação de novos domínios, e busca ativamente novas oportunidades, demandando, dessa forma, uma maior quantidade e diversidade de laços fracos. A mudança no portfólio de alianças da Amazon indica tal evolução. De início estabeleceu alianças estratégicas baseadas em laços fortes, com poucas e importantes editoras e distribuidoras. À medida que se expandiu para cobrir novos produtos (vídeos e eletrônicos) e novos modelos de negócios (leilões), a Amazon formou inúmeras alianças, com base em laços fracos, com vários fornecedores varejistas, pequenos comerciantes, casas de leilão, parceiros terceirizados e parceiros de vendas e distribuição.

O segundo exemplo são as *joint ventures* internacionais, formadas por dois parceiros, que representam laços fortes. Por causa do oportunismo, as *joint ventures* internacionais geralmente se caracterizam pelos conflitos. Entretanto, mesmo se desconsiderássemos a existência de oportunismos deliberados, para fins de nossa discussão, ainda assim as *joint ventures* seriam bastante conflituosas.

TABELA 7.3 Medida do Desempenho Relacionado às Alianças e Redes

Nível das Alianças/Redes	Nível das Matrizes
Objetivo	*Objetivo*
▪ Desempenho financeiro (por exemplo, lucratividade)	▪ Desempenho financeiro (por exemplo, lucratividade)
▪ Desempenho no mercado de produtos (por exemplo, *market share* – participação no mercado)	▪ Desempenho no mercado de produtos (por exemplo, *market share* – participação no mercado)
▪ Estabilidade e longevidade	▪ Reação do mercado de ações
Subjetivo	*Subjetivo*
▪ Nível de satisfação da administração geral	▪ Determinação da obtenção do objetivo

* Em português, a tradução de ambos os termos é "exploração".

Isso ocorre porque, com o passar do tempo, quando as oportunidades iniciais já foram esgotadas pela *joint venture*, os parceiros, ao buscarem novos rumos, preferem estabelecer relacionamentos baseados em laços fracos, com diversos jogadores. Em outras palavras, os laços fortes, dentro da *joint venture*, podem ser limitantes demais.[85] Entretanto, os parceiros originais ficam desgostosos, o que causa o conflito – é fácil observar a fúria de um dos cônjuges quando o outro está explorando novos relacionamentos (mesmo que sejam laços fracos!).

Embora esta seção tenha se centrado na evolução de laços fortes a laços fracos, é importante notar que nem todas as alianças e redes seguem esse caminho. Certamente, alguns relacionamentos passam de laços fracos a laços fortes, como quando se passa de transações de mercado a *joint ventures* (discutido anteriormente).

Desempenho

O desempenho é um dos focos centrais das alianças e redes estratégicas.[86] Esta seção discute: (1) o desempenho das alianças e redes estratégicas; e (2) o desempenho das matrizes.

Desempenho das Alianças e Redes Estratégicas

Apesar das altas taxas de supostas falências, não há consenso com relação ao que constitui o desempenho de uma aliança/rede.[87] Uma combinação entre medidas objetivas e subjetivas pode ser utilizada para a determinação do desempenho, como demonstrado na Tabela 7.3. Medidas tradicionais do desempenho financeiro e do desempenho no mercado de produtos são de difícil obtenção, pois as empresas não costumam relatar os dados de cada um dos relacionamentos interempresas. Além disso, a maximização do desempenho financeiro e do desempenho no mercado de produtos pode não ser o objetivo de entrar nesses relacionamentos (por exemplo, um objetivo pode ser amarrar a ação dos competidores). A instabilidade, como uma mudança na estrutura da propriedade, não constitui necessariamente uma falência, pois as mudanças podem estar alinhadas com os objetivos de, pelo menos, um parceiro. Muitos estudos utilizam-se da longevidade (ou encerramento) mensurável como uma medida de desempenho, com base na crença de que as alianças e redes "consideradas pelas matrizes como tendo um desempenho de sucesso têm mais chances de permanecer em operação do que as avaliadas como sendo de menos sucesso.[88]" Entretanto, essa crença pode ser questionada em alguns casos, pois muitas alianças de sucesso estão predestinadas ao fim após certo tempo, segundo o combinado inicialmente entre os parceiros.

Mais além, as medidas subjetivas, como o nível percebido de satisfação dos administradores, também são importantes. Entretanto, às vezes, as medidas objetivas e subjetivas *divergem*. Por exemplo, alguns relacionamentos interempresas não foram necessariamente desenvolvidos para fazer dinheiro, mas para que se aprendesse com os parceiros. Portanto, os administradores podem considerar algumas alianças em que se perde dinheiro como "satisfatórias". Além disso, o desempenho mensurável no âmbito subjetivo pode ser *assimétrico*, de forma que um parceiro tenha atingido seus objetivos e esteja feliz, ao passo que com outro(s) parceiro(s) não tenha ocorrido o mesmo. As dimensões do desempenho enfatizadas dependem dos objetivos estratégicos específicos das empresas.

Quatro fatores podem influenciar no desempenho das alianças e redes: (1) a participação no capital; (2) o aprendizado e a experiência; (3) a nacionalidade; e (4) as capacidades relacionais. Entretanto, nenhum deles é capaz de exercer um impacto direto, que não seja ambíguo, no desempenho. Ao contrário, tais fatores podem apresentar algumas *correlações* com o desempenho. Primeiro, o nível de participação no capital pode ser decisivo. Um nível baixo (ou nulo) de contribuição pode indicar uma relativa falta de comprometimento e atenção da empresa. Por outro lado, um nível elevado de participação no capital (como em *joint ventures* com participação majoritária) indica que a empresa possui maiores interesses, recursos de maior qualidade comprometidos, maior poder de barganha e melhores oportunidades de monitoramento e controle – o que provavelmente resulta em um melhor desempenho.[89] Isso não significa que todas as empresas devem aumentar sua participação no capital em alianças e redes, pois, é óbvio, há custos para tanto.[90]

Segundo, o fato de as empresas terem aprendido com sucesso (ou não) algo com seus parceiros fica claro na avaliação do desempenho da aliança/rede.[91] Pelo fato de o aprendizado organizacional ser algo abstrato e de difícil mensuração, a experiência, que é relativamente fácil de avaliar, costuma ser utilizada como um substituto.[92] Embora a experiência ajude, seu impacto no desempenho não é linear, pois existe um limite além do qual aumentos na experiência não necessariamente significam benefícios adicionais ao desempenho.[93] Além disso, o aumento da experiência de um parceiro pode trazer *instabilidade* ao relacionamento, pois reduz a necessidade de confiar no outro parceiro.

Terceiro, a nacionalidade pode afetar o desempenho. Pelo mesmo motivo que casamentos entre pessoas com criações diferentes podem ser menos estáveis que aqueles entre pessoas com criações semelhantes, as dessemelhanças com relação à cultura nacional podem criar tensões nos relacionamentos interempresas.[94] Não é de se surpreender que alianças e redes internacionais tendam a ser mais problemáticas do que relacionamentos domésticos.[95] Quando as disputas e os conflitos surgem, torna-se difícil determinar se a outra parte está sendo oportunista ou se apenas está sendo (culturalmente) diferente. Como conseqüência, as empresas preferem se aliar, no início, a parceiros de culturas próximas; somente após adquirir certa experiência consideram parceiros de culturas distantes.

Como observado no Capítulo 4, a nacionalidade não é somente um substituto da cultura nacional, mas também uma incorporação do ambiente institucional, no qual a empresa está inserida. Por exemplo, muitas empresas ocidentais aliam-se a empresas de Hong Kong para entrarem na China. A distância *cultural* entre um país ocidental (como o Canadá) e Hong Kong (98% da população é de etnia chinesa) e tal distância entre o Canadá e a China é praticamente a mesma, mas a distância *institucional* com relação a Hong Kong é muito menor (história colonial, língua e leis em comum). Outro exemplo é que, considerando-se alianças em economias emergentes, o nível de satisfação das empresas coreanas é maior do que o nível de satisfação das empresas advindas de economias desenvolvidas.[96] Evidentemente, as características institucionais em comum entre as economias emergentes ajudam as empresas da Coréia a superarem as dificuldades em outras economias emergentes, apesar das distâncias culturais.

Por último, enquanto a participação no capital, a experiência e a nacionalidade são relativamente fáceis de mensurar, o desempenho ,das alianças e redes centra-se em capacidades relacionais "maleáveis", de difícil mensuração. Como já foi discutido, a arte das capacidades relacionais, que é específica à empresa e difícil de codificar, descrever ou transferir, pode levantar ou derrubar os relacionamentos interempresas.[97] A Tabela 7.4 descreve os prós e contras de alguns tipos de administração de relacionamentos. Seria ingênuo pensar que esses fatores, isoladamente – participação no capital, aprendizado, nacionalidade e capacidades relacionais –, podem garantir o sucesso. É a *combinação* entre eles que aumenta a probabilidade de sucesso nas alianças e redes estratégicas.

Desempenho das Matrizes

As matrizes beneficiam-se do envolvimento com alianças e redes estratégicas? Isso remonta ao aspecto do valor agregado desses relacionamentos (discutido anteriormente). Em comparação à relativa ausência de consenso sobre o desempenho das alianças/redes, há alguma convergência entre as escalas comparativas de desempenho das empresas, como a lucratividade, o *market share* de produtos e a reação do mercado de ações, além da medida mais subjetiva com relação à obtenção do objetivo, entendida pelos administradores (ver Tabela 7.3).

Vários estudos relatam que um nível maior de colaboração e tecnologia compartilhada está associado ao aumento da lucratividade e do *market share* de produtos das matrizes.[98] Entretanto, considerando-se que o desempenho geral de uma empresa é influenciado por inúmeras outras atividades, essas constatações descrevem correlações, mas não necessariamente causalidades. Outro grupo de estudos concentrou-se nas reações do mercado de ações, tratando cada uma das decisões de entrada em um relacionamento ou saída desse como um "evento". Se a abertura do evento é pequena o bastante (alguns dias antes e depois do evento), os retornos "anormais" das ações podem ser entendidos como diretamente causados por esse evento em especial. Vários estudos constataram que o mercado de ações responde favoravelmente às alianças, mas somente sob certas circunstâncias, como: (1) recursos complementares; (2) experiências anteriores com alianças; (3) habilidade de administrar o risco político do país anfitrião; e (4) compra das partes de parceiros.[99] A Anheuser-Busch, por exemplo, utilizou-se habilmente de várias alianças pelo mundo, criando um valor significativo para seus acionistas (ver Estratégia em Ação 7.4). Alianças e redes estratégicas podem criar valor para suas matrizes, embora ainda seja um desafio descobrir como.[100]

TABELA 7.4 Lições de Relacionamento para Administradores em Alianças e Redes Estratégicas

Áreas	Prós e Contras
Contratação *versus* "química"	Nenhum contrato abrange todos os elementos de um relacionamento. Contratos detalhados não garantem um relacionamento de sucesso e podem indicar falta de confiança.
Sinais de alerta	Identificação de sintomas de críticas, posições defensivas (sempre culpar o outro pelos problemas) e fugas (recuar durante discussões) freqüentes.
Investimento no relacionamento	Como nos casamentos, em que os cônjuges lutam para fortalecer os laços, as alianças requerem o cultivo constante. Quando uma parte hesita, é difícil voltar.
Mecanismos de resolução de conflitos	Casais "que se dão bem" também brigam. O segredo deles é que encontram mecanismos para evitar o aumento despropositado dos conflitos. Administradores devem lidar com os conflitos – inevitáveis em qualquer relacionamento – de forma confiável, responsável e firme.

Fonte: Baseado no texto de M. W. Peng; O. Shenkar, 2002, Joint venture dissolution as corporate divorce (p. 101-102), *Academy of Management Executive*, 16 (2): 92-105.

Discussões e extensões

O surgimento de alianças e redes gerou inúmeras discussões. Dentre as principais, estão: (1) "correndo atrás do conhecimento" *versus* especialização cooperativa; (2) *joint ventures* com participação majoritária como mecanismos de controle *versus joint ventures* com participação minoritária como opções reais; e (3) alianças *versus* aquisições.

"Correndo Atrás do Aprendizado" *versus* Especialização Cooperativa[101]

A visão de estar "correndo atrás do conhecimento" é uma influente escola de pensamento, segundo a qual as empresas formam alianças, especialmente *joint ventures*, a fim de aprender e adquirir as capacidades dos parceiros o mais rápido possível.[102] Como conseqüência, aconselha-se os administradores a prepararem suas empresas para ganhar essa corrida. Entretanto, críticos alegam que nem sempre se justifica a sugestão de que os parceiros devem entrar em uma *joint venture* como se estivessem participando de uma corrida. Colocam em questão duas hipóteses da visão de estar "correndo atrás do conhecimento" talvez por serem irrealistas. Primeira, a visão de estar "correndo atrás do conhecimento" pressupõe que a aquisição do *know-how* dos parceiros sempre compensa. Entretanto, uma das principais razões que levam a alianças é o desenvolvimento doméstico ineficaz. Segunda, a visão de estar "correndo atrás do conhecimento" pressupõe que, além de uma empresa específica estar ansiosa para aprender e vencer, os outros parceiros aceitarão ser explorados passivamente. Na realidade, os parceiros podem bloquear o acesso a seus recursos mais importantes.

O segundo grupo, conhecido como a escola da "especialização cooperativa", postula que diferentes empresas, em um relacionamento, podem se especializar em diferentes tarefas em troca do acesso às contribuições dos parceiros. Isso não significa que essas empresas não estão "correndo atrás do conhecimento". Considerando-se que essas corridas acontecem, são vistas mais como *patologias* do que como normas do relacionamento. As empresas podem reduzir essas patologias de duas formas. Primeira, sendo reféns umas das outras, como em concessões mútuas (discutidas anteriormente), as empresas podem reduzir as patologias. Segunda, esforçar-se para evitar compartilhamentos excessivos também pode reduzir as patologias. A escolha de parceiros que não sejam competitivos é o ideal, obviamente. Quando se lida com rivais, uma lição pode ser extraída da primeira *joint venture* entre a GM e a Daewoo (Caso de Introdução). Se essa *joint venture* tivesse sido encarregada

Estratégia em Ação 7.4.

Como a Anheuser-Busch Cria Valor para o Acionista por Meio de Alianças

A Anheuser-Busch (*http://www.anheuser-busch.com*) é uma das líderes no mercado de cervejas dos Estados Unidos. Como o crescimento do mercado doméstico estava lento, a Anheuser-Busch buscou formas de se expandir ao exterior. De 1996 a 1998, embora o capital investido tenha sido somente US$ 1,9 bilhão, o valor da empresa no mercado de ações cresceu para cerca de US$ 13,4 bilhões. Tal desempenho estelar não se devia a significativos investimentos em larga escala no exterior, pois, em 1996, a Anheuser-Busch ainda produzia 95% de sua cerveja em âmbito doméstico. Dessa forma, como a empresa criou US$ 11,5 bilhões de valor de mercado agregado em um período de três anos? Uma análise de sua estratégia de alianças revela algumas respostas sugestivas. Um elemento importante dessa estratégia foi o estabelecimento de *joint ventures* minoritárias com cervejarias locais (participação no capital variando de 5 a 50%), em economias emergentes que tivessem uma demanda crescente, embora incerta, por cerveja. Isso envolveu empresas proeminentes como o Grupo Modelo (*http://www.gmodelo.com*), no México; a AmBev (*http://www.ambev.com.br*), no Brasil; a Asia Brewery (*http://www.asiabrewery.com*), nas Filipinas; e a Tsingtao (*http://www.tsingtaobeer.com*), na China. Essas pequenas participações representam tremendas oportunidades de expansão, caso as demandas nesses países cresçam favoravelmente no futuro; além disso, ajudam a limitar os riscos da Anheuser-Busch, caso esses desenvolvimentos positivos não se materializem. Portanto, essas *joint ventures* internacionais oferecem aos administradores da Anheuser-Busch grandes oportunidades, para que compreendam melhor os mercados externos, e flexibilidade, para que condicionem seus investimentos segundo a evolução desses mercados. É evidente que esse raciocínio tem sido admirado e recompensado pelos investidores.

Fontes: estudo de caso escrito por Tony W. Tong (Universidade Estadual de Nova York, em Búfalo). Foi baseado em (1) T. Arnold; R. Shockley, 2001, Value creation at Anheuser-Busch, *Journal of Applied Corporate Finance*: 14 (2): 41-50; (2) T. W. Tong; J. J. Reuer; M. W. Peng, 2004, International joint ventures and the value of growth options, Working paper, Fisher College of Business, Universidade de Ohio. Reimpresso com permissão do autor.

do desenvolvimento e da produção global de todos os carros compactos da GM, os incentivos que a Daewoo teve para se expandir, de forma independente, à Europa oriental, teriam sido reduzidos. Por essa razão, a Shin Caterpillar Mitsubishi, *joint venture* entre a Caterpillar e a Mitsubishi, obteve sucesso, já que os parceiros uniram completamente seus negócios no ramo de escavadeiras hidráulicas, eliminando, dessa forma, os incentivos de transferência do *know-how* da *joint venture* para os negócios próprios de cada uma das empresas.

De uma perspectiva negativa e uma positiva, a visão de estar "correndo atrás do conhecimento" e a escola da "especialização cooperativa" parecem ser dois lados da mesma moeda. É difícil invalidar qualquer uma das duas. Entretanto, uma ênfase exagerada a somente um dos lados, como a visão de estar "correndo atrás do conhecimento", provavelmente não é algo seguro.

Joint Ventures com Participação Majoritária como Mecanismos de Controle *versus Joint Ventures* com Participação Minoritária como Opções Reais

Semelhante à discussão sobre "muito controle *versus* pouco controle", do Capítulo 6, um debate extenso centra-se no nível de participação no capital apropriado em *joint ventures*. Embora seja clara a lógica de possuir uma grande participação no capital, em *joint ventures* com participação majoritária, sua implementação efetiva costuma ser problemática. A reivindicação de uma parte por seus direitos de controle, mesmo quando justificada por uma posição majoritária na *joint venture* e por um poder de barganha maior, pode irritar a outra parte. Esse é o caso das *joint ventures* internacionais em economias emergentes, nas quais os parceiros locais freqüentemente se ofendem com a dominância das empresas multinacionais ocidentais. Por exemplo, apesar da necessidade óbvia de capital, tecnologia e administração estrangeiros, os administradores russos recusam-se a admitir que a Rússia, ainda uma superpotência para

TABELA 7.5 Alianças *versus* Aquisições

	Alianças	Aquisições
Interdependência de recursos	Baixa	Alta
Razão entre ativos "maleáveis" e "rijos"	Alta	Baixa
Fonte de criação de valor	Combinação de recursos complementares	Eliminação de recursos redundantes
Nível de incerteza	Alto	Baixo

Fonte: Baseado no texto de J. Dyer; P. Kale; H. Singh, 2003, Do you know when to ally or acquire? Choosing between acquisitions and alliances, Working paper, Brigham Young University.

eles, é um país emergente, em desenvolvimento.[103] Como conseqüência, alguns deles exigem um controle administrativo 50/50, ainda que o controle acionário majoritário pertença à empresa multinacional.[104]

Embora vários benefícios da estratégia de "pouco controle" já tenham sido descritos no Capítulo 6, cabe aqui acrescentar mais um importante benefício, associado ao conceito de opções reais. Em geral, quanto mais incertas as condições, maior o valor das opões reais. Em países e indústrias muito incertos, porém potencialmente promissores, fusões e aquisições ou *joint ventures* com participação majoritária são desaconselháveis, pois os custos do fracasso podem ser enormes. Portanto, aconselha-se *joint ventures* com participação minoritária a fazerem investimentos de baixo risco (*toehold*) como possíveis etapas para progressões futuras – caso necessárias –, não expondo a empresa, dessa forma, a riscos muito grandes.[105] Por exemplo, ao entrarem em economias emergentes (em que os defensores da escola do "muito controle" aconselham a implementação de *joint ventures* com participação majoritária), as *joint ventures* com participação minoritária podem desfrutar de oportunidades de crescimento significativas. Esse parece ser o principal fator subjacente ao desempenho estelar da Anheuser-Busch em economias emergentes (ver Estratégia em Ação 7.4). Por outro lado, as opções reais costumam ser de difícil implementação, em parte porque as empresas têm dificuldade de abandonar suas opções, cortando os relacionamentos que não obtiveram sucesso ("Se tentarmos mais um pouco, pode ser que melhorem").[106]

Pelo fato de o conceito de opções reais ser relativamente novo, sua aplicabilidade ainda está sendo discutida.[107] Da discussão sobre as "*joint ventures* com participação majoritária *versus joint ventures* com participação minoritária" conclui-se que posições minoritárias em *joint ventures* são uma possível fonte de vantagem competitiva.[108]

Alianças *versus* Aquisições[109]

Apesar da proliferação das alianças estratégicas, alguns autores estão discutindo se essas representam (ou não) as melhores formas de crescimento de uma empresa. Há uma alternativa às alianças, a saber, as fusões e aquisições (ver Capítulo 9). Muitas empresas parecem buscar fusões e aquisições e alianças isoladamente.[110] Enquanto muitas empresas multinacionais utilizam-se das fusões e aquisições e algumas outras formam alianças (já discutidas), quase nenhuma empresa estabeleceu uma combinação entre "fusões, aquisições *e* alianças". Na prática, a comparação explícita entre alianças e aquisições, dentro de um único modelo de decisões, é aconselhável.[111]

Como demonstrado na Tabela 7.5, as alianças, que tendem a ser fracamente coordenadas pelos parceiros, não funcionam em um cenário que exija um alto grau de dependência; tal cenário requer aquisições. As alianças funcionam bem quando a razão entre os ativos "maleáveis" e "rijos" é relativamente alta (como uma grande concentração de conhecimento tácito), ao passo que as aquisições são preferíveis, caso essa razão seja baixa. As alianças criam valor principalmente por meio da combinação de recursos complementares, ao passo que o valor das aquisições deriva da eliminação de recursos redundantes. Por fim, em conformidade com o conceito de opção real, as alianças são mais adequadas a condições incertas e as aquisições, a condições mais certas.

Deixar de comparar alguns desses fatores pode custar caro às empresas. Consideremos a *joint venture* 50/50 entre a Coca-Cola e a Procter & Gamble, que, em 2001, uniu os negócios do ramo de sucos de frutas da Coca-Cola (como o Minute Maid) e da Procter & Gamble (como o Sunny Delight). O objetivo era combinar o sistema de distribuição global da Coca-Cola com as capacidades de pesquisa e desenvolvimento de produtos para o consumo da Procter & Gamble, o que parecia sensato. Entretanto, no dia do anúncio, o mercado de ações enviou um sinal misto, *aumentando* o valor das ações da Procter & Gamble em 2% e *baixando* o da Coca-Cola em 6%. Por três razões, teria sido melhor se a Coca-Cola tivesse adquirido o ramo dos sucos de frutas da Procter & Gamble. Primeira, seria necessário um grau de integração maior para que as sinergias propostas fossem originadas. Segunda, pelo fato de os ativos "rijos" de distribuição da Coca-Cola serem relativamente fáceis de avaliar e os ativos "maleáveis" compostos pelas capacidades de pesquisa e desenvolvimento da Procter & Gamble serem difíceis de avaliar, a Coca-Cola corria mais riscos. Finalmente, havia pouca incerteza com relação à popularidade dos sucos de fruta e os investidores não conseguiam entender por que a Coca-Cola dividiria 50% desse mercado de rápido crescimento com a Procter & Gamble, uma retardatária nessa indústria. Não é de surpreender que a *joint venture* tenha terminado em seis meses.

Por outro lado, muitas fusões e aquisições (como a da DaimlerChrysler) provavelmente teriam sido mais proveitosas se, pelo menos no início, alianças tivessem sido formadas (ver Capítulo 9). Em geral, as alianças parecem sobrepujar as aquisições com relação à criação de valor no mercado de ações. Para as empresas de capital aberto dos Estados Unidos, a diferença, em retornos "anormais" (a saber, retornos adicionais causados pelo evento), é de 0,76% nas alianças e nula nas aquisições.[112] Em média, os retornos da aliança podem ser traduzidos para um aumento não trivial no valor de mercado de aproximadamente US$ 40 milhões. As aquisições podem estar sendo utilizadas em excesso, como primeiro passo para o acesso aos recursos de outra empresa, ao passo que as alianças, por suas propriedades da opção real, oferecem algumas vantagens únicas.

Por último, embora a lógica das opções reais seja clara, sua prática, quando aplicada à aquisição de *joint ventures*, é confusa, pois a maioria dos contratos de *joint ventures*, e outros tipos de aliança, não especifica preços predeterminados para a parte que está adquirindo e para a outra parte, que está vendendo os ativos. A maioria dos contratos somente explicita os direitos à primeira recusa e as partes concordam em agir de "boa-fé". É compreensível que "nenhuma das partes estará disposta a comprar a *joint venture* por mais do que suas próprias expectativas com relação à geração de lucros em potencial do empreendimento e nem a venderá por menos do que isso".[113] Pelo fato de as alianças serem baseadas em negociações privadas, sem que haja uma apreciação dos ativos em questão por parte do mercado externo, chegar a um acordo com relação a um preço "justo" é complicado. Em *joint ventures* internacionais, em especial naquelas em que os governos anfitriões se envolvem politicamente, tais negociações são muito desafiadoras – como exemplificado pela tentativa da Alcatel de adquirir sua *joint venture* na China (ver Caso de Conclusão).

Implicações para os estrategistas

Ao passo que, tradicionalmente, a estratégia de uma empresa é como ela traça suas estratégias de forma isolada, o surgimento recente de alianças e redes expandiu significativamente esse horizonte de compreensão, enfatizando a estratégia *interempresas*. Esse processo foi gerado tanto pelas transições institucionais, causadas pela globalização e pela liberalização, quanto pela evolução empresarial, em busca de competências centrais e vantagens competitivas ao redor do mundo. A globalização dos mercados e da produção exigiu a procura de parceiros por todo o globo. A liberalização de muitas indústrias e países anteriormente regulados permitiu que as empresas explorassem novos relacionamentos, inclusive entre concorrentes, algo proibido em outras épocas (ver Capítulo 8). A busca por competências centrais é o foco naquilo que as empresas sabem fazer de melhor e – para as coisas em que não são tão boas assim – naquilo que podem acessar via relacionamentos interempresas. Cada vez mais, estrategistas percebem que as vantagens competitivas não residem necessariamente dentro dos limites de suas próprias empresas. Essa "revolução das alianças" introduziu uma nova perspectiva no campo da estratégia. Em vez da concentração exclusiva na competição, uma nova geração de estrategistas deve estar ciente *tanto* da competição *quanto* da cooperação – em outras palavras, uma "coopetição" (cooperação competitiva).[114]

Não é de se surpreender que este capítulo esclareça ainda mais as quatro questões fundamentais em estratégia. A resposta à questão 1 (por que as empresas se diferenciam?) e à 2 (como as empresas se comportam?) centra-se nos diferentes direcionamentos dados pelas considerações baseadas em indústrias, em recursos e em instituições às ações das alianças e redes. São os objetivos estratégicos subjacentes aos relacionamentos que determinam o escopo da empresa (questão 3) – ou, mais especificamente a esse contexto, o escopo das alianças. Alguns relacionamentos possuem um escopo amplo em antecipação a uma eventual fusão (como a aliança entre a Renault e a Nissan), ao passo que outros possuem um escopo limitado, pois os parceiros são violentamente competitivos em outros aspectos (como a *joint venture* entre a GM e a Toyota). Por fim, o sucesso ou o fracasso internacional das alianças e redes estratégicas (questão 4) é determinado pelo modo como as empresas desenvolvem, possuem e alavancam, além de seus ativos "rijos", como tecnologia e capital, capacidades relacionais "maleáveis", durante a administração de seus relacionamentos interempresas. Alianças e redes estratégicas são difíceis de administrar, mas conclui-se que administração, em geral, quase nunca é simples, tanto de relacionamentos externos quanto de unidades internas.

Resumo do Capítulo

1. Alianças estratégicas são acordos voluntários entre empresas, envolvendo intercâmbio, transferência ou desenvolvimento conjunto de produtos, tecnologias ou serviços. Há duas categorias amplas de alianças: contratuais (sem participação no capital) e baseadas na participação no capital. As ***joint ventures*** são um tipo de aliança baseada na participação no capital, que envolve o estabelecimento de uma nova entidade legal.
2. As redes estratégicas são alianças estratégicas formadas por inúmeras empresas a fim de competirem com outros grupos e com empresas autônomas tradicionais.
3. As considerações baseadas em indústrias, em recursos e em instituições constituem a espinha dorsal de um modelo abrangente de alianças e redes estratégicas.
4. As principais etapas de formação de alianças e redes são: (1) a decisão quanto a cooperar ou não cooperar; (2) a determinação da busca de contratações ou de sociedades; e (3) o posicionamento de um relacionamento específico.
5. Dois aspectos da evolução do relacionamento que foram enfatizados (há muitos outros que não foram mencionados) são: (1) minimizando a ameaça do oportunismo; e (2) passando de laços fortes a laços fracos.
6. As questões do desempenho associadas às alianças e redes estratégicas podem ser identificadas em dois níveis: (1) o desempenho das próprias alianças e redes estratégicas; e (2) o desempenho das matrizes.
7. Entre as principais discussões nessa área estão: (1) "correndo atrás do conhecimento" ***versus*** especialização cooperativa; (2) ***joint ventures*** com participação majoritária como mecanismos de controle ***versus joint ventures*** com participação minoritária como opções reais; e (3) alianças ***versus*** aquisições.

Palavras-chave

- ajuste estratégico
- ajuste organizacional
- alianças baseadas na participação no capital
- alianças contratuais
- alianças estratégicas
- alianças horizontais
- alianças verticais para baixo
- alianças verticais para cima
- aprender fazendo
- aprendizado organizacional
- capacidades relacionais
- centralidade na rede
- constelações
- "correndo atrás do conhecimento"
- distribuição de ações
- exploitation (exploração no sentido de aproveitamento dos aprendizados anteriores)

- exploration (exploração no sentido de investigação de novos domínios)
- investimento estratégico
- *joint venture*
- laços fortes
- laços fracos
- ligação micro-macro
- opção
- opção real
- raridade de parceiros
- redes estratégicas
- relações cooperativas inte-rempresas

Questões para Discussão

1. Alguns alegam que possuindo taxas de falência que variam de 30 a 70% (de acordo com diferentes estudos), as alianças e redes estratégicas possuem taxas de falência impressionantemente altas e que as empresas devem reduzir atividades que envolvem alianças e redes. Outros sugerem que essa taxa não é tão mais alta do que a taxa de falência de novas empresas empreendedoras; de empreendimentos corporativos internos; e do lançamento de produtos, por companhias isoladas. Portanto, essa taxa de falência não deve ser levada em consideração. Como você se juntaria a essa discussão?
2. Algumas empresas preferem redes estratégicas (alianças entre multiparceiros), outras preferem relacionamentos bilaterais (entre duas empresas). Quais são os prós e contras de cada uma dessas preferências? Qual das abordagens você prefere? Justifique.
3. Embora as alianças estratégicas sejam comumente denominadas "casamentos corporativos" e, quando acabam, "divórcios corporativos", poucos estrategistas, em seus escritos, basearam-se na volumosa literatura sobre casamentos e divórcios. Alguns argumentam que, como o sucesso e o fracasso das alianças e redes estratégicas dependem da administração do relacionamento, o campo da estratégia tem muito a aprender com a experiência (e a literatura) sobre os casamentos e divórcios. Outros contestam que as alianças e redes estratégicas são fundamentalmente diferentes e que os estrategistas não devem perder tempo estudando tal literatura. Qual é a sua opinião?
4. ***SOBRE ÉTICA:*** As empresas geralmente não revelam (e tentam esconder) suas verdadeiras intenções durante o namoro e as etapas de negociação anteriores à formação de alianças e redes estratégicas. Quais são os dilemas éticos presentes nessa situação?
5. ***SOBRE ÉTICA:*** Alguns alegam que sair "correndo atrás do conhecimento" é antiético. Outros acreditam que isso faz parte dos relacionamentos de alianças, especialmente entre concorrentes. Qual é a sua opinião?

Caso de Conclusão: Alcatel Compra Sua *Joint Venture*, Shanghai Bell

A Alcatel (http://www.alcatel.com), importante fornecedora global de soluções para redes de telecomunicações, localizada em Paris, vendeu 31 bilhões de euros, em 2000, 25 bilhões de euros, em 2001 e 17 bilhões de euros, em 2002 (em virtude de uma recessão global no ramo das telecomunicações). Em 1985, a Alcatel formou uma *joint venture* na China, chamada Shanghai Bell, da qual possuía 32% das ações. Sua parceira estatal chinesa, a PTIC (http://www.ptic.com.cn) possuía 60% e o Fund for Development Corporation, do governo belga (http://www.belgium.be), possuía os 8% restantes. A *joint venture* tornou-se líder no setor, em constante expansão, de equipamentos para telecomunicações, na China, alcançando uma movimentação anual de US$ 1,3 bilhão, em 2000. A Shanghai Bell forneceu ⅓ das bases instaladas de comutadores de linhas fixas na China e era o primeiro fabricante mundial. Entretanto, a Shanghai Bell era uma companhia de um produto, muito dependente dos comutadores de linhas fixas. A competição com rivais chineses, que trabalhavam a baixo custo, fez com que o preço por linha caísse de US$ 100 para US$ 9, em cinco anos, e a *joint venture* não pudesse mais arcar com as despesas de pesquisa e desenvolvimento para a criação de produtos que não fossem linhas fixas. Obviamente, apesar de seu sucesso no passado, a *joint venture* precisava passar por importantes mudanças estratégicas.

Sob tais circunstâncias, a Alcatel buscou transformar essa *joint venture* em mais uma de suas unidades integrais consolidadas. Visava principalmente controlar com mais rigidez essa *joint venture*, à medida que a competição se intensificava, e a tirar maior proveito do crescimento constante da economia chinesa. A Alcatel iniciou as negociações no início de 2000, com o objetivo de adquirir os 18% de participação no capital que lhe faltavam, mais uma ação. Entretanto, em agosto de 2001, um ano e meio depois, a Alcatel não havia feito nenhum progresso concreto nas negociações e muita coisa havia mudado durante esse período. Um ano atrás, o setor de telecomunicações era o preferido dos investidores por todo o mundo, ao passo que, em agosto de 2001, esse setor passava por uma crise profunda. As ações da Alcatel perderam 75% de seu valor em 2001 (de US$ 63,92, em janeiro, para US$ 16,39, em dezembro). A ordem da sede corporativa – utilizar essa aquisição, em um dos últimos oásis na economia global, para agregar valor a toda a corporação – tornava-se cada vez mais importante, à medida que a recessão se agravava.

Embora a Alcatel fosse um jogador veterano na China e tivesse, em geral, bons relacionamentos profissionais com seu parceiro, as negociações mostraram que a empresa não o conhecia o suficiente. Um dos primeiros problemas enfrentados pela Alcatel foi identificar quem, de fato, estava à frente com relação à venda das ações. Demorou certo tempo para a Alcatel perceber que não era necessariamente a PTIC que tomava tais decisões. Ainda que o proprietário teórico da parceira chinesa fosse o State Assets Bureau (Departamento dos Ativos do Estado), era o Ministry of Information Industry (Ministério da Indústria da Informação), responsável pela indústria das telecomunicações, que realmente tomava as decisões – mesmo sendo dois corpos governamentais completamente distintos. Como a Shanghai Bell era considerada a "jóia da coroa" da indústria das telecomunicações chinesa, até mesmo o Ministério da Indústria da Informação não queria tomar uma decisão quanto à venda da *joint venture*, pois poderia parecer politicamente incorreta. Ao final, o problema alcançou

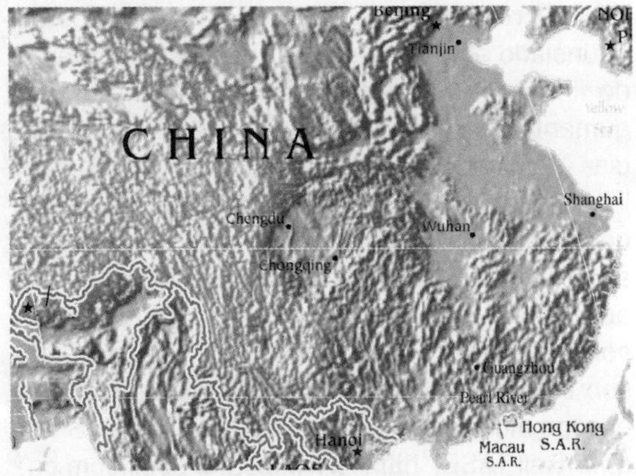

o nível político mais alto; durante uma reunião, o primeiro-ministro chinês, Zhu Rongji, disse a Serge Tchuruk, presidente do conselho e diretor-executivo da Alcatel: "À venda? Sim, está à venda, mas por um preço razoável".

A fim de estabelecer esse "preço razoável", a Alcatel e os chineses negociaram por um ano e meio, mas permaneceram em um impasse até agosto de 2001. Para os chineses, um "preço razoável" não se tratava somente uma questão econômica, mas predominantemente uma questão política". Qual seria um "preço razoável" para a Shanghai Bell? Uma *joint venture* criada pelo governo municipal de Xangai desde seu início – mais importante que isso, criada durante o período específico em que o presidente Jiang Zeming e o primeiro-ministro Zhu Rongji eram prefeito e presidente do partido comunista de Xangai, respectivamente. Qualquer preço poderia ser acusado pelos outros de ser "uma venda barata dos ativos estatais a estrangeiros" e as conseqüências na carreira de um funcionário do governo que tomasse essa decisão poderiam ser desastrosas.

Já a equipe de negociadores da Alcatel foi instruída pela sede a desistir do negócio caso esse não fosse fechado até o segundo trimestre de 2002. Quanto mais demoravam as negociações, maiores eram os obstáculos. "Estamos perdendo dinheiro demais para adquirir uma participação majoritária fraca, em uma companhia que não tem futuro". Segundo esse argumento, a Alcatel possuía outras 18 unidades na China e todas precisavam de investimentos. Outro argumento sugeria que a Alcatel poderia ser entendida pelo governo chinês como um predador hostil, em vez de um investidor estrangeiro amigável. Por fim, havia algumas reservas com relação aos problemas de integração pós-aquisição.

Eventualmente, chegou-se a um acordo, anunciado em 23 de outubro de 2001. O mercado financeiro reagiu de forma positiva, com um aumento de 5% nas ações da Alcatel, no mesmo dia. A Alcatel concordou em gastar US$ 312 milhões para adquirir a Shanghai Bell, mas o negócio foi mais amplo do que apenas aumentar as ações da Alcatel na Shanghai Bell. O acordo acarretava uma reestruturação completa e a consolidação de 12 *joint ventures* da Alcatel na China sob uma nova estrutura organizacional, com um escopo muito mais amplo, chamada Alcatel Shanghai Bell (ASB, http://www.alcatel-sbell.com.cn). A Alcatel controlava 50% das ações mais uma e os acionistas chineses controlavam o restante – as ações belgas foram compradas. A Alcatel não quis comprar 60%, pois queria trabalhar em parceria, e não como um acionista controlador. Contudo, o método "50/50+1" proporcionou à Alcatel, que não queria ter a última palavra em todas as pequenas decisões, a decisão final com relação a questões importantes. Em troca, a Alcatel concordou que a Alcatel Shanghai Bell obtivesse acesso irrestrito à sua tecnologia global, algo que havia relutado na negociação da antiga Shanghai Bell e de outras *joint ventures* na China.

Composta de 6.500 funcionários, a Alcatel Shanghai Bell oferece soluções e aplicações para telefones fixos, telefones celulares e redes de banda larga. A empresa também possui um centro de pesquisa e desenvolvimento importante, que recebe da Alcatel 15% da verba global para tal fim e desenvolve tecnologia original para os consumidores da Alcatel na China e no mundo. Além disso, a Alcatel também mudou sua sede na Ásia-Pacífico para Xangai. Acima de tudo, a Alcatel Shanghai Bell empenha-se para permanecer à frente das rivais multinacionais na China e na região da Ásia-Pacífico.

Questões para Estudo de Caso

1. Quais são as possíveis razões que motivaram a Alcatel a considerar a aquisição da Shanghai Bell?
2. Por que as negociações levaram tanto tempo?
3. A Alcatel somente adquiriu 50% das ações nessa "aquisição", que na essência permanece sendo uma *joint venture*. Entretanto, esse negócio foi capaz de agregar valor às ações da Alcatel. Por quê?
4. Por que o escopo da nova Alcatel Shanghai Bell foi drasticamente ampliado? Identifique os prós e os contras.

Fontes: baseado em entrevistas realizadas pelo autor e em materiais não proprietários, fornecidos por executivos da Alcatel.

Notas

1. Citado em A. Parkhe, 1996, International joint ventures (p. 429), In: B. J. Punnett; O. Shenkar (eds.), Handbook for International Management Research (429-459), Oxford, UK: Blackwell.
2. P. Beamish; P. Killing (eds.), 1997, Cooperative Strategies (3 volumes), San Francisco: New Lexington; F. Contractor; P. Lorang (eds.), 2002, Cooperative Strategies and Alliances, Amsterdã: Elsevier; J. Dunning, 1995, Reappraising the eclectic paradigm in an age of alliance capitalism, JIBS, 26: 461-491; R. Osborn; J. Hagedoorn, 1997, The institutionalization and evolutionary dynamics of interorganizational alliances and networks, AMJ, 40: 261-278; K. Smith; S. Carroll; S. Ashford, 1995, Intra- and interorganizational cooperation, AMJ, 38: 7-23.
3. Citado em J. Reuer, 2004, Introduction (p. 2), In: J. Reuer (ed.), Strategic Alliances, Nova York: Oxford University Press.
4. J. Dyer; P. Kale; H. Singh, 2003, Do you know when to ally or acquire? Working paper, Brigham Young University.
5. J. Bamford; B. Gomes-Casseres; M. Robinson, 2003, Mastering Alliance Strategy, San Francisco: Jossey-Bass.
6. R. Gulati, 1998, Alliances and networks (p. 293), SMJ, 19: 293-317.
7. J. Hennart, 1988, A transaction costs theory of equity joint ventures, SMJ, 9: 361-374; R. Osborn; C. Baughm, 1990, Forms of interorganizational governance for multinational alliances, AMJ, 33: 503-519; O. Williamson, 1991, Comparative economic organization, ASQ, 36: 269-296.

8. W. Danis; A. Parkhe, 2002, Hungarian-Western partnerships, JIBS, 33: 423-455.

9. Gulati, 1998, Alliances and networks; J. Jarillo, 1988, On strategic networks, SMJ, 9: 31-41.

10. T. Das; B. Teng, 2002, Alliance constellations, AMR, 27: 445-456; B. Gomes-Casseres, 1996, The Alliance Revolution, Cambridge: Harvard University Press; S. Human; K. Provan, 1997, An emergent theory of structure and outcomes in small-firm strategic manufacturing networks, AMJ, 40: 368-404; C. Jones; W. Hesterly; K. Fladmoe-Lindquist; S. Borgatti, 1998, Professional service constellations, OSc, 9: 396-410.

11. C. Dhanaraj; A. Parkhe, 2003, Orchestrating innovation networks, Working paper, Indiana University; M. Zeng; X. Chen, 2003, Achieving cooperation in multiparty alliances, AMR, 28: 587-605.

12. F. Contractor; S. Kundu, 1998, Modal choice in a world of alliances, JIBS, 29: 325-358.

13. R. Gulati; N. Nohria; A. Zaheer, 2000, Strategic networks, SMJ, 21: 203-215; K. Harrigan, 1985, Strategies for Joint Ventures, Lexington, MA: Lexington Books; M. Sakakibara, 2002, Formation of R&D consortia, SMJ, 23: 1033-1050.

14. W. Burgers; C. Hill; W. C. Kim, 1993, A theory of global strategic alliances, SMJ, 14: 419-432; D. Deeds; C. Hill, 1996, Strategic alliances and the rate of new product development, JBV, 11: 41-55.

15. D. Gnyawali; R. Madhavan, 2001, Cooperative networks and competitive dynamics (p. 431), AMR, 26: 431-445.

16. J. Dyer; H. Singh, 1998, The relational view (p. 667), AMR, 23: 660-679.

17. J. Dyer, 1997, Effective interfirm collaboration, SMJ, 18: 543-556.

18. M. Subramani; N. Venkatraman, 2003, Safeguarding investments in asymmetric relationships, AMJ, 46: 46-62.

19. D. Harrison, 2004, Is a long-term business relationship an implied contract? JMS, 41: 107-125.

20. A. Boateng; K. Glaister, 2003, Strategic motives for international joint venture formation in Ghana, MIR, 43: 107-128; P. Brews; C. Tucci, 2003, Internetworking, AME, 17 (4): 8-24; R. D. Ireland; M. Hitt; D. Vaidyanath, 2002, Alliance management as a source of competitive advantage, JM, 28: 413-446; H. Li; K. Atuahene-Gima, 2001, Product innovation strategy and the performance of new technology ventures in China, AMJ, 44: 1123-1135; A. Madhok; S. Tallman, 1998, Resources, transactions, and rents, OSc, 9: 326-339; N. Park; J. Mezias; J. Song, 2004, A resource-based view of strategic alliances and firm value in the electronic marketplace, JM, 30: 7-27; M. Schilling; H. K. Steensma, 2001, The use of modular organizational forms, AMJ, 44: 1149-1169.

21. P. Dussauge; B. Garrette, 1995, Determinants of success in international strategic alliances, JIBS, 26: 505-530.

22. Economist, 2003, Open skies and flights of fancy (p. 67), 4 de outubro: 65-67.

23. J. Goes; S. Park, 1997, Interorganizational links and innovation, AMJ, 40: 673-696; M. Kotabe; S. Swan, 1995, The role of strategic alliances in high-technology new product development, SMJ, 16: 621-636.

24. D. Hurry; A. Miller; E. Bowman, 1993, Calls on high-technology, SMJ, 13: 85-101; B. Kogut, 1991, Joint ventures and the option to expand and acquire, MS, 37: 19-33; R. McGrath, 1997, A real options logic for initiating technology positioning investments, AMR, 22: 974-996.

25. T Chi; D. McGuire, 1996, Collaborative ventures and value of learning, JIBS, 27: 285-307; T. Folta; K. Miller, 2002, Real options in equity partnerships, SMJ, 23: 77-88; T. Folta; J. O'Brien, 2004, Entry in the presence of dueling options, SMJ, 25: 121-138; R. McGrath; A. Nerkar, 2004, Real options reasoning and a new look at the R&D investment strategies of pharmaceutical firms, SMJ, 25: 1-21; K. Miller, 1998, Economic exposure and integrated risk management, SMJ, 19: 497-514; K. Miller; Z. Shapira, 2004, An empirical test of heuristics and biases affecting real option valuation, SMJ, 25: 269-284; S. Rangan, 1998, Do multinationals operate flexibly? JIBS, 29: 217-37; P. Rivoli; E. Salorio, 1996, Foreign direct investment under uncertainty, JIBS, 27: 335-357; C. Young-Ybarra; M. Wiersema, 1999, Strategic flexibility in information technology alliances, OSc, 10: 439-459.

26. R. Hill; D. Hellriegel, 1994, Critical contingencies in joint venture management, OSc, 5: 594-607.

27. S. Balakrishnan; M. Koza, 1993, Information asymmetry, adverse selection, and joint ventures, JEBO, 20: 99-117.

28. M. W. Peng, 2000, Controlling the foreign agents: How governments deal with multinationals in a transition economy, MIR, 40 (2): 141-165.

29. P. Aulakh; M. Kotabe; A. Sahay, 1996, Trust and performance in cross-border marketing partnerships, JIBS, 27: 1005-1032; S. Currall; A. Inkpen, 2002, A multilevel approach to trust in joint ventures, JIBS, 33: 479-495; T. Das; B. Teng, 1998, Between trust and control, AMR, 23: 491-512; J. Johnson; J. Cullen; T. Sakano; H. Takenouchi, 1996, Setting the stage for trust and strategic integration in Japanese-US cooperative alliances, JIBS, 27: 981-1004; B. Nooteboom, H. Berger; N. Nooderhaven, 1997, Effects of trust and governance on relational risk, AMJ, 40: 308-338.

30. M. Porter; H. Takeuchi; M. Sakakibara, 2000, Can Japan Compete? (p. 89), Cambridge, MA: Perseus.

31. G. Hamel, 1991, Competition for competence and inter-partner learning within strategic alliances, SMJ, 12: 83-103.

32. S. Alvarez; J. Barney, 2001, How entrepreneurial firms can benefit from alliances with large partners, AME, 15: 139-148; P. Kale; H. Singh; H. Perlmutter, 2000, Learning and protection of proprietary assets in alliances, SMJ, 21: 217-237.

33. J. Lampel; J. Shamsie, 2000, Probing the unobtrusive link (p. 590), SMJ, 21: 593-602.

34. R. Reich; E. Mankin, 1986, Joint ventures with Japan give away our future, HBR, março-abril: 78-90.

35. M. Bear, 1998, How Japanese partners help US manufacturers to raise productivity, LRP, 31: 919-926; J. Hennart; T. Roehl; D. Zietlow, 1999, "Trojan horse" or "workhorse"?, SMJ, 20: 15-29.

36. D. Ahlstrom; M. Young; A. Nair, 2002, Deceptive managerial practices in China, BH, novembro-dezembro: 49-59; L. Huff; L. Kelley, 2003, Levels of organizational trust in individualistic versus collectivist societies, OSc, 14: 81-90; R. Kashlak; R. Chandran; A. Benedetto, 1998, Reciprocity in international business, JIBS, 29: 281-304; B. McEvily; V. Perrone; A. Zaheer, 2003, Trust as an organizing principle, Osc, 14: 91-103.

37. M. Dollinger; P. Golden; T. Saxton, 1997, The effect of reputation on the decision to joint venture, SMJ, 18: 127-140; T. Saxton, 1997, The effects of partner and relationship characteristics on alliance outcome, AMJ, 40: 443-461.

38. M. W. Peng; O. Shenkar, 2002, Joint venture dissolution as corporate divorce, AME, 16 (2): 95-105.

39. O. Shenkar; Y. Zeira, 1992, Role conflict and role ambiguity of chief executive officers in IJVs, JIBS, 23: 55-75.

40. G. Lorenzoni; A. Lipparini, 1999, The leveraging of interfirm relationships, SMJ, 20: 317-338.

41. B. McEvilly; A. Zaheer, 1999, Bridging ties, SMJ, 20: 1133-1156; J. Pennings; K. Lee; A. Witteloostujin, 1998, Human capital, social capital, and firm dissolution, AMJ, 41: 425-440; T. Pollock; J. Porac; J. Wade, 2004, Constructing deal networks, AMR, 29: 50-72; G. Walker; B. Kogut; W. Shan, 1997, Social capital, structural holes, and the formation of an industry network, OSc, 8: 109-125.

42. D. Gerwin, 2004, Coordinating new product development in strategic alliances, AMR, 29: 241-257.

43. J. Dyer; P. Kale; H. Singh, 2001, How to make strategic alliances work, SMR, summer: 37-43.

44. A. Millington; B. Bayliss, 1995, Transnational joint ventures between UK and EU manufacturing companies and the structure of competition, JIBS, 26: 239-254.

45. S. Weiss, 1990, The long path to the IBM-Mexico agreement, JIBS, 21: 565-97.

46. C. Garcia-Pont; N. Nohria, 2002, Local versus global mimetism, SMJ, 23: 307-321; M. Guillen, 2002, Structural inertia, imitation, and foreign expansion, AMJ, 45: 509-525; M. Kraatz, 1998, Learning by association? AMJ, 41: 621-643; J. Lu, 2002, Intra- and inter-organizational imitative behavior, JIBS, 33: 19-38; S. Majumdar; S. Venkatraman, 1998, Network effects and the adoption of new technology, SMJ, 19: 1045-1062.

47. E Jeffries; R. Reed, 2000, Trust and adaptation in relational contracting, AMR, 25: 873-882; S. Lui; H. Ngo, 2004, The role of trust and contractual safeguards on cooperation in non-equity alliances, JM, 30: 471-485; Y. Luo, 2002, Contract, cooperation, and performance in international joint ventures, SMJ, 23: 903-919; A. Nordberg; A. Campbell; A. Verbeke, 1996, Can market-based contracts substitute for alliances in high technology markets? JIBS,

27: 963-980; A. Parkhe, 2003, Institutional environments, institutional change, and international alliances, JIM, 9: 305-316; L. Poppo; T. Zenger, 2002, Do formal contracts and relational governance function as substitutes or complements? SMJ, 23: 707-725; P. Ring; A. Van de Ven, 1994, Developmental processes in cooperative interorganizational relationships, AMR, 19: 90-118; P. Saparito; C. Chen; H. Sapienza, 2004, The role of relational trust in bank-small firm relationships, AMJ, 47: 400-410; A. Zaheer; N. Venkatraman, 1995, Relational governance as an interorganizational strategy, SMJ, 16: 373-392.

48. Esta seção foi fortemente baseada em S. Tallman; O. Shenkar, 1994, A managerial decision model of international cooperative venture formation, JIBS, 25: 91-113. Ver também Y. Doz; P. Olk; P. Ring, 2000, Formation of research and development consortia, SMJ, 20: 239-266; P. Kenis; D. Knoke, 2002, How organizational field networks shape interorganizational tie-formation rates, AMR, 27: 275-294.

49. S. Park; R. Chen; S. Gallagher, 2002, Firm resources as moderators of the relationship between market growth and strategic alliances in semiconductor startups, AMJ, 45: 527-545.

50. M. W. Peng; Y. Luo, 2000, Managerial ties and firm performance in a transition economy: The nature of a micro-macro link, AMJ, 43: 486-501. Ver também L. Abrams; R. Cross; E. Lesser; D. Levin, 2003, Nurturing interpersonal trust in knowledge-sharing networks, AME, 17: 64-77; D. Hambrick; J. Li; K. Xin; A. Tsui, 2001, Composition and processes of IJV management groups, SMJ, 22: 1033-1053; J. Johnson; A. Korsgaard; H. Sapienza, 2002, Perceived fairness, decision control, and commitment in international joint venture management teams, SMJ, 23: 1141-1160; Y. Luo, 2001, Antecedents and consequences of personal attachment in cross-cultural cooperative ventures, ASQ, 46: 177-201; M. Seabright; D. Levinthal; M. Fichman, 1992, Role of individual attachments in the dissolution of interorganizatio6nal relationships, AMJ, 35: 122-160; I. Williamson; D. Cable, 2003, Organizational hiring patterns, interfirm network ties, and interorganizational imitation, AMJ, 46: 349-358.

51. S. Borgatti; R. Cross, 2003, A relational view of information seeking and learning in social networks, MS, 49: 432-445; K. Eisenhardt; C. Schoonhoven, 1996, Resource-based view of strategic alliance formation, OSc, 7: 136-150; P. Wong; P. Ellis, 2002, Social ties and partner identification in Sino-Hong Kong IJVs, JIBS, 33: 267-289; B. Uzzi; R. Lancaster, 2003, Relational embeddedness and learning, MS, 49: 383-399.

52. P. Dickson; K. M. Weaver, 1997, Environmental determinants and individual-level moderators of alliance use, AMJ, 40: 404-425; B. Tyler; H. K. Steensma, 1998, The effects of executives' experiences and perceptions on their assessment of potential technological alliances, SMJ, 19: 939-965.

53.S. Chung; H. Singh; K. Lee, 2000, Complementarity, status similarity, and social capital as drivers of alliance formation, SMJ, 21: 1-22; U. Elg, 2000, Firms' home-market relationships, JIBS, 31: 169-177; R. Gulati, 1995, Does familiarity breed trust? AMJ, 38: 85-112; S. Li; T. Rowley, 2002, Inertia and evaluation mechanisms in partner selection, AMJ, 45: 1104-1119.

54. Y. Pan; D. Tse, 1996, Cooperative strategies between foreign firms in an overseas country, JIBS, 27: 929-946.

55.M. Geringer, 1991, Strategic determinants of partner selection criteria in international joint ventures, JIBS, 22: 41-62.

56. B. Borys; D. Jemison, 1989, Hybrid arrangements as strategic alliances, AMR, 14: 234-249.

57. I. Bjorkman; Y. Lu, 1999, A corporate perspective on the management of human resources in China, JWB, 34: 16-25; E. Weldon; J. Li, 1999, International joint ventures in China, JWB, 34: 1-2.

58. G. Ahuja, 2000, The duality of collaboration, SMJ, 21: 317-343.

59. L. Argote; B. McEvily; R. Reagans, 2003, Managing knowledge in organizations, MS, 49: 571-582; M. Fiol; M. Lyles, 1985, Organization learning, AMR, 10: 803-813.

60. M. Colombo, 2003, Alliance form, SMJ, 24: 1209-1229; A. Inkpen; A. Dinur, 1998, Knowledge management processes and international joint ventures, OSc, 9: 454-468; B. Kogut, 1988, Joint ventures, SMJ, 9: 319-322; B. Kogut; U. Zander, 1993, Knowledge of the firm and the evolutionary theory of the multinational corporation, JIBS, 24: 625-645;

R. Kumar; K. Nti, 1998, Differential learning and interaction in alliance dynamics, OSc, 9: 356-367; P. Lane; M. Lubatkin, 1998, Relative absorptive capacity and interorganizational learning, SMJ, 19: 461-477; B. Uzzi; J. Gillespie, 2002, Knowledge spillovers in corporate financing networks, SMJ, 23: 595-619.

61. G. Szulanski, 1996, Exploring internal stickiness, SMJ, 17: 27-43.

62. A. Gopal; K. Sivaramakrishnan; M. Krishnan; J. Mukhopadhyay, 2003, Contracts in offshore software development, MS, 49: 1671-1683.

63. S. Ante, 2004, Shifting work offshore? Outsourcer beware, BW, 12 de janeiro: 36-37.

64. M. Makhija; U. Ganesh, 1997, The relationship between control and partner learning in learning-related joint ventures, OSc, 8: 508-527; H. Mjoen; S. Tallman, 1997, Control and performance in international joint ventures, OSc, 8: 257-274.

65. J. Oxley, 1997, Appropriability hazards and governance in strategic alliances, JLEO, 13: 387-409.

66. P. Beamish; J. Banks, 1987, Equity joint ventures and the theory of the multinational enterprise, JIBS, 19: 1-16.

67. Y. Pan; X. Li, 2000, Joint venture formation of very large multinational firms, JIBS, 31: 179-189.

68. S. Makino; P. Beamish 1998, Performance and survival of JVs with non-conventional ownership structures, JIBS, 29: 797-818.

69. B. Gomes-Casseres, 2003, Competitive advantage in alliance constellations, SO, 1: 327-335; E. Tsang, 1998, Can guanxi be a sustainable competitive advantage for doing business in China? AME, 12: 64-73.

70. B. Silverman; J. Baum, 2002, Alliance-based competitive dynamics, AMJ, 45: 791-806.

71. S. Parise; A. Casher, 2003, Alliance portfolios, AME, 17 (4): 25-39.

72. T. Khanna, 1998, The scope of alliances, OSc, 9: 340-355.

73. Y. Doz, 1996, The evolution of cooperation in strategic alliances, SMJ, 17: 55-83; M. Koza; A. Lewin, 1998, The co-evolution of strategic alliances, OSc, 9: 255-264; J. Reuer; M. Zollo; H. Singh, 2002, Post-formation dynamics in strategic alliances, SMJ, 23: 135-152; J. Robins; S. Tallman; K. Fladmoe-Lindquist, 2002, Autonomy and dependence of international cooperative ventures, SMJ, 23: 881-901.

74. S. Jap; E. Anderson, 2003, Safeguarding interorganizational performance and continuity under ex post opportunism, MS, 49: 1684-1701.

75. C. Hill, 2005, International Business, 5. ed. (p. 503), Chicago: McGraw-Hill Irwin.

76. Y. Zhang; N. Rajagopalan, 2002, Inter-partner credible threat in international joint ventures, JIBS, 33: 457-478.

77. Esta seção foi forte baseada em M. W. Peng, 2003, From strong ties to weak ties in emerging economies, Working paper, Fisher College of Business, The Ohio State University.

78. M. Granovetter, 1973, The strength of weak ties, AJS, 78: 1360-1380.

79. P. Adler; S. Kwan, 2002, Social capital, AMR, 27: 17-40; J. Hagen; S. Choe, 1998, Trust in Japanese interfirm relations, AMR, 23: 589-600; B. Koka; J. Prescott, 2002, Strategic alliances as social capital, SMJ, 23: 795-816; A. Larson, 1992, Network dyads in entrepreneurial settings, ASQ, 37: 76-104; S. Park; Y. Luo, 2001, Guanxi and organizational dynamics, SMJ, 22: 455-477; B. Uzzi, 1996, Social structure and competition in interfirm networks, ASQ, 42: 35-67; G. Walker; B. Kogut; W Shan, 1997, Social capital, structure holes, and the formation of industry networks, OSc, 8: 109-125.

80. R. Burt, 1992, Structural Holes, Cambridge: Harvard University Press; M. Granovetter, 1973, The strength of weak ties, AJS, 78: 1360-1380.

81. T. Rowley; Behrens; Krackhardt, 2000, Redundant governance structures (p. 383), SMJ, 21: 369-386. Ver também G. Ahuja, 2000, Collaboration networks, structural holes, and innovation, ASQ, 45: 425-455.

82. J. March, 1991, Exploration and exploitation in organizational learning (p. 71), OSc, 2: 71-87.

83. F. Rothaermel; D. Deeds, 2004, Exploration and exploitation alliances in biotechnology, SMJ, 25: 201-221.

84. J. Hire; W. Hesterly, 2001, The evolution of firm networks (p. 282), SMJ, 22: 275-286; R. Madhavan; B. Koka; J. Prescott, 1998, Networks in transition, SMJ, 19: 439-459.

85.C. Jones; W. Hesterly; S. Borgatti, 1997, A general theory of network governance, AMR, 22: 911-945.

86. J. Child; Y. Yan, 2003, Predicting the performance of international joint ventures, JMS, 40: 284-320; R. Pearce, 1997, Toward understan-

ding joint venture performance and survival, AMR, 22: 203-225.

87. A. Arino, 2003, Measures of strategic alliance performance, JIBS, 34: 66-79; X. Lin; R. Germain, 1998, Sustaining satisfactory joint venture relationships, JIBS, 29: 179-196; A. Yan; M. Zeng, 1999, International joint venture instability, JIBS, 30: 397-414.

88. M. Geringer; L. Hebert, 1991, Measuring performance of international joint ventures (p. 258), JIBS, 22: 249-263; J. Reuer; M. Koza, 2000, Asymmetric information and joint venture performance, SMJ, 21: 81-88.

89. M. Geringer; L. Hebert, 1989, Control and performance in international joint ventures, JIBS, 20: 235-254; J. Killing, 1983, Strategies for Joint Venture Success, Nova York: Praeger; A. Parkhe, 1993, Strategic alliance structuring, AMJ, 36: 794-829; A. Yan; B. Gray, 1994, Bargaining power, management control, and performance, AMJ, 37: 1478-1517.

90. C. Dhanaraj; P. Beamish, 2004, Effect of equity ownership on the survival of international joint ventures, SMJ, 25: 295-305.

91. J. Child; L. Markoczy, 1993, Host country managerial behavior and learning in Chinese and Hungarian joint ventures, JMS, 30: 611-631; P. Lane; J. Salk; M. Lyles, 2001, Absorptive capacity, learning, and performance in international joint ventures, SMJ, 22: 1139-1161; M. Lyles; J. Salk, 1996, Knowledge acquisition from foreign parents in international joint ventures, JIBS, 27: 877-903; G. Osland, 1994, Successful operating strategies in the performance of US-China joint ventures, JIM, 2: 53-78; B. Simonin, 1997, The importance of collaborative know-how, AMJ, 40: 1150-1174; E. Tsang, 2002, Acquiring knowledge by foreign partners from international joint ventures in a transition economy, SMJ, 23: 835-854.

92. H. Barkema; O. Shenkar; F. Vermeulen; J. Bell, 1997, Working abroad, working with others, AMJ, 40: 426-442; M. K. Erramilli, 1991, The experience factor in foreign market entry behavior of service firms, JIBS, 22: 479-501; M. Lyles, 1988, Learning among joint venture sophisticated firms, MIR, 28: 85-98; B. Simonin, 1999, Ambiguity and the process of knowledge transfer in strategic alliances, SMJ, 20: 595-623.

93. Y. Luo; M. W. Peng, 1999, Learning to compete in a transition economy: Experience, environment, and performance, JIBS, 30: 269-296; S. Makino; A. Delios, 1996, Local knowledge transfer and performance JIBS, 27: 905-927.

94. H. K. Steensma; L. Marino; K. M. Weaver; P. Dickson, 2000, The influence of national culture on the formation of technology alliances by entrepreneurial firms, AMJ, 43: 951-974; A. Parkhe, 1991, Interfirm diversity, organizational learning, and longevity in global alliances, JIBS, 22: 579-602; D. Sirmon; P. Lane, 2004, A model of cultural differences and international alliance performance, JIBS, 35: 306-319.

95. H. Barkema; F. Vermeulen, 1997, What differences in the cultural backgrounds of partners are detrimental for international joint ventures? JIBS, 28: 845-864; J. Hennart; M. Zeng, 2002, Cross-cultural differences and joint venture longevity, JIBS, 33: 699-716; A. Inkpen; P. Beamish, 1997, Knowledge, bargaining power, and the instability of international joint ventures, AMR, 22: 177-202; S. Park; G. Ungson, 1997, The effect of national culture, organizational complementarity, and economic motivation on joint venture dissolution, AMJ, 40: 279-307.

96. C. Lee; P. Beamish, 1995, The characteristics and performance of Korean joint ventures in LDCs, JIBS, 26: 637-654.

97. A. Arino; J. de la Torre, 1998, Learning from failure, OSc, 9: 306-325; C. Fey; P. Beamish, 2000, Joint venture conflict, IBR, 9: 139-162; J. Mohr; R. Spekman, 1994, Characteristics of partnership success, SMJ, 15: 135-152; S. Park; M. Russo, 1996, When competition eclipses cooperation, MS, 42: 875-890; M. Serapio; W. Cascio, 1996, End-games in international alliances, AME, 10: 62-73; A. Zaheer; B. McEvily; V. Perrone, 1998, Does trust matter? OSc, 9: 141-161.

98. A. Afuah, 2000, How much do your co-opetitors' capabilities matter in the face of technological change? SMJ, 21: 387-404; J. Baum; T. Calabrese; B. Silverman, 2000, Don't go it alone, SMJ, 21: 267-294; J. Combs; D. Ketchen, 1999, Explaining interfirm cooperation and performance, SMJ, 20: 867-888; A. Kaufman; C. Wood; G. Theyal, 2000, Collaboration and technology linkages, SMJ, 21: 649-664; W. Mitchell, H. Singh, 1996, Survival of business using collaborative relationships, SMJ, 17: 169-195; P. Olk; C.

Young, 1997, Why members stay or leave an R&D consortium, SMJ, 18: 855-877; K. Singh, 1997, The impact of technological complexity and cooperation on business survival, AMJ, 40: 339-367.

99. B. Anand; T. Khanna, 2000, Do firms learn to create value? SMJ, 21: 295-316; S. Das; P. Sen, 1998, Impact of strategic alliances on firm valuation, AMJ, 41: 27-42; J. Koh; N. Venkatraman, 1991, Joint venture formations and stock market reactions, AMJ, 34: 869-892; H. Merchant, 2003, Joint venture characteristics and shareholder value creation, MIR, 43: 21-40; H. Merchant; D. Schendel, 2000, How do international joint ventures create shareholder value? SMJ, 21: 723-737; J. Reuer, 2001, From hybrids to hierarchies, SMJ, 22: 27-44.

100. J. Hagedoorn; J. Schakenraad, 1994, The effect of strategic alliances on company performance, SMJ, 15: 291-309.

101. Esta seção foi fortemente baseada em M. Zeng; J. Hennart, 2002, From learning races to cooperative specialization, In: F. Contractor; P. Lorange (eds.), Cooperative Strategies and Alliances (p. 189-210), Amsterdã: Elsevier.

102. Hamel, 1991, Competition for competence. Ver também P. Dussauge; B. Garrette; W. Mitchell, 2000, Learning from competing partners, SMJ, 21: 99-126; P. Dussauge; B. Garrette; W. Mitchell, 2004, Asymmetric performance, SMJ, 25: 701-711.

103. J. Barnes; M. Cook; T. Koybaeva; E. Stafford, 1997, Why do our Russian alliances fail? LRP, 30: 540-550; N. Napier; D. Thomas, 2004, Managing Relationships in Transition Economies, Nova York: Prager; S. Puffer; D. McCarthy; N. Alexander, 2000, The Russian Capitalist Experiment, Cheltenham, UK: Edward Elgar.

104. L. Blodgett, 1992, Factors in the instability of international joint ventures, SMJ, 13: 475-481; C. Choi; P. Beamish, 2004, Split management control and international joint venture performance, JIBS, 35: 201-215; H. K. Steensma; M. Lyles, 2000, Explaining IJV survival in a transition economy, SMJ, 21: 831-851.

105. T. Tong; J. Reuer; M. W. Peng, 2004, International joint ventures and the value of growth options, Working paper, Fisher College of Business, The Ohio State University.

106. R. Adner; D. Levinthal, 2004, What is not a real option? AMR, 29: 74-85; B. Peterson; D. Welch; L. Welch, 2000, Creating meaningful switching options in international operations, LRP, 33: 688-705.

107. R. McGrath; W. Ferrier; A. Mendelow, 2004, Real options as engines of choice and heterogeneity, AMR, 29: 86-101; J. Reuer; M. Leiblein, 2000, Downside risk implications of multinationality and international joint ventures, AMJ, 43: 203-214; A. Zardkoohi, 2004, Do real options lead to escalation of commitment? AMR, 29: 111-119.

108. B. Kogut; N. Kulatilaka, 2001, Capabilities as real options, OSc, 12: 744-758.

109. Esta seção foi fortemente baseada em Dyer; Kale; Singh, 2003, Do you know when to ally or acquire?

110. J. Hagedoorn; B. Sadowski, 1999, The transition from strategic alliances to mergers and acquisitions, JMS, 36: 87-107.

111. J. Hennart; S. Reddy, 1997, The choice between mergers/acquisitions and joint ventures, SMJ, 18: 1-12; P. Kale; J. Dyer; H. Singh, 2002, Alliance capability, stock market response, and long-term alliance success, SMJ, 23: 747-767.

112. Calculado por Dyer; Kale; Singh, 2003, Do you know when to ally or acquire? Ver também N. Park, 2004, A guide to using event study methods in multicountry settings, SMJ, 25: 655-668.

113. T. Chi, 2000, Option to acquire or divest a joint venture (p. 671), SMJ, 21: 665-687.

114. A. Brandenburger; B. Nalebuff, 1996, Co-opetition, Nova York: Doubleday.

CAPÍTULO 8

Administrando a dinâmica competitiva global

Sumário

- Estratégia como ação
- Um modelo abrangente de dinâmica competitiva global
- Ataque e contra-ataque
- Cooperação, acomodação e conluio
- Empresas locais *versus* empresas multinacionais
- Discussões e extensões
- Implicações para os estrategistas

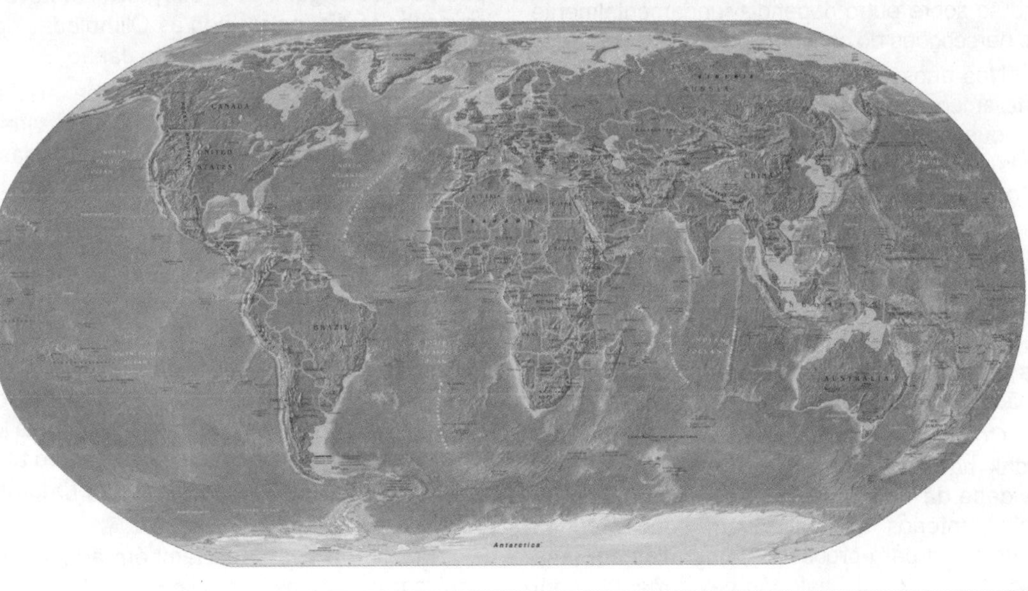

Caso de Introdução: A Guerra no Pacífico: Kodak *versus* Fuji

Quando a maior disputa comercial entre a Kodak (http://www.kodak.com) e a Fuji (http://www.fujifilm.com) irrompeu, em 1996, ambas possuíam aproximadamente a mesma receita mundial de US$ 15 bilhões e controlavam 70% do *market share* (participação no mercado) de seus países de origem; a Kodak controlava 12% do mercado no Japão e a Fuji 14% do mercado nos Estados Unidos. Salvo esses dois países, nos outros mercados a Kodak ficava com 36% e a Fuji com 33%.

Durante essa longa rivalidade, a Kodak e a Fuji utilizaram-se de vários ataques e contra-ataques no que se refere: (1) aos preços; (2) às inovações; (3) ao marketing; (4) à distribuição; e (5) às questões políticas. Considerando-se que não havia uma diferenciação efetiva entre os produtos das duas companhias, a superioridade de um produto sobre outro dependia fundamentalmente das percepções do consumidor.

Nos anos de 1950, tanto os consumidores norte-americanos quanto os japoneses consideravam que os produtos da Kodak, por serem superiores, valiam mais. Por meio do corte nos preços, a Kodak triplicou seu *market share* no Japão, de 6%, em 1971, para 18%, em 1981. Entretanto, sendo esse um país preocupado com o status, a queda nos preços pode ter, inadvertidamente, ferido a imagem da Kodak, permitindo que a Fuji, com preços mais altos, tomasse a liderança. No início dos anos de 1990, o *market share* da Kodak, no Japão, havia caído 10%.

Com relação às inovações, enquanto a Kodak havia despontado no início, a primeira novidade da Fuji, em 1973, foi a introdução de minilaboratórios que utilizavam seus próprios suprimentos para processar fotografias em uma hora. Até 1987, a Kodak não havia reagido com seus próprios minilaboratórios. Por volta de 1994, a Fuji estava controlando 45% dos minilaboratórios no Japão, ao passo que a Kodak dominava somente 20%. Em 1987, a Fuji também lançou a câmera descartável antes da Kodak. A Kodak deu o troco, em 1989, introduzindo os novos papéis fotográficos RA-4. Entretanto, a Fuji logo reagiu com papéis RA-4 de qualidade superior.

Ambas as empresas competiam intensamente no âmbito da publicidade. Em 1984, a Fuji foi a patrocinadora oficial das Olimpíadas de Los Angeles, o que solidificou a imagem de sua qualidade não só nos Estados Unidos, mas também no Japão. Neste país, a Fuji, aproveitando-se da crescente aceitação de seus produtos por parte dos consumidores norte-americanos, anunciou que a Kodak havia sido "destronada" em seu próprio país de origem. Em 1998, a Kodak teve sua revanche tardia: patrocinou as Olimpíadas de Inverno, sediadas em Nagano, no Japão.

A distribuição também era uma arena de constantes disputas. Enquanto grandes revendedores de produtos a varejo, como lojas de departamento, comercializavam há muito tempo os produtos da Kodak (normalmente ao lado dos produtos da Fuji) no Japão, esse tipo de loja representava somente 15% do número total de lojas e 30% das vendas. A maior parte das vendas se dava em pequenas lojas, que, em geral, comercializavam apenas a Fuji. Esta, por meio de negociações exclusivas com quatro importantes atacadistas, controlava essas pequenas lojas varejistas. A Kodak contatou esses quatro atacadistas para que distribuíssem seus produtos no Japão, mas eles se recusaram.

Por fim, a rivalidade também adquiriu uma significativa dimensão política. Em 1993, quando os papéis RA-4, da Fuji, invadiram os Estados Unidos, a Kodak acusou a Fuji de *dumping* (venda abaixo do custo). Na seqüência, a Fuji concordou em elevar os preços. Além disso, em 1995, a Kodak pediu que a Representação Comercial dos Estados Unidos (US Trade Representative - USTR) impusesse sanções comerciais à Fuji, baseada na lei Super 301, pois a Fuji supostamente havia conspirado contra a Kodak evitando que essa alcançasse 85% das lojas varejistas japonesas. De acordo com a Kodak, essas pequenas lojas eram santuários cativos do lucro da Fuji, por meio dos quais a empresa havia estabelecido, de forma injusta, sua expansão global. A Fuji negou todas as acusações, alegando que tanto a Fuji quanto a Kodak controlavam porções iguais de seus mercados domésticos, por causa da vantagem natural oferecida por seus países de origem. Em 1996, embora a USTR tivesse decidido a favor da Kodak, as sanções da Super 301 não foram impostas. Em vez disso, a Organização Mundial do Comércio (OMC) foi convocada para arbitrar a disputa. Em 1997 um painel composto por Brasil, Nova Zelândia e Suíça foi favorável, por unanimidade, à Fuji e ao Japão. Os Estados Unidos não apelaram da decisão da Organização Mundial do Comércio.

Na nova era digital, em que o tradicional negócio de ambas as empresas, com base em tecnologia química, está sendo ameaçado, a Fuji começou a investir mais cedo em câmeras digitais; em 2004, controlava perto de 11% de *market share* mundial. A Kodak a seguia de perto, com 8% de *market share*. No final de 2003, a Kodak anunciou que não venderia mais filmes fotográficos de 35mm na América do Norte e na Europa Ocidental e que passaria a investir em produtos digitais. Contudo, a rivalidade não acabou, pois essas empresas competirão intensamente no ramo das câmeras digitais, lojas on-line e minilaboratórios.

Fontes: Baseado em (1) D. Baron, 1997, Integrated strategy and international trade disputes: The Kodak-Fujifilm case, *Journal of Economics and Management Strategy*, 6: 291-346; (2) H. D. Hopkins, 2003, The response strategies of dominant US firms to Japanese challengers, *Journal of Management*, 29: 5-25; (3) W. Symonds, 2003, The Kodak revolt is short-sighted, *Business Week*, 3 de novembro: 38; (4) Y. Tsurumi; H. Tsurumi, 1999, Fujifilm-Kodak duopolistic competition in Japan and the United States, *Journal of International Business Studies*, 30: 813-830; (5) http://www.fujifilm.com.

Durante a longa rivalidade, por que a Kodak e a Fuji implementaram certas ações, e outras não? Após uma das partes haver iniciado uma ação, como a outra reagiu? Quais são as conseqüências dessas ações e reações no desempenho? Essas são algumas das principais questões discutidas neste capítulo, centrado na dinâmica competitiva ao redor do mundo. A **dinâmica competitiva** refere-se às ações e reações tomadas por empresas concorrentes. Em qualquer cenário competitivo, as ações de uma empresa, visando aumentar sua vantagem, raramente passam despercebidas pelos concorrentes. Portanto, a empresa que está iniciando suas atividades deve não só conhecer suas próprias forças e fraquezas associadas a seus planos de ação, *antes* de tomar qualquer atitude, mas também prever o tipo de reação que os competidores terão. Por meio da antecipação das ações dos rivais, a empresa pode tanto revisar seus planos de ação iniciais quanto se preparar para lidar com as reações dos rivais no próximo *round*. Esse processo, defendido há muito tempo pelo ensinamento de Sun Tzu, segundo o qual se deve conhecer não somente si próprio, mas também seu inimigo, é denominado análise do competidor.

Lembremos que o Capítulo 1 introduziu os conceitos de "estratégia como plano" e "estratégia como ação". É certo que as empresas devem planejar cuidadosamente suas ações. Entretanto, assim como o sabem os oficiais militares, um bom plano dura até o momento em que se faz contato com o inimigo. Este capítulo, em primeiro lugar, apresenta os princípios básicos do conceito de "estratégia como ação", seguidos de um modelo abrangente, com base nas três principais perspectivas em estratégia. Posteriormente, serão discutidas as duas principais ações, ataque/contra-ataque e cooperação. Como nos outros capítulos, seguem discussões e extensões.

Estratégia como ação

A perspectiva de "estratégia como ação", discutida no Capítulo 1 e sintetizada na Figura 8.1, sugere que o centro de toda estratégia é a interação, a saber, ações e reações que levam a uma vantagem competitiva.[1] As empresas, assim como os militares, competem de forma agressiva – notemos o tom expressamente militar de termos como "ataques", "contra-ataques" e "guerra de preços". Em outras palavras, parece que o "comércio é uma guerra".

FIGURA 8.1 Estratégia como Ação

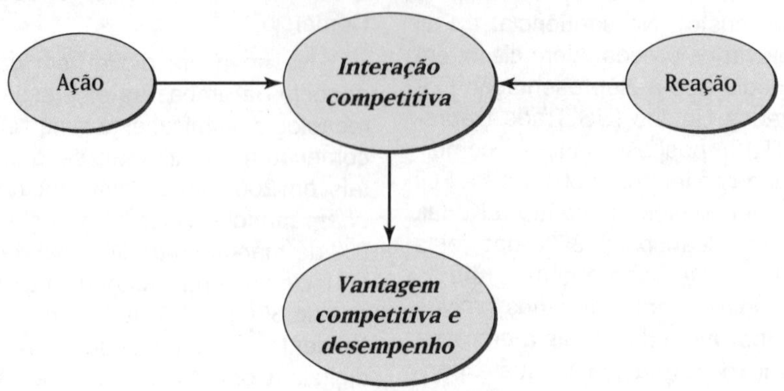

Fonte: *Strategy in Action, Industry Rivalry and Coordination*, 1. ed. de C. M. Grimm; K. G. Smith, p. 62. Copyright © 1997. Reimpressa com permissão da South-Western, divisão da Thomson Learning: www.thomsonrights.com <http://www.thomsonrights.com>. Fax (800) 730-2215.

Afinal, o comércio é ou não é uma guerra? É óbvio que os princípios militares não podem ser de todo aplicados ao comércio, pois o mercado não é um campo de batalhas, em que o lema é "matar ou morrer". Por exemplo, já se sabe que guerras de preços contínuas podem destruir a rentabilidade de toda uma indústria. Se lutar com unhas e dentes destruir a "fatia" do lucro, não restará nada por que lutar. No comércio, é possível competir e vencer sem ter de matar o inimigo. Se uma empresa tentar destruir seus rivais, governos poderão intervir, acusando a empresa de preço predatório ou *dumping* (aspectos que serão discutidos neste capítulo). Portanto, o lema é "viver e deixar que vivam". Em poucas palavras, o comércio é guerra *e* paz, simultaneamente.[2]

Ao passo que os militares lutam em terra, água e ar, as empresas competem em mercados. Mercados podem ser definidos por meio das dimensões do produto (como um nicho, uma indústria ampla ou inúmeras indústrias) e das linhas geográficas (como uma cidade, um país ou um continente). A **competição em multimercados** ocorre quando as empresas enfrentam os mesmos concorrentes em inúmeros mercados.[3] Pelo fato de um competidor em multimercados poder reagir a um ataque não somente no mercado atacado, mas também em outros mercados em que ambas as empresas se encontrarem, o desafiador deve pensar duas vezes antes de iniciar um ataque. Em outras palavras, embora as empresas que atuam em multimercados "ajam localmente", têm de "pensar globalmente". Por exemplo, quando a Kodak cortou os preços no Japão, em 1980, a Fuji reagiu não somente equiparando os preços no Japão, mas também cortando os preços nos Estados Unidos, onde a Kodak, sendo jogador dominante, tinha mais a perder. Como conseqüência, a Kodak encerrou sua campanha de preços baixos no Japão; o mesmo fez a Fuji nos Estados Unidos. Em razão de as empresas reconhecerem a capacidade de suas empresas rivais de retaliar em inúmeros mercados, a competição em multimercados pode resultar na **indulgência mútua**,[4] a saber, na *redução* da intensidade de competição entre concorrentes, que será discutida mais detalhadamente a seguir.

Um modelo abrangente de dinâmica competitiva global

As três principais perspectivas em estratégia que ajudam a explicar como a dinâmica competitiva se dá ao redor do mundo, sugerem um modelo abrangente, apresentado na Figura 8.2.

Considerações Baseadas em Indústrias

As considerações baseadas em indústrias centram-se, primeiro, na natureza do conluio, em seguida, discutem o relacionamento entre as estruturas industriais e a tendência das empresas a se conluiarem (em vez de competirem).

FIGURA 8.2 Um Modelo Abrangente de Dinâmica Competitiva Global

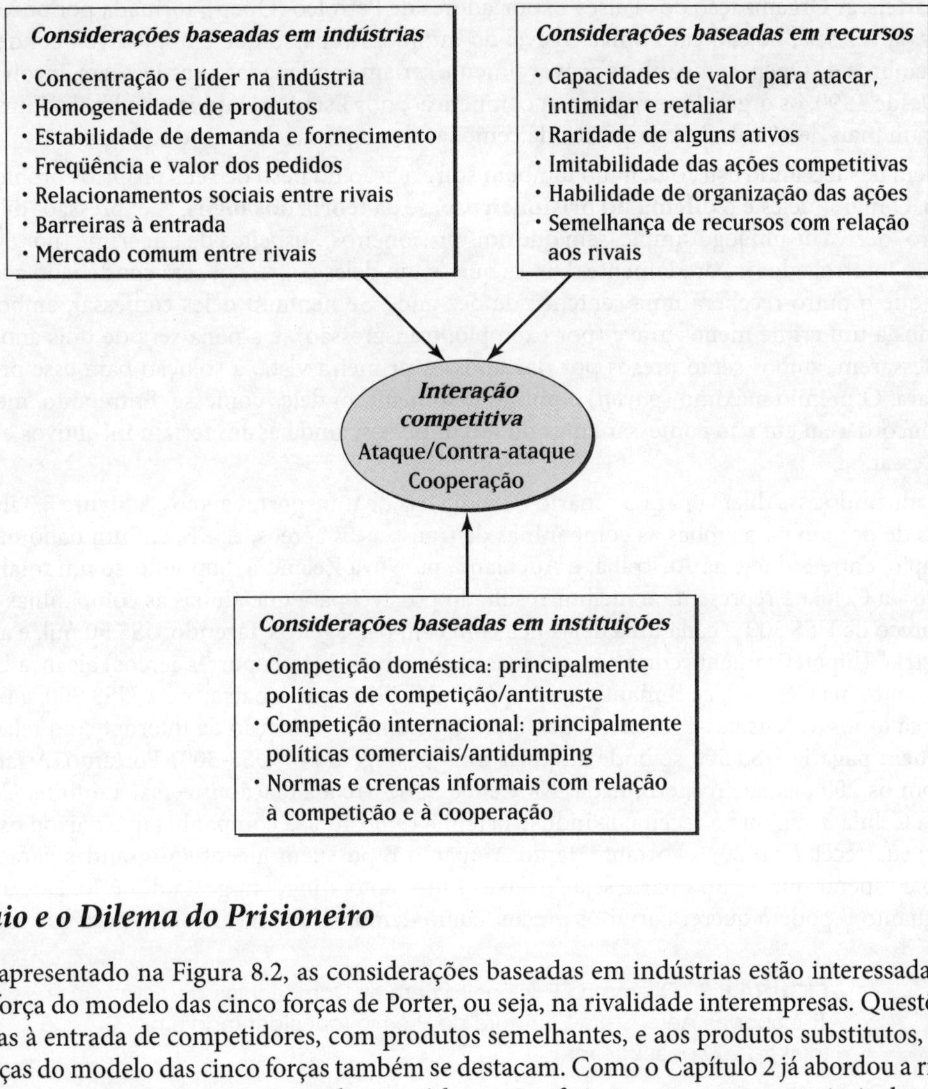

Conluio e o Dilema do Prisioneiro

Como apresentado na Figura 8.2, as considerações baseadas em indústrias estão interessadas na primeira força do modelo das cinco forças de Porter, ou seja, na rivalidade interempresas. Questões sobre barreiras à entrada de competidores, com produtos semelhantes, e aos produtos substitutos, duas outras forças do modelo das cinco forças também se destacam. Como o Capítulo 2 já abordou a rivalidade interempresas, não se repete aqui aquele conteúdo; aqui enfatiza-se apenas que a maioria das empresas em uma indústria, se tiver escolha, prefere um nível de competição reduzido. "Pessoas do mesmo ofício raramente se encontram, mesmo que seja para se divertir", escreveu Adam Smith, em *Riqueza das Nações* (1776), "mas a conversa deles sempre acaba na conspiração contra o público". No jargão moderno, isso significa que as empresas, concorrentes em uma indústria, podem ser incentivadas a organizar **conluios**, definidos como as tentativas coletivas de reduzir a competição.

O conluio pode ser tácito ou explícito. O **conluio tácito** ocorre quando empresas coordenam ações *indiretamente* a fim de reduzir a competição por meio da sinalização de suas intenções de reduzir a produção e manter os preços acima dos níveis competitivos. A indulgência mútua pode ser vista como uma forma de conluio tácito em inúmeros mercados.[5] O **conluio explícito** existe quando empresas negociam *direta* e *abertamente* sobre produção, preços e divisão de mercados a fim de reduzir a concorrência. O conluio explícito leva à formação de **cartéis**, entidades que fixam cotas de produção e preços e envolvem inúmeros competidores. Um cartel também pode ser conhecido como truste, pois um membro tem de confiar (*trust*, em inglês) que o outro honrará os acordos. Historicamente, os cartéis eram legais e regularam muitas indústrias, como o cartel das "Sete Irmãs", formado um século atrás, por companhias da indústria de petróleo. Nos dias atuais, os cartéis costumam ser rotulados de "anticompetitivos" e considerados ilegais por leis antitruste. Embora ilegais em muitos países, os cartéis não se tornaram relíquias do passado. É possível que a globalização, à medida que aumentou a competição em muitos mercados, antes fechados, tenha *aumentado* os incentivos para que empresas participem de cartéis. A Organização dos Países Exportadores de Petróleo (Opep), formada por onze países-membros, talvez seja, hoje, o cartel mais visível do mundo. Ao passo que é impossível "condenar" os países-membros da Opep, companhias provavelmente seriam condenadas se estivessem envolvidas em cartéis. Desde 1990, os órgãos que regulam a competição, nos Estados Unidos e na União Européia, já condenaram mais de 40 cartéis, compostos de centenas de empresas de mais de 30 países.[6]

Além das leis antitruste, o conluio também sofre a ação do peso de seus próprios problemas de incentivo. O maior deles é o **dilema do prisioneiro**, base da **teoria dos jogos**. A expressão "dilema do prisioneiro" deriva de um jogo simples, em que dois prisioneiros, suspeitos de um crime (por exemplo: roubo), são interrogados separadamente. Diz-se que se um deles confessar, será condenado a um ano, ao passo que o outro receberá uma sentença de dez anos. Se nenhum deles confessar, ambos serão condenados a um crime menos grave (por exemplo: transgressão), e a pena será de dois anos. Se os dois confessarem, ambos serão presos por dez anos. À primeira vista, a solução para esse problema parece clara. O prêmio máximo (*payoff*) é obtido caso nenhum deles confesse. Entretanto, mesmo se ambos concordarem em não confessar antes de serem presos, ainda assim teriam incentivos enormes para confessar.

Traduzindo esse dilema para o cenário da indústria de transportes aéreos, a Figura 8.3 ilustra as estruturas de prêmio para ambas as companhias de transportes aéreos, A e B, em um dado mercado, por exemplo, entre Sidney, na Austrália, e Auckland, na Nova Zelândia. Supondo-se um total de 200 passageiros, a Célula 1 representa o melhor resultado possível para que ambas as companhias mantenham o preço de US$ 500 – cada uma delas fica com cem passageiros, fazendo US$ 50 mil, e a receita da "indústria" (hipoteticamente composta de duas companhias de transportes aéreos) alcança US$ 100 mil. Entretanto, na Célula 2, se B mantiver seu preço de US$ 500 e A baixar para US$ 300, é provável que B perca todos os seus passageiros. Considerando-se uma informação da internet com relação aos preços, quem pagaria US$ 500 se pode adquirir uma passagem por US$ 300? Portanto, A faria US$ 60 mil com os 200 passageiros, e B, nada. Na Célula 3, ocorre a situação inversa. Tanto na Célula 2, quanto na Célula 3, embora a receita da indústria tenha *caído* 40%, a companhia que baixou os preços *aumentou* sua receita em 20%. Portanto, tanto A quanto B possuem incentivos grandes para reduzir seu preço e esperar que a outra parte seja "trouxa". Entretanto, ninguém gosta de sê-lo. Dessa forma, tanto A quanto B podem querer cortar os preços, como demonstrado na Célula 4, para que cada uma

FIGURA 8.3 Dilema do Prisioneiro para as Companhias de Transportes Aéreos e a Estrutura do Prêmio (considerando um total de 200 passageiros)

	Companhia de Transportes Aéreos A	
	Ação 1 A mantém o preço em US$ 500	Ação 2 A baixa o preço para US$ 300
Companhia de Transportes Aéreos B — Ação 1 B mantém o preço em US$ 500	(Célula 1) A: $50,000 B: $50,000	(Célula 2) A: $60,000 B: 0
Ação 2 B baixa o preço para US$ 300	(Célula 3) A: 0 B: $60,000	(Célula 4) A: $30,000 B: $30,000

continue com cem passageiros. Por fim, tanto a receita das companhias quanto da indústria diminuem 40%. O grande *insight* da teoria dos jogos é que, mesmo se A e B fizessem um acordo prévio que fixasse o preço em US$ 500, essas companhias ainda teriam incentivos grandes para trapacear, o que leva a indústria à Célula 4, na qual as duas companhias estão em desvantagem.

Características Industriais e Conluio em Comparação com Competição

Considerando-se os benefícios do conluio e os incentivos para se trapacear, quais indústrias tendem mais ao conluio *em comparação com* a competição? Oito fatores devem ser considerados (Tabela 8.1). O primeiro fato relevante é o número de empresas ou, mais tecnicamente, a **razão de concentração**, definida como a porcentagem das vendas industriais totais correspondentes às quatro, oito ou vinte maiores empresas. Em geral, quanto maior a concentração, mais fácil é organizar um conluio. Em uma interação com alta concentração entre duas empresas (Figura 8.3), quando a situação se deteriora (Célula 2), a companhia B pode decidir que *não* vai "pagar na mesma moeda", porque isso terminaria na indesejada Célula 4. Em vez disso, B pode retaliar, baixando preços em outros mercados. Dessa forma, manda um sinal relativamente claro para que A volte à Célula 1, no mercado Sidney-Auckland. Agora imaginemos que dez companhias de transportes aéreos compitam no mercado Sidney-Auckland (uma situação de baixa concentração) e seis delas resolvam baixar os preços. A situação torna-se muito mais complicada. Como as quatro companhias restantes preferiram não se juntar a essa campanha, nesse mercado em particular, terão de retaliar, cortando preços em outros mercados para advertir as outras seis companhias de que devem "botar a cabeça no lugar". Entretanto, a retaliação de baixar os preços pode ser um sinal ambíguo, pois as seis companhias podem interpretar as ações retaliativas, nos outros mercados, não como uma reação às reduções de preço no mercado Sidney-Auckland, mas como uma "invasão" de outros mercados. Por isso, em vez de aumentarem os preços no mercado Sidney-Auckland (assim como as quatro companhias esperam), as seis companhias de transportes aéreos podem, da mesma forma como o fizeram no mercado Sidney-Auckland, reduzir os preços em outros mercados. Considerando a alta probabilidade de as seis companhias que iniciaram as baixas dos preços não compreenderem o "intuito" da reação, as outras quatro podem decidir cortar seus preços no mercado Sidney-Auckland, puxando, assim, toda a indústria para uma espiral descendente. Isso parece ser o que ocorre em muitas indústrias, com inúmeros rivais, em que a norma é a competição nos preços.

Segundo, a existência de um **líder no preço** – definido como a empresa que possui um *market share* dominante e estabelece preços e margens "aceitáveis" no setor industrial – ajuda a manter a ordem e estabilidade necessárias ao conluio tácito. O líder no preço pode sinalizar a toda a indústria, por meio de seu próprio comportamento com relação aos preços, quando é apropriado aumentar ou reduzir os

TABELA 8.1 Características Industriais e a Possibilidade de Conluio em Comparação com Competição

Possibilidade de Haver Conluio	Dificuldade de Haver Conluio (Probabilidade de Haver Competição)
• Poucas empresas (grande concentração)	• Muitas empresas (baixa concentração)
• Existência de um líder no preço naquela indústria	• Ausência de um líder no preço naquela indústria
• Produtos homogêneos	• Produtos heterogêneos
• Estabilidade de demanda, fornecimento e tecnologia	• Demanda, fornecimento e tecnologia com crescimento rápido
• Pedidos freqüentes, de baixo valor	• Pedidos pouco freqüentes, de alto valor
• Relacionamentos sociais amigáveis entre administradores rivais	• Relacionamentos sociais distantes entre administradores rivais
• Altas barreiras à entrada	• Baixas barreiras à entrada
• Mercado comum (indulgência mútua)	• Ausência de um mercado comum (falta de indulgência mútua)

preços, sem que, para isso, ponha em risco toda a estrutura industrial. O líder no preço também possui a **capacidade de punição**, definida como possuir recursos suficientes para impedir e combater deserções. A fim de combater as trapaças, a punição mais utilizada é cortar o desertor por meio da invasão do mercado, de forma que a deserção seja infrutífera. Tal punição é muito dispendiosa, pois, no curto prazo, acarreta perdas financeiras significativas ao líder no preço (bem como à indústria em geral). Entretanto, se a trapaça em pequena escala não é punida, as deserções podem se tornar endêmicas e o conluio pode entrar em colapso. Como o líder no preço tem mais a perder com isso (caso da De Beers, na indústria de diamantes), possui tanto a disposição quanto as capacidades para efetuar punições e arcar com os custos (ver Caso de Conclusão e Caso 8, on-line). Por outro lado, uma indústria sem um reconhecido líder no preço provavelmente é mais caótica. Por exemplo, até os anos de 1980, a GM fazia o papel de líder no preço: anunciava com antecedência a porcentagem de aumento nos preços esperando que a Ford e a Chrysler a seguissem (o que freqüentemente ocorria). Se essas empresas "saíssem da linha", a GM as puniria. Entretanto, em tempos recentes, quando desafiadores asiáticos e europeus, no mercado automobilístico norte-americano, recusaram-se a seguir a liderança da GM, esta não quis e não pôde mais exercer o mesmo papel. Como resultado, a indústria tornou-se muito mais competitiva (ver Caso de Introdução no Capítulo 2).

Terceiro, uma indústria com produtos homogêneos, em que os concorrentes se vêem obrigados a competir no preço (em vez de competirem na diferenciação), provavelmente leva ao conluio. Pelo fato de a competição nos preços ser "violenta", empresas são bastante incentivadas ao conluio. Desde 1990, muitas empresas ao redor do mundo, na indústria de *commodities,* como navegação, vigas de aço e açúcar, foram condenadas pela fixação de preços.

Quarto, a estabilidade de demanda, fornecimento e tecnologia torna difícil a expansão da "fatia" de mercado de cada empresa, o que oferece incentivos ainda maiores para que as empresas incumbentes a busquem via conluio. De modo inverso, demanda, fornecimento e tecnologia com crescimento rápido, típico de indústrias jovens e de alta tecnologia, oferecem uma "fatia" de mercado crescente, tornando o conluio desnecessário.

Quinto, uma indústria caracterizada por pedidos pouco freqüentes e de alto valor não tende ao conluio. Conluios requerem tanto restrições (resistência ao ímpeto de desertar) quanto confiança (crença de que o "sacrifício" de uma empresa será recompensado pelo de outras, no futuro), que geram custos significativos – popularmente conhecidos como "custos de ser trouxa", no caso de as outras empresas desertarem. Em indústrias com produtos de preço alto e demanda pouco freqüente, como a de aeronaves, de construção de navios e de sistemas para submarinos, um único contrato pode gerar lucros por anos, ou até mesmo décadas. A Lockheed, por exemplo, produz a aeronave de transporte militar Hercules C-130 desde os anos de 1950 (!). Por outro lado, se a empresa for "trouxa", nem que seja somente uma vez, pode ser obrigada a se reduzir, ou até mesmo a abandonar o negócio. Portanto, empresas tendem a abandonar os conluios e competir intensamente por esses contratos em longo prazo, até mesmo em indústrias com um pequeno número de competidores (como a de aeronaves).

Sexto, relacionamentos sociais amigáveis entre administradores de empresas rivais podem facilitar os conluios.[7] Esses administradores podem ter sido colegas de escola, ter trabalhado para uma mesma empresa, ter participado do quadro de diretores de certas companhias ou ter interagido em confraternizações beneficentes, clubes sociais ou reuniões de pais e mestres na escola de seus filhos. Por exemplo, quando empresas rivais se aglomeram em uma pequena área (como em Hong Kong), há grandes chances de os administradores desenvolverem relacionamentos sociais amigáveis.[8]

Sétimo, uma indústria com altas barreiras à entrada de novos concorrentes, com tecnologias estabelecidas (como a de construção de barcos), tende a facilitar mais o conluio do que indústrias com baixas barreiras à entrada (como a de restaurantes). Novos concorrentes tendem a ignorar a "ordem" industrial existente; introduzir produtos menos homogêneos, como novas tecnologias (em outras palavras, com "tecnologias de quebra de continuidade");[9] e violar as normas industriais, cultivadas por meio de relacionamentos sociais. Novos concorrentes "podem ser vistos como mísseis disparados em indústrias outrora plácidas e calmas".[10]

Por fim, o **mercado comum**, definido como o grau em que os mercados de dois concorrentes se sobrepõem, também está muito relacionado à intensidade da rivalidade.[11] É possível que empresas atuantes em multimercados respeitem as esferas de influência de seus rivais em certos mercados e que estes correspondam, o que levaria a um conluio tácito.[12] Para que isso ocorra, as empresas têm de estabelecer contatos em multimercados, seguindo umas as outras ao entrar em novos países. Em outras palavras, quando a Kodak entra em um novo país, a Fuji não está longe de fazer o mesmo, e a recíproca é verdadeira. Tal indulgência mútua origina-se principalmente de dois fatores: (1) dissuasão; e (2) familiaridade. A **dissuasão** é importante, pois um alto grau de mercados comuns sugere que se uma empresa ataca em um mercado, seus rivais possuem a capacidade de se envolver em uma **retaliação no cruzamento de mercados**, o que leva a uma dispendiosa guerra geral, insustentável para qualquer empresa. Durante a Guerra Fria, a destruição mútua assegurada, a saber, a capacidade de as forças nucleares norte-americanas e soviéticas retaliarem, varrendo o país inimigo da face da Terra *após* passar por um primeiro ataque nuclear, foi um método dissuasivo de sucesso, pois evitou que uma das partes iniciasse uma guerra nuclear. A **familiaridade** é o aumento do conluio tácito por meio da ciência de uma empresa quanto às ações, intenções e competências de suas concorrentes. Interações repetidas em um certo número de mercados levam a essa familiaridade, que resulta em compreensão e respeito mútuos maiores. Por outro lado, um baixo grau de mercados comuns pode intensificar a competição. Por exemplo, a fim de entrar nos Estados Unidos, a News Corporation, de Rupert Murdoch, usou de agressividade para lançar a rede de televisão Fox. Violando as normas seguidas pelas três grandes redes de televisão dos Estados Unidos (ABC, NBC e CBS), a Fox invadiu suas estações filiadas. Infelizmente, havia pouca indulgência mútua: como possuíam poucas operações no exterior que se sobrepusessem às operações da News Corporation, as três grandes redes não puderam retaliar.[13]

A perspectiva baseada em indústrias gerou um volumoso corpo de *insights* na dinâmica competitiva. Lembremos que o antepassado dessa perspectiva, como explicado no Capítulo 2, é a economia de organização industrial, cujo objetivo é facilitar a competição por meio da regulamentação. A economia de organização industrial tem influenciado as políticas de competição/antitruste. Por exemplo, razões de concentração são mecanicamente aplicadas por autoridades antitruste dos Estados Unidos. Por muitos anos (até 1982), se a razão de concentração das quatro principais empresas de uma indústria ultrapassasse 20%, *automaticamente* uma investigação antitruste era iniciada. Entretanto, desde os anos de 1980, essa abordagem mecânica foi abandonada, em parte porque "cartéis são formados em mercados que carregam poucos dos critérios estruturais sugeridos e não dão certo em alguns dos mercados supostamente ideais".[14] Evidentemente, as considerações baseadas em indústrias, embora criteriosas, são incapazes de contar a história toda e, por essa razão, pedem as contribuições das perspectivas baseadas em recursos e em instituições para esclarecer a dinâmica competitiva, o que está relatado nas próximas duas seções.

Considerações Baseadas em Recursos

Vários imperativos baseados em recursos, produzidos pelo modelo VRIO, dirigem as decisões e ações associadas à dinâmica competitiva (ver Figura 8.2).

Valor

Os recursos das empresas devem criar valor ao serem utilizados em ações estratégicas. Por exemplo, a capacidade de atacar em multimercados – como fez a Gillette ao lançar seus aparelhos de barbear Sensor em 23 países *simultaneamente* – desequilibra os rivais, agregando valor. A capacidade de reagir com rapidez a desafios também agrega valor.[15] Não conseguir reagir às ações dos rivais (como a uma expansão internacional) no momento certo pode levar à perda de oportunidades.[16] Possuir a posição dominante em importantes mercados (como vôos de ida e volta para as principais cidades, no caso de companhias de transportes aéreos) também aumenta o valor. Tal esfera de influência ampliada ameaça os rivais de forma crível, os quais entendem que a empresa defenderá seus mercados centrais vigorosamente.

Raridade

Quer seja pela natureza, quer seja pela criação (ou ambas), alguns ativos são muito raros, o que gera uma vantagem significativa. As vastas reservas de petróleo da Arábia Saudita permitem que esse país se torne o cabeça dos acordos de cartel da OPEP.

A Singapore Airlines, além de possuir sua base doméstica em uma das melhores localizações de conexão da Europa/Oceano Índico e da Ásia Oriental/Austrália, costuma ser classificada como a melhor companhia de transportes aéreos do mundo. Essa rara combinação entre vantagem geográfica e vantagem reputacional, construída por homens, oferece à Singapore Airlines um espaço significativo para suas ações competitivas.

Imitabilidade

A maioria dos rivais observam uns aos outros e provavelmente têm uma idéia razoável (embora não necessariamente precisa) de como competem. O próximo obstáculo, então, é como imitar alguns dos rivais de sucesso. Por exemplo, rivais que competem com agressividade e levam a cabo ações complexas (a saber, uma série de manobras de difícil execução) e agem com rapidez costumam obter um melhor desempenho financeiro e de mercado.[17] Mesmo armadas de conhecimento, empresas competitivamente passivas e lentas, baseadas em somente uma ação (como o corte nos custos), encontrarão imensas dificuldades para imitar as ações dos rivais. Por décadas, várias grandes companhias de transportes aéreos tentaram imitar empresas de desconto, como a Southwest Airlines e a Ryanair (ver Caso de Introdução, no Capítulo 3), mas fracassaram várias vezes.

Organização

Optando tanto por competição quanto por cooperação, as empresas devem ter uma estrutura organizacional preparada para implementar as ações desejáveis. Algumas empresas são mais bem organizadas para implementar ações competitivas, como ataques discretos e reações rápidas, e pagar desafios "na mesma moeda".[18] Essa cultura de intensa competição, "semelhante à atuação de um soldado", requer não só o compromisso da administração geral, mas também o envolvimento dos funcionários, que "descerão às trincheiras". Historicamente, empresas conservadoras, com ações lentas, encontram muita dificuldade de se tornarem agressivas de uma hora para outra.[19]

Por outro lado, algumas empresas são mais bem organizadas para formarem conluios, como a indulgência mútua. Empresas mais centralizadas tendem a ser indulgentes mútuos mais confiáveis do que empresas cujas unidades são controladas de modo frouxo. Uma estratégia de indulgência mútua de uma empresa multinacional que compete com rivais em muitos países requer que algumas unidades, em respeito às esferas de influência dos rivais, sacrifiquem seus lucros máximos, deixando de lado alguns esforços.[20] Obviamente, tal coordenação visa ajudar outras unidades (com posições de mercado dominantes) a maximizarem seu desempenho, ajudando, dessa forma, a empresa multinacional em sua totalidade. A implementação de sucesso desse tipo de indulgência mútua requer sistemas e estruturas de recompensa organizacionais (como bonificações e promoções administrativas), que estimulem a cooperação entre as unidades, sem promoverem a competição interunidades (ver Capítulo 10). De modo inverso, se uma empresa possui sistemas e estruturas de recompensa competitivos, os administradores das unidades podem não abrir mão de seus lucros em favor do benefício maior de outras unidades e da empresa, minando, dessa forma, a indulgência mútua.[21]

Semelhança de Recursos

Referir-se à **semelhança de recursos** é o mesmo que dizer "até que ponto uma dada empresa é dotada de fatores estratégicos comparáveis, tanto em qualidade quanto em quantidade, àqueles que uma empresa específica possui".[22] Empresas que possuem um alto grau de semelhança de recursos provavelmente possuem forças e fraquezas parecidas, que resultam em ações competitivas semelhantes. Por exemplo, a Coca-Cola e a PepsiCo possuem um grau de semelhança de recursos maior do que o existente entre a Coca-Cola e a Nestlé.

A semelhança de recursos combinada ao mercado comum (discutido anteriormente) revela um modelo de análise da empresa por pares de rivais (Figura 8.4). Na Célula 4, pelo fato de as duas empresas possuírem um alto grau de semelhança de recursos, mas um baixo grau de mercado comum (pouca indulgência mútua), a rivalidade entre elas provavelmente é a mais intensa. De modo inverso, na Célula 1, pelo fato de ambas as empresas possuírem pouca semelhança de recursos, mas um alto grau de mercado comum, a rivalidade entre elas provavelmente é a menos intensa. As Células 2 e 3 apresentam

FIGURA 8.4 Modelo de Análise da Empresa Por Pares de Rivais

		Semelhança de Recursos	
		Baixa	Alta
Mercado Comum	Alta	Célula 1 Intensidade da rivalidade A mais baixa	Célula 2 Intensidade da rivalidade A segunda mais baixa
	Baixa	Célula 3 Intensidade da rivalidade A segunda mais alta	Célula 4 Intensidade da rivalidade A mais alta

Fontes: Adaptada de (1) M. Chen, 1996, Competitor analysis and interfirm rivalry: Toward a theoretical integration (p. 108), *Academy of Management Review*, 21: 100-134 e (2) J Gimeno; C. Y. Woo, 1996, Hypercompetition in a multimarket environment: The role of strategic similarity and multimarket contact in competitive de-escalation (p. 338), *Organization Science*, 7: 322-341.

os níveis intermediários de competição. Embora certa rivalidade em multimercados possa resultar de encontros casuais (por exemplo, conglomerados expandindo-se a inúmeras indústrias),[23] tal mapeamento consciente pode ajudar os administradores a aguçarem seu foco analítico e distribuírem os recursos de forma proporcional à ameaça que cada rival apresenta. Esse mapeamento também pode ajudar os administradores a selecionar os alvos ideais de ataque, como rivais menos diretos (na Célula 1) ou mais diretos (na Célula 2 ou na Célula 3).

Considerações Baseadas em Instituições

Apesar da importância das instituições (Capítulo 4), é surpreendente que os livros sobre estratégia global abordem relativamente pouco (em alguns casos, nem abordam) as instituições que governam a dinâmica competitiva. É uma pena, pois deixar de compreender as instituições pode acarretar sérios problemas a empresas outrora bem-sucedidas (como a Microsoft). Em poucas palavras, a visão baseada em instituições argumenta que mercados abertos não são necessariamente abertos. Esta seção centra-se nas instituições formais, bem como nas normas e crenças informais que governam a competição doméstica e a competição internacional.

Instituições Formais que Governam a Competição Doméstica

Essas instituições são amplamente rotuladas de **política de competição**, a qual "determina a combinação institucional entre competição e cooperação, que gera o sistema de mercado".[24] A **política antitruste**, desenvolvida a fim de combater monopólios, cartéis e trustes, é um aspecto relevante. As políticas de competição/antitruste buscam balancear eficiência e justiça. Enquanto o termo eficiência é relativamente fácil de compreender, quase sempre é difícil chegar a um acordo sobre o que é justiça. Nos Estados Unidos, justiça significa oportunidades iguais para empresas incumbentes e novos concorrentes. No Japão, justiça refere-se à lealdade recompensadora. Como conseqüência, as empresas japonesas, como a Fuji, em geral caracterizam a lealdade a (e advinda de) seus atacadistas e fornecedores como "apenas justa", ao passo que empresas norte-americanas, como a Kodak, alegam que esse comportamento é um conluio "injusto" (ver Caso de Introdução).

A Tabela 8.2 ilustra as três principais leis antitruste norte-americanas e cinco casos que se tornaram marcos. Embora os Estados Unidos tenham as leis antitruste mais antigas e influentes do mundo, outros países têm reforçado suas regulamentações antitruste. Políticas de competição/antitruste centram-se: (1) nos preços estabelecidos em conluio; (2) nos preços predatórios; e (3) na extraterritorialidade.

TABELA 8.2 Principais Leis Antitruste e Marcos nos Estados Unidos

Principais Leis Antitruste	Marcos
Lei Sherman de 1890 • É ilegal monopolizar ou tentar monopolizar uma indústria. • Toda pessoa que monopolizar, ou tentar monopolizar; combinar ou conspirar com outra pessoa, ou outras pessoas, para monopolizar qualquer parte que seja dos negócios ou do comércio entre os vários Estados, ou com nações estrangeiras, será declarado culpado por transgressão. • O conluio explícito é declaradamente ilegal. • Embora tenda a ser contra, a lei é obscura com relação ao conluio tácito.	*Standard Oil (1911)* • Possuía um *market share* de mais de 85% nos Estados Unidos. • Culpada por monopolização. • Dissolveu-se em várias empresas pequenas. *Aluminum Company of America (ALCOA) (1945)* • Controlava 90% do mercado de alumínio fundido dos Estados Unidos. • Culpada por monopolização. • Obrigada a subsidiar a entrada de rivais e a vender fábricas.
Lei Clayton de 1914 • Criou a Comissão Federal de Comércio para regular o comportamento das empresas. • Deu autoridade à Comissão Federal de Comércio para proibir que empresas se envolvessem em práticas comerciais perniciosas.	*IBM (1969-92)* • Controlava 70% do mercado de microcomputadores dos Estados Unidos. • Processada pelo Departamento de Justiça (DOJ – Department of Justice) por monopólio, lotes ilegais de produtos e preços predatórios. • Caso arquivado pela administração Reagan.
Lei Hart-Scott-Rodino (HSR) de 1976 • Deu autoridade ao Departamento de Justiça para exigir que empresas apresentem documentos internos. • Deu autoridade aos procuradores gerais do Estado para iniciarem processos judiciais por danos triplos.	*AT&T (1974-1982)* • "Monopólio natural" legal desde os anos de 1900. • Processada pelo Departamento de Justiça por monopolização, especialmente por seus esforços para bloquear novos concorrentes. • Chegou-se a um acordo, na administração Reagan, que resultou no colapso da empresa.
	Microsoft (1990-2001) • O MS-DOS e o Windows possuíam 85% de *market share* nos Estados Unidos. • Processada pelo Departamento de Justiça, pela Comissão Federal de Comércio e por procuradores gerais de 22 estados por monopólio e lotes ilegais de produtos. • Acordo, em 1994; ordem para que a empresa fosse dividida em duas, em 2000; apelação da sentença anterior e ganho de causa, em 2001; novo acordo, em 2001. • Declarada culpada pela União Européia, em 2004.

Em primeiro lugar, os **preços estabelecidos em conluio** referem-se aos casos em que monopolistas ou grupos em conluio estabelecem os preços em um patamar acima do competitivo. Mesmo sem possuírem um monopólio efetivo de 100% de *market share*, empresas dominantes, como a Standard Oil e a Alcoa, foram condenadas por monopolização. Em geral, a regra prática sugere que uma porcentagem de 75 a 80% de *market share* já pode acarretar ações governamentais dos Estados Unidos contra a monopolização.[25] Para um exemplo de fixação de preços por meio de um cartel, pode-se observar a Alemanha durante o primeiro choque do petróleo (1973-1974). Os seis principais produtores de petróleo da Alemanha – BP, Exxon, Gevelsberg, Shell, Texaco e VEBA – aumentaram drasticamente os preços. Embora tenha havido um aumento de 30% nos preços do petróleo bruto, os lucros dessas empresas subiram de forma rápida e repentina, em 300%. O governo alemão, conseqüentemente, processou-as pelos preços estabelecidos em conluio.[26]

Uma segunda área de preocupação é o **preço predatório**, definido pelas leis dos Estados Unidos como: (1) o estabelecimento de preços abaixo do custo, em curto prazo, a fim de destruir os concorrentes; *e* (2) a intenção de aumentar os preços a fim de cobrir perdas, a longo prazo, após a eliminação dos concorrentes (em termos legais, "uma tentativa de monopolizar"). Essa é uma área de disputas significativas. Em primeiro lugar, a classificação do que é o "custo" não é muito clara. Em segundo lugar, mesmo se algumas empresas forem pegas vendendo a preços abaixo do custo variável médio (medida freqüentemente utilizada), os tribunais norte-americanos determinam que o comportamento com relação aos preços dessas empresas não pode ser rotulado de "predatório" se, na indústria, houver muitos rivais a serem eliminados – em outras palavras, a incapacidade de eliminar rivais impossibilita que as perdas sejam cobertas pelo aumento posterior nos preços.

A maior parte das indústrias possui um grande número de empresas rivais. Portanto, embora o preço predatório exista na teoria, as duas provas legais – a venda abaixo do custo variável médio *e* uma indústria que favoreça o reembolso dos prejuízos – tornam extremamente difícil ganhar uma causa de preço predatório nos Estados Unidos. Em oposição, as leis antitruste da União Européia apenas requerem evidências de que a empresa está vendendo a preços abaixo do custo variável médio. A habilidade de cobrir as perdas aumentando os preços após haver eliminado um rival *não* é necessária.[27] O resultado é que as empresas norte-americanas possuem um grau relativamente maior de liberdade nos preços, ao passo que as empresas da União Européia devem ser mais cuidadosas.

Uma terceira área de preocupação é a **extraterritorialidade**, definida como o alcance que as leis de um determinado país possuem em outros países. Os tribunais dos Estados Unidos decidiram *unilateralmente* punir cartéis não norte-americanos (alguns dos quais podem ser legais em outros países) que exerçam impacto negativo substancial em mercados norte-americanos. Não é de se surpreender que tais ações dos Estados Unidos irritem governos e empresas estrangeiras. Por exemplo, durante os anos de 1970, os Estados Unidos e o Canadá lutaram entre si em uma dura "guerra" antitruste com relação ao caso do cartel de urânio (ver Estratégia em Ação 8.1). Mais recentemente, a União Européia utilizou-se de uma página do livro de regras antitruste do Estados Unidos, ameaçando vetar a fusão entre a Boeing e a McDonnell Douglas e atrapalhando, com sucesso, a fusão proposta entre a GE e a Honeywell. Em 2004, a Microsoft, que driblou os obstáculos impostos pelas leis antitruste do governo dos Estados Unidos, foi punida pela União Européia.

Sem sombra de dúvida, na era da globalização, aplicar leis antitruste, que governam a competição doméstica, extraterritorialmente cria certa tensão entre governos e empresas. Os Estados Unidos sempre tiveram uma abordagem ideológica, rotulando quase todos os cartéis de ilegais (com poucas exceções). Entretanto, no Japão e na União Européia, cartéis entre empresas e indústrias que estão em crise profunda são permitidos por lei.[28] Críticos estrangeiros levantam duas questões. Primeira, apesar de sua ideologia pró-competição, a política norte-americana pode ser, na verdade, mercantilista (busca os interesses norte-americanos à custa de rivais estrangeiros). Os críticos também apontam que as leis norte-americanas permitem cartéis de *exportação* (ver na próxima seção "Instituições Formais que Governam a Competição Internacional"). Segunda, a política norte-americana em si é instável e parece estar mais permissiva nos últimos tempos, o que enfraquece os argumentos dos Estados Unidos.

Da administração Reagan até os dias atuais, as leis antitruste norte-americanas, na verdade, têm se tornado mais permissivas. Não é por acaso que alianças estratégicas entre competidores proliferaram a partir dos anos de 1980 (ver Capítulo 7). A Lei de Pesquisa Cooperativa Nacional (National

Estratégia em Ação 8.1.

O Cartel de Urânio e a Extraterritorialidade das Leis Antitruste Norte-americanas

O urânio é uma matéria-prima vital e insubstituível para as armas nucleares e a geração de energia. Nos anos de 1960, o Congresso Nacional dos Estados Unidos proibiu as importações de urânio em virtude do interesse das empresas de urânio norte-americanas de monopolizar o mercado norte-americano. Privadas do direito de vender a ⅔ de seus consumidores mundiais, que estavam nos Estados Unidos, empresas de urânio da Austrália, Canadá, França e África do Sul, sustentadas por seus governos, formaram um cartel, em 1972, para fixar os preços. Em 1971, a libra (0,4535923 quilograma) do urânio custava US$ 3,55. Entretanto, de 1973 a 1975, o preço *quadruplicou*, de US$ 6,50 para US$ 26 por libra. Em 1976, o governo dos Estados Unidos, a Westinghouse (grande fabricante de geradores de energia nuclear norte-americano) e mais de uma dúzia de empresas norte-americanas que prestavam serviços de utilidade pública incriminaram, por meio de leis antitruste, o cartel responsável pelo aumento nos preços mundiais (e norte-americanos) do urânio.

Colocava-se em questão a jurisdição (ou não) das leis antitruste norte-americanas em relação a atividades que eram legais fora dos Estados Unidos. Este, por sua vez, alegou que suas leis antitruste possuíam poder extraterritorial para instaurar um processo contra esse cartel, que não era norte-americano (apelidado de "Opep do urânio"), pois esse exercia um impacto negativo substancial em mercados norte-americanos. Governos e empresas estrangeiras discordaram e criticaram o protecionismo norte-americano. O governo do Canadá, que liderou a organização do cartel, ficou especialmente irritado. Em protesto à invasão de sua soberania por parte dos Estados Unidos, os canadenses aprovaram uma lei que proibia todos os cidadãos e empresas canadenses de passar qualquer informação sobre o cartel a autoridades estrangeiras. Outros países aprovaram legislações semelhantes. Por fim, todos os processos judiciais foram negociados fora dos tribunais, por meio de pagamentos que podem ter ultrapassado US$ 400 milhões. Destruído pela má fama, bem como por problemas internos (notavelmente trapaças), o cartel entrou em colapso e a indústria voltou à violenta competição nos preços.

Fontes: Baseado em (1) D. Rosenthal; I e P. Nicolaides, 1997, Harmonizing antitrust: The less effective way to promote international competition, In: E. Graham; J. D. Richardson (Orgs.), *Global Competition Policy* (p. 355-383), Washington: Institute for International Economics; (2) D. Spa, 1994, *The Cooperative Edge: The Internal Politics of International Cartels*, Ithaca, Nova York: Cornell University Press.

Cooperative Research Act), de 1984, deu um passo crucial ao permitir legalmente que empresas rivais se juntassem em trabalhos de pesquisa e desenvolvimento. A aprovação da fusão Boeing-McDonnell Douglas, em 1996, que eliminou o último rival norte-americano da Boeing, é um indicativo desse aumento de permissividade. Entretanto, apesar da clareza e permissividade acentuadas, os padrões legais de cooperação interempresas, nos Estados Unidos e em outros lugares, ainda são ambíguos. Na ausência de uma harmonia internacional no que tange às políticas antitruste, é crucial que empresas estejam cientes dessas ambigüidades ao planejar suas ações, especialmente quando estiverem sob a jurisdição de vários governos.

Instituições Formais que Governam a Competição Internacional

Esta seção tratará, em primeiro lugar, do comércio internacional/*antidumping* e, em segundo lugar, dos cartéis de exportação. No mesmo espírito do preço predatório, o *dumping* é definido como: (1) a ação de um exportador que vende produtos a um preço abaixo de custo no exterior; e (2) que planeja subir o preço assim que os concorrentes locais forem eliminados. É interessante notar que enquanto a predação doméstica geralmente é rotulada de "anticompetitiva", o *dumping*, além das fronteiras, costuma ser acusado de "injusto".[29]

Considere os dois cenários a seguir. Primeiro, um fabricante de aço, em Indiana, entra em um novo mercado, o Texas. Neste, o fabricante oferece preços menores do que em Indiana, o que resulta em um *market share* de 10% no Texas. As empresas do Texas têm duas opções: uma é processar a empresa de Indiana por "preço predatório". Entretanto, é difícil provar: (1) que a empresa de Indiana está vendendo a preços abaixo do custo; *e* (2) que esses preços são uma "tentativa de monopolizar". Por meio de leis antitruste norte-americanas, um caso como esse não tem chance de ser bem-sucedido. Em outras palavras, as leis antitruste, que governam a competição doméstica, não oferecem proteção. Portanto, as empresas do Texas provavelmente escolherão a segunda opção – retaliar, da mesma forma, oferecendo preços baixos a consumidores de Indiana, o que leva a preços ainda mais baixos, tanto no Texas quanto em Indiana.

No segundo cenário, a empresa "invasora" não é de Indiana, mas da Índia. Mantendo todas as outras circunstâncias, os fabricantes de aço do Texas poderiam alegar que a empresa indiana está cometendo *dumping*, causando, dessa forma, "prejuízo material" em razão de vendas, lucros e empregos perdidos. Por meio das leis *antidumping* norte-americanas, os fabricantes de aço do Texas "quase sempre obterão proteção legal, exatamente pelos mesmos motivos por que não aceitam uma *reivindicação* antitruste, já que as leis antitruste não protegem esses fabricantes contra tais circunstâncias".[30] Observemos que as taxas *antidumping* para importações de aço da Índia reduzem os incentivos para que as empresas do Texas contra-ataquem entrando na Índia, o que resulta em preços *mais altos* tanto no Texas quanto na Índia, prejudicando os consumidores. Esses dois cenários são extremamente realistas. Um estudo da Organização para Cooperação e Desenvolvimento Econômico realizado na Austrália, no Canadá, na União Européia e nos Estados Unidos, relatou que 90% das práticas consideradas como *dumping* injusto, nesses países, nunca seriam questionadas por meio de suas próprias leis antitruste, caso fossem utilizadas por empresas domésticas, em suas vendas domésticas.[31] Isso significa que, em muitos países, empresas estrangeiras costumam ser discriminadas pelas regras formais do jogo.

A discriminação também é evidente na investigação *antidumping* efetiva. Uma empresa doméstica geralmente abre um processo no órgão governamental relevante – nos Estados Unidos, os órgãos são a Administração do Comércio Internacional – International Trade Administration (uma unidade do Departamento do Comércio – Department of Commerce) e a Comissão de Comércio Internacional – International Trade Commission (uma agência do governo independente). Posteriormente, essas agências do governo enviam questionários minuciosos às empresas estrangeiras acusadas, solicitando dados proprietários abrangentes com relação aos custos e preços, em inglês e em princípios contábeis aceitos nos Estados Unidos (GAAP), que devem ser respondidos dentro de 45 dias. Muitas empresas estrangeiras não conseguem se defender, fornecendo tais dados a tempo, por não estarem familiarizadas com o GAAP.

A investigação pode chegar a quatro resultados. Primeiro, se não vier nenhum dado do exterior, os dados apresentados pela empresa denunciante tornam-se as evidências por meio das quais essa empresa pode ganhar a causa. Segundo, se as empresas estrangeiras fornecerem os dados com relação aos custos, a empresa denunciante ainda pode recorrer, alegando que os estrangeiros mentiram injustamente – "não há como os custos serem tão baixos!". Por exemplo, no caso dos criadores de lagostim da Louisiana *versus* os da China, a autenticidade da média do salário dos trabalhadores chineses, de US$ 9 por *semana*, foi um importante ponto de discussões. Terceiro, mesmo se os dados com relação aos baixos custos puderem ser averiguados (como os criadores de lagostim chineses poderiam fazer), as leis *antidumping* dos Estados Unidos (e da União Européia) permitem que o denunciante alegue que os dados não são "justos". No caso da China, esse argumento se aplica, pois seus custos refletem enormes distorções causadas pela intervenção governamental, pelo fato de a China ainda não ser uma economia "de mercado". Portanto, somente é "justo" calcular o custo de se criar, hipoteticamente, lagostins, em economias de mercado (nesse caso específico, a Espanha foi escolhida). Pelo fato de os custos da Espanha serem praticamente os mesmos que os da Louisiana, os chineses, apesar de suas objeções veementes, foram condenados por *dumping* (a saber, por vender abaixo do custo da *Espanha*). Conseqüentemente, taxas de importação, que variaram de 110 a 123%, foram cobradas sobre o lagostim chinês.[32] O quarto resultado possível é o réu ganhar o caso, mas isso parece pouco provável.[33]

A implicação direta para as empresas domésticas sob pressões competitivas das importações é clara: a formulação de petições *antidumping*. Um estudo constatou que a simples formulação dessa petição (independente do resultado) havia chegado estatisticamente a um aumento significativo de 1% no preço das ações das empresas de capital aberto dos Estados Unidos (uma média de aumento de

US$ 46 milhões no valor de mercado[34]). Como conseqüência, não é de surpreender que casos de *antidumping* estejam proliferando por todo o mundo. Embora os Estados Unidos e a União Européia tenham iniciado o maior número de casos, na verdade várias economias emergentes, *por dólar de importações*, são os mais ávidos praticantes do *antidumping*. *Por dólar de importações*, a Argentina e a África do Sul possuem 20 vezes mais casos do que os Estados Unidos, sete vezes mais do que a Índia e cinco vezes mais do que o Brasil[35]. A China, cujas empresas lideram, atraindo 15% dos casos de *antidumping* mundiais, desde 1999, tem agradecido o "favor" reforçando suas próprias leis *antidumping*.

Além do *antidumping*, há outra arma disponível às empresas norte-americanas para combater práticas comerciais estrangeiras "injustas": instigar o governo norte-americano a invocar as sanções propostas pela lei Super 301 (como tarifas e cotas de importação), do Ato de Comércio de 1974, contra países estrangeiros ofensores. Popularmente conhecida como **Super 301**, foi essa a ação tomada pela Kodak ao alegar que a Fuji estava bloqueando de forma injusta seu acesso ao mercado do Japão (ver Caso de Introdução). A Super 301, que nenhum outro país possui, oferece aos Estados Unidos uma poderosa arma para negociações com parceiros comerciais. Como resultado, muitos alvos de ações da Super 301 ficam ressentidos.

Outra instituição formal que governa a competição internacional é a regulamentação que permite às empresas domésticas organizar **cartéis de exportação**, definidos como alianças entre empresas que atuam em cooperação na exportação (incluindo a fixação de cotas e preços). Desde que os cartéis de exportação não adentrem a competição doméstica, as leis de competição em quase todos os países legalizam esse tipo de conluio. Em outras palavras, conluios puníveis em cenário doméstico podem ser permitidos, e até mesmo incentivados, se promoverem exportações. Por exemplo, o congresso nacional dos Estados Unidos aprovou a Lei Webb-Pomerene, em 1918, e a Lei sobre as Companhias Exportadoras (Export Trading Company Act), de 1982, que vêem os cartéis de exportação como uma exceção às leis antitruste. Considerando-se a competitividade geral da maioria dos mercados internacionais, os cartéis de exportação têm exercido um papel relativamente pequeno (afetam cerca de 2% das exportações dos Estados Unidos).[36] Contudo, esse é um outro exemplo de como as instituições formais oferecem às empresas domésticas vantagens a mais à custa de rivais estrangeiros.

Enquanto que alguns alegam que as diferenças entre o comércio doméstico e o internacional são apenas uma questão de grau, no caso do *antidumping* e dos cartéis de exportação (e da "Super 301"), podem ser observadas diferenças fundamentais entre o tratamento dispensado às empresas domésticas e às internacionais. Ironicamente, a elevação da maré da globalização, nas últimas duas décadas, veio acompanhada da proliferação de casos *antidumping*, permitidos no âmbito da Organização Mundial do Comércio. A mensagem a empresas interessadas em fazer negócios no exterior é clara: o grau de liberdade com relação aos preços que terão no exterior é significativamente menor do que o encontrado na fixação de preços doméstica.

Normas e Crenças Informais

As normas e as crenças informais também exercem um papel significativo na governança da dinâmica competitiva. Os capítulos 4-7 abordaram profundamente esse tema; portanto, não repetiremos aquele conteúdo; cabe aqui somente enfatizarmos sua importância.

Em suma, a visão baseada em instituições sugere que as condições institucionais, como a disponibilidade de proteção *antidumping*, não são apenas o "pano de fundo". Elas determinam de forma direta quais armas uma empresa possui em seu arsenal para travar batalhas competitivas. A seguir, serão apresentados os dois principais itens das ações de ataque e contra-ataque.

Ataque e contra-ataque

Na forma de corte nos preços, campanhas de propaganda, entradas em mercados e introdução de novos produtos, o **ataque** pode ser definido como o princípio de uma série de ações a fim de se ganhar vantagem competitiva e o **contra-ataque** é, conseqüentemente, definido como as ações em resposta a ataques.[37] Esta seção centra-se em responder duas questões: (1) quais são os principais tipos de ataque?; e (2) quais tipos de ataque têm mais chances de obter sucesso?

Três Tipos Principais de Ataque[38]

Assim como militares, os estrategistas comerciais escolhem entre iniciar ataques frontais, que provocarão retaliações, ou promover ações discretas, que podem não incitar retaliações. Os três principais tipos de ataque são: (1) a investida; (2) a simulação; e (3) o gambito. A **investida** é um ataque frontal clássico com uso de força bruta. A Figura 8.5 apresenta uma investida, em que a empresa A inicia um ataque direto ao mercado-alvo X, contra a empresa B. A "guerra entre os *browsers*" Microsoft e Netscape é um exemplo. Em 1996, o Navigator, da Netscape, controlava 90% do mercado, ao passo que o Explorer, da Microsoft, dominava menos de 5%. Quando a Microsoft se deu conta da importância do mercado de *browsers*, mobilizou espantosos recursos, incluindo dinheiro vivo (como US$ 150 milhões para a Apple e US$ 10 milhões para a KPMG), para que fosse iniciado um ataque frontal. Bill Gates envolveu-se pessoalmente na persuasão de alguns de seus maiores clientes, perguntando-lhes: "Quanto você quer para ferrar a Netscape?". Em 1998, o *market share* da Netscape caiu para 14% e o da Microsoft subiu para 86%. No final de 1998, a Netscape se retirou, concordando em ser adquirida pela AOL.[39]

O sucesso ou o fracasso de uma investida é amplamente determinado: (1) pelas forças relativas dos rivais; e (2) pela importância relativa, reconhecida pelas partes, do mercado específico. É óbvio que o atacante deve possuir algumas forças predominantes. Em ataques militares tradicionais, ele precisa de no mínimo três vantagens para cada uma. Se o defensor sentir que o mercado atacado é essencial, estará disposto a comprometer mais recursos a fim de defendê-lo.[40]

A **simulação** é o ataque de uma empresa a uma arena determinada que é importante, mas não a verdadeira área-alvo do atacante. A simulação é seguida do comprometimento de recursos do atacante para com sua área-alvo real. Um atacante que inicia uma simulação busca forçar seu oponente a gastar recursos para defender sua área específica. A Figura 8.6 ilustra uma simulação executada pela empresa atacante A, no mercado Y, que é o mercado específico à empresa B. Em resposta a isso, B gasta recursos para defender o mercado Y. A, então, ataca seu alvo real, o mercado X, no qual a defesa de B está enfraquecida em virtude dos recursos transferidos ao mercado Y.

A "guerra Marlboro" entre a Philip Morris e a R. J. Reynolds (RJR) é um exemplo de simulação que funcionou. No início dos anos de 1990, o mercado específico tradicional dessas empresas, os Estados Unidos (Y), vendia 500 bilhões de cigarros por ano, 15% menos em comparação à década anterior. Ambas estavam interessadas no mercado emergente da Europa central e oriental (X), cuja demanda

Figura 8.5 Investida

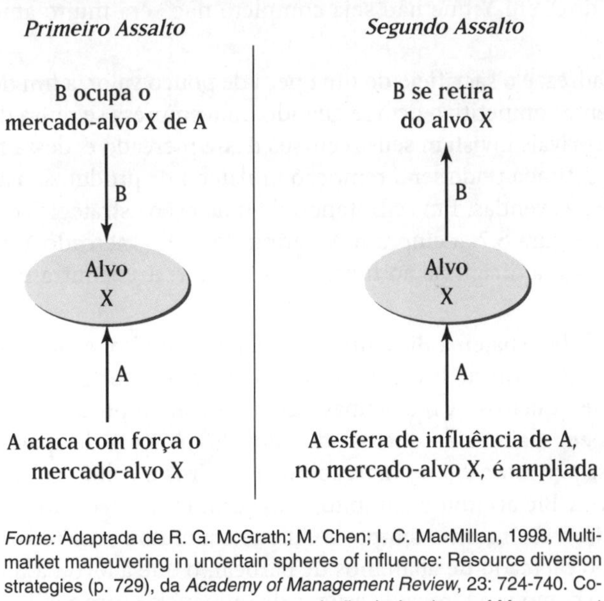

Fonte: Adaptada de R. G. McGrath; M. Chen; I. C. MacMillan, 1998, Multimarket maneuvering in uncertain spheres of influence: Resource diversion strategies (p. 729), da *Academy of Management Review*, 23: 724-740. Copyright © 1998. Reimpressa com permissão da Academy of Management Review via Copyright Clearance Center.

FIGURA 8.6 Simulação

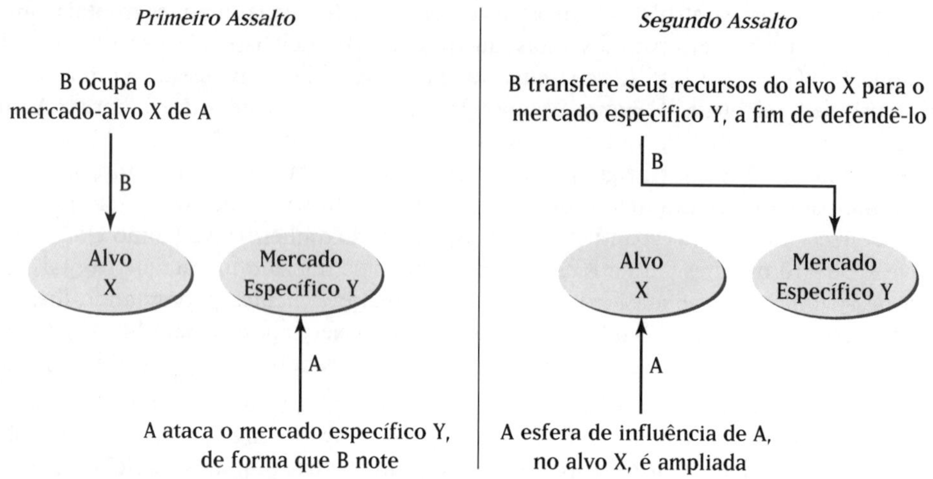

Fonte: Adaptada de R. G. McGrath; M. Chen; e I. C. MacMillan, 1998, Multimarket maneuvering in uncertain spheres of influence: Resource diversion strategies (p. 731), da *Academy of Management Review*, 23: 724-740. Copyright ® 1998. Reimpressa com permissão da Academy of Management Review via Copyright Clearance Center.

total era de 700 bilhões de cigarros e cujo crescimento era rápido. A Philip Morris promoveu uma simulação nos Estados Unidos, baixando os preços da marca que era seu carro-chefe, a Marlboro, em 20% em um *dia* (2 de abril de 1993, que ficou conhecido como a "sexta-feira da Marlboro" – "*Marlboro Friday*"). Para a RJR essa ação, feroz e repentina, pareceu ser uma investida frontal. Em resposta, gastou recursos substanciais, originalmente destinados para uso no mercado da Europa central e oriental, a fim de defender seu mercado nos Estados Unidos. Dessa forma, a RJR deixou o mercado da Europa central e oriental aberto para a Philip Morris, que logo estabeleceu sua esfera de influência dominante nessa região.[41]

Para que uma simulação dê certo, três condições devem ser satisfeitas: (1) o ataque de A em Y deve chamar a atenção de B; (2) Y deve ser consideravelmente importante para B; e (3) B deve achar que a ação de A é séria e crível. De modo inverso, se B possuir uma posição dominante no mercado Y, um ataque de A em Y que não seja completo não será muito ameaçador. Nesse caso, a simulação falha.

O **gambito**, no xadrez, é o sacrifício de uma peça de pouco valor, a fim de se capturar uma peça mais valiosa. O equivalente competitivo ocorre quando uma empresa se retira de um mercado em baixa a fim de que empresas rivais invistam seus recursos nesse mercado e, dessa forma, possa encontrar um mercado em alta. A retirada pode ser a remoção unilateral de produtos, o aumento nos preços e a redução no marketing e nas vendas. Em se tratando de uma ação estratégica ousada, o gambito não é um jogo para fracos. Na Figura 8.7, a empresa A, retirando-se do mercado Y, ilustra um gambito. Na verdade, A está incitando B a dirigir-se ao mercado Y. Assim, A encontra uma forma de atacar seu mercado-alvo real, o X.

A forma como a Gillette bateu a Bic é um exemplo de gambito. Ambas competiam no mercado de aparelhos de barbear (X) e no de isqueiros (Y). A Gillette era forte no mercado de aparelhos de barbear e medíocre no de isqueiros. A Bic ocupava uma posição importante no mercado de isqueiros, em que obtinha lucros bem maiores do que os advindos do mercado de aparelhos de barbear. A Gillette, em 1984, retirou-se *por completo* do mercado de isqueiros e voltou sua atenção para o mercado de aparelhos de barbear. A Bic aceitou o gambito, transferindo recursos do mercado de aparelhos de barbear para o de isqueiros. Ao mesmo tempo, a Gillette acumulou seus recursos mais abundantes, e atualmente principais, no mercado de aparelhos de barbear, o que a levou a uma posição dominante. O gambito pode ser visto como uma troca de esferas de influência entre a Gillette e a Bic, em que cada uma das partes domina posições mais fortes em um dos mercados. Para que o gambito dê certo, são ne-

FIGURA 8.7 Gambito

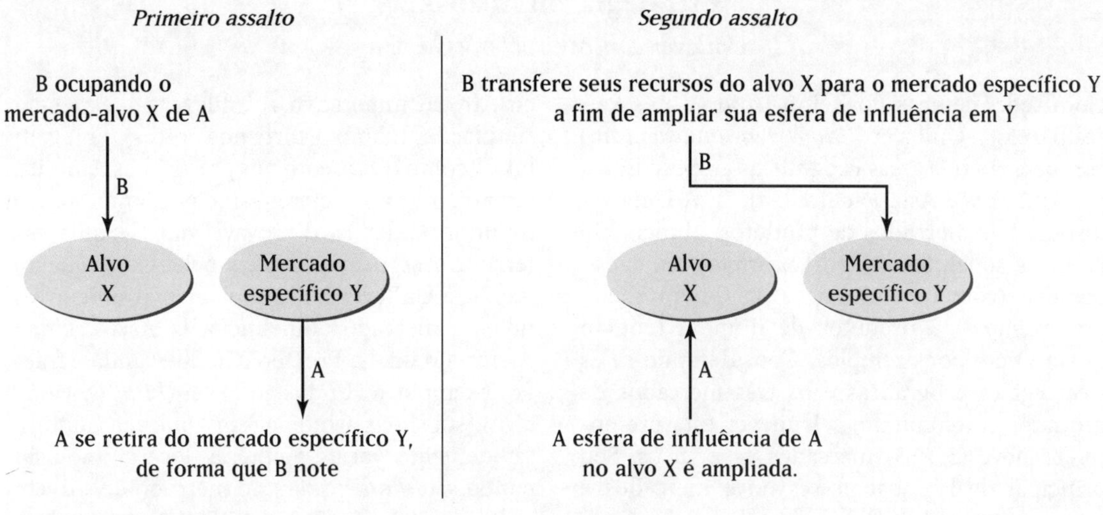

Fonte: Adaptada de R. G. McGrath; M. Chen; I. C. MacMillan, 1998, Multimarket maneuvering in uncertain spheres of influence: Resource diversion strategies (p. 733), da *Academy of Management Review*, 23: 724-740. *Copyright* © 1998. Reimpressa com permissão da Academy of Management Review via Copyright Clearance Center.

cessárias três condições: (1) a saída de A do mercado Y deve chamar a atenção de B; (2) B deve possuir um controle significativo de Y; e (3) B deve achar que a saída de A do mercado Y é séria e crível.

Embora essas três séries de ações sejam analiticamente distintas, na realidade são muito utilizadas em conjunto (um gambito em Y com uma investida em X). Mais complexas que nossos exemplos, as combinações reais entre investidas, simulações e gambitos, em inúmeros *fronts* e diferentes momentos, podem criar escolhas de ações estratégicas quase infinitas (ver Estratégia em Ação 8.2).

Ataques, Contra-ataques e Desempenho da Empresa

Obviamente, ataques sem oposição tendem a ser mais bem-sucedidos. Como resultado, o desempenho da empresa atacante tende a ser melhor. Portanto, os atacantes devem estar cientes dos fatores que levam a contra-ataques e, dessa forma, devem dispor de meios para tentar minimizar as chances de contra-ataques. Em geral, há três fatores que levam a contra-ataques: (1) ciência; (2) motivação; e (3) capacidade.[42] Primeiro, a ciência costuma ser considerada como um pré-requisito para qualquer contra-ataque. Se um ataque for tão sutil a ponto de os rivais não tomarem ciência dele, provavelmente o atacante alcançará seus objetivos. Em geral, a ciência aumenta com um maior grau de mercado comum e semelhança de recursos (ver Figura 8.4). Segundo, identificado um ataque, uma empresa tem de ser motivada a contra-atacar. Se o mercado atacado for apenas marginalmente valioso ou se mercados mais importantes estiverem sendo atacados ao mesmo tempo, administradores podem optar por não contra-atacar. Por fim, mesmo se um ataque for identificado e uma empresa tiver motivações para reagir, contra-ataques requerem algumas capacidades importantes, que nem todas as empresas possuem. Ataques que conseguirem minimizar a ciência, a motivação e as capacidades dos oponentes tendem a ser mais bem-sucedidos.

Considerando-se que empresas costumam brigar como "cães e gatos", a Tabela 8.3 apresenta uma interessante tipologia das ações competitivas (*puppy dog*, *top dog*, *lean and hungry* e *fat cat*, termos que podem ser traduzidos, literalmente, como filhote de cão, cão de raça, pobre e faminto e gato gordo). Essas ações divergem em: (1) sutileza; (2) freqüência; (3) complexidade; e (4) previsibilidade, cada uma das quais com diferentes possibilidades de provocar contra-ataques. Primeira, espera-se que um ataque sutil, de um "filhote de cão", em geral, seja mais efetivo do que um ataque que utiliza a força bruta.[43] Isso advém da sabedoria militar de gerações. O estrategista chinês Sun Tzu escreveu que "o general expe-

Estratégia em Ação 8.2.

Unilever contra Procter&Gamble

Com sedes gêmeas no Reino Unido e nos Países Baixos, a Unilever (*http://www.unilever.com*) compete em três áreas geográficas amplas: Europa, Américas e Ásia-Pacífico-África. A Unilever disputa três mercados de produtos: alimentício (com as sopas Knorr, por exemplo), cuidados pessoais (com os cosméticos da Calvin Klein, por exemplo) e produtos de limpeza (com o sabão Omo, por exemplo). Considerando-se as três regiões geográficas e os três mercados de produtos em conjunto, a Unilever está presente em nove (3 × 3) mercados específicos. Seu principal rival global nesses nove mercados é a Procter&Gamble (P&G, *http://www.pg.com*), empresa localizada nos Estados Unidos, cujas principais marcas são os cafés Folgers (mercado alimentício), as fraldas descartáveis Pampers (mercado de cuidados pessoais) e o sabão Tide (mercado de produtos de limpeza).

Para a Unilever, uma questão estratégica fundamental é: como canalizar recursos que ofereçam as melhores oportunidades de sobrepujar a Procter&Gamble nessa "guerra" global? Uma tabela que apresenta a atratividade de vários mercados e a influência da Procter&Gamble pode ajudar a responder a essa questão. Pelo fato de tanto a Unilever quanto a Procter&Gamble dominarem seus mercados domésticos, o espaço de crescimento na Europa é limitado e as chances de crescimento nas Américas também não são muito grandes. Portanto, o desenvolvimento nos mercados, de rápido crescimento, da Ásia-Pacífico-África é imperativo. A Unilever pode executar simulações (como o corte nos preços) e/ou gambitos (como o aumento nos preços) nas Américas para distrair a Procter&Gamble. Como esta tem muito a perder lá, é provável que defenda esse território e/ou invista mais nele. Conseqüentemente, a Unilever pode implementar uma investida no mercado alimentício da Ásia-Pacífico-África, no qual a Procter&Gamble ainda é fraca. Por exemplo, a Hindustan Lever (*http://www.hll.com*), subsidiária indiana da Unilever, adquiriu rapidamente várias empresas locais, impulsionando seu *market share* no mercado de sorvetes de 0, em 1992, para 74%, em 1997. No mercado de produtos de limpeza da Ásia-Pacífico-África, pelo fato de a Procter&Gamble também ser forte, a Unilever teve de reunir forças poderosas para iniciar uma guerra de preços. Em 1999, por exemplo, a Unilever China (*http://www.unilever.com.cn*) baixou os preços do sabão Omo em 40%. Como a Procter&Gamble estava sendo distraída em outro lugar, demorou dois anos para que equiparasse seus preços aos da Unilever, cedendo à Unilever, dessa forma, sua posição de liderança no mercado de sabões estrangeiros na China. Embora ganhar essas "batalhas" não garanta que a Unilever ganhará a "guerra" global, essa abordagem sistemática definitivamente ajuda.

Fontes: Baseado em (1) Entrevistas e pesquisas do próprio autor, realizadas na Ásia, 2003-2004; (2) C. Hill, 2003, *International Business*, 4. ed., (p. 242, 433-434), Chicago: Irwin McGraw-Hill; (3) I. MacMillan; A. van Putten; R. McGrath, 2003, Global gamesmanship, *Harvard Business Review*, maio: 62-71.

	Atratividade da Unilever	Influência da Procter&Gamble
Mercado alimentício da Europa	Alta	Baixa
Mercado de cuidados pessoais da Europa	Alta	Moderada
Mercado de produtos de limpeza da Europa	Alta	Baixa
Mercado alimentício das Américas	Baixa	Alta
Mercado de cuidados pessoais das Américas	Baixa	Alta
Mercado de produtos de limpeza das Américas	Baixa	Alta
Mercado alimentício da Ásia-Pacífico-África	Alta	Baixa
Mercado de cuidados pessoais da Ásia-Pacífico-África	Alta	Alta
Mercado de produtos de limpeza da Ásia-Pacífico-África	Alta	Alta

TABELA 8.3 Tipologia das Ações Competitivas entre "Cães e Gatos"

Rótulo	Ação	Exemplo Discutido no Texto
Puppy dog (filhote de cão)	Manutenção de uma postura sutil, que não seja ameaçadora	Entradas da Honda e da Haier no mercado dos Estados Unidos
Top dog (cão de raça)	Embate agressivo entre as empresas	Netscape *versus* Microsoft
Lean and hungry (pobre e faminto)	Busca de todo o tipo de vantagem, a fim de sobrepujar os rivais	Microsoft ataca a Computer Associates (CA); Nike destrona a Reebok
Fat cat (gato gordo)	Investimento ativo em formas que não sejam ameaçadoras	A Ikea centrando-se no segmento de móveis modulados

riente aproxima-se de seu objeto indiretamente". O guru britânico Liddell Hart também advertiu que a estratégia "tem por objetivo a redução da luta às menores proporções possíveis". Por exemplo, nos anos de 1960, o produto padrão no mercado de motocicletas norte-americano, dominado por empresas dos Estados Unidos e do Reino Unido, era uma grande máquina de 300cc-400cc, com preço de etiqueta de US$ 1000 a US$ 1500. A Honda entrou com uma máquina de 50cc, a US$ 250, que mais parecia uma bicicleta do que uma motocicleta. Seus maiores rivais dos Estados Unidos e do Reino Unido não deram muita atenção a essa "bicicletinha maluca" – até ser tarde demais.[44] Um caso menos conhecido, porém mais recente, foi a entrada da Haier no mercado de aparelhos domésticos dos Estados Unidos, nos anos de 1990. Embora dominasse seu país de origem, a China, com uma extensa gama de refrigeradores, condicionadores de ar e fornos de microondas, a Haier decidiu entrar no mercado dos Estados Unidos em um segmento menos ameaçador: o de minirrefrigeradores para saguões e dormitórios de hotéis. Empresas incumbentes, como a GE e a Whirlpool, haviam considerado esse segmento periférico e de baixa margem, errando em não reconhecer a ameaça desse "filhote de cão". Atualmente, a Haier possui 50% do *market share* de refrigeradores compactos (ver Estratégia em Ação 6.3, no Capítulo 6).

Comparemos as ações discretas, do tipo "filhote de cão", da Honda e da Haier ao ataque depreciativo, do tipo "cão de raça", promovido pela Netscape contra a Microsoft. Em meados dos anos de 1990, a Netscape atraiu muita publicidade rotulando a Microsoft de "Estrela da Morte" (termo cunhado no filme *Guerra nas Estrelas*) e profetizando que a internet tornaria o Windows obsoleto. Embora antes desse episódio a Microsoft *não* visse a Netscape como um de seus principais rivais, tal desafio fez com que a Netscape se tornasse o inimigo número um da Microsoft, o que causou seu fim.[45] Quando um "cão vira-lata" enfrenta um cão de raça, não é de se surpreender que seja enxotado.

Outra marca registrada de um ataque bem-sucedido é a freqüência. Empresas do tipo "pobre e faminto" sempre estão iniciando novas ações, o que confunde os rivais e retarda suas ações. Por exemplo, na indústria de pacotes de *softwares* – processadores de dados e de textos – a Microsoft, em 1991, moveu-se rapidamente da quarta posição, atrás da Lotus, da WordPerfect e da líder, a Computer Associates (CA), para a primeira. Em média, a Microsoft levou a cabo 43 novas ações (relativas ao preço, a atualizações e à propaganda) do que a Computer Associates (CA) por ano. Entre 1991 e 1993, a Microsoft levou a cabo 131 novas ações por ano.[46]

Além disso, a complexidade dos ataques força os rivais a ocuparem-se da defesa de inúmeros *fronts*, retardando suas reações e espalhando seus recursos. A Nike destronou a Reebok nos anos de 1990 por meio de um ataque do tipo "pobre e faminto", composto de várias ações complexas, relacionadas ao preço, a novos produtos, a promoções, a concessões e à segmentação do mercado (como tênis para crianças; tênis para basquete, denominados Air Jordan, e tênis para caminhadas). Em oposição, a Reebok centrou-se somente em novas campanhas publicitárias. O Caso de Conclusão traz outro exemplo, baseado em como a Lev Leviev, de Israel, uma empresa que não era dominante, desafiou a todo-poderosa De Beers por meio de uma série de ações complexas. Em poucas palavras, a complexidade competitiva é útil. A simplicidade competitiva pode prejudicar o desempenho em longo prazo, especialmente durante períodos de "guerras" intensas e incertas.[47]

Por fim, a imprevisibilidade aumenta a probabilidade de sucesso do ataque, ao passo que a previsibilidade destrói o elemento surpresa. Quando o Kmart, em uma ação previsível, anunciou suas promoções da semana por meio de dispendiosas malas-diretas, o Wal-Mart, que resistia a seguir essa tendência em virtude de sua política de "preço baixo *todo dia*", com criatividade, distribuiu, em frente a suas lojas, essas circulares semanais do Kmart, prometendo equiparar ou bater as promoções anunciadas. No boca a boca, a notícia espalhou-se rapidamente, criando um dilema para o Kmart: quanto mais propaganda fizesse, mais consumidores iriam ao Wal-Mart. Em outras palavras, o Wal-Mart utilizou-se do orçamento de propaganda do Kmart para anunciar suas próprias promoções. O Kmart, no final das contas, viu-se obrigado a decretar falência.

No massacre entre a Computer Associates (CA) e a Microsoft (discutido anteriormente), enquanto a Computer Associates (CA) enfatizava seus novos produtos de forma previsível, a Microsoft iniciou várias ações não convencionais, dentre as quais estava um ataque polêmico denominado "*vaporware*".[49] O termo vaporware refere-se ao anúncio de um *software* que seria desenvolvido anos mais tarde, mas, na verdade, a Microsoft não pretendia fazê-lo nunca. Cabe ressaltar que o vaporware é uma das práticas que muitos consideram como antiética, e até mesmo ilegal, que foram foco das investigações do governo dos Estados Unidos com relação à conduta competitiva da Microsoft durante os anos de 1990.

Os rivais estarão prontos para reagir a ataques metódicos frontais, infreqüentes, simples e previsíveis.[48] Inspirados por Sun Tzu e Liddell Hart, militares modernos chegaram a uma doutrina denominada "guerra de manobra" ("*maneuver warfare*").[49] Da mesma forma, a competição comercial moderna evoluiu para sua própria guerra de manobra, em que empresas vencedoras obtêm sucesso por meio de ataques sutis, freqüentes, complexos, mas imprevisíveis, a fim de reduzir a ciência dos rivais com relação aos ataques, minimizar suas motivações para agir e minar suas capacidades de contra-atacar.

Cooperação, acomodação e conluio

O que motiva algumas empresas a cooperarem, enquanto outras optam por brigar? O Capítulo 7 fez referência a essa questão ao tratar das alianças estratégicas formais legalmente permitidas pelas autoridades que regulam a competição. Esta seção tratará das cooperações informais entre competidores, para fins de *redução* da intensidade competitiva, algumas das quais não são permitidas pelas autoridades que regulam a competição.

Sinalização

Como é ilegal conversar diretamente com os competidores no que se refere à redução da competitividade, resta às empresas apelar para a sinalização – a saber, "apesar de não poder conversar com seus competidores a respeito dos preços, você pode *cochichar* com eles". Apresentamos cinco formas de sinalização: (1) a não-agressão – " gato gordo"; (2) a entrada em mercados; (3) a busca de uma trégua; (4) a comunicação via governos; e (5) as alianças estratégicas. Primeira, a estratégia de não-agressão refere-se ao investimento ativo em formas que não sejam ameaçadoras, para que os mercados centrais da empresa não sejam atacados (ver Tabela 8.3). Por exemplo, a sueca IKEA investe ativamente no segmento do mercado de móveis modulares. Ao mesmo tempo, com esse ataque suave, do tipo "gato gordo", essa empresa *não* entra no segmento de móveis montados em fábrica, sinalizando sua intenção de não competir com esse setor para que esse não se sinta atraído a entrar nos mercados centrais da empresa.[50]

É interessante notar que, enquanto a estratégia do tipo "gato gordo" reduz a competição por não haver a entrada em novos mercados, uma segunda estratégia, a entrada em mercados, pode provocar o mesmo efeito. As empresas podem entrar em novos mercados sem a intenção de desafiar as empresas incumbentes desses mercados, buscando indulgência mútua. Por exemplo, empresas multinacionais se perseguem, entrando em um país após o outro.[51] As companhias de transportes aéreos que se cruzam em muitas rotas costumam ser menos agressivas entre si do que companhias que se cruzam em somente uma ou poucas rotas.[52] Recentemente, enquanto a UPS, forte em entregas terrestres, expandia seus serviços expressos aéreos, a Federal Express, em resposta, construía uma rede terrestre. Devido à possibilidade de um alto grau de indulgência mútua restringir de modo significativo a liberdade de ação e um baixo grau de indulgência mútua resultar em uma competição excessiva, empresas preferem entrar em mercados com um nível *moderado* de indulgência mútua (Célula 1 e Célula 2, na Figura 8.4).[53]

Terceira, empresas podem sinalizar que querem uma trégua, por exemplo, anunciando um aumento nos preços no meio da guerra de preços. Pelo fato de uma guerra de preços prolongada sacrificar os lucros de todos os rivais, outras empresas podem fazer o mesmo. Entretanto, esse nem sempre é o caso, pois uma trégua pode ser interpretada como um sinal de fraqueza. Alguns rivais, nessa situação, podem manter as pressões. Por exemplo, após mais de dois anos de uma "guerra de incentivos" iniciada após os ataques terroristas de 11 de setembro de 2001 (ver Caso de Introdução no Capítulo 2), a GM anunciou, em dezembro de 2003, que a taxa de 0% para seus financiamentos iria aumentar. Entretanto, os rivais *aumentaram* seus incentivos. Conseqüentemente, a GM, em menos de um mês, voltou a escalar a taxa de 0% para seus financiamentos.

Quarta, algumas vezes, empresas sinalizam aos rivais solicitando a ajuda das restrições governamentais. Pelo fato de as negociações diretas com rivais para o estabelecimento de preços "justos" serem ilegais, tais discussões, incluindo a troca de importantes dados sobre os custos proprietários e os preços, são legais sob os auspícios de investigações governamentais. Portanto, formular uma petição *antidumping* ou processar um rival não indica necessariamente uma intenção hostil; algumas vezes, esse comportamento sinaliza o inverso: "não apreciamos o que está fazendo, precisamos conversar". Em 2003, a Cisco, por exemplo, processou sua rival chinesa, a Huawei, por uma suposta transgressão de direitos intelectuais. Em 2004 a Cisco retirou a acusação após terem negociado uma solução.

Por fim, empresas podem organizar abertamente alianças estratégicas com rivais a fim de reduzir custos. Embora a fixação de preços seja ilegal, a redução dos custos em até 10% por meio de uma aliança, além de legal, causa o mesmo impacto na conta de resultados financeiros que o aumento dos preços, em 10%, por meio de conluios. Um dos exemplos mais impressionantes disso é o cartel formado por quatro fabricantes europeus e quatro fabricantes japoneses de tubos OCTG (Oil Country Tubular Goods), peças empregadas pelas indústrias de petróleo e gás. A União Européia os condenou, em 1999, por fixação de preços. Após o colapso do cartel, *todos* os ex-membros juntaram-se a uma das três alianças internacionais.[54] É certo que essas alianças podem proporcionar vários benefícios legítimos por exemplo, a redução dos custos, o compartilhamento de tecnologia e o acesso a mercados, como observado no Capítulo 7. Entretanto, esses motivos legítimos e os interesses contínuos em um possível conluio não são mutuamente excludentes.

Por Trás do Sucesso e do Fracasso da Cooperação e da Acomodação[55]

Reduzida à sua essência, a cooperação entre competidores centra-se em um jogo repetido, em que os jogadores se acomodam a fim de evitar o conflito. Thomas Schelling, importante teórico da resolução de conflitos, alega que o conflito é, essencialmente, uma forma de barganha e que a manutenção da cooperação é uma série prolongada de barganhas bem-sucedidas.[56] Algumas vezes tal barganha é explícita. Entretanto, a barganha explícita torna-se facilmente um conluio explícito, deixando de ser legal. Conseqüentemente, a "barganha" costuma se dar por meio de sinalizações e ações que, na teoria, falam mais do que palavras. Entretanto, objetivos conflitantes, processamentos imperfeitos das informações e ações deliberadamente destinadas a enganar (como as simulações, apresentadas antes) resultam em desentendimentos, que tendem a aumentar a competição, ruindo a cooperação. Em virtude de significativos problemas de incentivo (já observados neste livro), o conluio é, com freqüência, difícil de ser sustentado. Por exemplo, a média de duração dos cartéis condenados pelas autoridades dos Estados Unidos e pela União Européia, desde 1990, era de apenas seis anos.[57]

Esse raciocínio, portanto, requer uma resposta para: por que algumas colaborações, como o cartel global de diamantes centrado na De Beers (ver Caso 8, on-line), obtêm sucesso e outras não? Surgem três questões: (1) sigilo; (2) exclusividade; e (3) informalidade. Primeira, o sigilo facilita uma barganha mais direta, incluindo ameaças. Se essa barganha ocorrer em domínio público, no qual todos os competidores têm uma reputação a defender, a cooperação pode entrar em colapso. Segunda, na cooperação, considerada como jogo, joga-se melhor quando há um pequeno e exclusivo grupo de competidores cujos pensamentos são semelhantes. As interações repetidas entre eles alimentam a compreensão mútua, que resulta que em um menor número de surpresas. Por exemplo, empresas dirigidas por diretores-executivos que já trabalham há muito tempo em uma mesma indústria costumam ser mais contidas em suas ações competitivas, de modo a honrar a indulgência mútua. Por outro lado, empresas dirigidas por diretores-executivos novos costumam dar menor atenção à indulgência mútua.[58] Terceira, de modo contra-intuitivo, a *ausência* de regras formais facilita a cooperação. Muitos casais felizes não assinaram um contrato formal para governar seus comportamentos e fazem constantes concessões um ao outro. Nos relacionamentos interempresas, embora as regras formais ofereçam vários benefícios (como a transparência), a falta de flexibilidade causada por elas pode obstruir a cooperação.

Em virtude da natureza sensível da cooperação interempresas, destinada a reduzir a competição, não se sabe muito sobre isso. Entretanto, considerando-se que o comércio é constituído tanto de guerra quanto de paz, estrategistas devem empenhar-se em manter a paz entre os rivais, além de lutar contra eles.

Empresas locais *versus* empresas multinacionais

Como estrategistas, estudantes e jornalistas costumam ser fascinados pelas rivalidades entre empresas multinacionais, por exemplo, Sony/Samsung, Unilever/Nestlé e Caterpillar/Komatsu, pouco é escrito e conhecido sobre a luta das empresas locais. Esse é especialmente o caso das empresas locais de economias emergentes, que não se equiparam no que diz respeito à expertise, à experiência e às posses com as multinacionais. Entretanto, empresas locais não são, necessariamente, alvos fáceis. Considerando-se as inúmeras escolhas com relação a competir e/ou cooperar, empresas locais podem optar entre quatro posturas estratégicas, dependendo: (1) das condições industriais; e (2) da natureza dos ativos competitivos. Apresentados na Figura 8.8, esses fatores sugerem quatro ações estratégicas.[59]

A Célula 3 mostra que, em algumas indústrias, as pressões para que haja uma globalização são relativamente baixas e as principais forças das empresas locais concentram-se em um profundo entendimento sobre os mercados locais. Portanto, a estratégia do **defensor**, que alavanca os ativos locais nos quais as empresas multinacionais são fracas ou inexperientes por desconhecimento, é freqüentemente necessária. Por exemplo, a Bimbo é a maior fábrica de pães do México, cobrindo o país com 420 mil entregas diárias a 35 mil pequenas lojas. Os administradores consideraram a hipótese de cortar algu-

FIGURA 8.8 Como Empresas Locais, em Economias Emergentes, Reagem às Ações das Empresas Multinacionais

Pressões industriais para a globalização	*Ativos Competitivos:* Personalizados a mercados domésticos	*Ativos Competitivos:* Transferíveis ao exterior
Altas	(Célula 1) *Astuto*	(Célula 2) *Competidor*
Baixa	(Célula 3) *Defensor*	(Célula 4) *Expansor*

Fonte: Reimpressa com permissão da *Harvard Business Review*, extraída de "Competing with giants: Survival strategies for local companies in emerging markets" (p. 122), escrito por N. Dawar; T. Frost, março-abril de 1999. Copyright © 1999 pela Harvard Business School Publishing Corporation; todos os direitos reservados.

mas dessas entregas diárias, pois geravam vendas de apenas US$ 10 por entrega. Enquanto para encarar a agressiva entrada da PepsiCo, nos anos de 1990, a Bimbo alterou seus planos. Enquanto a PepsiCo centrava suas vendas nos grandes supermercados, a Bimbo acreditava que sua rede de distribuição, por meio de pequenas lojas, era o segredo da defesa de seu território nacional. Essa rede ia ao encontro da preferência dos consumidores mexicanos por produtos frescos, comprados diariamente em lojas próximas. Dessa forma, em vez de reduzir as entregas, a Bimbo as aumentou, criando uma grande barreira à PepsiCo. Um outro exemplo são várias empresas israelenses que, para enfrentar um ataque violento de multinacionais do ramo de cosméticos, centrando-se em produtos adequados ao clima do Oriente Médio, conseguiram defender seu território. A Ahava obteve um sucesso diferenciado, em parte por seus componentes altamente exclusivos, extraídos do Mar Morto, que não podem ser encontrados pelas empresas multinacionais em nenhum outro lugar.[60] Essa estratégia do defensor pode ser vista como um *gambito* por meio do qual as empresas locais cedem alguns mercados (como o de supermercados, no México, e o de cosméticos, em Israel) a empresas multinacionais enquanto constroem fortalezas em outros mercados.

Na Célula 4, observa-se que em algumas indústrias, em que as pressões para que haja globalização são relativamente baixas, empresas locais podem possuir algumas habilidades e ativos transferíveis ao exterior; isso leva à estratégia do **expansor**. Essa estratégia centra-se na expansão a mercados semelhantes por meio da alavancagem das competências desenvolvidas no mercado doméstico. Por exemplo, a Jollibee, uma cadeia de *fast food* das Filipinas, não só sobreviveu à invasão do McDonald's em seu país de origem como também se expandiu, com sucesso, para Hong Kong, para o Oriente Médio e para a Califórnia, onde há uma grande população filipina. Outro exemplo é a Asian Paints, que controla 40% do mercado de tintas para parede na Índia, apesar das agressivas entradas de empresas multinacionais. A Asian Paints desenvolveu importantes capacidades feitas sob medida ao ambiente singular da Índia, caracterizado por milhares de pequenos revendedores varejistas, servindo inúmeros consumidores analfabetos, que precisam de pequenas quantidades de tinta, posteriormente diluídas a fim de economizar. Tais capacidades não são uma fórmula de sucesso apenas na Índia, mas também em grande parte da Ásia, da África e do Pacífico. Em oposição, as empresas multinacionais, cujo modelo comercial está geralmente centrado em consumidores abastados de economias desenvolvidas, têm tido dificuldades de trabalhar e obter sucesso com produtos populares (ver Estratégia em Ação 1.1, no Capítulo 1). As estratégias da Jollibee e da Asian Paint podem ser vistas como *investidas* a novos mercados.

A Célula 1 apresenta uma situação mais difícil para as empresas locais que competem em indústrias nas quais sofrem altas pressões para a globalização. Nesse caso, os ativos competitivos baseados em um entendimento superior com relação aos mercados locais não são suficientes. Conseqüentemente, é necessária a estratégia do astuto, centrada na cooperação com empresas multinacionais, por meio de *joint ventures*, de vendas e/ou de fornecimento de produtos e serviços. Na indústria automobilística chinesa, *todos* os grandes fabricantes de automóveis locais formaram *joint ventures* com empresas multinacionais (ver Caso 3, on-line). Na República Tcheca, a Skoda, mais importante fabricante de automóveis estatal, foi vendida pelo governo à Volkswagen. No México, inúmeros fabricantes reorientaram suas posturas, tornando-se fornecedores e prestadores de serviço das empresas multinacionais recém-chegadas. Considerando-se que as empresas locais não consigam bater de frente com as empresas multinacionais e obter sucesso, a essência dessa estratégia está na cooperação, que se torna imprescindível. Em outras palavras, se não pode vencê-los, junte-se a eles!

Por fim, na Célula 2, resta alguma esperança a empresas locais, mesmo em indústrias com fortes pressões para que haja uma globalização. Por meio da estratégia do competidor, essas empresas locais envolvem-se em um rápido aprendizado para se aproximarem das capacidades das empresas multinacionais e, dessa forma, expandirem-se ao exterior. Por exemplo, vários fabricantes chineses de telefones celulares, como a TCL e a Bird, equipararam-se rapidamente às gigantes globais, como a Motorola e a Nokia. Por volta de 2003, as empresas locais, de 5% que possuíam cinco anos atrás, passaram para 50% de *market share* na China. "Correndo atrás do ensinamento", em primeiro lugar, a TCL e a Bird compararam módulos de aparelhos celulares, com tecnologia de ponta, diretamente de fornecedores estrangeiros, como o francês Wavecome e os sul-coreanos Pantech e Telson, depois desenvolveram inovações, como capas para celular cravejadas de diamantes e feitas com couro de peixe, a fim de atender às preferências locais. Atualmente a TCL e a Bird, munidas de tecnologia proprietária, embarcaram nas expansões ao exterior, primeiro por meio de exportações ao Sudeste Asiático e, mais recentemente, por meio da aquisição de empresas ocidentais, como a Schneider, na Alemanha, e algumas unidades da Thomson, na França. Essas empresas locais aproveitaram-se da tecnologia central disponível, de primeira linha, e desenvolveram capacidades combinadas, integrando essa tecnologia ao desenvolvimento e marketing adaptados ao local, a fim de fazerem *investidas* ao exterior.[61]

À medida que as empresas multinacionais marcham em direção a um número cada vez maior de países, a reação das empresas locais torna-se mais importante para administradores em todo o mundo. Em países como a China estão surgindo evidências de que, após a dominação inicial, as empresas multinacionais não continuam necessariamente sendo as "donas do pedaço". Na China, em diversas indústrias (como a de telefones celulares, de microcomputadores, de utensílios domésticos e de telecomunicações), muitas empresas multinacionais vêm sendo "destronadas".[62] Enquanto empresas locais fracas são destruídas, empresas vencedoras costumam ser habilidosas nas ações sutis, freqüentes, complexas, mas imprevisíveis. Segundo o modelo do "diamante", de Porter, em que a competição doméstica intensa leva à competitividade global (ver Capítulo 4),[63] não é de surpreender que alguns desses importantes competidores locais, tendo vencido o jogo, altamente competitivo, no ambiente doméstico, sejam capazes de desafiar empresas multinacionais no exterior. Durante todo o processo, tornam-se um novo tipo de empresa multinacional (ver Estratégia em Ação 6.3, no Capítulo 6). Em conjunto, as empresas multinacionais estrangeiras, na China, não são tão lucrativas quanto as empresas locais (salvo as estatais).[64] Conclui-se que, ao enfrentar o ataque violento das empresas multinacionais, as empresas locais não são tão fracas como muitos pensam. Escolhas estratégicas cautelosas com relação à competição e/ou à cooperação permitem que algumas empresas locais não somente sobrevivam, mas também prosperem.

Discussões e extensões

Essa área delicada suscita inúmeras discussões, dentre as quais duas das mais significativas serão destacadas: (1) estratégia *versus* economia de organização industrial e políticas antitruste; e (2) competição *versus antidumping.*

Estratégia *versus* Economia de Organização Industrial e Políticas Antitruste [65]

Esta discussão se dá entre a estratégia e o modelo de política pública da economia de organização industrial, as políticas de competição/antitruste. O pensamento moderno sobre estratégia, do qual Michael Porter foi o pioneiro, "inverteu" o pensamento da economia de organização industrial. Enquanto a economia de organização industrial tenta evitar que qualquer empresa ganhe vantagens competitivas sustentáveis, o grande objetivo da estratégia é obter tais vantagens. Visando incentivar a competição e o "*fair play*", as leis antitruste são baseadas na suposição de que grandes empresas são capazes de construir vantagens sustentáveis por meio de monopólios ou oligopólios. Portanto, devem ser "subjugadas".

Embora essa discussão tenha lugar em muitas partes do mundo, é nos Estados Unidos que o debate esquenta. Pelo fato de esse país possuir os modelos de leis antitruste mais antigos e desenvolvidos do mundo (remontam ao ano de 1890, quando a Lei Sherman foi decretada), as discussões nos Estados Unidos também são as mais observadas pelo mundo. Portanto, este debate centra-se, em primeiro lugar, nos materiais norte-americanos. Isso não significa que para isso seja adotada uma perspectiva norte-americana (tendência que este livro tenta *combater*); a importante discussão que ocorre nos Estados Unidos é apenas utilizada como um *estudo de caso*, que pode ser estendido, de forma global, a outros lugares.

Nesta discussão, os estrategistas possuem cinco argumentos. Primeiro, alegam que as leis antitruste, dominadas pela economia de organização industrial, foram criadas em resposta às antigas realidades da competição, em sua maior parte, doméstica. Entretanto, as novas realidades da ampla competição internacional indicam que a busca enganosa por vantagens sustentáveis, em longo prazo, é muito difícil (e provavelmente impossível) de ser realizada. A perspectiva de "estratégia como ação" sugere que *todas* as vantagens são temporárias e desaparecerão assim que os rivais iniciarem novos ataques. Richard D'Aveni, que cunhou o termo "hipercompetição", alega que "aplicar as leis antitruste

Estratégia em Ação 8.3.

Intel Escapa das Leis Antitruste

Várias empresas norte-americanas importantes, da Standard Oil (1911) à Oracle (2004), foram acusadas de violarem leis antitruste. De que forma uma empresa líder, como a Intel (*http://www.intel.com*), cujos *chips* fazem 83% de todos os microcomputadores do mundo funcionarem, foge dessas temidas leis antitruste? Com base no calvário pelo qual passou a Microsoft, a Intel instituiu uma margem de segurança conservadora. A Intel iniciou esse processo treinando todos os seus executivos e vendedores, com ênfase na importância de não se fixar preços com rivais, não fechar contratos exclusivos e não enviar memorandos agressivos (com idéias do tipo: "vamos acabar com a competição"). Seu departamento legal levou a cabo pesquisas aleatórias em arquivos de administradores. Esses arquivos eram utilizados, posteriormente, em simulações de depoimentos, em que os advogados da Intel atuavam como promotores do governo, interrogando os administradores diante dos executivos da empresa. Tal simulação serviu como um alerta. "Eu poderia ter escrito aquele memorando", observou o então diretor-executivo, Andy Grove, enfatizando a necessidade de esforços proativos anti-antitruste. Contudo, em 2004, a Intel foi investigada pela União Européia, por possíveis violações das leis antitruste.

Fontes: Baseada em (1) *Business Week*, 2004, The EU's hard look inside Intel, 21 de junho: 13; (2) *Economist*, 2004, Of God, Larry Ellison, and antitrust, 6 de março: 17; (3) D. Yoffie; M. Kwak, 2001, *Judo Strategy* (p. 196-200), Boston: Harvard Business School Press.

norte-americanas tradicionais a um ambiente de hipercompetição é como dirigir um Ford Bigode em uma via expressa. A lei move-se lentamente demais para acompanhar o tráfego".[66]

Segundo, considerando-se que a competição é cada vez mais global e que as leis antitruste estrangeiras são mais permissivas, as leis antitruste norte-americanas podem se tornar "um obstáculo auto-imposto ao desempenho econômico dos Estados Unidos".[67] Inúmeras empresas de sucesso norte-americanas foram chamadas aos tribunais (Tabela 8.2). Em 1945, a Aluminum Company of America (Alcoa) foi obrigada a transformar suas operações, no Canadá, em uma empresa independente, a Alcan. Atualmente, a Alcan tem desafiado a Alcoa em âmbito mundial. Dessa forma, o governo norte-americano criou uma forte rival *estrangeira* contra uma empresa norte-americana. Os custos, mesmo para empresas que não forem culpadas, são consideráveis. Uma cansativa perseguição, que durou 13 anos (de 1969 a 1982) – no final das contas, arquivada pelo governo –, refreou a agressividade da IBM, a ponto de esta deixar passar uma oportunidade de adquirir a Microsoft. O resultado? A IBM quase abandonou o mercado no início dos anos de 1990. Portanto, empresas proativas, como a Intel, fazem tudo o que podem, a custos enormes, para fugir das leis antitruste (ver Estratégia em Ação 8.3).

Terceiro, ações consideradas "anticompetitivas", podem ser, na verdade, altamente "competitivas" ou "hipercompetitivas". Por exemplo, em 1945, a Aluminum Company of America (ALCOA) foi culpada, segundo as palavras do juiz, "por abraçar cada uma das novas oportunidades" a fim de se defender agressivamente contra os rivais. Em 1972, o governo norte-americano acusou a Kellogg, a General Mills, a General Foods e a Quaker Oats de proliferação de produtos. Nos anos de 1990, a Microsoft foi declarada culpada por *não* ajudar voluntariamente seus competidores (!).

Quarto, as leis antitruste norte-americanas criaram uma confusão estratégica. Pelo fato de a intenção de destruir os rivais ser uma prova concreta, em casos antitruste, os Estados Unidos tornaram-se uma "ilha da fantasia", onde muitas empresas vão à falência, mas nenhuma é destruída por um competidor (pelo menos, teoricamente). Estrategistas são obrigados a utilizar palavras amenas; do contrário, podem acabar nos tribunais. Por exemplo, em um bem-sucedido caso antitruste contra a National Football League (NFL), em 1984, a "prova concreta" foi uma palestra ministrada aos administradores da National Football League (NFL), por Michael Porter, que os encorajava a "conquistar" uma liga rival. "Quando um dos grandes pensadores sobre estratégia norte-americanos é atacado simplesmente por citar ações competitivas agressivas", diz D'Aveni, "fica claro que a defesa norte-americana da liberdade de expressão não se aplica às declarações acerca de uma boa estratégia comercial".[68] Em oposição, empresas estrangeiras costumam utilizar uma linguagem de guerra: a Komatsu é famosa por ter "cercado a Caterpillar!" e a Honda, por "aniquilar, subjugar e destruir a Yamaha!". A impossibilidade de se expressar abertamente confunde administradores secundários e funcionários, que sofrem para descobrir sobre o que os administradores gerais estão falando. Uma empresa confusa provavelmente não será agressiva.

Por fim, as leis antitruste norte-americanas, desenvolvidas a fim de combater as práticas "injustas", podem ser injustas. Em primeiro lugar, as leis são ambíguas. Se os preços de uma empresa são considerados baixos demais, essa empresa pode ser acusada de preço predatório. De modo inverso, se os preços são considerados altos demais, uma empresa pode ser processada por conluio tácito com os rivais. Quando as empresas não são processadas, não se sabe o que é aceitável. As leis antitruste, dessa forma, criam um efeito paralisante na agressividade das empresas, tornando-as avessas ao risco. Uma segunda questão refere-se à discriminação dessas leis *contra* as empresas norte-americanas. A fabricação conjunta entre rivais norte-americanos é proibida. Com isso, as empresas norte-americanas são obrigadas a produzir em conjunto com rivais estrangeiros, o que, ironicamente, costuma ser permitido. Por exemplo, a IBM pode se juntar à Siemens e à Toshiba a fim de desenvolver e fabricar novos *chips* em conjunto, enquanto sua *joint venture* com a Apple e a Motorola pode desenvolver novos *chips*, mas não fabricá-las. No entanto, isso não parece justo.

Estrategistas alegam que a monopolização, temida pelos Estados Unidos do século XIX, não é provável na maioria das indústrias, inseridas na economia global do século XXI. Entretanto, essa visão ainda não foi completamente aceita pelos legisladores de políticas antitruste. Assim, tanto os estrategistas que atuam no mercado quanto os que atuam no meio acadêmico, têm de divulgar mais seus pontos de vista.[69] Infelizmente, *nenhum* outro livro sobre estratégia discute essa questão crucial. Sem encarar tal discussão de frente, estão prestando um desserviço a esse campo de estudo. Fora dos Estados Unidos, estrategistas também se envolvem em debates semelhantes, em seus países, com economistas e legisladores. O resultado dessas discussões, em larga escala, pode modelar o futuro da competição em todo o mundo.

Competição *versus Antidumping*

No comércio internacional, há dois argumentos contra o *antidumping*. Primeiro, pelo fato de o *dumping* se centrar na venda "abaixo do custo" e de haver certa ambigüidade com relação ao termo "custo", provar um caso de *dumping* costuma ser difícil (se não impossível). De acordo com o segundo argumento, se empresas estrangeiras estão realmente vendendo abaixo do custo, qual é o problema? Essa é uma ação (hiper)competitiva. Ao entrar em novos mercados, quase todas as empresas perdem dinheiro no início (e, em geral, durante todo o primeiro ano de exercício). Até que entre em equilíbrio financeiro, a empresa perderá dinheiro, pois vende abaixo do custo. Em âmbito doméstico, há inúmeros casos desse tipo de *dumping*, perfeitamente legal. Por exemplo, todos recebemos vários cupons de desconto por e-mail, oferecendo mercadorias por preços baixos ou de graça. Tais mercadorias com freqüência são vendidas por preços abaixo do custo (ou são distribuídas). Algum consumidor reclama desses bons negócios? Provavelmente não. Da mesma forma, "se estrangeiros são amáveis (ou tolos) o suficiente para nos venderem mercadorias abaixo do custo", o argumento prossegue, "por que reclamaríamos?".[70]

Um argumento clássico é: e se, por meio de um *dumping* "injusto", rivais estrangeiros expulsassem empresas locais e depois subissem os preços? A resposta é semelhante àquela dada à acusação de preço predatório em ambientes domésticos. Considerando-se a natureza competitiva da maioria das indústrias, costuma ser difícil (se não impossível) eliminar todos os rivais e, posteriormente, recuperar as perdas causadas pelo *dumping* cobrando preços monopolísticos mais altos. Portanto, alguns grupos de interesse têm um medo exagerado do monopólio estrangeiro. Na realidade, as políticas *antidumping* protegem certas empresas, indústrias e regiões, enquanto os consumidores de todo o resto do país pagam preços mais altos. Leis *antidumping*, portanto, estão fundamentalmente em desacordo com o espírito de promoção da competição, subjacente, acima de tudo, às leis de competição/antitruste. As leis *antidumping* também estão em desacordo com as tendências recentes em direção a uma maior globalização. Nas palavras de Joseph Stiglitz, prêmio Nobel de economia e, posteriormente, economista-chefe do Banco Mundial, as políticas *antidumping* "são simplesmente um protecionismo exposto" e as "leis comerciais justas" de um país costumam ser consideradas "leis comerciais injustas" em outros lugares.[71]

As diferenças significativas entre competição doméstica/leis antitruste e comércio internacional/leis *antidumping* (ações legais, em âmbito doméstico, podem ser *dumpings* ilegais, em âmbito internacional) requerem aperfeiçoamento. Uma solução é abolir aos poucos as leis *antidumping* e adotar os mesmos padrões utilizados contra preços predatórios domésticos para lidar com empresas estrangeiras. Austrália e Nova Zelândia, Canadá e Estados Unidos, e países da União Européia, aplicaram remoção de acusações *antidumping* entre si. A saber, uma empresa canadense, tratada como se fosse norte-americana, pode ser acusada de preço predatório, mas não pode ser acusada de *dumping*, dentro dos Estados Unidos. Entretanto, em âmbito doméstico, como observado anteriormente, casos de predação são raros. Dessa forma, a competição pode ser fomentada; a agressividade, recompensada; e o "*dumping*", legalizado.

Implicações para os estrategistas

Se o capitalismo, de acordo com Joseph Schumpeter, tem a ver com "destruição criativa", então a perspectiva de "estratégia como ação" enfatiza como o poder da destruição criativa é desencadeado no ambiente de mercado. Entretanto, diferente do ideal de Adam Smith, esse ambiente de mercado não é necessariamente governado pela "mão invisível". Em vez disso, "a mão visível" dos governos é evidente. Portanto, se aspiram navegar com sucesso nos mares da competitividade global, estrategistas devem não só se tornar mestres em ações estratégicas (tanto na competição, quanto na cooperação), mas também especialistas nas regulamentações governamentais.

Com relação às quatro questões fundamentais, a resposta à questão 1 (por que as empresas se diferenciam?) e à 2 (como as empresas se comportam?) centra-se em como as considerações baseadas em indústrias, em recursos e em instituições influenciam as ações competitivas/cooperativas das empresas. O interesse em estabelecer indulgência mútua com rivais em multimercados é, em parte, o que determina o escopo da empresa (Questão 3). Ao sofrer o ataque de rivais em multimercados, empresas de somente um mercado podem achar útil o alargamento de seus escopos por meio de entradas em mercados nos quais esses rivais operam – em outras palavras, como no militarismo e no esporte, "a defesa é o melhor ataque". Por fim, o que determina o sucesso ou o fracasso internacional das empresas, em larga escala, depende de como a empresa leva a cabo suas ações ao redor do mundo. Em ataques e contra-ataques competitivos, a sutileza, a freqüência, a complexidade e a imprevisibilidade são úteis. Já na cooperação, o sigilo, a exclusividade e a informalidade podem ser mais úteis. Considerando-se que o comércio é ao mesmo tempo guerra *e* paz, uma fórmula vencedora, assim como na guerra e no xadrez, é "aprender com o passado e olhar para o futuro".

Resumo do Capítulo

1. Subjacente à perspectiva de "estratégia como ação", a dinâmica competitiva refere-se às ações e às reações levadas a cabo pelas empresas em competição.
2. A competição em multimercados ocorre quando empresas encontram os mesmos rivais em vários mercados. Por meio da indulgência mútua, a competição em multimercados, como uma forma de conluio tácito, pode reduzir a competição.
3. As perspectivas baseadas em indústrias, em recursos e em instituições, em conjunto, sugerem um modelo abrangente da dinâmica competitiva. Em especial, as questões institucionais com relação às leis antitruste e *antidumping*, raramente discutidas em outros livros sobre estratégia, são muito importantes para a competição doméstica e internacional.
4. Os três principais tipos de ataques são: (1) investida; (2) simulação; e (3) gambito. Os contra-ataques são dirigidos pela: (1) ciência; (2) motivação; e (3) capacidade.
5. As ações competitivas diferem em: (1) sutileza; (2) freqüência; (3) complexidade; e (4) previsibilidade.

6. Sem falar diretamente com os competidores, empresas podem sinalizar aos rivais. Em larga escala, o sucesso e o fracasso da cooperação e da acomodação dependem: (1) do sigilo; (2) da exclusividade; e (3) da informalidade.
7. Ao enfrentar multinacionais, empresas locais possuem várias opções de estratégia: (1) do defensor; (2) do expansor; (3) do astuto; e (4) do competidor. As empresas locais podem não ser tão fracas quanto as pessoas pensam.
8. Dentre as principais discussões nessa área estão: (1) estratégia *versus* economia de organização industrial e políticas antitruste; e (2) competição *versus antidumping*.

Palavras-chave

- análise do competidor
- astuto
- ataque
- capacidade de punição
- cartéis de exportação
- cartel
- competição em multimercados
- conluio
- conluio explícito
- conluio tácito
- competidor
- contra-ataque
- defensor
- dilema do prisioneiro
- dinâmica competitiva
- dissuasão
- *dumping*
- expansor
- extraterritorialidade
- familiaridade
- gambito
- indulgência mútua
- investida
- líder no preço
- mercado comum
- política de competição
- políticas antitruste
- preço predatório
- preços estabelecidos em conluio
- razão de concentração
- retaliação no cruzamento de mercados
- semelhança de recursos
- simulação
- Super 301
- teoria dos jogos
- truste

Questões para Discussão

1. Você é o diretor-executivo da segunda maior empresa de uma indústria. Em meio a uma guerra de preços, o líder da indústria anunciou um aumento. Como você reagiria?
2. Você é o diretor-executivo de uma empresa multinacional (empresa A), cuja cobertura de mercado se sobrepõe à cobertura de seu principal rival (empresa B), presente em 20 países. Você está planejando iniciar um ataque à B, no país 1. Entretanto, antes de você atacar, B iniciou seus próprios ataques à sua empresa (A), nos países 2, 3 e 4. Como você reagiria?
3. Como diretor-executivo de uma empresa chinesa, você está preocupado com a perspectiva de empresas multinacionais entrando em sua, antes protegida, indústria doméstica (como a de bancos e a de seguros) em virtude do comprometimento da China como novo membro da Organização Mundial do Comércio (desde 2001). Quais são as opções estratégicas disponíveis para que sua empresa esteja bem preparada?
4. ***SOBRE ÉTICA:*** Como executivo, você sente que a guerra de preços está acabando com os lucros de todas as empresas de uma indústria. Entretanto, você foi advertido pelo conselho corporativo a não discutir abertamente questões delicadas, como preços, com seus rivais, que você conhece pessoalmente (você e os administradores rivais foram colegas de escola). Como você sinalizaria suas intenções sem violar as leis antitruste?
5. ***SOBRE ÉTICA:*** Como diretor-executivo, você teme que sua empresa e sua indústria, nos Estados Unidos, estejam sendo devastadas pelas importações estrangeiras. Entretanto, você não conhece bem a estrutura de custo de seus rivais estrangeiros. Advogados especializados em comércio sugerem que você abra um processo *antidumping* contra os principais rivais

estrangeiros (como aqueles na China) e garantem que você ganhará a causa. Você abriria um processo *antidumping* ou não? Justifique.

6. ***SOBRE ÉTICA:*** Como parte de uma simulação de ataque, sua empresa (A) anuncia que, no próximo ano, pretende entrar no país X, onde o competidor B (empresa B) é muito forte. A verdadeira intenção de sua empresa é marchar em direção ao país Y, onde B é muito fraca. Na realidade, não há *nenhum* plano para entrar em X. Entretanto, durante o processo de tentar "enganar" B, consumidores, fornecedores, investidores e a mídia também estão sendo intencionalmente enganados. Quais são os dilemas éticos nesse exemplo? Os prós dessa ação sobrepujam os contras?

Caso de Conclusão: Lev Leviev Contra De Beers

(ver também Caso de Integração 8, on-line)

Na indústria de diamantes, a De Beers (http://www.debeersgroup.com), da África do Sul, tem sido o "rei do pedaço", há mais de um século. Essa empresa organizou um cartel denominado Sindicato do Diamante (*Diamond Syndicate*), cujos objetivos eram manter o fornecimento baixo e o preço alto. Historicamente, por dominar a produção global de diamantes (a maior parte está na África do Sul), a De Beers vendia o diamante bruto somente a um seleto grupo de comerciantes (denominados "sightholders") de todo o mundo, a preços do tipo "pegar ou largar". Dessa forma, a De Beers conseguia controlar todas as pedras que entravam no mercado ao preço que desejasse. Atualmente, ainda controla 45% da produção mundial. A De Beers costuma pressionar produtores independentes para que vendam os diamantes brutos somente para ela. A empresa compraria toda a produção pelos preços do mercado. Em troca, os produtores poderiam desfrutar dos benefícios do cartel: preços estáveis, compras garantidas e pouca competição. A De Beers ainda controla de 50% a 60% das vendas de diamantes brutos do mundo.

Assim como em todos os cartéis, os incentivos para trapacear são enormes: produtores e compradores estão interessados em afastar a De Beers. As reações dela são imediatas e inflexíveis. Em 1981, o Zaire cortou comercialização direta de seu diamante que era feita pela De Beers. Esta, por sua vez, ameaçou utilizar seus estoques para abarrotar o mercado, forçando os zairenses a mudar de idéia. Em 1978, alguns sightholders israelenses começaram a armazenar diamantes brutos, criando seus próprios estoques. De forma implacável, a De Beers dispensou um terço desses sightholders, forçando os consumidores israelenses a comprar de outros lugares.

Contra essas forças descomunais que o Grupo Lev Leviev (http://www.africa-israel.com), de Israel, se levantou. Lev Leviev é um cidadão israelense, nascido no Uzbequistão e russófono. Sendo uma das maiores empresas polidoras de diamantes de Israel, em 1985, a Leviev foi convidada pela De Beers a se tornar um sightholder. Entretanto, a Leviev provou ser o pior inimigo da De Beers. Suas ações são caracterizadas pela sutileza, freqüência, complexidade e imprevisibilidade. A Leviev cultivou conexões políticas em países importantes. Remontando à era soviética, a Rússia sempre vendeu seus diamantes brutos à De Beers. A Leviev fez amizade com os líderes russos, como Yeltsin e Putin, e convenceu a produtora estatal russa, atualmente denominada Alrosa (http://www.eng.alrosa.ru), a estabelecer uma *joint venture* em conjunto, que trabalha com US$ 140 milhões em diamantes por ano. As ações do tipo "pobre e faminto" da Leviev também são freqüentes, considerando-se que essa empresa está sempre atrás de oportunidades para bater a De Beers ao redor do mundo.

A Leviev cultivou uma complexa rede de negócios espalhada por inúmeras indústrias e países. O empreendimento russo é apenas a ponta do *iceberg* de seus negócios na antiga União Soviética. Em Angola, a De Beers afundou-se em um escândalo de relações públicas associado aos "diamantes de sangue". Em 1996, a Leviev aproveitou-se desse fiasco e criou a Angola Selling Corporation, da qual deu ao governo 51% das ações em troca dos direitos exclusivos de compra dos diamantes brutos de Angola. Na Namíbia, onde os produtores locais preferiam processar seus próprios diamantes em vez de vendê-los à De Beers, a Leviev, em primeiro lugar, estabeleceu uma fábrica de polimento de diamantes em conjunto com os jogadores locais e posteriormente resgatou as ações deles. Além disso, a Leviev também diversificou suas *holdings*, adquirindo uma mina de ouro no Cazaquistão; lotes imobiliários comerciais na Europa; postos de gasolina da rede Fina e lojas da rede 7-Eleven no sudoeste dos Estados Unidos; e 33% das ações dos primeiros pedágios de Israel.

Por fim, as ações da Leviev, no tradicional mercado de diamantes dominado pela De Beers, costumam ser imprevisíveis. A Leviev tornou-se a primeira negociadora de diamantes a tocar em cada uma das facetas da cadeia de valor, da mineração e corte ao polimento e venda. Inovadora, criou uma marca, a Vivid Collection, para suas melhores gemas. Em seu "tempo livre", intermediou encontros entre Putin e líderes israelitas norte-americanos, bem como com políticos de Israel. Todos os anos, a Leviev doa, no mínimo, US$ 30 milhões a instituições de caridade israelitas.

Ultrajada, em 1995 a De Beers expulsou a Leviev da função de sightholder. A De Beers também estabeleceu uma fábrica de polimento de diamantes na Namíbia e tentou lançar sua própria marca. Atualmente, como o maior cortador e polidor e um dos principais fornecedores de diamantes brutos do mundo, a Leviev tornou-se o inimigo número um da De Beers.

Questões para Estudo de Caso

1. Quais características fizeram com que o cartel da De Beers durasse tanto tempo (ver também Caso 8, on-line)?
2. Quais ações competitivas e cooperativas transformaram a Leviev no inimigo número um da De Beers?
3. Discuta o futuro da rivalidade entre a De Beers e a Leviev, especialmente na nova arena de competição varejista relacionada a marcas de jóias. O que o futuro reserva para essas empresas?

Fontes: Baseado em (1) P. Berman; L. Goldman, 2003, The billionaire who cracked De Beers, Forbes, 15 de setembro: 108-115; (2) *Economist*, 2004, Rumors are forever, 28 de fevereiro: 62; (3) *Economist*, 2004, The cartel isn't forever, 17 de julho: 60-62; (4) C. Kaira, 2004, Lev Leviev squares up with De Beers, *The Namibia Economist*, 6 de fevereiro (http://www.economist.com.na); (5) D. Spa, 1994, *The Cooperative Edge: The Internal Politics of International Cartels, Ithaca*, Nova York: Cornell University Press.

Notas

1. M. Chen, 1996, Competitor analysis and interfirm rivalry, *AMR*, 21: 100-134; W. Ferrier, 2001, Navigating the competitive landscape, *AMJ*, 44: 858-878; C. Grimm; K. Smith, 1997, *Strategy as Action*, Cincinnati: Thomson South-Western.
2. A. Brandenburger; B. Nalebuff, 1996, *Co-opetition* (p. 4), Nova York: Currency Doubleday.
3. W. Barnett; H. Greve; D. Park, 1994, An evolutionary model of organizational performance, *SMJ*, 15: 11-28; A. Karnani; B. Wernerfelt, 1985, Multiple point competition, *SMJ*, 6: 87-96.
4. C. Edwards, 1955, Conglomerate bigness as a source of power, *Business Concentration and Price Policy* (p. 331-352), Princeton: Princeton University Press; J. Gimeno; C. Woo, 1999, Multimarket contact, economics of scope, and firm performance, *AMJ*, 43: 239-259.
5. S. Jayachandran; J. Gimeno; P. R. Varadarajan, 1999, The theory of multimarket competition, *JMktg*, 63: 49-66.
6. S. Evenett; M. Levenstein; V. Suslow, 2001, International cartel enforcement, *IE*, 24 (9): 1221-1245.
7. P. Ingram; P. Roberts, 2000, Friendships among competitors in the Sydney hotel industry, *AJS*, 106: 387-423; M. W. Peng; Y. Luo, 2000, Managerial ties and firm performance in a transition economy, *AMJ*, 43 (3): 486-501.
8. K. Au; M. W. Peng; D. Wang, 2000, Interlocking directorates, firm strategies, and performance in Hong Kong: Towards a research agenda, *APJM*, 17 (1): 29-47.
9. C. Christensen, 1997, *The Innovator's Dilemma*, Boston: Harvard Business School Press.
10. J. Barney, 2002, *Gaining and Sustaining Competitive Advantage* (p. 359), Upper Saddle River, NJ: Prentice Hall.
11. M. Chen, 1996, Competitor analysis and interfirm rivalry (p. 106).
12. F. Smith; R. Wilson, 1995, The predictive validity of the Karnani and Wernerfelt model of multipoint competition, *SMJ*, 16: 143-160.

13. H. Ma, 1998, Mutual forbearance in international business (p. 140), *JIM*, 4: 129-147.
14. D. Spar, 1994, *The Cooperative Edge: The Internal Politics of International Cartels* (p. 5), Ithaca, NY: Cornell UP.
15. J. R. Baum; S. Wally, 2003, Strategic decision speed and firm performance, *SMJ*, 24: 1107-1129.
16. X. Martin; A. Swaminathan; W. Mitchell, 1998, Organizational evolution in the interorganizational environment, *ASQ*, 43: 566-601; V. Terpstra; C. Yu, 1988, Determinants of foreign investment of US advertising agencies, *JIBS*, 19: 33-55.
17. W. Ferrier; K. Smith; C. Grimm, 1999, The role of competitive action in market share erosion and industry dethronement, *AMJ*, 42: 372-388.
18. K. Smith; C. Grimm; M. Gannon; M. Chen, 1991, Organizational information processing, competitive responses, and performance in the US domestic airline industry, *AMJ*, 34: 60-85.
19. C. Pegels; Y. Song; B. Yang, 2000, Management heterogeneity, competitive interaction groups, and firm performance, *SMJ*, 21: 911-923.
20. W. C. Kim; P. Hwang, 1992, Global strategy and multinationals' entry mode choice, *JIBS*, 23: 29-53.
21. B. Golden; H. Ma, 2003, Mutual forbearance: The role of intrafirm integration and rewards, *AMR*, 28: 479-493; A. Kalnins, 2004, Divisional multimarket contact within and between multiunit organizations, *AMJ*, 47: 117-128.
22. Chen, 1996, Competitor analysis and interfirm rivalry (p. 107).
23. H. Korn; J. Baum, 1999, Chance, imitative, and strategic antecedents to multimarket contact, *AMJ*, 42: 171-193.
24. E. Graham; D. Richardson, 1997, Issue overview (p. 5), In: E. Graham; D. Richardson (eds.), *Global Competition Policy* (p. 3-46), Washington: Institute for International Economics.
25. Grimm; Smith, 1997, *Strategy as Action* (p. 151).
26. K. Kuhn, 1997, Germany (p. 128), In: E. Graham; D. Richardson (eds.), *Global Competition Policy* (p. 115-149), Washington: Institute for International Economics.
27. E. Fox, 1997, US and EU competition law (p. 351-352), In: E. Graham; D. Richardson (eds.), *Global Competition Policy* (p. 339-354), Washington: Institute for International Economics.
28. M. Porter; H. Takeuchi; M. Sakakibara, 2000, *Can Japan Compete?* (p. 25), Cambridge, MA: Perseus.
29. M. Finger; F. Ng; S. Wangchuk, 2001, Antidumping as safeguard policy (p. 6), Working paper, World Bank.
30. R. Lipstein, 1997, Using antitrust principles to reform antidumping law (p. 408, itálico do original), In: E. Graham; D. Richardson (eds.), *Global Competition Policy* (p. 405-438), Washington: Institute for International Economics.
31. OECD, 1996, *Trade and Competition: Frictions After the Uruguay Round* (p. 18), Paris: OECD.
32. C. Hill, 2003, *International Business*, 4. ed. (p. 140), Chicago: McGraw-Hill Irwin.
33. P. Engardio, 2004, Wielding a heavy weapon against China, *BW*, 21 de junho: 56-57; D. Robin; W. C. Sawyer, 1998, The ethics of antidumping petitions, *JWB*, 33: 315-328.
34. S. Marsh, 1998, Creating barriers for foreign competitors, *SMJ*, 19: 25-37.
35. Finger; Ng; Wangchuk, 2001, Antidumping as safeguard policy (p. 6).
36. M. W. Peng, 1998, *Behind the Success and Failure of US Export Intermediaries*, Westport, CT: Quorum Books.
37. M. Chen; K. Stucker, 1997, Multinational management and multimarket rivalry, *Academy of Management Best Papers Proceedings*, 2-6.
38. Esta seção foi fortemente baseada em R. McGrath; M. Chen; I. MacMillan, 1998, Multimarket maneuvering in uncertain spheres of influence, *AMR*, 23: 724-740.
39. D. Yoffie; M. Kwak, 2001, *Judo Strategy* (p. 193), Boston: Harvard Business School Press.
40. W. Boeker; J. Goodstein; J. Stephen; J. Murmann, 1997, Competition in a multimarket environment, *OSc*, 8: 126-142; M. Chen; I. MacMillan, 1992, Nonresponse and delayed response to competitive moves, *AMJ*, 35: 359-370.
41. I. MacMillan; A. van Putten; R. McGrath, 2003, Global gamesmanship, *HBR*, maio: 62-71.

42. Chen, 1996, Competitor analysis and interfirm rivalry (p. 110).
43. M. Chen; D. Miller, 1994, Competitive attack, retaliation, and performance, *SMJ*, 15: 85-102.
44. A. Mair, 1999, Learning from Honda, *JMS*, 36: 25-44; R. Pascale, 1996, The Honda effect, *CMR*, 38 (4): 80-94.
45. M. Cusumano; D. Yoffie, 1998, *Competing on Internet Time*, Nova York: Free Press.
46. K. Smith; W. Ferrier; C. Grimm, 2001, King of the hill (p. 66), *AME*, 15: 59-70.
47. D. Miller; M. Chen, 1996, The simplicity of competitive repertoires, *SMJ*, 17: 419-439.
48. P. Chattopadhyay; W. Glick; G. Huber, 2001, Organizational actions in response to threats and opportunities, *AMJ*, 44: 937-955.
49. E. Clemons; J. Santamaria, 2002, Maneuver warfare, *HBR*, 80 (4): 57-65.
50. Barney, 2002, *Gaining and Sustaining Competitive Advantage* (p. 353).
51. J. Anand; B. Kogut, 1997, Technological capabilities of countries, firm rivalry, and foreign direct investment, *JIBS*, 28: 445-465; J. Gimeno, 1999, Reciprocal threats in multimarket rivalry, *SMJ*, 20: 101-128; J. Hennart; Y. Park, 1994, Location, governance, and strategic determinants of Japanese manufacturing investment in the United States, *SMJ*, 15: 419-436; K. Ito; E. Rose, 2002, Foreign direct investment location strategies in the tire industry, *JIBS*, 33: 593-602; F. Knickerbocker, 1973, *Oligopolistic Reaction and Multinational Enterprise*, Boston: Harvard Business School Press; L. Thomas; K. Weigelt, 2000, Product location choice and firm capabilities, *SMJ*, 21: 897-909.
52. J. Baum; H. Korn, 1996, Competitive dynamics of interfirm rivalry, *AMJ*, 39: 255-291.
53. H. Haveman; L. Nonnemaker, 2000, Competition in multiple geographic markets, *ASQ*, 45: 232-267.
54. Evenett et al., 2001, International cartel enforcement (p. 1229).
55. Esta seção foi fortemente baseada em Spar, 1994, *The Cooperative Edge* (p. 15-38).
56. T. Schelling, 1980, *The Strategy of Conflict*, Cambridge, MA: Harvard University Press.
57. Evenett et al., 2001, International cartel enforcement (p. 1226).
58. J. Stephen; J. Murmann; W. Boeker; J. Goodstein, 2003, Bringing managers into theories of multimarket competition, *OSc*, 14: 403-421.
59. Esta seção foi fortemente baseada em N. Dawar; T. Frost, 1999, Competing with giants, *HBR*, março-abril: 119-129.
60. D. Lavie; A. Fiegenbaum, 2000, The strategic reaction of domestic firms to foreign MNC dominance: The Israeli experience (p. 663), *LRP*, 33: 651-672.
61. M. Zeng; P. Williamson, 2003, Why foreign and local firms dominate different industries in China, Working paper, INSEAD.
62. White; G. Linden, 2002, Organizational and industrial response to market liberalization, *OSt*, 23: 917-948.
63. M. Porter, 1990, *The Competitive Advantages of Nations*, Nova York: Free Press; M. Sakakibara; M. Porter, 2001, Competing at home to win abroad: Evidence from Japanese industry, *RES*, 83: 311-326.
64. Y. Pan; D. Xu, 2004, Competitiveness: Local versus foreign firms, *HBR China*, fevereiro, 14-17.
65. Esta seção foi fortemente baseada em R. D'Aveni, 1994, *Hypercompetition* (appendix), Nova York: Free Press.
66. D'Aveni, 1994, *Hypercompetition* (p. 358); J. Kerstetter, 2004, Trustbusters are on the wrong trail, *BW*, junho, 21: 48.
67. T. Jorde; D. Teece, 1990, Innovation and cooperation: Implications for antitrust (p. 76), *JEP*, 4: 75-96.
68. D'Aveni, 1994, *Hypercompetition* (p. 376).
69. J. Barney, 2001, Competence explanations of economic profits in strategic management: Some policy implications, In: J. Ellig (ed.), *Dynamic Competition and Public Policy* (p. 45-64), Cambridge, UK: Cambridge University Press.
70. R. Griffin; M. Pustay, 2003, *International Business*, 3. ed. (p. 241), Upper Saddle River, NJ: Prentice Hall.
71. J. Stiglitz, 2002, *Globalization and Its Discontent* (p. 172-173), Nova York: Norton.

Parte III

Estratégias corporativas

CAPÍTULO 9

Diversificando, adquirindo e reestruturando

Sumário

- Diversificação do produto
- Diversificação geográfica
- Combinando a diversificação do produto com a diversificação geográfica
- Um modelo abrangente de diversificação
- Aquisições
- Reestruturações
- Discussões e extensões
- Implicações para os estrategistas

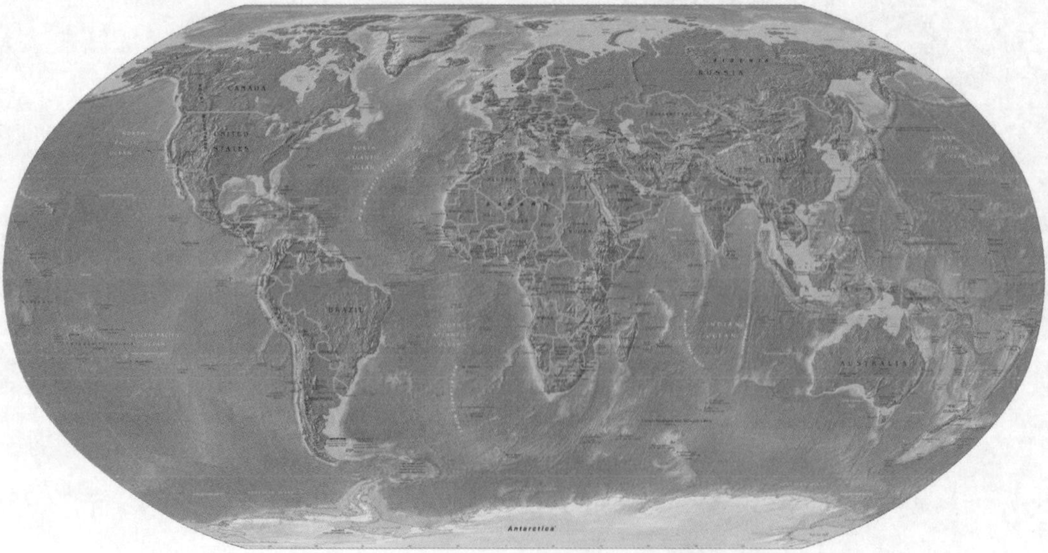

Caso de Introdução: Renault/Nissan e DaimlerChrysler/Mitsubishi: Uma História sobre Duas Aquisições

Como parte da recente reestruturação da indústria automobilística global, a Renault (http://www.renault.com) adquiriu a Nissan (http://www.nissan.co.jp) em 1999, e a DaimlerChrysler (http://www.daimlerchrysler.com) adquiriu a Mitsubishi (http://www.mitsubishimotors.com) em 2000. A aquisição dessas empresas japonesas permitiu que as duas fabricantes de automóveis européias ampliassem seus escopos geográficos, expandindo-se pela Ásia, onde eram fracas. O problema era que ambas as empresas japonesas, apesar da glória que experimentavam no passado, possuíam marcas apagadas, dívidas enormes e futuro incerto.

Embora nenhuma dessas aquisições – denominadas com o eufemismo de "parcerias" – tenham resultado em 100% de controle estrangeiro (a Nissan vendeu 37% de suas ações por US$ 5,4 bilhões e a Mitsubishi, 34% por US$ 2,1 bilhões), sem dúvida os administradores estrangeiros estavam no comando. Mais especificamente, Carlos Ghosn (apelidado de "O Cortador dos Preços" – "Le Cost Cutter") e Rolf Eckrodt (apelidado de "Sr. Arrumação" – "Mr. Fix-It") foram nomeados diretores-executivos da Nissan e da Mitsubishi, respectivamente, e iniciaram algumas reestruturações viscerais, em uma escala jamais vista no Japão. Desde 1999, Ghosn fechou cinco fábricas no Japão, reduziu em 23 mil o efetivo (14% do total somente no Japão) e transferiu boa parte da produção para os Estados Unidos. A Nissan voltou a ser lucrativa em 2001. Atualmente, a empresa ostenta uma das maiores margens da indústria e novos modelos arrojados.

Eckrodt, ao chegar na Mitsubishi, em 2001, cortou os custos em 15%, o efetivo em 16% e dobrou os gastos com pesquisa e desenvolvimento, em comparação ao ano de 2000. Entretanto, críticos alegaram que ele e sua equipe poderiam ter feito mais, como ter fechado ao menos uma fábrica no Japão e outra na Austrália, extinguido modelos que davam prejuízo e solucionado problemas com relação às finanças e à qualidade. Para ajudar nas vendas nos Estados Unidos, a Mitsubishi apelou para uma campanha financeira, de alto risco, aos consumidores — não disponha de um centavo sequer, não pague nada por um ano. O resultado? Quase meio bilhão de dólares em empréstimos não pagos.

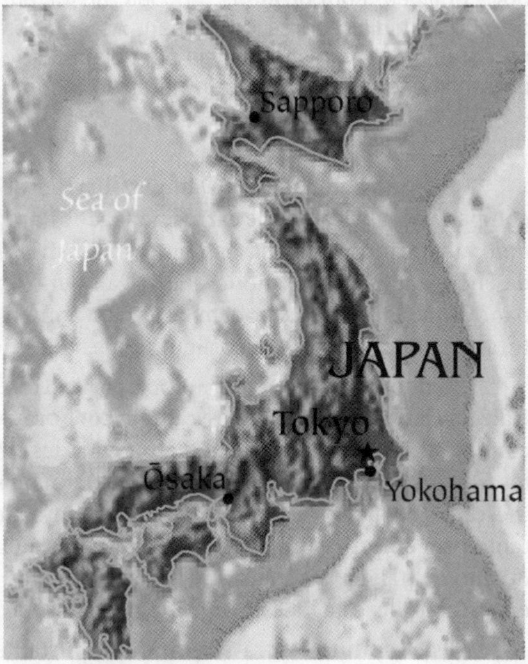

Por volta de 2004, o contraste entre as duas aquisições não poderia ser mais claro. Em abril, Ghosn obteve lucros recordes com a Nissan, ao passo que Eckrodt renunciou ao cargo de diretor-executivo da Mitsubishi, que registrou perdas de US$ 660 milhões. Ainda pior, o conselho de administração da DaimlerChrysler recusou-se a injetar US$ 7 bilhões adicionais para resgatar a afundada Mitsubishi.

Uma aquisição obteve sucesso. A outra não. O que aconteceu? Nas palavras do próprio Ghosn, escrevendo à publicação *Harvard Business Review*, o segredo foi contrabalançar a necessidade de mudanças estratégicas radicais com o respeito à identidade da Nissan e à auto-estima dos funcionários.

> Esses dois objetivos — promover mudanças e resguardar a identidade — podem entrar em conflito com facilidade; buscar ambos requer um equilíbrio difícil e, algumas vezes, precário. Isso é especialmente verdade nesse caso. Eu era, apesar de tudo, um estranho — não-Nissan, não japonês... eu sabia que se tentasse ditar as regras, de cima para baixo, nossos esforços se voltariam contra nós, minando a motivação do grupo e a produtividade. Se eu fosse passivo demais, a companhia continuaria em uma espiral descendente.

Por um lado, Ghosn e sua equipe abandonaram o sistema de promoção baseado no tempo de serviço na Nissan e adotaram o sistema de promoção baseado no desempenho. Não é de se surpreender que tenham sido bombardeados por críticas, segundo as quais a "cultura" japonesa estava sendo destruída. Por outro lado, criaram nove equipes, com diversas funções, envolvendo 500 administradores da Nissan. As equipes não eram apenas responsáveis pela elaboração de recomendações, que se tornaram o insumo para o plano de restabelecimento corporativo, mas também pela implementação efetiva dessas recomendações. Essas equipes, de acordo com Ghosn, foram "meu jeito de garantir que a Nissan permaneça alerta".

Fontes: Baseado em (1) B. Bremmer, 2004, Japão, *Business Week*, 10 de maio: 42; (2) *Economist*, 2004, The wheels come off, 1º de maio: 65-66; (3) C. Ghosn, 2002, Saving the business without losing the company, *Harvard Business Review*, 80 (1): 37-45; (4) E. Thornton, 1999, Remaking Nissan, *Business Week*, 15 de novembro: 70-76.

Por que a Renault e a DaimlerChrysler decidiram ampliar seus escopos *geográficos* adquirindo companhias fabricantes de carros no Japão? Por que, por exemplo, não ampliaram seus escopos de *produtos* adquirindo empresas em outras indústrias (como a aeroespacial, de armamentos ou de sistemas de energia, do mesmo modo que a Daimler-Benz)? Por que uma aquisição obteve sucesso e a outra não? O que as empresas podem fazer para aumentar as possibilidades de diversificar, adquirir e reestruturar com sucesso? Essas são algumas das questões estratégicas apresentadas neste capítulo.

Tendo início neste capítulo, a parte III (Capítulos 9-12) centra-se no nível corporativo da estratégia (ou, resumindo, na **estratégia corporativa**), que é como uma empresa cria valor por meio da configuração e coordenação de suas atividades em multimercados.[1] Em comparação, a Parte II (capítulos 5-8) lidou com as **estratégias do negócio**, ou seja, a forma como se cria vantagens competitivas em mercados pequenos e identificáveis. Enquanto a estratégia de negócios é evidentemente muito importante para empresas maiores que atuam em multimercados, a estratégia corporativa é tão importante quanto ou, talvez, até mais.[2] Em outras palavras, uma compreensão da estratégia corporativa ajuda a enxergar a "floresta"; a estratégia de negócios focaliza as "árvores".

Este capítulo centra-se em um importante aspecto da estratégia corporativa, a **diversificação**, que é adicionar à empresa novos negócios diferentes das operações já existentes. A diversificação provavelmente é o tópico mais pesquisado, discutido e debatido em estratégia. As empresas podem se diversificar de duas formas: (1) **diversificação do produto** - por meio de entradas em mercados e indústrias de produtos diferentes; e (2) diversificação geográfica - por meio de entradas em áreas geográficas diferentes, como novas regiões ou países. Embora as entradas em mercados possam acarretar alianças estratégicas e investimentos *green-field* (novas instalações, construídas do zero, em vastas áreas desocupadas - ver Capítulo 6), o foco aqui são as **fusões e aquisições** e a **reestruturação**.

Em um primeiro momento, serão introduzidas a diversificação do produto e a diversificação geográfica; em seguida, será apresentada uma tipologia da interseção entre ambas. Posteriormente, um modelo abrangente, com a ajuda das perspectivas baseadas em indústrias, em recursos e em instituições. Aquisições e reestruturação serão analisadas a seguir. Assim como os outros, este capítulo encerra-se com discussões e extensões.

Diversificação do produto

A maior parte das empresas começa com suas atividades, pequenos negócios, centrados em um único (ou em poucos) produto ou serviço, pouco diversificado — a **estratégia de negócios única**. Com o passar do tempo, a empresa pode iniciar uma estratégia de diversificação do produto, caracterizada por duas categorias amplas, que serão discutidas na próxima seção.

Diversificação Relacionada ao Produto

A **diversificação relacionada ao produto** refere-se à entrada em novos mercados de produtos e/ou atividades de negócios que estão relacionados aos mercados e/ou às atividades preexistentes na empresa. Enfatiza-se a **sinergia operacional** (também conhecida como **economias de escala**), definida como o aumento na competitividade além daquilo que pode ser alcançado com o envolvimento em dois mercados de produtos e/ou atividades de negócios separadamente. Em outras palavras, as empresas beneficiam-se das reduções nos custos de uma unidade, alavancando os produtos relacionados — a saber, 2 + 2 = 5. As fontes de sinergia operacional podem ser (1) as tecnologias (como plataformas em comum), (2) o marketing (como marcas em comum) e (3) a fabricação (como logística em comum.[3] Por exemplo, a Northrop Grumman, uma empresa da indústria de defesa, conhecida por seu avião bombardeiro B-2 furtivo (*stealth*), seguiu essa estratégia. Embora a Northrop somente tenha entrado no ramo de construção de embarcações ao adquirir a Litton, em 2001, hoje é a maior fabricante de embarcações para a Marinha dos Estados Unidos. Por si só, a Litton não possuía capacidade para integrar todos os componentes de alta tecnologia que a Marinha queria em sua nova frota de navios de guerra DD(X) — em outras palavras, os custos por unidade para se desenvolver um DD(X), do zero, impediriam o início da produção. Entretanto, como parte da Northrop, a Litton obteve acesso aos softwares, aos sistemas eletrônicos de aeronaves e à tecnologia secreta do B-2, a custos muito menores. Tal sinergia ajudou a Litton, hoje uma divisão da Northrop, a assegurar um lucrativo contrato de US$ 3 bilhões para a construção do DD(X).[4] Atualmente, a maioria das companhias com produtos diversificados ao redor do mundo estão focadas nas "competências centrais" que podem ser alavancadas em indústrias e mercados relacionados.

Diversificação Não Relacionada ao Produto

A **diversificação não relacionada ao produto** refere-se à entrada em novos setores industriais que não estão obviamente conectados às linhas comerciais atuais da empresa. Um exemplo é a General Electric (GE), que compete nos setores de eletrodomésticos, instalações elétricas, maquinário para aeronaves, radiodifusão e serviços financeiros. Empresas de diversificação não relacionada ao produto, como a GE, são denominadas **conglomerados** e sua estratégia é denominada conglomeração. Em vez da sinergia operacional, os conglomerados centram-se na **sinergia financeira** (também conhecida como **economias de escopo**), que é o aumento da competitividade em cada uma das unidades individuais que são financeiramente controladas pela matriz corporativa, além daquilo que pode ser alcançado por unidade se competirem independentemente, como empresas autônomas.

O lema é o mesmo, 2 + 2 = 5, mas o mecanismo para a obtenção da sinergia financeira é diferente daquele utilizado para a obtenção da sinergia operacional. O principal papel da matriz corporativa é identificar e financiar oportunidades de investimentos lucrativos. Em outras palavras, um conglomerado faz as vezes de um **mercado de capitais internos**, canalizando recursos financeiros para áreas com alto potencial e crescimento.[5] Considerando que um mercado de capitais externos ativo tenta fazer o mesmo, uma questão central é se as unidades do conglomerado, em várias indústrias (como a divisão de maquinários para aeronaves da GE), sobrepujam seus concorrentes independentes, isolados em suas respectivas indústrias (como a SNECMA). Explicando de outra forma, o que está em questão é se a matriz corporativa consegue fazer um trabalho *melhor*, identificando e tirando proveito das oportunidades de lucro, do que o feito pelos mercados de capitais externos. Se as unidades do conglomerado baterem seus rivais isolados (algo que grande parte das unidades da GE de fato consegue), há um **prêmio da diversificação** (ou uma **vantagem do conglomerado**) — ou seja, a diversificação não relacionada ao produto agrega valor.[6] Do contrário, pode haver um **desconto da diversificação** (ou desvantagem do conglomerado), quando as unidades do conglomerado competem melhor como entidades isoladas (ver Caso de Conclusão). Assim como demonstrado na Estratégia em Ação 9.1, a soma do valor das unidades filiadas à Beatrice, quando vendidas individualmente, era *maior* do que o valor de todo o conglomerado, indicação clara de que, nesse caso, a conglomeração destruiu o valor.

Diversificação do Produto e Desempenho da Empresa

A relação entre a diversificação do produto e o desempenho da empresa tem chamado a atenção. Centenas de estudos, a maior parte deles produzida no Ocidente, sugerem que, em média (mas não sempre), o desempenho aumenta à medida que as empresas trocam suas estratégias de negócios únicas pela diversificação relacionada ao produto, mas diminui à medida que as empresas trocam a diversificação relacionada ao produto pela diversificação não relacionada ao produto — em outras palavras, essa relação parece ter o formato de U invertido (Figura 9.1).[7] Na essência, "colocando todos os ovos na mesma cesta", a estratégia de negócios única é potencialmente arriscada e vulnerável. "Colocando os ovos em cestas diferentes", a diversificação não relacionada ao produto reduz os riscos, mas a maior parte das empresas não possui as capacidades necessárias para a execução bem-sucedida dessa estratégia (aspecto que será discutido adiante). Como consequência, a diversificação relacionada ao produto, "colocando os ovos em cestas semelhantes", surge como uma forma equilibrada de reduzir os riscos e alavancar a sinergia. Essa desco-

Estratégia em Ação 9.1.

Beatrice: Ascensão e Queda de um Conglomerado Norte-americano

Fundada na Nebraska Rural, em uma cidade chamada Beatrice, a empresa, de mesmo nome, iniciou em 1891 como uma pequena fabricante de laticínios. Nas décadas seguintes, por meio de aquisições, tornou-se uma das principais fabricantes de laticínios. Em 1956, entretanto, a Comissão Federal de Comércio (FTC — Federal Trade Commission) acusou a Beatrice de possuir poder de mercado "excessivo", forçando-a a se desfazer de algumas fábricas de laticínios e proibindo-a de adquirir outras empresas do mesmo segmento.

A ação da Comissão Federal de Comércio forçou a Beatrice a iniciar uma diversificação não relacionada ao produto. Por volta de 1975, somente 21% de seus sonhos advinham do setor de laticínios. A Beatrice marcou presença no ramo de frigoríficos, confeitarias, padarias, bebidas, casa e jardim, produtos químicos, gráficas e impressões. Todos os alvos eram negócios privados, familiares, cujos proprietários (que se tornavam administradores da divisão) eram dotados de grande autonomia, contanto que os resultados financeiros fossem satisfatórios. A matriz corporativa *não* tentava integrar as novas unidades e a palavra "sinergia" *nunca* foi utilizada nos relatórios anuais de 1952 a 1976. As vendas cresceram de US$ 235 milhões, em 1952, para US$ 5,6 bilhões, em 1976. O retorno para os acionistas girou em torno de 14% ao ano e o mercado de capitais reagiu favoravelmente. Por volta de 1976, como um "conglomerado dilatado" (ver Figura 9.3), a Beatrice operava em 27 países.

Desde 1976, com dois novos diretores-executivos (um de 1976 a 1979 e outro de 1979 a 1985), a Beatrice passou a ter uma postura mais centralizadora, de forma que a empresa foi organizada em seis grupos a fim de que "sinergias" fossem estabelecidas. A empresa lançou uma campanha publicitária dispendiosa, em âmbito corporativo, denominada "Nós somos Beatrice". O *staff* da matriz aumentou de 161, em 1976, para 750, em 1985. O segundo diretor-executivo também costumava se envolver em detalhes operacionais. Além disso, a estratégia de aquisição havia mudado, passando a ocorrer chamativas e dispendiosas aquisições de empresas de capital aberto, como a Tropicana (1978) e a Esmark (1984). Infelizmente, o valor das ações da Beatrice no mercado de capitais começou a baixar de forma drástica. Entre 1976 e 1985, cada uma das aquisições veio acompanhada de uma *redução* no valor de mercado e um total de US$ 2 bilhões em valor de mercado havia sido destruído. Em 1985, o diretor-executivo foi obrigado a renunciar. Posteriormente, naquele mesmo ano, um conselho de administração, liderado pela Kohlberg Kravis and Robert (KKR, *http://www.kkr.com*), uma importante empresa conhecida por investir em aquisições (*"corporate raider"*), assumiu o controle da Beatrice por meio da maior aquisição alavancada da história até então, em que US$ 1 bilhão em prêmios foram pagos aos acionistas. A partir de 1986, a Beatrice começou a liquidar divisões, como a Avis e a Tropicana. Em 1990, o que restou da Beatrice foi vendido à ConAgra (*http://www.conagrafoods.com*) por US$ 1,3 bilhão. No total, o resultado monetário obtido da venda dos ativos chegou a US$ 11,1 bilhões, 19% *mais* do que o patrimônio líquido da Beatrice na época da aquisição alavancada (US$ 9,3 bilhões).

A Beatrice (1891-1990) apresenta uma fascinante história da evolução das estratégias de diversificação corporativa nos Estados Unidos do século XX. A empresa fez mais de 400 aquisições e 90 desapropriações. Na época pré-1976, a Beatrice criou valor por meio de aquisições, de 1976 a 1985, destruiu o valor por meio de aquisições e pós-1986, criou valor por meio de desapropriações.

Fontes: Baseado em (1) G. Baker, 1992, Beatrice: A study in the creation and destruction of value, Journal of Finance, 47: 1081-1119; (2) T. Stuart; D. Collis, 1991, Beatrice Companies — 1985, estudo de caso, Harvard Business School.

FIGURA 9.1 Diversificação do Produto e Desempenho da Empresa

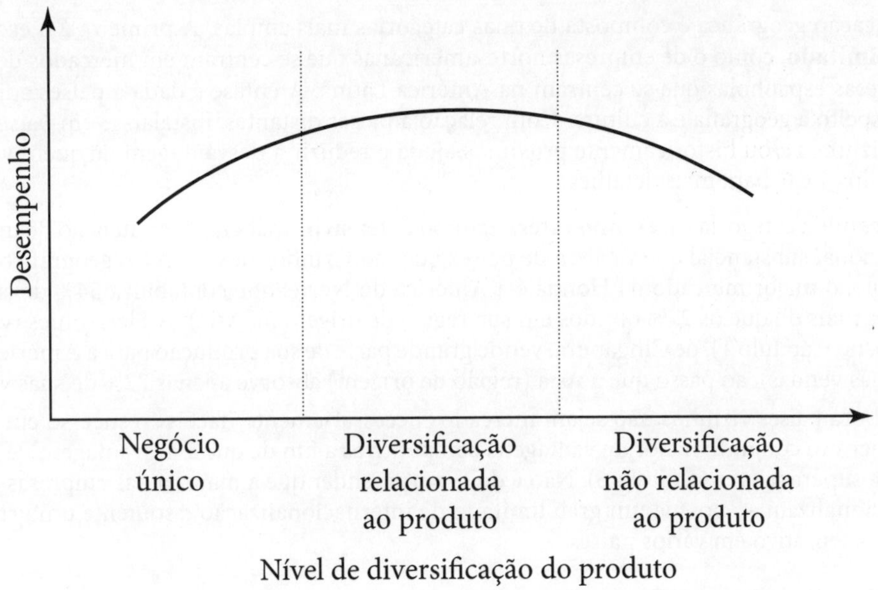

Fonte: Adaptada de *Competing from Advantage*, 1ª ed., de R. E. Hoskisson; M. A. Hitt; R. D. Ireland, p. 228. Copyright © 2004. Reimpressa com permissão da South-Western, divisão da Thomson Learning: www.thomsonrights.com <http://www.thomsonrights.com>. Fax (800) 730-2215.

berta — registrada pela primeira vez por Richard Rumelt, nos anos de 1970 — forneceu a base intelectual para o movimento de reestruturação corporativa em todo o Ocidente, iniciado nos anos de 1980.[8]

Entretanto, há algumas importantes advertências com relação à diversificação relacionada ao produto. Nem todas as empresas com diversificação relacionada ao produto sobrepujam empresas com diversificação não relacionada ao produto. Na era das "competências centrais", a existência e prosperidade contínuas de conglomerados como GE, Siemens e Virgin sugerem que, para um pequeno grupo de empresas altamente capacitadas, em economias desenvolvidas, a conglomeração ainda agrega valor. Mais além, em economias emergentes, a estratégia de conglomeração parece persistir, pois algumas unidades (como as filiadas ao grupo sul-coreano Samsung, ao grupo indiano Tata e ao grupo turco Koc) ainda sobrepujam concorrentes isolados.[9] A razão pela qual muitos conglomerados fracassam não está em uma fragilidade inerente dessa estratégia, mas na incapacidade das empresas de implementá-la. A conglomeração requer que os administradores corporativos imponham uma disciplina financeira rígida às unidades constituintes e deleguem responsabilidades aos administradores das unidades — disciplina como a imposta a todas as divisões pelo ex-presidente do conselho e diretor-executivo da GE, Jack Welch: "Ou suas unidades se tornam a primeira ou a segunda mais importante em suas indústrias ou podem aguardar as suas vendas". Entretanto, a maioria dos administradores corporativos não é tão "impiedosa" e tolera os baixos desempenhos de algumas unidades, que podem ser subsidiados por unidades com melhores desempenhos. Roubando das melhores unidades para ajudar as piores, administradores corporativos estão praticando, em essência, o "socialismo". Com o passar do tempo, as unidades com melhores desempenhos podem se sentir desmotivadas para superiorizar. No final das contas, o desempenho *corporativo* sofre as conseqüências.

Diversificação geográfica

Embora a diversificação geográfica possa ocorrer dentro de um país (expansão de uma cidade ou de um estado a outra[o]), neste capítulo, o foco é **diversificação internacional**, a saber, no número e na diversidade de países em que a empresa atua (ver também Capítulo 6).

Escopo Internacional Limitado *versus* Extensivo

A diversificação geográfica é composta de duas categorias mais amplas. A primeira é o **escopo internacional limitado**, como o de empresas norte-americanas que se centram em mercados do NAFTA e o de empresas espanholas que se centram na América Latina. A ênfase é dada a países adjacentes no que diz respeito à geografia e à cultura. Com relação a países distantes, instalar-se em países geograficamente vizinhos e/ou historicamente próximos ajuda a reduzir a desvantagem de quem vem de fora (Ver capítulos 4 e 6, para mais detalhes).

A segunda categoria é o **escopo internacional extensivo**, a saber, a manutenção de uma presença internacional substancial que vá além de países que são vizinhos nos aspectos geográfico e cultural. Por exemplo, o maior mercado da Honda é a América do Norte, que contabiliza 54% de suas vendas (duas vezes mais do que os 27% obtidos em sua região de origem na Ásia). A Flextronics (ver Caso de Conclusão, no Capítulo 1), de Cingapura, vende grande parte de sua produção para a América do Norte (38% de suas vendas), ao passo que a Ásia (região de origem) absorve apenas 22% de suas vendas.[10]

Embora países vizinhos não sejam mercados necessariamente "fáceis", o sucesso em países distantes requer um conjunto maior de vantagens competitivas a fim de que a desvantagem de quem vem de fora seja superada (ver Capítulo 6). Não é de se surpreender que a maioria das empresas — quando se internacionalizam — possua um grau limitado de internacionalização e somente um grupo menor de empresas seja ativo em vários países.

Diversificação Geográfica e Desempenho da Empresa

Nesta era de globalização, o convite a uma maior diversificação geográfica é freqüente: todas as empresas têm de ser "globais", empresas que ainda não se internacionalizaram têm de se aventurar no exterior e empresas com uma pequena presença internacional devem ampliar seus escopos geográficos. Presumivelmente, empresas que não aderirem a essa tendência passarão por graves ramificações. Entretanto, as evidências *não* sustentam por completo essa visão comum. Baseadas em centenas de estudos, surgem duas constatações (Figura 9.2).[11] Primeira, em um nível de internacionalização baixo, há uma relação em formato de U entre o escopo geográfico e o desempenho da empresa, o que sugere um efeito inicialmente negativo da expansão internacional sobre o desempenho, antes que os retornos positivos se concretizem. Isso se origina dos conhecidos riscos da desvantagem de quem vem de fora

FIGURA 9.2 Diversificação Geográfica e Desempenho da Empresa

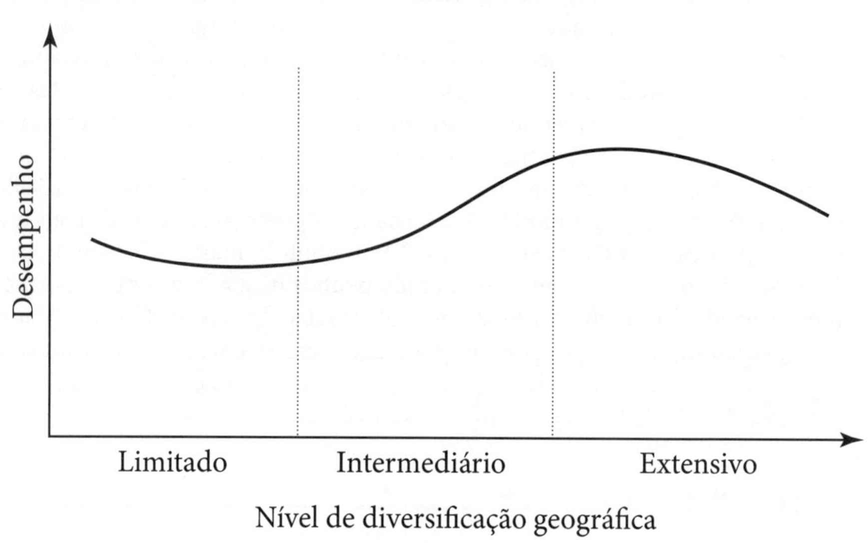

Fonte: Adaptada de F. Contractor; S. K. Kundu; C.- C. Hsu, 2003, A three stage theory of international expansion: The link between multinationality and performance in the service sector (p. 7), *Journal of International Business Studies*, 34: 5-18.

(ver Capítulo 6). Segunda, em níveis de internacionalização moderados e altos, o formato de U invertido indica que há uma relação positiva entre o escopo geográfico e o desempenho da empresa — mas até certo ponto, além do qual expansões adicionais voltam a ser prejudiciais. Em outras palavras, a sabedoria convencional de que "quanto mais global, melhor" é, na verdade, enganosa.

Nem todas as empresas envolveram-se suficientemente em experiências no exterior para sentirem os altos e baixos exibidos pela Figura 9.2. Muitos estudos mostram uma relação em formato de U porque utilizam como exemplo somente empresas nas etapas iniciais e intermediárias da internacionalização.[12] Empresas pequenas e inexperientes são freqüentemente vulneráveis durante a etapa inicial de expansão ao exterior.[13] Por outro lado, inúmeros outros estudos documentam um formato de U invertido porque seus exemplos tendem a ser grandes empresas com níveis de diversificação moderados e altos.[14] Muitas empresas multinacionais possuem uma mentalidade voltada ao "fincamento de bandeiras" e gabam-se da quantidade de países nos quais estão presentes. Entretanto, o desempenho dessas empresas também sofre conseqüências, de forma que certas retiradas tornam-se necessárias. Em 1995, a Occidental Petroleum (Oxy) operava em 16 países, obtendo míseros US$ 1,20 de lucro por barril. Por volta de 2003, possuía operações em apenas nove países e obtinha US$ 6,90 de lucro por barril, a melhor marca da indústria.[15]

Dada tal complexidade, não é de se surpreender que tenha surgido uma grande discussão acerca da diversificação geográfica.[16] Como mostrado na Figura 9.2, há um nível intermediário em que o desempenho da empresa aumenta segundo o escopo geográfico, o que leva alguns estudos, que analisam empresas nesse nível, a concluírem que "há valor na internacionalização por si só, pois o escopo geográfico está relacionado a uma maior lucratividade".[17] Entretanto, outros estudos, que analisam empresas com um nível de escopo geográfico alto (como a Occidental Petroleum — Oxy), advertem que a "diversificação multinacional é aparentemente menos valiosa na prática do que na teoria".[18] Como resultado, o consenso recente não só reconhece a validade de ambas as teorias mas também especifica em que condições cada perspectiva (diversificação geográfica *ajuda* ou *atrapalha* o desempenho da empresa) tende a ser abordada (ver Figura 9.2).[19]

Combinando a diversificação do produto com a diversificação geográfica

Embora a maioria dos estudos centre-se em somente uma dimensão da diversificação (do produto ou geográfica), o que já é muito complexo, na prática, a maior parte das empresas (salvo as de negócio único, que não visem à internacionalização) tem de considerar ambas as dimensões de diversificação *simultaneamente*.[20] A Figura 9.3 ilustra as quatro combinações possíveis. As empresas na Célula 3 são **replicadores ancorados**, pois se centram em uma diversificação relacionada ao produto e em um escopo geográfico limitado. Replicadores ancorados procuram reproduzir várias atividades em indústrias relacionadas e em um número reduzido de países, sustentadas pelo país de origem. Por exemplo, a Cardinal Health, um importante distribuidor norte-americano da indústria farmacêutica (17º na lista de 2003 das 500 empresas selecionadas pela *Fortune*) segue essa estratégia (ver Caso 9, on-line).

As empresas na Célula 1 são **replicadores multinacionais,** pois se envolvem em diversificação relacionada ao produto por um lado e em expansão multinacional dilatada por outro. Por exemplo, todos os fabricantes de carros mencionados no Caso de Introdução, como Renault, Nissan, Daimler-Chrysler e Mitsubishi, seguiram essa combinação.

As empresas na Célula 2 são **conglomerados dilatados**, pois almejam tanto a diversificação não relacionada ao produto quanto a diversificação geográfica extensiva. Empresas multinacionais como Bombardier, GE, Mitsui, Samsung, Siemens e Vivendi Universal são exemplos de conglomerados dilatados.

Finalmente, na Célula 4 encontramos os **conglomerados clássicos** que, centrados em seus países de origem, promovem a diversificação não relacionada ao produto dentro de alguns poucos países. Alguns exemplos atuais são o grupo indiano Tata, o grupo turco Koc e o grupo chinês Hope.

FIGURA 9.3 Combinando a Diversificação do Produto com a Diversificação Geográfica

		Escopo do Produto	
		Relacionado	Não Relacionado
Escopo Geográfico	Extensivo	(Célula 1) Replicador multinacional	(Célula 2) Conglomerado dilatado
	Limitado	(Célula 3) Replicador ancorado	(Célula 4) Conglomerado clássico

Embora seja difícil, as empresas podem migrar estrategicamente de uma célula para a outra. Por exemplo, muitos replicadores multinacionais atuais (Célula 1) foram replicadores ancorados (Célula 3). Um interessante padrão migratório das últimas duas décadas é que muitos conglomerados clássicos em economias desenvolvidas, como a dinamarquesa GN Great Northern (ver Caso 1, on-line) e a sueca Electrolux, que anteriormente dominavam seus mercados domésticos, reduziram o escopo de produtos, mas expandiram de forma significativa seus escopos geográficos, ou seja, migraram da Célula 4 para a Célula 1.[21] Além disso, afirmar que empresas em determinada célula sobrepujarão empresas em outra célula é ingênuo, se não imprudente. O fato é que em *cada* uma das células podem ser encontradas tanto empresas de sucesso como empresas fracassadas. A seguir, exploraremos as razões pelas quais isso ocorre.

Um modelo abrangente de diversificação

Por que as empresas se diversificam? Como podem aumentar a probabilidade de sucesso? As três principais perspectivas — visões baseadas em indústrias, em recursos e em instituições — tratam dessas questões de forma individual e combinada, criando um modelo abrangente de diversificação (Figura 9.4).

Considerações Baseadas em Indústrias

Uma motivação direta para a diversificação são as oportunidades de crescimento em uma indústria. Se uma indústria possui oportunidades de crescimento substanciais (como a de biotecnologia), a maior parte dos encarregados possui um incentivo para se envolver em diversificação relacionada ao produto e/ou em diversificação internacional. Entretanto, em uma indústria em "declínio" (como a de máquinas de escrever), em que a maioria dos encarregados obtém desempenhos ruins, alguns (ou até mesmo a maior parte) encarregados podem sair em busca de oportunidades em outros lugares por meio da diversificação não relacionada ao produto.[22] Em vez de saírem, alguns encarregados podem se envolver em diversificação internacional, estendendo o ciclo de vida de certos produtos em outros países. Por exemplo, quando a Kodak já estava retirando os filmes fotográficos químicos de circulação em economias desenvolvidas, ainda os comercializava intensamente em países de baixa renda.

FIGURA 9.4 Um Modelo Abrangente de Diversificação

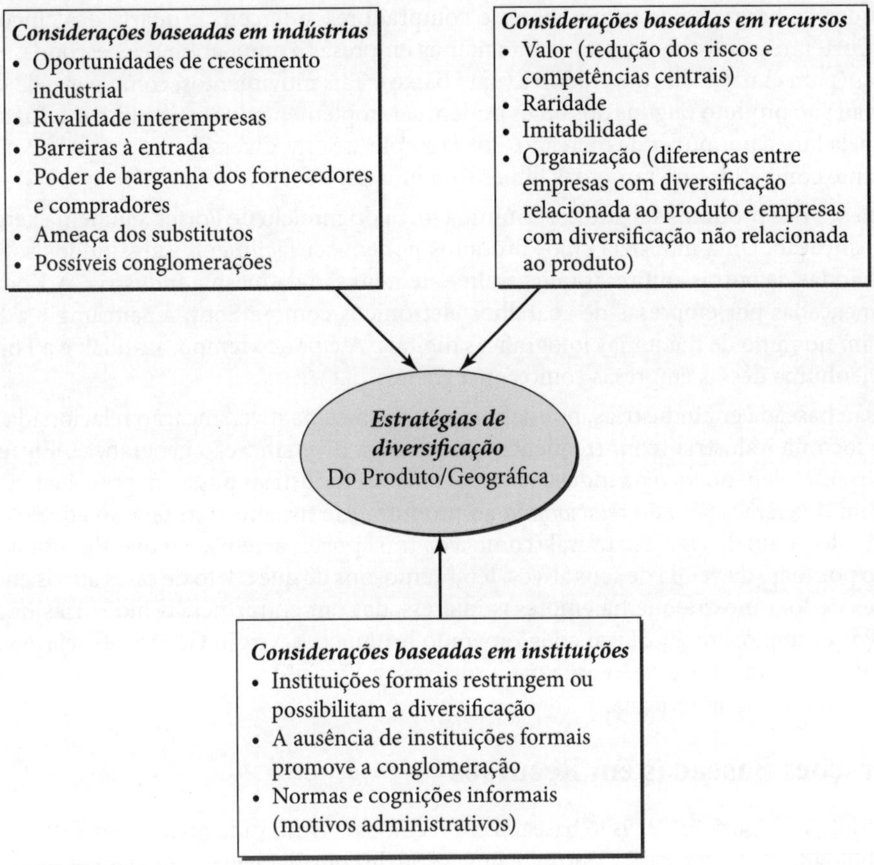

Além das oportunidades de crescimento, a atratividade estrutural de uma indústria, apreendida pelas cinco forças do modelo de Porter, também exerce influência significativa na diversificação. Lembre-se de que a primeira força, a rivalidade interempresas, manifesta-se principalmente por meio de duas estratégias competitivas: liderança no preço e diferenciação. A adoção de qualquer uma dessas estratégias pode motivar empresas a se diversificarem. Uma estratégia de liderança no preço pode encorajar as empresas a buscarem oportunidades para uma diversificação relacionada ao produto. A PepsiCo, por exemplo, uma líder no preço, há pouco tempo diversificou-se entrando no ramo de bebidas esportivas. Quando a demanda por bebidas carbonatadas, como a Pepsi e a Mountain Drew, se estabilizou (pelo menos nos Estados Unidos), a considerável capacidade de distribuição da PepsiCo conseguiu encontrar sinergia na agregação da recentemente adquirida linha de produtos da Gatorade. Uma estratégia de diferenciação também pode levar a uma diversificação relacionada ao produto. Por exemplo, quase todos nós assistimos ao primeiro e único (diferenciado) filme da Disney chamado *O Rei Leão,* mas quase não percebemos que a empresa lançou um total de 150 (!) produtos relacionados a essa produção (como livros para crianças, brinquedos, canecas e atrações em parques temáticos) e fez, com isso, US$ 3 bilhões.

Em segundo lugar, a altura das barreiras à entrada nem sempre detém novos concorrentes. Para aqueles determinados a diversificarem seus portfólios entrando em indústrias ou países específicos, altas barreiras à entrada costumam resultar em aquisições, em vez de entradas *green-field* (novas instalações, construídas do zero, em vastas áreas desocupadas). Adquirir um encarregado preexistente, a fim de obter acesso imediato ao mercado, costuma ser a forma mais eficiente de superar as barreiras à entrada.

Em 1980, fabricantes de pneus estrangeiros, como a francesa Michelin, a alemã Continental e a japonesa Bridgestone, possuíam menos de 5% de *market share* nos Estados Unidos, por meio de exportações. Por volta de 1990, por meio de aquisições, passaram a controlar 60% do mercado norte-americano.[23]

O poder de barganha de fornecedores e compradores, a terceira e quarta das cinco forças do modelo de Porter, respectivamente, podem incitar as empresas a ampliarem seus escopos, adquirindo fornecedores (para cima) e/ou compradores (para baixo). Tais movimentos, como parte da diversificação relacionada ao produto (alguns dos quais podem ser implementados em âmbito internacional), são motivados pela busca por poder de mercado. Por exemplo, a Sony, diversificando para baixo, tornou-se um importante competidor no ramo dos filmes e da música.

A ameaça dos produtos substitutos, a última força do modelo de Porter, também exerce influência na diversificação. Uma indústria cujos produtos podem ser facilmente substituídos sofre grandes ameaças advindas de outras empresas que geralmente nem são da mesma indústria. A Kodak e a Fuji têm sido ameaçadas por empresas de aparelhos eletrônicos como a Sony, a Samsung e a HP, que se diversificaram no ramo de máquinas fotográficas digitais. Até pouco tempo, a Kodak e a Fuji não consideravam nenhuma dessas empresas como concorrentes.

A visão baseada em indústrias, por definição, centra-se na diversificação relacionada ao produto com um foco na indústria (com freqüência associada à diversificação geográfica). Entretanto, um ponto importante, além do foco na indústria, é que todas as indústrias possuem potencial para estarem envolvidas em diversificação *não relacionada* ao produto. Até mesmo com relação àquelas indústrias não atraentes do ponto de vista estrutural (como a de transportes aéreos), em que alguns encarregados estão saindo por meio da venda de seus ativos, lembremo-nos de que o fato de esses ativos encontrarem compradores de fora mostra que há empresas interessadas em entrar nessas indústrias que "não são atraentes". Por exemplo, em 2005, um conglomerado britânico, a Virgin Group, planejava lançar uma nova companhia de transportes aéreos, a preços baixos, a Virgin America, na abarrotada indústria de transportes aéreos norte-americana.[24]

Considerações Baseadas em Recursos

Como mostrado na Figura 9.4, a visão baseada em recursos — resumida no modelo VRIO (valor, raridade, imitabilidade e organização) — propõe uma série de considerações complementares subjacentes às estratégias de diversificação.

Valor

A diversificação, em seus vários tipos e formatos, cria valor? A resposta é: "sim", mas somente sob certas condições.[25] Em comparação a empresas não diversificadas, de negócio único, empresas diversificadas são capazes de espalhar os riscos entre vários mercados (de produtos e de países). Até mesmo aquelas empresas que são diversificadas em excesso e precisam ser reestruturadas não voltam para uma estratégia de negócio único e simples, não diversificada. O ponto ótimo sempre foi um nível moderado de diversificação.

Além da redução dos riscos, a diversificação pode criar valor alavancando competências, recursos e capacidades centrais.[26] A Honda, por exemplo, é renomada por sua diversificação relacionada ao produto, pois alavancou suas competências centrais em motores de combustão interna. Compete não somente no mercado de automóveis e motocicletas mas também no de motores para embarcações e no de cortadores de grama. Recentemente, tentou entrar no mercado de pequenos jatos.

Outro caso é da dinamarquesa International Service System (ISS), que alavancou suas capacidades na higienização e esterilização de matadouros a fim de entrar na indústria de serviços hospitalares.[27]

Raridade

Para a diversificação (em qualquer tipo) agregar valor, as empresas devem possuir habilidades únicas de execução de tal estratégia. Enquanto muitas empresas implementaram aquisições, um número

TABELA 9.1 Diversificação Relacionada e não Relacionada ao Produto

	Diversificação relacionada ao produto	Diversificação relacionada e não relacionada ao produto
Sinergia	Sinergia operacional	Sinergia financeira
Economias	Economias de escala	Economias de escopo
Ênfase do controle	Controle estratégico (comportamental)	Controle financeiro (da produção)
Execução	Linear	Iterativo
Estrutura	Centralização	Descentralização

muito menor de empresas tornou-se mestre na arte da integração pós-aquisição. Conseqüentemente, empresas que sobressaem na integração, como a Ispat (ver Caso de Conclusão no Capítulo 3), possuem capacidades *mais raras*. Por exemplo, na Northrop (já mencionada neste capítulo), a integração dos negócios adquiridos é como uma "ciência". Cada um deles deve estar de acordo com um plano de integração cuidadosamente orquestrado que possui cerca de 400 itens, que vão de como os comunicados devem ser dirigidos à imprensa a qual software de contabilização deve ser utilizado. Ao contrário de seus maiores rivais, como a Boeing e a Raytheon, a Northrop, até hoje, não cometeu nenhum deslize em relação a nenhuma de suas aquisições.

Imitabilidade

Mesmo quando as capacidades são valiosas e raras, se os rivais forem capazes de imitar certas habilidades, essas não podem mais ser consideradas como vantagens competitivas. Por essa razão, a Cardinal Health, líder na fabricação de medicamentos genéricos e materiais médicos (como seringas), agora está fabricando seringas pré-carregadas (ver Caso 9, on-line). As duas etapas, fabricar os medicamentos e fabricar as seringas, são complexas. A associação de ambas, para a fabricação de seringas pré-carregadas — um tipo de diversificação relacionada ao produto — eleva o padrão da Cardinal Health em relação a seus rivais. Portanto, fabricar seringas pré-carregadas de forma segura e lucrativa torna-se uma capacidade de difícil imitação.[28] Em outro exemplo, a Siderar, uma fabricante de aço argentina que recentemente foi privatizada e integrada, terceirizava atividades "não centrais", como as operações nos portos, os processos que requerem oxigênio e as instalações termelétricas, que poderiam ser facilmente imitados por rivais. Reduzindo seu escopo do produto, a Siderar centrou-se em atividades de difícil imitação (como o lingotamento de placas) e aumentou significativamente seu desempenho financeiro.[29]

Organização

Fundamentalmente, a questão da diversificação agregar (ou não) valor centra-se em como as empresas são organizadas a fim de aproveitarem os benefícios e minimizarem os custos. Como o Capítulo 10 é dedicado às questões organizacionais da diversificação internacional, aqui o foco está na diversificação do produto. Considerando-se a recente popularidade da diversificação relacionada ao produto, muitas pessoas acreditam que a diversificação não relacionada ao produto é uma estratégia que destrói o valor. Entretanto, isso não é verdade. Se bem organizada, a diversificação não relacionada ao produto pode agregar valor.

Como mostrado na Tabela 9.1, as empresas com diversificação relacionada ao produto têm de promover uma estrutura organizacional centralizada com uma cultura cooperativa.[30] O segredo é explorar as ligações operacionais entre as várias unidades, de forma que algumas unidades recuem a fim de serem coordenadas às outras. Por exemplo, a fim de maximizar os lucros corporativos da produção do filme *O Rei Leão*, a divisão de animação da Disney teve de segurar o lançamento do filme até que a divisão de *merchandising* estivesse pronta para comercializar simultaneamente os produtos relacionados. Se as bonificações dos administradores da divisão de animação fossem associadas às receitas anuais da bilheteria do filme, é óbvio que ficariam ansiosos para lançá-lo. No entanto, se as bonificações estivessem associadas aos lucros corporativos, os administradores da divisão de animação ficariam felizes de coordenar suas ações às de seus colegas da divisão de *merchandising*, sem se importarem com a espera. Como conseqüência, a matriz corporativa não deve avaliar o desempenho da divisão somente com base em alvos financeiros estritos (como vendas). O principal mecanismo de controle é o **controle estratégico** (ou **controle comportamental**), baseado em critérios amplamente subjetivos para monitorar e avaliar as contribuições das unidades de forma que haja uma comunicação intensa entre administradores gerais e administradores das divisões.

Entretanto, a melhor forma de se organizar um conglomerado é exatamente a *oposta*. A ênfase se dá no **controle financeiro** (ou **controle da produção**), baseado em critérios objetivos (como retorno sobre o investimento) para monitorar e avaliar o desempenho das unidades. Devido ao fato de a maior parte dos administradores corporativos ter experiência em somente uma indústria (ou em poucas) e nenhum deles, na realidade, ser especialista em toda a variedade de indústrias não relacionadas, representada em um conglomerado, a matriz corporativa é forçada a centrar-se no controle financeiro, que não requer um conhecimento rico, específico à indústria. Do contrário, os administradores corporativos experimentariam uma imensa **sobrecarga de informação** (informação demais para ser processada). Como resultado, a estrutura organizacional apropriada é a descentralização, com divisões dotadas de uma autonomia substancial. A fim de manter os administradores das divisões centrados no desempenho financeiro, suas compensações devem estar diretamente associadas ao desempenho quantificável da unidade. Portanto, o relacionamento entre as várias divisões é competitivo, já que cada uma tenta atrair uma porção maior dos investimentos corporativos. Tal competição, dentro de um mercado de capital interno, é semelhante a que ocorre entre empresas isoladas, competindo por mais fundos advindos do mercado de capitais externos. A Virgin Group, por exemplo, considera-se "uma sociedade de capital de risco com uma marca", cujo portfólio inclui transportes aéreos, ferrovias, bebidas e lojas especializadas em música. A matriz corporativa fornece uma marca em comum (Virgin) e deixa que os administradores das divisões trabalhem "sozinhos", contanto que alcancem desempenhos sólidos.

O segredo para se agregar valor por meio tanto da diversificação relacionada ao produto quanto da diversificação não relacionada ao produto é a combinação adequada entre a estratégia de diversificação e a estrutura e o controle organizacionais.[31] Os conglomerados freqüentemente fracassam quando os administradores corporativos impõem uma estrutura mais centralizada, minando a autonomia dos níveis inferiores (ver Estratégia em Ação 9.1).

Considerações Baseadas em Instituições

Considerando-se que uma combinação entre instituições formais e informais dirige as estratégias das empresas, como a diversificação, examinou-se cada um desses conjuntos de instituições nas seções seguintes.

Instituições Formais

As instituições formais afetam tanto a diversificação do produto quanto a diversificação geográfica. Restrições institucionais formais, desenvolvidas para reduzir a diversificação relacionada ao produto, inadvertidamente promoveram o surgimento de conglomerados nas décadas de 1950 e 1960 em economias desenvolvidas. Nos Estados Unidos, as autoridades antitruste pós-1950 consideravam a diversificação relacionada ao produto (especialmente por meio de fusões) — desenvolvida para aumentar o poder de mercado das empresas dentro de indústrias amplas — como "anticompetitiva" e desafiavam essas empresas (ver Estratégia em Ação 9.1). Em conseqüência, empresas que buscavam crescimento (como a Beatrice) foram forçadas a enxergar além de suas principais indústrias, o que deu início a uma grande onda de conglomerações. É interessante notar que, por volta de 1980, o governo norte-americano mudou de idéia e parou de inspecionar as fusões relacionadas a uma mesma indústria de forma tão crítica. Não é por acaso que os movimentos de desmantelamento de conglomerados e o foco em competências centrais tenham aumentado a partir dos anos de 1980.

De modo semelhante, a popularidade da conglomeração em economias emergentes costuma ser sustentada pelas políticas protecionistas governamentais. Conglomerados (em geral denominados **grupos de negócios**, em economias emergentes) podem alavancar suas conexões com os governos obtendo concessões, arrumando pacotes financeiros (freqüentemente advindos de bancos de propriedade e controle do Estado), adquirindo tecnologias, contratando e treinando a força de trabalho e estabelecendo canais de fornecimento e distribuição. Considerando-se que as políticas protecionistas impedem um número significativo de entradas de empresas estrangeiras, esses conglomerados podem dominar as economias domésticas. Entretanto, à medida que os governos retiram as políticas protecionistas, as pressões competitivas exercidas por empresas multinacionais estrangeiras (bem como por rivais domésticos não diversificados) podem se intensificar. Com a abertura dos mercados, conglomerados (ou suas unidades) com baixos desempenhos podem ser adquiridos por empresas multinacionais (ver Capítulo 11). Essas mudanças podem forçar os conglomerados a melhorarem seu desempenho por meio da redução do escopo (ver Caso de Conclusão).[32]

Da mesma forma, o aumento significativo da diversificação geográfica, implementada por inúmeras empresas, pode ser atribuído, pelo menos em parte, à abertura gradual de muitas economias, iniciada por mudanças nas políticas formais, de apoio aos mercados e de abertura dos mercados (ver capítulos 1, 4 e 6, para mais detalhes).

Instituições Informais

As instituições informais podem ser encontradas nas dimensões normativas e cognitivas. Normativamente, administradores tentam se comportar de uma forma que não seja considerada diferente e que não se torne alvo de críticas por parte de acionistas, diretores e mídia. Portanto, quando a norma é se envolver em uma conglomeração, mais e mais administradores seguem essa norma. Empresas com desempenhos ruins são as que mais sofrem tais pressões normativas. Ao passo que os primeiros jogadores no ramo da conglomeração (como a GE) realmente possuem habilidades e *insights* especiais para fazer com que essa estratégia tão complexa funcione, muitos dos últimos jogadores não possuem essas capacidades e acabam "entrando na onda", assim, acabam tendo desempenhos ruins.[33] Com o passar do tempo, isso explica — pelo menos, em parte — a grande decepção com a conglomeração em economias desenvolvidas. Da mesma forma, a corrida a alguns países e regiões "cobiçados", como a América Latina, nos anos de 1980; o Sudeste da Ásia, nos anos de 1990 (anterior a 1997); o México, nos anos de 1990; e a China, nos anos de 2000, parece ser dirigida por um interesse em seguir a norma (ou a "moda passageira"). Não é de se surpreender que muitas empresas não estejam preparadas para lidar com esses desafios e sejam prejudicadas por isso.

Outro fator informal que leva à conglomeração é a dimensão cognitiva, a saber, as crenças internalizadas que dirigem o comportamento administrativo.[34] Administradores podem possuir motivos para promover seus próprios interesses, não necessariamente alinhados aos interesses da empresa e de seus acionistas. São os chamados **motivos administrativos** para a diversificação, tais como (1) redução do risco de desemprego dos administradores e (2) busca por poder, prestígio e renda. Devido ao fato de as empresas de negócio único estarem freqüentemente sujeitas aos altos e baixos da economia (como as recessões), os cargos e as carreiras dos administradores podem ficar vulneráveis. Portanto, é comum os administradores quererem diversificar suas empresas a fim de reduzir o risco de desemprego que correm. Além disso, devido ao fato de o poder, o prestígio e a renda administrativos serem, em geral, associados a grandes empresas, alguns administradores são movidos por interesses próprios a diversificar exageradamente suas empresas, o que resulta na destruição do valor. A diversificação excessiva costuma ser denominada ***empire building***. Como os mecanismos de **governança corporativa** formais (ver Capítulo 11) não podem regular por completo as inúmeras ações administrativas, que são guiadas por cognições administrativas informais, sempre há potencial para uma diversificação excessiva (*empire building*).[35]

Em suma, a visão baseada em instituições sugere que condições institucionais formais e informais modelam diretamente a estratégia de diversificação.[36] Em conjunto, as visões baseadas em indústrias, em recursos e em instituições explicam como o escopo de uma empresa evolui ao redor do mundo, como introduzido a seguir.

FIGURA 9.5 O que Determina o Escopo da Empresa?

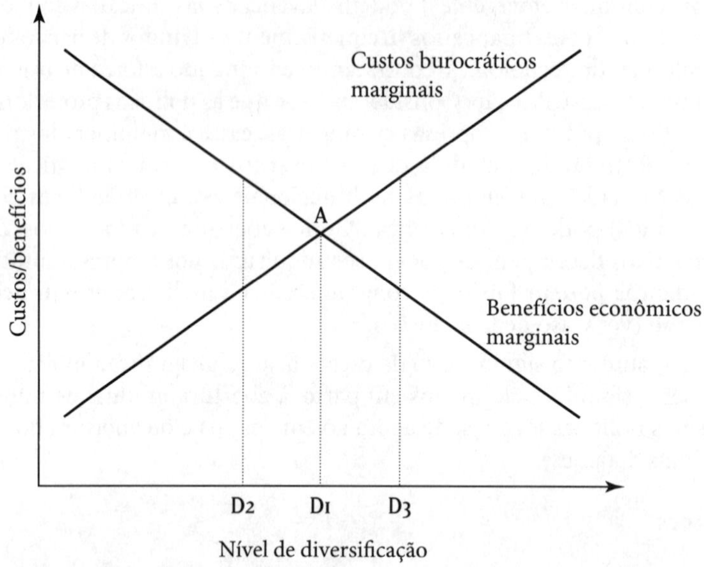

Fonte: Adaptada de G. Jones; C. Hill, 1988, Transaction cost analysis of strategy-structure choices (p. 166), *Strategic Management Journal*, 9: 159-172. Reimpressa com permissão da John Wiley & Sons Limited.

A Evolução do Escopo de uma Empresa[37]

Na essência, como escolha estratégica, a diversificação é dirigida por benefícios econômicos e custos burocráticos. Os **benefícios econômicos** são as várias formas de sinergia (operacionais ou financeiras) discutidas anteriormente. Os **custos burocráticos** são os custos adicionais associados a grandes organizações, mais diversificadas, que possuem, por exemplo, muitos empregados ou sistemas de informação mais dispendiosos. É a diferença entre os benefícios e os custos que leva a certas estratégias de diversificação. Considerando-se que os benefícios econômicos da última unidade de crescimento (por exemplo, a última aquisição) podem ser denominados **benefícios econômicos marginais** (MEB, sigla em inglês) e que os custos burocráticos adicionais dessa última unidade podem ser denominados **custos burocráticos marginais** (MBC, sigla em inglês), o escopo de uma empresa é, portanto, determinado pela comparação entre os benefícios econômicos marginais e os custos burocráticos marginais.[38] Como demonstrado na Figura 9.5, o escopo ótimo está no ponto A, em que o nível apropriado de diversificação deve ser D1. Se o nível de diversificação for D2, há alguns benefícios econômicos que podem ser obtidos com a mudança para D1. De modo inverso, se a empresa se diversificar em excesso até o ponto D3, a redução do escopo para D1 torna-se necessária. Conseqüentemente, com o foco nos benefícios econômicos marginais e nos custos burocráticos marginais, podemos analisar como o escopo de uma empresa evolui com o passar do tempo em vários países.

Nos Estados Unidos (Figura 9.6), entre os anos de 1950 e 1970, supondo-se que os custos burocráticos marginais fossem constantes (hipótese abrandada posteriormente), a curva dos benefícios econômicos moveu-se para cima, resultando, em média, em um escopo expandido da empresa (moveu-se de D1 para D2). Isso porque (1) instituições formais, como as políticas antitruste, bloquearam as oportunidades de crescimento, dentro de uma mesma indústria, por meio da diversificação relacionada ao produto (em especial com relação às grandes empresas); (2) surgiram capacidades organizacionais para a obtenção de sinergia financeira da conglomeração e (3) essas ações foram difundidas por meio de imitações, o que levou a uma norma informal, porém visível, entre os administradores de que tal crescimento era legítimo. Durante aquela época, os mercados de capitais externos, menos sofisticados

FIGURA 9.6 A Evolução do Escopo da Empresa nos Estados Unidos: 1950-1970 e 1970-1990

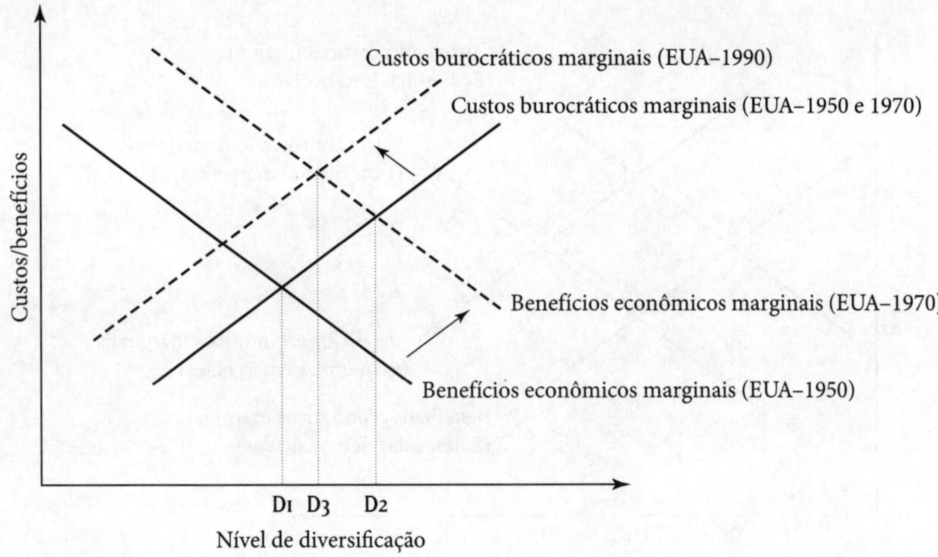

Fonte: M. W. Peng; S. H. Lee; D. Wang, "What determines the scope of the firm over time? A focus on institutional relatedness", de *Academy of Management Review*. Copyright © 2005. Reimpressa com permissão da Academy of Management Review via Copyright Clearance Center.

do que os atuais, davam apoio, acreditando que os conglomerados possuíam a vantagem de distribuir o capital (ver Estratégia em Ação 9.1).

Entretanto, no início dos anos de 1980, ocorreram transições significativas nas dimensões relacionadas às indústrias, aos recursos e às instituições. Primeira, o governo parou de inspecionar as fusões e aquisições dentro de uma mesma indústria de forma tão crítica. Segunda, uma análise baseada em recursos sugeriu que, considerando-se os obstáculos impostos pelo modelo VRIO, seria bastante desafiador — embora não impossível — obter vantagens competitivas da conglomeração (tema discutido antes). Em outras palavras, com a expansão do escopo da empresa, os custos burocráticos marginais também aumentavam, freqüentemente ultrapassando o aumento dos benefícios econômicos marginais (Figura 9.6). Muitas empresas (como a Beatrice) diversificaram-se em excesso e destruíram o valor. Como conseqüência, houve uma inversão drástica no sentimento do investidor norte-americano com relação à conglomeração: positivo, nos anos de 1960; neutro, nos anos de 1970; e negativo, nos anos de 1980 (Estratégia em Ação 9.1).[39] Paralelamente a esses desenvolvimentos, os mercados de capitais externos tornaram-se mais desenvolvidos, com um maior número de analistas, um maior acesso a dados e relatórios mais transparentes e instantâneos, permitindo que os recursos financeiros fossem canalizados, de forma mais eficaz, para empresas com grandes potenciais. Como resultado, a vantagem do conglomerado de servir como um mercado de capitais internos tornou-se menos atraente. Por fim, as normas e cognições informais mudaram à medida que os administradores tornaram-se cada vez mais disciplinados e focados na maximização do valor do acionista e acreditaram que a redução do escopo da empresa era a coisa "certa" a se fazer. Todos esses fatores, em conjunto, levaram o escopo apropriado da empresa de D2 para D3 (Figura 9.6) por volta dos anos de 1990.

Em âmbito global, uma extensão interessante dessa discussão é o motivo pelo qual a conglomeração, recentemente desacreditada em economias desenvolvidas, não só está na moda mas também, em alguns casos, agrega valor em economias emergentes nos dias atuais. A Figura 9.7 mostra como os conglomerados em economias emergentes, a altos níveis de diversificação, podem agregar valor de uma forma que as empresas em economias desenvolvidas, não conseguem fazer. Essa análise

FIGURA 9.7 O Escopo Ótimo da Empresa: Economias Desenvolvidas *versus* Economias Emergentes, ao Mesmo Tempo

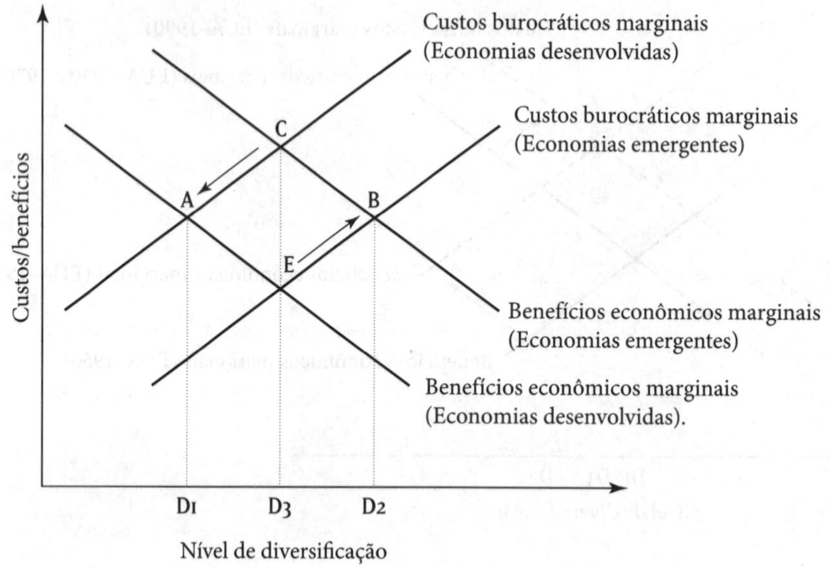

Fonte: M. W. Peng; S.-H. Lee; D. Wang, 2005, "What determines the scope of the firm over time? A focus on institutional relatedness", de *Academy of Management Review*. Copyright © 2005. Reimpressa com permissão da Academy of Management Review via Copyright Clearance Center.

baseia-se em duas hipóteses cruciais e racionais. A primeira é que, a um certo nível de diversificação, os benefícios econômicos marginais em economias emergentes são maiores do que os benefícios econômicos marginais em economias desenvolvidas. Isso se deve, principalmente, aos mercados de capitais externos subdesenvolvidos das economias emergentes, que tornam os conglomerados mais atraentes, na qualidade de mercado de capitais internos.[40]

Uma segunda hipótese é que, a um certo nível de diversificação, os custos burocráticos marginais em economias emergentes são menores do que os custos burocráticos marginais em economias desenvolvidas. Devido às debilidades das instituições formais de apoio ao mercado, em economias emergentes, as restrições informais exercem um papel *maior* na regulamentação das transações econômicas (ver Capítulo 4). Muitos conglomerados, nesses países, são empresas familiares, cujos administradores confiam em relacionamentos pessoais (e, freqüentemente, familiares) informais para a execução de suas tarefas. Em comparação às empresas em economias desenvolvidas, empresas em economias emergentes em geral são menos burocráticas, menos formais e menos profissionais, o que pode levar a custos burocráticos menores.

Como conseqüência, para qualquer escopo entre D1 e D2 (como D3), na Figura 9.7, ao passo que empresas em economias desenvolvidas, no ponto C, precisam reduzir seu escopo (*downscoping*) até o ponto A (D1), empresas em economias emergentes, no ponto E, ainda podem ganhar terreno, movendo-se para o ponto B (D2). Entretanto, não se deve esquecer de que os conglomerados em economias emergentes enfrentam os mesmos problemas que contaminaram os conglomerados em economias desenvolvidas: quanto maior o escopo, mais difícil para a matriz corporativa coordenar e controlar as diferentes unidades, além da dificuldade de investir adequadamente nelas. É evidente que, para conglomerados em economias emergentes também há um ponto além do qual maiores diversificações podem ser prejudiciais. É provável que a vantagem do conglomerado se desgaste quando os mercados de capitais externos, em economias emergentes, estiverem mais bem desenvolvidos.[41] O Caso de Conclusão deste capítulo, acerca dos *chaebols* sul-coreanos, fornece alguns detalhes com relação aos perigos da diversificação excessiva.

Na verdade, dinâmica industrial, os repertórios de recursos e as condições institucionais não são nem estáticos, nem estratégias de diversificação. As duas próximas seções descrevem duas das principais formas de expansão e contração do escopo da empresa — por meio de aquisições e reestruturações, respectivamente.

Aquisições

Uma forma importante de diversificação, nas dimensões tanto do produto quanto geográfica, são as aquisições. Portanto, esta seção primeiro define os termos utilizados, depois, introduz os motivos das fusões e aquisições. Em seguida, é discutido o desempenho das fusões e aquisições e são oferecidas algumas sugestões para aumentar a probabilidade de sucesso.

Definindo os Termos

Embora os termos **fusões e aquisições** sejam utilizados com freqüência, na realidade, as aquisições dominam o cenário. Uma **aquisição** é a transferência do controle dos ativos, das operações e da administração de uma empresa (alvo) para a outra (comprador); aquela se torna uma unidade desta. Por exemplo, a Compaq é atualmente uma unidade da HP. Uma **fusão** é a combinação dos ativos, operações e administrações de duas empresas a fim de se estabelecer uma nova entidade legal. Por exemplo, a fusão entre a South African Brewery e a Miller Beer resultou na SABMiller. Somente cerca de 3% das fusões e aquisições internacionais (além das fronteiras) são fusões. Até mesmo as denominadas "fusões entre iguais" mostram-se ser a tomada de controle de uma empresa sobre outra (como a Daimler-Chrysler). O *Relatório Mundial de Investimentos* publicado recentemente pela Organização das Nações Unidas, entende que "o número de verdadeiras 'fusões' é tão baixo que, por motivos práticos, 'fusões e aquisições' significa 'aquisições'".[42] Conseqüentemente, utilizaremos os dois termos, "fusões e aquisições" e "aquisições", de forma intercambiável.

De modo mais específico, nosso foco está nas **fusões e aquisições internacionais (além das fronteiras)**, cujos vários tipos estão ilustrados na Figura 9.8. Isso não se deve somente ao foco global deste livro mas também (1) à grande porcentagem de negócios internacionais dentre todas as fusões e aquisições, e (2) à grande porcentagem de fusões e aquisições entre os fluxos de investimentos diretos externos.[43] Em âmbito global, as atividades além das fronteiras representam perto de 30% de todas as fusões e aquisições e, em alguns países (como a Austrália), ultrapassam as fusões e aquisições domésticas.[44] A maior porção de investimentos diretos externos está nas fusões e aquisições, chegando a 80% dos investimentos diretos externos globais, no final dos anos de 1990 (recentemente, essa marca caiu para 60%, devido à recessão).

As três principais categorias de fusões e aquisições são (1) horizontais, (2) verticais e (3) de conglomerados. Em primeiro lugar, as **fusões e aquisições horizontais** referem-se a negócios que envolvem empresas concorrentes em um mesmo setor industrial (como a BP/Amoco).[45] Cerca de 70% das fusões e aquisições internacionais (além das fronteiras) são horizontais. Em segundo lugar, as **fusões e aquisições verticais**, outra forma de diversificação relacionada ao produto, referem-se a negócios por meio dos quais as empresas adquirem fornecedores (para cima) e/ou compradores (para baixo) (como a Sony/Columbia Pictures). Cerca de 10% das fusões e aquisições internacionais (além das fronteiras) são verticais. Por fim, as **fusões e aquisições de conglomerados** são transações que envolvem empresas em indústrias de produtos não relacionados (como a Vivendi/Universal). Cerca de 20% das fusões e aquisições internacionais (além das fronteiras) são de conglomerados.

As condições das fusões e aquisições podem ser amigáveis ou hostis. Nas **fusões e aquisições amigáveis**, o quadro de funcionários e diretores da empresa-alvo concorda com a transação (embora possa resistir no início). As **fusões e aquisições hostis** — também denominadas **ofertas hostis** — são empreendidas contra o desejo do quadro de funcionários e diretores da empresa-alvo, que rejeita as ofertas de fusão e aquisição. Em âmbito doméstico, em especial nos Estados Unidos, fusões e aquisições hostis são mais freqüentes, — chegaram a 14% de todos os negócios fechados nos anos de 1980

FIGURA 9.8 Tipos de Fusões e Aquisições Internacionais (Além das Fronteiras)

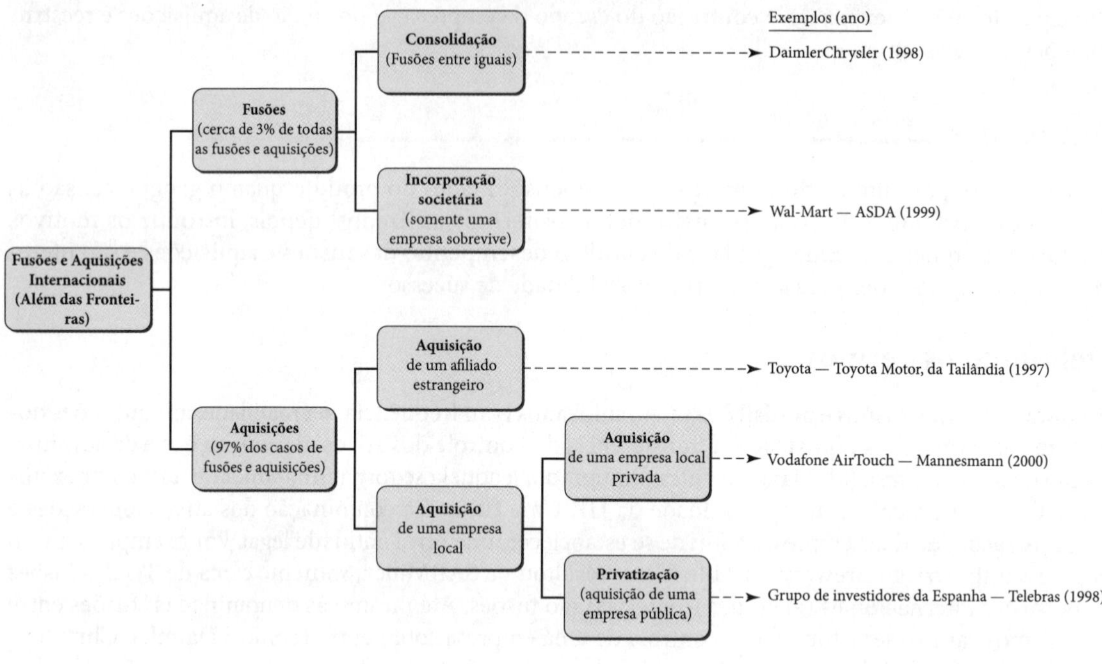

Fonte: Adaptada do Relatório Mundial de Investimentos 2000, publicado pela Organização das Nações Unidas, (p. 100), Nova York: Organização das Nações Unidas.

(embora esse número tenha caído para 4%, nos anos de 1990). Em âmbito internacional, fusões e aquisições hostis são muito raras, totalizam menos de 0,2% de todos os negócios e menos de 5% do valor total. Na Alemanha e no Japão, por exemplo, ofertas hostis, até pouco tempo, eram consideradas tabus. Não é de se surpreender que, apesar da raridade, ofertas hostis, como a da Vodafone AirTouch para a Mannesmann, em 2000 (ver Estratégia em Ação 9.2), tendam a ser emocionais e chamem muito a atenção, provocando discussões significativas.

Motivos das Fusões e Aquisições

No nível mais fundamental, podemos identificar três motivos que levam às fusões e aquisições, (1) sinérgicos, (2) relacionados à arrogância e (3) administrativos, ilustrados, na Tabela 9.2, pelas perspectivas baseadas em indústrias, em recursos e em instituições. Com relação aos motivos sinérgicos, a razão baseada em indústrias, mais mencionada para as fusões e aquisições é o aumento e a consolidação do poder de mercado.[46] Por exemplo, após uma série de fusões e aquisições, em três anos (como os seguintes casos: Daimler/Chrysler, Renault/Nissan e Ford/Jaguar), os dez maiores fabricantes de carros aumentaram seu *market share* global de 69%, em 1996, para 80%, em 1999.[47] A fusão, em 2004, entre a Air France e a KLM Royal Dutch Airlines criou o maior grupo de transportes aéreos do mundo. Essas aquisições horizontais não somente eliminam os rivais como também reduzem os ativos redundantes e as capacidades em excesso.

Estratégia em Ação 9.2.

Vodafone AirTouch Assume o Controle da Mannesmann

Em novembro de 1999, o maior grupo de telefonia celular do mundo, a britânica Vodafone AirTouch (*http://www.vodafone.co.uk*), anunciou uma oferta de US$ 130 bilhões para a aquisição de sua parceira e rival alemã, a Mannesmann (*http://www.mannesmann.com*). A própria Vodafone AirTouch foi resultado de uma fusão de US$ 66 bilhões entre a Vodafone e a norte-americana AirTouch (*http://www.airtouch.com*), finalizada somente em janeiro de 1999. A Vodafone e a Mannesmann possuíam uma série de *joint ventures* na Europa e um acordo de cavalheiros para que uma não competisse no mercado de origem da outra. Entretanto, em outubro de 1999, a Mannesmann quebrou esse acordo adquirindo a Orange (*http://www.orange.co.uk*), rival da Vodafone na Grã-Bretanha. Entendendo a aquisição da Orange como uma facada pelas costas, a Vodafone decidiu agir.

Nenhuma empresa estrangeira havia obtido sucesso com ofertas hostis na Alemanha, portanto a reação nesse país era previsível. Os sindicatos sentiram-se ultrajados. A mídia fez sensacionalismo com relação aos perigos do "canibalismo de negócio global". Gerard Shroeder, chanceler alemão, acusou as ofertas hostis de serem "sempre negativas". A reação britânica também foi unilateral. Tony Blair, primeiro-ministro britânico, classificou o pronunciamento de Shroeder de "exagerado" e inconsistente com relação aos princípios de integração dos mercados europeus. Em última instância, a Mannesmann não era realmente "alemã" — acionistas não alemães controlavam ⅔ das ações. Em fevereiro de 2000, mencionando ser "a decisão dos acionistas", os administradores da Mannesmann consentiram a transação — mas também conseguiram aumentar com sucesso o valor da transação para US$ 203 bilhões, o que representa 6% do Produto Interno Bruto da Grã-Bretanha e da Alemanha *em conjunto*.

Fontes: Baseado em (1) R. Monks; N. Minow, 2001, *Corporate Governance*, 2ª ed. (p. 285-286), Oxford, Reino Unido: Blackwell; (2) J. F. Weston; M. Mitchell; e J. H. Mulherin, 2003, *Takeovers, Restructuring, and Corporate Governance*, 4ª ed. (p. 480-482), Upper Saddle River, Nova Jersey: Pearson Prentice Hall.

TABELA 9.2 Motivos por trás das Fusões e Aquisições

	Questões baseadas em indústrias	**Questões baseadas em recursos**	**Questões baseadas em instituições**
Motivos sinergéticos	▪ Aumentar e consolidar o poder de mercado ▪ Superar as barreiras à entrada ▪ Reduzir os riscos ▪ Economias de escopo	▪ Alavancar capacidades administrativas superiores ▪ Ter acesso a recusos complementares ▪ Aprender e desenvolver novas habilidades	▪ Reagir às restrições e transições institucionais formais ▪ Tirar proveito da abertura de mercado e da globalização
Motivos relacionados à insolência		▪ Excesso de confiança dos administradores em suas capacidades	▪ Comportamento de manada — seguir normas e modismo passageiro de fusões e aquisições
Motivos administrativos			▪ Promover interesses próprios como uma diversificação excessiva *(empire building)* guiada por normas e cognições informais

Estratégia em Ação 9.3.

L'Oréal Compra Mininurse

A L'Oréal (*http://www.loreal.com*) é líder global da indústria de cosméticos e fez US$ 17 bilhões em vendas, em 2002. Possui operações na China desde 1997. Embora as vendas nesse país totalizem menos de 1% das vendas globais (US$ 140 milhões, em 2002), é um dos mercados que cresce mais rápido, com taxas de crescimento de 66%, por exemplo, em 2003. Na China, a L'Oréal dominou os mercados mais sofisticados. Entretanto, sua maior dificuldade parece ser o vasto mercado de massa. Em 2003, a L'Oréal adquiriu a Mininurse, uma empresa empreendedora local, aberta em 1992 (US$ 49 milhões em vendas em 2003). A Mininurse era uma das três principais marcas de cuidados para a pele na China, com 5% de *market share* e 280 mil pontos de revenda. Para se ter uma idéia, a L'Oréal possuía somente 12 mil estabelecimentos na China. Essa aquisição não somente possibilitaria que a L'Oréal possuísse uma marca de sucesso no mercado de massa mas também que obtivesse acesso a um maior número de pontos de revenda nas cidades chinesas de médio e pequeno porte para suas outras marcas.

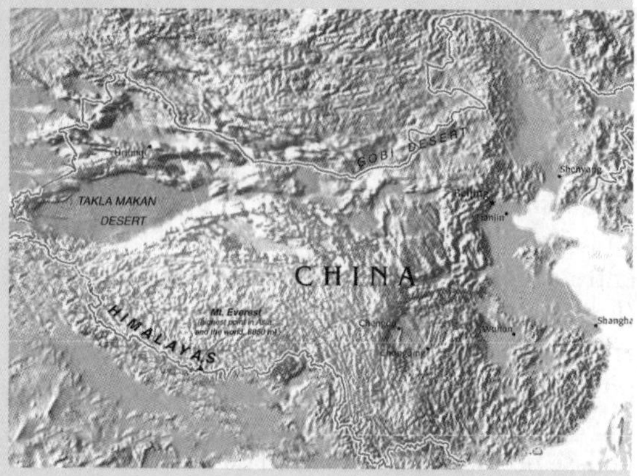

Fontes: Baseado em (1) L. Kressmann, 2003, China: Acquisition of Mininurse brand, http://www.loreal.com, 11 de dezembro (acesso em 25 de maio de 2004); (2) P. Morris, 2004, Watch out China, the Avon Lady may come calling, *Asia Times*, 20 de fevereiro (http://www.atimes.com, acesso em 25 de maio de 2004).

De uma perspectiva baseada em recursos, a lógica sinérgica mais importante é alavancar recursos organizacionais superiores.[48] Outro fator que leva a fusões e aquisições é obter acesso a recursos complementares, que podem facilitar o aprendizado organizacional.[49] Por exemplo, devido ao fato de a L'Oréal, que domina os mercados de cosméticos sofisticados na China, não saber como abocanhar o vasto mercado de massa nesse país, ela adquiriu recentemente um líder local de mercado de massa, a Mininurse (ver Estratégia em Ação 9.3).

De uma perspectiva baseada em instituições, as fusões e aquisições costumam ser uma reação a restrições e transições institucionais formais.[50] Como observado, tanto o surgimento da conglomeração, nos anos de 1950, quanto sua decadência, nos anos de 1980, corresponderam à rigidez e ao afrouxamento, respectivamente, das políticas antitruste norte-americanas, que governavam as fusões e aquisições horizontais. Além disso, as aquisições também são implementadas a fim de se tirar proveito das oportunidades associadas à abertura dos mercados (como as privatizações).[51] Por exemplo, implementando cerca de 20 aquisições (em sua maior parte, privatizações), dois importantes bancos espanhóis com pouca experiência internacional prévia, o Santander e o Bilbao Vizcaya, tornaram-se os maiores bancos estrangeiros na América Latina em menos de uma década (anos de 1990) (ver Caso 10, on-line). Aquisições em países desenvolvidos e aquisições em economias emergentes são marcadamente diferentes. Em economias desenvolvidas, ¾ dos fluxos de investimentos diretos externos estão, em geral, relacionados a aquisições, ao passo que, em economias emergentes, cerca de ⅓ desse fluxo é baseado em aquisições. Essa diferença origina-se (1) do pequeno número de empresas-alvo, a saber, que valham a pena adquirir, em economias emergentes e (2) da natureza relativamente subdesenvolvida do mercado, no que tange ao controle corporativo, nessas economias.

Ao passo que todos os motivos sinérgicos agregam valor (pelo menos na teoria), os motivos relacionados à arrogância e os motivos administrativos, infelizmente, reduzem o valor. A arrogância refere-se ao excesso de confiança dos administradores em suas capacidades.[52] Os administradores de empresas que implementam aquisições fazem duas afirmações muito graves.[53] Primeira, "Podemos administrar *seus* ativos melhor do que vocês [administradores da empresa-alvo]!". A segunda é ainda mais audaciosa. Aqueles que adquirem sociedades de capital aberto, com ações negociadas em bolsa (isto é, acessíveis ao público), sempre têm de pagar um **prêmio de aquisição** (a diferença entre o preço de aquisição e o valor de mercado das empresas-alvo), o que é o mesmo que dizer: "Somos mais espertos do que o mercado!". Considerando-se que o mercado de capitais externos é (relativamente) eficiente e que o preço de mercado das empresas-alvo é o reflexo de seus valores intrínsecos, não há esperança de se obter lucro com tais aquisições. Mesmo quando se supõe um mercado de capitais ineficiente, ainda fica evidente que, quando o prêmio é muito alto, empresas devem ter pago um valor superfaturado.[54] Especialmente quando várias empresas lançam ofertas pelo mesmo alvo, a empresa que adquirirá o alvo sofrerá a "maldição do vencedor" em leilões, ou seja, é provável que o vencedor pague um valor superfaturado pelo alvo. De uma perspectiva baseada em instituições, muitos administradores são motivados a "entrar na onda" das aquisições quando empresas pioneiras começam a negociar em uma indústria.[55] O fato de as fusões e aquisições virem em "ondas" diz muito sobre o "comportamento de manada". Durante cada uma dessas "ondas", os primeiros jogadores em fusões e aquisições costumam gastar muito tempo e muitos recursos para desempenhar as atividades devidas.[56] Os últimos jogadores, ávidos por superar os primeiros, podem ser induzidos por uma mentalidade "Vamos nessa!", às vezes, implementando um grande negócio em menos de uma semana.[57] Não é de se surpreender que muitos desses negócios fracassem.

Se os motivos relacionados à arrogância sugerem que os administradores podem pagar, *inconscientemente*, valores superfaturados por alvos, os **motivos administrativos** postulam que, por interesses próprios, alguns administradores pagam *conscientemente* valores superfaturados por prêmios de aquisições de empresas-alvo. Guiados por normas e cognições de interesses próprios, relacionados à redução do risco de desemprego e construção de "impérios" (como discutido anteriormente), alguns administradores podem, de forma deliberada, implementar uma diversificação excessiva em suas empresas por meio de fusões e aquisições a fim de obter mais poder, prestígio e dinheiro — essas questões são denominadas **problemas de agência** (ver Capítulo 11, para mais detalhes).[58]

Os motivos sinérgicos agregam valor e os motivos relacionados à arrogância e administrativos destroem o valor. Esses motivos, tanto positivos quanto negativos, podem coexistir *simultaneamente*.[59] A seguir, discutiremos o impacto que exercem sobre o desempenho.

Desempenho

Apesar da popularidade das fusões e aquisições, o registro de seus desempenhos é bastante discreto. Estima-se que um total de 70% das fusões e aquisições fracassa. Em média, o desempenho das empresas que efetuam aquisições não melhora após a aquisição e, com freqüência, é negativamente afetado.[60] Empresas-alvo, após serem adquiridas e se tornarem unidades internas, costumam apresentar desempenhos piores do que aqueles obtidos quando ainda eram empresas independentes, isoladas.[61] Os únicos beneficiados identificáveis são os acionistas das empresas-alvo, que podem experimentar, em média, um aumento de 24% no valor de suas ações durante a transação (devido ao prêmio de aquisição).[62] Durante o mesmo período, os acionistas da empresa que está adquirindo outra experimentam uma perda de 4% do valor de suas ações. A riqueza combinada dos acionistas de ambas as empresas (da que está adquirindo e da que será adquirida) é marginalmente positiva, menos de 2%.[63] Embora essas constatações sejam em grande parte baseadas em dados de três décadas sobre fusões e aquisições nos Estados Unidos (onde ocorre metade das fusões e aquisições globais e onde é realizada a maior parte da pesquisa em fusões e aquisições), provavelmente também se aplicam a fusões e aquisições internacionais (além das fronteiras).[64]

Por que muitas aquisições não dão certo? Alguns problemas, tanto nas fases pré-aquisição quanto nas fases pós-aquisição, podem ser identificados (Tabela 9.3). Durante a fase de pré-aquisição, devido a motivos relacionados à arrogância dos executivos e/ou motivos administrativos, as empresas que estão adquirindo outras podem pagar valores superfaturados aos alvos — em outras palavras, caem em uma "armadilha da sinergia".[65] Por exemplo, em 1998, quando a Chrysler era lucrativa, a Daimler-Benz pagou US$ 40 bilhões para adquiri-la — 40% de prêmio sobre o valor de mercado. Considerando-se que o de-

TABELA 9.3 Sintomas do Fracasso das Fusões e Aquisições

	Problemas Comuns a Todas as Fusões e Aquisições	Problemas Específicos de Fusões e Aquisições Internacionais (Além das Fronteiras)
Pré-aquisição: pagamento superfaturado aos alvos	▪ Administradores superestimam suas habilidades de criação de valor ▪ Triagem pré-aquisição inadequada ▪ Ajuste estratégico insuficiente	▪ Falta de familiaridade com culturas, instituições e sistemas comerciais estrangeiros ▪ Número de alvos inadequado ▪ Preocupações nacionalistas contra o domínio estrangeiro (tanto dos setores políticos quanto da mídia)
Pós-aquisição: fracasso na integração	▪ Ajuste organizacional insuficiente ▪ Falha em atender às preocupações das várias partes interessadas	▪ Conflitos entre as culturas organizacionais agravados por conflitos entre as culturas nacionais ▪ Preocupações nacionalistas contra o domínio estrangeiro (tanto das empresas, quanto dos funcionários)

sempenho esperado da Chrysler já estava incluso no preço das ações, a *zero* de prêmio, a disposição da Daimler-Benz para pagar um prêmio tão alto indica (1) importantes capacidades administrativas para a obtenção de sinergia, (2) altos níveis de arrogância ou (3) interesses próprios significativos por parte dos administradores — ou os três fatores. Assim que as transações foram concluídas, a economia norte-americana (e a global) entrou em uma recessão e a Chrysler sofreu com severas quedas nas vendas. Independente da sinergia que havia, passou muito longe das melhorias de desempenho necessárias, agregadas aos 40% de prêmio de aquisição (ver Caso de Introdução, no Capítulo 11).

Outro importante problema pré-aquisição é a triagem inadequada e a falta de **ajuste estratégico**, que se refere à adaptação eficaz das capacidades estratégicas complementares. Na corrida para antecipar-se aos competidores ou segui-los, muitas empresas não alcançam um ajuste estratégico. Por exemplo, na aquisição (chamada de "fusão"), em 1999, da sueca Astra pela britânica Zeneca — ambas indústrias farmacêuticas — pode ter faltado ajuste estratégico. Embora as empresas combinadas detivessem grandes economias de escala, possuíam várias patentes prestes a vencer, que não mais serviam como barreiras à entrada dos fabricantes de medicamentos genéricos no início do século XXI.[66]

Devido às maiores distâncias institucionais e culturais, em âmbito internacional, os problemas pré-aquisição podem se agravar. Em indústrias oligopolistas (tais como a farmacêutica e a automobilística) com um número menor de empresas-alvo, outras empresas podem se sentir pressionadas a "sair correndo" sem considerarem adequadamente as questões cruciais com relação ao ajuste estratégico, assim que os rivais começarem a escolher "a dedo" seus alvos. Além disso, podem surgir preocupações nacionalistas em relação a aquisições estrangeiras. Isso não se refere apenas às economias menos desenvolvidas. Por exemplo, quando empresas japonesas adquiriram o Rockefeller Center e estúdios em Hollywood, nos anos de 1980 e 1990, a mídia norte-americana reagiu com indignação — lembra-se do filme *Sol Nascente*?

Durante a fase de pós-aquisição, inúmeros problemas de integração podem surgir. Ainda que uma empresa, efetuando uma aquisição, tenha prestado atenção no ajuste estratégico, o **ajuste organizacional**, que é a semelhança entre culturas, sistemas e estruturas, deve ser considerado.[67] Um estudo relata que impressionantes 80% das empresas que implementam aquisições *não* analisam o ajuste organizacional com relação a seus alvos.[68] Por exemplo, no papel, a Daimler-Benz e a Chrysler possuíam um bom ajuste estratégico, no que tange tanto às linhas de produtos complementares quanto ao escopo geográfico, mas parecia haver um ajuste organizacional inadequado. Os administradores norte-americanos se ressentiram do domínio dos administradores alemães que haviam prometido uma "fusão entre iguais". Os executivos gerais alemães não apreciavam o fato de suas remunerações serem ⅔ menores do que a de seus colegas da Chrysler (ver Caso de Introdução, no Capítulo 11). Tais conflitos culturais levaram a um êxodo dos administradores norte-americanos, que deixaram a Chrysler — fenômeno comum em empresas adquiridas.[69]

Outra questão refere-se à falha em atender às preocupações das várias partes interessadas durante a integração, que envolve demissões, responsabilidades reestruturadas e poder reduzido, dentre outros fatores de estresse. Como mostra a Figura 9.9, várias partes, como investidores, consumidores e funcionários de vários cargos, possuem interesses substanciais durante fusões e aquisições. A maioria das companhias centra-se, em primeiro lugar, nas questões técnicas (como a padronização dos relatórios financeiros) e prestam pouca atenção nas questões humanas, o que resulta em certa animosidade e em uma alta rotatividade de funcionários, especialmente dos melhores talentos da empresa.[70]

Em fusões e aquisições internacionais (além das fronteiras), as dificuldades de integração podem ser ainda maiores, pois os conflitos entre as culturas organizacionais são agravados pelos conflitos entre as culturas nacionais.[71] Quando a Four Seasons adquiriu um hotel em Paris, o simples pedido "norte-americano" para que os funcionários sorrissem aos consumidores foi rejeitado pelos funcionários franceses e zombado pela mídia local como sendo "a cultura Mickey Mouse".[72] Após a Clifford Chance, um escritório de advocacia de Londres, ter adquirido a Rogers & Wells, de Nova York, em 1999, 19 dos principais parceiros norte-americanos abandonaram o negócio. Por quê? A Rogers & Wells, assim como a maioria dos escritórios de advocacia norte-americanos, utilizava o sistema "coma o que matou" na divisão dos lucros entre os parceiros, ao passo que a Clifford Chance seguia a norma britânica de pagar os parceiros de acordo com o tempo de serviço. É possível entender por que os profissionais de sucesso norte-americanos não apreciaram o sistema britânico.[73] Em outro exemplo, as abordagens radicais de Ghosn com relação à Nissan (ver Caso de Introdução) inicialmente suscitaram críticas tanto de políticos japoneses e da mídia, quanto de funcionários que estavam na lista de demissões.

Embora as aquisições costumem ser os maiores gastos que uma empresa tem, é comum serem as atividades comerciais menos planejadas e pior executadas entre todas.[74] Infelizmente, quando empresas que implementam fusões tentam pôr a bagunça em ordem, os competidores tendem a atacar de forma agressiva a fim de se aproveitarem da confusão (ver Capítulo 8). Por exemplo, enquanto a Boeing esforçava-se para arrumar o caos quase completo causado pela aquisição da McDonnell Douglas (incluindo uma parada completa da produção), em 1996, a Airbus rapidamente aumentou sua

FIGURA 9.9 Preocupações das Partes Interessadas durante as Fusões e Aquisições

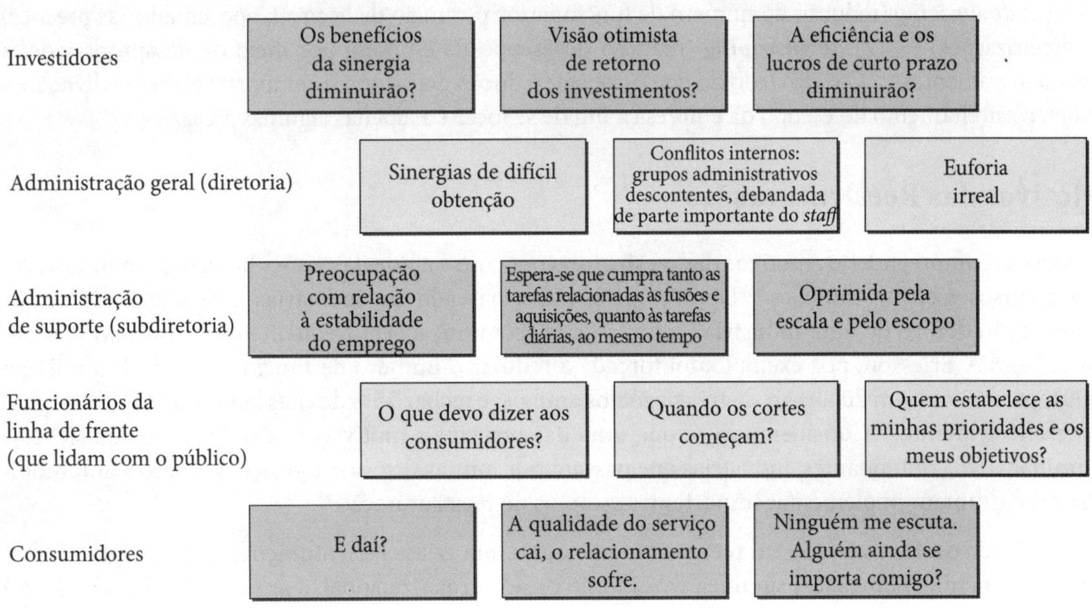

participação no mercado global de ⅓ para ½. Da mesma forma, entre 2002 e 2003, quando a HP estava distraída devido à sua aquisição polêmica da Compaq, a Dell invadiu a fortaleza do mercado de impressoras da HP e iniciou uma guerra de preços de microcomputadores e servidores. Somando-se todos esses fatores, não é de se surpreender que a maioria das fusões e aquisições fracasse.

Aumentando a Probabilidade de Sucesso em Aquisições

No mínimo, administradores devem certificar-se de que (1) não pagarão muito pelos alvos, não entrarão em guerras nas ofertas e terão coragem de recuar, caso os prêmios sejam muito altos; (2) se envolverão em atividades adequadas com relação tanto ao ajuste estratégico quanto ao organizacional a fim de evitarem surpresas desagradáveis após uma aquisição; e (3) atenderão adequadamente às preocupações das várias partes interessadas, tentarão segurar os melhores talentos e estarão preparados para lidar com os obstáculos impostos por pessoas cujos empregos e poderes estão em perigo.[75] Além dessas recomendações, atores de ponta, como a GE, alertam que a administração da integração é um trabalho em tempo integral, que precisa ser reconhecido como uma função comercial distinta, assim como as operações e o marketing.[76]

Reestruturações

As reestruturações costumam ser implementadas em conjunto com a diversificação e as aquisições. Esta seção define os termos utilizados, introduz os motivos das reestruturações e, posteriormente, discute como aumentar a probabilidade de sucesso em reestruturações.

Definindo os Termos

Embora o termo **reestruturação** normalmente se refira ao ajuste do tamanho e escopo da empresa tanto por meio da diversificação (expansão ou entrada) quanto da desapropriação (contração ou saída) ou ambas,[77] a definição mais comum de reestruturação é a *redução* do tamanho e escopo da empresa. Aqui, adota-se essa definição mais utilizada.[78] Há uma razão histórica por trás desse uso unilateral da palavra "reestruturação". Por volta dos anos de 1980 e 1990, quando essa palavra passou a ser empregada em nosso vocabulário, muitas empresas haviam sofrido com a diversificação excessiva e estavam interessadas na redução de seu tamanho e escopo. Utilizando-se essa definição, há duas formas principais de reestruturação: (1) ***downsizing*** (redução do número de funcionários por meio de licenças, aposentadorias precoces e terceirizações)[79] e (2) ***downscoping*** (redução do escopo da empresa por meio de desapropriações e desmembramentos).[80] O outro lado do *downscoping* (redução do escopo da empresa) é a **refocalização**, a saber, o estreitamento do escopo da empresa a fim de se focar em apenas algumas áreas.[81]

Motivos das Reestruturações

É possível compreender os motivos das reestruturações com a ajuda das visões baseadas em indústrias, em recursos e em instituições.[82] De uma perspectiva baseada em indústrias, níveis ascendentes de competição dentro de uma indústria (como a de telecomunicações) freqüentemente causam reestruturações.[83] A Ericsson, por exemplo, foi forçada a reduzir o número de funcionários de 110 mil, em 2001, para 60 mil, em 2003; sair de três negócios antigos; e fechar 75% de seus laboratórios de pesquisa e desenvolvimento.[84] Considerando-se que uma das principais motivações das fusões e aquisições é eliminar ativos redundantes, indústrias que passam por muitas fusões e aquisições (como a automobilística) costumam implementar importantes esforços de reestruturação.[85]

A perspectiva baseada em recursos sugere que, embora as reestruturações tragam alguns benefícios, também geram custos significativos (como o caos organizacional, a ansiedade, a frustração e a animosidade). Quando grande parte dos competidores se reestrutura, essas atividades de reestruturação não geram um valor substancial, não são raras, são imitáveis e causam problemas organizacionais. Em outras palavras, as empresas não podem "'salvar' ou 'encolher' suas prosperidades".[86]

De uma perspectiva baseada em instituições, por volta dos anos de 1980 e 1990, empresas em economias desenvolvidas sentiram cada vez mais as pressões institucionais, advindas dos mercados de capitais, a favor das reestruturações.[87] Mais e mais administradores aceitaram as reestruturações como parte do empreendimento comercial legítimo.[88] Entretanto, também há fortes pressões institucionais *contra* as reestruturações. Nos Estados Unidos, as reestruturações, as demissões e as terceirizações (recentemente rotuladas de "*off-shoring*") têm sido questões polêmicas em todas as eleições presidenciais desde os anos de 1990 (ver Caso de Introdução, no Capítulo 1). Por lei, na Alemanha, todas as "redundâncias" têm de ser negociadas com os sindicatos, cujos membros (compreensivelmente) não estão interessados em votar a favor das demissões. Na Europa Central e Oriental, onde algumas reestruturações costumam ser urgentes, muitos administradores resistem.[89] Na Ásia, mesmo após a brusca crise financeira de 1997, as reestruturações continuaram sendo "esporádicas e muito lentas".[90] Na verdade, as reestruturações corporativas não são completamente aceitas ao redor do mundo.[91]

Aumentando a Probabilidade de Sucesso em Reestruturações

Considerando-se os altos riscos e interesses envolvidos, empresas estão mais seguras se (1) utilizarem as reestruturações como último — e não primeiro — recurso e (2) administrarem os sobreviventes de forma mais eficaz (por exemplo, tratando os funcionários demitidos com justiça e decência). A reestruturação de empresas com conhecimento intenso, cujas memória e capacidades organizacionais são intrínsecas aos funcionários, é especialmente complicada.[92] Por exemplo, quando a Accenture, uma empresa de consultoria em administração, teve de cortar 600 posições, utilizou-se de "licenças sabáticas" parciais, pagou 20% dos salários, de 6 a 12 meses, e permitiu que os funcionários mantivessem um número de telefone comercial, um *laptop* e um endereço de e-mail. A Toyota, ao enfrentar pressões nos custos, em 2001, transferiu centenas de operários de produção qualificados do Japão para sua subsidiária em Kentucky, nos Estados Unidos, pela metade do salário, a fim de ocuparem o cargo de "conselheiros". Embora esses trabalhadores japoneses, que não falavam o idioma inglês, dificilmente pudessem "aconselhar" a força de trabalho norte-americana (que era a mais produtiva da Toyota e, de qualquer forma, não precisava de muitos conselhos), a mensagem, bastante incentivadora, que a companhia enviou às forças de trabalho tanto japonesas quanto norte-americanas era que faria o possível para mantê-los.

Discussões e extensões

A complexidade da diversificação, das aquisições e das reestruturações gerou inúmeras discussões, algumas das quais foram abordadas anteriormente. Aqui, resumimos as três principais: (1) relação com o produto *versus* outras formas de relação; (2) diversificação geográfica global *versus* diversificação geográfica regional e (3) aquisições *versus* alianças.

Relação com o Produto *versus* outras Formas de Relação

Esta discussão centra-se no conceito exato de relação. A relação com o produto parece ser clara e amplamente utilizada; entretanto, gerou pelo menos três pontos de discórdia significativos. Primeiro, como medir de fato a relação com o produto ainda é discutível. Uma empresa "relacionada ao produto" com base em um tipo específico de classificação pode ser considerada como "não relacionada ao produto", caso uma classificação diversa seja utilizada.[93] Por exemplo, a General Motors (GM), quando mensurada pela história, pelos investimentos e pelas linhas de negócios é incontestavelmente conhecida como uma empresa com diversificação relacionada ao produto. Entretanto, se utilizarmos uma classificação diferente, as contribuições reais das diferentes linhas de negócios para os lucros corporativos, a General Motors Acceptance Corporation (GMAC), que é uma subsidiária financeira da GM, são muito mais amplas. Em 2003, a GMAC obteve *dez* vezes mais lucros do que as divisões de automóveis da GM. Metade dos lucros da General Motors Acceptance Corporation (GMAC) adveio da venda de hipotecas (incluindo a nova unidade da Ditech.com), que é *não relacionada* aos produtos automobilísticos centrais da GM e relacionada a empréstimos para compra de automóveis. Em outras palavras, a GM, que poderia significar "General Mortgages" (*mortgage* significa hipoteca, em inglês), "parece muito mais uma instituição financeira que acaba vendendo carros e caminhões do que uma fabricante de automóveis".[94]

Segundo, além das questões de classificação, uma importante escola de pensamento — conhecida como a escola da **lógica dominante** — alega que a relação com o produto não se refere apenas às ligações visíveis entre os produtos. Em vez disso, a relação pode ser uma lógica dominante comum, subjacente aos vários negócios de uma empresa diversificada.[95] Consideremos o britânico easyGroup, que opera a easyJet (companhia aérea), a easyCar (aluguéis de automóveis), a easyInternetcafe e a easy-Cinema, dentre outras empresas. Uma lógica dominante pode ser identificada sob essa aparência de conglomerado. Essa lógica administra ativamente o fornecimento e a demanda. Clientes que chegam cedo e/ou fora dos horários de pico pagam menos (como 20 centavos por um filme) e clientes que chegam tarde e/ou nos horários de pico pagam muito mais caro. Por exemplo, as taxas para a utilização de Internet sobem quando o café está lotado. Embora muitas empresas (como as companhias aéreas) pratiquem esse "gerenciamento de receitas", nenhuma delas é tão agressiva quanto o easyGroup.[96] Dessa forma, em vez de tratar o easyGroup como um "conglomerado com diversificação não relacionada ao produto", talvez devesse ser rotulado de "empresa com gerenciamento de receitas relacionado ao produto".

Por fim, segundo uma visão baseada em instituições, alguns conglomerados com diversificação não relacionada ao produto podem estar correlacionados por meio de uma **relação institucional**, definida como as "ligações informais das empresas com instituições dominantes que lhes conferem recursos e legitimidade".[97] Por exemplo, relacionamentos informais idôneos com agências governamentais em países (em geral economias emergentes) onde tais agências controlam recursos cruciais, como concessões, financiamentos e força de trabalho, encorajam as empresas a alavancarem tais relacionamentos entrando em inúmeras indústrias. Em economias emergentes, conexões sólidas com os bancos — uma importante instituição financeira — podem ajudar no levantamento de financiamentos para a entrada em várias indústrias, ao passo que empresas empreendedoras isoladas, que não possuam tais conexões, costumam ter dificuldades para obter financiamentos. Essa idéia ajuda a explicar por que novos empreendimentos (como a Amazon e a eBay) dominam o comércio eletrônico em economias desenvolvidas, ao passo que novas unidades de conglomerados tradicionais (como a Wharf, de Hong Kong, e a Sembcorp, de Cingapura) dominam o comércio eletrônico em economias emergentes. Apesar do conselho ocidental para que se reduzam os escopos das empresas (*downscoping*), alguns conglomerados em economias emergentes *expandiram* recentemente seus escopos, entrando em novas indústrias, como a de comércio eletrônico. Em outras palavras, uma empresa classificada como um conglomerado com diversificação "não relacionada ao produto" pode estar desfrutando, na verdade, de grandes relações institucionais.

Diversificação Geográfica Global *versus* Diversificação Geográfica Regional

Nesta era de globalização, o escopo geográfico ótimo para empresas multinacionais é muito discutido. Apesar da observação freqüente (e das críticas advindas de ativistas antiglobalização) de que as empresas multinacionais estão se expandindo "globalmente" a fim de dominar o mundo, Alan Rugman e Alain Verbeke relatam que, de forma surpreendente, mesmo entre a lista das 500 maiores empresas multinacionais da *Fortune* Global, poucas empresas multinacionais são de fato "globais".[98] Por meio de critérios razoáveis (no mínimo 20% de vendas em *cada* uma das três regiões da Tríade, formada por Ásia, Europa e América do Norte, mas menos de 50% em qualquer uma dessas regiões), constataram um total de somente nove empresas multinacionais globais (primeira coluna da Tabela 9.4). Considerando-se que a África, a América Latina e o Oriente Médio são ignorados e determinando-se que uma empresa multinacional global deve ter 10% de vendas em *cada* continente, o número de empresas multinacionais verdadeiramente globais diminui ainda mais. As empresas multinacionais globais são seguidas por 25 empresas multinacionais birregionais, que possuem no mínimo 20% de vendas em cada uma de duas regiões da Tríade, mas menos de 50% em qualquer uma dessas duas (segunda coluna da Tabela 9.4). É interessante notar que 11 empresas multinacionais estão "localizadas em uma região anfitriã", com no mínimo 50% de vendas em uma das regiões da Tríade que não sua região de origem (terceira coluna da Tabela 9.4). A maior parte das empresas multinacionais restantes (mais de 400), dentre as 500 listadas na *Fortune* Global, são "orientadas a suas regiões de origem" — em outras palavras, são empresas regionais, *não* globais.

Essas constatações são sustentadas por dados da Organização das Nações Unidas sobre as 25 empresas multinacionais "mais internacionalizadas" (quarta coluna da Tabela 9.4).[99] Essas empresas multinacionais possuem os "índices de transnacionalidade" mais altos, calculados por meio da média (1) das vendas estrangeiras/totais, (2) dos ativos estrangeiros/totais e (3) do emprego estrangeiro/total. Entretanto, somente 5 dessas 25 empresas — BP Amoco, Toyota, IBM, Honda e News Corporation — podem ser encontradas em alguma das outras três colunas da Tabela 9.4. A maioria dessas empresas multinacionais "mais internacionalizadas" parece se centrar somente em suas regiões de origem.

TABELA 9.4 Diversificação Geográfica das Maiores Multinacionais por Vendas

	Empresas multinacionais "globais"		Empresas multinacionais "birregionais"		Empresas multinacionais "localizadas em uma região anfitriã"		Empresas multinacionais "mais internacionalizadas"
1	IBM	1	BP Amoco	1	Daimler Chrysler	1	Exxon Mobil
2	Sony	2	Toyota	2	ING Group	2	General Motors
3	Philips	3	Nissan	3	Royal Ahold	3	BP Amoco
4	Nokia	4	Unilever	4	Honda	4	Ford
5	Intel	5	Motorola	5	Santander	5	Royal Dutch/Shell
6	Canon	6	GlaxoSmithKline	6	Delhaize 'Le Lion'	6	General Eletric
7	Coca-Cola	7	EADS	7	AstraZeneca	7	Toyota
8	Flextronics	8	Bayer	8	News Corporation	8	Chevron Texaco
9	LVMH	9	Ericsson	9	Sodexho Aliance	9	TotalFinaElf
		10	Alstan	10	Manpower	10	IBM
		11	Aventis	11	Wolseley	11	Volkswagen
		12	Diageo			12	E. On
		13	Sun Microsystens			13	RWE Group
		14	Bridgestone			14	Honda
		15	Roche			15	Fiat
		16	3M			16	Vivendi Universal
		17	Skanska			17	Nestle
		18	McDonald's			18	Unilever
		19	Michelin			19	Deutsche Telekon
		20	Kodak			20	Suez
		21	Eletrolux			21	Vodafone
		22	BAE			22	Telefonica
		23	Alcan			23	ABB
		24	L'Oreal			24	News Corporation
		25	Lafarge			25	Hutchison Whampoa

Fontes: todos os dados são de 2001. As três primeiras colunas foram adaptadas de A. Rugman; A. Verbeke, 2004, A perspective on regional and global strategies of multinational enterprises (p. 8-10), *Journal of International Business Studies*, 35: 3-18. A última coluna foi adaptada do Relatório Mundial de Investimentos 2003, publicado pela Organização das Nações Unidas, (p. 5), Nova York e Genebra: Organização das Nações Unidas.

A maioria das empresas multinacionais pode ou deve "globalizar" ainda mais seus escopos geográficos? Há duas respostas a essa questão. Primeira, a maioria das empresas multinacionais sabe o que está fazendo e seus escopos geográficos atuais são o máximo que conseguem administrar. Algumas delas já chegaram a diversificações excessivas e terão de reduzir seu escopo (*downscoping*) em âmbito internacional. Segunda, esses dados registram somente uma fotografia no passado (2001), algumas empresas multinacionais tornam-se mais "globalizadas" com o passar do tempo. Embora essa discussão prossiga, aprendemos uma importante lição: é preciso cuidado ao empregar a palavra "global".

A *maior parte* das grandes empresas multinacionais não é necessariamente muito "global" com relação a seus escopos geográficos.

Aquisições *versus* Alianças

Apesar da proliferação de aquisições, seus desempenhos tímidos suscitaram uma discussão quanto à utilização em excesso dessa forma de investimento. Alianças estratégicas são uma alternativa às aquisições (ver Capítulo 7). Entretanto, muitas empresas parecem ter mergulhado de cabeça na "onda das fusões". Mesmo quando muitas empresas buscam tanto fusões e aquisições quanto alianças, essas ações costumam ser implementadas de forma isolada.[100] Mesmo que muitas empresas multinacionais tenham implementado fusões e aquisições, e algumas tenham formado alianças, praticamente nenhuma estabeleceu uma função combinada entre "fusões, aquisições *e* alianças".[101] Na prática, as empresas devem comparar e contrastar explicitamente as aquisições com as alianças.[102]

Em comparação às aquisições, as alianças estratégicas — apesar de seus próprios problemas — custam menos e permitem que as empresas aprendam umas com as outras antes de se envolverem em aquisições maduras.[103] Muitas aquisições pobres (como a DaimlerChrysler) poderiam ter sido mais bem implementadas caso as empresas tivessem estabelecido alianças anteriores. Atualmente, entretanto, não se sabe se as alianças são de fato melhores do que as aquisições.[104] Contudo, é imperativo que as empresas investiguem, com seriedade e até o fim, as alianças como alternativas às aquisições (ver Capítulo 7 para mais detalhes).

Implicações para os estrategistas

No nível de estratégia corporativa, a diversificação, por meio de aquisições e/ou reestruturações, apresenta desafios assustadores e uma complexidade enorme, além da difícil implementação. Mesmo assim, inúmeras empresas empreendem tais estratégias. Um interessante paralelo histórico pode ser traçado entre a onda de fusões e aquisições nos Estados Unidos por volta do final do século XIX, e a onda de fusões e aquisições global, por volta do final do século XX. A onda de fusões e aquisições nesse país foi incentivada pelas inovações tecnológicas (como estradas de ferro e telégrafo), gerando uma maior consolidação, o desenvolvimento dos mercados financeiros e as restrições institucionais que proibiam a colaboração interempresas (rotulada de "anticompetitiva" — ver Capítulo 8). O resultado final foi o surgimento de indústrias, mercados e competidores de *âmbito nacional* (como a US Steel).[105] O progresso da tecnologia (como a Internet) também incentivou a onda global de fusões e aquisições mais recente. O desenvolvimento financeiro e as transições institucionais (tais como a privatização) aceleraram ainda mais o surgimento de indústrias e mercados de *âmbito mundial* e inúmeras fusões e aquisições internacionais (além das fronteiras) fizeram-se necessárias.

Com relação às quatro questões fundamentais em estratégia, este capítulo responde à Questão 3 diretamente: o que determina o escopo da empresa? As condições industriais, as capacidades das empresas e as restrições e oportunidades institucionais, tanto em economias desenvolvidas quanto em economias emergentes, ajudam a modelar o escopo corporativo. Além disso, as respostas para "Por que as empresas se diferenciam?" e "Como as empresas se comportam?" (questões 1 e 2) centram-se no motivo pelo qual elas escolhem diferentes estratégias de diversificação e na forma como implementam essas estratégias, respectivamente. Por fim, o que determina o sucesso ou o fracasso internacional das empresas (primeira metade da Questão 4) é a condição de as estratégias de diversificação *do produto* apropriadas serem implementadas (ou não). É importante fugir da visão simplista (típica de economias desenvolvidas atuais de que a diversificação relacionada ao produto é a melhor. Tal estratégia agrega valor apenas quando sustentada por uma arquitetura organizacional centralizada e cooperativa (Tabela 9.1) e por mercados de capitais externos mais eficientes. Embora, neste capítulo, tenhamos abordado a segunda metade da Questão 4, centrada na diversificação *geográfica*, uma resposta mais completa será desenvolvida no Capítulo 10, que é totalmente dedicado a como se organizar melhor no âmbito internacional.

Resumo do Capítulo

1. A diversificação corporativa possui duas dimensões: (1) a do produto e (2) a geográfica.
2. A diversificação relacionada ao produto centra-se na sinergia operacional e nas economias de escala. A diversificação não relacionada ao produto (conglomeração) enfatiza a sinergia financeira e as economias de escopo. Atualmente, a diversificação relacionada ao produto é preferida em economias desenvolvidas, ao passo que a diversificação não relacionada ao produto é muito utilizada em economias emergentes.
3. Empresas diversificadas do ponto de vista geográfico possuem escopos internacionais limitados ou extensivos. Em um nível de internacionalização mais baixo, há uma relação em formato de U entre o escopo geográfico e o desempenho da empresa. Em níveis moderados e altos de internacionalização, há uma relação em formato de U invertido.
4. A maioria das empresas busca diversificação do produto e diversificação geográfica simultaneamente, adotando quatro possíveis posturas estratégicas: (1) replicadores ancorados, (2) replicadores multinacionais, (3) conglomerados dilatados e (4) conglomerados clássicos.
5. Um modelo amplo de diversificação é dirigido pelas considerações baseadas em indústrias, em recursos e em instituições.
6. A maioria das fusões e aquisições são aquisições que correm nas dimensões (1) horizontais, (2) verticais e (3) de conglomerados. As condições das transações podem ser amigáveis ou hostis.
7. As fusões e aquisições são dirigidas por motivos (1) sinérgicos, (2) relacionados à arrogância e (3) administrativos. Estima-se que cerca de 70% das fusões e aquisições fracassam. Para aumentar a probabilidade de sucesso, as empresas que estão implementando aquisições (1) não devem pagar valores superfaturados; (2) devem centrar-se tanto no ajuste estratégico quanto no ajuste organizacional e (3) devem atender às preocupações das várias partes interessadas.
8. As reestruturações envolvem a redução do número de funcionários (*downsizing*), a redução do escopo da empresa (*downscoping*) e a refocalização.
9. Dentre as principais discussões nessa área estão: (1) relação com o produto *versus* outras formas de relação; (2) diversificação geográfica global *versus* diversificação geográfica regional e (3) aquisições *versus* alianças.

Palavras-chave

- ajuste estratégico
- ajuste organizacional
- aquisição
- arrogância
- benefícios econômicos
- benefícios econômicos marginais
- conglomeração
- conglomerados
- conglomerados clássicos
- conglomerados dilatados
- custos burocráticos
- controle estratégico
- controle financeiro
- custos burocráticos
- custos burocráticos marginais
- desconto da diversificação
- desvantagem do conglomerado
- diversificação
- diversificação do produto
- diversificação excessiva (*empire building*)
- diversificação geográfica

- diversificação internacional
- diversificação não relacionada ao produto
- diversificação relacionada ao produto
- economias de escala
- economias de escopo
- escopo internacional extensivo
- estratégia corporativa
- estratégias comerciais
- estratégia de negócios única
- fusão
- fusões e aquisições
- fusões e aquisições amigáveis
- fusões e aquisições de conglomerados
- fusões e aquisições horizontais
- fusões e aquisições hostis
- fusões e aquisições internacionais (além das fronteiras)
- fusões e aquisições verticais
- governança corporativa
- grupos de negócios
- lógica dominante
- mercado de capitais internos
- motivos administrativos prêmio de aquisição
- nível corporativo da estratégia
- ofertas hostis
- prêmio da diversificação
- problemas de agência
- redução do escopo da empresa (*downscoping*)
- redução do número de funcionários (*downsizing*)
- reestruturação
- refocalização
- relação institucional
- replicadores ancorados
- replicadores multinacionais
- sobrecarga de informação
- sinergia financeira
- sinergia operacional
- vantagem do conglomerado

Questões para Discussão

1. Alguns alegam que os acionistas podem diversificar suas ações e que não há necessidade de as empresas utilizarem a diversificação corporativa para reduzir os riscos que os acionistas correm. A conclusão é que, em vez de a corporação utilizar os lucros excessivos (conhecidos como "***free cash flows***" — fundos liberados por uma empresa antes de qualquer decisão de caráter financeiro) na diversificação (como na aquisição de outras empresas e na entrada em novos países), esses lucros deveriam retornar aos acionistas em forma de dividendos e as empresas deveriam buscar estratégias centralizadas ou de comércio único. Você concorda com essa afirmação? Por quê?

2. A diversificação não relacionada ao produto (conglomeração) atualmente está desacreditada em economias desenvolvidas. Entretanto, em alguns casos, ainda parece agregar valor em economias emergentes. Esse interesse na conglomeração, com o passar do tempo, perdurará ou diminuirá nas economias emergentes? Por quê?

3. Considerando-se os custos e benefícios da diversificação geográfica, uma escola de pensamento aconselha as empresas a "serem audaciosas", entrando na maior quantidade de países possível (sendo que a "estratégia global" tradicional seria o ideal). Outra escola sugere que "não se ouse" — ou seja, as empresas devem se aventurar em países que sejam vizinhos no aspecto cultural e institucional, mas não em países muito distantes. Como você participaria dessa discussão?

4. ***SOBRE ÉTICA:*** Demissões em massa associadas a reestruturações, embora muito utilizadas, são vistas como antiéticas (e até mesmo rotuladas de "canibalismo corporativo" por alguns críticos). Quando o mercado está em crise, uma alternativa é o corte geral em toda a empresa dos pagamentos, embora com a preservação de todos os empregos. Quais são os dilemas éticos nessas duas alternativas?

5. ***SOBRE ÉTICA:*** Como diretor-executivo, você está tentando decidir se adquire (ou não) uma empresa estrangeira. Sua empresa dobrará de tamanho após a aquisição e se tornará a maior de sua indústria. Por um lado, você está empolgado com a oportunidade de ser o capitão da indústria com o poder, o prestígio e a renda associados a isso (você espera que seu salário, sua bonificação e sua participação nos lucros dobrem no próximo ano). Por outro lado, você acabou de ler este capítulo e está preocupado com (1) a estimativa de que 70% das fusões e aquisições fracassam e (2) os ajustes estratégico e organizacional incertos entre as duas empresas (apesar de haver um aparente ajuste superficial). O que você faria?

Caso de Conclusão: Do Prêmio da Diversificação ao Desconto da Diversificação na Coréia do Sul

Grandes conglomerados (grupos de negócios), como a Hyundai (http://www.hmc.co.kr), a Samsung (http://www.samsung.co.kr), a LG (http://www.lg.co.kr) e a Daewoo (http://www.daewoo.com), são denominados chaebols na Coréia do Sul (doravante denominada Coréia). Esses conglomerados dominam a economia, contribuindo com aproximadamente 40% do Produto Interno Bruto da Coréia, desde 1996. Nesse mesmo ano, a Samsung possuía 8 subsidiárias; a Hyundai, 57; a LG, 49; e a Daewoo, 30 — espalhadas em diferentes indústrias, como a automobilística, a de produtos químicos, a de construção, a de aparelhos eletrônicos, a de serviços financeiros, a de semicondutores, a de fabricação de embarcações, a de aço e a de telecomunicações. Por que e como os chaebols, todos advindos de raízes humildes em indústrias específicas, cresceram a ponto de se tornarem conglomerados tão vastos? Em 1985, o presidente do conselho da LG compartilhou uma história intrigante:

No final dos anos de 1940, meu pai e eu abrimos uma fábrica de cremes cosméticos. Naquela época, não havia nenhum fornecedor de tampas de plástico de qualidade, adequadas aos potes de creme, que nos atendesse, por isso, tivemos de entrar no ramo de plásticos. Como somente tampas de plástico não eram suficientes para sustentar uma fábrica de moldagem de plásticos, passamos a fabricar escovas de cabelo, escovas de dente e saboneteiras. O negócio dos plásticos também nos levou a fabricar pás para ventiladores elétricos e capas para telefones, que, por sua vez, nos levaram a fabricar produtos eletroeletrônicos e equipamentos de telecomunicações. Além disso, o ramo dos plásticos nos dirigiu à refinação de petróleo, que exigia a posse de um navio-tanque. Somente a refinaria de petróleo pagava um prêmio de seguro que totalizava mais de metade das receitas totais da maior seguradora da Coréia na época. Dessa forma, uma companhia de seguros foi aberta.

Histórias semelhantes a essa são compartilhadas por quase todos os chaebols. O que essa história não revela é a mão visível do governo coreano, que canalizava recursos financeiros para o crescimento dos chaebols. Nesse ínterim, o governo protegia os mercados domésticos contra a competição estrangeira.

Entretanto, esse ambiente aconchegante e protegido não durou para sempre. Como o anseio da Coréia por se juntar à Organização para Cooperação e Desenvolvimento Econômico, anterior à sua adesão em 1996, resultou em pressões externas para que a economia fosse aberta, o governo gradualmente removeu as restrições às importações. Além disso, os mercados de capitais tornaram-se mais abertos e vibrantes. Entre 1984 e 1996, a razão entre a capitalização das ações e o Produto Interno Bruto teve um aumento colossal de 782% (de 3%, em 1984, para 29%, em 1996). Ao mesmo tempo, os custos da força de trabalho aumentaram, à medida que os trabalhadores coreanos, na nova era democrática (a partir do final dos anos de 1980), tornaram-se mais assertivos. Em âmbito internacional, os produtos dos chaebols costumavam ficar empacados entre as ofertas de última geração japonesas e as mercadorias populares chinesas.

Enfrentando essa turbulência ambiental crescente, por volta dos anos de 1990, os chaebols aumentaram seus escopos. O número médio de empresas filiadas aos 30 principais chaebols aumentou de 17 por grupo, em 1987, para 22, em 1996, um aumento de 30%. Durante esse processo, envolveram-se em grandes dívidas devido às extensas trocas de garantias entre as *empresas* dos grupos. Os bancos eram solícitos com relação aos empréstimos, pois acreditavam que os chaebols eram "grandes demais para falirem". A razão entre a dívida e a participação no capital acabou, em média, em 617% para os 30 principais chaebols. Há alguns casos extremos, como a razão entre as dívidas e as participações no capital da New Core, que era de 1.225%; da Halla, que era de 2.066%; e da Jinro, que era de 3.765%.

Infelizmente, na época do estouro da crise econômica asiática, em 1997, os chaebols abateram-se muito. As dívidas em excesso e o crescimento despreocupado foram profundamente criticados. Dos 30 principais chaebols, em 1996, cerca da metade, incluindo a New Core, a Halla (http://www.halla.com) e a Jinro (http://www.jinro.co.kr), passou por processos de falência ou por programas de reestruturação financiados pelos bancos. A Daewoo, quarto lugar em 1996, foi literalmente despedaçada (ver Caso de Introdução, no Capítulo 7). Todos os chaebols sobreviventes venderam negócios e reduziram substancialmente seus escopos.

Em retrospectiva, era como se os sinais de que os chaebols teriam problemas estivessem "escritos nas paredes" antes da crise. Por um tempo, eles obtiveram o prêmio da diversificação, com filiadas sobrepujando empresas independentes comparáveis (vendas cerca de 10% maiores entre 1984 e 1987). Entretanto, a turbulência ambiental crescente juntamente com os tamanhos e as complexidades crescentes das empresas provaram ser uma combinação letal. Entre 1994 e 1996, houve um desconto da diversificação, com as vendas das empresas membros dos chaebols no mínimo 5% menores do que as de empresas independentes comparáveis. As inúmeras dívidas, obviamente insustentáveis, eram outro sinal. Por fim, os mercados de capitais externos mais bem desenvolvidos também destruíram as vantagens dos mercados de capitais internos dos chaebols.

Em uma análise a posteriori, é incrível ver os chaebols, antes de 1997, sendo aplaudidos como os campeões de desenvolvimento da economia coreana e como um modelo organizacional digno de ser imitado por outras economias em desenvolvimento. Desde 1997, os chaebols vêm sendo julgados negativamente e, até mesmo, considerados culpados da crise econômica do país. Ambos os posicionamentos parecem ser radicais. É provável que os chaebols não fossem nem "modelos de perfeição", nem "parasitas". Seus papéis simplesmente mudaram. Como conglomerados, os chaebols agregaram valor outrora, mas, após um período de transições (provavelmente o início dos anos de 1990), suas desvantagens passaram a superar seus benefícios.

Questões para Estudo de Caso

1. Com a ajuda das visões baseadas em indústrias, em recursos e em instituições, explique por que a conglomeração (diversificação não relacionada ao produto) se tornou uma estratégia corporativa dominante na Coréia pós-guerra.
2. Qual tipo de sinergia os chaebols tentaram obter? Como os chaebols agregavam valor?
3. O que transformou o prêmio da diversificação dos chaebols em um desconto da diversificação?
4. A diversificação relacionada ao produto é sempre melhor do que a conglomeração?
5. Alguns alegam que os chaebols, como uma espécie organizacional, irão morrer. O que o futuro reserva para os chaebols na Coréia e, em geral, para os conglomerados em economias emergentes?

Fontes: Baseado em (1) J. Chang; T. Khanna; K. Palepu, 1998, *Korea Stock Exchange* 1998, estudo de caso da Harvard Business School 9-199-033; (2) S. J. Chang; J. Hong, 2002, How much does the business group matter in Korea? *Strategic Management Journal*, 23: 265-274; (3) M. Guillen, 2001, *The Limits of Convergence*, Princeton, Nova Jersey: Princeton University Press; (4) H. Kim; R. Hoskisson; L. Tihanyi; J. Hong, 2004, The evolution and restructuring of diversified business groups in emerging markets: The lessons from chaebols in Korea, *Asia Pacific Journal of Management*, 21: 25-48; (5) K. B. Lee, M. W. Peng; K. Lee, 2004, *From diversification premium to diversification discount during institutional transitions, Working paper*, Fisher College of Business, Ohio University.

Notas

1. D. Collis; C. Montgomery, 1997, Corporate Strategy (p. 5), Chicago: Irwin.
2. R. Adner; C. Helfat, 2003, Corporate effects and dynamic managerial capabilities, SMJ, 24: 1011-1025; E. Bowman; C. Helfat, 2001, Does corporate strategy matter? SMJ, 22: 1-23; T. Brush; P. Bromiley, 1997, What does a small corporate effect mean? SMJ, 18: 825-835.
3. T. Brush, 1996, Predicted change in operational synergy and post-acquisition performance of acquired businesses, SMJ, 17: 1-24; L. Cote; A. Langley; J. Pasquero, 1999, Acquisition strategy and dominant logic in an engineering firm, JMS, 36: 919-952; P. Davis; R. Robinson; J. Pearce; S. Park, 1992, Business unit relatedness and performance, SMJ, 13: 349-361; M. Goold; A. Campbell, 2000, Taking stock of synergy, LRP, 33: 72-96; M. Farjoun, 1998, The independent and joint effects of the skill and physical bases of relatedness in diversification, SMJ, 19: 611-630; D. Kim; B. Kogut, 1996, Technological platforms and diversification, OSc, 7: 283-301; C. St. John; J. Harrison, 1999, Manufacturing-based relatedness, synergy, and coordination, SMJ, 20: 129-145; J. Steenkamp; R. Batra; D. Alden, 2003, How perceived brand globalness creates brand value, JIBS, 34: 53-65; I. Stern; A. Henderson, 2004, Within-business diversification in technology-intensive industries, SMJ, 25: 487-505.
4. C. Palmeri, 2004, Northrop's heavy artillery, BW, 8 de março: 52-54.
5. J. Liebeskind, 2000, Internal capital markets: Benefits, costs, and organizational arrangements, OSc, 11: 58-76.
6. K. B. Lee; M. W. Peng; K. Lee, 2004, From diversification premium to diversification discount during institutional transitions, Working paper, Fisher College of Business, The Ohio State University.
7. R. Bettis, 1981, Performance differences in related and unrelated diversified firms, SMJ, 2: 379-394; K. Palepu, 1985, Diversification strategy, profit performance, and the entropy measure, SMJ, 6: 239-255; M. Lubatkin; P. Lane, 1996, Psst... The merger mavens still have it wrong! AME, 10: 21-37; C. Montgomery, 1982, The measurement of firm diversification, AMJ, 25: 299-307; L. Palich; L. Cardinal; C. C. Miller, 2000, Curvilinearity in the diversification-performance linkage, SMJ, 21: 155-174; G. Szeless; M. Wiersema; G. Muller-Stewens, 2003, Portfolio interrelationships and financial performance in the context of European firms, EMJ, 21: 146-163;
8. R. Rumelt, 1974, Strategy, Structure, and Economic Performance, Boston: Harvard Business School Press.
9. W. Chu, 2001, Contingency organizations and shared values, APJM, 18: 83-99; T. Khanna; K. Palepu, 2000, Is group affiliation profitable in emerging markets? JF, 55: 867-891; L. Keister, 2000, Chinese Business Groups, Oxford, UK: Oxford University Press; T. Khanna; J. Rivkin, 2001, Estimating the performance effects of business groups in emerging markets, SMJ, 22: 45-74; M. Li; Y. Wong, 2003, Diversification and economic performance, APJM, 20: 243-265; L. Nachum, 1999, Diversification strategies of developing country firms, JIM, 5: 115-140.
10. A. Rugman; A. Verbeke, 2004, A perspective on regional and global strategies of multinational enterprises (p. 8-10), JIBS, 35: 3-18.
11. F. Contractor; S. Kundu; C. Hsu, 2003, A three-stage theory of international expansion, JIBS, 34: 5-18.
12. N. Capar; M. Kotabe, 2003, The relationship between international diversification and performance in service firms, JIBS, 34: 345-355; G. Qian, 1997, Assessing product-market diversification of US firms, MIR, 37: 127-149.
13. M. Lyles; T. Saxton; K. Watson, 2004, Venture survival in a transition economy, JM, 30: 351-375.
14. C. Baden-Fuller; J. Stopford, 1991, Globalization frustrated, SMJ, 12: 493-507; J. M. Geringer; P. Beamish; R. da Costa, 1989, Diversification strategy and internationalization, SMJ, 10: 109-119; L. Gomes; K. Ramaswamy, 1999, An empirical examination of the form of the relationship between multinationality and performance, JIBS, 30: 173-188; D. Sullivan, 1994, The "threshold of internationalization", MIR, 34: 165-186.

15. C. Palmeri, 2003, Occidental: From excess to success, BW, 7 de abril: 65-66.

16. J. Collins, 1990, A market performance comparison of US firms active in domestic, developed, and developing countries, JIBS, 22: 271-287; J. Doukas; L. Lang, 2003, Foreign direct investment, diversification, and firm performance, JIBS, 34: 153-172; R. Grant; A. Jammine; H. Thomas, 1988, Diversity, diversification, and profitability among British manufacturing companies, AMJ, 31: 771-801; W. Kim; E. Lyn, 1987, Foreign direct investment theories, entry barriers, and reverse investments in US manufacturing industries, JIBS, 18: 53-67; M. Kotabe; S. Srinivasan; P. Aulakh, 2002, Multinationality and firm performance, JIBS, 33: 79-97; A. Michel; I. Shaked, 1986, Multinational corporations vs. domestic corporations, JIBS, 17: 89-101; J. Reuer; M. Leiblein, 2000, Downside risk implications of multinationality and international joint ventures, AMJ, 43: 203-214.

17. A. Delios; P. Beamish, 1999, Geographic scope, product diversification, and the corporate performance of Japanese firms (p. 724), SMJ, 20: 711-727.

18. J. M. Geringer; S. Tallman; D. Olsen, 2000, Product and international diversification among Japanese multinational firms (p. 76), SMJ, 21: 51-80.

19. A. Goerzen; P. Beamish, 2003, Geographic scope and multinational enterprise performance, SMJ, 24: 1289-1306.

20. M. Hitt; R. Hoskisson; H. Kim, 1997, International diversification, AMJ, 40: 767-798; D. Hoopes, 1999, Measuring geographic diversification and product diversification, MIR, 39: 277-292; W. C. Kim; P. Hwang; W. Burgers, 1989, Global diversification strategy and corporate profit performance, SMJ, 10: 45-57; L. Nachum, 2004, Geographic and industrial diversification of developing country firms, JMS, 41: 273-294; L. Palich; G. Carini; S. Seaman, 2000, The impact of internationalization on the diversification-performance relationship, JBR, 48: 43-54; M. Sambharya, 1995, The combined effect of international diversification and product diversification strategies on the performance of US-based multinational corporations, MIR, 35: 197-218; S. Tallman; J. Li, 1996, Effects of international diversity and product diversity on the performance of multinational firms, AMJ, 39: 179-196; S. Vachani, 1991, Distinguishing between related and unrelated international geographic diversification, JIBS, 22: 307-322; C. Wan, 1998, International diversification, industrial diversification, & firm performance of Hong Kong MNCs, APJM, 15: 205-217.

21. L. Bengtsson, 2000, Corporate strategy in a small open economy, EMJ, 18: 444-453; K. Meyer, 2003, Global focusing: From domestic conglomerate to global specialist, Working paper, Copenhagen Business School.

22. C. Park, 2003, Prior performance characteristics of related and unrelated acquirers, SMJ, 24: 471-480; K. Ramaswamy, 1997, The performance impact of strategic similarity in horizontal mergers, AMJ, 40: 697-715.

23. R. Rajan; P. Volpin; L. Zingales, 2000, The eclipse of the US tire industry. In: S. Kaplan (ed.), Mergers and Productivity (p. 51-86), Chicago: University of Chicago Press.

24. K. Capell, 2004, Richard Branson's next big adventure, BW, 8 de março: 44-45.

25. G. Bruton; B. Oviatt, 1994, Performance of acquisitions of distressed firms, AMJ, 37: 972-989; A. Seth, 1990, Sources of value creation in acquisitions, SMJ, 11: 431-447.

26. J. Pennings; H. Barkema, 1994, Organizational learning and diversification, AMJ, 37: 608-614.

27. J. Galbraith, 2000, Designing the Global Corporation, San Francisco: Jossey-Bass; D. Miller, 2003, An asymmetry-based view of advantage, SMJ, 24: 961-976.

28. J. Cullivan, 2004, A strategy perspective from Cardinal Health, Presentation, Fisher College of Business, The Ohio State University, 12 de maio.

29. O. Toulan, 2002, The impact of market liberalization on vertical scope: The case of Argentina, SMJ, 23: 551-560.

30. N. Argyres, 1996, Capabilities, technological diversification, and divisionalization, SMJ, 17: 395-410.

31. C. Hill; M. Hitt; R. Hoskisson, 1992. Cooperative versus competitive structures in related and unrelated diversified firms, OSc, 3: 501-521.

32. M. Guillen, 2000, Business groups in emerging economies, AMJ, 43: 362-380; T. Khan-

na; K. Palepu, 2000, The future of business groups in emerging markets, AMJ, 43: 268-285; R. Hoskisson; A. Cannella; L. Tihanyi; R. Faraci, 2004, Asset restructuring and business group affiliation in French civil law countries, SMJ, 25: 525-539.

33. K. Carow; R. Heron; T. Saxton, 2004, Do early birds get the returns? SMJ, 25: 563-585.

34. R. Calori; G. Johnson; P. Sarnin, 1994, CEOs' cognitive maps and the scope of the organization, SMJ, 15: 437-457; P. Thornton, 2001, Personal versus market logics of control, OSc, 12: 294-311.

35. M. Kroll; P. Wright; L. Toombs; H. Leavell, 1997, Forms of control, SMJ, 18: 85-96; P. Wright; M. Kroll; D. Elenkov, 2002, Acquisition returns, increase in firm size, and CEO compensation, AMJ, 45: 599-608; P. Wright; M. Kroll; A. Lado; B. Van Ness, 2002, The structure of ownership and corporate acquisition strategies, SMJ, 23: 41-54.

36. S. Olin, 1998, Why are there islands of conscious power found in the ocean of ownership? JMS, 35: 719-746; B. Kogut; G. Walker; J. Anand, 2002, Agency and institutions, OSc, 13: 162-178; M. Mayer; R. Whittington, 2003, Diversification in context, SMJ, 24: 773-781; W. Wan, 2005, Country resource environments, firm capabilities, and corporate diversification strategies, JMS (no prelo); W. Wan; R. Hoskisson, 2003, Home country environments, corporation diversification strategies, and firm performance, AMJ, 46: 27-45.

37. Esta seção baseia-se fortemente em M. W. Peng; S. Lee; D. Wang, 2005, What determines the scope of the firm over time? A focus on institutional relatedness, AMR (no prelo).

38. G. Jones; C. Hill, 1988, Transaction cost analysis of strategy-structure choice, SMJ, 9: 159-172.

39. S. Chatterjee, 1986, Types of synergy and economic value, SMJ, 7: 119-139; M. Lubatkin, 1987, Merger strategies and stockholder value, SMJ, 8: 39-54; M. Lubatkin; H. O'Neill, 1987, Merger strategies and capital market risk, AMJ, 30: 665-684; A. Shleifer; R. Vishny, 1991, Takeovers in the 60s and the 80s, SMJ, 12: 51-59.

40. J. Jorgensen; T. Hafsi; M. Kiggundu, 1986, Towards a market imperfections theory of organizational structure in developing countries, JMS, 23: 417-442.

41. D. Ahlstrom; G. Bruton, 2004, Turnaround in Asia, APJM, 21: 5-24; H. Kim; R. Hoskisson; L. Tihanyi; J. Hong, 2004, The evolution and restructuring of diversified business groups in emerging markets, APJM, 21: 25-28.

42. United Nations, 2000, World Investment Report 2000 (p. 99), Nova York: United Nations.

43. H. Barkema; F. Vermeulen, 1998, International expansion through start-up or acquisition, AMJ, 41: 7-27; K. Brouthers; L. Brouthers, 2000, Acquisition or green-field start-up? SMJ, 21: 89-98.

44. A. Arikan, 2004, Cross-border mergers and acquisitions (p. 239). In: B. Punnett; O. Shenkar (eds.), Handbook for International Management Research (p. 239-264), Ann Arbor: University of Michigan Press.

45. M. Lubatkin; W. Schulze; A. Mainkar; R. Cotterill, 2001, Ecological investigation of firm effects on horizontal mergers, SMJ, 22: 335-358.

46. H. Singh; C. Montgomery, 1987, Corporate acquisition strategies and economic performance, SMJ, 8: 377-386; R. Krishnan; S. Joshi; H. Krishnan, 2004, The influence of mergers on firms' product-mix strategies, SMJ, 25: 587-611.

47. United Nations, 2000, World Investment Report 2000 (p. 128).

48. G. Ahuja; R. Katila, 2001, Technological acquisitions and the innovation performance of acquiring firms, SMJ, 22: 197-220; J. Anand; A. Delios, 2002, Absolute and relative resources as determinants of international acquisitions, SMJ, 23: 119-134; J. Harrison; M. Hitt; R. Hoskisson; R. D. Ireland, 2001, Resource complementarity in business combinations, JM, 27: 679-690; H. Harzing, 2002, Acquisitions versus green-field investments, SMJ, 23: 211-227; S. Karim; W. Mitchell, 2000, Path-dependent and path-breaking change, SMJ, 21: 1061-1081; D. Loree; C. Chen; S. Guisinger, 2000, International acquisitions, JWB, 35: 300-315; M. Lubatkin; W. Schulze; A. Mainkar; R. Cotteril, 2001, Ecological investigation of firm effects in horizontal mergers, SMJ, 22: 335-357; T. Saxton; M. Dollinger, 2004, Target reputation and appropriability, JM, 30: 123-147; A. Seth, 1990, Sources of value creation in acquisitions, SMJ, 11: 431-446;

D. Schweiger; P. Very, 2001, International mergers and acquisitions special issue, JWB, 36: 1-2.

49. A. Ranft; M. Lord, 2002, Acquiring new technologies and capabilities, OSc, 13: 420-441.

50. M. Lubatkin; R. Calori; P. Very; J. Veiga, 1998, Managing mergers across borders, OSc, 9: 670-684.

51. J. Doh, 2000, Entrepreneurial privatization strategies, AMR, 25: 551-571; K. Meyer; S. Estrin, 2001, Brownfield entry in emerging markets, JIBS, 32: 574-584; K. Uhlenbruck; J. De Castro, 2000, Foreign acquisitions in Central and Eastern Europe, AMJ, 43: 381-402.

52. R. Roll, 1986, The hubris hypothesis of corporate takeovers, JB, 59: 197-216.

53. P. Buckley; P. Ghauri, 2002, International Mergers and Acquisitions (p. 2), Londres: Thomson.

54. K. Fowler; D. Schmidt, 1989, Determinants of tender offer post-acquisition performance, SMJ, 10: 339-350; P. Haunschild; A. Davis-Blake; M. Fichman; 1994, Managerial overcommitment in corporate acquisition processes, OSc, 5: 528-540.

55. T. Amburgey; A. Miner, 1992, Strategic momentum, SMJ, 13: 335-348.

56. D. Angwin, 2001, Mergers and acquisitions across European borders, JWB, 36: 32-57.

57. M. Hitt; J. Harrison; D. Ireland, 2001, Mergers and Acquisitions (p. 18), Nova York: Oxford University Press.

58. M. Hayward, 2003, Professional influence, SMJ, 24: 783-801; I. Kesner; D. Shapiro; A. Sharma, 1994, Brokering mergers, AMJ, 37: 703-721; G. Walker; J. Barney, 1990, Management objectives in mergers and acquisitions, SMJ, 11: 79-85.

59. K. Brouthers; P. van Hastenburg; J. van den Ven, 1998, If most mergers fail why are they so popular? LRP, 31: 347-353; A. Seth; K. Song; R. Pettit, 2000, Synergy, managerialism, or hubris? JIBS, 31: 387-405.

60. D. King; D. Dalton; C. Daily; J. Covin, 2004, Meta-analysis of post-acquisition performance, SMJ, 25: 187-200.

61. D. Ravenscraft; F. Scherer, 1987, Mergers, Sell-Offs, and Economic Efficiency, Washington: Brookings.

62. D. Datta; G. Pinches; V. Narayanan, 1992, Factors influencing wealth creation from M&As, SMJ, 13: 67-84.

63. G. Andrade; M. Mitchell; E. Stafford, 2001, New evidence and perspectives on mergers, JEP, 15: 103-120.

64. P. Ghemawat; F. Ghadar, 2000, The dubious logic of global mega-mergers, HBR, julho-agosto: 65-72.

65. M. Sirower, 1997, The Synergy Trap, Nova York: Free Press. Ver também M. Hayward; D. Hambrick, 1997, Explaining the premiums paid for large acquisitions, ASQ, 42: 103-127.

66. Hitt; Harrison; Ireland, 2001, Mergers and Acquisitions (p. 89).

67. D. Datta, 1991, Organizational fit and acquisition performance, SMJ, 12: 281-298; D. Jemison; S. Sitkin, 1986, Corporate acquisitions: A process perspective, AMR, 11: 145-163.

68. T. Grubb; R. Lamb, 2000, Capitalize on Merger Chaos (p. 14), Nova York: Free Press.

69. A. Buchholtz; B. Ribbens; I. Houle, 2003, The role of human capital in post-acquisition CEO departure, AMJ, 46: 506-514; A. Cannella; D. Hambrick, 1993, Effects of executive departures on the performance of acquired firms, SMJ, 14: 137-152; R. Davis; A. Nair, 2003, A note on top management turnover in international acquisitions, MIR, 43: 171-183; J. Krug; W. H. Hegarty, 2001, Predicting who stays and leaves after an acquisition, SMJ, 22: 185-196; J. Walsh, 1989, Doing a deal, SMJ, 10: 307-322.

70. J. Birkinshaw; H. Bresman; L. Hakanson, 2000, Managing the post-acquisition integration process, JMS, 37: 395-425; A. Pablo, 1994, Determinants of acquisition integration level, AMJ, 37: 803-837; A. Risberg, 2001, Employee experiences of acquisition processes, JWB, 36: 58-84; E. Vaara, 2003, Post-acquisition integration as sense-making, JMS, 40: 859-894.

71. S. Chatterjee; M. Lubatkin; D. Schweiger; Y. Weber, 1992, Cultural differences and shareholder value in related mergers, SMJ, 13: 319-334; J. Child; D. Faulkner; R. Pitkethly, 2001, The Management of International Acquisitions, Oxford, UK: Oxford University Press; D. Datta; G. Puia, 1995, Cross-border

acquisitions, MIR, 35: 337-359; M. Lubatkin; R. Calori; P. Very; J. Veiga, 1998, Managing mergers across borders, OSc, 9: 670-684; K. Meyer; E. Lieb-Doczy, 2003, Post-acquisition restructuring as evolutionary process, JMS, 40: 459-482; P. Morosini; S. Shane; H. Singh, 1998, National cultural distance and cross-border acquisition performance, JIBS, 29: 137-158; A. Nahavandi; A. Malekzadeh, 1988, Acculturation in mergers and acquisitions, AMR, 13: 79-90; R. Olie, 1994, Shades of culture and institutions in international mergers, OSt, 15: 381-405; K. Uhlenbruck, 2004, Developing acquired foreign subsidiaries, JIBS, 35: 109-123; P. Very; M. Lubatkin; R. Calori; J. Veiga, 1997, Relative standing and the performance of recently acquired European firms, SMJ, 18: 593-614; R. Weber; C. Camerer, 2003, Cultural conflict and merger failure, MS, 49: 400-415; Y. Weber; O. Shenkar; A. Raveh, 1996, National and corporate cultural fit in mergers/acquisitions, MS, 42: 1215-1227.

72. R. Hallowell; D. Bowen; C. Knoop, 2002, Four Seasons goes to Paris (p. 19), AME, 16: 7-24.
73. Economist, 2004, Trying to get the right balance, fevereiro: 65-67.
74. Grubb; Lamb, 2000, Capitalize on Merger Chaos.
75. J. Baum; S. Li; J. Usher, 2000, Making the next move, ASQ, 45: 766-801; H. Bresman; J. Birkinshaw; R. Nobel, 1999, Knowledge transfer in international acquisitions, JIBS, 30: 439-469; L. Capron; N. Pistre, 2002, When do acquirers earn abnormal returns? SMJ, 23: 781-795; J. Haleblian; S. Finkelstein, 1999, The influence of organizational acquisition experience on acquisition performance, ASQ, 44: 29-56; M. Hayward, 2002, When do firms learn from their acquisition experience? SMJ, 23: 21-40; R. Larsson; S. Finkelstein, 1999, Integrating strategic, organizational, and human resource perspectives on mergers and acquisitions, OSc, 10: 1-26; J. Reuer; O. Shenkar; R. Ragozzino, 2004, Mitigating risk in international mergers and acquisitions, JIBS, 35: 19-32; F. Vermulen; H. Barkema, 2001, Learning through acquisitions, AMJ, 44: 457-477.
76. R. Ashkenas; L. DeMonaco; S. Francis, 1998, Making the deal real, HBR, janeiro-fevereiro: 165-178.
77. H. Bowman; H. Singh, 1993, Corporate restructuring, SMJ, 14: 5-14; L. Capron; P. Dussauge; W. Mitchell, 1998, Resource redeployment following horizontal acquisitions in Europe and North America, SMJ, 19: 631-661; S. Chang, 1996, An evolutionary perspective on diversification and corporate restructuring, SMJ, 17:587-611.
78. R. Hoskisson; R. Johnson, 1992, Corporate restructuring and strategic change, SMJ, 13: 625-634; C. Markides, 1995, Diversification, restructuring, and economic performance, SMJ, 16: 101-118.
79. A. Budros, 1999, A conceptual framework for analyzing why organizations downsize, OSc, 10: 69-82; R. Hamilton; Y. Chow, 1993, Why managers divest, SMJ, 14: 479-484.
80. R. Hoskisson; M. Hitt, 1994, Downscoping, Nova York: Oxford University Press.
81. R. Johnson, 1995, Antecedents and outcomes of corporate refocusing, JM, 22: 439-483.
82. G. Bruton; D. Ahlstrom; J. Wan, 2003, Turnaround in East Asian firms, SMJ, 24: 519-540; R. DeWitt, 1998, Firm, industry, and strategy influences on choice of downsizing approach, SMJ, 19: 59-79; V. Gupta; J. Wang, 2004, From corporate crisis to turnaround in East Asia, APJM, 21: 213-233; S. Maheshwari; D. Ahlstrom, 2004, Turning around a state-owned enterprise, APJM, 21: 75-101.
83. J. Bethel; J. Liebeskind, 1993, The effects of ownership structure on corporate restructuring, SMJ, 14: 15-32; P. Gibbs, 1993, Determinants of corporate restructuring, SMJ, 14: 51-68; D. Hatfield; J. Liebeskind; T. Opler, 1996, The effects of corporate restructuring on aggregate industry specialization, SMJ, 17: 55-72.
84. S. Reed, 2002, Saving Ericsson, BW, 11 de novembro: 64-68.
85. D. Bergh; M. Lawless, 1998, Portfolio restructuring and limits to hierarchical governance, OSc, 9: 87-102; L. Capron; W. Mitchell; A. Swaminathan, 2001, Asset divestiture following horizontal acquisitions, SMJ, 22: 817-844; G. Fisher; J. Lee; L. Jones, 2004, An exploratory study of company turnaround in Australia and Singapore following the Asia crisis, APJM, 21:149-170; D. Hurry, 1993, Restructuring in the global in-

dustry, SMJ, 14: 69-82; K. O'Shaughnessy; D. Flanagan, 1998, Determinants of layoff announcements following M&As, SMJ, 19: 989-999; J. Robins, 1993, Organization as strategy, SMJ, 14: 103-118; E. Zajac; M. Kraatz, 1993, A diametric forces model of strategic change, SMJ, 14: 83-102.

86. W. Cascio, 2002, Strategies for responsible restructuring (p. 81), AME, 16: 80-91; W. Cascio; C. Young; J. Morris, 1997, Financial consequences of employment change decisions in major US corporations, AMJ, 40: 1175-1189.

87. E. Zuckerman, 2000, Focusing the corporate product, ASQ, 45: 591-619.

88. P. Barr; J. Stimpert; A. Huff, 1992, Cognitive change, strategic action, and organizational renewal, SMJ, 13: 15-36.

89. I. Filatotchev; T. Buck; V. Zhukov, 2000, Downsizing in privatized firms in Russia, Ukraine, and Belarus, AMJ, 43: 286-304.

90. M. Carney, 2004, The institutions of industrial restructuring in Southeast Asia (p. 174), APJM, 21: 171-188; S. White, 2004, Stakeholders, structure, and the failure of corporate governance reform initiatives in post-crisis Thailand, APJM, 21: 103-122.

91. M. Makhija, 2004, The value of restructuring in emerging economies, SMJ, 25: 243-267; K. Meyer, 2004, Stakeholder influence and radical change, APJM, 21: 235-253.

92. S. Fisher; M. White, 2000, Downsizing in a learning organization, AMR, 25: 244-251; P. Shah, 2000, Network destruction, AMJ, 43: 101-112.

93. J. Simpert; I. Duhaime, 1997, In the eyes of the beholder, SMJ, 18: 111-126; J. Robins; M. Wiersema, 2003, The measurement of corporate portfolio strategy, SMJ, 2003: 39-59.

94. D. Welch, 2003, For GM, mortgages are the motor, BW, 4 de agosto: 36.

95. G. Hamel; C. K. Prahalad, 1994, Competing for the Future, Boston: Harvard Business School Press; A. Ilinitch; C. Zeithaml, 1995, Operationalizing and testing Galbraith's center of gravity theory, SMJ, 16: 401-410; Markides; P. Williamson, 1996, Corporate diversification and organizational structure, AMJ, 39: 340-367; C. K. Prahalad; R. Bettis, 1986, The dominant logic, SMJ, 7: 485-501.

96. Economist, 2003, The big easy, 31 de maio: 57.

97. Peng; Lee; Wang, 2005, What determines the scope of the firm over time?

98. Rugman; Verbeke, 2004, A perspective on regional and global strategies of multinational enterprises.

99. United Nations, 2003, World Investment Report 2003 (p. 5).

100. J. Hagedoorn; B. Sadowski, 1999, The transition from strategic alliances to mergers and acquisitions, JMS, 36: 87-107.

101. J. Dyer; P. Kale; H. Singh, 2003, Do you know when to ally or acquire? Working paper, Brigham Young University.

102. J. Hennart; S. Reddy, 1997, The choice between mergers/acquisitions and joint ventures, SMJ, 18: 1-12; D. Yiu; S. Makino, 2002, The choice between joint venture and wholly owned subsidiary, OSc, 13: 667-683.

103. P. Porrini, 2004, Can a previous alliance between an acquirer and a target affect acquisition performance?, JM, 30: 545-562; M. Zollo; J. Reuer, 2003, Experience spillovers across corporate development activities, Working paper, INSEAD.

104. A. McGahan; B. Villalonga, 2002, Does governance form matter? Working paper, Harvard Business School.

105. A. Chandler, 1990, Scale and Scope, Cambridge, MA: Harvard University Press.

CAPÍTULO 10

Estruturando, aprendendo e inovando no âmbito multinacional

Sumário

- O relacionamento estratégia-estrutura
- Estratégias e estruturas multinacionais
- Um modelo abrangente de estrutura, aprendizado e inovação multinacionais
- Aprendizado, inovação e gestão do conhecimento mundiais
- Discussões e extensões
- Implicações para os estrategistas

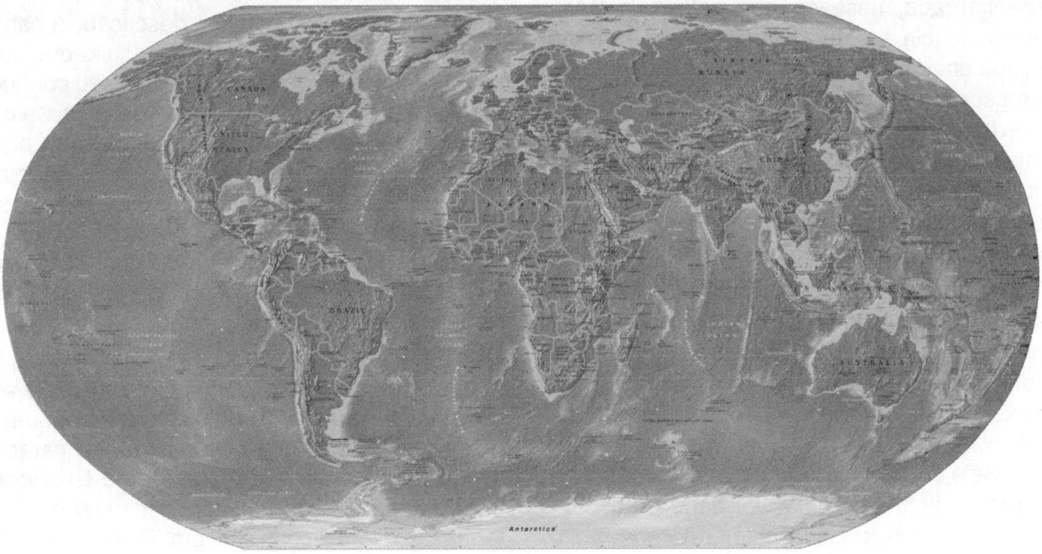

Caso de Introdução: A PolyGram/Universal Music Faz Astros Locais Brilharem no Mundo

Universal Music Group (UMG, http://www.new.umusic.com) é o novo nome da PolyGram, após ter sido adquirida pela Seagram (http://www.seagram.com) e, posteriormente, pela Vivendi Universal (http://www.vivendiuniversal.com). Hoje, o Universal Music Group é a maior companhia de música do mundo: possui uma rede de subsidiárias em 71 países e é o líder de mercado – controla 24% de *market share* (participação no mercado). Na América do Norte, entre os artistas do Universal Music Group estão Bon Jovi, Mariah Carey, Shania Twain e Sting. Na Europa, Ms. Dynamite, Snow Patrol e U2. Na Ásia, estão na lista astros como Jacky Cheung, Hacken Lee, Kou Shibasashi e Alan Tam.

Originalmente estabelecida como uma pequena ramificação no setor de gravação de discos para a Siemens (http://www.siemens.com) e a Philips (http://www.philips.com), a PolyGram sobrepujou rivais de maior renome, como a EMI (http://www.emigroup.com) e a Sony Music (http://www.sonymusic.com), para chegar à liderança global em sua indústria. Como a PolyGram (agora Universal Music Group) fez isso? Embora haja muitas respostas intrigantes, uma das áreas centrais de distinção parece ser a estrutura singular da PolyGram, que a tornou capaz de transformar artistas locais selecionados em astros internacionais. Iniciando com uma estrutura descentralizada, baseada nos países, a PolyGram pretendia ser um concorrente importante em cada um dos mercados nos quais competia. Seus caça-talentos vasculhavam, todas as noites, os bares, clubes e casas de shows à procura de matéria-prima com potencial artístico. Se encontrassem um jovem artista promissor em Hong Kong, por exemplo, a subsidiária de lá produziria discos para o mercado local.

Embora bem-sucedida, essa estrutura com base nos países ignorou os lucros potenciais de transformar astros nacionais em astros regionais, ou até globais. Alguns artistas de Hong Kong, por exemplo, poderiam fazer sucesso na China, em Taiwan, no sudeste asiático e em outros lugares. Se a companhia conseguisse identificar e alavancar talentos com possibilidade de ascensão internacional, poderia obter retornos muito atraentes. Esse era o motivo pelo qual a maioria dos competidores, como a EMI e a Sony, buscava grande parte de seus talentos em somente dois países "em voga": Grã-Bretanha e Estados Unidos. A competição intensa por talentos inflou os custos dos contratos de novos artistas desses dois países.

Conseqüentemente, tornou-se muito mais lucrativo desvendar o potencial internacional de um artista ou grupo popular que não fosse de um mercado "em voga", como o caso de Björk, da Islândia, que cantou na cerimônia de abertura das Olimpíadas de Atenas, em 2004. Dessa forma, as gravadoras podem assinar contratos com artistas que são astros locais na Islândia, em Hong Kong ou na Venezuela por uma fração do custo de um astro semelhante da Grã-Bretanha ou dos Estados Unidos.

O desafio está em identificar talentos locais com potencial internacional. A busca por um novo astro, mesmo em âmbito local, é como procurar uma agulha em um palheiro. Cada música nova é arriscada e poucos artistas locais possuem apelo internacional. Mais além, como o *staff* da PolyGram em países-chave, como Grã-Bretanha e Estados Unidos, não possuía o conhecimento detalhado, implícito, sobre o que havia gerado os sucessos locais, era difícil avaliar quais atitudes locais poderiam ser "reformuladas" em âmbito internacional. A PolyGram, portanto, enfrentava o desafio de combinar um conhecimento muito complexo, tácito e de difícil descrição, a saber, ligar sua compreensão acerca daquilo que causou o sucesso de um artista local, a seu conhecimento quanto à possibilidade de essa causa distinta vender álbuns em outros países (ou não). Embora esse conhecimento não esteja expresso em regras escritas, também não se baseia somente em "sensações" ou "pressentimentos". A PolyGram teria de recorrer aos conhecimentos combinados de caça-talentos, produtores e especialistas em promoção ao redor do globo.

Uma vez escolhida essa estratégia mais internacionalizada, a PolyGram constatou que sua estrutura baseada nos países era inadequada. Por isso, formou uma nova estrutura, caracterizada por uma rede de Centros de Repertório Internacionais (International Repertoire Centers). Essa rede consistia em 75 profissionais, localizados em 21 centros de fontes – sete na

Grã-Bretanha, cinco, nos Estados Unidos, um na Austrália, um no Canadá, um na França, um na Alemanha, um em Hong Kong, um na Itália, um no Japão, um nos Países Baixos e um na Suíça. A ordem para os profissionais dos Centros de Repertório Internacionais era: analisar os repertórios colhidos no âmbito local, identificar e explorar os que possuíssem chance de ascenção internacional. Esses eram avaliados e premiados com base no sucesso em gerar vendas internacionais a partir do desempenho local. Especialistas sugerem que foi essa capacidade, profundamente intrínseca e baseada no conhecimento, de identificar, buscar e alavancar os repertórios locais no âmbito internacional, por meio de sua rede de Centros de Repertórios Internacionais, que levou a PolyGram (agora Universal Music Group) ao topo da indústria da música mundial.

Fontes: Baseado em (1) Y. Doz; J. Santos; P. Williamson, 2001, *From Global to Metanational* (p. 17-18), Boston: Harvard Business School Press; (2) http://www.new.umusic.com (acesso em 19 de junho de 2004).

De que forma empresas multinacionais, como a PolyGram/Universal Music Group, podem ser estruturadas a fim de obterem sucesso tanto local quanto internacionalmente? Como podem aprender as preferências dos países, as tendências globais e as transições de mercado que requerem mudanças estruturais? De que maneira podem aumentar a probabilidade de sucesso de produtos e serviços inovadores, arriscados e incertos? Essas são algumas das questões estratégicas abordadas neste capítulo. O foco aqui está nas empresas multinacionais relativamente grandes, cujas diversificações internacionais são significativas (ver Capítulo 9). É importante lembrar que é esse o tema enfatizado pelos livros tradicionais sobre "estratégia global". Devido ao fato de este livro ampliar o escopo da "estratégia global" para "estratégia ao redor do globo" (ver Capítulo 1), já abordamos uma série mais ampla de temas, incluindo as questões estratégicas com relação às pequenas empresas empreendedoras (ver Capítulo 5). Contudo, este capítulo cobre um material importante, subjacente ao sucesso e fracasso das grandes empresas multinacionais.

O capítulo inicia com a discussão sobre o relacionamento crucial entre estratégia e estrutura. A seguir, um modelo abrangente de estrutura, aprendizado e inovação multinacionais é enfatizado. Posteriormente, discute-se a administração do aprendizado, da inovação e do conhecimento. Como de costume, encerra-se com discussões e extensões.

O relacionamento estratégia-estrutura

A **estrutura organizacional** (também denominada **desenho organizacional** ou **arquitetura organizacional**) refere-se à enumeração formal de procedimentos e controles de uma empresa.[1] O que dirige a estrutura organizacional? Não é de se surpreender que, geralmente, é a estratégia da empresa que dirige a estrutura organizacional. Tal idéia intuitiva foi proposta pela primeira vez por Alfred Chandler, nos anos de 1960.[2] Enquanto a estratégia da PolyGram era tornar-se líder de mercado em cada um dos países nos quais competia, a estrutura descentralizada baseada nesses países fazia sentido (Caso de Introdução). Entretanto, quando a nova estratégia da empresa passou a ser a liderança global em sua indústria, a estrutura original tornou-se inadequada. Conseqüentemente, vários Centros de Repertório Internacionais foram formados a fim de se obter um melhor ajuste entre a estrutura e a nova estratégia de alavancagem do potencial global de alguns astros locais. Para empresas multinacionais como a PolyGram, tais mudanças estruturais são dispendiosas e podem gerar certo caos (pelo menos no início). É compreensível que haja uma **inércia** (forças que resistem a mudanças) substancial em favor do *status quo*. Empresas somente implementam mudanças estruturais quando há um desajuste substancial entre a estrutura e a estratégia e/ou quando há problemas graves no desempenho – como demonstrado pelo caso da Nestlé (ver Estratégia em Ação 10.1).

Além disso, o relacionamento estratégia-estrutura não é uma "via de mão única". Da mesma forma que a estratégia dirige a estrutura, a estrutura também dirige a estratégia.[3] Em empresas multinacionais como a PolyGram, a estrutura descentralizada, que trata cada uma das unidades, em diferentes países, como entidades isoladas, facilita estratégia de maximização da responsividade local (denominada **estratégia multidoméstica**, que será discutida mais adiante). Entretanto, essa estrutura não contribui para uma nova estratégia de coordenação mundial que leve os talentos locais ao estrelato internacional (denominada **estratégia transnacional**, que será abordada posteriormente). Em suma, a estrutura pode tanto *possibilitar* quanto *restringir* a estratégia. Como conseqüência, a PolyGram somente poderia levar adiante sua nova estratégia implementando novas soluções estruturais, como os Centros de Repertório Internacionais.

Há uma relação recíproca entre estratégia e estrutura.[4] Um ajuste apropriado entre a estratégia e a estrutura pode se tornar uma fonte de vantagens competitivas. Um ajuste inapropriado pode causar problemas no desempenho e requerer mudanças estratégicas, mudanças estruturais, ou ambas.[5] Essa perspectiva será aprofundada na próxima seção.

Estratégias e estruturas multinacionais

Esta seção, em primeiro lugar, introduz o modelo de integração-responsividade, centrado nas pressões para redução dos custos e para responsividade local. Em segundo lugar, são apresentadas quatro escolhas estratégicas e quatro estruturas organizacionais correspondentes. Por fim, no contexto das empresas multinacionais, esta seção revisita a relação recíproca entre estratégias e estruturas.

Estratégia em Ação 10.1

Nestlé Abandona gradualmente sua Estratégia Multidoméstica

Em 2003, a Nestlé (*http://www.nestle.com*) possuía vendas anuais de US$ 74 bilhões, 253 mil empregados, 511 fábricas em 86 países e 8 mil (!) marcas vendidas em praticamente todos os países do globo. No papel de maior companhia alimentícia do mundo, a Nestlé adotou, por muitos anos, uma estratégia multidoméstica sustentada por uma estrutura da área geográfica, descentralizada, em que os administradores dos países eram dotados de grande autonomia em tudo, desde compra até o empacotamento. Por ser responsiva no âmbito local, essa estrutura ajudou muito a Nestlé com relação ao marketing.

Entretanto, nos últimos tempos, as margens operacionais da empresa perdiam para as de empresas rivais como a Unilever (*http://www.unilever.com*), a Danone (*http://www.danone-group.com*) e Kraft Foods (*http://www.kraftfoods.com*) em até 50. Peter Brabeck, diretor-executivo da Nestlé desde 1997, identificou a obtenção do controle da estrutura descentralizada como o principal desafio. Alegava que a estrutura altamente descentralizada, que possuía, por exemplo, cinco sistemas de e-mails diferentes, estava sendo desastrosa para a Nestlé do ponto de vista da eficiência. A matriz na Suíça não fazia a menor idéia dos custos das matérias-primas que suas subsidiárias compravam, no total, ao redor do mundo. Isso impedia que a Nestlé negociasse melhores contratos com os fornecedores e que centralizasse a produção. Cada uma das mais de 40 fábricas norte-americanas da Nestlé comprava matérias-primas de forma independente. Assim, acabavam pagando mais de 20 preços diferentes pela baunilha de um *mesmo* fornecedor.

O objetivo de Brabeck era transformar essa vasta coleção de negócios autônomos em uma única companhia global e eficaz. Um de seus principais projetos chamava-se GLOBE – "excelência de negócio global" ("*global business excellence*") – e envolvia 2 mil pessoas que trabalhavam ao redor do mundo para padronizar tudo o que a Nestlé fazia. Além disso, foram gastos US$ 200 milhões com a SAP (*http://www.sap.com*), uma importante empresa de integração de softwares empresariais, a fim de se integrar os sistemas de comunicação da Nestlé. O resultado dessas ações? A empresa cortou os custos em US$ 2,8 bilhões, as margens aumentaram e seu valor total de mercado triplicou para cerca de US$ 100 bilhões em 2003.

Fontes: esse estudo de caso foi escrito por David H. Zhu (Universidade de Michigan). Baseado em (1) *Business Week*, 2003, Nestlé is starting to slim down at last, 27 de outubro: 56-58; (2) *Economist*, 2004, daring, Defying, to grow, 7 de agosto: 55-57; (3) Nestlé Group 2003, http://www.nestle.com (acesso em 28 de junho de 2004); (4) *The Players*, 2003, Online profiles of Peter Brabeck, 8 de janeiro, http://www.oracle.com (acesso *em 1º de maio de 2004). Reimpresso com permissão do autor.*

Pressões para Redução dos Custos e para Responsividade Local

As empresas multinacionais enfrentam dois principais tipos de pressões: aquelas para redução de custos e aquelas para responsividade local. O modelo de como lidar simultaneamente com esses dois tipos de pressão é denominado **modelo de integração-responsividade**, já que as pressões dos custos requerem uma integração global e a responsividade local, em geral exige que as empresas multinacionais se adaptem no âmbito local.[6] Tanto na competição doméstica, como na internacional, as **pressões para redução dos custos** são quase universais, em especial com relação às empresas que competem na liderança no custo. Por exemplo, a terceirização dos serviços das centrais de atendimento das empresas multinacionais da Índia e da Irlanda indicam como as companhias reagem às pressões para redução dos custos. Como o Capítulo 2 apresentou discussões detalhadas sobre questões cruciais associadas à redução de custos, não repetiremos aquele conteúdo aqui (se necessário, consultar o Capítulo 2).

Exclusivas da competição internacional, as **pressões para responsividade local** estão refletidas (1) nas diferentes preferências dos consumidores, (2) nos diferentes canais de distribuição e (3) nas diferentes demandas dos países-anfitriões. As preferências dos consumidores variam muito. Por exemplo, os hambúrgueres de carne bovina, difundidos pelo McDonald's, não encontrariam consumidores na Índia, onde as vacas são sagradas. Certa vez, pacotes de leite em pó da Nestlé, que estampavam o lindo rosto de um bebê foram boicotados por consumidores africanos revoltados, pois eles acharam que havia bebês nas caixas (!). Os canais de distribuição também variam em âmbito internacional. Os supermercados que dominam países como Alemanha e Estados Unidos querem que os fornecedores entreguem maior quantidade de produtos com menos freqüência. Pequenas lojas que ainda dominam o Japão e o México, necessitam que as entregas de produtos sejam mais freqüentes e em menor quantidade, conseqüentemente, isso gera mais custo. Por fim, as demandas e expectativas do país anfitrião aumentam ainda mais as pressões para responsividade local. O governo chinês insiste em exigir que os carros de marca estrangeira produzidos na China possuam uma porcentagem cada vez maior de componentes fabricados no local.[7] A canadense Bombardier fabrica uma "versão austríaca" de vagão ferroviário, na Áustria; uma "versão alemã", na Alemanha; uma "versão belga", na Bélgica; e assim por diante. Embora não seja uma exigência dos governos europeus, a Bombardier acredita que essa responsividade local é indispensável para as vendas na Europa.[8]

Em conjunto, embora agradem consumidores e governos locais, essas ações de responsividade aumentam os custos. Considerando-se o interesse universal em baixar os custos, a tendência natural é menosprezar (ou ignorar) as diferentes necessidades e demandas dos vários mercados locais e comercializar uma versão "global" dos produtos e serviços – do "carro global" à "música global". A base intelectual do movimento de "globalização" das ofertas remonta a um artigo escrito em 1983, por Theodore Levitt, que possui título auto-explicativo: "A Globalização dos Mercados" (*The Globalization of Markets*).[9] Levitt alegou que o avanço das comunicações modernas e das tecnologias de transporte levou a uma convergência das preferências dos consumidores de diferentes países. Como prova disso, Levitt apontou alguns produtos de consumo padronizados, por exemplo, Coca-Cola, o jeans da Levi Strauss e a televisão em cores da Sony, que fazem sucesso no mundo todo. Levitt vaticinou que, no futuro, tal convergência caracterizaria a maioria dos mercados de produtos no âmbito mundial.

O artigo de Levitt tem sido utilizado como base intelectual para muitas empresas multinacionais integrarem seus produtos em escala global, minimizando a adaptação local. Na indústria automobilística, a Ford, a General Motors e a Mitsubishi testaram designs de "carros mundiais". A MTV levou adiante a idéia de que os telespectadores se aglomerariam para assistir a uma programação "global" (essencialmente norte-americana). A maior parte dessas experiências não obteve sucesso. Os fabricantes de automóveis constataram grandes diferenças nas preferências dos consumidores no mundo todo. O Camry, da Toyota, por exemplo, é o carro mais vendido nos Estados Unidos, mas tem pouca saída no Japão. A MTV percebeu que não há uma "música global". Em nome da minimização dos custos e da captura das preferências convergentes dos consumidores, o movimento de padronização dos produtos, em âmbito mundial, freqüentemente obtém o resultado contrário (ver Capítulo 1). Em suma, um único tamanho não serve para todos. Conclui-se que as empresas multinacionais (MNE) não podem arcar com o foco em uma dimensão (integração) em detrimento de outra (responsividade).[10] A seguir, discute-se como as empresas podem atender a *ambas* as dimensões.

Quatro Escolhas Estratégicas

Com base no modelo de integração-responsividade, a Figura 10.1 utiliza-se das duas dimensões das pressões – redução de custos e responsividade local – para assinalar as quatro escolhas estratégicas possíveis para empresas multinacionais: (1) replicação doméstica, (2) multidoméstica, (3) global e (4) transnacional.[11] Cada uma delas apresenta uma série de prós e contras apontados na Tabela 10.1 (as estruturas correspondentes serão discutidas na próxima seção).

A **estratégia de replicação doméstica** enfatiza no sistema internacional a réplica do modelo de competências do país de origem, como escalas de produção, eficiência de distribuição e poder da marca.[12] Na produção, isso é expresso por meio de uma estratégia de exportação. Nos serviços, é feito por meio de concessões e franquias (ver Capítulo 6). Essa estratégia é relativamente fácil de implementar e costuma ser a primeira adotada quando as empresas se aventuram no exterior.

FIGURA 10.1 Estratégias e Estruturas Multinacionais: o Modelo de Integração-Responsividade

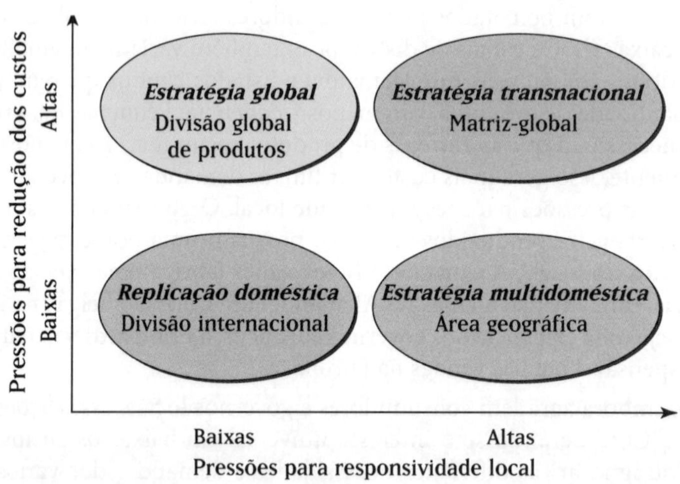

TABELA 10.1 Quatro Escolhas Estratégicas para Empresas Multinacionais (MNE)

	Vantagens	Desvantagens
Replicação doméstica	• Alavancagem das vantagens do país de origem • Implementação relativamente fácil	• Falta de responsividade local • Possível alienação dos consumidores estrangeiros
Multidoméstica	• Maximização da responsividade local	• Altos custos devido à duplicação dos esforços em vários países • Autonomia local excessiva
Global	• Alavancagem das vantagens a baixo custo	• Falta de responsividade local • Controle excessivamente centralizado
Transnacional	• Eficiência nos custos, mas com responsividade local • Envolvimento no aprendizado global e na difusão de inovações	• Complexidade organizacional • Difícil implementação

Com relação às desvantagens, falta responsividade local nessa estratégia. Por norma, a estratégia de replicação doméstica centra-se no país de origem, o que faz sentido quando a maior parte dos consumidores da empresa é doméstica. Entretanto, quando a empresa aspira ampliar escopo internacional a fim de alcançar um número maior de consumidores estrangeiros, não dar atenção às necessidades e demandas deles pode resultar na alienação desses consumidores. Por exemplo, o Wal-Mart, ao entrar no Brasil, estabeleceu uma cópia exata de suas lojas existentes nos Estados Unidos, com uma ampla seção de futebol americano. Infelizmente para o Wal-Mart, no Brasil – a terra do futebol e dos pentacampeões da Copa do Mundo – ninguém (salvo alguns norte-americanos expatriados, em seus momentos de lazer) joga futebol americano.

A **estratégia multidoméstica** é a extensão da replicação doméstica. A estratégia multidoméstica centra-se em alguns países e regiões estrangeiros, considerando cada um deles como mercados "domésticos" autônomos, que merecem atenção e adaptação significativas. Essa estratégia, que sacrifica a eficiência global, é eficaz quando há diferenças claras entre os mercados nacionais e regionais e baixas pressões para redução dos custos. Como observado, quando a MTV se aventurou pela primeira vez no exterior, na Europa Ocidental, teve de mudar sua estratégia de replicação doméstica (exibia a programação norte-americana) para uma estratégia multidoméstica. Atualmente, possui oito canais – cada um deles em um idioma diferente – somente para a Europa Ocidental.

Com relação às desvantagens, a estratégia multidoméstica arca com altos custos, pois as empresas têm de duplicar seus esforços em vários países. Para a MTV, os custos de produção de tantas programações são obviamente maiores do que os custos de apenas uma programação. Essa estratégia é apropriada só no caso de indústrias em que as pressões para redução dos custos não são significativas. Outra desvantagem é a possível autonomia local excessiva. Cada subsidiária considera seu país tão singular que fica difícil introduzir mudanças em âmbito corporativo. Por exemplo, em 1980, a Unilever, que possuía 17 subsidiárias em diferentes países da Europa, demorou quatro anos para "convencer" todas essas subsidiárias a introduzirem um único novo sabão no mercado europeu.

A **estratégia global** é o oposto da estratégia multidoméstica. Sua marca registrada é a produção e distribuição de produtos e serviços padronizados em âmbito mundial a fim de obter os benefícios máximos das vantagens a baixo custo. Embora tanto a estratégia de replicação doméstica quanto a estratégia global minimizem as responsividades locais, a diferença crucial é que uma empresa multinacional que segue uma estratégia global não está limitada a basear suas principais operações em seu país de origem. Em alguns países, a empresa multinacional pode designar **centros de excelência**, que são definidos como subsidiárias reconhecidas como fonte de competências importantes, a fim de que tais competências sejam alavancadas e/ou disseminadas em outras subsidiárias.[13] A Merck Frosst Canada, subsidiária canadense da Merck, é um centro de excelência em pesquisa e desenvolvimento. A subsidiária de Cingapura da Hewlett Packard (HP) é um centro de excelência de produção. Centros de excelência costumam receber um **mandato mundial**, ou seja, permissão para ser responsável por uma atividade de uma empresa multinacional ao redor do mundo. A subsidiária de Cingapura da Hewlett Packard (HP), por exemplo, possui um mandato mundial para desenvolver, produzir e comercializar todos os produtos da Hewlett Packard (HP) que caibam em uma mão.

Em geral, as empresas multinacionais que seguem a estratégia global preferem minimizar a personalização dos produtos, pois ela aumenta os custos. Quando necessário, as empresas multinacionais costumam fazê-lo. Por exemplo, as companhias aéreas que compram jatos da Boeing ou da Airbus podem escolher somente os diferentes controles (tudo padronizado, semelhante aos pneus para carros) e a configuração dos assentos. Com relação às desvantagens, tal estratégia sacrifica a responsividade local. Essa estratégia faz muito sentido nas indústrias em que as pressões para redução dos custos são enormes e para responsividade local são relativamente insignificantes, como muitas indústrias de *commodities* (petróleo, semicondutores e pneus). Entretanto, como observado, em várias indústrias, da de automóveis à de produtos de consumo, uma estratégia global segundo a qual "um tamanho serve para todos" pode não ser adequada. Conseqüentemente, o argumento de que todas as indústrias estão se tornando globais e todas as empresas devem seguir uma estratégia global é enganoso.

A **estratégia transnacional** almeja abocanhar "o melhor dos dois mundos", esforçando-se para ser tanto eficiente no custo quanto responsiva em âmbito local.[14] A Nestlé, por exemplo, esforçou-se para abandonar sua estratégia multidoméstica a fim de aumentar sua competitividade nos custos sem sacrificar a responsividade local (Estratégia em Ação 10.1). Além da eficiência nos custos e da responsividade local, uma terceira marca registrada dessa estratégia é o aprendizado global e a difusão de inovações.[15] Tradicionalmente, a difusão de inovações tecnológicas e organizacionais em empresas multinacionais é um fluxo unilateral, dos países de origem aos vários países anfitriões – o rótulo "replicação doméstica" diz tudo quanto a isso! Esse fluxo unilateral, que se baseia na hipótese de que o país de origem é o melhor lugar para se gerar inovações, é cada vez mais desafiada pelos críticos, que apontam duas questões. Primeira, como as empresas multinacionais cada vez mais se equiparam umas às outras na eficiência da produção e no alcance geográfico, a próxima fronteira competitiva está nas inovações. Considerando-se que as inovações são arriscadas e incertas, não há nenhuma garantia de que o país de origem gerará inovações de maior qualidade.[16] Segunda, as subsidiárias de muitas empresas multinacionais grandes adquiriram várias capacidades que levam a inovações locais, sendo que algumas delas possuem potencial para aplicações mais amplas, em outros lugares.[17] A General Motors possui participações na propriedade da Daewoo, da Fiat, da Opel, da Saab, da Subaru e da Suzuki. Historicamente, a General Motors empregava uma estratégia multidoméstica e cada uma de suas subsidiárias podia decidir que carros seriam produzidos. Como resultado, algumas dessas subsidiárias desenvolveram capacidades de inovação formidáveis em âmbito local, mas que são subutilizadas em âmbito global. Faz sentido que a General Motors recorra a algumas dessas capacidades locais para aplicações mais amplas.

Juntando essas duas questões, empresas multinacionais que se envolvem em estratégias transnacionais promovem o aprendizado global e a difusão de inovações de várias formas. As inovações não fluem somente dos países de origem aos países anfitriões (fluxo tradicional) mas também dos países anfitriões aos países de origem e entre subsidiárias em inúmeros países anfitriões.[18] A conexão dessas operações, geograficamente dispersas, cria um fluxo de conhecimento com relação às condições de mercado e capacidades internas (já discutidas). A combinação do conhecimento da PolyGram sobre os talentos locais e sobre o apelo global é um exemplo disso (ver Caso de Introdução).

Com relação às desvantagens, uma estratégia transnacional apresenta complexidade organizacional e dificuldade de implementação. O acentuado compartilhamento e coordenação do conhecimento pode diminuir a velocidade das tomadas de decisão. Tentar alcançar a eficiência nos custos, a responsividade local e o aprendizado global simultaneamente cria demandas contraditórias nas empresas multinacionais (ver próxima seção).

As empresas multinacionais possuem quatro escolhas estratégicas para competirem em âmbito internacional. Considerando-se os vários prós e contras, entretanto, não há nenhuma estratégia ótima. A idéia popular de que "a estratégia global é a melhor" pode ser enganosa. Defensores da estratégia transnacional devem reconhecer os significativos desafios organizacionais a ela associados. Esse ponto nos leva à próxima seção.

FIGURA 10.2 Estrutura da Divisão Internacional da Cardinal Health

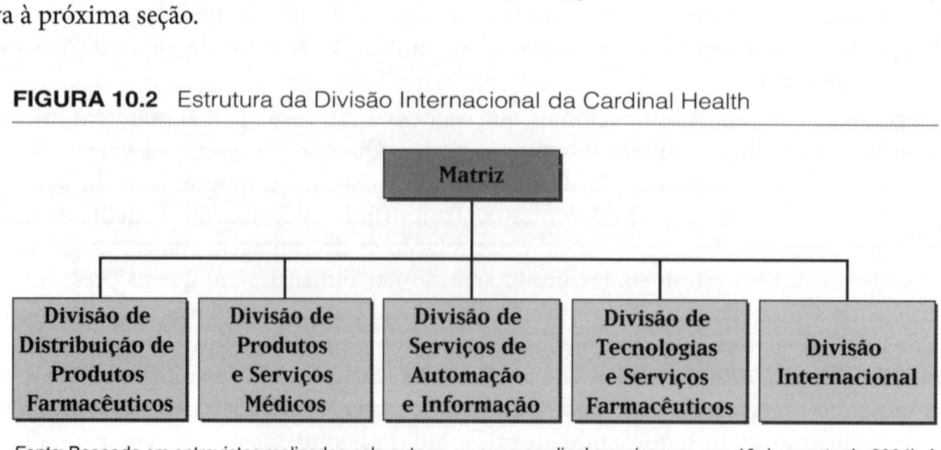

Fonte: Baseada em entrevistas realizadas pelo autor e em www.cardinal.com (acesso em 10 de agosto de 2004). A matriz da Cardinal Health localiza-se em Dublin, Ohio. Ver também Caso 9, on-line.

Quatro Estruturas Organizacionais

Na Figura 10.1 aparecem quatro estruturas organizacionais adequadas às quatro escolhas estratégicas apresentadas anteriormente: (1) estrutura da divisão internacional, (2) estrutura da área geográfica, (3) estrutura da divisão global de produtos e (4) estrutura da matriz global.

A estrutura da **divisão internacional** é, em geral, montada quando empresas iniciam sua expansão ao exterior, associada a uma estratégia de replicação doméstica. Por exemplo, a Figura 10.2 mostra a nova divisão internacional da Cardinal Health, além de suas quatro divisões de produtos, centradas no mercado de cuidados com a saúde dos Estados Unidos (ver também Caso 9, on-line). Embora essa estrutura seja intuitivamente atraente, leva a dois problemas. Primeiro, os administradores de subsidiárias estrangeiras, cujo insumo é canalizado por meio da divisão internacional, não têm voz ativa suficiente com relação aos comandos das divisões domésticas.[19] Segundo, a divisão internacional serve com um "silo", cujas atividades não são coordenadas com o restante da empresa, que se centra nas atividades domésticas. Como resultado, muitas empresas abandonam essa estrutura após a fase inicial da expansão ao exterior.

A **estrutura da área geográfica**, que ordena as empresas multinacionais de acordo com os diferentes países e regiões, é a mais apropriada para uma estratégia multidoméstica. Para ilustrar essa estrutura, a Figura 10.3 utiliza o exemplo da Ispat, importante fabricante de aço (ver Caso de Conclusão, no Capítulo 3). Uma área geográfica pode ser um país ou uma região, coordenados por um administrador do país ou um administrador regional, respectivamente. Cada uma das áreas permanece isolada, com seu próprio conjunto de atividades que criam valor (como pesquisa e desenvolvimento, produção e marketing). Em oposição à limitada voz ativa dos administradores de subsidiárias estrangeiras na estrutura da divisão internacional, administradores do país e regionais, que se preocupam com a responsividade local, têm grande peso na estrutura da área geográfica. Interessante e paradoxal, *tanto* as forças *quanto* as fraquezas dessa estrutura estão em sua capacidade de facilitar a responsividade local. Embora ser responsivo em âmbito local possa ser uma virtude, também pode causar a fragmentação da empresa multinacional em "feudos" autônomos e difíceis de controlar.

A estrutura da **divisão global de produtos**, oposta à estrutura da área geográfica, sustenta a estratégia global. A Figura 10.4 apresenta o exemplo da European Aeronautic Defence and Space Company (EADS), uma importante empresa aeroespacial cujo produto mais famoso é a Airbus. Essa estrutura trata cada uma das divisões de produtos como entidades isoladas, dotadas de total responsabilidade mundial – em oposição à doméstica – por suas atividades. Tal estrutura ajuda as empresas a centrarem-se nas pressões para eficiência nos custos, pois permite a consolidação em âmbito mundial (ou, no mínimo, regional) e reduz as ineficiências da duplicação em vários países. A Unilever, por exemplo, reduziu o número de fábricas de sabão na Europa de dez para duas após adotar essa estrutura. Um número crescente de empresas está utilizando a estrutura da divisão global de produtos devido à popularidade da estratégia global (observada anteriormente). Muitas empresas multinacionais (como a Ford) abandonaram a estrutura da área geográfica em favor da

FIGURA 10.3 Estrutura da Área Geográfica da Ispat

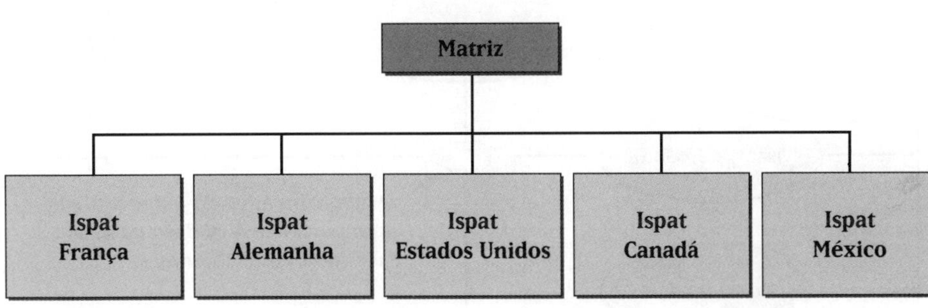

Fonte: Adaptada de www.ispat.com (acesso em 30 de junho de 2004). A matriz da Ispat localiza-se em Londres, Reino Unido. Ver também Caso de Conclusão do Capítulo 3.

estrutura da divisão global de produtos, embora seja visível sua desvantagem com relação ao sacrifício da responsividade local.

A estrutura da **matriz global** é comumente utilizada para amenizar as desvantagens associadas às estruturas tanto da área geográfica quanto da divisão global de produtos, em especial nas empresas multinacionais que adotaram uma estratégia transnacional. Como demonstrado na Figura 10.5, a marca registrada dessa estrutura é o compartilhamento e a coordenação das responsabilidades entre as divisões de produtos e as áreas geográficas, para que ambas sejam eficientes no custo e responsivas em âmbito local. Nesse exemplo hipotético, o administrador responsável pelo Japão subordina-se à Divisão de Produtos 1 e à Divisão (área) da Ásia, estas, por sua vez, possuem o mesmo poder decisório.

Na teoria, a estrutura da matriz global sustenta os objetivos da estratégia transnacional. Entretanto, na prática, essa estrutura é de difícil implementação. A razão é simples: considerando-se que os administradores (como o administrador do Japão) já têm dor de cabeça suficientes, para lidar apenas com um chefe, não apreciam a idéia de lidar com dois, que com freqüência estão em conflito (!). Por exemplo, a Divisão de Produtos 1 pode decidir que o Japão é um "abacaxi muito difícil de descascar" e

FIGURA 10.4 Estrutura da Divisão Global de Produtos da European Aeronautic Defence and Space Company (EADS)

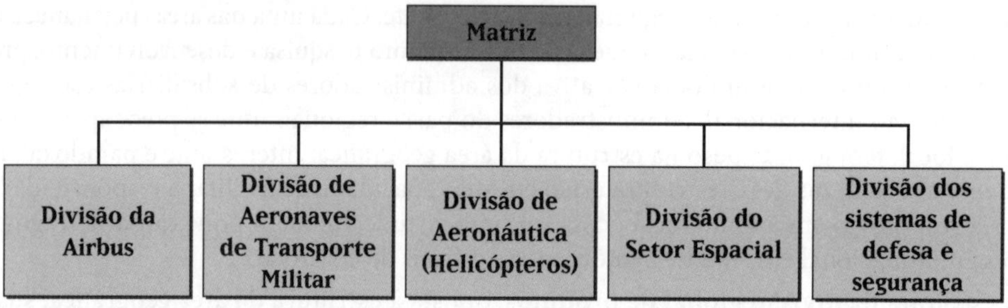

Fonte: Adaptada de www.eads.com (acesso em 30 de junho de 2004). As matrizes da European Aeronautic Defence and Space Company (EADS) localizam-se em Munique, Alemanha e em Paris, França.

FIGURA 10.5 Uma Estrutura da Matriz Global

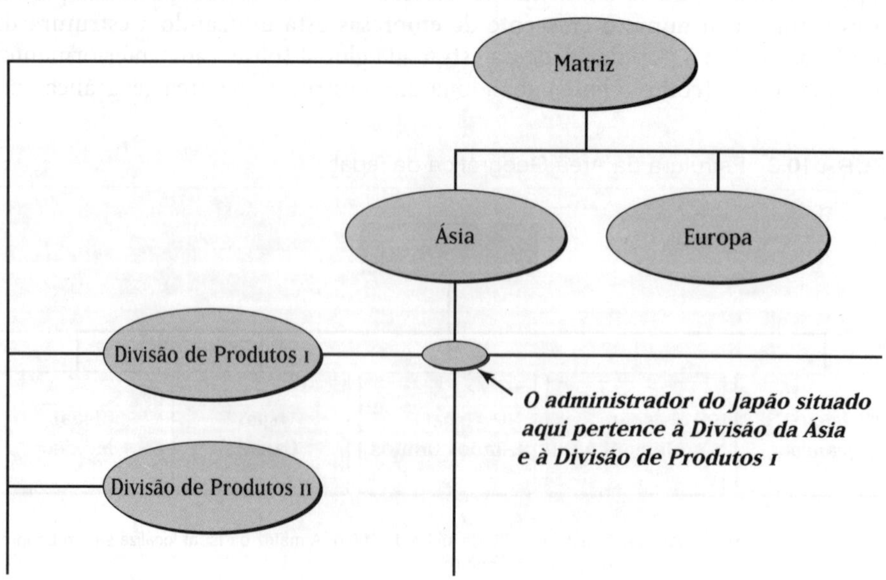

que há mercados mais promissores em outros lugares e, por isso, mandar que o administrador do Japão *corte* os investimentos e canalize os recursos para outro lugar. Isso faz sentido, pois a Divisão de Produtos 1 se preocupa com a posição no mercado global, sem estar ligada a nenhum país específico. Entretanto, a Divisão da Ásia, que é avaliada segundo o desempenho da empresa na Ásia, pode discordar, alegando que, para ser um líder nesse continente, não se pode ser um retardatário no Japão. Portanto, a Divisão da Ásia demanda que o administrador do Japão *aumente* os investimentos no país. Diante dessas demandas contraditórias, o administrador do Japão, que prefere ser "politicamente correto", não quer dar nenhum passo antes de consultar a matriz corporativa. Por fim, a matriz oferece uma solução. Entretanto, durante esse processo, tempo e oportunidades de ações competitivas importantes podem ser perdidos.

Apesar de seus méritos no papel,[20] a estrutura da matriz global pode aumentar o número de repartições administrativas, diminuir a velocidade das tomadas de decisão e aumentar os custos sem proporcionar melhoras significativas no desempenho. Nenhuma evidência conclusiva sustenta a superioridade da estrutura da matriz.[21] Após testarem a estrutura da matriz, muitas empresas multinacionais, como o conhecido conglomerado suíço-sueco ABB, retornaram à estrutura da divisão global de produtos mais simples e fácil de administrar. Mesmo quando a estrutura da matriz ainda é utilizada, dá-se mais poder à estrutura da divisão global de produtos do que à estrutura da área geográfica. A seguinte citação do então diretor-executivo da Dow Chemical (que havia adotado a estrutura da matriz) nos faz refletir:

> *Éramos uma organização que havia adotado a estrutura da matriz e dependia do trabalho em equipe, mas não havia encarregados. Quando as coisas iam bem, não sabíamos a quem recompensar; quando as coisas iam mal, não sabíamos a quem culpar. Então criamos uma estrutura divisional [de produtos] global e cortamos algumas repartições administrativas. Antes havia 11 repartições administrativas entre mim e os níveis mais baixos de funcionários; agora há cinco.*[22]

Embora demasiadamente formal e burocrática, a estrutura da matriz possui seus méritos. Por seu turno, muitas empresas multinacionais tentaram construir no âmbito corporativo uma estrutura da matriz "flexível", baseada em redes, contatos e visões e normas compartilhadas *informais*. Como isso é feito será discutido mais adiante, quando tratarmos do aprendizado e da inovação.

A posição das quatro estruturas na Figura 10.1 não é aleatória. As estruturas evoluem da relativamente simples divisão internacional para as estruturas tanto da área geográfica como da divisão global de produtos e, por fim, alcançam a etapa mais complexa, da matriz global. Esses caminhos representam as possíveis trajetórias evolutivas das empresas multinacionais, que podem deixar de ter uma presença internacional limitada para se tornarem jogadores globais sofisticados. Embora nem todas as empresas multinacionais passem por todas essas etapas estruturais e a evolução não se dê, necessariamente, em apenas uma direção (considerar, por exemplo, o abandono da estrutura da matriz por parte da AAB), o modelo apresentado na Figura 10.1, conhecido como **modelo de Stopford e Wells** proposto pela primeira vez por John Stopford e Lou Wells, nos anos de 1970, representa a pedra angular da maior parte das experiências e discussões com relação às estruturas das empresas multinacionais.[23]

O Relacionamento Recíproco entre Estratégias e Estruturas Multinacionais

O relacionamento recíproco entre estratégias e estruturas, discutido anteriormente, está retratado nas empresas multinacionais. Três idéias-chave se destacam. Primeira, o ajuste entre as estratégias e as estruturas, exemplificado pelos pares em cada uma das quatro células da Figura 10.1, é crucial.[24] Um desajuste, como combinar uma estratégia global com uma estrutura da área geográfica, pode causar graves conseqüências no desempenho. Segunda, o relacionamento é bilateral. Considerando-se que certas estratégias facilitam certas estruturas, dada estrutura também sustenta uma estratégia específica. Por fim, estratégias e estruturas não são estáticas. As mudanças constantes nas condições industriais, nas capacidades das empresas e nos ambientes institucionais exigem que as estratégias, as estruturas, ou ambas, mudem.[25] Por exemplo, na Europa, muitas empresas multinacionais seguiam uma estratégia multidoméstica, sustentada por uma estrutura da área geográfica, com uma subsidiária para cada país (como as 17 subsidiárias da Unilever). Entretanto, a integração significativa dentro da União Européia recentemente tornou essa combinação estratégia/estrutura, que outrora agregava valor, obsoleta.

Como conseqüência, muitas empresas multinacionais passaram para uma estratégia pan-européia (uma mini versão da estratégia global) com uma estrutura regional. A Unilever, por exemplo, criou o grupo Lever Europe, para supervisionar as 17 subsidiárias, e consolidou várias operações a fim de reduzir nos custos.

Um modelo abrangente de estrutura, aprendizado e inovação multinacionais

Agora que as configurações básicas da estratégia-estrutura já foram apresentadas, introduz-se um modelo abrangente de estrutura, aprendizado e inovação multinacionais, que, como os outros modelos, centra-se nas três principais perspectivas em estratégia (ver Figura 10.6).

Considerações Baseadas em Indústrias

Por que as empresas multinacionais se estruturam de formas diferentes? Por que enfatizam diferentes formas de aprendizado e inovação? Por exemplo, as empresas de produtos industriais (como os fabricantes de semicondutores) tendem a adotar divisões globais de produtos, ao passo que companhias de mercadorias de consumo (como os fabricantes de cosméticos) confiam nas divisões das áreas geográficas. Empresas de produtos industriais enfatizam as inovações tecnológicas, já as companhias de mercadorias de consumo consideram muito mais importantes o aprendizado das tendências de consumo

FIGURA 10.6 Um Modelo Abrangente de Estrutura, Aprendizado e Inovação Multinacionais

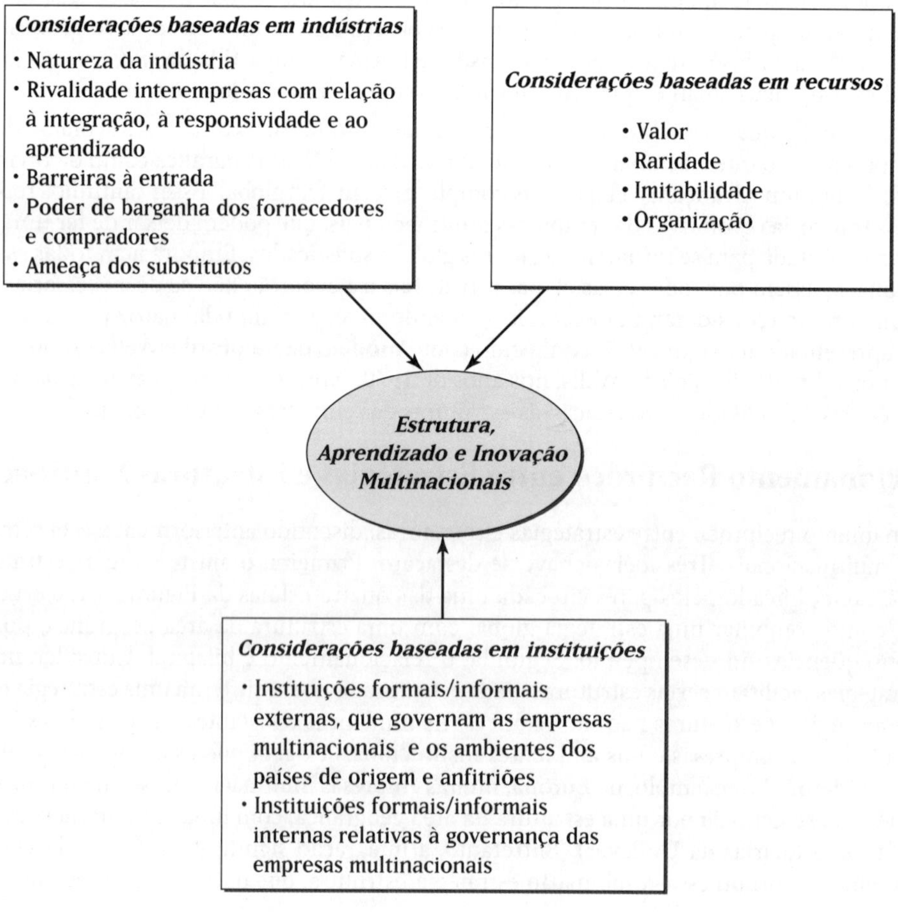

e as inovações de marketing, como a geração de produtos com novas roupagens e combinações (um exemplo disso é o ketchup *verde* da Heinz, criado para atrair as crianças).

A natureza diversa das indústrias fornece uma pista do motivo pelo qual as empresas multinacionais são estruturadas de diferentes formas e enfatizam as inovações.[26] As empresas de produtos industriais valorizam o conhecimento da tecnologia e da engenharia, que não é característico de uma localização específica (por exemplo, como fabricar chips semicondutores de forma mais eficiente). As indústrias de mercadorias de consumo, por outro lado, devem desenvolver um conhecimento profundo acerca das preferências dos consumidores, que é característico de uma localização específica (por exemplo, na Hungria, qual tipo de batata frita os consumidores preferem).[27]

O modelo das cinco forças de Porter ajuda a explicar o ponto em questão. Em uma dada indústria, à medida que os competidores se equiparam com relação à eficiência nos custos e à responsividade local, suas rivalidades centram-se nos aprendizados e nas inovações.[28] Isso se aplica especialmente em indústrias oligopolistas (como a automobilística, a de produtos químicos e a cosmética), cujo número de competidores diminuiu recentemente devido a fusões e aquisições (ver Capítulo 9).

A altura das barreiras à entrada também modela a estrutura, o aprendizado e a inovação das empresas multinacionais. Por que muitas dessas empresas abandonaram gradualmente a estratégia multidoméstica e a estrutura da divisão da área geográfica, consolidando a produção em um pequeno número de instalações de escala mundial? Uma das motivações subjacentes é que instalações menores, subótimas, espalhadas em vários países, não detêm de forma eficaz a possível entrada de concorrentes. Instalações maciças em localizações estratégicas podem servir como obstáculos intimidadores.[29] A Honda, por exemplo, construiu uma fábrica de escala mundial para o Accord, em Ohio.

O poder de barganha dos fornecedores e compradores também exerce certa influência na estrutura, no aprendizado e na inovação das empresas multinacionais. Quando as empresas compradoras se movem internacionalmente, cada vez mais demandam que os fornecedores possuam ofertas integradas – ou seja, querem adquirir os suprimentos pelo mesmo preço e pela mesma qualidade em todos os países onde operam. Dessa forma, os fornecedores de componentes são, obrigados – ou pelo menos estimulados (!) – a se internacionalizarem. Do contrário, tais fornecedores correm o risco de perder grandes negócios. Como a Toyota passou a investir no sul da China, não é de se surpreender que *todos* os seus 30 principais fornecedores tenham estabelecido fábricas em regiões vizinhas.

A ameaça dos produtos substitutos produz um impacto relativamente pequeno sobre a estrutura das empresas multinacionais, mas exerce influência direta no aprendizado e na inovação. O setor de pesquisa e desenvolvimento gera substitutos inovadores. Os blocos de recados auto-adesivos "Post-It", da 3M, podem substituir em parte a cola e as fitas adesivas, e os microcomputadores tornaram obsoletas as máquinas de escrever.

Considerações Baseadas em Recursos

Como demonstrado na Figura 10.2, a visão baseada em recursos – exemplificada pelo modelo VRIO – contribui para o ponto em questão com vários *insights*.[30] Primeiro, a questão do valor deve ser enfrentada.[31] Ao se fazer mudanças estruturais, é crucial determinar a possibilidade de as novas estruturas agregarem (ou não) valor concreto. Como observado, o valor líquido agregado, geralmente questionável, por meio da estrutura da matriz global, decepcionou até mesmo alguns de seus praticantes mais ativos (como a ABB e a Dow Chemical).

Outra consideração é o valor da inovação. Embora as empresas "reverenciem a inovação quase como escravos", a verdade é que a grande maioria das inovações simplesmente não consegue entrar no mercado a cada dez novos produtos que chegam ao mercado, de cinco a nove se tornam fracassos financeiros.[32] Em outras palavras, grandes sacadas e produtos interessantes não garantem o sucesso no mercado.[33] Em outro influente artigo, "Não Basta a Criatividade" (*Creativity is Not Enough*) (publicado em 1963), Theodore Levitt escreveu que "o fato de você conseguir colocar uma dúzia de pessoas inexperientes em uma sala e, por meio de uma discussão em grupo, produzir novas idéias empolgantes mostra quão pequena é a importância relativa que as idéias em si possuem".[34] Há uma diferença crucial entre um inovador e um inovador *que gera lucro*. O último não produz somente boas idéias em quantidade mas também muitos **ativos complementares** (tais como estruturas organizacionais apropriadas e poder de marketing) a fim de se agregar valor à inovação (ver Capítulo 3). A Philips, por exemplo, é uma grande inovadora que inventou tecnologias como a dos barbeadores elétricos, dos videocassetes e dos CDs. Entretanto, sua capacidade de obter lucros com tais inovações fica atrás da capacidade da Sony e da Matsushita, que possuem ativos complementares muito mais fortes.

Uma segunda questão é a raridade. Quando todos os competidores estão caminhando para uma estratégia global, essa estratégia, em si, não pode mais ser uma fonte de diferenciação. No esforço de melhorar a coordenação global, muitas empresas multinacionais gastam milhões de dólares para se equipararem aos sistemas ERP (*enterprise resource planning* – planejamento de recursos empresariais), fornecidos pela SAP e pela Oracle. Como qualquer empresa multinacional pode comprá-los dos mesmos vendedores, esses sistemas não são raros, portanto, não são classificados como capacidades específicas às empresas que os adotam (como a Nestlé – ver Estratégia em Ação 10.1).

Mesmo quando são valiosas e raras, as capacidades ainda têm de passar por um terceiro obstáculo: a imitabilidade. As estruturas formais são mais fáceis de se observar e imitar do que as estruturas informais. Essa é uma das razões pelas quais a matriz informal e flexível está em voga. O que é exatamente a evasiva matriz informal e flexível? Christopher Bartlett e Sumantra Ghoshal, dois importantes defensores da estratégia transnacional, sugerem que uma matriz informal e flexível "é menos uma classificação estrutural e mais um conceito ou uma filosofia organizacional amplo (a), manifesto (a) na capacidade organizacional e na mentalidade administrativa".[35] Obviamente é muito mais difícil – se não impossível – imitar uma filosofia ou mentalidade intangível do que uma estrutura tangível.

O último obstáculo é a organização, a saber, como as empresas multinacionais (MNE) são organizadas, tanto no âmbito formal quanto no informal, ao redor do mundo. Como já discutido, se as empresas multinacionais forem capazes de obter os benefícios organizacionais da estrutura da matriz sem serem oprimidas pela formalidade (isto é, se conseguirem construir uma matriz informal, flexível e invisível), é provável que sobrepujem os rivais.

Considerações Baseadas em Instituições

Empresas multinacionais enfrentam dois conjuntos de regras do jogo: instituições formais e informais que governam (1) os relacionamentos *externos* e os (2) relacionamentos *internos*, como discutido a seguir.

Instituições Formais e Informais Externas

Em âmbito externo, as empresas multinacionais estão sujeitas aos modelos de instituições formais estabelecidos por vários governos dos países de origem e dos países anfitriões.[36] Por exemplo, para proteger os empregos domésticos, os governos dos países de origem podem manipular as cargas tributárias, incentivando as empresas multinacionais a investirem em seus países de origem. O governo britânico cobra mais taxas sobre os lucros estrangeiros das empresas multinacionais britânicas do que sobre os lucros domésticos. Outro exemplo: os governos dos países de origem podem, por razões políticas, desencorajar ou impedir que as empresas multinacionais estruturem certas operações em países "delicados". Agora que a Guerra Fria acabou, as empresas de defesa dos Estados Unidos, como a Boeing e a Lockheed Martin, estão ansiosas para estabelecer subsidiárias de pesquisa e desenvolvimento na Rússia, cujos cientistas especialistas em foguetes são alguns dos melhores (e mais baratos!) do mundo. Essas empresas foram advertidas pelo governo dos Estados Unidos a não realizar qualquer missão crucial em pesquisa e desenvolvimento naquele país.

Os governos dos países anfitriões, por outro lado, costumam atrair, incentivar ou coagir as empresas multinacionais no sentido de fazê-las implementar atividades das quais, do contrário, abdicariam. Por exemplo, a fabricação básica gera empregos cujas remunerações são baixas, não oferece **difusão de tecnologia** (tecnologia estrangeira difundida no âmbito doméstico) suficiente e tem pouco prestígio. A fabricação avançada, por outro lado, aumenta o valor da cadeia, gera melhores empregos, oferece uma maior difusão de tecnologia e cria uma melhor reputação.[37] Os governos dos países-anfitriões (como o da China, o da Hungria e o de Cingapura) costumam utilizar uma combinação entre "cenouras" (prêmios, por exemplo, incentivos fiscais, subsídios diversos e melhorias grátis de infra-estrutura) e "relhos" (punições, por exemplo, ameaças, de bloquear o acesso ao mercado doméstico) para atrair investimentos das empresas multinacionais em fabricação avançada. Outros investimentos das empresas multinacionais que são apreciados, incluem fábricas em escala mundial com mandatos globais, laboratórios avançados de pesquisa e desenvolvimento e matrizes regionais, pois todos geram empregos com remunerações mais altas e difusão de maior qualidade.

Além das instituições formais, as empresas multinacionais também enfrentam uma série de instituições informais que governam seus relacionamentos com os ambientes dos países de origem e dos países anfitriões.[38] Nos Estados Unidos, apesar dos calorosos debates durante as eleições presidenciais, poucas leis impedem as empresas multinacionais de estabelecerem estruturas no exterior. Entretanto, os estrategistas que estejam contemplando tais ações devem pesar as reações informais, porém sonoras, contra tais atividades, que costumam resultar na perda de empregos domésticos. Inúmeros elementos das instituições informais também são importantes ao se lidar com países anfitriões. Por exemplo, a Airbus possui mais de 1.500 fornecedores de mais de 30 países. Gasta 40% de seu orçamento de compra com fornecedores norte-americanos de mais de 40 estados. Embora a Airbus não seja formalmente obrigada a "delegar" contratos de fornecimento, suas decisões com relação às fontes são guiadas por normas informais de reciprocidade: se os fornecedores de um país estão envolvidos com a Airbus, é mais provável que as companhias de transportes aéreos localizadas nesse país, muitas das quais pertencem ao Estado ou são influenciadas por ele, comprem aeronaves da Airbus. Há tanto a dimensão normativa quanto a cognitiva por trás desse alcance geográfico expandido. Em âmbito normativo, se a Boeing possuir importantes relacionamentos com fornecedores do Japão, a Airbus se sentirá constrangida a fazer o mesmo. Em âmbito cognitivo, a Airbus pode cada vez mais sentir que tal subcontratação é a coisa certa a se fazer – não somente no aspecto político, mas também no econômico, já que todos os fornecedores demonstraram que podem atender às demandas de qualidade e custo da Airbus. Portanto, a Airbus pode se tornar mais proativa na busca por fornecedores inovadores e de alta qualidade ao redor do mundo.

Instituições Formais e Informais Internas

As regras internas do jogo determinam como as empresas multinacionais são governadas. Formalmente, os gráficos organizacionais mostrados nas figuras de 10.2 a 10.5 especificam o principal escopo de responsabilidades das várias partes. Por exemplo, os chefes das divisões de produtos ou das divisões das áreas geográficas podem ser responsabilizados. A maioria das empresas multinacionais possui sistemas de avaliação, premiação e punição adequados com base nessas regras formais.

Entretanto, os gráficos organizacionais formais não revelam as regras informais do jogo, como normas, valores e redes organizacionais.[39] A nacionalidade dos chefes de subsidiárias estrangeiras é um exemplo disso. Na ausência de regulamentações formais, as empresas multinacionais possuem três escolhas: (1) um nativo do país de origem para chefe de uma subsidiária (como um norte-americano para a subsidiária na Índia de uma empresa multinacional localizada nos Estados Unidos); (2) um nativo do país anfitrião (como um indiano para essa mesma subsidiária); ou (3) um nativo de um terceiro país (como um australiano para essa mesma subsidiária). Empresas multinacionais de diferentes países são regidas por normas diferentes no momento de fazer tais nomeações. A maioria das empresas multinacionais japonesas parece seguir uma regra informal: chefes de subsidiárias estrangeiras, pelo menos inicialmente, devem ser nativos do Japão.[40] Em comparação, as empresas multinacionais européias tendem a nomear nativos dos países anfitriões e de terceiros países para comandarem suas subsidiárias. Em geral, as práticas das empresas multinacionais norte-americanas parecem estar entre as japonesas e as européias. Tais abordagens com relação à formação do *staff* podem refletir diferenças estratégicas.[41] É mais provável que nativos dos países de origem, especialmente aqueles que são funcionários da mesma empresa multinacional há muito tempo em seus países de origem, tenham desenvolvido um melhor entendimento com relação aos procedimentos informais da empresa e estejam mais familiarizados com normas e valores dominantes. Conseqüentemente, a tendência dos japoneses a nomearem nativos do país de origem facilita a preferência pela estratégia global, que valoriza as ações coordenadas e controladas mundialmente.[42] De modo inverso, a naturalidade com que os europeus nativos dos países anfitriões e de terceiros países indica a (tradicional) preferência das empresas multinacionais européias pela estratégia multidoméstica.

Além da nacionalidade dos chefes de subsidiárias, a nacionalidade dos executivos de níveis mais altos (como presidente do conselho, diretor-executivo e aqueles que fazem parte do quadro de diretores), parece seguir outra regra informal: (quase sempre) são nativos dos países de origem. Considerando-se que os altos executivos são embaixadores da empresa e que o país de origem da matriz da empresa multinacional é uma fonte de diferenciação (por exemplo, uma empresa multinacional alemã costuma ser entendida como sendo diferente de uma empresa multinacional italiana), nativos dos países de origem parecem ser os candidatos mais naturais a ocuparem as principais posições. Entretanto, aos olhos das partes interessadas, como funcionários e governos ao redor do mundo, o alto escalão ser composto de somente uma nacionalidade não condiz com a postura de uma empresa multinacional que vise "globalizar" suas ações. Alguns críticos alegam que isso reflete um "imperialismo corporativo".[43] Conseqüentemente, algumas importantes empresas multinacionais nomearam nativos de outros países, que não os de origem, para altos cargos. A Coca-Cola Company, por exemplo, nomeou Neville Isdell, um irlandês, para os cargos de presidente do conselho e de diretor-executivo, em 2004. Nativos de outros países, que não os de origem, diversificam a organização, o que pode ser um fator positivo. Entretanto, tal diversidade gera um ônus enorme sobre esses executivos não nativos, para que articulem claramente valores e crenças esperados dos administradores seniores da empresa multinacional.[44] A Procter & Gamble (P&G), por exemplo, em 1999, nomeou Durk Jager, nativo dos Países Baixos, para presidente do conselho e diretor-executivo. Infelizmente, as inúmeras iniciativas de mudanças de Jager quase levaram a respeitável companhia a uma parada obrigatória e ele foi forçado a renunciar, em 2000. A partir de então, a antiga regra voltou a valer: atualmente um executivo norte-americano comanda a P&G.[45]

Ao passo que regras formais internas com relação à governança das empresas multinacionais podem refletir escolhas estratégicas conscienciosas, as regras informais internas são convencionadas e arraigadas em heranças administrativas, o que dificulta as mudanças. Isso é especialmente verdadeiro ao se lidar com o aprendizado, com a inovação e com a gestão do conhecimento, discutidos a seguir.

Aprendizado, inovação e gestão do conhecimento mundiais

Esta seção, em primeiro lugar, define os termos-chave, a seguir, introduz a gestão do conhecimento em quatro tipos de empresas multinacionais. Posteriormente, a globalização do setor de pesquisa e desenvolvimento é apresentada, seguida de uma discussão acerca das patologias e soluções em gestão do conhecimento.

Definindo os Termos

Subjacente à ênfase no aprendizado e na inovação mundiais está o interesse que emerge da gestão do conhecimento. Antes de definir "gestão do conhecimento", é necessário entender o que é "conhecimento". O conhecimento é mais amplo, profundo e rico do que dados ou informações.[46] Os **dados** apresentam "fatos distintos e objetivos sobre eventos no mundo" e a **informação** é "organizada em torno de um corpo de dados".[47] Conseqüentemente, o **conhecimento** pode ser conceitualizado como uma mistura fluida de capacidades, experiências e discernimentos que fornecem um modelo de avaliação e incorporação da informação.[48] Portanto, a **gestão do conhecimento** pode ser definida como as estruturas, os processos e os sistemas que ativamente desenvolvem, alavancam e transferem conhecimento. Alguns acadêmicos alegam que a gestão do conhecimento é *a* característica que define as empresas multinacionais.[49]

Entretanto, muitos indivíduos e companhias consideram a gestão do conhecimento uma simples administração de informações. Levada ao extremo, "tal perspectiva pode resultar em uma crença equivocada de que a instalação de uma sofisticada infra-estrutura de tecnologia da informação basta para a gestão do conhecimento".[50] A gestão do conhecimento depende não somente da tecnologia da informação, mas também, em um âmbito mais amplo, dos relacionamentos sociais informais dentro de uma empresa multinacional. Isso porque o conhecimento é dividido em duas categorias: (1) conhecimento explícito e (2) conhecimento tácito. O **conhecimento explícito** é codificável (pode ser escrito ou transferido sem que se perca sua riqueza). Quase todo o conhecimento capturado, armazenado e transmitido pela tecnologia da informação é explícito. O **conhecimento tácito**, por outro lado, não é codificável e sua aquisição e transferência requerem que seja praticado.[51] Por exemplo, um manual de direção representa um corpo de conhecimento explícito. Entretanto, dominar o conteúdo desse manual, sem ter nenhuma prática em estradas não transforma ninguém em um bom motorista. O conhecimento tácito é, evidentemente, mais importante e difícil de ser transferido e aprendido – somente se aprende fazendo (nesse caso, só é possível aprender dirigindo). Como conseqüência, de uma perspectiva baseada em recursos, o conhecimento explícito capturado pela tecnologia da informação representa o conhecimento estrategicamente *menos* importante. As capacidades de administração do conhecimento tácito, difícil de ser codificado e transferido, são mais importantes.

Gestão do Conhecimento em Quatro Tipos de Empresas Multinacionais

As diferenças de gestão do conhecimento entre os quatro tipos de empresas multinacionais (referentes à Figura 10.1) originam-se, da interdependência (1) entre a matriz e as subsidiárias estrangeiras e (2) entre as várias subsidiárias (Tabela 10.2).[52] Em empresas multinacionais que seguem uma estratégia de replicação doméstica, tal interdependência é moderada e o papel das subsidiárias é, no geral, adaptar e alavancar as competências da matriz. Portanto, o conhecimento de novos produtos, processos e tecnologias é, em sua maioria, desenvolvido no centro e passado às subsidiárias, o que representa o tradicional fluxo "unilateral". A Starbucks, por exemplo, insiste em replicar ao redor do mundo seu conceito norte-americano de café, até mesmo onde não há "clima" adequado para isso (ver Caso de Introdução, no Capítulo 6).

Em empresas multinacionais multidomésticas, a interdependência é baixa. A gestão do conhecimento centra-se no desenvolvimento do conhecimento que abocanhe da melhor forma possível os mercados locais. Por exemplo, a PolyGram costumava centrar-se somente na geração de sucessos locais, em cada um dos países nos quais competia (Caso de Introdução). O resultado disso é um fluxo limitado de conhecimento e pessoas da matriz e para ela.

TABELA 10.2 Gestão do Conhecimento em Quatro Tipos de Empresas Multinacionais

Estratégia	Replicação Doméstica	Multidoméstica	Global	Transnacional
Interdependência	Moderada	Baixa	Moderada	Alta
Papel das subsidiárias estrangeiras	Adaptar e alavancar as competências da matriz	Perceber e explorar as oportunidades locais	Implementar as iniciativas da matriz	Contribuir de forma diferenciada a fim de integrar as operações mundialmente
Desenvolvimento e difusão do conhecimento	Conhecimento desenvolvido no centro e transferido às subsidiárias	Conhecimento desenvolvido e retido em cada uma das subsidiárias	Conhecimento (em sua maioria) desenvolvido e retido no centro e em localizações-chave	Conhecimento desenvolvido em conjunto e compartilhado mundialmente
Fluxo do conhecimento	Fluxo extensivo de conhecimento e pessoas da matriz às subsidiárias	Fluxo limitado de conhecimento e pessoas em ambas as direções (do centro e para o centro).	Fluxo extensivo de conhecimento e pessoas do centro e de localizações-chave a outras subsidiárias	Fluxo extensivo de conhecimento e pessoas em inúmeras direções

Fontes: Adaptada de (1) C. Bartlett; S. Ghoshal, 1989, *Managing Across Borders: The Transnational Solution* (p. 65), Boston: Harvard Business School Press; (2) T. Kostova; K. Roth, 2003, Social capital in multinational corporations and a micro-macro model of its formation (p. 299), *Academy of Management Review*, 28 (2): 297-317.

Em empresas multinacionais que seguem uma estratégia global, aumenta-se a interdependência. O conhecimento é desenvolvido e retido no centro e em poucos "centros de excelência". Como conseqüência, o conhecimento e as pessoas passam extensivamente da matriz e desses centros a outras subsidiárias. Espera-se que as subsidiárias ajam com fidelidade ao atacar os comandos vindos do centro. Por exemplo, a subsidiária da Texas Instrument no Japão acatou a ordem da matriz para que baixasse os preços e *perdesse* dinheiro, baseada no conhecimento, fornecido pelo centro, de que a estrutura de custos dos rivais japoneses não conseguiria sustentar uma guerra nos preços dentro do próprio país de origem (ver Capítulo 8).

O alto nível de interdependência e o fluxo extensivo e bidirecional de conhecimento são marcas registradas das empresas multinacionais transnacionais.[53] Por exemplo, a Yokogawa Hewlett-Packard (HP), subsidiária da Hewlett-Packard (HP) no Japão, ganhou o cobiçado Japanese Deming Award (prêmio de qualidade), em 1982. Logo depois, a subsidiária recebeu ordens para que transferisse tal conhecimento a toda a família Hewlett-Packard (HP), o que resultou em uma qualidade *corporativa* dez vezes melhor, em 1992.[54] Outro caso é o da a Haagen-Dazs que, estendendo o sabor desenvolvido na Argentina inspirado na popular sobremesa local feita com leite caramelizado, introduziu o sorvete sabor Dulce de Leche nos Estados Unidos e na Europa. Em um ano, esse sabor tornou-se o segundo mais popular da Haagen-Dazs (atrás apenas do sorvete de baunilha).[55] Particularmente fundamental às empresas multinacionais transnacionais são os fluxos de conhecimento entre as subsidiárias espalhadas. Em vez de uma hierarquia de cima para baixo, esse tipo de empresa multinacional pode ser conceitualizado como uma **rede integrada de subsidiárias** (às vezes denominada **paradigma N**), cada uma delas não somente desenvolve o conhecimento localmente relevante mas também aspira contribuir com conhecimentos que sejam benéficos em nível global e que aumentem a competitividade *corporativa* da empresa multinacional.[56] Caso da combinação de conhecimento local e global das subsidiárias da PolyGram serve como exemplo também aqui (ver Caso de Introdução).

Pesquisa e Desenvolvimento Globalizados

Embora praticamente todas as funções das empresas multinacionais devam administrar melhor e estender mais seus conhecimentos, a de pesquisa e desenvolvimento representa uma arena crucial para a gestão do conhecimento. Em comparação à produção e ao marketing, a importância da internacionalização da função de pesquisa e desenvolvimento surgiu recentemente – conhecida como investimentos inovadores (ver Capítulo 6).[57] Por exemplo, muitas empresas de tecnologia da informação, como a Samsung e a ST Microelectronics, possuem subsidiárias de pesquisa e desenvolvimento no Vale do Silício e na Índia. A Airbus está presente de forma significativa, no que se refere a pesquisa e desenvolvimento, em Wichita, Kansas, importante pólo de aeroespacial dos Estados Unidos. A Alcatel, gigante francesa nas telecomunicações, possui uma grande unidade de pesquisa e desenvolvimento na China, que controla 15% de seu orçamento global para essa função (ver Caso de Conclusão, no Capítulo 7).

Da perspectiva baseada em indústrias, a intensificação da busca por inovações dirige a globalização da pesquisa e desenvolvimento. A função de pesquisa e desenvolvimento global é um meio de acessar talento e *expertise* locais do país estrangeiro e extrair benefícios desses elementos.[58] Lembremo-nos da discussão nos Capítulos 4 e 6 acerca da importância de se criar um pólo de empresas inovadoras de grande calibre em um país ou em uma região – denominados "cluster" por Michael Porter (referente à Figura 4.3, no Capítulo 4).[59] Para empresas estrangeiras, a maneira mais eficaz de se obter acesso a essa aglomeração é estar presente por meio de investimentos diretos externos – assim como fez a Shiseido, na França (ver Estratégia em Ação 10.2). Por exemplo, na indústria de biotecnologia, Israel possui duas vezes mais cientistas *per capita* do que os Estados Unidos, o que torna aquele país um lugar muito atraente para investimentos em pesquisa e desenvolvimento.[60] Na indústria de periféricos para microcomputadores, Taiwan produz 60% dos *scanners*, teclados e *mouses* do mundo. Embora as tecnologias centrais tenham se originado no Vale do Silício, novos conhecimentos com relação ao design e à fabricação tendem a vir de Taiwan, que atrai investimentos em pesquisa e desenvolvimento nessa indústria.

Da perspectiva baseada em recursos, a heterogeneidade da empresa fundada em inovações (ou seja, ser diferente) é um princípio fundamental para se obter vantagens competitivas.[61] Os trabalhos

Estratégia em Ação 10.2.

Shiseido Fareja Inovações na França

A França é líder global incontestável em inovações de perfumes. Misturando a arte ancestral à moderna função de pesquisa e desenvolvimento, o conhecimento sobre como criar perfumes atraentes é tácito e difícil de codificar. Empresas não francesas, como a japonesa Shiseido (*http://www.shiseido.co.jp*), enfrentam o desafio de acessar esse conhecimento e administrá-lo (ou conectar-se a ele) de forma eficaz. Em 1984, a Shiseido estabeleceu seu centro de tecnologia europeu (Europe TechnoCentre, comandado por japoneses expatriados) na França para coletar e transferir inteligência ao escritório central, no Japão, que processaria e assimilaria tal conhecimento. Entretanto, os perfumes da Shiseido, desenvolvidos no Japão, inicialmente fracassaram na França.

Em 1990, a empresa percebeu que para se conectar ao conhecimento francês sobre fragrâncias tinha de colocar alguns de seus funcionários para trabalhar lado a lado com os mestres franceses. Dessa forma, a Shiseido estabeleceu uma nova subsidiária, a Beauté Prestige International (BPI), visando ao mercado de luxo francês. Dando um passo nada comum para uma empresa multinacional japonesa, a Shiseido contratou uma renomada diretora-executiva francesa, que alavancou seu capital social para recrutar um *staff* de perfumistas franceses de primeira qualidade. Apesar de alguns conflitos culturais, os japoneses expatriados deixaram os franceses "tomarem conta" das funções de pesquisa e desenvolvimento, planejamento e marketing, enquanto tiravam lições da observação atenta, da interação e do simples "faro". A Shiseido, então, abriu sua própria fábrica em Gien, coração do "*cluster* de perfumes franceses. Em 1992, a empresa lançou na França, com sucesso, dois perfumes "com marcas de designers" Eau d'Issey e Jean Paul Gaultier. Esse conhecimento foi transferido ao Japão e a outros lugares. Atualmente, a Shiseido é a quarta maior empresa de cosméticos do mundo.

Fontes: Baseado em (1) Y. Doz; J. Santos; P. Williamson, 2001, From Global to Metanational (p. 66-67), Boston: Harvard Business School Press; (2) *http://www.shiseido-europe.com* (acesso em 28 de junho de 2004).

em pesquisa e desenvolvimento descentralizados, desempenhados por equipes diferentes, em várias localizações ao redor do mundo, garantem uma heterogeneidade duradoura nas soluções geradas por essas equipes. Por outro lado, a função de pesquisa e desenvolvimento muito centralizada pode reduzir a heterogeneidade.[62] A GSK (antiga GlaxoSmithKline), por exemplo, desmembrou suas unidades de

TABELA 10.3 Patologias em Gestão do Conhecimento

Elementos dos Processos de Gestão do Conhecimento	Patologias Comuns
Aquisição	Fracasso em compartilhar e integrar o conhecimento externo
Retenção	Rotação de funcionários e dispersão do conhecimento
Fluxo de saída	Síndrome do "como isso pode me ajudar?"
Transmissão	Canais inapropriados
Fluxo de entrada	Síndrome do "nada foi inventado aqui" e capacidade de absorção

Fonte: Adaptada de A. Gupta; V. Govindarajan, 2004, *Global Strategy and Organization* (p. 109), Nova York: Wiley.

pesquisa e desenvolvimento, ao perceber que o simples fato de aumentar o número de pesquisadores em unidades de pesquisa e desenvolvimento centralizadas não aumentava o aprendizado e a inovação globais.

Patologias e Soluções em Gestão do Conhecimento[63]

Institucionalmente, a forma com a qual as empresas multinacionais empregam as regras do jogo formais e informais exerce influência significativa no sucesso ou no fracasso da função de pesquisa e desenvolvimento global. Como demonstrado na Tabela 10.3, várias "regras" informais podem ser consideradas patologias da gestão do conhecimento. Na aquisição do conhecimento, muitas empresas multinacionais preferem inventar tudo em âmbito interno. Dessa forma, com freqüência limitam o compartilhamento do conhecimento, tanto com as várias unidades quanto com a comunidade externa de pesquisa (por exemplo, ao suspender a publicação do demonstrativo de resultados). Entretanto, as grandes empresas estão obtendo rendimentos *decrescentes* em pesquisa e desenvolvimento.[64] Como conseqüência, um novo modelo, chamado "inovação aberta" (*open innovation*), está surgindo.[65] Esse modelo confia em uma pesquisa mais colaborativa entre as várias unidades internas e as empresas externas (por meio de contratos de pesquisa e desenvolvimento, alianças, terceirizações (ver capítulos 6 e 7) e laboratórios universitários. De acordo com evidências, empresas que compartilham a pesquisa com habilidade (inclusive com a exibição do demonstrativo de resultados em domínio público) sobrepujam aquelas que não o fazem.[66] A Procter & Gamble por exemplo, apesar de possuir um *staff* em pesquisa e desenvolvimento de 7.500 funcionários, não foi capaz de andar no ritmo da inovação. Nos últimos 15 anos, desenvolveu somente *uma* nova marca de sucesso, a "vassoura mágica" Swiffer. A empresa, então, tentou buscar inovações em fontes externas, seu objetivo era aumentar o número de inovações advindas de fontes externas de 20%, em 2003, para 50%, por volta de 2006.[67]

Na retenção do conhecimento, problemas comuns ocasionados pela rotação de funcionários agravam-se quando são os funcionários-chave na área de pesquisa e desenvolvimento. A partida desses profissionais leva a uma dispersão do conhecimento.[68] No fluxo de saída do conhecimento, surge a síndrome do "como isso pode me ajudar?" De um modo mais específico, administradores da subsidiária-fonte podem entender o compartilhamento, por meio do fluxo de saída, do conhecimento com outras subsidiárias como perda de tempo, energia e recursos escassos. Mais além, alguns administradores podem acreditar que "conhecimento é poder" – a monopolização de certos conhecimentos úteis pode ser vista como a moeda para se adquirir e reter poder dentro da empresa multinacional (MNE).

Ainda quando certas subsidiárias estão dispostas a compartilhar o conhecimento, canais de transmissão inapropriados podem minar o compartilhamento eficaz do conhecimento.[69] Dado o avanço em tecnologia da informação, é tentador estabelecer **equipes virtuais globais**, que não se encontram cara a cara durante a transferência do conhecimento. Com freqüência essas equipes enfrentam grandes barreiras de comunicação e relacionamento, que vão do idioma e diferenças culturais a tecnologias imperfeitas (videoconferências, por exemplo, dificilmente mostram a linguagem corporal).[70] Em geral, quanto mais os membros das equipes virtuais globais se conhecem (em geral por meio de interação direta por grandes períodos de tempo), maiores as chances de as equipes obterem sucesso.

Por fim, subsidiárias receptoras podem apresentar duas patologias que bloqueiam fluxo de entrada do conhecimento bem-sucedido. Primeira, a síndrome do "nada foi inventada aqui" faz com que alguns administradores resistam a aceitar as idéias advindas de outras unidades. Segunda, a **capacidade de absorção** da subsidiária receptora, ou seja, sua "capacidade de reconhecer o valor da nova informação, assimilá-la e aplicá-la", pode ser limitada.[71] Por exemplo, subsidiárias de pesquisa e desenvolvimento na Hungria, no início dos anos de 1990, possuíam um *staff* composto basicamente de pessoas locais, que tinham uma vaga idéia de como uma economia de mercado funcionava. Entretanto, o governo demandava que as empresas multinacionais desempenhassem as funções mais avançadas de pesquisa e desenvolvimento e ignorava a limitada capacidade de absorção das subsidiárias receptoras. Em geral, os resultados geralmente não eram satisfatórios.[72]

Como soluções para combater essas patologias, as matrizes corporativas podem manipular as regras formais do jogo (1) vinculando bonificações a fluxos mensuráveis de saída e entrada do conhecimento; (2) utilizando-se de incentivos mais poderosos, com base nas unidades corporativas ou comerciais (em vez de incentivos com base nos indivíduos e nas subsidiárias isoladas); e (3) investindo na codificação do conhecimento tácito.[73] Entretanto, essas políticas formais centram-se, fundamentalmente, na desafiadora (se não impossível) tarefa de mensurar com precisão os fluxos de entrada e saída do conhecimento tácito. A natureza do conhecimento tácito resiste a tais práticas burocráticas formais. Conseqüentemente, as empresas multinacionais têm de confiar em vários mecanismos de integração informais, por exemplo, (1) facilitação da rede entre o pessoal das funções de administração e pesquisa e desenvolvimento e as várias subsidiárias, por meio de trabalhos em equipe, treinamentos e conferências conjuntos e (2) promoção de culturas organizacionais fortes (que são específicas às empresas multinacionais (MNE)) e valores e normas compartilhados para que haja cooperação entre as subsidiárias.[74]

A idéia central é que, em vez de utilizar as estruturas tradicionais, formais, de comando e controle, que podem ser ineficazes, a gestão do conhecimento seja facilitada por meio do **capital social** informal, que se refere aos benefícios informais que indivíduos e organizações obtêm de suas estruturas e redes sociais.[75] Devido ao capital social, indivíduos mobilizam-se para ajudar amigos e conhecidos. Da mesma forma, é mais provável que administradores de uma subsidiária da China forneçam o conhecimento necessário a administradores de uma subsidiária do Chile caso se conheçam e possuam algum tipo de relacionamento social. De modo inverso, se o pedido viesse de administradores da subsidiária de Camarões, com os quais não há nenhum relacionamento social, os administradores da subsidiária da China não se animariam em ajudar. Os relacionamentos interpessoais informais, micro, entre os administradores das várias unidades, podem facilitar muito a cooperação intersubsidiárias, macro, entre essas várias unidades, em suma, uma **dialética micro-macro**.[76]

Discussões e extensões

Como administrar as complexas empresas multinacionais já gerou inúmeras discussões, algumas das quais foram expostas anteriormente (como aquela sobre a estrutura da matriz). Nesta seção, serão apresentados dois dos principais aspectos ainda não discutidos: (1) controle corporativo *versus* iniciativas das subsidiárias e (2) dimensões focadas nos clientes *versus* integração, responsividade e aprendizado, serão apresentados.

Controle Corporativo *versus* Iniciativas das Subsidiárias

A centralização *versus* descentralização é uma das principais discussões sobre a administração de grandes empresas (ver Caso de Conclusão). Dentre os argumentos a favor da centralização estão (1) capacidade de facilitar a coordenação corporativa, (2) consistência na tomada de decisões e (3) o poder suficiente para que os administradores corporativos iniciem as mudanças necessárias. Entretanto, argumentos contrários sugerem que a descentralização (1) reduz a sobrecarga de responsabilidades dos administradores corporativos e melhora a qualidade das decisões; (2) motiva os administradores e os trabalhadores das subsidiárias por meio da delegação de poder; e (3) permite maior velocidade, flexibilidade e inovação. No âmbito das empresas multinacionais, as discussões centram-se na dicotomia controle central *versus* iniciativas das subsidiárias. Parte-se do pressuposto de que as decisões finais da matriz não serão necessariamente acatadas pelas subsidiárias. Por exemplo, quando uma matriz requer que certas práticas (como os círculos de controle da qualidade) sejam adotadas, algumas subsidiárias podem estar de pleno acordo, outras podem "simular uma concordância" (aprovam a decisão apenas aparentemente) e outras ainda podem resistir à adoção.[77]

Além de reagirem das mais diferentes formas às demandas da matriz, algumas subsidiárias podem seguir suas *próprias* estratégias e agendas.[78] Essas atividades são conhecidas como **iniciativas das subsidiárias** e são definidas como a busca deliberada e proativa de novas oportunidades de negócios por parte de subsidiárias de empresas multinacionais a fim de expandirem seus escopos de responsabilidade.[79] Consideremos, por exemplo, a subsidiária da NCR em Dundee, na Escócia, que produzia caixas automáticos (ATMs) e estava a ponto de ser fechada, em 1980, devido a problemas de qualidade. O administrador-geral da subsidiária, trabalhando para melhorar a qualidade do produto, desenvolveu a visão de que a empresa de Dundee deveria ser a principal subsidiária da NCR no que diz respeito a ATMs. Embora a matriz, situada em Dayton, Ohio, tenha resistido a essa idéia, o administrador da

Estratégia em Ação 10.3.

Uma Iniciativa da Subsidiária Honeywell Canada

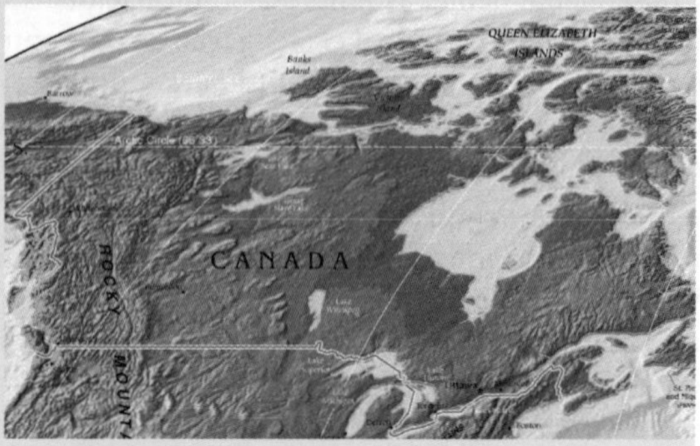

A Honeywell Limited (*http://www.honeywell.ca*) é uma subsidiária integral canadense – doravante denominada "Honeywell Canada" – da Honeywell Inc. (*http://www.honeywell.com*), localizada em Mineápolis. Até a metade dos anos de 1980, a Honeywell Canada era uma fábrica-filial tradicional, voltada ao mercado canadense, que produzia cerca de $^1/_{10}$ do volume das principais operações de fabricação de Mineápolis. Ao final dos anos de 1980, os ventos de mudança, iniciados pelo Acordo de Livre Comércio Estados Unidos-Canadá (que, posteriormente, se tornou o Nafta), ameaçaram a sobrevivência da Honeywell Canada, cujas operações ineficientes (escala subótima) passaram a correr o risco de serem fechadas quando as altas tarifas baixaram e os produtos fabricados nos Estados Unidos puderam entrar no Canadá com isenção de taxas aduaneiras. Os administradores da subsidiária canadense propuseram à matriz, de forma empreendedora, que a fábrica da subsidiária fosse modernizada e recebesse o mandato de produzir para toda a América do Norte. Em troca, a subsidiária concordaria em fechar algumas linhas ineficientes e permitiria que as operações de Mineápolis controlassem sua produção. Embora os administradores norte-americanos de produção estivessem pessimistas, o chefe dessa divisão estava receptivo. Seguiram-se as negociações e a proposta canadense acabou sendo aceita. Conseqüentemente, a Honeywell Canada foi designada como um "Centro de Excelência" da Honeywell para válvulas e atuadores. Atualmente, a Honeywell Canada é a companhia de controles industriais líder do Canadá.

Fontes: Baseado em (1) J. Birkinshaw, 2000, *Entrepreneurship in the Global Firm* (p. 26), Londres: Sage; (2) *http://www.honeywell.ca* (acesso em 28 de junho de 2004); (3) *http://www.honeywell.com* (acesso em 28 de junho de 2004).

subsidiária persistiu; financiou em segredo os programas de pesquisa e desenvolvimento com recursos da própria subsidiária. Em 1984, a subsidiária de Dundee alcançou 20% de *market share* (participação no mercado) global. Em 1985, a responsabilidade pelo mercado global de produção de ATMs foi oficialmente transferida para Dundee.

Iniciativas como essa são cada vez mais comuns (ver Estratégia em Ação 10.3 para outro exemplo). Autores recentes são a favor desse tipo de comportamento empreendedor – desde que os administradores das subsidiárias ajam de boa-fé. Alegam que as capacidades das subsidiárias aumentam (e diminuem) em ritmos diferentes e que as configurações corporativas (como o encargo do mercado de ATMs) não são permanentes.[80] Tais unidades empreendedoras podem injetar o espírito de empreendedorismo tão necessário à corporação, que é mais ampla e burocrática.[81]

Entretanto, é possível apontar argumentos contrários já que, da perspectiva da matriz corporativa, é difícil distinguir as iniciativas da subsidiária da diversificação excessiva (*empire building*). Por exemplo, muita coisa está em jogo quando uma empresa multinacional determina, por meio de mandatos mundiais, quais subsidiárias serão "centros de excelência".[82] Subsidiárias que não consigam alcançar esse *status* podem ser marginalizadas e, na pior das hipóteses, suas instalações podem ser fechadas. Os administradores das subsidiárias são, em geral, nativos do país de origem (como os administradores canadenses da Honeywell Canada, Estratégia em Ação 10.3) e, naturalmente, preferem fortalecer suas subsidiárias – muitas vezes para proteger os empregos locais (e os próprios) e não por serem "patrióticos". Entretanto, essas tendências, embora naturais e legítimas, não são de todo coerentes com os objetivos *corporativos* das empresas multinacionais. Essas tendências, se não forem fiscalizadas e controladas, podem levar ao caos.[83]

Na teoria, o relacionamento ideal entre a matriz e as subsidiárias e entre subsidiárias segue o modelo da "Confederação Suíça", que alavanca a diversidade de negócios e cultural – o jargão é o modelo de "rede integrada" ou "paradigma N" (discutidos anteriormente, neste capítulo). Na prática, entretanto, além das poucas "confederações suíças" notavelmente bem administradas, parece haver muitos "afegãos divididos pelos conflitos por território entre os senhores de guerra e suas tribos".[84] Por exemplo, até as recentes mudanças (iniciadas em 2004, por um novo diretor-executivo), os próprios funcionários da Motorola referiam-se às várias subsidiárias e suas unidades como "tribos em guerra".[85] Resolver as contradições entre o controle corporativo e as iniciativas das subsidiárias ainda é um desafio (ver Caso de Conclusão).

Dimensões Focadas nos Clientes *versus* Integração, Responsividade e Aprendizado[86]

Como a discussão anterior indicou, a busca do equilíbrio entre as três dimensões da integração, da responsividade e do aprendizado faz com que a estrutura da matriz global seja tão complexa a ponto de ser impraticável. Entretanto, em vez de simplificá-la, muitas empresas multinacionais somaram novas dimensões, tornando suas estruturas ainda *mais* complexas. Freqüentemente, além da estrutura já existente, novas dimensões de estrutura focadas nos clientes são agregadas, resultando em uma matriz com quatro ou cinco dimensões.

Há três principais dimensões focadas nos clientes. A primeira é uma estrutura de conta global para abastecer os clientes (geralmente outras empresas multinacionais) de forma coordenada e consistente em vários países. A ênfase é fornecer aos grandes clientes equipes de apoio dedicadas, que prestem contas a um só executivo de contas globais. A maioria dos **fabricantes de equipamentos originais** – fabricantes contratados que produzem mercadorias *sem* suas próprias marcas (como os fabricantes dos tênis da Nike, e do Xbox, da Microsoft) – utiliza essa estrutura. Por exemplo, a Flextronics, de Cingapura, a maior fabricantes de equipamentos originais eletrônicos do mundo, dedicou contas globais a grandes clientes, como a Dell, a Palm e a SonyEricsson (ver Caso de Conclusão, no Capítulo 1). Segunda, uma estrutura dos setores industriais é comumente vista em empresas de serviços profissionais. A Accenture (antiga Andersen Consulting), por exemplo, centrou-se em quatro indústrias e oito funções de serviços (como a administração da cadeia de fornecimento). Terceira, uma **estrutura baseada nas soluções** é freqüentemente utilizada. Como fornecedor "de soluções aos clientes", a IBM venderia qualquer combinação de hardwares, softwares e serviços que os clientes preferissem, quer fossem produtos da IBM, quer fossem ofertas de rivais. Empresas multinacionais como a IBM e a HP recentemente se (re)organizaram em duas dimensões, diversificando as unidades *front-end*, que lidam diretamente com os clientes, e integrando as unidades *back-end*, que se centram na produção e nas funções de suporte.

Embora o foco nos clientes seja uma ótima maneira de se agregar valor,[87] o desafio é como estruturar a organização da melhor forma possível para que esse objetivo seja alcançado. O ponto de partida é estabelecer soluções informais ou temporárias em vez de se criar repartições administrativas ou unidades totalmente novas. Para lidar com um cliente global, o primeiro passo costuma ser a nomeação de um administrador de contas globais, que informalmente coordene as diferentes subsidiárias que vendem ao cliente. A seguir, a empresa forma uma equipe temporária interdivisões e intersubsidiárias. Entretanto, essa abordagem *ad hoc* pode fugir do controle rapidamente, resultando em encargos adicionais aos administradores das subsidiárias de, além de terem de cumprir com suas "tarefas diárias", terão de prestar contas a três ou quatro chefes informais. Por fim, novas estruturas formais podem ser necessárias, resultando em uma inevitável burocracia.

De muitas maneiras, as novas dimensões focadas nos clientes cortam o caminho das três dimensões "mais populares" existentes, a saber, integração em âmbito global, atenção a clientes em um e inúmeros mercados e aprendizado da melhor forma de atender às necessidades e demandas dos clientes. O fato de muitas empresas multinacionais, apesar de estarem sob enormes pressões para redução dos custos, terem somado essas novas dimensões indica que as três dimensões existentes podem não ser suficientes. Portanto, o que fazer ao se enfrentar o potencial valor agregado de se somar dimensões focadas nos clientes e a complexidade, a burocracia e o custo associados? Uma das recomendações é *simplificar* tanto o escopo do produto quanto o escopo geográfico (ver Capítulo 9).[88] Por exemplo, em

2003, a ABB, ao passar por graves problemas de desempenho, reduziu de modo significativo o número de funcionários (*downsizing*) e o escopo da empresa (*downscoping*), transformando sua vasta estrutura da matriz (apelidada de "bizantina" pelos críticos) a duas meras divisões globais de produtos: tecnologia de energia e automação.[89]

Implicações para os estrategistas

Empresas multinacionais representam as maiores, mais complexas e geograficamente dispersas organizações comerciais. Os desafios associados à estrutura, ao aprendizado e à inovação multinacionais são assustadores, a complexidade é enorme e a implementação é difícil. Consideremos a estrutura multinacional com relação às quatro questões fundamentais em estratégia. Primeira, por que empresas, como as multinacionais, se diferenciam em suas estruturas, aprendizados e inovações? Uma resposta breve é que suas diferentes estratégias dirigem tais atividades. Segunda, como as empresas multinacionais se comportam? Dado o relacionamento recíproco entre estratégias e estruturas, os arranjos estruturais implementados pelas empresas multinacionais tanto as ajudam a executar certas estratégias quanto as atrapalham na busca por outras – a menos que iniciem mudanças estratégicas, mudanças estruturais ou ambas. Terceira, o que determina o escopo da empresa? Como o Capítulo 9 centrou-se no escopo do produto, neste capítulo enfatizamos o escopo internacional. As estratégias específicas escolhidas pelas empresas multinacionais determinam de modo significativo o escopo internacional. Por exemplo, uma estratégia de replicação doméstica resulta em um escopo internacional relativamente menor, ao passo que uma estratégia multidoméstica leva a um escopo geográfico mundial mais amplo. É provável que as estratégias global e transnacional requeiram um escopo intermediário, pois essas empresas multinacionais estão mais interessadas em centrar seus trabalhos (de pesquisa e desenvolvimento, por exemplo) nas poucas localizações mais vantajosas. Por fim, o que determina o sucesso ou o fracasso internacional das empresas? Este capítulo sugere várias respostas, tais como (1) adaptação apropriada entre estratégias e estruturas; (2) ajuste que agregue valor entre estratégias e estruturas, por um lado, e demandas de mercado e preferências dos clientes, por outro; e (3) forte capacidade em gestão do conhecimento, centrada no aprendizado e na inovação globais, que geralmente envolve pesquisa e desenvolvimento mundiais. Em suma, uma fórmula para o sucesso parece ser "pense de forma global, aja de forma local".

Resumo do Capítulo

1. Há um relacionamento recíproco entre estratégia e estrutura: a estratégia dirige a estrutura, que, por sua vez, dirige a estratégia. Um desajuste requereria mudanças estratégicas, mudanças estruturais ou ambas.
2. Governando a estratégia e a estrutura multinacional há um modelo de integração-responsividade que se centra em como lidar com as pressões para redução dos custos e as pressões para responsividade local.
3. Os quatro pares de estratégia/estrutura são: (1) estratégia de replicação doméstica/estrutura da divisão internacional, (2) estratégia multidoméstica/estrutura da área geográfica, (3) estratégia global/estrutura da divisão global de produtos e (4) estratégia transnacional/estrutura da matriz global.
4. A estrutura da matriz global, apesar de seus méritos, torna-se complexa demais. Conseqüentemente, muitas empresas multinacionais buscaram desenvolver uma matriz flexível, "informal".
5. Alega-se que a gestão do conhecimento centrada no aprendizado e na inovação globais é *a* característica que define as empresas multinacionais. A gestão do conhecimento centra-se principalmente no conhecimento tácito.
6. A globalização da função de pesquisa e desenvolvimento requer a capacidade de combater inúmeras patologias associadas à criação, à retenção, ao fluxo de saída, à transmissão e ao fluxo de entrada. Freqüentemente, as estruturas e os controles formais tendem a ser menos eficazes e o capital social informal tende a ser mais útil.
7. As duas principais discussões são: (1) controle corporativo *versus* iniciativas das subsidiárias e (2) dimensões focadas nos clientes *versus* integração, responsividade e aprendizado.

Palavras-chave

- capacidade de absorção
- centros de excelência
- ativos complementares
- administrador do país
- dados
- conhecimento explícito
- estrutura da área geográfica
- estrutura de conta global
- matriz global
- divisão global de produtos
- estratégia global
- equipes virtuais globais
- estratégia de replicação doméstica
- estrutura dos setores industriais
- inércia
- informação
- rede integrada de subsidiárias
- modelo de integração-responsividade
- divisão internacional
- conhecimento
- gestão do conhecimento
- dialética micro-macro
- estratégia multidoméstica
- paradigma N
- desenho organizacional
- estrutura organizacional
- fabricantes de equipamentos originais
- pressões para redução dos custos
- pressões para responsividade local
- administrador regional
- capital social
- estrutura baseada nas soluções
- modelo de Stopford e Wells
- iniciativa da subsidiária
- conhecimento tácito
- difusão de tecnologia
- estratégia transnacional
- mandato mundial

Questões para Discussão

1. Alguns dizem que a estratégia dirige a estrutura, outros sugerem que a estrutura dirige a estratégia, e há os que alegam um relacionamento recíproco entre estratégia e estrutura. Qual é a sua opinião? Por quê? É possível encontrar exemplos concretos para *cada* um desses três posicionamentos?

2. Nesta era de globalização, alguns gurus alegam que todas as indústrias estão se tornando globais e que todas as empresas devem adotar uma estratégia global. Você concorda com essa afirmação? Justifique.

3. Alguns sugerem que a estrutura da matriz global é a última palavra em estrutura de empresa multinacional. Entretanto, as desvantagens da matriz parecem sobrepujar seus benefícios e, por essa razão, muitas empresas multinacionais abandonaram essa estrutura. Na ausência da matriz, quais são os prováveis arranjos estruturais para as empresas multinacionais modernas que se esforçam para cuidar da integração, da responsividade e do aprendizado simultaneamente?

4. ***SOBRE ÉTICA:*** Você é o administrador-geral da subsidiária com melhor desempenho de uma empresa multinacional. Devido ao fato de as bonificações estarem ligadas ao desempenho da subsidiária, a sua é a maior entre os administradores gerais de todas as subsidiárias. Agora, a matriz corporativa está organizando um grupo de administradores de outras subsidiárias para visitar sua subsidiária e aprender com ela. Você gostaria de compartilhar seus "truques", mas, ao mesmo tempo, teme que sua bonificação diminua (devido aos limitados fundos para bonificações), caso sua subsidiária deixe de ser a principal assim que o desempenho das outras se equiparar ao da sua. O que você fará?

5. ***SOBRE ÉTICA:*** Você é um administrador corporativo no setor de pesquisa e desenvolvimento da Boeing e está contemplando a hipótese de transferir parte da função de pesquisa e desenvolvimento para a China, a Índia e a Rússia, onde os talentos locais são excelentes e os custos da força de trabalho, justos (um trabalho plo qual um engenheiro norte-americano cobra US$ 70 mil pode ser feito por menos de US$ 7 mil nesses outros países). Entretanto, os engenheiros norte-americanos da Boeing protestaram contra tais mudanças. Políticos norte-americanos também são contra a perda desses empregos. Por fim, o governo norte-americano advertiu para que a Boeing não desempenhasse nenhuma função de pesquisa e desenvolvimento confidencial, delicada ou de defesa naqueles países. Qual é a sua recomendação para seu diretor-executivo?

Caso de Conclusão: Planejamento Estratégico Centralizado e Descentralizado das Grandes Companhias Petrolíferas (*Oil Majors*)

Segundo alguns críticos, o planejamento estratégico pode estar em crise. Diz-se que o histórico planejamento de cima para baixo, burocrático e formalizado não é capaz de se adaptar ao turbulento mundo da competição moderna. Desde os anos de 1990, muitos departamentos de planejamento corporativo foram reduzidos, e críticos prevêem o fim do planejamento estratégico. Entretanto, nas grandes companhias petrolíferas, atualmente conhecidas como "Oil Majors" (algumas das quais faziam parte das Sete Irmãs, há um século), por exemplo, a BP Amoco (http://www.bpamoco.com), a ChevronTexaco (http://www.chevrontexaco.com), a Elf (http://www.total.com), a ENI (http://www.eni.it), ExxonMobil (http://www.exxonmobil.com), a Shell (http://www.shell.com) e a Texaco (http://www.texaco.com), tal fim parece improvável já que o planejamento estratégico ainda exerce um papel importante, embora transformado.

Geralmente classificadas entre as maiores empresas do mundo, as grandes companhias petrolíferas possuem complexas operações espalhadas pelo globo. A incerteza de seus mercados e a necessidade de muito capital requerem planejamentos cautelosos. A coordenação de cadeias de valor multinacionais (extração em um país e refinação, distribuição e consumo em outros países) leva a problemas desafiadores. Conseqüentemente, as grandes companhias petrolíferas estavam entre as primeiras a criar, de forma pioneira, os departamentos de planejamento corporativo nos anos de 1960 e têm sido os praticantes mais avançados do planejamento estratégico centralizado.

Desde os anos de 1970, o ambiente competitivo tem sido tumultuado, devido aos choques do petróleo, às guerras e às tensões internacionais no Oriente Médio e às guerras civis e ao caos em importantes países produtores de petróleo, como Nigéria, Rússia e Venezuela. À medida que a precisão dos prognósticos de mercado – em especial dos preços do petróleo bruto – diminui significativamente, o perigo de se confiar nesses prognósticos torna-se aparente. A BP, por exemplo, esteve à beira de uma catástrofe em 1992 ao confiar no preço de US$ 20 por barril de petróleo, sendo que o preço vinha caindo significativamente desde 1986.

Em resposta ao aumento da incerteza, o planejamento estratégico das grandes companhias petrolíferas foi transformado de três maneiras significativas. Primeira, diminuem-se os prognósticos, ao passo que o planejamento baseado em inúmeros cenários com vários "preços de referência" é cada vez mais utilizado, especialmente na Shell. A maior parte dos horizontes de planejamento foi diminuída de 10 anos a 15 anos para 5 anos ou menos. Segunda, o planejamento tornou-se menos formal, com ênfase menor na documentação escrita e maior nas discussões abertas. Na ExxonMobil, a extensão dos encontros de planejamento anuais entre as administrações corporativas e divisionais foi reduzida de três a quatro dias para meio dia.

Terceira e talvez a mais significativa, todas as grandes companhias petrolíferas descentralizaram suas tomadas de decisão. A combinação de um ambiente mais turbulento com um novo foco em aumentar os lucros dos acionistas, caracterizado por fusões, aquisições e consolidações ativas (ver capítulos 9 e 11), empurrou a tomada de decisão para níveis, de subsidiárias e divisões, cada vez mais baixos. As tomadas de decisão nesses níveis permitem uma reação melhor e mais rápida às circunstâncias, que se modificam rapidamente, de muitos países diferentes. Os limites de despesas de todas as companhias, acima dos quais os administradores de divisões e subsidiárias precisam de autorização corporativa, subiram – por exemplo, para US$ 50 milhões, na ExxonMobil, e para US$ 150 milhões, na BP. Por outro lado, os administradores de divisões e subsidiárias são cada vez mais responsáveis pelos objetivos de desempenho. Um corolário inevitável dessas mudanças é que os administradores de divisões e subsidiárias devem ser livres para selecionar as estratégias capazes de alcançar o desempenho exigido. Conseqüentemente, desde os anos de 1990, as estratégias têm sido formuladas, em grande parte, fora dos sistemas de planejamento estratégico corporativos. As decisões estratégicas são tipicamente "bottom up", a saber, propostas e efetuadas pelos administradores de divisões e subsidiárias e posteriormente incorporadas aos planos estratégicos da corporação.

O staff de planejamento corporativo vem sendo reduzido desde os anos de 1990. Por exemplo, na Shell, foi reduzido de 48 para 17. Entretanto, o vaticínio de que o *staff* de planejamento vai se tornar uma espécie em extinção é prematuro, já que atualmente quase todas as grandes subsidiárias e divisões possuem unidades de planejamento. O *staff* de planejamento das subsidiárias e divisões é maior do que o de planejamento da corporação – por exemplo, 416 *versus* 72, na ENI. Nas grandes companhias petrolíferas, o planejamento estratégico tornou-se mais descentralizado, menos dirigido pelo *staff* corporativo e mais informal, ao passo que os planos em si tiveram seus prazos diminuídos, voltaram seu foco aos objetivos e tornaram-se menos específicos.

Questões para Estudo de Caso

1. Quais são as vantagens e desvantagens do planejamento estratégico centralizado das grandes companhias petrolíferas? E o que dizer sobre aquelas com planejamento estratégico descentralizado?
2. Quais são os fatores baseados em indústrias, em recursos e em instituições que fazem as grandes companhias petrolíferas acreditarem que atualmente os benefícios do planejamento descentralizado sobrepujam suas desvantagens atualmente?
3. Quais são os problemas que podem ocorrer caso todas as divisões e subsidiárias resolvam seguir suas próprias iniciativas e simplesmente "informar" a matriz corporativa sobre suas ações?
4. Quais aspectos da gestão do conhecimento, discutidos neste capítulo, são particularmente relevantes para o aumento da eficácia do planejamento descentralizado?

Fontes: Baseado em (1) R. Grant, 2003, strategic planning in a turbulent environment, *Strategic Management Journal*, 24: 491-517; (2) T. Herbert, 1999, Multinational strategic planning, *Long Range Planning*, 32: 81-87; (3) L. Heracleous, 1998, Strategic thinking or strategic planning, *Long Range Planning*, 31: 481-487; (4) H. Mintzberg, 1994, *The Rise and Fall of Strategic Planning*, Nova York: Free Press; (5) D. Simpson, 1998, Why most strategic planning is a waste of time and what you can do about it, *Long Range Planning*, 31: 476-480.

Notas

1. J. Galbraith, 1995, *Designing Organizations*, San Francisco: Jossey-Bass; M. Harris; A. Raviv, 2002, Organization design, *MS*, 48: 852-865.
2. A. Chandler, 1962, *Strategy and Structure*, Cambridge, MA: MIT Press.
3. J. Fredrickson, 1986, The strategic decision process and organizational structure, *AMJ*, 11: 280-297.
4. W. Acar; R. Keatings; K. Aupperle; W. Hall; R. Engdahl, 2003, Peering at the past century's corporate strategy through the looking glass of time-series analysis, *JMS*, 40: 1225-1254; T. Amburgey; T. Dacin, 1994, As the left foot follows the right? The dynamics of strategic and structural change, *AMJ*, 6: 1427-1452; C. Hill; R. Hoskisson, 1987, Strategy and structure in the multiproduct firm, *AMR*, 12: 331-341; G. Jones; C. Hill, 1988, Transaction cost analysis of strategy-structure choice, *SMJ*, 9: 159-172; R. Kazanjian; R. Drazin, 1987, Implementing internal diversification, *AMR*, 12: 342-354.
5. L. Donaldson, 1987, Strategy and structural adjustment to regain fit and performance, *JMS*, 24: 1-24; I. Harris; T. Ruefli, 2000, The strategy/structure debate, *JMS*, 37: 587-603; D. Jennings; S. Seaman, 1994, High and low levels of organizational adaptation, *SMJ*, 15: 459-475; D. Ketchen; J. Combs; C. Russell; C. Shook; M. Dean; J. Runge; F. Lohrke; S. Naumann; D. Haptonstahl; R. Baker; B. Beckstein; C. Handler; H. Honig; S. Lamoureux, 1997, Organizational configurations and performance, *AMJ*, 40: 223-240.
6. C. K. Prahalad; Y. Doz, 1987, *The Multinational Mission*, Nova York: Free Press.
7. M. W. Peng, 2000, Controlling the foreign agent: How governments deal with multinationals in a transition economy, *MIR*, 40 (2): 141-165.
8. C. Hill, 2005, *International Business*, 5. ed. (p. 427), Burr Ridge, IL: McGraw-Hill Irwin.
9. T. Levitt, 1983, The globalization of markets, *HBR*, maio-junho: 92-102.

10. C. Baden-Fuller; J. Stopford, 1991, Globalization frustrated, *SMJ*, 12: 493-507; M. de Mooij; G. Hofstede, 2002, Convergence and divergence in consumer behavior, *JR*, 78: 61-69; A. Rugman, 2001, *The End of Globalization*, Nova York: AMACOM.

11. J. Birkinshaw; A. Morrison; J. Hulland, 1995, Structural and competitive determinants of a global integration strategy, *SMJ*, 16: 637-655; A. Harzing, 2000, An empirical analysis and extension of the Bartlett and Ghoshal typology of multinational companies, *JIBS*, 31: 101-120; A. Harzing, 2002, Acquisitions versus green-field investments, *SMJ*, 23: 211-227; K. Roth; D. Ricks, 1992, Goal configuration in a global industry context, *SMJ*, 15: 103-120.

12. R. Griffin; M. Pustay, 2005, *International Business*, 4. ed. (p. 317), Upper Saddle River, NJ: Prentice Hall.

13. T. Frost; J. Birkinshaw; P. Ensign, 2002, Centers of excellence in multinational corporations (p. 997), *SMJ*, 23: 997-1018. Ver também U. Anderson; M. Forsgren, 2000, In search of centers of excellence, *MIR*, 40: 329-350; G. Reger, 2004, Coordinating globally dispersed research centers of excellence, *JIM*, 10: 51-76.

14. C. Bartlett; S. Ghoshal, 1989, *Managing Across Borders: The Transnational Solution*, Boston: Harvard Business School Press.

15. K. Cool; I. Dierickx; G. Szulanski, 1997, Diffusion of innovations within organizations, *OSc*, 8: 543-559; J. Pennings; F. Harianto, 1992, The diffusion of technological innovations, *SMJ*, 13: 29-46.

16. S. Brown; K. Eisenhardt, 1995, Product development, *AMR*, 20: 343-378; J. Cantwell; J. Dunning; O. Janne, 2004, Towards a technology-seeking explanation of US direct investment in the United Kingdom, *JIM*, 10: 5-20; C. Christensen; M. Raynor, 2003, *The Innovator's Solution*, Boston: Harvard Business School Press; T. Murtha; S. Lenway; J. Hart, 2001, *Managing New Industry Creation*, Stanford, CA: Stanford University Press; M. Schulz, 2001, The uncertain relevance of newness, *AMJ*, 44: 661-681.

17. J. Birkinshaw; N. Hood, 1998, Multinational subsidiary evolution, *AMR*, 23: 773-796; A. Rugman; A. Verbeke, 2001, Subsidiary-specific advantages in multinational enterprises, *SMJ*, 22: 237-250.

18. J. Jarillo; J. Martinez, 1990, Different roles for subsidiaries, *SMJ*, 11: 501-512.

19. B. Lamont; V. Sambamurthy; K. Ellis; P. Simmonds, 2000, The influence of organizational structure on the information received by corporate strategies of multinational enterprises, *MIR*, 40: 231-252.

20. S. Davis; P. Lawrence, 1977, *Matrix*, Reading, MA: Addison-Wesley.

21. L. Burns; D. Wholey, 1993, Adoption and abandonment of matrix management programs, *AMJ*, 36: 106-139; T. Devinney; D. Midgley; S. Venaik, 2000, The optimal performance of the global firm, *OSc*, 11: 674-695; J. Johnson, 1995, An empirical analysis of the integration-responsiveness framework, *JIBS*, 26: 621-635; K. Roth; A. Morrison, 1990, An empirical analysis of the integration-responsiveness framework in global industries, *JIBS*, 21: 541-64.

22. R. Hodgetts, 1999, Dow Chemical CEO William Stavropoulos on structure (p. 30), *AME*, 13: 29-35.

23. J. Stopford; L. Wells, 1972, *Managing the Multinational Enterprise*, Nova York: Basic Books. Ver também J. Birkinshaw; S. Ghoshal; C. Markides; J. Stopford; G. Yip (eds.), 2003, *The Future of the Multinational Company*, Londres: Wiley.

24. J. Daniels; P. Pitts; M. Tetter, 1985, Strategy and structure of US multinationals, *AMJ*, 27: 292-307; W. Davidson; P. Haspeslagh, 1982, Shaping a global product organization, *HBR*, 60 (4): 125-132; W. Egelhoff, 1988, Strategy and structure in multinational corporations, *SMJ*, 9: 1-14; M. Habib; B. Victor, 1991, Strategy, structure, and performance of US manufacturing and service MNCs, *SMJ*, 12: 589-606; J. Wolf; W. Egelhoff, 2002, A reexamination and extension of international strategy-structure theory, *SMJ*, 23: 181-189.

25. G. Benito; B. Grogaard; R. Narula, 2003, Environmental influences on MNE subsidiary roles, *JIBS*, 34: 443-456; C. Carpano; J. Chrisman; K. Roth, 1994, International strategy and environment, *JIBS*, 25: 639-656; A. Jaeger; B. Baliga, 1985, Control systems and strategic adaptation, *SMJ*, 6: 115-134; T. Malnight, 2001, Emerging structural patterns within multinational corporations, *AMJ*, 44: 1187-1210; T. Murtha; S. Lenway; R. Bagozzi, 1998, Global mind-sets and cognitive shift in a complex multinational corporation, *SMJ*,

19: 97-114; M. Ruef, 1997, Assessing organizational fitness on a dynamic landscape, *SMJ*, 18: 837-853; R. Whitley; G. Morgan; W. Kelley; D. Sharpe, 2003, The changing Japanese multinational, *JMS*, 40: 643-672.

26. M. Makhija; K. Kim; S. Williamson, 1997, Measuring globalization of industries using a national industry approach, *JIBS*, 28: 679-710.
27. T. Chi; P. Nystrom; P. Kircher, 2004, Knowledge-based resources as determinants of MNC structure, *JIM*, 10: 219-38.
28. K. Atuahene-Gima, 2003, The effects of centrifugal and centripetal forces on product development speed and quality, *AMJ*, 46: 359-373; D. Dougherty; C. Hardy, 1996, Sustained product innovation in large, mature organizations, *AMJ*, 39: 1120-1153; L. Franko, 1989, Global corporate competition, *SMJ*, 10: 449-474; M. Lawless; P. Anderson, 1996, Generational technological change, *AMJ*, 39: 1185-1217; S. Zahra; A. Nielsen, 2002, Sources of capabilities, integration, and technology commercialization, *SMJ*, 23: 377-398.
29. S. Kobrin, 1991, An empirical analysis of the determinants of global integration, *SMJ*, 12: 17-31.
30. R. Burgelman; Y. Doz, 2001, The power of strategic integration, *SMR*, 42 (3): 28-38; D. Collis, 1991, A resource-based analysis of global competition, *SMJ*, 12: 49-68; P. Cloninger, 2004, The effect of service intangibility on revenue from foreign markets, *JIM*, 10: 125-146; A. Delios; P. Beamish, 2001, Survival and profitability, *AMJ*, 44: 1028-1039; A. Delios; W. Henisz, 2000, Japanese firms' investment strategies in emerging economies, *AMJ*, 43: 305-324; E. Danneels, 2002, The dynamics of product innovation and firm competencies, *SMJ*, 23: 1095-1022; J. Song, 2002, Firm capabilities and technology ladders, *SMJ*, 23: 191-211; S. Tallman, 1991, Strategic management models and resource-based strategies among MNEs in a host country, *SMJ*, 12: 69-82.
31. K. Ojah; L. Monplaisir, 2003, Investors' valuation of global product R&D, *JIBS*, 34: 457-472.
32. J. Andrew; H. Sirkin, 2003, Innovating for cash (p. 77), *HBR*, setembro: 76-83.
33. M. Gittelman; B. Kogut, 2003, Does good science lead to valuable knowledge? *MS*, 49: 366-382.
34. Citado em Andrew; Sirkin, 2003, Innovating for cash (p. 77).
35. Bartlett; Ghoshal, 1989, *Managing Across Borders* (p. 209).
36. T. Murtha; S. Lenway, 1994, Country capabilities and the strategic state, *SMJ*, 15: 113-130.
37. Y. Akbar; J. McBride, 2004, Multinational enterprise strategy, foreign direct investment, and economic development, *JWB*, 39: 89-105; S. Bhaumik; S. Estrin; K. Meyer, 2004, Determinants of employment growth at MNEs, Working paper 707, William Davidson Institute, University of Michigan; N. Driffield; M. Munday, 2000, Industrial performance, agglomeration, and foreign manufacturing investment in the UK, *JIBS*, 31: 21-37; L. Eden; E. Levitas; R. Martinez, 1997, The production, transfer, and spillover of technology, *SBE*, 9: 53-66; S. Feinberg; S. Majumdar, 2001, Technology spillovers from FDI, *JIBS*, 32: 421-437; W. Hejazi; A. E. Safarian, 1999, Trade, foreign direct investment, and R&D spillovers, *JIBS*, 30: 491-511; X. Liu; P. Siler; C. Wang; Y. Wei, 2000, Productivity spillovers from foreign direct investment, *JIBS*, 31: 407-425; K. Meyer, 2004, Perspectives on multinational enterprises in emerging economies, *JIBS*, 35: 259-276; M. Wright; I. Filatotchev; T. Buck; K. Bishop, 2002, Foreign partners in the former Soviet Union, *JWB*, 37: 165-179.
38. T. Blumentritt; D. Nigh, 2002, The integration of subsidiary political activities in multinational corporations, *JIBS*, 33: 57-77; J. Laurila; M. Ropponen, 2003, Institutional conditioning of foreign expansion, *JMS*, 40: 725-751; T. Kostova; S. Zaheer, 1999, Organizational legitimacy under conditions of complexity, *AMR*, 24: 64-81; R. Ramamurti, 2004, Developing countries and MNEs, *JIBS*, 35: 277-283; P. Rosenzweig; H. Singh, 1991, Organizational environments and the multinational enterprise, *AMR*, 16: 340-361.
39. A. Ferner, 2000, The underpinnings of "bureaucratic" control systems, *JMS*, 37: 521-539; D. Marginson, 2002, Management control systems and their effects on strategy formation at middle-management levels, *SMJ*, 23: 1019-1031; N. Nohria; S. Ghoshal, 1994, Differentiated fit and shared values, *SMJ*, 15: 491-502; N. Nooderhaven; A. Harzing, 2003, The "country-of-origin effect" in multinational corporations, *MIR*, 43: 47-66.
40. P. Beamish; A. Inkpen, 1998, Japanese firms and the decline of the Japanese expatriate, *JWB*, 33: 35-50.

41. N. Boyacigiller, 1990, The role of expatriates in the management of interdependence, complexity, and risk in multinational corporations, *JIBS*, 21: 357-381; Y. Gong, 2003, Subsidiary staffing in multinational enterprises, *AMJ*, 46: 728-739; Y. Paik; J. Sohn, 2004, Expatriate managers and MNCs' ability to control international subsidiaries, *JWB*, 39: 61-71; R. Peterson; J. Sargent; N. Napier; W. Shim, 1996, Corporate expatriate HRM policies, internationalization, and performance in the world's largest MNCs, *MIR*, 36: 215-230.

42. J. Johansson; G. Yip, 1994, Exploiting globalization potential, *SMJ*, 15: 579-601; J. Sohn, 1994, Social knowledge as a control system, *JIBS*, 25: 295-325; R. Tung, 1982, Selection and training procedures of US, European, and Japanese multinational firms, *CMR*, 25: 57-71.

43. C. K. Prahalad; K. Lieberthal, 1998, The end of corporate imperialism, *HBR*, 76 (4): 68-79.

44. L. Palich; L. Gomez-Mejia, 1999, A theory of global strategy and firm efficiency, *JM*, 25: 587-606; P. Pitcher; A. Smith, 2001, Top management team heterogeneity, *OSc*, 12: 1-18; O. Richard; T. Barnett; S. Dwyer; K. Chadwick, 2004, Cultural diversity in management, firm performance, and the moderating role of entrepreneurial orientation, *AMJ*, 47: 227-240; L. Yaconi, 2001, Cross-cultural role expectations in nine European country-units of a multinational enterprise, *JMS*, 38: 1187-1215.

45. R. Berner, 2003, P&G: New and improved, *BW*, 7 de julho: 52-63.

46. T. Davenport; J. Harris; D. DeLong; A. Jacobson, 2001, Data to knowledge to results, *CMR*, 43: 117-137; H. Tsoukas; E. Vladimirou, 2001, What is organizational knowledge?, *JMS*, 38: 573-593.

47. R. Bhagat; B. Kedia; P. Harveston; H. Triandis, 2002, Cultural variations in the cross-border transfer of organizational knowledge (p. 205), *AMR*, 27: 204-221.

48. T. Davenport; L. Prusak, 1998, *Working Knowledge*, Boston: Harvard Business School Press; I. Nonaka; H. Takeuchi, 1997, *The Knowledge-Creating Company*, Oxford, Reino Unido: Oxford University Press.

49. L. Argote; B. McEvily; R. Reagans, 2003, Managing knowledge in organizations, *MS*, 49: 571-582; R. Bettis; C. K. Prahalad, 1995, The dominant logic, *SMJ*, 16: 5-14; H. Bresman; J. Birkinshaw; R. Nobel, 1999, Knowledge transfer in international acquisitions, *JIBS*, 30: 439-462; J. Child; R. McGrath, 2001, Organizations unfettered, *AMJ*, 44: 1135-1148; Y. Chuang; J. Baum, 2003, It's all in the name, *ASQ*, 48: 33-59; K. Conner; C. K. Prahalad, 1996, A resource-based theory of the firm, *OSc*, 7: 472-501; M. Crossan; I. Berdrow, 2003, Organizational learning and strategic renewal, *SMJ*, 24: 1087-1105; M. Crossan; H. Lane; R. White, 1999, An organizational learning framework, *AMR*, 24: 522-537; R. Grant, 1996, Toward a knowledge-based theory of the firm, *SMJ*, 17: 109-122; G. Huber, 1991, Organizational learning, *OSc*, 2: 88-115; B. Kogut; U. Zander, 1993, Knowledge of the firm and the evolutionary theory of the multinational corporation, *JIBS*, 24: 625-645; R. Langlois, 2002, Modularity in technology and organization, *JEBO*, 49: 19-37; J. March, 1991, Exploration and exploitation in organizational learning, *OSc*, 2: 71-87; S. Matusik; C. Hill, 1998, The utilization of contingent work, knowledge creation, and competitive advantage, *AMR*, 23: 680-697; O. Sorenson, 2003, Interdependence and adaptability, *MS*, 49: 446-463; J. Thomas; S. Sussman; J. Henderson, 2001, Understanding strategic learning, *OSc*, 12: 331-345; D. Vera; M. Crossan, 2004, Strategic leadership and organizational learning, *AMR*, 29: 222-240.

50. A. Gupta, V. Govindarajan, 2004, *Global Strategy and Organization* (p. 104), Nova York: Wiley.

51. X. Martin; R. Salomon, 2003, Knowledge transfer capacity and its implications for the theory of the multinational enterprise, *JIBS*, 34: 356-373; U. Schultze; C. Stabell, 2004, Knowing what you don't know? *JMS*, 41: 549-573; G. Szulanski, 1996, Exploring internal stickiness, *SMJ*, 17: 27-43.

52. K. Hewett; M. Roth; K. Roth, 2003, Conditions influencing headquarters and foreign subsidiary roles in marketing activities and their effects on performance, *JIBS*, 34: 567-585; K. Ito; E. Rose, 1994, The genealogical structure of Japanese firms, *SMJ*, 15: 35-51; S. Kumar; A. Seth, 1998, The design of coordination and control mechanisms for managing JV-parent relationships, *SMJ*, 19: 579-599; Y. Luo; H. Zhao, 2004, Corporate link and competitive strategy in multinational enterprises, *JIM*, 10: 77-105.

53. J. Anand; A. Delios, 1997, Location specificity and the transferability of downstream assets to foreign subsidiaries, *JIBS*, 28: 579-604; M. Lord; A. Raft, 2000, Organizational learning about new international markets, *JIBS*, 31: 573-589; Y. Luo; M. W. Peng, 1999, Learning to compete in a transition economy: Experience, environment, and performance, *JIBS*, 30: 269-296; J. M. Shaver; W. Mitchell; B. Yeung, 1997, The effect of own-firm and other-firm experience on foreign direct investment survival in the United States, *SMJ*, 18: 811-824.

54. M. Porter; H. Takeuchi; M. Sakakibara, 2000, *Can Japan Compete?* (p. 80), Cambridge, MA: Perseus.

55. Y. Doz; J. Santos; P. Williamson, 2001, *From Global to Metanational*, Boston: Harvard Business School Press.

56. G. Hedlund, 1994, A model of knowledge management and the N-form corporation, *SMJ*, 15: 73-90.

57. P. Almeida, 1996, Knowledge sourcing by foreign multinationals, *SMJ*, 17: 155-166; K. Asakawa; M. Lehrer, 2003, Managing local knowledge assets globally, *JWB*, 38: 31-42; R. Belderbos, 2003, Entry mode, organizational learning, and R&D in foreign affiliates, *SMJ*, 24: 235-255; J. Birkinshaw; N. Hood, 2000, Characteristics of foreign subsidiaries in industry clusters, *JIBS*, 31: 141-154; J. Cheng; D. Bolon, 1993, The management of multinational R&D, *JIBS*, 24: 1-18; T. Frost, 2001, The geographic sources of foreign subsidiaries' innovations, *SMJ*, 22: 101-123; W. Kuemmerle, 1999, The drivers of foreign direct investment into research and development, *JIBS*, 30: 1-24; M. Lehrer; K. Asakawa, 2002, Offshore knowledge incubation, *JWB*, 37: 297-306; J. Penner-Hahn, 1998, Firm and environmental influences on the mode and sequence of foreign R&D activities, *SMJ*, 19: 149-168; M. Zedtwitz; O. Gassman; R. Boutellier, 2004, Organizing global R&D, *JIM*, 10: 21-49.

58. M. W. Peng; D. Wang, 2000, Innovation capability and foreign direct investment, *MIR*, 40: 79-83.

59. M. Porter, 1990, *The Competitive Advantage of Nations*, Nova York: Free Press.

60. O. Shenkar; Y. Luo, 2004, *International Business* (p. 339), Nova York: Wiley.

61. L. Cardinal, 2001, Technological innovation in the pharmaceutical industry, *OSc*, 12: 19-36; R. Henderson; I. Cockburn, 1994, Measuring competence? *SMJ*, 15: 63-84; R. Katila; G. Ahuja, 2002, Something old, something new, *AMJ*, 45: 1183-1194; A. Knott, 2003, Persistent heterogeneity and sustainable innovation, *SMJ*, 24: 687-705; M. Mone; W. McKinley; V. Barker, 1998, Organizational decline and innovation, *AMR*, 23: 115-132; W. Robinson; J. Chiang, 2002, Product development strategies for established market pioneers, early followers, and late entrants, *SMJ*, 23: 855-866; M. Sakakibara, 1997, Heterogeneity of firm capabilities and cooperative R&D, *SMJ*, 18: 143-164; G. Verona, 1999, A resource-based view of product development, *AMR*, 24: 132-142.

62. N. Argyres; B. Silverman, 2004, R&D, organization structure, and the development of corporate technological knowledge, *SMJ*, 25: 929-958; S. Roden; C. Gulanic, 2004, More than network structure, *SMJ*, 25: 541-562.

63. Esta seção baseia-se em Gupta; Govindarajan, 2004, *Global Strategy and Organization*.

64. S. Graves; N. Langowitz, 1993, Innovative productivity and returns to scale in the pharmaceutical industry, *SMJ*, 14: 593-605; H. Greve, 2003, A behavioral theory of R&D expenditures and innovations, *AMJ*, 46: 685-702.

65. G. Ahuja; R. Katila, 2001, Technological acquisitions and the innovation performance of acquiring firms, *SMJ*, 22: 197-220; U. Andersson; M. Forsgren; U. Holm, 2002, The strategic impact of external networks, *SMJ*, 23: 979-996; D. Gerwin; J. Ferris, 2004, Organizing new product development projects in strategic alliances, *OSc*, 15: 22-37; J. Hagedoorn; G. Duysters, 2002, External sources of innovative capabilities, *JMS*, 39: 167-188; A. Lam, 2003, Organizational learning in multinationals, *JMS*, 40: 673-703; J. S. Lee; J. Lee; H. Lee, 2003, Exploration and exploitation in the presence of network externalities, *MS*, 49: 553-570; W. Mc-Cutchen; P. Swamidas; B. Teng, 2004, R&D risk-taking in strategic alliances, *MIR*, 44: 53-67; T. Menon; J. Pfeffer, 2003, Valuing internal vs. external knowledge, *MS*, 49: 497-513; M. Mol; P. Pauwels; P. Matthyssens; L. Quintens, 2004, A technological contingency perspective on the depth and scope of international outsourcing, *JIM*, 10: 287-305; R.

Narula; G. Duysters, 2004, Globalization and trends in international R&D alliances, *JIM*, 10: 199-218; R. Reagans; B. McEvily, 2003, Network structure and knowledge transfer, *ASQ*, 48: 240-267; F. Rothaermel; D. Deeds, 2004, Exploration and exploitation alliances in biotechnology, *SMJ*, 25: 201-221; W. Sheremata, 2004, Competing through innovation in network markets, *AMR*, 29: 359-377.

66. H. Greve; A. Taylor, 2000, Innovations as catalysts for organizational change, *ASQ*, 45: 54-80; D. Hoopes; S. Postrel, 1999, Shared knowledge, "glitches", and product development performance, *SMJ*, 20: 837-865; J. Spencer, 2003, Firms' knowledge-sharing strategies in the global innovation system, *SMJ*, 24: 217-233; J. Sorensen; T. Stuart, 2000, Aging, obsolescence, and organizational innovation, *ASQ*, 45: 81-112; M. Yamin; J. Otto, 2004, Patterns of knowledge flows and MNE innovative performance, *JIM*, 10: 239-258.

67. Berner, 2003, P&G; J. Greene, 2003, Reinventing corporate R&D, *BW*, 22 de setembro: 74-76.

68. J. Song; P. Almeida; G. Wu, 2003, Learning-by-hiring, *MS*, 49: 351-365.

69. R. Daft; R. Lengel, 1986, Organization information requirements, media richness, and structural design, *MS*, 32: 554-571; S. Ghoshal; H. Korine; G. Szulanski, 1994, Interunit communication in multinational corporations, *MS*, 40: 96-110; R. Nobel; J. Birkinshaw, 1998, Innovation in multinational corporations, *SMJ*, 19: 479-496.

70. B. Ambos; B. Schlegelmilch, 2004, The use of international R&D teams, *JWB*, 39: 37-48; T. Atamer; D. Schweiger, 2003, Transnational horizontal project teams, *JWB*, 38: 81-83; S. Chevrier, 2003, Cross-cultural management in multinational project groups, *JWB*, 38: 141-149; P. C. Earley; E. Mosakowski, 2000, Creating hybrid team cultures, *AMJ*, 43: 26-49; K. Goodall; J. Roberts, 2003, Only connect: Teamwork in the multinational, *JWB*, 38: 150-160; B. Kirkman; B. Rosen; P. Tesluk; C. Gibson, 2004, The impact of team empowerment on virtual team performance, *AMJ*, 47: 175-192; K. Lagerstrom; M. Andersson, 2003, Creating and sharing knowledge within a transnational team, *JWB*, 38: 84-95; R. Lunnan; T. Barth, 2003, Managing the exploration vs. exploitation dilemma in transnational "bridging teams", *JWB*, 38: 110-126; M. Maznevski; K. Chudoba, 2000, Building space over time, *OSc*, 11: 473-492; A. Mendez, 2003, The coordination of globalized R&D activities through project teams organization, *JWB*, 38: 96-109; M. Montoya-Weiss; A. Massey; M. Song, 2001, Getting it together, *AMJ*, 44: 1251-1262; J. Salk; M. Brannen, 2000, National culture, networks, and individual performance in a multinational management team, *AMJ*, 43: 191-202; D. Schweiger; T. Atamer; R. Calori, 2003, Transnational project teams and networks, *JWB*, 38: 127-140; M. Zellmer-Bruhn, 2003, Interruptive events and team knowledge acquisition, *MS*, 49: 514-528.

71. W. Cohen; D. Levinthal, 1990, Absorptive capacity, *ASQ*, 35: 128-152; P. Lane; J. Salk; M. Lyles, 2001, Absorptive capacity, learning, and performance in international joint ventures, *SMJ*, 22: 1139-1162; M. Lenox; A. King, 2004, Prospects for developing absorptive capacity through internal information provision, *SMJ*, 25: 331-345; M. Schulz, 2003, Pathways of relevance, *OSc*, 14: 440-459; W. Tsai, 1999, Knowledge transfer in intraorganizational networks, *AMJ*, 44: 996-1005; A. Van Den Bosch; H. Volberda; M. Boer, 1999, Coevolution of firm absorptive capacity and knowledge environment, *OSc*, 10: 551-568; S. Zahra; G. George, 2002, Absorptive capacity: A review, reconceptualization, and extension, *AMR*, 27: 185-203.

72. M. Lyles; J. Salk, 1996, Knowledge acquisition from foreign parents in IJVs, *JIBS*, 27: 877-903.

73. W. C. Kim; R. Mauborgne, 1998, Procedural justice, strategic decision making, and the knowledge economy, *SMJ*, 19: 328-338; R. Muralidharan; R. Hamilton, 1999, Aligning multinational control systems, *LRP*, 32: 352-361; K. Roth; S. O'Donnell, 1996, Foreign subsidiary compensation strategy, *AMJ*, 39: 678-703; T. Zenger; W. Hesterly, 1997, The disaggregation of corporations, *OSc*, 8: 209-222.

74. P. Ensign, 2002, Reputation and technological knowledge sharing among R&D scientists in the multidivisional, multinational firm, PhD dissertation, University of Montreal; H. Kim; J. Park; J. Prescott, 2003, The global integration of business functions, *JIBS*, 34: 327-344; M. Hansen, 1999, The search-transfer problem, *ASQ*, 44: 82-111; I. Ma-

nev; W. Stevenson, Nationality, cultural distance, and expatriate status, *JIBS*, 32: 285-304; S. O'Donnell, 2000, Managing foreign subsidiaries, *SMJ*, 21: 525-548; W. Ouchi, 1980, Markets, bureaucracies, and clans, *ASQ*, 25: 129-141; R. Reagans; E. Zuckerman, 2001, Networks, diversity, and productivity, *OSc*, 12: 502-517; M. Subramaniam; S. Rosenthal; K. Hatten, 1998, Global new product development processes, *JMS*, 35: 773-796; M. Subramaniam; N. Venkatraman, 2001, Determinants of transnational new product development capability, *SMJ*, 22: 359-378; M. Thomas-Hunt; T. Odgen; M. Neale, 2003, Who's really sharing? *MS*, 49: 464-477; E. Tsang, 2002, Acquiring knowledge by foreign partners from international joint ventures in a transition economy, *SMJ*, 23: 835-854; P. Wang; T. Tong; C. Koh, 2004, An integrated model of knowledge transfer from MNC parent to China subsidiary, *JWB*, 39: 168-182.

75. T. Kostova; K. Roth, 2003, Social capital in multinational corporations and a micro-macro model of its formation, *AMR*, 28: 297-317. Ver também P. Adler; S. Kwon, 2002, Social capital, *AMR*, 27: 17-40; K. Turner; M. Makhija, 2005, The role of organizational controls in managing knowledge, *AMR* (no prelo).

76. M. W. Peng; Y. Luo, 2000, Managerial ties and firm performance in a transition economy: The nature of a micro-macro link, *AMJ*, 43: 486-501; W. Tsai; S. Ghoshal, 1998, Social capital and value creation, *AMJ*, 41: 464-476; A. Zaheer; B. McEvily; V. Perrone, 1998, Does trust matter?, *OSc*, 9: 1-20.

77. S. Beechler; J. Zhang, 1994, The transfer of Japanese-style management to American subsidiaries, *JIBS*, 25: 467-491; R. Durand, 2003, Predicting a firm's forecasting ability, *SMJ*, 24: 821-838; R. Edwards; A. Ahmad; S. Moss, 2002, Subsidiary autonomy, *JIBS*, 33: 183-192; T. Kostova; K. Roth, 2002, Adoption of an organizational practice by subsidiaries of multinational corporations, *AMJ*, 45: 215-233.

78. B. Allred; K. S. Swan, 2004, Contextual influences on international subsidiaries' product technology strategy, *JIM*, 10: 259-286; S. Floyd; P. Lane, 2000, Strategizing throughout the organization, *AMR*, 25: 154-177; M. Geppert; K. Williams; D. Matten, 2003, The social construction of contextual rationalities in MNCs, *JMS*, 40: 617-641; M. Kriger, 1988, The increasing role of subsidiary boards in MNCs, *SMJ*, 9: 347-360; J. Medcof, 2001, Resource-based strategy and managerial power in networks of internationally dispersed technology units, *SMJ*, 22: 999-1012; K. Moore, 2001, A strategy for subsidiaries, *MIR*, 41: 275-290; W. Newburry, 2001, MNC interdependence and local embeddedness influences on perception of career benefits from global integration, *JIBS*, 32: 497-507; J. Taggart, 1998, Strategy shifts in MNC subsidiaries, *SMJ*, 19: 663-81.

79. J. Birkinshaw, 2000, *Entrepreneurship in the Global Firm* (p. 8), Londres: Sage Publishing, Inc.

80. C. Galunic; K. Eisenhardt, 2001, Architectural innovation and modular corporate forms, *AMJ*, 44: 1229-1249; L. Poppo, 2003, The visible hands of hierarchy within the M-form, *JMS*, 40: 403-430.

81. J. Birkinshaw; N. Hood; S. Jonsson, 1998, Building firm-specific advantages in multinational corporations, *SMJ*, 19: 221-241; R. Burgelman, 1983, A process model of internal corporate venturing in the diversified firm, *ASQ*, 28: 223-244; J. Stopford; C. Baden-Fuller, 1994, Creating corporate entrepreneurship, *SMJ*, 15: 521-536.

82. S. Feinberg, 2000, Do world product mandates really matter? *JIBS*, 31: 155-167.

83. Y. Cheng; A. Van de Ven, 1996, Learning the innovation journey, *OSc*, 7: 593-614; K. Koput, 1997, A chaotic model of innovative search, *OSc*, 8: 528-542; D. Polley, 1997, Turbulence in organizations, *OSc*, 8: 445-457.

84. L. Franko, 2003, Designing multinational organizations (p. 104). In: Birkinshaw et al. (eds.), 2003, *The Future of the Multinational Company* (p. 100-114).

85. R. Crockett, 2004, Reinventing Motorola, *BW*, 2 de agosto: 82-83.

86. Esta seção baseia-se em J. Birkinshaw; S. Terjesen, 2003, The customer-focused multinational. In: Birkinshaw et al. (eds.), *The Future of the Multinational Company* (p. 115-127).

87. T. Hult; D. Ketchen, 2001, Does market orientation matter? *SMJ*, 22: 899-907.

88. *Economist*, 2004, Simplifying Philips, 12 de junho: 66.

89. S. Reed, 2003, Work your magic, Herr Dormann, *BW*, 10 de fevereiro: 46.

CAPÍTULO 11

Governando a corporação ao redor do mundo

Sumário

- Definindo governança corporativa
- Proprietários
- Administradores
- Quadro de diretores
- Mecanismos de governança como pacotes
- Perspectiva global
- Visões sobre governança corporativa baseadas em indústrias, em recursos e em instituições
- Discussões e extensões
- Implicações para os estrategistas

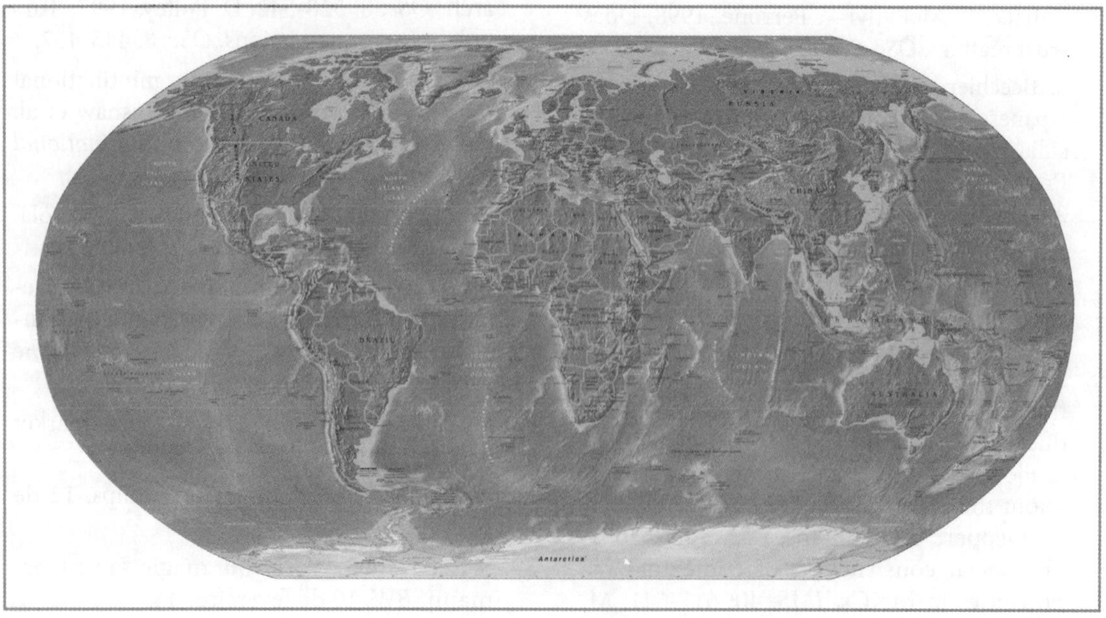

Caso de Introdução: DaimlerChrysler

Desde que a Daimler-Benz (http://www.daimler-benz.com) e a Chrysler (http://www.chrysler.com) se fundiram, em 1998, suas diferenças com relação à governança corporativa, como (1) composição do quadro de diretores, (2) funções do quadro de diretores e (3) compensação executiva, chamaram a atenção. Com relação à composição do quadro de diretores, as empresas norte-americanas utilizam um único quadro, que consiste tanto de diretores internos (executivos) quanto de diretores externos (não-executivos) – 75% dos diretores da Chrysler eram externos. As empresas alemãs utilizam um sistema de dois níveis: um conselho consultivo, superior (composto de não-executivos) e um conselho administrativo, inferior (composto de executivos). Por lei, metade dos membros do conselho consultivo deve ser funcionários – uma prática singular denominada "co-determinação". Os acionistas (geralmente bancos) controlam a outra metade do conselho consultivo.

Os quadros de diretores também funcionam de forma diferente. Um quadro tipicamente norte-americano faz reuniões freqüentes – o da Chrysler reunia-se em média uma vez por mês. O conselho consultivo da Daimler-Benz reunia-se somente seis vezes ao ano, número alto para os padrões alemães. Parece óbvio que um quadro de diretores que raramente se encontra seja menos informado e menos capaz de monitorar a administração do que um que se reúne com freqüência. Esse contraste entre a Chrysler e Daimler-Benz é impressionante. O quadro de diretores da primeira foi informado da iminente fusão em fevereiro de 1998, três meses antes de seu anúncio. Jurgen Schrempp, diretor-executivo e presidente do conselho administrativo da Daimler-Benz, ocultou a informação de ambos os conselhos. Informou o conselho administrativo somente em abril e o conselho consultivo em maio, apenas um dia (!) antes da fusão ser anunciada.

Outra importante diferença é o salário dos executivos. Os executivos norte-americanos dispõe de lucrativas opções para compra de ações. As leis alemãs nem sequer reconhecem essas opções. Os salários dos executivos alemães são modestos em comparação ao que é oferecido nos Estados Unidos. Em 1997, os dez membros do conselho administrativo da Daimler-Benz receberam um total de US$ 11 milhões, de US$1,5 milhão a US$ 2 milhões foram para Schrempp. Nesse mesmo ano, Robert Eaton, presidente do conselho e diretor-executivo da Chrysler, recebeu, entre salários e bonificações, US$ 4,6 milhões, e lucrou com ações outros US$ 5 milhões. Além disso, os cinco maiores executivos da Chrysler levam para casa mais do que o triplo daquilo que seus dez colegas da Daimler-Benz recebem.

Inicialmente, apregoou-se que a DaimlerChrysler (http://www.daimlerchrysler.com) era uma "fusão entre iguais", composta de dois co-presidentes de conselho, Schrempp e Eaton. Entretanto, logo ficou claro quem comandava: a DaimlerChrysler seria incorporada sob as leis alemãs. Na espinhosa questão dos pagamentos dos executivos, ambos os lados concordaram que nada deveria ser mudado por dois anos. O primeiro relatório anual pós-fusão preocupou os acionistas norte-americanos, pois (embora legal na Alemanha) era bem menos detalhado do que se esperava. Por exemplo, não havia por menores acerca dos pagamentos dos executivos, da detenção de ações por diretores dos maiores proprietários. Devido a esse controle alemão sobre tudo, os executivos norte-americanos andavam desanimados e muitos abandonaram seus cargos. Os alemães, por outro lado, ressentiam-se do fato de os administradores norte-americanos ganharem duas ou três vezes mais. Em 2001, Eaton renunciou ao cargo de co-presidente do conselho antes do planejado e foi substituído por um executivo alemão.

Devido à intensa competição durante a recessão pós-11 de setembro, os prometidos US$ 3 bilhões de "sinergia" dessa fusão, pelos quais a Daimler-Benz pagou US$ 40 bilhões, continuavam mais esquivos do que nunca. Ao final de 2003, as ações da DaimlerChrysler perderam 56% de seu valor. Ainda pior, em uma entrevista publicada em 2000, Schrempp confirmou que jamais pretendeu tratar a Chrysler de igual para igual; pelo contrário, ela se tornaria uma divisão da DaimlerChrysler. Quando perguntado sobre o motivo pelo qual não divulgou sua real intenção durante as negociações da fusão, Schrempp sugeriu que, se o tivesse feito, os acionistas da Chrysler não teriam concordado. Esses comentários causaram revolta entre os antigos acionistas da Chrysler, que se sentiram enganados e roubados com relação ao prêmio da aquisição. Em 2003, a DaimlerChrysler pagou US$ 300 milhões para encerrar uma ação coletiva e o próprio Schrempp envolveu-se com um tribunal norte-americano, em um caso aberto por Kirk Kerkorian, maior acionista antigo da Chrysler e que controlava 14% das ações. Com 4% de ações da DaimlerChrysler, Kerkorian era o terceiro maior acionista.

Em 2004, Schrempp foi classificado pela *Business Week* como um dos piores administradores do ano. Na reunião dos acionistas, em abril, ele passou horas ouvindo críticas (incluindo pedidos para sua demissão) por ter destruído mais de US$ 40 bilhões em valor de ações desde a fusão com a Chrysler. Devido à norma alemã, segundo a qual os diretores-executivos merecem inúmeras chances, no final das contas, Schrempp recebeu votos importantes. No entanto, os 87% de votos que recebeu foram vistos como uma repreensão severa de uma cultura de acionistas passivos, em que 99% de aprovação é comum.

Fontes: Baseado em (1) *Business Week*, 2004, Worst managers: Jurgen Schrempp, 12 de janeiro: 72-73; (2) *Economist*, 2003, The way we govern now, 11 de janeiro: 59-61; (3) G. Edmondson, 2004, Daimler's fumbles are firing up Europe's shareholders, *Business Week*, 19 de abril: 52; (4) R. Grover, 2003, What a difference a phrase makes, *Business Week*, 24 de novembro: 110-111; (5) R. Monks; N. Minow, 2001, *Corporate Governance*, Oxford, Reino Unido: Blackwell.

Por que há diferenças entre as práticas de governança corporativa de grandes corporações, tais como a Daimler-Benz, a Chrysler e, atualmente, a DaimlerChrysler? Como se pode garantir que os administradores profissionais, como Schrempp e Eaton, que têm uma participação no capital relativamente pequena (ou não), defendam o valor dos acionistas? O que pode ser feito se eles não o fizerem? Essas são algumas das principais questões abordadas neste capítulo, que se centra em como dirigir corporações. Recentemente, a governança corporativa atraiu a atenção de todo o mundo, devido aos escândalos em empresas ocidentais, tais como a Enron, a Royal Ahold e a Parmalat, e aos fracassos em economias emergentes, tais como a crise financeira asiática (1997) e a moratória russa (1998).[1] Compreender a governança corporativa não só é importante para empresas que operam em âmbito doméstico mas também crucial para operações além das fronteiras.

Em primeiro lugar, este capítulo define o que é governança corporativa e, em seguida, discute seu "tripé" (proprietários, administradores e quadro de diretores). Depois, mecanismos de governança internos e externos são introduzidos segundo uma perspectiva global. Posteriormente são apresentadas visões baseadas em indústrias, em recursos e em instituições em relação à governança corporativa. Assim como nos outros capítulos, discussões e extensões encerram esta abordagem.

Definindo governança corporativa

A **governança corporativa** é definida como "a relação entre vários participantes, que determina a direção e o desempenho das corporações".[2] Os principais participantes são (1) os proprietários, (2) os administradores e (3) o quadro de diretores – conhecidos coletivamente como o "tripé" subjacente à governança corporativa (Figura 11.1). Dentre as outras partes interessadas estão os funcionários, os clientes, os fornecedores, os credores e a comunidade. Devido ao fato de os proprietários, como os acionistas, serem a parte mais interessada (e alguns os vêem como a mais importante), para simplificar, o termo "partes interessadas" refere-se às *partes interessadas não acionistas* (ver também capítulo "Definindo estratégias com responsabilidade social corporativa" on-line). A seguir, discute-se cada um dos apoios do tripé.

Proprietários

Os proprietários fornecem o capital, enfrentam os riscos e possuem a empresa – em outras palavras, são capitalistas. O *status* dos proprietários na economia global é tão fundamental que eles deram origem ao termo *capitalismo*. Embora os padrões de propriedade variem ao redor do mundo, os três mais amplos são: (1) propriedade concentrada *versus* difusa; (2) propriedade familiar; e (3) propriedade estatal.

Propriedade Concentrada *versus* Difusa

A propriedade privada é a marca registrada do capitalismo. Os fundadores geralmente abrem empresas e as controlam, por completo, de forma individual ou familiar. Tal fenômeno é denominado **propriedade e controle concentrados**. Entretanto, o montante de capital que um grupo familiar – por mais rico que seja – pode levantar é limitado (ver Capítulo 5). A certa altura, se a empresa aspira crescer, o desejo dos proprietários de manter a empresa nas mãos da família terá de se adaptar à chegada de outros acionistas.[3] A maior parte das grandes corporações de capital aberto dos Estados Unidos e do Reino Unido caracteriza-se atualmente por uma **propriedade difusa**, com numerosos pequenos acionistas, nenhum deles com nível de controle dominante. Em tais empresas, há a separação entre propriedade e controle, em que a propriedade é dispersa entre vários pequenos acionistas e o controle está concentrado nas mãos de administradores profissionais assalariados, que possuem pouca (ou nula) participação no capital.[4]

Mesmo que os proprietários majoritários ou dominantes (como os fundadores) não comandem pessoalmente a empresa, estão interessados em acompanhar de perto a forma como ela é dirigida. Já os proprietários dispersos, participação é pequena, não possuem nem o incentivo nem os recursos para fazê-lo. A maioria dos pequenos acionistas nem sequer comparece à reunião anual dos acionistas, preferem deixar correr e confiar que os outros acionistas monitorarão e disciplinarão o negócio adequadamente. Se não estão felizes, os pequenos acionistas vendem suas ações e investem em outro lugar. Contudo, se todos os acionistas se comportassem dessa maneira, os administradores acabariam por adquirir um significativo poder de controle *efetivo*.

Entretanto, o surgimento de grandes investidores institucionais, como os fundos mútuos e os fundos de aposentadoria administrados de modo profissional, modificou significativamente esse cenário.[5] De 1980 a 1996, grandes investidores institucionais quase que dobraram suas participações na propriedade das corporações dos Estados Unidos de menos de 30% para mais de 50%.[6] Padrões semelhantes podem ser encontrados nas empresas do Reino Unido. Portanto, a propriedade das empresas dos Estados Unidos e do Reino Unido tornou-se mais concentrada nos últimos tempos – em grande parte nas mãos dos investidores institucionais. Os investidores institucionais possuem tanto os incentivos quanto os recursos para monitorar e controlar as ações administrativas de perto. O aumento do tamanho das *holdings* institucionais limita a habilidade do investidor institucional para liquidar suas ações, pois quando a participação de um investidor é grande demais, o preço das ações é desvalorizado com a venda e o vendedor é prejudicado. Portanto, exercer ativamente os direitos dos acionistas, em oposição a vender as ações, é mais atraente aos investidores institucionais.

FIGURA 11.1 O Tripé da Governança Corporativa

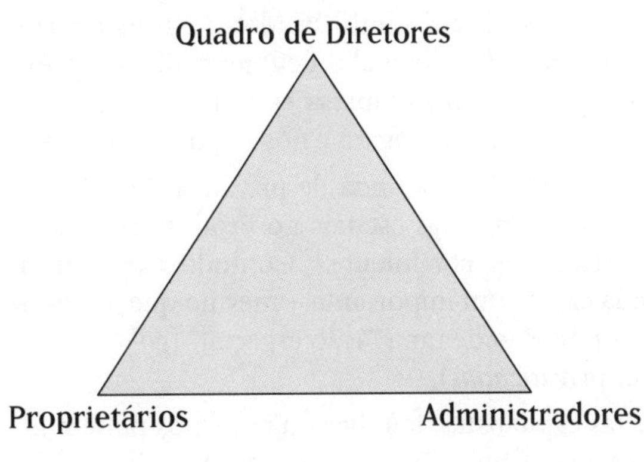

Fonte: Adaptada de R. A. G. Monks; N. Minow, 2001, *Corporate Governance* (cover), Oxford, Reino Unido: Blackwell.

Embora a imagem de corporações controladas seja uma descrição razoavelmente precisa das grandes empresas modernas dos Estados Unidos e do Reino Unido, *não* é isso que ocorre em outras partes do mundo. Fora do mundo anglo-americano, há pouca separação entre propriedade e controle. A posse e o controle da maioria das grandes empresas estão, em geral, nas mãos de famílias ou do Estado, que participam da administração.[7] A seguir, nossa atenção se voltará a empresas familiares e estatais.

Propriedade Familiar

Embora a maior parte das pequenas empresas ao redor do mundo sejam de posse de famílias e estejam sob o controle delas, é interessante notar que a maioria das *grandes* corporações por toda a Europa continental, Ásia, América Latina e África ainda se caracteriza pela propriedade e pelo controle familiares concentrados.[8] Pelo lado positivo, a propriedade e o controle familiares podem fornecer maiores incentivos para que a empresa se centre no desempenho de longo prazo e minimizar o conflito entre proprietários e administradores profissionais, típico de empresas de posse ampla.[9] Entretanto, pelo lado negativo, a propriedade e o controle familiares podem levar à seleção de administradores menos qualificados (filhos e parentes dos proprietários), à destruição do valor devido aos conflitos familiares e à expropriação dos acionistas minoritários (discutida posteriormente na seção "Conflitos Principal-Principal").[10] Até o momento, não há nenhuma evidência conclusiva com relação ao papel positivo ou negativo da propriedade e do controle familiares no desempenho das grandes corporações.[11] Indiscutível, de uma perspectiva global, é a questão de a propriedade e o controle familiares concentrados serem a norma para as grandes corporações fora do mundo anglo-americano.

Propriedade Estatal

Além das famílias, o Estado é um importante proprietário de empresas em muitas partes do mundo. Até o final dos anos de 1980, a propriedade estatal era extensiva em todos os países comunistas – comandava 95 e 78% do Produto Interno Bruto da antiga União Soviética e da China, respectivamente, no início de suas reformas. Fora do bloco comunista, na África, na Ásia e na América Latina, a propriedade estatal era tão extensiva quanto. Em muitas economias desenvolvidas, a propriedade estatal também era bastante presente – comandava 17%, 14% e 11% do Produto Interno Bruto na França, na Itália e na Grã-Bretanha, respectivamente, durante o início dos anos de 1980.

Desde os anos de 1980, a propriedade estatal vem sendo desacreditada à medida que um país após o outro – por exemplo, da Grã-Bretanha ao Brasil e à Bielo-Rússia – percebe que eram comuns desempenhos em suas empresas estatais. Em poucas palavras, as empresas estatais sofriam de um problema de incentivos. Embora, na teoria, todos os cidadãos, incluindo os funcionários, sejam proprietários, na prática, não possuem direitos para requerer a renda residual gerada por essas empresas (assim como os acionistas capitalistas possuem), nem direitos para controlar essas empresas; muito menos possuem poder para transferir ou vender a propriedade que "lhes" pertence. As empresas estatais são *efetivamente* de posse e controle de agências do governo, estão muito distantes dos cidadãos e funcionários comuns. Como conseqüência administradores e funcionários de empresas estatais não são motivados a melhorar o desempenho, do qual dificilmente obterão benefícios pessoais. Da forma mais cínica possível, os funcionários de uma empresa estatal da antiga União Soviética resumiram muito bem essa questão: "Eles fingem que nos pagam e nós fingimos que trabalhamos".

A partir da década de 1980, uma onda de privatizações abalou o mundo e envolveu mais de 100 países. A participação das empresas estatais no Produto Interno Bruto global diminuiu de mais de 10%, em 1979, para cerca de 5%, atualmente.[12] Contudo, as privatizações não acabaram na maioria dos países. O Estado ainda exerce um importante – mesmo que um pouco reduzido – papel em muitas empresas (por exemplo, a retenção de uma "ação especial" [*golden share*] com poder de veto em cerca de ⅓ das empresas russas *privatizadas*).

Em suma, acionistas capitalistas, famílias ou governos podem ser proprietários. Embora a propriedade difusa seja a forma mais típica em empresas dos Estados Unidos e do Reino Unido, as propriedades concentradas familiar e estatal dominam o ambiente corporativo em grande parte do mundo.

Administradores

Administradores, em especial executivos do **conselho de administração geral**, presididos pelo **diretor-executivo**, representam outro apoio crucial do tripé da governança corporativa. Esta seção discute como governar administradores profissionais de empresas estatais e familiares.

Conflitos Principal-Agente

O relacionamento entre acionistas e administradores profissionais pode ser caracterizado como uma relação entre principais e agentes – ou uma **relação de agência**. Os **principais** são pessoas (como proprietários) que delegam autoridade e os **agentes** são pessoas (como administradores) às quais se delega autoridade. A **teoria da agência** faz uma afirmação simples, porém profunda: devido ao fato de os interesses dos principais e dos agentes não serem de todo harmoniosos, haverá **conflitos principal-agente**. Esses conflitos geram custos de agência, que incluem (1) custos para o principal de monitoramento e controle dos agentes, (2) custos para o agente de obtenção do negócio e (3) perdas residuais devido a interesses divergentes de principais e agentes.[13] Em um ambiente corporativo, enquanto os acionistas (principais) estão interessados em maximizar o valor de suas ações em longo prazo, os administradores (agentes) podem estar mais interessados em maximizar seu próprio poder, sua renda e suas bonificações (ver Capítulo 9).

Dentre as manifestações dos problemas de agência estão o consumo excessivo em serviço (como jatos corporativos), os investimentos de baixo risco em curto prazo (como a maximização dos lucros correntes com o corte da função de pesquisa e desenvolvimento em longo prazo) e a diversificação excessiva (*empire-building* – como aquisições que destroem o valor). Em geral, quanto maior a empresa, maior a compensação do executivo. Em 1980, um diretor-executivo norte-americano ganhava, em média, 42 vezes mais do que um operário de produção. Atualmente, a razão é de mais de 400 vezes.[14] Apesar de algumas melhorias no desempenho, é difícil dizer que o desempenho das empresas melhorou dez vezes desde 1980, o que provavelmente justificaria esse aumento em dez vezes das compensações dos executivos.[15] Ao passo que os custos da diversificação excessiva (*empire-building*) e da compensação, com os quais os acionistas têm de arcar, são evidências diretas dos custos de agência, algumas evidências indiretas talvez sejam tão atraentes quanto.[16] Por exemplo, um dos estudos científicos mais macabros constatou que algumas mortes repentinas de executivos – em desastres de avião ou devido a ataques cardíacos – são acompanhadas por um *aumento* nos preços das ações das empresas que esses executivos administravam.[17] Isso sugere que esses executivos, quando vivos, destruíam o valor corporativo e que o mercado de capitais, infelizmente (e de certo modo cruel), agradeceu tais tragédias.

Nas empresas estatais os problemas de agência também são extensos. Devido ao fato de os governos, em geral, possuírem objetivos conflitantes, tais como desenvolver a economia, gerar riqueza e manter as taxas de emprego altas, seus recursos costumam ser insuficientes para monitorar o que está ocorrendo em milhares de empresas estatais. Dessa forma, os administradores, na condição de agentes, adquirem um poder de controle significativo: barganham a menor meta de desempenho possível e entesouram todo o residual que puderem.[18] Não é de se surpreender que numerosas empresas estatais tenham chegado "ao fundo do poço", o que iniciou uma série de reformas.

A primeira razão para a persistência dos problemas de agência são as **assimetrias de informação** entre principais e agentes – em outras palavras, quase sempre os agentes sabem mais sobre a propriedade que administram do que o próprio principal. Como um importante agente, o diretor-executivo sabe muito mais sobre a empresa do que os acionistas ou os oficiais do governo. Embora seja possível reduzir as assimetrias de informação, isso não eliminaria por completo os problemas de agência.

Conflitos Principal-Principal

Considerando que a propriedade e o controle concentrados – não difusos – pelas famílias são a norma em muitas partes do mundo, diferentes tipos de conflito estão em jogo. Um dos principais indicadores da propriedade e do controle familiares concentrados é a prática de se nomear

FIGURA 11.2 Conflitos Principal-Agente e Conflitos Principal-Principal

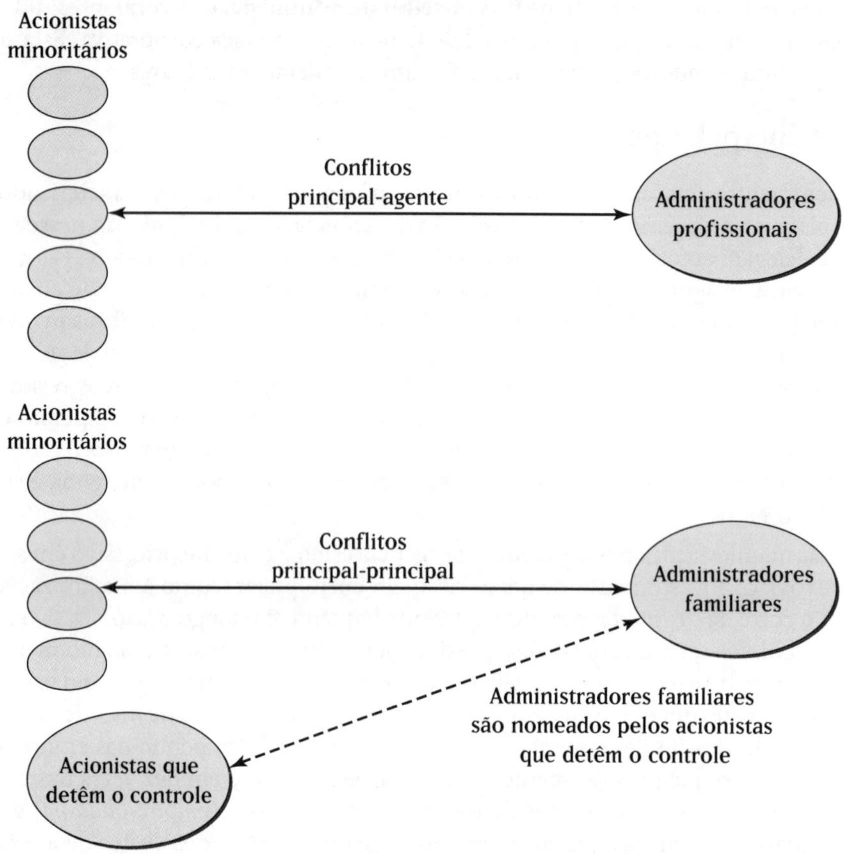

TABELA 11.1 Conflitos Principal-Agente *versus* Conflitos Principal-Principal

	Conflitos Principal-Agente	Conflitos Principal-Principal
Padrão de propriedade	Dispersa — acionistas que possuem 5% de participação no capital são considerados *blockholders* (acionistas majoritários).	Dominante — geralmente os maiores acionistas possuem mais de 50% de participação no capital.
Manifestações	Estratégias que beneficiam administradores entrincheirados à custa dos acionistas (como negligência *shirking*, compensações excessivas e diversificações).	Estratégias que beneficiam os acionistas que detêm o controle à custa dos acionistas minoritários (como expropriação dos acionistas minoritários e troca de favores).
Proteção institucional a acionistas minoritários	Restrições formais (como os tribunais) protegem mais os direitos dos acionistas. As normas informais ajudam na maximização da riqueza dos acionistas.	Geralmente falta proteção institucional formal. Em geral, as normas informais são a favor dos acionistas que detêm o controle.
Mercado de controle corporativo	Ativo, pelo menos no início, como "última opção de mecanismo de governança".	Inativo mesmo no início. A propriedade concentrada impede as tentativas de aquisição.

Fonte: Adaptada de M. Young; M. W. Peng; D. Ahlstrom; G. Bruton, 2002, Governing the corporation in emerging economies: A principal-principal perspective, *Academy of Management Best Papers Proceedings*, Denver.

Estratégia em Ação 11.1.

Parmalat da Itália Azeda

Em 15 de dezembro de 2003, surgiu um problema na Parmalat (*http://www.parmalat.com*), uma das maiores fabricantes de laticínios do mundo, que possui matriz na Itália e operações na Argentina, no Brasil, no Chile, na China, na França, na Alemanha, na Hungria, no México, no Paraguai, na Rússia, na Espanha, nos Estados Unidos e no Uruguai. Naquele dia, Calisto Tanzi, fundador, presidente do conselho e diretor-executivo, renunciou aos cargos. Promotores italianos descobriram que administradores inventaram ativos a fim de cobrir impressionantes US$ 16,2 bilhões em passivos e falsificaram contas durante 15 anos, o que levou a companhia de US$ 9,2 bilhões à falência em 27 de dezembro. Essas ações justificam o apelido "Enron da Europa" dado à Parmalat. Assim como da Enron, os problemas da Parmalat provavelmente foram ignorados por tanto tempo porque as pessoas eram iludidas pelas constantes autopromoções da empresa. Ninguém sabe ao certo se os fundos extraviados foram utilizados para cobrir as perdas operacionais, pagar aos credores ou enriquecer, de forma ilegal, os principais administradores, que eram da família do fundador. Os balanços patrimoniais falsos permitiram que a Parmalat continuasse tomando empréstimos. Tanzi também confessou haver sonegado outros US$ 620 milhões a fim de cobrir as perdas de outras companhias da família.

Antes de o escândalo vir à tona, a Parmalat já era famosa por não ser transparente. De uma perspectiva de governança corporativa, os grandes investidores da Parmalat não tiveram poder algum para mudar o comportamento de Tanzi e seus assistentes. Na verdade, não se sabe se os investidores realmente se esforçaram para exigir declarações mais rigorosas e o fim da "libertinagem".

Bancos respeitados, como o Citigroup (*http://www.citigroup.com*), o J. P. Morgan (*http://www.jpmorgan.com*) e o Deutsche Bank (*http://www.deutsche-bank.de*), estavam dispostos a construir as operações de derivativos por meio das quais a Parmalat transferia fundos para paraísos fiscais. A Parmalat não conseguiu declarar várias informações à Standard & Poor's (S&P, *http://www.standardandpoors.com*), embora a agência, com satisfação, atribuísse às ações da empresa italiana a classificação grau de investimento. Somente quando a Parmalat entrou em crise, ficou claro quão equivocada estava a Standard & Poor's.

Fontes: esse estudo de caso foi escrito por Yi Jiang (Fisher College of Business, Universidade de Ohio). Baseado em (1) *Economist*, 2003, Déjà vu all over again? 20 de dezembro: 95-96; (2) *Economist*, 2004, Turning sour, 3 de janeiro: 8-9; (3) G. Edmondson, 2004, How Parmalat went sour, *Business Week*, 12 de janeiro: 46-48. Reimpresso com permissão do autor.

membros da família para os cargos de presidente do conselho, de diretor-executivo e de outros do conselho de administração geral. Na Ásia Oriental (exceto a China), o presidente do conselho e o diretor-executivo são membros da família que controla o negócio em cerca de 57% das corporações.[19] Na Europa continental, esse número marca 68%.[20] As famílias conseguem fazê-lo, pois são acionistas (embora não necessariamente majoritários) que detêm o controle. Por exemplo, em 2003, com 33 anos, James Murdoch foi nomeado diretor-executivo da British Sky Broadcasting (BSkyB), a maior rede de televisão via satélite da Europa, apesar da grande resistência dos acionistas minoritários. A razão? James é filho de Rupert Murdoch, que controla 35% da empesa e preside o quadro de diretores.

O caso da British Sky Broadcasting é um exemplo clássico de conflitos que ocorrem em empresas de posse e controle familiares. Em vez de conflitos entre principais (acionistas) e agentes (administradores profissionais), os maiores conflitos ocorrem entre duas classes de principais: acionistas que detêm o controle e acionistas minoritários – são os **conflitos principal-principal**[21] (ver Figura 11.2 e Tabela 11.1). Os administradores familiares, como Rupert e James Murdoch, que representam (ou são) acionistas que detêm o controle, geralmente favorecem os interesses da família à custa dos acionistas minoritários. Embora os administradores familiares, sendo proprietários, possuam incentivos para manter o valor da empresa, as posições dominantes que ocupam *tanto* como principais *quanto* como agentes (administradores) permitem que passem por cima dos mecanismos de governança tradicionais desenvolvidos a fim de reduzir os conflitos principal-agente. Por exemplo, o quadro de diretores, um mecanismo desenvolvido para supervisionar o diretor-executivo, raramente é eficaz quando o diretor-executivo a ser avaliado é o filho do presidente do quadro.

O resultado é que os administradores familiares, que representam (ou são) acionistas que detêm o controle, podem se envolver na **expropriação** dos acionistas minoritários, definida como as atividades que enriquecem os acionistas que detêm maior controle à custa de acionistas minoritários.[22] Por exemplo, administradores pertencentes à família que detém o controle podem desviar recursos da empresa para uso pessoal ou familiar. Cunhada, pela primeira vez, na República Tcheca, essa atividade é denominada ***tunneling*** **(construção de túneis)** – cava-se um túnel para desvio de verba.[23] Por exemplo, na Parmalat da Itália, bilhões de dólares foram desviados pelos "túneis" construídos pelos administradores familiares (ver Estratégia em Ação 11.1). Embora o *tunneling* seja ilegal, a expropriação pode ser legalmente realizada por meio de **transações relacionadas**, em que proprietários que detêm o controle de uma empresa vendem ativos a outra empresa de sua propriedade a preços abaixo dos de mercado ou desmembram a parte mais lucrativa de uma empresa pública, fundindo-a em outra de suas empresas privadas (ver Caso de Conclusão).[24] Os administradores familiares geralmente estabelecem empresas privadas com o propósito expresso de implementar esse tipo de transação relacionadas. Apesar da presença multinacional do império midiático de Rupert Murdoch (News Corporation, Fox Network e *The Times* of London, além da British Sky Broadcasting), poucos ouviram falar de sua empresa 100% privada, a Cruden Investments, que está no topo da "pirâmide" de suas companhias.[25]

Ao passo que a prática e a pesquisa da governança corporativa da maioria das corporações dos Estados Unidos e do Reino Unido centram-se em como controlar os administradores profissionais devido à separação entre propriedade e controle, em outras partes do mundo é tão ou mais importante saber como governar administradores de empresas estatais e familiares, em que a propriedade e o controle são concentrados.

Quadro de diretores

Como intermediário entre proprietários e administradores, o quadro de diretores supervisiona e ratifica as decisões estratégicas, avalia, premia e, se necessário, pune os principais administradores.

Principais Características do Quadro

Dentre as principais características do quadro estão: (1) tamanho; (2) composição; (3) propriedade; (4) liderança; e (5) interconexão. Cada uma representa uma importante dimensão de função desse quadro.

Tamanho

O tamanho médio do quadro varia ao redor do mundo. Atualmente, os quadros dos Estados Unidos possuem de 10 a 11 membros. Um quadro sem uma quantidade significativa de diretores capacitados não é capaz de cumprir com suas funções multidimensionais.[26] Por outro lado, um quadro excessivamente grande, assim como (até pouco tempo) o típico quadro japonês, composto de várias dúzias de diretores, pode reduzir a velocidade das tomadas de decisão. Não é de se surpreender que as principais empresas japonesas tenham diminuído o número de diretores (*downsizing*) de seus quadros a partir dos anos de 1990 (por exemplo, de 42 para 13, na Nissan; de 37 para 17, na NEC; e de 39 para 10, na

Sony).[27] Uma das formas de tornar um grande quadro mais administrável é estabelecer comitês de auditoria, de compensação e de nomeação, por exemplo, cada qual encarregado de uma missão especializada.

Composição

Também conhecida como mistura de internos/externos, a composição do quadro tem atraído atenção. A tendência ao redor do mundo é a introdução de um maior número de **diretores externos**, definidos como os membros do quadro de diretores que não exercem a função de administradores. Os diretores externos são mais independentes com relação à administração e podem assegurar melhor os interesses dos acionistas.[28] Nos Estados Unidos, há menos de meio século, a maioria dos quadros era totalmente, ou em sua maior parte, composta de **diretores internos**, que eram os principais executivos. Na recente era pós-Enron, muitas empresas norte-americanas estão se dirigindo à direção oposta: favorecem um quadro independente, com exceção do diretor-executivo e, talvez, do diretor de finanças. Em comparação, os quadros japoneses somente introduzem diretores externos, que são, em geral, de bancos, quando a empresa está passando por dificuldades financeiras.[29]

Embora haja forte crença a favor da maior proporção de diretores externos, a pesquisa acadêmica *não conseguiu* estabelecer, empiricamente, uma ligação entre a razão externos/internos e o desempenho da empresa.[30] Escândalos recentes indicam que até companhias "de sucesso" com uma maioria de diretores externos em seus quadros (havia, em média, 74% de diretores externos na Enron, na Global Crossing, na Qwest e na Tyco, no ano anterior ao surgimento dos escândalos) podem ser contaminadas por problemas de governança significativos.[31] Alguns desses diretores externos, ainda que não sejam funcionários da empresa, podem possuir relacionamentos familiares e/ou profissionais com a empresa ou com a administração dela.

Propriedade

Diretores externos são pessoas ocupadas, que geralmente exercem outros trabalhos, em tempo integral, em outros lugares. Em razão da demanda pelo tempo e pela atenção desses diretores, como eles podem ser motivados a executar um bom trabalho? Oferecer aos diretores uma parte da propriedade costuma ser um bom incentivo.[32] Em média, 91% dos diretores dos quadros das 500 empresas classificadas pela agência norte-americana Standard & Poor's detêm ações, e 56% dos 500 quadros classificados são compostos inteiramente de diretores-acionistas.

Liderança

A liderança do quadro – tanto se o quadro for comandado por um presidente do conselho separado quanto se o diretor-executivo acumular as funções de diretor-executivo e de presidente do conselho, situação denominada **dualidade do diretor-executivo** – também é uma característica importante. Da perspectiva da teoria da agência, se a função do quadro é supervisionar agentes como o diretor-executivo, parece imperativo que este seja presidido por outro indivíduo.[33] Do contrário, como o diretor-executivo pode ser avaliado pelo corpo que preside?[34] Entretanto, em uma corporação comandada por dois principais líderes – um presidente do conselho do quadro e um diretor-executivo – pode faltar unidade de comando e haver conflito entre os níveis superiores. Não é de se surpreender que haja significativa divergência entre os países. Por exemplo, ao passo que a maioria das grandes empresas do Reino Unido separa os dois cargos de liderança, a maior parte das grandes empresas dos Estados Unidos os combina. Uma dificuldade prática, freqüentemente mencionada pelos quadros norte-americanos, é o recrutamento de um diretor-executivo capacitado que não possuía o título de presidente do conselho do quadro.

Em outros países, ambas as práticas podem ser encontradas. Na Alemanha e na Áustria, que possuem um sistema de dois níveis em seus quadros, o presidente do conselho consultivo sempre é um não-executivo, ao passo que o conselho administrativo é presidido pelo diretor-executivo (ver Caso de Introdução). Na Ásia Oriental e na América Latina, onde a maior parte das empresas é de propriedade e controle familiares concentrados, a dualidade do diretor-executivo é extensiva. A eficácia dessas duas práticas ainda está sendo avaliada, considerando que as pesquisas acadêmicas *não* sustentam a visão de que empresas lideradas por um presidente do conselho do quadro separado sobrepujam aquelas que apresentam a dualidade do diretor-executivo.[35] Entretanto, as empresas ao redor do mundo têm sido pressionadas para separar esses importantes cargos a fim de, no mínimo, mostrarem que são sérias com relação ao controle do diretor-executivo. Em empresas norte-americanas que apresentam a dualidade do diretor-executivo, a tendência é nomear um **diretor independente**, que presida as **sessões executivas** do quadro (um termo muito confuso referente a sessões, que *não* envolvem executivos da companhia, comandadas por diretores externos).

Interconexão

Quem são os diretores e de onde vieram também são fatores importantes. Os diretores tendem a fazer parte da elite econômica e social, compartilhando um espírito de camaradagem e reciprocidade. Quando um diretor filiado a uma empresa também faz parte do quadro de diretores de outra empresa, cria-se um ***interlocking directorate* (união pessoal ou diretoria interligada)**. As empresas geralmente estabelecem relacionamentos por meio dessas nomeações. Por exemplo, os diretores externos de instituições financeiras costumam facilitar os financiamentos.[36] Diretores externos especializados em *joint ventures* e aquisições podem ajudar as empresas que estão prestes a iniciar tais práticas.[37]

Dentre todos os diretores, somente uma pequena porcentagem (em geral menos de 20%) é composta de diretores múltiplos, que servem a mais de um quadro (em geral dois). Nos Estados Unidos, Frank Carlucci, ex-secretário de Defesa e presidente de conselho do grupo Carlyle, serviu a 20 quadros (!) em 1992. Em Hong Kong, o diretor que possuía o maior número de conexões, David Li, presidente do conselho do Bank of East Asia (Banco da Ásia oriental), participou de nove quadros em 1996.[38] Críticos alegam que "ninguém, por mais talentoso que seja, deve esperar que, participando dos quadros de tantas companhias, monitorará a administração de cada uma delas de forma eficaz".[39] Na verdade, um dos quadros servidos por David Li era o da Enron. No ambiente pós-Enron, tais práticas estão se tornando cada vez mais raras. Entretanto, é provável que a importância dos *interlocking directorates* aumente, já que a maioria das empresas busca somar um número maior de diretores externos.

O que os Quadros de Diretores Fazem?

Os quadros de diretores atuam nas funções de (1) controle, (2) serviço e (3) aquisição de recursos.[40] As leis corporativas na maior parte dos países ditam que os quadros devem impor disciplina aos administradores e exercer controle sobre eles. Segundo a teoria da agência, administradores – se deixados por conta própria – podem implementar ações em benefício próprio às custas dos acionistas. A eficácia do quadro com relação à função de controle foca a (1) sua independência, (2) sua dissuasão e (3) suas normas.

Em primeiro lugar, a habilidade de controlar os administradores de forma eficaz centra-se em quão independentes os diretores são. Assim como é pouco provável que diretores internos (executivos), que se reportam ao diretor-executivo, monitorem e controlem adequadamente seus chefes, diretores externos que sejam amigáveis e fiéis em relação aos diretores-executivos pouco desafiarão as decisões administrativas. Por essa razão, diretores-executivos costumam nomear membros da família, amigos pessoais e outros diretores independentes que possuam reputação de passividade em outros quadros.[41]

Em segundo lugar, há falta de dissuasão por parte dos diretores caso não consigam proteger os interesses dos acionistas. Os tribunais não costumam questionar as decisões do quadro, a não ser que haja má-fé que sejam divulgadas ou informações privilegiadas e estratégicas. Portanto, os diretores estão protegidos das conseqüências de más decisões.

Em terceiro e último lugar, costuma haver uma falta de normas para que diretores desafiem a administração. A maioria das normas existentes baseia-se no apoio acrítico ao diretor-executivo. A maior parte das informações que os diretores recebem sobre a empresa são dadas pelo diretor-executivo, compreensivelmente interessado em "pintar tudo de cor-de-rosa". Mais além, diante da independência do quadro cada vez maior, os diretores-executivos tentam convencer e persuadir cada vez mais os diretores.[42] Diretores que "se arriscam a levantar a voz" contra o diretor-executivo nas reuniões costumam ser boicotados nas deliberações do quadro.[43] Quando apontam uma questão, ninguém dá atenção. Quando reuniões informais são convocadas, não são convidados. Essas normas desencorajam diretores que querem ser independentes.

Além do monitoramento e controle, o serviço – principalmente o de conselheiro do diretor-executivo – é outra importante função do quadro.[44] Alguns diretores são passivos, mas os que são ativamente envolvidos na formulação de estratégias costumam exercer um impacto positivo no desempenho da empresa.[45] Esse envolvimento dos diretores toma-lhes muito tempo. Por exemplo, o número médio de horas dedicadas pelos diretores norte-americanos às tarefas do quadro aumentou de aproximadamente treze horas por mês, em 2001, para cerca de 20 horas, em 2003 (um aumento de 54%). Estima-se que os diretores britânicos gastaram, em média, 25 por mês, em 2003.[46]

Por fim, a aquisição de recursos para a empresa em questão, geralmente por meio de *interlocking directorates,*[47] é outra função crucial do quadro. Na Alemanha e no Japão, banqueiros que participam do quadro ajudam na captação de financiamentos. Na Tailândia, oficiais militares, em quadros corporativos, agregam legitimidade às empresas de etnia chinesa, que são vulneráveis no aspecto político.[48] Na China, diretores externos de compradores, fornecedores e parceiros em alianças levam ao quadro maiores recursos, o que resulta no aumento do crescimento das vendas.[49]

Até há pouco tempo, muitos quadros de diretores eram clubes fechados e elitizados, que "carimbavam" (aprovavam sem qualquer inspeção prévia) as ações administrativas. Antes da crise econômica de 1997, muitos quadros da Coréia do Sul, por exemplo, não se preocupavam sequer em promover reuniões e suas decisões eram literalmente "carimbadas" – não pelos próprios diretores, mas por secretários corporativos, que carimbavam todos os documentos, dirigidos aos diretores, que estivessem no escritório. Entretanto, estõa ocorrendo mudanças por todo o mundo a fim de que os quadros sejam mais ativos. Na Coréia do Sul, atualmente, as reuniões do quadro são regulares e as aprovações, carimbadas pelos próprios diretores.

Dirigindo Estrategicamente

Para que exerçam suas funções com eficácia, os diretores têm de avaliar a administração, mas sem operacionalizá-la, o que é uma das tarefas mais difíceis. Considerando as amplas funções de controle, serviço e aquisição de recursos, além do tempo e recurso limitados, os diretores devem estabelecer prioridades de forma estratégica. O modo como o fazem difere significativamente ao redor do mundo. Nas empresas dos Estados Unidos e do Reino Unido, o foco tradicional, que se origina da separação entre a propriedade e o controle, está na função de controle. Ao passo que a função de serviço ainda é importante, a aquisição de recursos, embora importante na prática, tende a ser criticada pelos legisladores, pelos ativistas e pela mídia por considerarem "conluio" atividades como o *interlocking directorate.* Como conseqüência, as regulamentações norte-americanas mais recentes – em especial a Lei Sarbanes-Oxley, de 2002 – enfatizam a função de controle, de forma a praticamente excluir a função de aquisição de recursos. Alguns acadêmicos expressaram preocupação quanto a essa falta de equilíbrio, que, no futuro, pode levar ao funcionamento doentio do quadro.[50]

Devido ao fato de quase nunca receberem informações de primeira mão sobre a empresa, os diretores externos são obrigados a centrar-se nos alvos de desempenho financeiros, e nos números – o conhecido **controle financeiro** (ver Tabela 11.2). O controle financeiro pode encorajar o diretor-executivo a centrar-se no curto prazo à custa dos interesses em longo prazo dos acionistas (como a maximização dos lucros correntes cortando pesquisa e desenvolvimento). Então os diretores internos, que são executivos, podem levar informações de primeira mão às deliberações do quadro, assim permitem que haja uma compreensão aprimorada de algumas ações administrativas (como o investimento no futuro sem que os lucros correntes sejam maximizados). Um quadro informado acerca dessas visões internas é capaz de exercer o **controle estratégico** e basear seu julgamento não somente na mera análise das finanças (ver também Capítulo 9). Parece que um quadro saudável requer ambos os tipos de controle, o que torna necessária a composição equilibrada entre internos e externos.[51]

No resto do mundo, muitos quadros são estabelecidos e modelados de acordo com os quadros anglo-americanos. Entretanto, as semelhanças entre eles estão mais na forma do que na substância.

TABELA 11.2 Diretores Externos *versus* Diretores Internos

	Prós	Contras
Diretores Externos	• Mais independentes no que diz respeito à administração (especialmente com relação ao diretor-executivo) • Mais capazes de monitorar e controlar os administradores • Bons no controle financeiro	• A independência pode ser ilusória • Diretores externos "filiados" podem possuir relacionamentos familiares ou profissionais com a empresa ou com a administração • Não são bons no controle estratégico
Diretores Internos	• Possuem informações de primeira mão sobre a empresa. • Bons no controle estratégico	• Diretores internos (executivos), que não o diretor-executivo, podem não ser capazes de controlar e desafiar o diretor-executivo

Na prática, dá-se ênfase à aquisição de recursos – por meio de *interlocking directorate* e distribuição de ações. O papel de serviço é menos pronunciado e a função de controle raramente é detectável.[52] Embora os quadros, na teoria, devessem exercer os três papéis – de controle, serviço e aquisição de recursos –, na prática, ênfases distintas ocorrem em diferentes países.

Mecanismos de governança como pacotes

Os mecanismos de governança podem ser classificados como internos e externos – também conhecidos como mecanismos baseados na voz e mecanismos baseados na saída, respectivamente. Os **mecanismos baseados na voz** referem-se à boa vontade dos acionistas para trabalhar com os administradores, geralmente por meio do quadro de diretores. Os acionistas devem "dar voz" a suas preocupações. Já os **mecanismos baseados na saída** indicam que os acionistas estão sem paciência e desejam "sair" do negócio, vendendo suas ações. Esta seção apresenta cada um desses mecanismos e enfatiza a questão de ser a combinação entre os mecanismos baseados na voz e na saída, em forma de um *pacote*, que determina a eficácia da governança.[53]

Mecanismos de Governança Internos (Baseados na Voz)

Os dois mecanismos de governança internos tipicamente empregados pelos quadros podem ser caracterizados como (1) prêmios e (2) punições. A fim de motivar mais os administradores, o uso de opções para compra de ações (como "cenouras" [prêmios]), que transformam os administradores (agentes) em principais, tornou-se bastante popular. Isso ajuda a explicar o aumento das compensações executivas nas últimas décadas. Muitos acreditam que o aumento da propriedade da administração incentiva os administradores a correrem riscos e inovarem, em vez de se tornarem avessos ao risco ou até mesmo negligentes.[54]

A idéia subjacente é pagar pelo desempenho de forma a ligar a compensação executiva – não somente destinada ao diretor-executivo mas também a outros administradores e diretores – ao desempenho da empresa.[55] Embora na teoria essa seja uma boa idéia, na prática, apresenta várias desvantagens. Se medidas baseadas na contabilidade (como o lucro das vendas, por exemplo) forem utilizadas, os administradores podem manipular os números a fim de que pareçam melhores do que realmente são. Se medidas baseadas no mercado (como os preços das ações) forem adotadas, os administradores alegam que os preços das ações estão sujeitos a muitas forças que escapam de seus controles. Como conseqüência, o pagamento pelo desempenho, por meio da compensação executiva não é muito forte.[56] Entretanto, é importante que essa idéia não seja de todo descartada. Os relacionamentos em que se paga pelo desempenho são muito mais fortes em empresas com perfis de propriedade concentrada – em oposição à difusa –, provavelmente porque grandes acionistas conseguem reivindicar um maior controle sobre a compensação executiva.[57]

Em geral, os quadros tendem a utilizar prêmios antes de considerarem os punições.[58] Entretanto, diante de contínuos fracassos no desempenho, pode ser que os quadros tenham que demitir o diretor-executivo e outros administradores importantes. A rotação da administração geral é cada vez mais freqüente. Dentre as 2.500 maiores companhias de capital aberto do mundo, impressionantes 40% de todas as mudanças de diretor-executivo durante 2002 ocorreram devido a demissões em razão do baixo desempenho.[59] Houve um aumento acentuado em comparação aos anos anteriores. De 1995 a 2002, a freqüência da rotação de diretores-executivos na Europa subiu para colossais 192%, em comparação a um aumento de somente 2% na América do Norte, onde os chefes das companhias tradicionalmente desfrutavam de menor estabilidade no emprego.[60] Em suma, os quadros parecem estar cada vez mais "ofensivos" e indispostos a cederem o benefício da dúvida aos diretores-executivos. Como os administradores-gerais têm de suportar um substancial risco de desemprego específico à empresa (um diretor-executivo demitido dificilmente comandará outra companhia de capital aberto), costumam exigir compensações mais generosas – um prêmio na casa dos 30% ou mais – antes de assumirem novos cargos como diretores-executivos. Isso explica em parte os níveis ascendentes de compensação executiva.[61]

Diante de administradores determinados a seguir seus próprios interesses, nem prêmios nem punições funcionam. Quanto a aumentar os prêmios, não há nenhuma relação linear direta entre a propriedade da administração e o desempenho da empresa. Um estudo relata que o desempenho da empresa aumenta quando a propriedade da administração é aumentada para 5% (os administradores ficam mais motivados) e para mais de 25% (os administradores tornam-se proprietários dominantes, que se importam mais). Entretanto, o desempenho da empresa *sofre* quando a propriedade da administração está entre 5% e 25%, pois, nesse intervalo, os administradores desfrutam de poder suficiente para agir de maneira a se autopromover, com relativa impunidade.[62] Em outras palavras, o **entrincheiramento da administração** – os administradores colocam seus próprios interesses à frente dos interesses dos acionistas – é provável nesse intervalo da propriedade da administração. Isso parece estar ocorrendo em várias empresas privatizadas na Rússia e em outras repúblicas pós-soviéticas, onde os administradores tomaram posse de certa quantidade de participação no capital e entrincheiraram-se muito bem.

Da mesma forma, a demissão dos administradores atuais, em si, não melhora o desempenho da empresa. A questão centra-se na possibilidade de os novos administradores serem melhores (ou não). Ao passo que os candidatos internos ao cargo de diretor-executivo costumam ser promovidos em uma sucessão mais rotineira, quando as empresas estão em desordem, os quadros procuram candidatos de fora.[63] Entretanto, devido ao fato de terem de apresentar rápidos progressos, em um ambiente que não lhes é familiar, não é de se surpreender que os novos diretores-executivos de fora fracassem.

Mecanismos de Governança Externos (Baseados na Saída)

Os três mecanismos de governança externos são (1) mercado de competição de produtos, (2) mercado de controle corporativo e (3) mercado de aquisições alavancadas. A competição no mercado de produtos é uma poderosa força que constrange os administradores a maximizarem os lucros e, por sua vez, o valor dos acionistas. Entretanto, da perspectiva de governança corporativa, a competição no mercado de produtos *complementa* o mercado de controle corporativo e o mercado de aquisições alavancadas, cada um dos quais será apresentado a seguir.

Mercado de Controle Corporativo

Este é o principal mecanismo de governança externo, também conhecido como mercado da aquisição ou mercado das fusões e aquisições (ver Capítulo 9). É uma arena na qual diferentes conselhos de administração contestam os direitos de controle dos ativos corporativos. Na condição de mecanismo de governança externo, hostil, o mercado de controle corporativo é a última opção de mecanismo disciplinador quando os mecanismos de governança internos falham. A lógica subjacente é detalhada pela teoria da agência, segundo a qual quando administradores promovem seus próprios interesses e os mecanismos de governança interna fracassam, as ações da empresa são depreciadas pelos investidores. Nessas circunstâncias, outros conselhos de administração, que reconhecerem a oportunidade de reorganizar ou reempregar os ativos da empresa e, dessa forma, criar novos valores, licitarão os direitos de administração da empresa. O mercado de controle corporativo era relativamente inativo antes dos anos de 1980. Entretanto, essa década prenunciou uma grande onda de fusões, aquisições e reestruturações. Ao passo que, em média, o valor das atividades de aquisição dos Estados Unidos permaneceu entre 2 e 3% do Produto Interno Bruto, durante os 100 anos anteriores da década de 1980 (que incluem três ondas de fusões e aquisições anteriores), as fusões e aquisições, ao final dos anos de 1980, totalizaram cerca de 6% do Produto Interno Bruto.[64]

Quase metade de todas as grandes corporações norte-americanas recebeu ofertas hostis nos anos de 1980. Nem mesmo empresas muito grandes (consideradas pelos diversificadores excessivos como um dispositivo seguro contra aquisições) permaneceram imunes. Isso porque os conselhos de administração rivais, alguns dos quais denominados ***raiders* (invasores)**, eram capazes de exercer grande influência, levantando significativas dívidas a fim de financiar suas aquisições. O caso mais extremo foi o uso de **obrigações de alto risco** – obrigações classificadas abaixo do grau de investimento pelas melhores agências de classificação de risco.

Quão eficaz é o mercado de controle corporativo? Surgem três constatações: (1) em média, acionistas das empresas-alvo ganham consideráveis prêmios de aquisição; (2) acionistas das empresas que estão adquirindo outras sofrem pequenas, porém insignificantes, perdas;[65] (3) ocorre a maior rotação da administração geral após as fusões e aquisições.[66] Evidentemente, alguns "cachorros mortos" são mandados embora.

Entretanto, os administradores não são passivos; fazem *lobby* para obter apoio político e legislativo, como o decreto de leis antiaquisição. Além disso, a sofisticação e a variedade de mecanismos defensivos antiaquisição aumentou desde os anos de 1980. Por exemplo, *todas* as empresas de capital aberto dos Países Baixos adotaram vários mecanismos antiaquisição.[67] Na Rússia, os "mecanismos antiaquisição", em alguns casos, significam literalmente a fortificação *armada* de fábricas e escritórios, guarnecida por forças de segurança corporativa e oficiais, que, cooperando para a execução das leis locais, defendem a empresa contra "*raiders* corporativos" – *raiders* realmente *armados* e patrocinados por alguns oligarcas que (geralmente de forma ilegal) exercem seus "direitos de acionista" (ver Caso 12, on-line).[68]

Cada um desses mecanismos antiaquisição é desenvolvido a fim de tornar os custos da aquisição proibitivos. Dentre os exemplos estão: (1) o "*greenmail*"; (2) a "pílula de veneno"; e (3) os "*golden parachutes* (pára-quedas de ouro)". O **greenmail** (neologismo formado pelas palavras *greenback* – papel-moeda – e *blackmail* – chantagear, chantagem) refere-se à recompra de grandes blocos de ações de compradores em potencial; é a proteção do emprego dos executivos à custa dos acionistas.[69] A **pílula de veneno** refere-se ao direito tanto de comprar ações adicionais quanto de vender ações ao licitante a preços mais altos do que o valor de mercado.[70] Os ***golden parachutes*** são grandes pacotes de compensação dados a executivos caso o cargo deles seja tomado. Ao passo que o mercado de ações vê o *greenmail* e a pílula de veneno de forma negativa,[71] os *golden parachutes* são vistos de forma *positiva*.[72] Isso porque, curiosamente, os *golden parachutes* servem para alinhar os interesses dos acionistas aos dos administradores. Nas disputas pelo controle corporativo, administradores recompensados no aspecto financeiro por meio dos *golden parachutes* tendem a resistir menos do que aqueles que não o são.

Em suma, ao passo que os mecanismos internos visam fazer um "ajuste fino", o mercado de controle corporativo permite a remoção "por atacado" dos administradores entrincheirados. Por ser uma abordagem radical, o mercado de controle corporativo possui suas próprias limitações. É muito dispendioso travar tais batalhas financeiras. Além disso, um grande número de fusões e aquisições parece ser dirigido por pura arrogância ou diversificação excessiva e em longo prazo a lucratividade de empresas que foram fundidas não é muito expressiva (ver Capítulo 9). Contudo, o impacto líquido, pelo menos em curto prazo, parece ser positivo, já que a ameaça das aquisições realmente limita a possibilidade de os administradores se desviarem do objetivo de maximizar a riqueza dos acionistas.

Mercado de Aquisições Alavancadas

Em vez de terem sido tomadas, muitas empresas foram resgatadas por administradores encarregados, que geralmente possuem alianças com amigáveis grupos de investidores de fora. Em uma aquisição alavancada, os administradores e os investidores emitem obrigações e utilizam o dinheiro arrecadado para comprar as ações da empresa –substituindo acionistas por obrigacionistas e transformando a empresa pública em entidade privada. Por ser outro mecanismo de governança externo, as aquisições alavancadas utilizam-se do mercado de obrigações, em oposição ao mercado de ações, para disciplinar os administradores. As aquisições alavancadas estão associadas a três grandes mudanças na governança corporativa. Primeira, as aquisições alavancadas modificam os incentivos dos administradores, oferecendo-lhes substanciais participações no capital. Segunda, o grande montante de dívidas impõe uma disciplina financeira rígida. E finalmente, os fiadores da aquisição alavancada monitoram de perto as empresas nas quais investiram. Evidências sugerem que as aquisições alavancadas melhoram a eficiência, pelo menos a curto prazo.[73] Entretanto, o cenário, em longo prazo, não é tão claro, pois as aquisições alavancadas podem ter forçado os administradores a reduzirem os investimentos em pesquisa e desenvolvimento em longo prazo.[74]

Mecanismos Internos + Mecanismos Externos = Pacote de Governança

Em conjunto, os mecanismos internos e externos podem ser considerados um “pacote”. Esses vários mecanismos operam de forma interdependente, como substitutos e complementos em potencial.[75] Embora pressões para uma melhor governança corporativa estejam em alta desde os anos de 1980, a maioria dos países, incluindo alguns dos mais desenvolvidos, como Japão e Alemanha, não possui mercado de controle corporativo ativo. Conseqüentemente, a experiência norte-americana, caracterizada pelo mercado de controle corporativo mais ativo do mundo, mostra o que pode ocorrer quando ambos os mecanismos de governança, internos e externos, estão disponíveis e em interação.

Se os anos de 1980, com o aumento das ofertas hostis, podem ser considerados “a década da confrontação”, os anos de 1990 podem ser caracterizados como “a década das fusões e aquisições amigáveis” (ver também Capítulo 9). Ao passo que 14% das fusões e aquisições – um número recorde – que ocorreram nos Estados Unidos, nos anos de 1980, envolveram licitações hostis (7% das quais obtiveram sucesso), somente 4% das fusões e aquisições, nos anos de 1990, estavam vinculadas a tal hostilidade (somente 3% obtiveram sucesso).[76] Ao final dos anos de 1990, o volume de fusões e aquisições alcançou novas proporções, chegando a impressionantes 15% do Produto Interno Bruto dos Estados Unidos. O que levou a essa interessante combinação de fusões e aquisições extremamente ativas com relacionamentos amigáveis entre empresas que estavam adquirindo e empresas-alvo nos anos de 1990? A resposta está na melhoria da governança corporativa, com relação *tanto* aos mecanismos de governança internos *quanto* aos mecanismos de governança externos.

Michael Jensen, importante pesquisador da teoria da agência, alega que o fracasso dos mecanismos de governança internos nos anos de 1970, no final das contas, ativou o mercado de controle corporativo nos anos de 1980.[77] De início, os administradores resistiram. Entretanto, com o passar do tempo, muitas empresas que não eram alvos de aquisição ou que se defenderam com sucesso contra tais tentativas acabaram se reestruturando e reduzindo seu tamanho (*downsizing*) – fazendo a mesma coisa que os *raiders* teriam feito caso essas empresas tivessem sido tomadas. Por exemplo, os quadros das empresas que *competiam* com empresas-alvo de aquisições freqüentemente demitiam, com preempção, seus próprios “cachorros mortos”.[78] Em outras palavras, os mecanismos externos fortificados forçam as empresas a melhorarem seus mecanismos internos. Lembre-se de que uma importante parte dos mecanismos internos é a compensação executiva mais generosa, especialmente opções para compra de ações. Como conseqüência, administradores poderiam participar dos lucros de mercado das companhias, reestruturadas de forma voluntária, que administram. À medida que os interesses dos acionistas e dos administradores se alinham, o valor do acionista torna-se mais um aliado do que um inimigo. Conclui-se que com mecanismos de governança internos mais fortes, a necessidade de mecanismos externos brutos e dispendiosos, como disputas de ofertas hostis, foi reduzida nos anos de 1990.

A partir dos anos de 1980, os administradores norte-americanos passaram a se centrar muito mais nos preços das ações, o que gerou um novo termo: **capitalismo dos acionistas**, que tem se espalhado pelo mundo.[79] Na Europa, opções para compra de ações executivas tornaram-se populares e fusões e aquisições, mais freqüentes.[80] Na Ásia e na América Latina, a importância da supervisão do quadro tem sido cada vez mais discutida. Na Rússia, após o colapso de 1998, é possível notar alguns traços da governança corporativa moderna.

Perspectiva global

Introduzidos vários componentes dos mecanismos de governança corporativa, é o momento de se discutir como eles são combinados em várias partes do mundo, enfatizando-se (1) os sistemas anglo-americano e euro(continental)-japonês e (2) a governança corporativa subjacente ao movimento de privatização global.

Mecanismos de Governança Internos e Externos ao Redor do Mundo

Ilustrados na Figura 11.3, os diferentes padrões de propriedade e controle corporativos levam a misturas diferentes entre mecanismos internos e externos. O tipo mais comum, na Célula 4, é exemplificado pela maioria das grandes corporações dos Estados Unidos e do Reino Unido. Ao passo que os mecanismos de governança externos, como o mercado de controle corporativo, são relativamente ativos e bem desenvolvidos, os mecanismos de governança internos são relativamente fracos, devido à separação entre propriedade e controle, que dá aos administradores um significativo poder de controle *efetivo*.

O oposto pode ser observado na Célula 1, a saber, empresas na Europa continental e no Japão, onde o mercado de controle corporativo é relativamente inativo. Na França, até o final dos anos de 1990, as fusões e aquisições eram condenadas por alguns oficiais do governo por serem "um massacre social, com cortes maciços".[82] Em 1999, o chanceler alemão, Gerhard Schroder observou que "ofertas hostis são sempre negativas" (ver Estratégia em Ação 9.2, no Capítulo 9). Conseqüentemente, os principais mecanismos de governança ainda são a propriedade e o controle concentrados.[83] Os acionistas detentores do controle costumam ser famílias ou bancos, que possuem um interesse pessoal em garantir retornos respeitáveis de seus investimentos.

Os sistemas anglo-americano e euro(continental)-japonês (também conhecido como teuto-japonês) representam as duas principais famílias de governança corporativa, sob vários rótulos (ver Tabela 11.3). Considerando que os Estados Unidos e o Reino Unido formam um grupo, e a Europa

FIGURA 11.3 Mecanismos de Governança Internos e Externos: uma Perspectiva Global

		Mecanismos de governança externos	
		Fracos	Fortes
Mecanismos de governança internos	Fortes	(Célula 1) Alemanha Japão	(Célula 2) Canadá
	Fracos	(Célula 3) Empresas estatais	(Célula 4) Estados Unidos Reino Unido

Fonte: As células 1, 2 e 4 foram adaptadas de E. R. Gedajlovic; D. M. Shapiro, 1998, Management and ownership effects: Evidence from five countries (p. 539), *Strategic Management Journal*, 19: 533-553. O rótulo da Célula 3 foi sugerido pelo presente autor.

TABELA 11.3 As Duas Principais Famílias dos Sistemas de Governança Corporativa

Corporações nos Estados Unidos e no Reino Unido	Corporações na Europa Continental e no Japão
Modelos de governança corporativa anglo-americanos	Modelos de governança corporativa teuto-japoneses
Sistemas orientados para o mercado de alta tensão	Sistemas orientados para o banco e baseados nas redes
Confiança em mecanismos externos baseados na saída	Confiança em mecanismos internos, baseados na voz
Capitalismo dos acionistas	Capitalismo das partes interessadas

continental e o Japão formam outro, sejam economias desenvolvidas e bem-sucedidas, é difícil, e provavelmente sem sentido, determinar qual desses sistemas é melhor.[84] Evidentemente, ambos possuem forças e fraquezas diferentes.

Outros sistemas de governança corporativa não se encaixam nesse mundo meramente dicotômico. Localizado na Célula 2, o Canadá possui *tanto* um mercado de controle corporativo relativamente ativo *quanto* um grande número de empresas com propriedade e controle concentrados – mais de 380 das 400 maiores empresas canadenses são controladas por um único acionista.[85] Os administradores canadenses, portanto, enfrentam poderosas restrições internas e externas.

Por fim, algumas empresas, em sua maioria estatais (de todas as nacionalidades), estão na infeliz posição de possuir ambos os mecanismos de governança, internos e externos, fracos (Célula 3). Empresas estatais pré-reforma, no antigo bloco soviético e na China, servem como exemplos. Em âmbito externo, a competição no mercado de produtos era mínima, devido a uma economia deficiente. O mercado de controle corporativo externo não existia (e praticamente ainda não existe). Em âmbito interno, os administradores das empresas estatais eram supervisionados por agências governamentais, que agiam como "proprietários" *efetivos*. Entretanto, os oficiais do governo, que também eram agentes, possuíam poucas motivações para policiar as empresas estatais com rigor. Os administradores das empresas estatais sabiam que sofriam uma **restrição orçamentária fraca**, de modo que podiam pedir mais verba ao governo caso necessário. Não é de se surpreender que essa quase que total falta de mecanismos de governança internos e externos levou as empresas estatais a graves problemas de desempenho.

As empresas ao redor do mundo são governadas por uma combinação entre mecanismos de governança internos e externos. No caso das empresas nas células 1, 2 e 4, os mecanismos internos e externos podem, em partes, substituir-se mutuamente (por exemplo, quadros fracos podem ser, em partes, substituídos por um mercado de controle corporativo forte). Entretanto, não é viável permanecer, em longo prazo, na Célula 3, na qual tanto os mecanismos internos quanto os externos são fracos. A próxima seção aprofunda essa perspectiva.

Fortalecendo os Mecanismos de Governança por meio da Privatização

Da uma perspectiva da governança corporativa, a onda global de privatizações pode ser considerada um movimento de emigração da desafortunada Célula 3, na Figura 11.3. Uma importante questão é para qual direção ir. Com a privatização, as empresas estatais em economias desenvolvidas migrariam da Célula 3 para as células de empresas privadas respectivas a seus próprios países (por exemplo, para a Célula 1, no caso de uma empresa da Alemanha, e para a Célula 4, no caso de uma empresa do Reino Unido).

As direções da privatização de empresas estatais em países como a Polônia e a Rússia são fascinantes, pois, historicamente, essas empresas não pertencem a nenhuma das outras três células. Quando países da Europa Central e da Europa Oriental começaram suas privatizações, no início dos anos de 1990, conselheiros estrangeiros (no geral, norte-americanos ou britânicos) costumavam recomendar o modelo de governança anglo-americano, caracterizado por acionistas dispersos e por um forte mercado de controle corporativo. Entretanto, a maioria dos legisladores e profissionais da Europa central e da Europa oriental alegava que na ausência de mercados de capitais em exercício não seria realista migrar da Célula 3 diretamente para a Célula 4. Em vez disso, esses países adotavam um modelo de privatização em duas etapas (ver Figura 11.4): primeiro, via aquisições administradores executadas por e fun-

FIGURA 11.4 Modelo de Privatização e Reestruturação em Duas Etapas das Empresas Estatais na Europa Central e na Europa Oriental

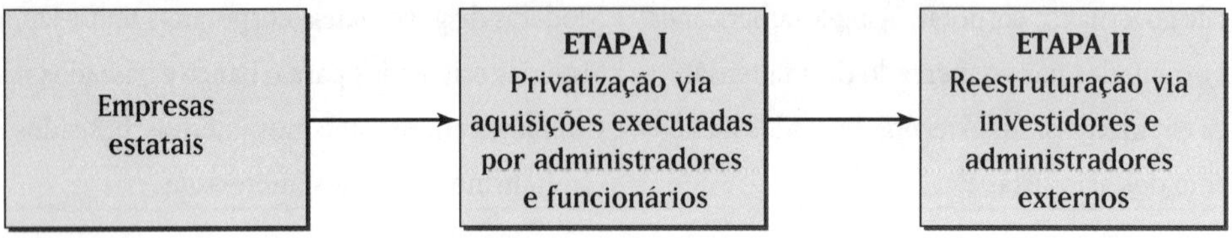

Fonte: M. W. Peng, 2000, *Business Strategies in Transition Economies* (p. 115), Thousand Oaks, CA: Sage Publishing, Inc.

cionários (a fim de assegurarem seus lugares), depois, por meio da introdução de investidores externos e novos administradores (a fim de facilitar a reestruturação). A privatização na Europa Central e na Europa Oriental, em geral, movia as empresas estatais, em primeiro lugar, da Célula 3 para a Célula 1 e, em seguida, tentava movê-las para a Célula 4.

Cerca de duas décadas de privatizações na Europa Central e na Europa Oriental (e em outras partes do mundo) sugerem três lições.[86] Primeira, a privatização realizada por pessoas de dentro ajuda

Estratégia em Ação 11.2.

Elektrim da Polônia Cresce e seu Escopo Diminui

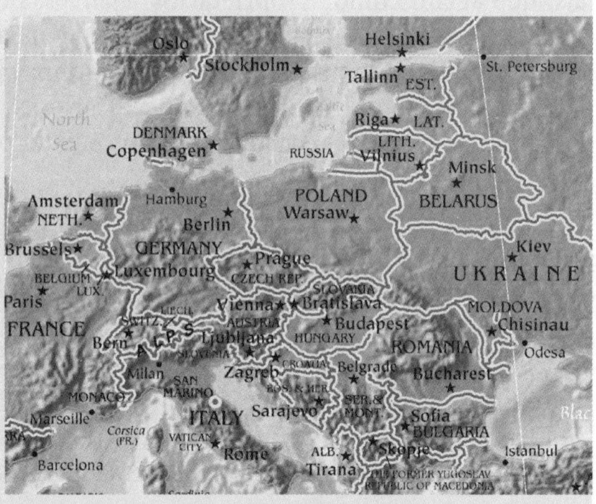

A Elektrim (*http://www.elektrim.pl*), até 1989, era o agente monopolista do comércio exterior de equipamentos elétricos e sistemas de energia fechados, produzidos por empresas polonesas. No início dos anos de 1990, essa empresa foi privatizada e seus administradores e funcionários internos se tornaram os maiores acionistas. Em 1992, a Elektrim foi a primeira empresa a ser listada na Warsaw Stock Exchange, bolsa de valores recém-aberta, e suas ações foram, em sua maioria, compradas por investidores institucionais domésticos e indivíduos. Incentivados pela verba adicional arrecadada, administradores, que se tornaram os novos proprietários, iniciaram uma estratégia de conglomeração. Ao final de 1993, a Elektrim possuía participações em 87 companhias de 5 indústrias diferentes, quais sejam, além da indústria de equipamentos elétricos, a de processamento de alimentos, a de cimento, a de construção e a bancária.

Insustentável, essa diversificação excessiva começou a mudar ao final dos anos de 1990. A mudança foi dirigida pela falta de transparência no grupo de negócios, pela distribuição ineficiente do capital entre os diferentes negócios e pela falta de expertise em negócios recém-adquiridos. Ainda mais significativo, entretanto, é o fato de a mudança ter sido causada pelos novos acionistas que detinham o controle naquela época: investidores institucionais estrangeiros, que exigiam aperfeiçoamento e foco. Em 1999, com um novo diretor-executivo, a Elektrim se desfez de mais de 70 subsidiárias, que não eram centrais, e concentrou-se em três negócios relacionados: telecomunicações, equipamentos para geração de energia e cabos.

Fontes: Baseado em (1) I. Filatotchev; M. Wright; K. Uhlenbruck; L. Tihanyi; R. E. Hoskisson, 2003, Governance, organizational capabilities, and reestructuring in transition economies (p. 338), *Journal of World Business*, 38: 331-347 e (2) http://www.elektrim.pl (acesso em 10 de agosto de 2004).

a melhorar o desempenho das *pequenas* empresas, pois esse tipo de propriedade e controle é uma maneira eficaz de motivar administradores e funcionários. Segunda, em *grandes* corporações, sem que haja pressões da governança externa, privatizações semelhantes raramente conduzem à necessária reestruturação. Por toda a Europa central e oriental, administradores ficam entrincheirados devido a suas altas posições de propriedade.[87] Terceira, a propriedade e o controle externos, preferencialmente nas mãos de *blockholders* (acionistas majoritários), fundos, estrangeiros e/ou bancos, tendem a facilitar a reestruturação.[88] Tal propriedade e controle externos não ocorrem com freqüência já que administradores encarregados nem sempre acolhem essa "invasão". Entretanto, quando pessoas de fora, como investidores institucionais, chegam, podem reivindicar seu poder.[89] Por exemplo, na Rússia, cerca de 10% dos diretores-executivos foram demitidos na *primeira* reunião dos acionistas pelas coalizões dos investidores institucionais e funcionários.[90] Na Polônia, o rápido surgimento de um novo conglomerado, a Elektrim (devido à diversificação excessiva [*empire-building*] dos novos administradores-proprietários internos) e seu igualmente rápido fim (devido às pressões dos investidores institucionais estrangeiros) indicam essa dinâmica (ver Estratégia em Ação 11.2).

Há evidências de que a privatização funciona, já que governança melhorada e maior motivação, embora longe de serem perfeitas, tendem a gerar melhores desempenhos nas empresas.[91] Devido ao fato de uma combinação entre mecanismos internos e externos bem desenvolvidos, em forma de um pacote, ser necessária para se governar adequadamente uma empresa, não é de se surpreender que a em muitas partes do mundo jornada de privatizações esteja longe de terminar.

Visões sobre governança corporativa baseadas em indústrias, em recursos e em instituições

Como feito anteriormente, buscou-se as três principais perspectivas em estratégia a fim de compreendermos melhor a governança corporativa. Diferente dos outros capítulos, esta seção não é denominada um modelo "abrangente", porque a principal perspectiva que dirige a governança corporativa não é nenhuma dessas três teorias; antes, como já foi discutido, é a teoria da agência. Ainda assim, essas três importantes teorias acrescentam muito à discussão.

Considerações Baseadas em Indústrias

A natureza da indústria, algumas vezes, questiona a sabedoria convencional aceita com relação: (1) aos diretores externos; (2) à propriedade interna; e (3) à dualidade do diretor-executivo.[92] Possuir um maior número de diretores externos em um quadro costuma ser considerado uma prática que impulsiona o desempenho.[93] Entretanto, em indústrias caracterizadas pela rápida inovação, que requerem significativos investimentos em pesquisa e desenvolvimento (como tecnologia da informação), os diretores externos podem exercer impacto *negativo* no desempenho da empresa. Isso ocorre porque os diretores devem ter conhecimento interno e experiência sólida, e as empresas têm de iniciar estratégias novas, mais complexas, em tais indústrias, o que requer maior controle estratégico. Em oposição, os diretores externos tendem a centrar-se no controle financeiro, que pode ser inadequado nesses tipos de indústrias.

Outro exemplo é a ligação entre a propriedade da administração interna e o desempenho da empresa. Pesquisas constataram que empresas em indústrias estáveis, com baixo crescimento, não apresentam *nenhuma* relação entre ambos.[94] Esse relacionamento somente pode ser encontrado em indústrias relativamente turbulentas, com intenso crescimento. Embora a maior propriedade interna seja desenvolvida para incentivar os administradores a se arriscarem mais, as oportunidades de correr tais riscos de forma lucrativa tendem mais a aparecer em indústrias turbulentas, cujo crescimento é intenso.[95]

Um terceiro exemplo é a tão criticada prática da dualidade do diretor-executivo. Em indústrias que passam por grandes turbulências, a presença de um único líder pode permitir uma reação mais rápida e unificada aos novos eventos.[96] Esses benefícios podem sobrepujar os custos de agência criados pela dualidade.

As práticas de governança devem se ajustar à natureza das indústrias em que as empresas competem. Isso evita que sejam feitas prescrições das "melhores" práticas universais.

Considerações Baseadas em Recursos

Da perspectiva da governança corporativa, alguns dos recursos específicos às empresas mais valiosos, únicos e difíceis de imitar (os três primeiros componentes do modelo VRIO) são as habilidades e competências dos administradores e diretores gerais – geralmente consideradas o **capital humano administrativo.**[97] Algumas dessas capacidades são únicas, como a experiência internacional. Executivos que não possuem essa experiência prática costumam apresentar deficiências quando suas empresas tentam se expandir ao exterior. Além disso, as redes sociais desses executivos, geralmente por meio de ligações entre os quadros, são únicas e tendem a agregar valor.[98] Mais além, os principais talentos administrativos são difíceis de imitar – a menos que sejam contratados pelas empresas competidoras.

O último, e crucial, componente do modelo VRIO é organização (O). É em um cenário organizacional – em conselhos de administração geral e quadros – que os administradores e diretores-gerais trabalham.[99] Um tópico discutido com freqüência é a diversidade. Alguns alegam que a diversidade dos conselhos de administração geral e dos quadros impulsiona o desempenho da empresa,[100] ao passo que outros sugerem que a diversidade prolonga as discussões, diminui a velocidade da tomada de decisões e (na pior das hipóteses) resulta em conflitos.[101] Outros estudos constataram que tal diversidade agrega valor, mas somente sob certas circunstâncias.[102] Por exemplo, empresas que iniciam estratégias mais complexas, em expansões internacionais específicas, podem se beneficiar da diversidade dos conselhos de administração geral e de quadros.[103]

Recursos administrativos podem exercer impactos diferentes no desempenho da empresa durante o mandato dos administradores, que pode ser dividido em: (1) aprendizado; (2) colheita (*harvest*); e (3) fases de declínio.[104] Os primeiros anos geralmente caracterizam-se pelo aprendizado. A próxima fase, a colheita, tende a produzir o melhor desempenho da empresa, pois os administradores tiram proveito do aprendizado prévio. Entretanto, se executivos permanecerem no cargo por muito tempo (por exemplo, por 15 anos), podem se tornar complacentes, indispostos a aprender e defensivos quando questionados. Essa é a fase durante a qual os administradores particularmente tendem a se entrincheirar e se tornar "cachorros mortos". A transformação de Michael Eisener, diretor-executivo e presidente do conselho da Walt Disney desde 1984 – de um líder que contribuiu muito para o valor para um líder malvisto pelos acionistas – é um exemplo disso. Conclui-se que os quadros devem ser cuidadosos ao lidar com diretores-executivos "veteranos".[105]

As poucas pessoas que estão no topo de uma organização podem fazer toda a diferença. Os mecanismos de governança corporativa têm de motivar e disciplinar de forma adequada esses talentos, a fim de assegurar que exerçam impacto positivo.

Considerações Baseadas em Instituições

Modelos Institucionais Formais

As instituições formais e informais afetam profundamente a maneira como as corporações são governadas. Na governança corporativa, há uma diferença fundamental entre a separação da propriedade e do controle, nas corporações anglo-americanas, e a concentração da propriedade e do controle, no resto do mundo. Embora haja muitas explicações por trás dessa importante diferença, a explicação institucional é uma das principais. Em suma, a maior proteção legal formal dos direitos dos investidores, em especial dos acionistas *minoritários*, nos Estados Unidos e no Reino Unido, incentiva as famílias fundadoras e seus herdeiros a diluírem suas participações no capital a fim de atraírem acionistas minoritários e delegarem a administração cotidiana a administradores profissionais. Dada a razoável proteção aos investidores, as próprias famílias fundadoras (como os Rockefellers) podem, com o passar do tempo e de bom grado, tornar-se acionistas minoritários das empresas que fundaram. Por outro lado, quando as instituições legais e regulamentárias formais são desestruturadas, as famílias fundadoras *têm* de comandar diretamente suas empresas. Na ausência da proteção aos investidores, ceder os direitos de administração a administradores profissionais externos pode ser um convite ao abuso e ao roubo. Portanto, as famílias fundadoras, na condição de acionistas que detêm o controle, não se dispõem a contratar administradores externos – a não ser no caso desses administradores casarem com algum membro da família.[106] Além disso, possíveis acionistas minoritários podem ter menos disposição para investir caso não haja proteção suficiente, fazendo com que a propriedade concentrada se torne, dessa forma, o modo padrão.

Fortes evidências sustentam a visão de que se as instituições legais e regulamentárias formais, que protegem os acionistas, forem fracas, os direitos de propriedade e controle, por sua vez, tornam-se mais concentrados, isto é, há uma relação de substituição entre ambos.[107] Países que possuem o sistema jurídico da lei comum ([*common-law*]Estados Unidos, Reino Unido e as antigas colônias britânicas) geralmente possuem as mais fortes proteções legais aos investidores e as menores concentrações da propriedade corporativa. Nesse grupo de países, a concentração da propriedade é maior em empresas de economias emergentes (como Hong Kong, Índia, Israel e África do Sul) do que de economias desenvolvidas (como Austrália, Canadá, Irlanda e Nova Zelândia).[108] Um estudo constatou que os três maiores acionistas possuem, em média, 51% de participação, em uma amostra de 28 economias emergentes (incluindo tanto países que possuem o sistema jurídico da lei comum quanto aqueles que não o possuem), em oposição aos 41%, em 21 economias desenvolvidas. Esses grandes acionistas – denominados ***blockholders*** (acionistas majoritários) devido às grandes cotas em ações que detêm –, em economias emergentes, têm de possuir uma porcentagem de ações significativamente grande (mais de 50%) a fim de garantir o controle, ao passo que um é definido nos Estados Unidos como qualquer acionista que detém meros 5% (ou mais) em ações de uma empresa. Em suma, a propriedade e o controle concentrados são uma resposta a possíveis conflitos principal-agente desenfreados, quando os direitos dos acionistas não são suficientemente protegidos pelo sistema legal.

Entretanto, o que é bom para os acionistas que detêm o controle não é necessariamente bom para uma economia. Como observado, a minimização dos conflitos principal-agente por meio da concentração da propriedade e do controle, infelizmente, introduz mais conflitos principal-principal. Dessa forma, os acionistas minoritários, se informados o suficiente sobre essas possibilidades e ainda assim decidirem investir (muitos se recusariam a investir), tendem a descontar o valor das ações abertas à participação pública pelas famílias-proprietárias, o que resulta em avaliações corporativas mais negativas, menor número de empresas de capital aberto, mercados de capitais inativos ou menores, e níveis de desenvolvimento econômico mais baixos.

Considerando-se que quase todos os países anseiam por mercados de capitais e desenvolvimento econômico vibrantes, parece complicado entender por que a proteção ao investidor no estilo anglo-americano não é universalmente adotada. É importante notar que a governança corporativa, no final das contas, é uma escolha de governança *política*. Por muitas razões históricas, a maioria dos países fez escolhas políticas de difícil reversão. Por exemplo, a prática alemã da co-determinação – funcionários controlando 50% dos votos nos conselhos consultivos – é resultado de decisões políticas tomadas por governantes alemães no pós-guerra (ver Caso de Introdução). Embora essa prática reduza a flexibilidade da mão-de-obra e resulte em custos de mão-de-obra (e totais) mais altos, fica difícil mudá-la. Os proprietários têm de equilibrar esse poder da força de trabalho controlando a outra metade dos votos dos conselhos consultivos e a única forma de fazê-lo é mantendo a propriedade concentrada (em oposição à difusa). Do contrário, se as empresas alemãs possuíssem o estilo anglo-americano de propriedade dispersa e ainda permitissem que os funcionários controlassem 50% dos votos dos conselhos consultivos, essas empresas terminariam dominadas pelos *funcionários*.

A tentativa de mudar as escolhas políticas, embora não seja impossível, encontrará muita resistência, em especial por parte dos encarregados (como os sindicatos de trabalhadores alemães ou as famílias asiáticas), que se beneficiam do sistema vigente.[109] Nos nove países da Ásia Oriental (exceto China), as 15 maiores famílias, em média, controlam aproximadamente 53% dos ativos listados e 39% do Produto Interno Bruto.[110] Algumas das principais famílias do comércio não só possuem importantes conexões com o governo como também, algumas vezes, *são* o governo. Por exemplo, os atuais (2004) primeiros ministros da Itália e da Tailândia – Silvio Berlusconi e Thaksin Shinawatra, respectivamente – vêm de importantes famílias ligadas ao comércio nesses países.[111]

Somente quando eventos extraordinários ocorrem é que alguns políticos reúnem forças políticas suficientes para iniciar grandes reformas de governança corporativa. O grande fracasso do socialismo, especialmente de empresas estatais, ao redor do mundo e os conseqüentes movimentos de privatização dizem muito sobre como essa jornada – apesar das tremendas dificuldades – pode transcorrer. Os espetaculares escândalos corporativos nos Estados Unidos (como o da Enron) são outro exemplo que indica reformas políticas mais sérias.

Entretanto, somente a mudança das instituições formais, que pode ser feita por meio de uma assinatura que detenha o poder político necessário, pode não ser suficiente. Por exemplo, os esforços formais para introduzir a propriedade dispersa no Japão, por meio das forças de ocupação norte-americanas, no final dos anos de 1940, fracassou devido à falta de instituições informais que legitimassem tais práticas. Portanto, entender os modelos institucionais informais subjacentes às práticas de governança corporativa também é importante.

Modelos Institucionais Informais

Nas duas últimas décadas, ao redor do mundo, por que e como as normas e os valores informais referentes à governança corporativa mudaram em tamanhas proporções? Nos Estados Unidos e no Reino Unido, a idéia do capitalismo dos acionistas passou de uma visão minoritária à ortodoxia.[112] No resto do mundo, essa idéia está se espalhando rapidamente. Pelo menos três fontes dessas mudanças podem ser identificadas: (1) o progresso do capitalismo; (2) o impacto da globalização; e (3) a difusão global das melhores práticas. As mudanças recentes na governança corporativa no âmbito mundial fazem parte de um movimento político, econômico e social maior, que abarca o capitalismo. O triunfo do capitalismo naturalmente centra-se no triunfo dos *capitalistas* – também denominados acionistas. Entretanto, o "livre-comércio" não é necessariamente livre. Até mesmo os países mais desenvolvidos passaram por significativos fracassos de governança, chamando a atenção para a necessidade de um foco mais acentuado nos valores dos acionistas. Coletivamente, essas mudanças impulsionaram uma melhor governança corporativa em todo o globo.

Embora a maioria das mudanças ocorra em âmbito nacional, pelo menos três aspectos da globalização recente exercem influência sobre a governança corporativa. Primeiro, à medida que os investimentos diretos externos aumentam, cada vez mais empresas com sistemas de governança e normas diferentes firmam contratos, o que expõe suas diferenças (ver Caso de Introdução). Cientes das alternativas, tanto os acionistas quanto os administradores e legisladores não são mais facilmente persuadidos de que "nosso modelo" mais natural e eficaz.[113] Segundo, o **investimento de portfólio externo** – compra de ações e títulos feita por estrangeiros, mas sem que administrem as operações diretamente (o que seria um investimento direto externo) – alcançou nova importância. Por exemplo, no Japão, as ações dos investidores institucionais estrangeiros triplicaram de 6% para 18% do total de ações listadas no período de uma década (de 1993 a 2003).[114] Antes de comprometerem seus fundos, esses investidores demandam maiores proteções aos acionistas. Por fim, a sede global de capital fez com que muitas empresas prestassem atenção na governança corporativa. Muitas empresas estrangeiras, por exemplo, listaram suas ações nas bolsas de valores de Nova York e de Londres. Em troca desses privilégios, tiveram de se adequar às exigências dos Estados Unidos e do Reino Unido para registro nas listas dessas bolsas de valores (discutidas posteriormente, na seção "Convergência *versus* Divergência Global").

Além disso, as mudanças nas normas e nos valores também são diretamente promovidas pela difusão global de códigos das melhores práticas. Iniciada pelo britânico *Relatório Cadbury*, em 1992, a proliferação global de tais códigos é impressionante (ver Tabela 11.4). Muitos desses códigos possuem caráter consultivo e desobrigação legal, portanto, são bastante informais. Entretanto, as empresas se sentem pressionadas a adotar "voluntariamente" esses códigos. Por exemplo, na Rússia, embora a adoção do Código de Conduta Corporativa de 2002 seja, na teoria, voluntária, grandes empresas que optam por não adotá-lo têm de explicar publicamente seus motivos, autodenominam retardatários em governança corporativa e envergonham de sê-lo.

Embora diferentes países envolvam-se em esforços nacionais específicos, organizações internacionais como a Organização para Cooperação e Desenvolvimento Econômico – que inclui todas as

TABELA 11.4 Códigos de Governança Corporativa (GC) Selecionados ao Redor do Mundo a Partir dos Anos de 1990

Economias Desenvolvidas	Economias Emergentes
Relatório Cadbury (Reino Unido, 1992)	Relatório King (África do Sul, 1994)
Relatório Dey (Canadá, 1994)	Confederação do Código de GC da Indústria Indiana (Índia, 1998)
Relatório Bosch (Austrália, 1995)	Código das Melhores Práticas da Bolsa de Valores Coreana (Coréia, 1999)
Fórum de GC do Código do Japão (Japão, 1998)	Código de GC Mexicano (México, 1999)
Painel Alemão sobre o Código de GC (Alemanha, 2000)	Código de GC para Companhias Listadas (China, 2001)
Lei Sarbanes-Oxley (Estados Unidos, 2002)	Código de Conduta Corporativa (Rússia, 2002)

economias desenvolvidas e algumas economias emergentes, como República Tcheca, Hungria, México, Polônia, Coréia do Sul e República Eslovaca – lideraram os esforços para difundir globalmente algumas das melhores práticas. Em 1999, a Organização para Cooperação e Desenvolvimento Econômico publicou os *Princípios de Governança Corporativa da Organização para Cooperação e Desenvolvimento Econômico,* sugerindo que o mais importante dos objetivos da corporação deve ser otimizar os lucros dos acionistas com o passar do tempo.[115] Os *Princípios* não apresentam implicações legais nem mesmo para os 30 países-membros da Organização para Cooperação e Desenvolvimento Econômico e os países que não são membros não têm obrigação de adotá-los. Contudo, as normas globais parecem ir na direção dos *Princípios.* Por exemplo, a China e Taiwan, ambos não-membros da Organização para Cooperação e Desenvolvimento Econômico, recentemente adotaram uma página dos *Princípios* e permitiram que os acionistas promovam ações judiciais.[116]

Lenta, porém certa, a mudança está presente em quase todos os países. Embora algumas companhias e alguns países adotem tais mudanças somente para "maquiar" a realidade, com o passar do tempo, alguns dos novos modelos e formatos de governança corporativa podem mudar, de fato, as crenças cognitivas arraigadas nessas empresas e em seus administradores.

Discussões e extensões

Não resta dúvida de que as mudanças recentes na governança corporativa são dirigidas por algumas discussões já abordadas anteriormente. Esta seção discute três outros importantes pontos: (1) agentes oportunistas *versus* diretores administradores; (2) mercados de capitais eficientes *versus* ineficientes; e (3) convergência *versus* divergência global.

Agentes Oportunistas *versus* Diretores Administradores

A teoria da agência entende os administradores como agentes que podem se envolver em atividades oportunistas, em benefício próprio, se deixados por conta própria. Entretanto, críticos contestam que a maioria dos administradores tende a ser honesta e confiável. Erros administrativos podem ser causados por falta de competência, de informação ou por acaso, mas não necessariamente por interesses próprios. Portanto, pode não ser justo caracterizar todos os administradores como agentes oportunistas. Embora muito influente, a teoria da agência tem sido criticada sob a alegação de que é uma "teoria da administração antiadministração".[117] Recentemente, surgiu uma teoria "pró-administração", a **teoria administrativa.** Segundo essa teoria,[118] os administradores podem ser vistos como procuradores dos interesses dos proprietários. Alega-se que a maior parte dos administradores deseja alcançar empreendimentos, filiações e auto-realizações. A defesa dos interesses dos acionistas e o progresso dos objetivos organizacionais – em oposição à agenda de interesses pessoais dos administradores – maximizarão (muitas) funções de utilidade dos próprios administradores.

Os teóricos administrativos concordam que a teoria da agência é útil ao descrever determinados tipos de administradores, sob certas circunstâncias (quando os administradores estão cercados durante disputas de aquisição, por exemplo).[119] Entretanto, se todos os principais virem todos os administradores como agentes que atuam em benefício próprio, fiscalizados com "rédeas curtas" por vários mecanismos de controle, alguns administradores, que se vêem como procuradores, podem se frustrar tanto a ponto de iniciarem o comportamento em benefício próprio que a teoria da agência tenta minimizar. Em outras palavras, como uma profecia que se auto-realiza, o foco excessivo no controle rígido dos administradores pode *induzir* ao comportamento oportunista.[120]

Mercados de Capitais Eficientes *versus* Ineficientes

Uma das críticas contra o capitalismo dos acionistas é o questionamento quanto à crença de que os acionistas – ou, coletivamente, os mercados de capitais – estão sempre certos. Originária da idéia da "mão invisível" de Adam Smith, uma **hipótese da eficiência do mercado** sugere que os acionistas baseiam suas avaliações com relação aos preços das ações de uma empresa em uma estimativa racional de *todas* as informações publicamente disponíveis.[121] Em outras palavras, os mercados de capitais, compostos de vários competidores, são eficientes em recompensar as empresas bem-governadas, com alto potencial, e punir as empresas mal comandadas, com baixo potencial.

Entretanto, críticos alegam que tal eficiência do mercado é *suposta*, não provada. Ressaltam três pontos. Primeiro, em muitas economias emergentes, a eficiência do mercado de capitais é questionável. A escassez de boas informações específicas às empresas em economias emergentes tem levado os investidores globais – acertada ou erroneamente – a se amontoarem em economias emergentes ao mesmo tempo.[122] Como conseqüência, quando algumas grandes empresas, nas principais economias emergentes, enfrentam sérios problemas, a confiança dos investidores *em todas* as economias emergentes é reduzida, de modo a se criar um efeito dominó (como evidenciado pelas crises na Ásia e na Rússia, entre 1997 e 1998, que exerceram um impacto negativo na América Latina). Segundo, os acionistas confiam nas informações específicas à empresa fornecidas pela empresa. Os exemplos da Enron e da Parmalat ensinam que acionistas – e, por sua vez, mercados de capitais –, em alguns dos países mais desenvolvidos, podem ser enganados pelo menos temporariamente.

Por fim, mesmo quando não há fraude, é possível ocorrer erros de mercado, cometidos por investidores, de forma coletiva devido à exuberância "irracional" (ou ao pessimismo). Patrimônios líquidos *superestimados*, segundo Michael Jensen, podem ser considerados a "heroína administrativa": causa boas sensações no início, mas muitas dores ao final.[123] Isso porque administradores podem utilizar patrimônios superestimados para financiar aquisições a fim de satisfazer as altas expectativas de crescimento do mercado de capitais e, no final das contas, destruir o valor. Por exemplo, a Nortel, importante empresa canadense de equipamentos para telecomunicações, implementou impressionantes 19 aquisições em quatro anos (1997 a 2001). Em um círculo vicioso, utilizou as aquisições para superar as expectativas dos analistas de mercado, que, conseqüentemente, aumentaram. As maiores expectativas, por sua vez, somente poderiam ser superadas por meio de mais aquisições. Por fim, as ações da Nortel, que subiram de US$ 13, em 1997, para US$ 86, em 2000, despencaram para menos de US$ 2, em 2003. Embora a diversificação excessiva tradicionalmente leve à subestimação do patrimônio líquido (em conformidade com a hipótese da eficiência do mercado), algumas diversificações excessivas podem levar à superestimação do patrimônio líquido, causada pela *ineficiência* do mercado.

Em suma, embora os mercados de capitais não sejam necessariamente uma "movimentação aleatória", há fontes de ineficiência suficientes, tanto em economias desenvolvidas quanto em economias emergentes, para que a validade da hipótese da eficiência do mercado seja questionada. Pode-se concluir que os acionistas nem sempre estão certos.

Convergência *versus* Divergência Global

Outra importante discussão centra-se no fato de a governança corporativa estar convergindo ou divergindo no âmbito global. Os defensores da convergência alegam que a globalização desencadeará um processo de "sobrevivência dos mais adaptados", por meio do qual as empresas serão forçadas a adotar as melhores práticas exemplificadas pelas práticas anglo-americanas.[124] Observam que os investidores globais são dispostos a pagar um prêmio pelas ações em empresas com governança transparente no estilo anglo-americano, o que induz as outras a seguirem tais normas. A VTech, em Hong Kong, é um exemplo disso (Estratégia em Ação 11.3). A maioria dos códigos de governança corporativa recentes (Tabela 11.4) é baseada em conceitos centrais anglo-americanos, como o foco explícito na prosperidade do acionista e a ênfase na transparência. Organizações internacionais como a Organização para Cooperação e Desenvolvimento Econômico estão promovendo esses princípios anglo-americanos como padrão global. Incentivado por esses princípios, o ativismo dos acionistas, fenômeno sem precedentes em muitas partes do mundo, está se tornando cada vez mais visível (ver Caso de Conclusão).

Um fenômeno interessante geralmente citado pelos defensores da convergência é o ***cross-listing* (listagem cruzada)**, a saber, as empresas, cada vez mais, listam suas ações em bolsas de valores

Estratégia em Ação 11.3.

VTech de Hong Kong Luta para Obter Excelência em Governança

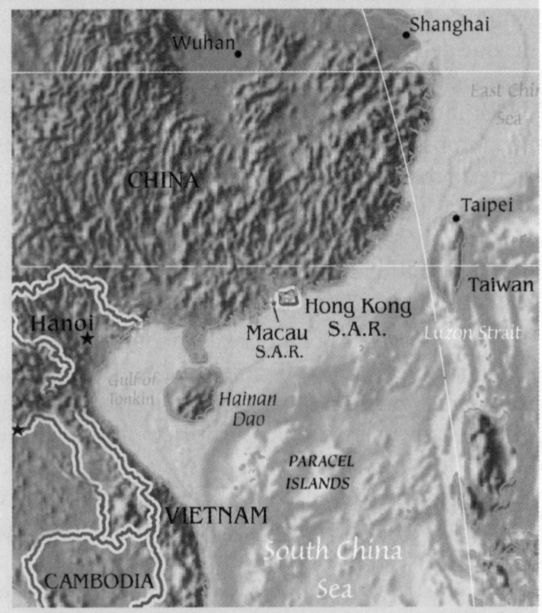

Durante a crise econômica asiática, entre 1997 e 1998, os preços das ações da maioria das empresas listadas em Hong Kong despencaram. Entretanto, a VTech (*http://www.vtech.com*), maior fabricante de eletrônicos de Hong Kong, viu o preço de suas ações mais que dobrar (de US$ 1,87, em 30 de junho de 1997, para US$ 4,33, em 31 de dezembro de 1998). No mínimo, duas razões contribuíram para esse desempenho espetacular. Primeira, a VTech dominava dois nichos de mercado, brinquedos eletrônicos educativos e telefones sem fio. Controlava mais de 60% do mercado de brinquedos eletrônicos educativos nos Estados Unidos e na Europa. Seus telefones sem fio dominavam 50% do mercado desse país. Somente menos de 5% de suas vendas eram feitas na Ásia. Segunda, e igualmente importante, e talvez igualmente importante, rompendo com os tradicionais negócios familiares que dominavam o cenário corporativo de Hong Kong (ver Caso de Conclusão), a VTech foi construída de forma diferente, dando-se particular atenção à governança corporativa. Allan Wong, fundador que estabeleceu a VTech em 1976, professou que seu objetivo era aumentar o valor dos acionistas. A VTech publicava mais informações do que o exigido por lei. Durante as entrevistas, Allan Wong esforçava-se para enfatizar que a VTech não era uma empresa familiar, pois nenhum membro de família fazia parte do conselho de administração-geral ou do quadro de diretores. Embora localizada em Hong Kong, a VTech é uma empresa internacional. Cinco dos nove membros do quadro de diretores eram estrangeiros. Toda a fabricação se dava na China, onde a empresa empregava mais de 20 mil trabalhadores. A função de pesquisa e desenvolvimento era implementada nos Estados Unidos e na Europa.

Fontes: Esse estudo de caso foi escrito por David Ahlstrom (Universidade Chinesa de Hong Kong), Michael N. Young (Universidade Chinesa de Hong Kong); Garry Bruton (Universidade Cristã do Texas). Baseado em (1) M. N. Young, D. Ahlstrom; G. Bruton, 2004, Globalization and corporate governance in East Asia: The transnational solution, *Management International Review*, 44 (2): 31-50; (2) A. Tanzer, 1998, The VTech phenomenon, *Forbes*, 19 de outubro: 162-171; e (3) comunicação entre o departamento de relações com os investidores da VTech e os autores, abril de 2004. Reimpresso com permissão dos autores.

estrangeiras.[125] Ao final dos anos de 1990, 14% e 22% das empresas listadas nas bolsas de valores de Nova York e de Londres, respectivamente, eram estrangeiras. Essa *cross-listing* é dirigida principalmente pelo desejo de abocanhar reservas de capital maiores. As empresas estrangeiras, dessa forma, têm de se adequar às leis quanto ao comércio de ações dos Estados Unidos e do Reino Unido e possivelmente adotar as normas de governança corporativa anglo-americanas. Há evidências de que, por exemplo, empresas japonesas listadas em Nova York e em Londres, em comparação às listadas em âmbito doméstico, preocupam-se mais com o valor dos acionistas.[126] A listagem nos Estados Unidos ou no Reino Unido pode ser vista como um sinal de comprometimento da empresa com o valor dos acionistas, o que resulta em sua valorização.[127] Por exemplo, das 60 empresas negociadas no Russian Trading System (índice da Bolsa de Valores de Moscou), desde 2003, 57 listaram suas ações na Bolsa de Valores de Nova York.[128] Empresas listadas em bolsas de valores estrangeiras costumam ser vistas como portadoras das normas e dos valores de governança corporativa anglo-americanos ao redor do mundo.

Entretanto, críticos contestam que as práticas de governança continuarão divergindo ao redor do mundo.[129] O caminho em direção ao "capitalismo dos acionistas", na ausência das fundações institucionais subjacentes (como a proteção aos investidores), provavelmente não será bem-sucedido. Por exemplo, a promoção da propriedade e do controle mais concentrados costuma ser recomendada como solução para os conflitos principal-agente nas empresas dos Estados Unidos e do Reino Unido. Contudo, fazer a mesma recomendação de reforma para empresas na Europa continental, na Ásia e na América Latina pode ser contraproducente, pois o principal problema nesses lugares é que os acionistas que detêm o controle já possuem propriedade e controle demasiados. Portanto, a solução pode estar em como *reduzir* a concentração de propriedade e controle. Embora a exportação de regulamentações de estilo anglo-americano para outros países seja possível (por meio de uma assinatura), é difícil, se não impossível, transplantar normas, valores e tradições ao redor do mundo sem que a estrutura subjacente à propriedade e ao controle concentrados seja modificada (ver Caso de Conclusão).[130] Por fim, há algumas diferenças fundamentais entre as práticas dos Estados Unidos e do Reino Unido. Por exemplo, além da divisão com relação à dualidade do diretor-executivo (Reino Unido contra, Estados Unidos a favor) discutida anteriormente, nenhuma das defesas antiaquisição norte-americanas (como a pílula de veneno, por exemplo) são legais no Reino Unido.

No caso das empresas listadas em bolsas de valores estrangeiras, os defensores da divergência ressaltam três pontos. Primeiro, em comparação às empresas norte-americanas, essas empresas estrangeiras possuem quadros significativamente maiores, maior número de diretores internos, menor propriedade institucional e propriedade mais concentrada.[131] Em outras palavras, empresas listadas em bolsas de valores estrangeiras nem sempre adotam as práticas de governança norte-americanas, antes ou depois de serem listadas. Segundo, apesar da crença popular de que as leis quanto ao comércio de ações dos Estados Unidos e do Reino Unido se aplicam às empresas estrangeiras listadas nas bolsas de valores desses países, na prática, essas leis raramente são impingidas com eficácia às práticas de "*tunneling*" (construção de túneis) das empresas estrangeiras.[132] Por fim, mudanças recentes nas regulamentações norte-americanas promoveram uma divergência ainda maior. Desde a aprovação da Lei Sarbanes-Oxley, em 2002, a Porsche, a Fuji Film e a European Aeronautic Defence and Space Company (EADS – matriz da Airbus) cancelaram os planos de se listarem nos Estados Unidos e a LVMH retirou suas ações listadas na Nasdaq, mencionando sua falta de poder ou vontade para cumprir as novas leis.[133]

Em uma economia global, a divergência completa com relação à governança corporativa é irreal, especialmente em se tratando de grandes empresas em busca de capital de investidores globais. Por outro lado, a convergência completa também é improvável. O que é possível é um tipo de "*cross-vergence*" (vergência cruzada), que equilibra as expectativas dos investidores globais e as dos acionistas locais.[134] Isso se torna evidente, por exemplo, pelo fato de que (1) as empresas dos Estados Unidos e do Reino Unido, recentemente, aumentaram suas concentrações de propriedade (nas mãos dos investidores institucionais) e de que (2) a estrutura dos quadros na Alemanha e no Japão está caminhando em direção ao modelo anglo-americano, com um número significativo de diretores externos.

Além dessas três, há outra grande discussão, ainda não explorada: o capitalismo das partes interessadas *versus* o capitalismo dos acionistas. O capítulo "Definindo estratégias com responsabilidade social corporativa", on-line, dedica-se a essa discussão.

Implicações para os estrategistas

Em inglês, o termo "*corporate governance*" (governança corporativa) foi cunhado ao final dos anos de 1970. Em muitas partes do mundo, surgiram discussões sobre como traduzir esse termo para as línguas locais.[135] Entretanto, atualmente, a governança corporativa entrou para os mais altos níveis de discussão corporativa e política. Nenhum administrador estratégico pode se dar ao luxo de ignorar isso.

Um melhor entendimento da governança corporativa pode ajudar a responder às quatro questões fundamentais em estratégia. Primeira, por que as empresas se diferenciam? As empresas se diferenciam em governança corporativa devido às diferentes naturezas das indústrias, às diferentes habilidades de motivar e disciplinar os administradores e aos diferentes modelos institucionais. Segunda, como as empresas se comportam? Considerando-se que a maioria das corporações ao redor do mundo possui componentes básicos de governança corporativa semelhantes (proprietários, administradores e quadros de diretores), as principais fontes de diferenciação centram-se em como esses componentes se relacionam e interagem a fim de direcionar o navio corporativo. Terceira, o que determina o escopo da empresa? Da perspectiva da governança corporativa, um escopo amplo pode indicar diversificação excessiva e redução do risco por parte dos administradores. Por fim, o que determina o sucesso ou o fracasso internacional das empresas? Embora as pesquisas ainda sejam inconclusivas,[136] há razões para se acreditar que – em geral e em longo prazo – empresas mais bem governadas serão recompensadas com menores custos de capital e, conseqüentemente, melhores desempenhos. À medida que as empresas se equiparam quanto aos produtos, aos serviços e às tecnologias, a governança corporativa pode se tornar uma das últimas fronteiras de diferenciação competitiva e, portanto, forçar as empresas a "correrem ao topo".

Resumo do Capítulo

1. A governança corporativa é a relação entre vários participantes na determinação da direção e o desempenho das corporações. Seu tripé inclui: (1) proprietários; (2) administradores; e (3) quadro de diretores.
2. Em empresas dos Estados Unidos e do Reino Unido, a separação entre propriedade e controle domina o cenário corporativo. Em quase todas as outras partes do mundo, predomina a concentração da propriedade e do controle nas mãos de famílias ou de governos.
3. Em empresas que separam a propriedade do controle, os principais conflitos são os conflitos principal-agente, a saber, entre proprietários e administradores. Em empresas com propriedade concentrada, os conflitos principal-principal entre os acionistas que detêm o controle e os acionistas minoritários são mais importantes.
4. Os quadros de diretores atuam nas funções de: (1) controle; (2) serviço; e (3) aquisição de recursos. Ao redor do mundo, os quadros de diretores diferem com relação: (1) ao tamanho; (2) à composição; (3) à propriedade; (4) à liderança; e (5) à interconexão.
5. Mecanismos internos, baseados na voz, e mecanismos externos, baseados na saída, combinam-se, em forma de pacote, para determinar a eficácia da governança corporativa. O mercado de controle corporativo e o mercado de aquisições alavancadas são as duas principais formas de mecanismos externos.
6. Diferentes combinações de mecanismos de governança internos e externos levam a quatro grupos principais: (1) grupo anglo-americano; (2) grupo euro(continental)-japonês; (3) grupo canadense; e (4) grupo das empresas estatais (de todas as nacionalidades). Vistos dessa perspectiva, os movimentos de privatização podem ser considerados esforços em prol do fortalecimento da eficácia da governança corporativa.
7. As visões baseadas em indústrias, em recursos e em instituições esclarecem consideravelmente as questões sobre governança.
8. Três importantes discussões são: (1) agentes oportunistas *versus* diretores administradores; (2) mercados de capitais eficientes *versus* ineficientes; e (3) convergência *versus* divergência global.

Palavras-Chave

- agentes
- assimetrias de informação
- *blockholders* (acionistas majoritários)
- capital humano administrativo
- capitalismo dos acionistas
- conflitos principal-agente
- conflitos principal-principal relação de agência
- controle estratégico
- controle financeiro
- conselho de administração- geral
- *cross-listing* (listagem cruzada)
- custos de agência
- diretor independente
- diretores externos
- diretores internos
- dualidade do diretor-executivo
- entrincheiramento da administração
- expropriação
- *golden parachutes* (pára-quedas de ouro)
- governança corporativa
- *greenmail* (neologismo formado pelas palavras *greenback* – papel-moeda – e *blackmail* – chantagear, chantagem)
- hipótese da eficiência do mercado
- *interlocking directorate* (união pessoal ou diretoria interligada)
- investimento de portfólio externo
- mecanismos baseados na saída
- mecanismos baseados na voz
- mercado de aquisições alavancadas
- mercado de controle corporativo
- obrigações de alto risco
- pílula de veneno
- principais
- propriedade difusa
- propriedade e controle concentrados
- *raiders* (invasores)
- relação da agência
- restrição orçamentária fraca
- teoria da agência
- sessões executivas
- sistema de governança corporativa anglo-americano
- sistema de governança corporativa euro (continental)japonês
- sistema de governança corporativa teuto-japonês
- teoria administrativa
- teoria da agência
- transações relacionadas
- *tunneling* (construção de túneis)

Questões para Discussão

1. Alguns alegam que o estilo anglo-americano de separar a propriedade do controle é uma conseqüência que as grandes corporações não podem evitar. Outros contestam que essa é uma variante (dentre muitas outras) de como as grandes corporações podem ser governadas e não é o padrão de propriedade e controle mais eficaz e desejável para grandes empresas em outros lugares do mundo. Qual é a sua opinião?
2. Experiências de muitas regiões sugerem que a privatização por meio da simples transferência da propriedade, de mãos públicas para privadas, raramente é suficiente para melhorar a governança corporativa e o desempenho das grandes corporações. Qual é a razão para isso?
3. As recentes reformas na governança corporativa, em vários países, impulsionam (e, geralmente, exigem) que as empresas possuam um maior número de diretores externos em seus quadros e que separem os cargos de presidente do conselho e diretor-executivo. Entretanto, as pesquisas acadêmicas ainda não foram capazes de confirmar conclusivamente os méritos de tais práticas. Por quê?
4. ***SOBRE ÉTICA:*** O progresso do capitalismo dos acionistas força os administradores a centrarem-se na maximização dos lucros dos acionistas como se esse fosse o *único* objetivo da empresa. Entretanto, freqüentemente exige-se que os administradores e as empresas atendam às necessidades de outras partes interessadas, como funcionários e comunidades locais, cujas demandas costumam estar em desacordo com a maximização do lucro dos acionistas. Na condição de administradores, quais são os dilemas no momento da escolha dos cursos de ação estratégicos da corporação? (Aconselhamos a leitura do Capítulo "Definindo estratégias com responsabilidade social corporativa", on-line, para responder a essa questão.)

5. ***SOBRE ÉTICA:*** Na condição de presidente do conselho/diretor-executivo, você está tentando escolher, entre dois candidatos, um diretor independente externo para seu quadro de diretores. Um deles também é diretor-executivo, um amigo de longa data que trabalha em uma indústria diferente, de cujo quadro de diretores você participou por muitos anos. O outro é um conhecido guru da governança corporativa cujo lema é: "não há necessidade de engordar mais os "gatos gordos" (executivos ricos)". Você acredita que a participação desse importante crítico, que inspecionará seu trabalho, no quadro de diretores lhe dará créditos com analistas e jornalistas. No entanto você teme que ele queira provar a teoria de que os diretores-executivos são remunerados em excesso – em outras palavras, sua compensação pode estar em risco. Quem você escolheria?

Caso de Conclusão: David Webb: um Acionista Militante em Hong Kong

Embora Hong Kong tenha a reputação de possuir um dos mercados financeiros mais sofisticados do mundo, acionistas minoritários sofrem abusos por parte dos acionistas que detêm o controle. Por exemplo, em 2002, esses acionistas, no caso da Boto (http://www.boto.com.hk), fabricante de árvores de Natal de plástico, venderam quase todos os seus ativos lucrativos para um grupo privado de investidores, liderado pelo presidente do conselho da Boto, a um preço mínimo, apesar da oposição de ¾ dos acionistas minoritários. Embora as regulamentações de Hong Kong tenham sido copiadas dos estatutos britânicos, a natureza das corporações listadas de Hong Kong deixa claro que as leis possuem brechas que são exploradas por acionistas detentores do controle. Como a maioria das empresas britânicas listadas não possui esse tipo de acionista, o quadro de diretores é capaz de refletir os interesses de todos os acionistas. Entretanto, em Hong Kong, 32 das 33 empresas com "ações de primeira linha" no Índice Hang Seng (da Bolsa de Valores de Hong Kong), salvo o HSBC (http://www.hsbc.com), possuem acionistas que detêm o controle – uma única pessoa ou um grupo de pessoas, em geral de uma mesma família, que detêm a habilidade de controlar o quadro de diretores.

Em cruzada contra esse sistema, David Webb, que era uma das 50 "Estrelas da Ásia", classificadas pela Business Week, em 2000, possui um caráter singular no emergente movimento ativista dos acionistas em Hong Kong. Segundo a Business Week, ele "mudou praticamente sozinho os termos da discussão sobre governança corporativa em Hong Kong". Webb, nativo da Inglaterra e graduado pela Universidade de Oxford, mudou-se para Hong Kong em 1991. Trabalhou

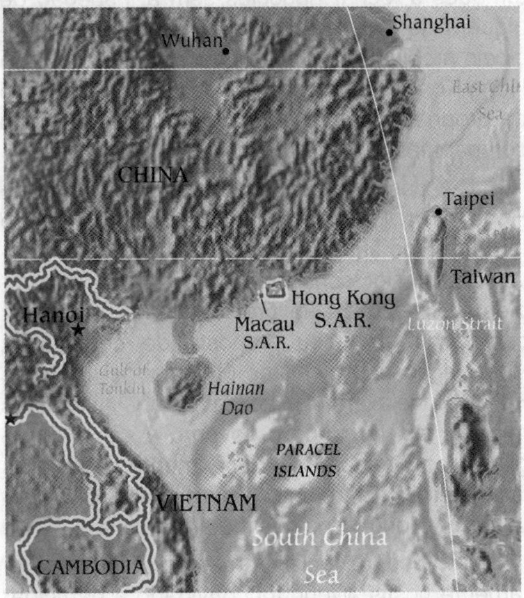

em bancos de investimento e no financiamento corporativo até 1998, quando se aposentou para se tornar um investidor em tempo integral. Sua página eletrônica (http://www.webb-site.com) atualmente ostenta 8.500 assinantes. É um crítico franco em muitas reuniões de acionistas e um defensor dos acionistas minoritários. "Ele pega no pé das pessoas", disse um importante administrador de fundos de Hong Kong. Os "gatos gordos" o odeiam; os investidores o amam. Em abril de 2003, foi eleito para o quadro de diretores da Hong Kong Exchanges & Clearing Ltd., companhia de capital aberto, que comanda a Bolsa de Valores de Hong Kong. Com uma cadeira no quadro, Webb sugeriu que "a administração terá de escutá-lo com mais atenção".

As famílias que controlam a maioria das companhias de Hong Kong costumam nomear diretores e dar andamento às eleições durante a reunião dos acionistas. A fim de forçar que votos reais ocorressem, Webb iniciou o que denominou Projeto das Eleições, isto é, toda moção na reunião dos acionistas seria determinada por uma eleição com base no critério de "uma ação, um voto", em vez de ser baseada em um levantar de mãos. Ele acredita que esse processo é mais transparente e impede que as companhias encham as reuniões com diretores internos, que levantam as mãos em apoio a qualquer moção. Após comprar 10 ações de cada uma das 33 companhias que compunham o Índice Hang Seng, Webb passou a participar regularmente das reuniões dos acionistas e a exigir votos formais para todas as propostas. Com isso, não ganhou muitos amigos entre os magnatas, acostumados a fechar negócios sem a inspeção de alguém de fora. Webb reconhece que os principais problemas de governança corporativa em Hong Kong – e também em toda a Ásia – advêm da propriedade e do controle concentrados das companhias.

Em posse de 143 milhões de dólares de Hong Kong (US$ 18 milhões) em ações, Webb tem utilizado sua página eletrônica para promover uma maior conscientização quanto ao problema. Em 2001, ele projetou ainda mais sua campanha: formulou proposta de criação da Associação de Acionistas Minoritários de Hong Kong. A idéia era dar voz ativa aos acionistas minoritários, forçando o governo a ser mais vigilante com relação ao cumprimento das regras já existentes. Entretanto, em abril de 2002, o governo de Hong Kong rejeitou a proposta.

Contudo, os legisladores não eram completamente hostis. Webb foi convidado a participar de vários comitês de reforma da governança corporativa e afirmou: "Os críticos podem dizer que esse é um esforço para que pareçam estar fazendo alguma coisa pelos acionistas. Na minha opinião, é mais fácil fazer lobby de dentro para fora do que de fora para dentro... ninguém consegue balançar o barco se estiver nadando ao redor dele".

Questões para Estudo de Caso

1. Qual é o principal tipo de conflito na governança corporativa em Hong Kong? Por que as leis e regulamentações britânicas transplantadas parecem ser ineficazes?
2. Quais são as motivações de David Webb? Por que poucos acionistas minoritários em Hong Kong participam ativamente da governança corporativa, assim como faz Webb?
3. Quão eficazes são os desafios "diretos" de Webb com relação às práticas vigentes? Esses desafios mudarão as normas, os valores e as regulamentações predominantes na governança corporativa em Hong Kong?
4. Se você fosse Webb, quais seriam suas recomendações de reforma na governança corporativa em Hong Kong, na Ásia e, em um âmbito mais amplo, nas economias emergentes?

Fontes: Esse estudo de caso foi escrito por Yi Jiang (Fisher College of Business, Universidade de Ohio). Baseado em (1) M. Clifford, 2003, A crusader in Hong Kong, *Business Week International Edition*, 19 de maio (on-line); (2) B. Einhorn, 2002, The foxes guarding Hong Kong's hens, *Business Week*, 26 de agosto (on-line); (3) J. Parry, 2001, Campaigning in Hong Kong to stop abuses by controlling shareholders, *International Herald Tribune*, 8 de dezembro (on-line); (4) *http://www.webb-site.com*, 2002, Government rejects HAMS proposal. Reimpresso com permissão do autor.

Notas

1. C. Daily; D. Dalton; A. Cannella, 2003, Corporate governance, *AMR*, 28: 371-382; C. Daily; D. Dalton; N. Rajagopalan, 2003, Governance through ownership, *AMJ*, 46: 151-159; P. Phan, 2001, Corporate governance in the newly emerging economies, *APJM*, 18: 131-136; M. Serapio; O. Shenkar, 1999, Reflections on the Asian crisis, *MIR*, 39: 3-12.
2. R. Monks; N. Minow, 2001, *Corporate Governance* (p. 1), Oxford, Reino Unido: Blackwell.
3. W. Boeker; R. Karichalil, 2002, Entrepreneurial transitions. *AMJ*, 45: 818-826; T. Nelson, 2003, The persistence of founder influence, *SMJ*, 24: 707-724.
4. A. Berle; G. Means, 1932, *The Modern Corporation and Private Property*, Nova York: MacMillan.
5. L. Tihanyi; R. Johnson; R. Hoskisson; M. Hitt, 2003, Institutional ownership differences and international diversification, *AMJ*, 46: 195-211.
6. B. Holmstrom; S. Kaplan, 2001, Corporate governance and merger activity in the United States (p. 131), *JEP*, 15: 121-44.

7. R. La Porta; F. Lopez-de-Silanes; A. Shleifer, 1999, Corporate ownership around the world, *JF*, 54: 471-517.

8. M. Carney; E. Gedajlovic, 2002, The coupling of ownership and control and the allocation of financial resources, *JMS*, 39: 123-146; S. Claessens; S. Djankov; L. Lang, 2000, The separation of ownership and control in East Asian corporations, *JFE*, 58: 81-.112; S. Thomson; T. Pederson, 2000, Ownership structure and economic performance in the largest European companies, *SMJ*, 21: 689-705.

9. R. Anderson; D. Reeb, 2003, Founding-family ownership and firm performance, *JF*, 58: 1301-1328; E. Fama; M. Jensen, 1983, Separation of ownership and control, *JLE*, 26: 301-325; T. Habbershon; M. Williams; I. MacMillan, 2003, A unified systems perspective of family firm performance, *JBV*, 18: 451-465.

10. S. Chang, 2003, Ownership structure, expropriation, and performance of group-affiliated companies in Korea, *AMJ*, 46: 238-254; L. Gomez-Mejia; M. Nunez-Nickel; I. Gutierrez, 2001, The role of family ties in agency contracts, *AMJ*, 44: 81-95; D. Miller; L. Steier; I. Breton-Miller, 2003, Lost in time, *JBV*, 18: 513-531; W. Schulze; M. Lubatkin; R. Dino; A. Buchholtz, 2001, Agency relationships in family firms, *OSc*, 12: 99-116.

11. M. W. Peng; Y. Jiang, 2004, Family ownership and control in large corporations: The good, the bad, the irrelevant, Working paper, Fisher College of Business, The Ohio State University.

12. J. De Castro; K. Uhlenbruck, 1997, Characteristics of privatization, *JIBS*, 28: 123-143; W. Megginson; J. Netter, 2001, From state to market, *JEL*, 39: 321-389; M. W. Peng, 2000, *Business Strategies in Transition Economies*, Thousand Oaks, CA: Sage Publishing; R. Ramamurti, 1992, Why are developing countries privatizing? *JIBS*, 23: 225-249.

13. K. Eisenhardt, 1989, Agency theory, *AMR*, 14: 57-74; M. Jensen; W. Meckling, 1976, Theory of the firm: Managerial behavior, agency cost, and ownership structure, *JFE*, 3: 305-360.

14. J. Bryne, 2002, How to fix corporate governance, *BW*, 6 de maio: 69-78.

15. J. Combs; M. Skill, 2003, Managerialist and human capital explanations for key executive pay premiums, *AMJ*, 46: 63-77.

16. M. Hayward; V. Rindova; T. Pollock, 2004, Believing one's own press, *SMJ*, 25: 637-653.

17. W. Johnson; R. Magee; N. Nagarajan; H. Newman, 1985, An analysis of the stock price reaction to sudden executive deaths, *JAE*, 7: 151-174.

18. J. Tan; M. W. Peng, 2003, Organizational slack and firm performance during economic transitions: Two studies from an emerging economy, *SMJ*, 24 (13): 1249-1263.

19. Claessens; Djankov; Lang, 2000, The separation of ownership and control in East Asian corporations.

20. M. Faccio; L. Lang, 2002, The ultimate ownership of Western European corporations, *JFE*, 65: 365-395.

21. M. Young; M. W. Peng; D. Ahlstrom; G. Bruton, 2002, Governing the corporation in emerging economies: A principal-principal perspective, *Academy of Management Best Papers Proceedings*.

22. R. Dharwadkar; G. George; P. Brandes, 2000, Privatization in emerging economies, *AMR*, 25: 650-669.

23. S. Jonson; R. La Porta; F. Lopez-de-Silanes; A. Shleifer, 2000, Tunneling, *AER*, 90: 22-27.

24. S. Chang; J. Hong, 2000, Economic performance of group-affiliated companies in Korea, *AMJ*, 43: 429-448.

25. R. Grover; T. Lowry, 2004, Rupert's world (p. 60), *BW*, 19 de janeiro: 52-60.

26. D. Dalton; C. Daily; J. Johnson; A. Ellstrand, 1999, Number of directors and financial performance, *AMJ*, 42: 674-684; J. Goodstein; K. Gautam; W. Boeker, 1994, The effects of board size and diversity on strategic change, *SMJ*, 15: 241-250.

27. T. Yoshikawa; P. Phan, 2001, Alternative corporate governance systems in Japanese firms, *APJM*, 18: 183-205.

28. A. Ellstrand; L. Tihanyi; J. Johnson, 2002, Board structure and international political risk, *AMJ*, 45: 769-777; S. T. Certo, 2003, Influencing initial public offering investors with prestige, *AMR*, 28: 432-446.

29. E. Gedajlovic; D. Shapiro, 2002, Ownership structure and firm profitability in Japan, *AMJ*,

45: 565-575; S. Kaplan; B. Minton, 1994, Appointments of outsiders to Japanese boards, *JFE*, 36: 225-258.

30. D. Dalton; C. Daily; A. Ellstrands; J. Johnson, 1998, Meta-analytic reviews of board composition, leadership structure, and financial performance, *SMJ*, 19: 269-290; M. W. Peng, 2004, Outside directors and firm performance during institutional transitions, *SMJ*, 25 (5): 453-471.
31. S. Finkelstein; A. Mooney, 2003, Not the usual suspects, *AME*, 17: 101-113.
32. D. Hambrick; E. Jackson, 2000, Outside directors with a stake, *CMR*, 42: 108-117.
33. D. Worrell; C. Nemec; W. Davidson, 1997, One hat too many? *SMJ*, 18: 499-507.
34. I. Kesner; R. Johnson, 1990, An investigation between board composition and stockholder suits, *SMJ*, 11: 317-326.
35. B. R. Baliga; R. C. Moyer; R. Rao, 1996, CEO duality and firm performance. *SMJ*, 17: 41-53; D. Harris; C. Helfat, 1998, CEO duality, succession, capabilities, and agency theory, *SMJ*, 19: 901-904; J. Tian; C. Lau, 2001, Board composition, leadership structure, and performance in Chinese shareholding companies, *APJM*, 18: 245-263.
36. M. Mizruchi; L. Stearns, 1994, A longitudinal study of borrowing by large American firms, *ASQ*, 39: 118-140.
37. G. Davis; H. Greve, 1997, Corporate elite networks and governance changes in the 1980s, *AJS*, 103: 1-37; R. Gulati; J. Westphal, 1999, Cooperative or controlling? *ASQ*, 44: 473-506; P. Haunschild; C. Beckman, 1998, When do interlocks matter? *ASQ*, 43: 815-44; L. Heracleous; J. Murray, 2001, Networks, interlocking directors, and strategy, *APJM*, 18: 137-160.
38. K. Au; M. W. Peng; D. Wang, 2000, Interlocking directorates, firm strategies, and performance in Hong Kong: Towards a research agenda (p. 32), *APJM*, 17: 29-47.
39. Monks; Minow, 2001, *Corporate Governance* (p. 188); M. Young; A. Buchholtz; D. Ahlstrom, 2004, How can board members be empowered if they are "spread too thin"? *SAM* (no prelo).
40. A. Hillman; T. Dalziel, 2003, Board of directors and firm performance, *AMR*, 28: 383-396; J. Johnson; C. Daily; A. Ellstrand, 1996, Boards of directors, *JM*, 22: 409-438; S. Zahra; J. Pearce, 1989, Boards of directors and corporate financial performance, *JM*, 15: 291-334.
41. T. Pollock; H. Fischer; J. Wade, 2002, The role of power and politics in the repricing of executive options, *AMJ*, 45: 1172-1183; J. Westphal; E. Zajac, 1995, Who shall govern? *ASQ*, 40: 60-83; E. Zajac; J. Westphal, 1996, Director reputation, CEO-board power, and the dynamics of board interlocks, *ASQ*, 41: 507-529.
42. J. Westphal, 1998, Board games: How CEOs adapt to increases in board independence, *ASQ*, 43: 511-537.
43. J. Westphal; P. Khanna, 2004, Keeping directors in line, *ASQ*, 48: 361-399.
44. N. Athanassiou; D. Nigh, 1999, The impact of US company internationalization on top management team advice networks, *SMJ*, 20: 93-92.
45. M. Carpenter; J. Westphal, 2001, The strategic context of external network ties, *AMJ*, 44: 639-660; B. Golden; E. Zajac, 2001, When will boards influence strategy? *SMJ*, 22: 1087-1111; R. Johnson; R. Hoskisson; M. Hitt, 1993, Board of director involvement in restructuring, *SMJ*, 14: 33-50; W. Judge; C. Zeithaml, 1992, Institutional and strategic choice perspectives on board involvement in the strategic decision process, *AMJ*, 35: 766-794; P. Stiles, 2001, The impact of the board on strategy, *JMS*, 38: 627-650; J. Westphal; J. Fredrickson, 2001, Who directs strategic change? *SMJ*, 22: 1113-1137.
46. *Economist*, 2004, Where's all the fun gone? (p. 75). 20 de março: 75-77.
47. B. Boyd, 1990, Corporate linkages and organizational environment, *SMJ*, 11: 419-430; A. Hillman; A. Cannella; R. Paetzold, 2000, The resource dependence role of corporate directors, *JMS*, 37: 213-255.
48. M. W. Peng; K. Au; D. Wang, 2001, Interlocking directorates as corporate governance in Third World multinationals: Theory and evidence from Thailand, *APJM*, 18: 161-181.
49. M. W. Peng, 2004, Outside directors and firm performance during institutional transitions, *SMJ*, 25 (5): 453-471.
50. A. Hillman; K. Haynes, 2004, Institutional environment, board functions, and firm performance, Working paper, Arizona State University.

51. B. Baysinger; R. Hoskisson, 1990, The composition of boards of directors and strategic control, *AMR*, 15: 72-87; R. Hoskisson; M. Hitt, 1988, Strategic control and relative R&D investment in large multi-product firms, *SMJ*, 16: 605-621; R. Hoskisson; T. Turk, 1990, Corporate restructuring, *AMR*, 15: 459-477.

52. M. Young; D. Ahlstrom; G. Bruton; E. Chan, 2001, The resource dependence, service, and control functions of boards of directors in Hong Kong and Taiwanese firms, *APJM*, 18: 223-244.

53. J. Coles; V. McWilliams; N. Sen, 2001, An examination of the relationship of governance mechanisms to performance, *JM*, 27: 23-50.

54. T. Eisenmann, 2002, The effects of CEO equity ownership and firm diversification on risk taking, *SMJ*, 23: 513-534 J. McGuire; E. Matta, 2003, CEO stock options, *AMJ*, 46: 255-265; H. Tosi; J. Katz; L. Gomez-Mejia, 1997, Disaggregating the agency contract, *AMJ*, 40: 584-602; S. Zahra, 1996, Governance, ownership, and corporate entrepreneurship, *AMJ*, 39: 1713-1735.

55. H. Barkema; L. Gomez-Mejia, 1998, Managerial compensation and firm performance, *AMJ*, 41: 135-145; M. Carpenter; W. G. Sanders, 2002, Top management team compensation, *SMJ*, 23: 367-375; M. Conyon; S. Peck, 1998, Board control, remuneration committees, and top management compensation, *AMJ*, 41: 146-157; B. Main; A. Bruce; T. Buck, 1996, Total board remuneration and company performance, *EJ*, [106]: 1627-1644.

56. P. David; R. Kochhar; E. Levitas, 1998, The effect of institutional investors on the level and mix of CEO compensation, *AMJ*, 41: 200-208; S. Finkelstein; B. Boyd, 1998, How much does the CEO matter? *AMJ*, 41: 179-199; L. Gomez-Mejia; R. Wiseman, 1997, Reframing executive compensation, *JM*, 23: 291-374; M. Jensen; K. Murphy, 1990, Performance pay and top management incentives, *JPE*, 98: 225-263; H. Tosi; L. Gomez-Mejia, 1989, The decoupling of CEO pay and performance, *ASQ*, 34: 169-189; J. Westphal; E. Zajac, 1994, Substance and symbolism in CEOs' long-term incentive plans, *ASQ*, 39: 367-390.

57. L. Gomez-Mejia; M. Larraza-Kintana; M. Makri, 2003, The determinants of executive compensation in family-controlled public corporations, *AMJ*, 46: 226-237; W. Schulze; M. Lubatkin; R. Dino, 2003, Toward a theory of agency and altruism in family firms, *JBV*, 18: 473-490.

58. J. Walsh; J. Seward, 1990, On the efficiency of internal and external corporate control mechanisms, *AMR*, 15: 421-458.

59. *Economist*, 2003, Coming and going, 25 de outubro: 12-14.

60. P. Gumbel, 2004, Spring cleaning, *Time*, junho (bonus section): A8-A14.

61. M. Ezzamel; R. Watson, 1998, Market comparison earning and the bidding up of executive cash compensation, *AMJ*, 41: 221-232.

62. R. Morck; A. Shleifer; R. Vishny, 1988, Management ownership and market valuation, *JFE*, 20: 293-315. Ver também P. Wright; M. Kroll; A. Lado; B. Van Ness, 2002, The structure of ownership and corporate acquisition strategies, *SMJ*, 23: 41-53.

63. E. Biggs, 2004, CEO succession planning, *AME*, 18: 105-107; W. Boeker; J. Goodstein, 1993, Performance and successor choice, *AMJ*, 36: 172-186; A. Cannella; M. Lubatkin, 1993, Succession as a sociopolitical process, *AMJ*, 36: 763-793; W. Ocasio; H. Kim, 1999, The circulation of corporate control, *ASQ*, 44: 532-562; W. Shen; A. Cannella, 2002, Power dynamics with top management and their impacts on CEO dismissal, *AMJ*, 45: 1195-1206; E. Zajac; J. Westphal, 1996, Who shall succeed? *AMJ*, 39: 64-90.

64. Holmstrom; Kaplan, 2001, Corporate governance and merger activity in the United States (p. 123).

65. G. Jarrell; J. Brickley; J. Netter, 1988, The market for corporate control: The empirical evidence since 1980, *JEP*, 2: 49-68; M. Jensen; R. Ruback, 1983, The market for corporate control, *JFE*, 2: 5-50.

66. J. Krug; W. Hegarty, 1997, Postacquisition turnover among US top management teams, *SMJ*, 18: 667-675; J. Walsh, 1988, Top management turnover following mergers and acquisitions, *SMJ*, 9: 173-183.

67. R. Kabir; D. Cantrijn; A. Jeunink, 1997, Takeover defenses, ownership structure, and stock returns in the Netherlands, *SMJ*, 18: 97-109.

68. D. McCarthy; S. Puffer; S. Shekshnia (eds.), 2004, *Corporate Governance in Russia*, Cheltenham, Reino Unido: Edward Elgar.

69. R. Kosnik, 1987, Greenmail: A study of board performance in corporate governance, *ASQ*, 32: 163-185.

70. G. Davis, 1991, Agents without principles, *ASQ*, 36: 583-613.

71. C. Sundaramurthy; J. M. Mahoney; J. T. Mahoney, 1997, Board structure, antitakeover provisions, and stockholder wealth, *SMJ*, 18: 231-245.

72. H. Singh; E. Harianto, 1989, Management-board relationships, takeover risk, and the adoption of golden parachutes, *AMJ*, 32: 7-24; J. Wade; C. O'Reilly, 1990, Golden parachutes, *ASQ*, 35: 587-604.

73. I. Fox; A. Marcus, 1992, The causes and consequences of leveraged management buyouts, *AMR*, 17: 62-85; P. Phan; C. Hill, 1995, Organizational restructuring and economic performance in leveraged buyouts, *AMJ*, 38: 704-739; A. Seth; J. Esterwood, 1993, Strategic redirection in large management buyouts, *SMJ*, 14: 251-273; S. Thompson; M. Wright, 1995, Corporate governance, *EJ*, 105: 690-703; M. Wiersema; J. Liebeskind, 1995, The effects of leveraged buyouts on corporate growth and diversification in large firms, *SMJ*, 16: 447-460; M. Wright; S. Thompson; K. Robbie, 1992, Venture capital and management-led leveraged buy-outs, *JBV*, 7: 47-71.

74. W. Long; D. Ravenscraft, 1993, LBOs, debt, and R&D intensity, *SMJ*, 14: 119-136; S. Zahra; M. Fescina, 1991, Will leveraged buyouts kill US corporate research and development? *AME*, 5: 7-21.

75. K. Rediker; A. Seth, 1995, Boards of directors and substitution effects of governance mechanisms, *SMJ*, 16: 85-99.

76. G. Andrade; M. Mitchell; E. Stafford, 2001, New evidence and perspectives on mergers, *JEP*, 15: 103-120.

77. Jensen, 1993, The modern industrial revolution, exit, and failure of internal control systems, *JF*, 48: 831-880.

78. S. Chatterjee; J. Harrison; D. Bergh, 2003, Failed takeover attempts, corporate governance, and refocusing, *SMJ*, 24: 87-96; P. Gibbs, 1993, Determinants of corporate restructuring, *SMJ*, 14: 51-68; J. Walsh; R. Kosnik, 1993, Corporate raiders and their disciplinary role in the market for corporate control, *AMJ*, 36: 671-700.

79. M. Useem, 1996, *Investor Capitalism*, Nova York: Basic Books.

80. A. Tuschke; W. G. Sanders, 2003, Antecedents and consequences of corporate governance reform, *SMJ*, 24: 631-49.

81. T. Buck, 2003, Modern Russian corporate governance, *JWB*, 38: 299-313.

82. M. Roe, 2003, *Political Determinants of Corporate Governance* (p. 67), Nova York: Oxford University Press.

83. T. Pederson; S. Thomsen, 1997, European patterns of corporate ownership, *JIBS*, 28: 759-778.

84. A. Shleifer; R. Vishny, 1997, A survey of corporate governance (p. 774), *JF*, 52: 737-783. Ver também J. Henderson; K. Cool, 2003, Corporate governance, investment bandwagons, and overcapacity, *SMJ*, 24: 349-373.

85. E. Gedajlovic; D. Shapiro, 1998, Management and ownership effects (p. 536), *SMJ*, 19: 533-553.

86. A. Cuervo, 2000, Explaining the variation in the performance effects of privatization, *AMR*, 25: 581-591; R. Ramamurti, 2000, A multilevel model of privatization in emerging economies, *AMR*, 25: 525-551.

87. T. Buck; I. Filatotchev; M. Wright, 1998, Agents, stakeholders, and corporate governance in Russian firms, *JMS*, 35: 81-104; I. Filatotchev; T. Buck; V. Zhukov, 2000, Downsizing privatized firms in Russia, Ukraine, and Belarus, *AMJ*, 43: 286-304.

88. K. Meyer; S. Estrin, 2001, Brownfield entry in emerging markets, *JIBS*, 32: 575-584; S. Ramaswamy, 2001, Organizational ownership, competitive intensity, and firm performance, *SMJ*, 22: 989-998; K. Uhlenbruck; J. De Castro, 2000, Foreign acquisitions in Central and Eastern Europe, *AMJ*, 43: 381-402.

89. B. Belev, 2003, Institutional investors in Bulgarian corporate governance reform, *JWB*, 38: 361-374; K. Ramaswamy; M. Li, 2001, Foreign investors, foreign directors, and corporate diversification, *APJM*, 18: 207-22.

90. M. W. Peng; T. Buck; I. Filatotchev, 2003, Do outside directors and new managers help im-

prove firm performance? An exploratory study in Russian privatization, *JWB*, 38 (4): 348-360.

91. P. Mar; M. Young, 2001, Corporate governance in transition economies, *JWB*, 36: 280-302.
92. Y. Zhang; N. Rajagopalan, 2003, Explaining new CEO origin, *AMJ*, 46: 327-338.
93. C. Hill; S. Snell, 1998, External control, corporate strategy, and firm performance in research intensive industries, *SMJ*, 9: 577-590; E. Zajac; J. Westphal, 1994, The costs and benefits of managerial incentives and monitoring in large US corporations, *SMJ*, 15: 121-142.
94. I. Kesner, 1987, Directors' stock ownership and organizational performance, *JM*, 13: 499-508; M. Li; R. Simerly, 1998, The moderating effect of environmental dynamism on the ownership-performance relationship, *SMJ*, 19: 169-79.
95. R. Beatty; E. Zajac, 1994, Managerial incentives, monitoring, and risk bearing, *ASQ*, 39: 313-335; M. Carpenter; T. Pollock; M. Leary, 2003, Testing a model of reasoned risk-taking, *SMJ*, 24: 803-820.
96. B. Boyd, 1995, CEO duality and firm performance, *SMJ*, 16: 301-312; S. Finkelstein; R. D'Aveni,1994, CEO duality as a double-edged sword, *AMJ*, 37: 1079-1108; W. Judge; I. Naoumova; N. Koutzevol, 2003, Corporate governance and firm performance in Russia, *JWB*, 38: 385-396.
97. R. Castanias; C. Helfat, 2001, The managerial rents model, *JM*, 27: 661-678; A. Cannella; M. Monroe, 1997, Contrasting perspectives on strategic leaders, *JM*, 23: 213-237; J. Conger; E. Lawler; D. Finegold, 2001, *Corporate Boards*, San Francisco: Jossey-Bass; D. Harris; C. Helfat, 1997, Specificity of CEO human capital and compensation, *SMJ*, 18: 895-920; K. Roth, 1995, Managing international interdependence, *AMJ*, 38: 200-232; N. Rajagopalan; D. Datta, 1996, CEO characteristics, *AMJ*, 39: 197-215.
98. C. Collins; K. Clark, 2003, Strategic human resource practices, top management team social networks, and firm performance, *AMJ*, 46: 740-751; M. Geletkanycz; B. Boyd; S. Finkelstein, 2001, The strategic value of CEO external directorate networks, *SMJ*, 22: 889-898; M. W. Peng; Y. Luo, 2000, Managerial ties and firm performance in a transition economy: The nature of a micro-macro link, *AMJ*, 43 (3): 486-501.
99. K. Eisenhardt; M. Zbaracki, 1992, Strategic decision-making, *SMJ*, 13: 17-37; D. Forbes; F. Milliken, 1999, Cognition and corporate governance, *AMR*, 24: 489-505; J. Fredrickson, 1984, The comprehensiveness of strategic decision processes, *AMJ*, 27: 445-466; D. Hambrick; P. Mason, 1984, Upper echelons, *AMR*, 9: 193-206; V. Papadakis; S. Lioukas; D. Chambers, 1998, Strategic decision-making processes, *SMJ*, 19: 115-147; R. Priem; D. Harrison, 1994, Exploring strategic judgment, *SMJ*, 15: 311-324.
100. I. Filatotchev; S. Toms, 2003, Corporate governance, strategy, and survival in a declining industry, *JMS*, 40: 895-920; D. Hambrick; T. Cho; M. Chen, 1996, The influence of top management team heterogeneity on firms' competitive moves, *ASQ*, 41: 659-684; C. Homburg; H. Krohmer; J. Workman, Strategic consensus and performance, *SMJ*, 20: 339-357; H. Krishnan; A. Miller; W. Judge, 1997, Diversification and top management team complementarity, *SMJ*, 18: 361-374; O. Richard, 2000, racial diversity, business strategy, and firm performance, *AMJ*, 43: 164-177; J. Westphal; L. Milton, 2000, How experience and network ties affect the influence of demographic minorities on corporate boards, *ASQ*, 45: 366-398.
101. D. Knight; C. Pearce; K. G. Smith; J. Olian; H. Sims; K. A. Smith; P. Flood, 1999, Top management team diversity, group process, and strategic consensus, *SMJ*, 20: 445-465; C. H. Miller; L. Burke; W. Glick, 1998, Cognitive diversity among upper-echelon executives, *SMJ*, 19: 39-58; R. Priem; D. Lyon; G. Dess, 1999, Inherent limitations of demographic proxies in top management team heterogeneity research, *JM*, 25: 935-953; C. West; C. Schwenk, 1996, Top management team strategic consensus, demographic homogeneity, and firm performance, *SMJ*, 17: 571-576; T. Zenger; B. Lawrence, 1989, Organizational demography, *AMJ*, 32: 353-376.
102. M. Jensen; E. Zajac, 2004, Corporate elites and corporate strategy, *SMJ*, 25: 507-524; T. Simons; L Pelled; K. Smith, 1999, Making use of difference, *AMJ*, 42: 662-673.

103. M. Carpenter, 2002, The implications of strategy and social context for the relationship between top management team heterogeneity and firm performance, *SMJ*, 23: 275-284; L. Tihanyi; A. Ellstrand; C. Daily; D. Dalton, 2000, Composition of the top management team and firm international diversification, *JM*, 26: 1157-1177; W. G. Sanders; M. Carpenter, 1998, Internationalization and firm governance, *AMJ*, 41: 158-178.

104. D. Hambrick; G. Fukutomi, 1991, The seasons of a CEO's tenure, *AMR*, 16: 719-742; D. Miller; J. Shamsie, 2001, Learning across the life cycle, *SMJ*, 22: 725-745.

105. C. Hill; P. Phan, 1991, CEO tenure as a determinant of CEO pay, *AMJ*, 34: 707-717; M. Lynall; B. Golden; A. Hillman, 2003, Board composition from adolescence to maturity, *AMR*, 28: 416-431; W. Shen, 2003, The dynamics of the CEO-board relationship, *AMR*, 28: 466-478.

106. M. Burkart; F. Panunzi; A. Shleifer, 2003, Family firms, *JF*, 58: 2167-2201.

107. R. La Porta; F. Lopez-de-Silanes; A. Shleifer; R. Vishny, 1998, Law and finance, *JPE*, 106: 1113-1155.

108. Young; Peng; Ahlstrom; Bruton, 2002, Governing the corporation in emerging economies.

109. R. Rajan; L. Zingales, 2003, The great reversals, *JFE*, 69: 5-50.

110. Claessens; Djankov; Lang, 2000, The separation of ownership and control in East Asian corporations (p. 108).

111. S. White, 2004, Stakeholders, structure, and the failure of corporate governance reform initiatives in post-crisis Thailand, *APJM*, 21: 103-122.

112. G. Davis; T. Thompson, 1994, A social movement perspective on corporate control, *ASQ*, 39: 141-173.

113. A. Hassel; M. Hopner; A. Kurdelbusch; B. Rehder; R. Zugehor, 2003, Two dimensions of the internationalization of firms. *JMS*, 40: 705-723.

114. *Economist*, 2003, Japanese stock markets: Plus ca change, 8 de novembro: 75.

115. OECD, 1999, *OECD Principles of Corporate Governance,* Paris: OECD.

116. OECD, 2003, *Experiences from the Regional Corporate Governance Roundtables* (p. 23), Paris: OECD.

117. L. Donaldson, 1995, *American Anti-management Theories of Management*, Cambridge, Reino Unido: Cambridge University Press.

118. J. Davis; F. D. Schoorman; L. Donaldson, 1997, Toward a stewardship theory of management, *AMR*, 22: 20-47; P. Lee; H. O'Neill, 2003, Ownership structure and R&D investments of US and Japanese firms, *AMJ*, 46: 212-225.

119. P. Lane; A. Cannella; M. Lubatkin, 1998, Agency problems as antecedents to unrelated mergers and diversification, *SMJ*, 19: 555-578.

120. S. Ghoshal; P. Moran, 1996, Bad for practice: A critique of the transaction cost theory, *AMR*, 21: 31-47; C. Sundaramurthy; M. Lewis, 2003, Control and collaboration, *AMR*, 28: 397-415.

121. G. Hansen; C. Hill, 1991, Are institutional investors myopic? *SMJ*, 12: 1-16.

122. R. Morck; B. Yeung; W. Yu, 2000, The information content of stock markets, *JFE*, 58: 215-260.

123. M. Jensen, 2003, The agency costs of overvalued equity, Working paper, Harvard Business School.

124. M. Rubach; T. Sebora, 1998, Comparative corporate governance, *JWB*, 33: 167-184.

125. M. W. Peng; K. Au; D. Wang, 2004, Board interlocks and corporate performance among firms listed abroad, Working paper, Fisher College of Business, The Ohio State University.

126. T. Yoshikawa; E. Gedajlovic, 2002, The impact of global capital market exposure and stable ownership on investor relations practices and performance of Japanese firms, *APJM*, 19: 525-540.

127. C. Doidge; K. A. Karolyi; R. Stulz, 2003, Why are foreign firms listed in the US worth more? *JFE*, 71: 205-238.

128. D. McCarthy; S. Puffer, 2003, Corporate governance in Russia (p. 401), *JWB*, 38: 397-415.

129. R. Aguilera; G. Jackson, 2003, The cross-national diversity of corporate governance,

AMR, 28: 447-465; J. Charkham, 1994, *Keeping Good Company*, Oxford, Reino Unido: Oxford University Press; M. Guillen, 2001, *The Limits of Convergence*, Princeton, NJ: Princeton University Press.

130. G. Bruton; D. Ahlstrom; J. Wan, 2003, Turnaround in East Asian firms, *SMJ*, 24: 519-540; M. Carney; E. Gedajlovic, 2001, Corporate governance and firm capabilities, *APJM*, 18: 335-354.

131. G. Davis; C. Marquis, 2003, The globalization of stock markets and convergence in corporate governance. In: R. Swedberg (eds.), *Economic Sociology of Capitalist Institutions*, Cambridge, Reino Unido: Cambridge University Press.

132. J. Siegel, 2003, Can foreign firms bond themselves effectively by renting US securities laws? Working paper, Harvard Business School.

133. *BW*, 2004, Who needs US markets? 16 de fevereiro: 13.

134. M. Young; D. Ahlstrom; G. Bruton, 2004, Globalization and corporate governance in East Asia, *MIR*, 44: 31-50.

135. M. W. Peng, 2000, Book review of O. K. Tam (1999), *The Development of Corporate Governance in China*, *AME*, 14(1): 155-156.

136. J. Sonnenfeld, 2004, Good governance and the misleading myths of bad metrics, *AME*, 18 (1): 108-113.

Glossário

A

acordos de concessões/franquias. Acordos segundo os quais o licenciador/franqueador vende os direitos de propriedade intelectual, como pate ntes e *know-how* por uma taxa de *royalty* para o licenciado/franqueado.

acordos do tipo BOT (*Construção, Operação, Transferência*). Tipo especial de projeto *turnkey* que os contratantes primeiro constroem instalações, operam-nas por um tempo e somente depois as transferem aos clientes. Esse tipo de projeto *turnkey* geralmente tem duração maior que projetos de transferência tradicionais.

administração estratégica. Perspectiva de administração da empresa de acordo com a perspectiva de "um grande quadro" estratégico.

agentes. Pessoas (como diretores) às quais se delega autoridade.

aglomeração. Agrupamento de atividades econômicas em alguns locais.

ajuste estratégico. Complementaridade das habilidades e dos recursos "rijos" de empresas parceiras, como tecnologia, capital e canais de distribuição.

ajuste organizacional. Complementaridade dos traços organizacionais "maleáveis" de empresas parceiras, como objetivos, experiências e comportamentos, que facilitam a cooperação.

alianças baseadas na participação no capital. Alianças estratégicas que requerem a participação no capital.

alianças contratuais. Alianças baseadas em contratos que não envolvem a participação no capital.

alianças estratégicas. Acordos voluntários entre empresas, envolvendo intercâmbio, transferência ou desenvolvimento conjunto de produtos, tecnologias ou serviços.

alianças horizontais. Alianças estratégicas formadas por concorrentes.

alianças verticais para baixo. Alianças entre empresas com relação à distribuição.

alianças verticais para cima. Alianças entre empresas com relação ao fornecimento.

análise SWOT. Análise estratégica da força (F), fraqueza (F), oportunidades (O) e ameaças (A) internas de uma empresa no ambiente.

***anchored replicators* (replicador ancorado).** Companhias que procuram reproduzir um conjunto de atividades em indústrias relacionadas em um número reduzido de países, sustentadas pelo país de origem.

aprender fazendo. Modo de aprendizado não por meio da leitura de livros, mas pela prática de atividades.

aprendizado organizacional. Como a organização aprende com suas experiências a fim de executar novas tarefas.

aquisição. Transferência do controle dos ativos, das operações e da administração de uma empresa (alvo) para a outra (adquirente/aquisitor); aquela se torna uma unidade desta.

assimetrias de informação. Distribuição assimétrica de informação entre os dois lados. Por exemplo, em uma relação principal-agente, quase sempre os agentes sabem mais sobre a propriedade que administram do que o próprio principal.

ataque. Um conjunto inicial de ações a fim de se ganhar vantagem competitiva.

ativos complementares. Numerosos ativos secundários que complementam e sustentam as atividades dos ativos principais que agregam valor.

aversão à incerteza. Até que ponto os membros de diferentes culturas aceitam situações ambíguas e toleram a incerteza.

B

barganha obsoleta. Acordos entre empresas multinacionais e governos anfitriões, que são modificados por tais governos após a entrada de empresas multinacionais.

barreira à entrada. Estruturas industriais que aumentam os custos de entrada.

barreiras não tarifárias. Barreiras de comércio e investimento não vinculadas a tarifas.

barreiras tarifárias. Taxas recolhidas sobre as importações.

benefícios econômicos marginais. Benefícios econômicos da última unidade de crescimento (por exemplo, a última aquisição).

benefícios econômicos. Benefícios proporcionados pelas várias formas de sinergia, no contexto da diversificação.

***blockholders*.** Acionistas que detêm uma grande cota em ações.

busca por inovação. Empresas que têm como alvo países e regiões conhecidos devido à geração de inovações de ponta.

busca por mercado. Empresas buscam países com os mercados mais lucrativos e que ofereçam o preço mais alto e a maior demanda a seus produtos e serviços.

busca por recursos naturais. Empresas que entram em mercados externos em busca de recursos naturais.

C

cadeia de valor. Mercadorias e serviços produzidos por meio de uma cadeia de atividades verticais que agregam valor.

capacidade de absorção. Capacidade de absorver novos conhecimentos por meio do reconhecimento do valor da nova informação e de sua assimilação e aplicação.

capacidade de punição. Possuir recursos suficientes para impedir e combater deserções.

capacidades dinâmicas. Capacidades que não são estáticas e que estão em constante mudança, adaptando-se às condições transitórias.

capacidades relacionais (ou **colaborativas**). Competência para administrar com sucesso as relações entre empresas.

capital humano administrativo. Habilidades adquiridas por administradores-executivos.

capital social. Benefícios informais que indivíduos e organizações obtêm de suas estruturas e redes sociais.

capitalismo dos acionistas. Visão do capitalismo segundo a qual a principal finalidade das empresas é servir aos interesses econômicos dos acionistas (também denominados capitalistas).

cartéis de exportação. Alianças entre empresas que atuam em cooperação, fixando cotas e preços de exportação.

centralidade na rede. Até que ponto a posição de uma empresa é pivô com relação às outras na rede entre empresas.

centros de excelência. Subsidiárias de empresas multinacionais reconhecidas como fonte de competências importantes, a fim de que tais competências sejam alavancadas por e/ou outras subsidiárias.

cobertura. Estender atividades a certo número de países, em diferentes zonas de circulação, a fim de compensar, com esses ganhos, as perdas que ocorrem em outras zonas de circulação.

códigos de conduta. Políticas escritas e padrões de conduta corporativa.

coletivismo. Perspectiva de que a identidade de um indivíduo é fundamentalmente baseada na identidade da comunidade à qual pertence (como a família, a cidade ou a empresa).

co-marketing. Acordos entre empresas a fim de comercializarem seus produtos e serviços conjuntamente.

competências centrais. Ativos, recursos e capacidades pelos quais a empresa é conhecida.

competências. Ativos tangíveis e intangíveis utilizados pela empresa a fim de escolher e implementar suas estratégias.

competição em multimercados. Empresas enfrentam os mesmos concorrentes em múltiplos mercados.

competição perfeita. Situação competitiva em que o preço é estabelecido pelo "mercado", as empresas o aceitam e as entradas e saídas são relativamente fáceis.

complementadores. Empresas vendedoras de produtos que agregam valor a produtos de uma determinada indústria.

compromisso estratégico. Compromisso em larga escala, selado devido aos principais países/mercados de produtos, difícil de ser revertido.

conflitos principal-agente. Conflitos de interesse entre principais (como acionistas) e agentes (como administradores profissionais).

conflitos principal-principal. Conflitos de interesse entre duas classes de principais: acionistas que detêm o controle e acionistas minoritários.

conglomerados clássicos. Companhias que se engajam na diversificação não relacionado ao produto em um pequeno conjunto de países centrado no país de origem.

conglomerados dilatados. Empresas conglomeradas que almejam tanto a diversificação extensiva não relacionada ao produto quanto a diversificação geográfica extensiva.

conglomerados. Empresas de diversificação não relacionadas ao produto.

conhecimento explícito. Conhecimento codificável (pode ser escrito e/ou transferido sem que se perca sua riqueza).

conhecimento tácito. Conhecimento não codificável (difícil de ser escrito e transmitido sem que se perca grande parte de sua riqueza).

conhecimento. Mistura fluida de habilidades, experiências e discernimentos que fornece um modelo de avaliação e incorporação da informação.

conluio explícito. Empresas negociam direta e abertamente sobre produção, preços e divisão de mercados a fim de reduzir a concorrência.

conluio tácito. Empresas coordenam ações indiretamente a fim de reduzir a competição por meio da sinalização de suas intenções de reduzir a produção e manter os preços acima dos níveis competitivos.

conselho de administração geral. Conselho composto pelos mais importantes executivos de uma empresa e presidido pelo diretor-executivo.

constelações. Alianças estratégicas entre multiparceiros (também denominadas redes estratégicas).

contra-ataque. Conjunto de ações em resposta a ataques.

contratação relacional. Contratação baseada nas relações informais (ver também **intercâmbio personalizado, informal e baseado no relacionamento**).

contratos de pesquisa e desenvolvimento. Acordos de terceirização em pesquisa e desenvolvimento entre empresas (a saber, a empresa A concorda em fazer certos trabalhos em pesquisa e desenvolvimento para a empresa B).

controle estratégico (ou **controle comportamental**). Controle de subsidiárias/unidades de operação baseado em seus comprometimentos com comportamentos estratégicos desejáveis (como cooperação, por exemplo).

controle financeiro (ou **controle da produção**). Controle das operações das subsidiárias/unidades baseado exclusivamente no cumprimento dos critérios financeiros/produtivos.

correr atrás do conhecimento. Corrida em que as partes de uma aliança pretendem ultrapassar, o mais rápido possível, uma a outra por meio do aprendizado dos "truques" do adversário.

corrupção. Abuso do poder público a fim de se obter benefícios privados, geralmente em forma de suborno.

***cross-listing*.** Empresas listam suas ações em várias bolsas de valores estrangeiras.

cultura. Programação coletiva da mente que distingue os membros de um grupo ou categoria das pessoas pertencentes a outros grupos ou categorias.

curvas de experiência. Curvas por meio das quais as empresas podem baixar os custos das unidades, com base na sua experiência com a expansão de escala.

custos burocráticos marginais. Custos burocráticos da última unidade de expansão organizacional (por exemplo, a última subsidiária estabelecida).

custos burocráticos. Custos adicionais associados a grandes organizações, mais diversificadas, que possuem, por exemplo, muitos empregados ou sistemas de informação mais dispendiosos.

custos de agência. Os custos associados às relações principal-agente. São a soma de (1) custos, para os principais, de monitoramento e controle dos agentes, (2) custos, para o agente, de obtenção do negócio e (3) perdas residuais devido aos interesses dos principais e dos agentes não estarem alinhados.

custos de transação. Custos associados a transações econômicas; mais amplamente, custos para se fazer negócios.

custos irrecuperáveis. Custos e investimentos irrevogáveis.

D

dados. Fatos distintos e objetivos sobre eventos no mundo.

defensor. Estratégia que alavanca os ativos locais nos quais as empresas multinacionais são fracas ou inexperientes por desconhecimento.

demanda doméstica. Demanda por produtos e serviços provenientes de uma economia doméstica.

dependências do caminho. Eventos anteriores causam efeitos significativos nos eventos subseqüentes.

desconto da diversificação. Redução dos níveis de desempenho devido à associação com uma empresa que possui produtos diversificados (também conhecido como desconto do conglomerado).

deseconomia por compressão de tempo. Incapacidade de um competidor de adquirir com sucesso, em um curto período de tempo, recursos e capacidades desenvolvidos por uma empresa determinada durante um longo período de tempo.

desvantagem de quem vem de fora. Desvantagem inerente que empresas estrangeiras enfrentam em países no exterior devido a não serem nativas.

desvantagem de ser novas. Desvantagem inerente que empresas empreendedoras enfrentam por serem novas no mercado.

diferenciação do produto. A singularidade dos produtos estimados pelos consumidores.

diferenciação. Estratégia centrada na distribuição de produtos considerados valiosos e diferentes pelos clientes.

difusão de tecnologia. Tecnologia estrangeira difundida no âmbito doméstico.

dilema do prisioneiro. "Jogo" famoso, que impulsionou a teoria dos jogos à notoriedade. Em um dos cenários desse jogo, dois prisioneiros, suspeitos de um crime (por exemplo: roubo), são interrogados separadamente. Diz-se que se um deles confessar, terá uma sentença mais leve (por exemplo: um ano) ao passo que o outro receberá uma sentença muito mais pesada (por exemplo: dez anos). Se nenhum deles confessar, ambos serão condenados a um crime menos grave (por exemplo: transgressão), sob pena de dois anos. Se os dois confessarem, também serão presos por dez anos. Ambos os prisioneiros enfrentam o dilema entre cooperar ou não com as autoridades.

dinâmica competitiva. Ações e reações tomadas por empresas concorrentes.

diretor externo. Membros do quadro de diretores que não exercem a função de administradores.

diretor independente. Diretor independente designado para presidir as sessões executivas (reuniões promovidas por diretores externos, não envolvendo, portanto, os executivos da companhia).

diretor interno. Diretores corporativos que também exercem a função de administradores em tempo integral.

diretor-executivo. Principal executivo encarregado das estratégias e operações da empresa.

dissuasão. Habilidade de espantar os competidores antes de causarem algum mal.

distância cultural. Diferença entre duas culturas em dimensões identificáveis.

distância do poder. Grau de desigualdade social.

distância institucional. Grau de semelhança ou dessemelhança entre as instituições regulamentadoras, normativas e cognitivas de dois países.

distribuição de ações. Parceiros investem uns nos outros a fim de se tornarem acionistas do tipo *cross-shareholders* (cruzamento de acionistas).

diversificação internacional. O número e diversidade de países em que a empresa compete.

diversificação não relacionada ao produto. Entrada em novos setores industriais que obviamente não estão conectados às linhas comerciais atuais da empresa.

diversificação relacionada ao produto. Entrada em novos mercados de produtos e/ou atividades comerciais que estão relacionados a mercados e/ou atividades preexistentes na empresa.

diversificação. Adição de novos negócios à empresa, diferentes das operações já existentes.

divisão global de produtos. Estrutura organizacional que determina a responsabilidade global de cada divisão de produtos.

divisão internacional. Estrutura montada quando empresas iniciam sua expansão ao exterior, geralmente associada a uma replicação da estratégia doméstica.

dominância. Situação em que o líder de mercado possui uma parcela de mercado muito grande.

dotação de fatores. A dotação de fatores de produção assim como terra, água e pessoas em um país.

downscoping. Redução do escopo da empresa por meio de desinvestimentos e desmembramentos.

***downsizing*.** Redução do número de funcionários por meio de licenças, aposentadorias precoces e terceirizações.

dualidade do diretor-executivo. Quando o diretor-executivo acumula duas funções, a de diretor-executivo e a de presidente.

***dumping*.** Exportador que vende produtos a um preço abaixo de custo no exterior, planejando subi-lo assim que os concorrentes locais forem eliminados.

duopólio. Tipo especial de oligopólio em que há somente dois jogadores.

duplicação direta. Empresas concorrentes que possuem componentes organizacionais equiparáveis: pessoal, maquinário e marcas.

E

economia de organização industrial. Uma divisão da economia que visa compreender melhor como empresas de determinado setor industrial competem e, posteriormente, como regulá-las.

economias de escala. Reduções nos custos de uma unidade, aumentando-se a escala de produção.

economias de transição. Subconjunto de economias emergentes, composto de países ex-comunistas e enfraquecidos, em transição a um capitalismo de mercado.

economias emergentes. Rótulo que descreve as economias em desenvolvimento com crescimento rápido a partir de 1990.

***empire building*.** Diversificação excessiva do escopo da empresa. Geralmente considerado um sintoma de problemas da agência por parte dos administradores.

empreendedores em série. Pessoas que iniciam, fazem crescer e vendem vários negócios ao longo de suas carreiras.

empreendedores. Indivíduos que identificam e exploram oportunidades não exploradas antes. Podem ser fundadores e proprietários de novos negócios ou administradores de empresas existentes.

empreendedorismo internacional. Combinação de comportamentos inovadores, proativos e tomadores de risco que atravessa as fronteiras nacionais e almeja criar riquezas nas organizações.

empreendedorismo. Identificação e exploração de oportunidades não exploradas anteriormente.

empresas de pequeno e médio porte. Empresas com menos de 500 funcionários.

empresas multinacionais. Empresas que promovem investimentos diretos externos por meio do controle direto e da administração de atividades com valor agregado em outros países.

encarregados. Membros atuais de uma indústria, que competem entre si.

entrincheiramento da administração. Administradores colocam seus próprios interesses à frente dos interesses dos acionistas.

equipes virtuais globais. Equipes cujos membros estão fisicamente dispersos em diversos lugares do mundo. A cooperação ocorre no âmbito virtual.

escala de entrada. Montante de recursos destinado à entrada no mercado externo.

escopo internacional extensivo. Manutenção de uma presença internacional substancial que vai além de países geográfica e culturalmente vizinhos.

escopo internacional limitado. Manutenção de uma presença internacional limitada, principalmente em países vizinhos nos âmbitos geográfico e cultural.

especulação. Apostar na circulação de capitais, confiando em circulações estáveis.

estratégia. Teoria de empresa sobre como obter sucesso na competição.

estratégia como ação. Perspectiva segundo a qual a estratégia é fundamentalmente refletida pelo padrão de ações das empresas.

estratégia como integração. Perspectiva segundo a qual a estratégia não é nem somente planejamento, nem somente ação, mas integra elementos de ambas as escolas de pensamento.

estratégia como plano. Perspectiva segundo a qual a estratégia é personificada por meio do planejamento formal, rigoroso e explícito, assim como o militar.

estratégia de comércio único. Estratégia centrada em um único produto ou serviço, pouco diversificado.

estratégia de replicação doméstica. Estratégia que enfatiza a réplica do modelo de competências do país de origem, como escalas de produção, eficiência de distribuição e poder da marca, no sistema internacional.

estratégia corporativa. Estratégia sobre como a empresa cria valor por meio da configuração e coordenação de suas atividades multimercados.

estratégia do nível de negócio. Estratégia que cria vantagens competitivas em mercados específicos e identificáveis.

estratégia emergente. Estratégia baseada nos resultados práticos de uma série de pequenas decisões "de baixo para cima".

estratégia global. Forma particular de estratégia internacional, caracterizada pela produção e distribuição de produtos e serviços padronizados em âmbito mundial.

estratégia multidoméstica. Extensão da replicação doméstica, da estratégia enfocada tanto em certo número de países/regiões estrangeiras como em mercados domésticos autônomos.

estratégia pretendida. Estratégia deliberadamente planejada.

estratégia transnacional. Estratégia de empresas multinacionais que almeja ser eficiente no que diz respeito a custo, responsiva em âmbito local e dirigida ao aprendizado simultaneamente.

estratégia, estrutura e rivalidade das empresas. Como a estrutura industrial e a estratégia da empresa interagem de forma a afetar a rivalidade entre as empresas de uma mesma indústria.

estratégias genéricas. Estratégias que pretendem fortalecer a posição de determinadas empresas com relação às cinco forças competitivas, incluindo (1) liderança de custos, (2) diferenciação e (3) foco.

estrutura baseada nas soluções. Estrutura organizacional de empresas multinacionais que supre as necessidades dos clientes, dando soluções a seus problemas.

estrutura da área geográfica. Estrutura organizacional que ordena as empresas multinacionais de acordo com os diferentes países e regiões. É a estrutura mais apropriada para uma estratégia multidoméstica.

estrutura organizacional (também denominada **desenho organizacional** ou **arquitetura organizacional**). Relacionamentos, procedimentos e controles de uma empresa reportados formalmente.

ética. Normas, princípios e padrões de conduta que governam o comportamento dos indivíduos e das empresas.

excesso de capacidade. Capacidade de produção adicional geralmente subutilizada ou não utilizada.

exigências de conteúdo locais. Exigências do governo de que certos produtos estejam sujeitos a altas tarifas e taxas de importação, a menos que uma dada porcentagem seja produzida domesticamente.

***exploitation* (exploração no sentido de aproveitamento).** Ações como refinamento, escolha, produção, eficiência, seleção e execução.

***exploration* (exploração no sentido de novos domínios).** Ações como pesquisa, variação, riscos, experimentação, jogo, flexibilidade, descoberta e inovação.

exportação esporádica (ou **passiva**). Exportação ocasional não devido ao marketing externo proativo das empresas, mas devido a solicitações e ordens externas espontâneas.

exportações diretas. Venda direta de produtos feitos no país de origem para compradores de outros países.

exportações indiretas. Exportar indiretamente por meio de intermediários de exportação domésticos.

expropriação. (1) de ativos externos: confisco de ativos externos investidos em determinado país. (2) de acionistas minoritários: atividades que enriquecem os acionistas que detêm maior controle à custa de acionistas minoritários.

expansor. Estratégia centrada na impulsão das competências domésticas no exterior por meio da expansão a mercados semelhantes.

exterioridades da rede. O valor de um produto obtido por um usuário aumenta com o número de outros usuários (rede) do mesmo produto.

extraterritorialidade. O alcance que leis de um determinado país possuem em outros países.

F

fabricantes de equipamentos originais. Fabricantes contratados que produzem mercadorias sem suas próprias marcas.

familiaridade. O aumento do conluio tácito por meio da ciência de uma empresa quanto às ações, intenções e capacidades de suas concorrentes.

formulação. Configuração e planejamento de uma estratégia.

franquia. Acordo entre duas empresas, A e B, no qual a empresa A cede à empresa B os direitos de utilizar sua tecnologia e marca desde que B pague *royalties* a A. Esse termo costuma ser utilizado em indústrias de serviços (é o mesmo que as concessões das indústrias de produção).

fusões e aquisições amigáveis. Fusões e aquisições nas quais o quadro de funcionários e diretores da empresa-alvo concorda com a transação (embora possam resistir no início).

fusões e aquisições de conglomerados. Fusões e aquisições envolvendo empresas em indústrias de produtos não relacionados.

fusões e aquisições horizontais. fusões e aquisições envolvendo empresas concorrentes em um mesmo setor industrial.

fusões e aquisições hostis (também denominadas **ofertas hostis**). Fusões e aquisições empreendidas contra o desejo do quadro de funcionários e diretores da empresa-alvo, que rejeita as ofertas de fusão e aquisição.

fusões e aquisições internacionais (além das fronteiras). Fusões e aquisições que envolvem empresas em múltiplos países.

fusões e aquisições. Empresas que se fundem ou adquirem novas empresas.

fusões e quisições verticais. Fusões e aquisições que envolvem fornecedores e/ou compradores.

fusões. Combinação dos ativos, operações e administrações de duas empresas a fim de se estabelecer uma nova entidade legal. É a transferência do controle dos ativos, operações e administração de uma empresa (alvo) a outra (compradora), sendo que a primeira se torna uma unidade da segunda.

G

gambito. Empresa que se retira de um mercado em baixa a fim de que empresas rivais invistam seus recursos nesse mercado, dessa forma, tal empresa pode encontrar um mercado em alta.

gestão do conhecimento. Estrutura, processos e sistemas que desenvolvem, impulsionam e transferem conhecimento de forma ativa.

***golden parachutes* (pára-quedas de ouro).** Grandes pacotes de compensação dados a executivos caso o cargo deles seja tomado.

governança corporativa. Relação entre vários participantes, que determina a direção e o desempenho das corporações.

governança. Mecanismos formais de controle da empresa.

***greenmail* (neologismo formado pelas palavras *greenback* — papel-moeda — e *blackmail* — chantagear, chantagem).** Recompra de grandes blocos de ações de compradores em potencial; essencialmente é a proteção do emprego dos executivos à custa dos acionistas.

grupo primário de interessados. Elementos constituintes nos quais a empresa confia a fim de manter sua sobrevivência e prosperidade.

grupos estratégicos. Grupos de empresas dentro de um amplo setor industrial que competem entre si.

grupos interessados secundários. Elementos constituintes que influenciam e afetam uma corporação ou são influenciados e afetados por elas, mas não estão envolvidos em transações com ela, nem são essenciais à sua sobrevivência.

H

heterogeneidade de recursos. Premissa de que empresas, até mesmo dentro de um mesmo setor industrial, possuem recursos e capacidades diferentes.

hipercompetição. Tipo de competição baseado em manobras dinâmicas que visam desencadear uma série de ações pequenas e imprevisíveis, porém poderosas, a fim de destruir a vantagem competitiva do concorrente.

hipótese da eficiência do mercado. A hipótese que sugere que os mercados de capital são em geral eficientes no agregado porque os acionistas baseiam suas avaliações do preço da ação de uma empresa de forma racional com base em todas as informações publicamente disponíveis.

I

imobilidade de recursos. Premissa de que recursos e capacidades singulares a uma empresa não migram facilmente a empresas concorrentes.

imperialismo ético. Pensamento imperialista de que os padrões éticos de um determinado lugar podem ser aplicados ao redor do mundo.

implementação. Formas de execução das estratégias a fim de alcançar seus objetivos.

individualismo. Perspectiva de que a identidade de um indivíduo é baseada em seus atributos individuais (mais do que nos atributos de um grupo).

indulgência mútua. Redução da intensidade de competição entre concorrentes que se enfrentam em mercados múltiplos.

indústrias relacionadas e sustentadoras. Indústrias relacionadas e/ou sustentadoras de determinados setores industriais.

inércia. Forças que resistem a mudanças.

informação. Organização de um corpo de dados.

iniciativas das subsidiárias. Busca deliberada e proativa de novas oportunidades de negócios por parte de subsidiárias de empresas multinacionais a fim de expandirem seus escopos de responsabilidade.

insolência. Excesso de confiança dos administradores em suas capacidades.

instituições formais. Regras formais e escritas do jogo, que incluem leis, regulamentações e normas (como políticas de competição e regulamentação, regimes de direitos de propriedade intelectual, leis contratuais e suas execuções).

instituições informais. Regras do jogo informais, que não foram escritas (incluindo normas, cultura e ética).

instituições. Instrumentos de repressão criados pelos homens a fim de estruturar a interação humana, popularmente denominados regras do jogo.

integração para frente. Ver integração vertical para frente.

integração para trás. Ver integração vertical para trás.

integração vertical para a frente. Adquirir e possuir ativos de subsidiárias vendedoras ou consumidoras de seus produtos e/ou serviços.

integração vertical para trás. Adquirir e possuir ativos de empresas produtoras de insumos.

intercâmbio personalizado, informal e baseado no relacionamento. Tipo de intercâmbio econômico baseado em relacionamentos informais entre as partes da transação. Também é denominado contrato relacional.

***interlocking directorate* (união pessoal).** Situação em que duas ou mais empresas compartilham um diretor filiado a uma empresa, servindo assim a múltiplas diretorias.

intermediários de exportação. Empresas especializadas que atuam como departamentos de exportação de diversos fabricantes, em linhas não competitivas.

internacionalizadores entusiastas. Empresas que se internacionalizam de forma impetuosa e agressiva.

internacionalizadores lentos. Empresas que se internacionalizam lentamente.

internacionalizadores ocasionais. Empresas que se internacionalizam somente em algumas ocasiões, sem persistirem.

internacionalizadores seguidores. Companhias que seguem seus parceiros maiores no exterior, como fornecedores ou prestadores de serviço.

internalização. Processo de substituição de uma relação de mercado por uma única organização multinacional que abranja ambos os países.

investida. Ataque frontal clássico com uso de força bruta.

investimento de portfólio externo. Compra de ações e títulos feita por estrangeiros em um país. Eles não administram operações diretamente.

investimento direto externo. Investimento direto de uma empresa em produção e/ou serviços no exterior.

investimento estratégico. Um parceiro investe em outro como investidor estratégico.

investimentos inovadores. Investimentos feitos por empresas inovadoras.

J

***joint venture*.** Uma "criança corporativa", uma nova entidade gerada por duas ou mais matrizes e pertencente a elas conjuntamente.

K

know-how. Conhecimento complexo de como fazer produtos e servir clientes.

L

laços fortes. Relacionamentos duráveis, seguros e confiáveis, cultivados por um longo período de tempo.

laços fracos. Relacionamentos caracterizados por uma interação não muito freqüente e de pouca intimidade.

licenciamento. Acordo entre duas empresas, A e B, no qual a empresa A cede à empresa B os direitos de utilizar sua tecnologia e marca desde que B pague certos *royalties* a A. Esse termo costuma ser utilizado em indústrias de produção (essencialmente é o mesmo que as franquias das indústrias de serviços).

líder no preço. Empresa que possui um *market share* (participação no mercado) dominante e estabelece preços e margens "aceitáveis" no setor industrial.

liderança de custo. Estratégia competitiva baseada em custos e preços baixos.

dialéticas micro-macro. Relacionamentos interpessoais informais, micro, entre administradores de várias unidades podem facilitar muito a cooperação interorganizacional, macro, entre as várias unidades.

M

mandato mundial. Permissão para ser responsável por uma atividade de uma empresa multinacional ao redor do mundo.

matriz global. Estrutura organizacional comumente utilizada para amenizar as desvantagens associadas tanto da área geográfica quanto da divisão global de produtos, especialmente em empresas multinacionais que adotaram uma estratégia transnacional.

mecanismos baseados na saída. Mecanismos de governança corporativa focados na saída. Indicam que os acionistas estão sem paciência e desejam "sair" do negócio, vendendo suas ações.

mecanismos baseados na voz. Mecanismos de governança corporativa centrados na boa vontade dos acionistas para trabalhar com os administradores, geralmente por meio do quadro de diretores. Os acionistas devem "dar voz" a suas preocupações.

mercado comum. Grau em que os mercados de dois concorrentes se sobrepõem.

mercado de capitais internos. Termo utilizado para descrever os mecanismos de administração internos de uma empresa com diversificação não relacionada ao produto (conglomerados), que operam dentro da empresa como um mercado de capitais.

métodos de participação no capital. Modos de entrada no mercado exterior que envolvem o uso da *equity* (participação no capital).

métodos sem participação no capital. Modos de entrada em mercados externos que não envolvem participação no capital.

modelo das cinco forças. Modelo que governa a competitividade industrial proposto por Michael Porter. As cinco forças são: (1) a intensidade da rivalidade entre os competidores; (2) a ameaça de uma nova entrada; (3) o poder de barganha dos fornecedores; (4) o poder de barganha dos compradores; e (5) a ameaça dos substitutos.

modelo das fases. Modelo segundo o qual as empresas se internacionalizam por meio de fases previsíveis, das mais simples às mais complexas operações.

modelo de integração-responsividade. Modelo de administração de empresas multinacionais sobre como lidar simultaneamente com dois tipos de pressão, a saber, integração global e responsividade local.

modelo de Stopford e Wells. Modelo de evolução da estrutura das empresas multinacionais proposto por John Stopford e Lou Wells, em 1970.

modelo estrutura-conduta-desempenho. Modelo de economia de organização industrial segundo o qual a estrutura da indústria determina a conduta da empresa (estratégia), que por sua vez determina o desempenho da empresa.

modelo hierárquico. Modelo de como entrar no mercado externo passo a passo.

monopólio. Situação em que somente uma empresa fornece mercadorias e/ou serviços a um setor industrial.

motivos administrativos. Administradores podem possuir motivos para promover seus próprios interesses, não necessariamente alinhados aos interesses da empresa e de seus acionistas.

N

nacionalização. Transformação de ativos privados em propriedade do Estado.

O

obrigações de alto risco. Obrigações classificadas abaixo do grau de investimento pelas melhores agências de classificação de risco.

oferta pública inicial. Primeira oferta das ações de uma companhia ao mercado público.

oligopólio. Situação em que poucas empresas controlam um setor industrial.

opção real. Investimento opcional em operações reais em oposição ao capital financeiro.

opção. Instrumento de investimento que dá ao portador, que pagou uma pequena fração do valor do ativo, o direito (mas não a obrigação) de aumentar seu investimento a fim de adquirir o ativo.

operações *green-field*. Novas instalações, construídas do zero, em vastas áreas desocupadas.

oportunismo. Interesses próprios buscados com astúcia.

organizações não governamentais. Organizações que lutam por causas como meio ambiente, direitos humanos e bem-estar do consumidor sem patrocínio ou suporte governamental.

orientação de longo prazo. Perspectiva que enfatiza a perseverança e a economia visando uma melhoria no futuro.

P

parte interessada. Qualquer grupo ou indivíduo que afeta a realização dos objetivos de uma organização.

participação em causas sociais. Participação de empresas em causas sociais não diretamente relacionada à administração dos grupos interessados primários.

personalização em massa. Produtos produzidos em massa, porém personalizados.

pilar cognitivo. Valores internalizados, convencionados e crenças que dirigem o comportamento dos indivíduos e das empresas.

pilar normativo. Como valores, crenças e normas de outros jogadores relevantes influenciam o comportamento dos indivíduos e das empresas.

pilar regulamentário. Como regras, leis e regulamentações formais influenciam o comportamento dos indivíduos e das empresas.

pílula de veneno. Direito de comprar ações adicionais ou vendê-las ao licitante a preços mais altos do que o valor de mercado.

poder de barganha dos fornecedores. A habilidade dos fornecedores de subir os preços e/ou reduzir a qualidade dos produtos e serviços.

política antitruste. Política de competição que combate monopólios, cartéis e trustes.

política de competição. Políticas que governam as regras do jogo da competição, determinando a combinação institucional entre competição e cooperação, que gera o sistema de mercado.

posicionamento industrial. Formas de posicionar uma empresa com relação a um setor industrial a fim de minimizar as ameaças provocadas pelas cinco forças.

preço predatório. (1) Estabelecimento de preços abaixo do custo em curto prazo a fim de destruir os concorrentes; (2) Intenção de aumentar os preços a fim de cobrir perdas em longo prazo, após a eliminação dos concorrentes.

preços estabelecidos em conluio. Monopolistas ou grupos em conluio estabelecem os preços em um patamar acima do competitivo.

prêmio da diversificação. Aumento dos níveis de desempenho devido à associação com uma empresa que possui produtos diversificados (também conhecido como vantagem do conglomerado).

prêmio de aquisição. Diferença entre o preço de aquisição e o valor de mercado das empresas-alvo.

pressões para redução dos custos. Pressões sobre as empresas para que reduzam os custos, para se manterem competitivas.

pressões para responsividade local. Pressões sobre as empresas que operam no exterior para que sejam responsivas com relação a necessidades e desejos dos clientes locais.

principais. Pessoas (como proprietários) que delegam autoridade.

privatização. Transformar empresas e ativos estatais em empresas privadas.

problemas de agência. Problemas com relação a agentes que tomam decisões a seu favor em vez de a favor dos principais. Por exemplo, alguns diretores podem diversificar exageradamente suas empresas a fim de obter mais poder, prestígio e dinheiro.

projetos *turnkey* (prontos para serem usados). Projetos em que os clientes pagam contratantes para desenvolverem e construírem novas instalações e treinarem o pessoal.

propriedade difusa. Padrão de propriedade que envolve numerosos pequenos acionistas, sendo que nenhum deles possui um nível de controle dominante.

propriedade e controle concentrados. Propriedade e direitos de controle concentrados nas mãos dos proprietários.

Q

quadro geral institucional. Modelo das instituições formais e informais que dirigem o comportamento dos indivíduos e das empresas.

R

***raiders* (invasores).** Indivíduos e empresas especializados em adquirir outras empresas, geralmente de forma hostil.

raridade de parceiros. Dificuldade de se encontrar parceiros com certos atributos desejáveis.

razão de concentração. Porcentagem das vendas industriais totais correspondentes às quatro, oito ou vinte maiores empresas.

recursos e capacidades financeiros. A quantidade de recursos financeiros de uma empresa.

recursos e capacidades físicos. Fábricas, escritórios, equipamentos, localizações geográficas e acesso a matérias-primas e canais de distribuição de uma empresa.

recursos e capacidades humanos. Conhecimento, confiança e talento inerentes a uma empresa que não se detém em seus sistemas e estruturas formais, tangíveis.

recursos e capacidades inovadores. Ativos e habilidades de uma empresa para (1) gerar e nutrir novas idéias; (2) pesquisar e desenvolver novos produtos e serviços; (3) inovar e transformar a organização.

recursos e capacidades intangíveis. Recursos e capacidades de difícil observação e codificação.

recursos e capacidades organizacionais. Planejamento, comando e sistemas e estruturas de controle formais de uma empresa.

recursos e capacidades reputacionais. Capacidade de a empresa desenvolver e impulsionar sua reputação como um sólido fornecedor de mercadorias/serviços; um empregador atraente; e/ou uma entidade com responsabilidade social corporativa.

recursos e capacidades tangíveis. Ativos observáveis e facilmente quantificados.

recursos e capacidades tecnológicos. Habilidades e ativos que geram produtos e serviços de ponta, respaldados por patentes, marcas registradas, direitos autorais e segredos comerciais.

recursos. Ativos tangíveis e intangíveis utilizados por uma empresa a fim de escolher e implementar suas estratégias.

rede integrada de subsidiárias (às vezes denominada **paradigma N**). Rede formada por subsidiárias de empresas multinacionais, conectada a múltiplos fluxos de conhecimento, pessoal e tecnologia.

redes estratégicas. Alianças estratégicas formadas por múltiplas empresas a fim de competir com outros grupos e com empresas autônomas tradicionais (também denominadas constelações).

reestruturação. (1) Ajuste do tamanho e escopo da empresa tanto por meio da diversificação (expansão ou entrada), quanto por desinvestimentos (contração ou saída) ou ambas; (2) redução do tamanho e escopo da empresa.

refocalização. Estreitamento do escopo da empresa a fim de se focar em poucas áreas.

relação de agência. O relacionamento entre os principais e os agentes.

relação institucional. Ligações informais das empresas com instituições dominantes que lhes conferem recursos e legitimidade.

relações cooperativas interempresas. Relações cooperativas entre empresas.

relativismo ético. Pensamento relativo de que os padrões éticos variam significativamente ao redor do mundo e de que não há uma concordância universal a respeito de comportamentos éticos ou antiéticos.

replicação. Teste repetido da teoria sob as mais variadas condições.

replicadores multinacionais. Empresas que se envolvem em diversificação relacionada ao produto por um lado e em expansão multinacional dilatada por outro.

responsabilidade social corporativa. Responsabilidade social das corporações. Refere-se à consideração e resposta a problemas que vão além do âmbito econômico, técnico e legal de uma empresa a fim de se obter benefícios sociais juntamente com ganhos econômicos tradicionais buscados pelas empresas.

restrição orçamentária fraca. Habilidade de se pedir mais verba ao governo caso as despesas da empresa excedam seu orçamento.

restrição voluntária de exportação. Acordo em que o país/companhia exportador concorda em não exportar seus produtos a outro país de forma agressiva.

restrições a certas entradas. Certos modos de entrada no exterior (por exemplo: subsidiárias integrais) são restringidos ou banidos pelos governos dos países anfitriões.

retaliação cruzada de mercados. Retaliação em outros mercados quando um mercado é atacado por rivais.

riscos de disseminação. Riscos associados à difusão não autorizada de ativos específicos da empresa.

S

semiglobalização. Perspectiva de globalização que sugere que as medidas da integração global (como comércio global, investimentos e fluxo de capital) ganharam novas alturas, mas ainda estão longe de completar a integração global.

sessões executivas. Sessões, que não envolvem executivos da companhia, comandadas por diretores externos.

simulação. Ataque de uma empresa a uma arena determinada que é importante, mas não é a verdadeira área-alvo do atacante.

sinergia financeira (também denominada **economias de escopo**). Aumento da competitividade em cada uma das unidades individuais que são financeiramente controladas pela matriz corporativa além daquilo que pode ser alcançado por unidade se competir de forma independente, como empresa autônoma.

sinergia operacional. Sinergia derivada do compartilhamento de atividades, pessoal e tecnologias.

sobrecarga de informação. Informação demais para ser processada.

subsidiárias integrais. Subsidiárias localizadas em países estrangeiros; de propriedade integral de uma empresa multinacional.

substituição. Ato de se utilizar produtos substitutos a fim de suprir as necessidades dos consumidores em um setor industrial determinado.

substitutos. Produtos de setores industriais diferentes que satisfazem as necessidades dos consumidores, comumente supridas por um setor industrial determinado.

Super 301. Nome popular dado à Sanção 301, imposta pelo Ato de Comércio dos Estados Unidos, de 1974, contra países e companhias estrangeiras que bloqueassem o acesso das empresas norte-americanas a mercados externos.

sustentabilidade global. Capacidade de suprir as necessidades no presente sem comprometer a capacidade das futuras gerações de suprir suas próprias.

T

tecnologia de produção flexível. Tecnologia moderna que possibilita a produção de produtos diferenciados a baixo custo (geralmente em lotes menores do que aqueles produzidos pelos líderes de custos).

teoria administrativa. Teoria segundo a qual os administradores devem ser considerados procuradores dos interesses dos proprietários.

teoria da agência. Teoria sobre a relação principal-agente (ou relações de agência em geral). Centra-se nos conflitos entre principais e agentes.

teoria dos jogos. Teoria centrada na interação competitiva e cooperativa (assim como no dilema do prisioneiro).

terceirização de processos de negócios (BPO). Transferência de alguns processos como (TI) a fornecedores externos que trabalham a favor de uma determinada empresa.

terceirização. Passar o controle de toda ou de parte de uma atividade a um fornecedor externo a fim de melhorar o desempenho de determinada empresa.

transações *arm's-length*. Transações nas quais as partes mantêm certa distância.

transações relacionadas. Proprietários que detêm o controle de uma empresa vendem ativos a outra empresa de sua propriedade a preços abaixo dos de mercado ou desmembra a parte mais lucrativa de uma empresa pública, fundindo-a em outra de suas empresas privadas.

transições institucionais. Mudanças fundamentais e amplas introduzidas nas regras formais e informais do jogo, que afetam as organizações como jogadores.

três vantagens das empresas multinacionais. Propriedade, localização e internalização são as vantagens associadas às empresas multinacionais.

Tríade. Três principais regiões de economias desenvolvidas: América do Norte, Europa e Japão.

tríplice conta de resultados. Medida do desempenho baseada em três pilares: econômico, social e ambiental.

***tunneling* (construção de túneis).** Atividades executadas por administradores pertencentes à família que detém o poder de uma corporação a fim de desviar recursos da empresa para uso pessoal ou familiar.

V

vantagem da internalização. Vantagem associada à internalização, que é uma das três principais vantagens em ser uma empresa multinacional (as outras duas são propriedade e localização).

vantagem da propriedade. Vantagem associada à propriedade direta de ativos externos, que é uma das três principais vantagens em ser uma empresa multinacional (as outras duas são localização e internalização).

vantagem do conglomerado. Vantagem em ser associado a uma empresa de produtos não relacionados (conglomerado).

vantagem específica da localização. Vantagem associada à operação em determinada localização, que é uma das três principais vantagens em ser uma empresa multinacional (as outras duas são propriedade e internalização).

vantagens a baixo custo baseadas em escala. Vantagens de baixo custo que provêm de economias de escala (quanto mais uma empresa produz determinado produto, mais baixo se torna o custo da unidade).

vantagens a baixo custo não baseadas em escala. Vantagens de baixo custo que não provêm de economias de escala.

vantagens do primeiro jogador. Vantagens exclusivas de quem inicia o jogo.

vantagens do último jogador. Vantagens associadas ao último que joga (também denominadas desvantagens do primeiro jogador).

visão baseada em indústrias. Perspectiva líder de estratégia segundo a qual a principal tarefa estratégica é a análise das cinco forças competitivas que afetam uma indústria (rivalidade entre empresas; poder de barganha dos compradores; poder de barganha dos fornecedores; ameaça de novos concorrentes; e ameaça dos substitutos). Também sugere que o desempenho das empresas é determinado pelos atributos industriais supracitados.

visão baseada em instituições. Perspectiva líder em estratégia segundo a qual, além das condições industriais e empresariais, as empresas, ao traçar sua estratégia, devem considerar influências mais amplas, advindas de fontes como o Estado e a sociedade.

visão baseada em recursos. Perspectiva líder em estratégia segundo a qual as diferenças entre os desempenhos das empresas são fundamentalmente dirigidas pelas diferenças entre recursos e capacidades dessas empresas.

Índice Remissivo

A

B

C

D

E

F

G

H

I

J

L

M

R

S

T

U

V

IMPRESSÃO E ACABAMENTO:
YANGRAF Fone/Fax: 6195.77.22
e-mail:yangraf.comercial@terra.com.br